Primera edición, 23 de abril de 2023

© de los textos, sus autores
© de esta edición Editorial Páramo, 2023
Pintura de cubierta: Retrato de Carlos V, de Jan Cornelisz Vermeyen, Rijksmuseum,
   Amsterdam

Editorial Páramo   www.editorialparamo.com
comunicacion@editorialparamo.com
Valladolid, España

Edición y coordinación: István Szászdi León-Borja y Dámaso Javier Vicente Blanco

ISBN: 978-84-126000-8-7
Depósito Legal: VA 246-2023

Impreso en España – Printed in Spain

EL NACIMIENTO DEL REPUBLICANISMO ESPAÑOL

Los Comuneros frente a la Monarquía Imperial

István Szászdi León-Borja
Dámaso Javier Vicente Blanco

(editores)

editorial
PÁRAMO

El NACIMIENTO DEL REPUBLICANISMO ESPAÑOL

Los Comuneros frente a la Monarquía Imperial

A la memoria de Jorge Enjuto,
de doña Cecilia, su madre, de
Ezequiel González y los exiliados
españoles en Puerto Rico

EL NACIMIENTO DEL REPUBLICANISMO ESPAÑOL. LOS COMUNEROS FRENTE A LA MONARQUÍA IMPERIAL

EL REPUBLICANISMO Y EL MOVIMIENTO COMUNERO

INSTITUCIONES Y GOBIERNO EN LAS COMUNIDADES

EL MOVIMIENTO COMUNERO EN EL MOVIMIENTO LIBERAL

REPUBLICANISMO, CIUDADES Y ESTADOS CUANDO LA GUERRA DE LAS COMUNIDADES. A manera de prólogo

"En cuanto a la propuesta republicana de Toledo, contempla desposeer a Carlos V de su título de rey y reconocerlo tan sólo como príncipe, privándole así de derecho de todas las rentas reales, que las comunidades más combativas ya le han embargado de facto".

Lorenzo Silva, *Castellano*

Este libro reúne trabajos de especialistas de las Comunidades de Castilla y de su período histórico, procedentes de diversos países. Este grupo interdisciplinario de investigadores en el año 2009 invitó al Dr. Joseph Pérez, por primera vez para presidir sus reuniones con la intención de debatir la catarsis de las Comunidades de Castilla, la primera Revolución de la Edad Moderna Europea que se enfrentó al absolutismo.

Producto de esta colaboración internacional de investigación de diferentes saberes es este tomo que discute sobre la constitución política levantada por los comuneros, su recuerdo y eco en España como lucha contra la tiranía que representaba la nueva forma de gobernar que conocemos como el absolutismo regio.

Ya desde que la reina Juana, en su reclusión de Tordesillas, le diera largas a las esperanzas comuneras de gobernar el Reino como reina legítima propietaria, y ser imposible el proclamar al Infante don Fernando Rey o Gobernador en lugar de su hermano Carlos, el movimiento comunero vio limitado su horizonte político. Ante esta situación de desamparo regio, los toledanos propusieron seguir el ejemplo de las *Signorias* italianas, las ciudades-república o ciudades-estado de la península itálica que los españoles tan bien conocían por vínculos económicos, políticos, diplomáticos y militares. Así nació, por necesidad pura, la aspiración republicana, que tenía por precedente a la antigua Roma misma. Pues la República de Roma era para los hombres del Renacimiento la sociedad perfecta donde Libertad y respeto a las leyes convivían frente a la arbitrariedad del Imperio. Este tema principal, y el del gobierno de las ciudades y villas tras la derrota de Villalar, fueron el hilo conductor de nuestra reunión y lo son del libro que el lector tiene en sus manos. Queremos ver cómo desde Castilla la Vieja hasta Castilla la Novísima (Andalucía) el gobierno municipal sufrió un último golpe por la derrota de Villalar a orillas del río Hornija un día de marzo de 1521. También hemos querido analizar el pensamiento republicano comunero, antes que fray Alonso Castrillo publicara su obra *Tratado de la República y otras antigüedades* en Burgos, en el año de 1521. Este autor trinitario del que sabemos poco, estudió en Salamanca; su superior el Padre Gayangos escuchó las lecciones del maestro Fernando de Roa, quien ocupó la Cátedra de Filosofía Moral y la aclamada Cátedra Prima de Teología. Fernando de Roa había sido el autor del *Comentario a la Política de Aristóteles*, y había abierto el debate de la superioridad del bien común sobre el estamento nobiliario y la misma realeza. Su obra fue admirada por los comuneros y ello fue la causa de su posterior olvido. Ese escrito del maestro Roa se difundió más allá de los estudios humanistas, en el pensamiento de los burgueses con formación que enarbolaron el discurso de la libertad frente a la tiranía, buscando una nación donde la defensa del bien común fuera el fundamento del buen gobierno. Cuando vemos en las Indias de forma coetánea, o poco después, movimientos que se enfrentan contra las autoridades reales, muchas veces se fundamentan en esta ideología. El mismo Hernán Cortés, que desafió la política del poderoso Obispo de Burgos, Juan Rodríguez de Fonseca, al fundar Villa Rica de la Veracruz en 1519 y rebelarse al Gobernador de Cuba —hombre protegido de Fonseca—, había estudiado dos años en Salamanca en la época en que Roa enseñaba y era venerado. En el caso de la rebelión de Gonzalo Pizarro, me remito a lo escrito magistralmente por Guillermo Lohmann Villena, donde el maestro peruano reconoció el discurso comunero en los escritos del padre Coronel y otros frailes ideólogos. Tampoco Europa ignoró los sucesos de España, ni el Emperador olvidó la dura lección que le obligó a allanarse a muchas peticiones que los comuneros habían vertido en su Ley Perpetua. La memoria histórica de la Revolución Comunera se mantenía en Castilla décadas después de Villalar. La evidencia histórica demuestra que el propio hijo del César, don Juan de Austria, Gobernador de los Países Bajos, tuvo en consideración la Ley Perpetua a la hora de intentar pacificar aquel territorio rebelde.

Tanto en el siglo XIX liberal español como en el americano, el recuerdo de las Comunidades de Castilla animó el corazón de los hombres que buscaban la libertad para sus hijos. Era claro que el despotismo se originaba en el absolutismo traído por Carlos de Gante a Castilla. No menos pasiones alimentó el recuerdo de los degollados en Villalar a la causa republicana. Hoy queremos dar a conocer, por medio de estos trabajos, cómo, cuándo y por qué los comuneros, desde la tradición, iniciaron un capítulo del pensamiento revolucionario moderno: la creación de una república con participación popular. No pudo ser, pero sus ecos no han dejado de oírse desde entonces.

Este libro va dedicado a las generaciones futuras para que lejos de repetir los habituales prejuicios contra la Revolución Comunera, que no rebelión, la miren con los ojos que merece. La investigación histórica y jurídica nos ofrece una respuesta a la historiografía europea que con brillantes excepciones, como Joseph Pérez, siguen en el siglo XIX repitiendo las valoraciones pueriles que la Enciclopedia hacía en su artículo *España*. Para ellos el republicanismo castellano y leonés no pudo ser serio, pues estos reinos nuestros solo cobijaron la ignorancia y la superstición, éramos un pueblo atrasado, rústico y sin conocimiento del mundo exterior, gentes indolentes y ociosas que movidos por la Inquisición azotaron con inusual crueldad los cuatro puntos cardinales del mundo, como se vio en Flandes y en México. Estas falacias también están contestadas aquí, en una época en que tanto España como Portugal llevaban siglos en intensa relación con los Estados de la península itálica, preparándose para asumir la herencia de Roma en todos los campos conocidos del acontecer humano, Y el republicanismo es la más virtuosa de la herencias de Roma a la humanidad.

István Szászdi
Dámaso Javier Vicente Blanco

El nacimiento del REPUBLICANISMO ESPAÑOL

El republicanismo y el movimiento comunero

EL MODELO DE LAS REPÚBLICAS ITALIANAS PARA EL MOVIMIENTO COMUNERO. ¿EFECTOS SOBRE EL DERECHO PRIVADO?

Dámaso Javier Vicente Blanco
Universidad de Valladolid

"De más consecuencia que muchos combates de nuestra Independencia o de nuestras guerras civiles fue para nuestro destino de pueblo una batalla como la que los comuneros de Castilla perdieron contra Carlos V en 1521, a pesar de que en ella no hubiera peleado ningún venezolano, porque allí se cerró para el mundo hispánico, por mucho tiempo, la posibilidad de una evolución ascendente de las instituciones del gobierno representativo. En nuestra larga crisis constitucional, pesa con grave peso cierto la derrota de Villalar".

Arturo Uslar Pietri, *El rescate del pasado*. Discurso de ingreso en la Academia Nacional de la Historia de Venezuela, 1960.

1. EN BUSCA DE UN MODELO Y UNA SALIDA PARA EL MOVIMIENTO COMUNERO: ¿LAS REPÚBLICAS ITALIANAS?

Resulta hoy evidente que el movimiento comunero se vinculó desde sus inicios con el pensamiento aristotélico de la Escuela de Salamanca, que fue una verdadera factoría de ideas a partir de varios de sus maestros de finales del siglo XV y comienzos del siglo XVI[1]. Como

---

[1] Ver, por ejemplo, CASTILLO VEGAS, Jesús Luis, "La formación del pensamiento político comunero. De Fernando de Roa a Alonso de Castrillo", en *Imperio y tiranía: la dimensión europea de las Comunidades de Castilla*, coordinado por István SZÁSZDI LEÓN-BORJA y María Jesús GALENDE RUIZ, Universidad de Valladolid, Valladolid, 2013, pp. 83-110; JEREZ, José Joaquín, *Pensamiento político y reforma institucional durante la guerra de las Comunidades de Castilla (1520-1521)*, Marcial Pons, Madrid, 2007, pp. 222-226; FLÓREZ MIGUEL, Cirilo, "El humanismo cívico castellano: Alonso de Madrigal, Pedro de Osma y Fernando de Roa", *Res publica*, vol. 18, 2007, pp. 107-139; RUS RUFINO, Salvador; y FERNÁNDEZ GARCÍA, Eduardo, "La filosofía política de Aristóteles en l.as Comunidades de Castilla", *Studia Philologica Valentina*, vol. 22, 2020, pp 47-68; y MARTÍNEZ, Miguel, *Comuneros. El rayo y la semilla*, Hoja de Lata, Gijón, 2021, pp. 181-222. Resulta de interés ver también VILLACAÑAS BERLANGA, José Luis. "Republicanismo clásico en España: las razones de una ausencia", *Journal of*

se ha dicho, décadas antes de la Revolución de las Comunidades de Castilla, un grupo de autores de la Universidad de Salamanca, a partir de los textos de Aristóteles escribieron a favor de un modelo político que puede llamarse "El Principado electivo", pues entendían que era un sistema más apropiado que permitía evitar excesos del poder político[2]. El aristotelismo filosófico-político lo mantuvieron, por ejemplo, Alfonso de Madrigal, *El Tostado*, que defendía firmes ideales democráticos en su obra[3]; o Pedro Martínez de Osma, que se declaraba claro partidario de la elección popular de los príncipes[4]; pero muy especialmente el maestro salmantino Fernando de Roa, quien ha sido bien estudiado entre nosotros por el profesor Jesús Castillo de la Universidad de Valladolid, y que propugnaba abiertamente el principado electivo y afirmaba que un dominio perpetuo de una persona o estirpe era contra natura[5]. Se sabe bien que la obra de Fernando de Roa fue expresa y cuidadosamente estudiada por miembros del movimiento comunero e incluso editada y distribuida. Un ejemplar de sus *Comentarios a la Política de Aristóteles*, con anotaciones del conocido comunero Hernán Núñez de Toledo y Guzmán, se preserva en la Biblioteca de la Universidad de Alcalá de Henares[6]. Asimismo, el Obispo de Málaga y presidente de la Real

Spanish Cultural Studies, 2005, vol. 6, nº 2, pp. 163-183. Sobre la Escuela de Salamanca, en general, puede verse Pena González, Miguel Anxo, *La Escuela de Salamanca. De la Monarquía hispánica al Orbe católico*, BAC, Madrid, 2009.

[2] Jerez, José Joaquín, *op,cit,*, p. 222.

[3] Ver, por ejemplo, Madrigal, Alfonso de, *El gobierno ideal*, introducción y notas de Nuria Belloso Martín, Eunsa, Pamplona, 2003. También puede verse, Castillo Vegas, Jesús Luis, "El humanismo de Alfonso de Madrigal el Tostado, y su repercusión en los maestros salmantinos del siglo XV", *Cuadernos Abulenses*, vol. 7, 1987, pp. 11-21 e *ídem*, "Aristotelismo político en la Universidad de Salamanca del siglo XV: Alfonso de Madrigal y Fernando de Roa", *La Corónica*, vol. 33, 2004, pp. 39-52.

[4] Labajos Alonso, José, *Pedro de Osma y su comentario a la metafísica de Aristóteles*, Universidad Pontificia de Salamanca, Salamanca, 2021.

[5] Ver, por ejemplo, Castillo Vegas, Jesús Luis, *Política y clases medias: el siglo XV y el maestro salmantino Fernando de Roa*, Universidad de Valladolid, Valladolid, 1987, *ídem*, "Perspectiva antropológica de Fernando de Roa", *Burgense; Collectanea Scientifica*, vol. 28, nº 2, 1987, pp. 401-447 e *ídem*, "Aristotelismo político en la Universidad de Salamanca del siglo XV: Alfonso de Madrigal y Fernando de Roa", *op.cit*. También puede verse, Sánchez Hidalgo, Adolfo Jorge, "Fernando de Roa y la defensa del estamento ciudadano", *Revista Filosofía UIS*, vol. 17-2, 2018, pp. 21-40.

[6] Es el caso de Hernán Núñez de Toledo y Guzmán, latinista, helenista y humanista,

Chancillería de Valladolid, Diego Ramírez de Villaescusa, era discípulo de Fernando de Roa y siempre se le consideró sospechoso de ser partidario del movimiento comunero[7]. Su papel en las conversaciones de Villabrágima se interpretó por el bando realista como un intento de favorecer a las Comunidades, al procurar un acuerdo pacífico[8]. También debe mencionarse a fray Alonso de Castrillo como otro pensador próximo fundamental, pues de igual modo propugnaba la limitación del poder político, es decir, del poder real, publicando su libro más significativo sobre la materia, el *Tractado de República*, en plenas Comunidades de Castilla, en Burgos, el 21 de abril de 1521, dos días antes de la batalla de Villalar[9].

Todo este pensamiento castellano, difundido y popularizado, se ha querido ver como una suerte de "republicanismo castellano", una "cepa republicana castellana", distinta de otras fuentes o cepas republicanas, como la cepa centroeuropea, en las ciudades holandesas, suizas o hanseáticas, y otra de tradición anglosajona atlántica británica-estadounidense y también la fuente o cepa italiana, deudora de la memoria de Roma, donde se encuentran las ciudades italianas a partir de

que se libró de ser exceptuado, y recibió también los nombres del Comendador Griego y el Pinciano, en este último caso por haberse doctorado en Valladolid. Ver, por ejemplo, SIGNES CODOÑER, Juan; CODOÑER MERINO, Carmen; y DOMINGO MALVADI, Arantxa, *Biblioteca y epistolario de Hernán Núñez de Guzmán (El Pinciano): una aproximación al humanismo español del siglo XVI*, CSIC, Madrid, 2001.

[7] Ver OLMEDO, Félix G., *Diego Ramírez Villaescusa (1459-1537), fundador del Colegio de Cuenca y autor de los cuatro diálogos sobre la muerte del Príncipe Don Juan*, Editora Nacional, Madrid, 1944; MILLÁN MARTÍNEZ, Juan Manuel y MARTÍNEZ SORIA Carlos Julián (coords.), *Don Diego Ramírez de Villaescusa obispo y mecenas*, Universidad de Castilla-La Mancha, Ciudad Real, 2009; y LABRADOR ARROYO, Félix; y SÁEZ OLIVARES, Alejandro, "Diego Ramírez de Villaescusa y su papel durante la revuelta de las Comunidades (1519-1521)", en de CARLOS MORALES. Carlos Javier; y GONZÁLEZ HERAS, Natalia (dirs.), *Las Comunidades de Castilla: Corte, poder y conflicto (1516-1525)*, Polifemo/Universidad Autónoma de Madrid, Madrid, 2020, pp. 125-152.

[8] Ver PÉREZ, Joseph, "Le «razonamiento» de Villabrágima", *Bulletin Hispanique*, vol. 67, nº-3-4 1965, pp. 217-224; y también *ídem*, *La revolución de las comunidades de Castilla (1520-1521)*, Siglo XXI, Madrid, 1977, p. 251.

[9] Ver, por ejemplo, MONTORO BALLESTEROS, Manuel Alberto, "El «Tractado de República» de Alonso de Castrillo (1521)", *Revista de Estudios Políticos*, nº 188, 1973, , pp. 107-152; ALONSO BAELO, Pablo Luis, "El Tratado de República de Alonso de Castrillo. Una reflexión sobre la legitimidad de la acción política", *Res Publica. Revista de Historia de las Ideas Políticas*, nº 18, 2007, pp. 457-490. Hay edición reciente, CASTRILLO, Alonso, *Tratado de República con otras historia y antigüedades*, Centro de Estudios Políticos y Constitucionales, Madrid, 2021.

los siglos XII y XIII[10]. Se ha dicho que ya existía un vivo movimiento municipal en las coronas de Castilla y de Aragón[11]. La existencia de los llamados Concejos abiertos, por ejemplo, expresaba la tendencia a la participación política de los vecinos en el gobierno municipal de determinadas ciudades[12]. El fenómeno de las Comunidades de Villa y Tierra era también la expresión de un municipalismo abiertamente arraigado en ciertas zonas de la vieja Extremadura castellana, como Segovia, caracterizadas por pertenecer al régimen de realengo[13].

Como se ha dicho y estudiado, por ejemplo, por Tamar Herzog, la categoría de "vecinos", opuesta (o paralela) a la de "naturales del Reino", expresaba más la idea cívica, de ciudadanía y autogobierno, que se enfrentaba al carácter subordinado y vasallo del "natural"[14]. Como se sabe, las Comunidades reciben precisamente su nombre de las agrupaciones urbanas o de los núcleos poblacionales que se cons-

---

[10] Ver CENTENO DE ARCE, Domingo, "¿Republicanismo castellano? Una visión entre las historias de las ciudades y las actas capitulares", en HERRERO SÁNCHEZ, Manuel (ed.), *Repúblicas y republicanismo en la Europa moderna (siglos XVI-XVIII)*, Fondo de Cultura Económica/Red columnaria, 2017, pp. 127-156. Una exposición sobre el período entre 1550 y 1621 puede verse en CENTENO DE ARCE, Domingo, *De repúblicas urbanas a ciudades noble: un análisis de la evolución y desarrollo del republicanismo castellano (1550-1621)*, Biblioteca Nueva, Madrid, 2012. Puede verse también HERRERO SÁNCHEZ, Manuel, "La monarquía hispánica y las repúblicas europeas. El modelo republicano en una monarquía de ciudades", en HERRERO SÁNCHEZ, Manuel (ed.), *Repúblicas y republicanismo...*, op.cit., pp. 273-326.

[11] Ver, por ejemplo, de BERNARDO ARES, José Manuel, "El régimen municipal en la Corona de Castilla", *Studia Historica. Historia Moderna*, nº 15, 1996, pp. 23-62; MARTÍN CEA Juan Carlos, "La intervención política concejil en el mantenimiento de la convivencia. Castilla siglo XIV y XV", en ARÍZAGA BOLUMBURU, Beatriz y SOLÓRZANO TELECHEA, Jesús Ángel (coords.), *La convivencia en las ciudades medievales*, Instituto de Estudios Riojanos, Logroño, 2008, pp. 393-425; y CÁCERES MILLÁN, Sandra, "El poder municipal durante el Interregno de la Corona de Aragón (1410-1412)", Tesis doctoral, Universidad de Lleida, en https://www.tdx.cat/bitstream/handle/10803/587188/Tscm1de1.pdf;jsessionid=1D353A97AC80E6119E14B76918A231B0?sequence=5.

[12] Ver CENTENO DE ARCE, Domingo, "¿Republicanismo castellano?...", op.cit., p. 134.

[13] Ver, por ejemplo, MARTÍNEZ DÍEZ, Gonzalo, *Las comunidades de villa y tierra de la extremadura castellana*, Editora Nacional, Madrid, 1983; GONZÁLEZ HERRERO. Manuel, *Las Comunidades de Villa y Tierra en Segovia*, Academia de Historia y Arte San Quirce, Segovia, 1998; y MUÑOZ GOMEZ, Víctor, *Las Comunidades de Villa y Tierra. Dinámicas históricas y problemáticas actuales*, Universidad de Murcia, Murcia, 2012.

[14] Pueden verse HERZOG, Tamar, *Vecinos y extranjeros: hacerse español en la edad moderna*, Madrid, Alianza, 2006; e ídem, "Naturales y extranjeros: sobre la construcción de categorías en el mundo hispánico", en *Cuadernos de Historia Moderna*, nº X, 2011, pp. 21-31.

tituían, como tales, en Comunidad, para defender el Común y que rechazaron el poder de Regidores y Corregidores, de representación real, para organizarse en asamblea, en Comunidad, y elegir sus propios representantes[15].

Todo este magma ideológico estaba en las Comunidades e hizo que en diversas ocasiones apareciera la idea de constituirse en una suerte de federación de ciudades-república o *signorias*, al modo de las italianas, donde se respetara el autogobierno de las ciudades por los propios vecinos[16]. Las referencias historiográficas a esta opción de los comuneros son diversas, aunque discutidas. En diferentes ocasiones fueron los propios partidarios del Emperador los que acusaban a los comuneros de pretender un sistema político desligado del poder real y próximo al de las Repúblicas italianas, las Ciudades-Estado, las *signorias*, como Venecia, Florencia, Siena, Luca o Génova, por ejemplo[17]. Así lo sostuvo el Cardenal Adriano en carta al Emperador de 30 de junio de 2020 o en la Crónica de Alonso de Santa Cruz, o en las cartas de Antonio de Guevara al obispo de Zamora, Antonio de Acuña[18]; o el Marqués de Villena[19]. Diversos autores han defendido también esa pretensión comunera, al menos en el grupo de comuneros más radicalizado, opinión que, por ejemplo, validaba Menéndez Pidal[20].

Ha sido una reciente publicación del profesor István Szásdi, en la que se ha sostenido por este autor que, tras la derrota de Villalar, en el irresistible Toledo, María Pacheco y el obispo Acuña, ante el fracaso de las opciones monárquicas, habrían optado por una suerte de republicanismo a la italiana[21], donde las ciudades castellanas optaran por

---

[15] Ver, por ejemplo, JEREZ, José Joaquín, *op.cit.*, pp. 201-204 y Centeno de Arce, Domingo, "¿Republicanismo castellano?...", *op.cit.*, pp. 134-136.

[16] Así, por ejemplo, JEREZ, José Joaquín, *op.cit.*, pp. 226-229; Centeno de Arce, Domingo, "¿Republicanismo castellano?...", *op.cit.*, p. 134.

[17] MARAVALL, José Antonio, *Las Comunidades de Castilla. Una primera revolución moderna*, Revista de Occidente, Madrid, 1963, pp. 155-157.

[18] Ver, por ejemplo, JEREZ, José Joaquín, *op.cit.*, pp. 227-228.

[19] MARAVALL, José Antonio, op.cit., pp. 178-179.

[20] *Ídem*, p. 186; y JEREZ, José Joaquín, *op.cit.*, p. 228.

[21] Ver SZÁSZDI LEÓN-BORJA, István, "Doña María Pacheco y Don Antonio de Acuña, el nacimiento del republicanismo español", en *Cuando el mal gobierno sublevó a un pueblo: 1521:2021: 500 años de la revolución comunera*, István Szászdi León-Borja

una organización equivalente a la de las Ciudades-Estado de aquella península, en donde el poder cívico era considerado, en buena lógica con la mentalidad de la época, con un indudable toque aristocrático en no pocos de los casos.

2. ¿Cuál era el modelo de las Repúblicas italianas?

Es en el siglo XIII cuando se pone en evidencia que el Imperio no puede mantener la paz de forma efectiva y, con el fenómeno comunal muy maduro, surgen ciudades independientes[22], pero algunas (a) entran en graves crisis políticas y terminan siendo gobernadas por señores, generalmente militares (Treviso o Verona); (b) otras, quedan independientes sin señores, con grandes conflictos entre el pueblo y la nobleza, donde la burguesía, el nivel medio de la sociedad, se hace fuerte y constituye el "pueblo" como sujeto político (comerciantes, artesanos, etc.)[23]. Estas ciudades independientes crean sus "Estatutos", que contemplan siempre varias reglas que persiguen evitar la concentración de poder en familias o en grupos reducidos de personas, a través de normas de incompatibilidad. Eran reglas que se aproximarían a lo que hoy conocemos como "discriminación positiva", pues limitaban la elegibilidad de los potentados. Como se ha dicho, en esa evolución, habría ciudades

(ed.), Dámaso Francisco Javier Vicente Blanco (ed.), Páramo, Valladolid, 2021, pp. 217-231.

[22] Ver, por ejemplo, Waley, Daniel, *Las ciudades-república italianas*, Guadarrama, Madrid, 1969; Ascheri, Mario, "Las Ciudades-Estado italianas de la Edad Media y la herencia de Roma", *Revista de Historia Medieval*, nº 14, 2003-2006, pp. 7-20; Ascheri, Mario, *Le città-Stato (L' identità italiana)*, Il Mulino, Bolonia, 2006; Ascheri, Mario, "Le città-stato italianeil difficile itinerario della libertà", Arízaga Bolumburu, Beatriz y Solórzano Telechea, Jesús Ángel (coords..), *La convivencia en las ciudades medievales*, Instituto de Estudios Riojanos, Logroño, 2008, pp. 373-391; Maissen, Thomas, "Repúblicas y republicanismo. Realidades, terminología y enfoques", en Herrero Sánchez, Manuel (ed.), *Repúblicas y republicanismo...*, *op.cit.*, pp. 93-126; Mazzoni, Andrea; Ascheri, Mario; Artifoni, Enrico; Milani, Giuliano, *I governo delle città nell'Italia comunale. Una prima forma di democrazia?*, Biblioteca Roncioniana, Prato, 2005. También puede verse Dellepiane, Carlos y Zaballa, Pablo, "Las Repúblicas italianas en la época del Renacimiento"; en de Media y Mitre, Mariano (dir.): *Maquiavelo, Investigaciones del Seminario de Ciencias Jurídicas y Sociales, Volumen 2*, Sección Publicaciones del Seminario de Ciencias Jurídicas y Sociales, Facultad de Derecho y Ciencias Sociales Universidad de Buenos Aires, Buenos Aires, 1927.

[23] Ascheri, Mario, "Las Ciudades-Estado italianas...", *op.cit.*, pp. 15-17.

que pronto transitarían hacia la *signoria*, como Milán[24], pero otras se mantendrían largo tiempo libres, como Bolonia[25] o Perugia[26], Pisa[27], Florencia[28] y Siena[29] y, las más resistentes, Venecia[30], Génova[31] y Lucca[32], que únicamente decaerían ante el Imperio Napoleónico[33].

El análisis histórico de su experiencia ha sido diverso (Venecia podría salir como la más exitosa), pero tuvo enorme incidencia la opinión

---

[24] Sobre Milán puede verse CADENAS Y VICENT, Vicente de, *El Milanesado: de vicariato del imperio al gobierno de España*, Hidalguia, 1989; y NAVARRO ESPINACH, Germán, "El ducado de Milán y los reinos de España en tiempos de los Sforza (1450-1535)", *Historia. Instituciones. Documentos*, nº 27, 2000, pp. 155-182.

[25] En relación con Bolonia, pueden verse, SORBELLI, Albano, *La signoria di Giovanni Visconti a Bologna e le sue relazioni con la Toscana*, Zanichelli, Bolonia, 1901; Ady, Cecilia M., "Materials for the History of the Bentivoglio Signoria in Bologna", *Transactions of the Royal Historical Society*, vol. 17, 1934, pp. 49-67.

[26] Para el caso de Perugia, puede verse VV.AA., *Società e istituzioni dell'Italia comunale: l'esempio di Perugia (secoli XII-XIV): Congresso storico internazionale: Perugia, 6-9 novembre 1985*, dos volúmenes, Deputazione di Storia Patria per l'Umbria, Perugia, 1988.

[27] Sobre Pisa, pueden verse, CASINI, Bruno, *I 'Cittadinari' del Comune di Pisa: sec. XVI-XIX*, Centro Culturale Apuano, Massa, 1986; y GHIGNOLI, Antonella (coord.), *I brevi del Comune e del Popolo di Pisa dell'anno 1287*, Ist.Storico Italiano per il Medio Evo, Roma, 1998.

[28] Sobre Florencia, se pueden consultar, por ejemplo, GIANNOTTI, Donato, *La República de Florencia*, Boletín Oficial del Estado, Madrid, 1997; y SAVONAROLA, Girolamo, *Tratado sobre la República de Florencia y otros escritos políticos*, Edición, Introducción y Guía de Francisco FERNÁNDEZ BUEY, La Catarata, Madrid, 1999.

[29] Sobre Siena, pueden verse, ASCHERI, Mario; y PAPI, Cecilia, *Il "costituto" del comune di Siena in volgare (1309-1310). Un episodio di storia della giustizia?*, Aska, Florencia, 2009; y ASCHERI, Mario, *Ambrogio Lorenzetti e Siena nel suo tempo*, Nuova Immagine, Siena, 2017.

[30] Sobre Venecia pueden verse, BAILLY, Auguste, *La Serenissima Repubblica di Venezia*, Dall´Oglio, Milán, 1968; CALIMANI, Riccardo, *Storia della Repubblica di Venezia: la Serenissima dalle origini alla caduta*, Mondadori, Milán, 2019; y NORWICH, John Julius, *Historia de Venecia. Auge y caída de la Serenisima República*, Ático de los Libros, Barcelona, 2021.

[31] En el caso de Génova, pueden verse, por ejemplo, DONAVER, Federico, *La Storia della Repubblica di Genova*, Editrice Moderna, Genova, 1913-1914; BENVENUTI, Gino, *Storia della Repubblica di Genova*, Mursia, Milán, 1977; y HERRERO SÁNCHEZ, Manuel, "La República de Génova y la Monarquía Hispánica (siglos XVI-XVII)", *Hispania: Revista española de historia*, vol. 65, nº 219, 2005, pp. 9-19.

[32] Sobre Lucca puede verse, por ejemplo, SABBATINI, Renzo, "Lucca, la Repubblica prudente", en Fasano GUARINI, E.; SABBATINI, R.; NATALIZI, M.; y ANGELI, Franco (coords.), *Repubblicanesimo e repubbliche nell'Europa di antico regime*, Milán, 2007, pp. 253-286; ídem, "La república de Lucca entre la España borbónica y el imperio", en Herrero Sánchez, Manuel (ed.), *Repúblicas y republicanismo...*, *op.cit.*, pp. 395-415.

[33] ASCHERI, Mario, "Las Ciudades-Estado italianas...", *op.cit.*, pp. 17-18.

de Antonio Gramsci, quien juzgaba que los poderes urbanos habían impedido la formación del Estado nacional en Italia y que las oligarquías locales habían bloqueado la sociedad en general, incluidas aquellas Ciudades-Estado que habían tenido un gobierno republicano[34]. El modelo seguido en estas Ciudades-República se basaba en estructuras constitucionales consideradas participativas, que estaban en conflicto con las formas aristocráticas como las *signorias*, pero también con el papado y recurrían a fórmulas y términos romanos, como *cónsul* o *senatus*, y esgrimían e invocaban el Derecho Romano como instrumento para defender la autonomía colectiva, comunal, y rechazar modelos imperiales[35]. Así, entre los pensadores, Bártolo de Sasoferrato consideraba que la libertad interior de un "pueblo libre" era una condición necesaria para la independencia de la ciudad, que "era su propio príncipe"[36]. El pueblo libre era la *res publica*. Un tipo de razonamiento muy en consonancia con el pensamiento de los maestros salmantinos asumido por los comuneros.

Y hay que tener en cuenta que las relaciones de los comuneros con Italia, como se ha puesto en evidencia en diferentes ocasiones, era muy intensa. Antonio de Acuña, el obispo de Zamora, había residido en Italia[37] y los contactos con las ciudades italianas de algunas de las familias comuneras, como los Mendoza, a la que pertenecía María Pacheco, esposa de Juan de Padilla, eran muy estrechos, continuos y mantenidos en el tiempo, hasta el punto de que a través de ellos llegó a España el arte del Renacimiento[38].

[34] *Ídem*", *op.cit.*, p. 8.

[35] MAISSEN, Thomas, "Repúblicas y republicanismo...", *op.cit.*, p. 97

[36] *Ídem*.

[37] Ver GUILARTE ZAPATERO, Alfonso M., *El obispo Acuña. Historia de un comunero*, Ámbito, Valladolid, 1983, pp. 24-32; y CASTRO LORENZO, José, *Don Antonio de Acuña y su época*, Diputación de Valladolid, Valladolid, 2007, pp. 49-51.

[38] Su padre, Íñigo López de Mendoza, II conde de Tendilla y marqués de Mondéjar, fue embajador en la corte papal de Inocencio VIII en 1486, y esa embajada "fue determinante para la introducción del Renacimiento en España". Fue amigo de Lorenzo de Medici y de Giovanni Bentivoglio; y fue él quien trajo de Italia a Pedro Mártir de Anglería, como preceptor de sus hijos, y ayudó a la publicación de sus obras. El hermano menor de María Pacheco, Diego Hurtado de Mendoza, al parecer pudo estudiar en Granada, Salamanca, Siena y Padua y fue embajador en Venecia. Llegó a ser uno de los mejores conocedores de Aristóteles de su época, poeta y, al parecer, autor de "EL Lazarillo de Tormes". Ver, por ejemplo, Hurtado de Mendoza Diego, *Cartas*, edición,

Seguramente, entre las Ciudades-Estado el modelo más acabado y exitoso fue el veneciano, pero también Génova y Florencia, en el siglo XVI, aparecían como un ejemplo a imitar. Según José Antonio Maravall, se trataría de ciudades "con propio gobierno, no sujetas a señor superior, esto es, ciudades gobernadas por cónsules, en tanto que magistrados elegidos por la propia ciudad", con referencias a Florencia, Venecia, Génova o Pisa[39].

3. LA CUESTIÓN DEL DERECHO PRIVADO

Desde el punto de vista del Derecho privado, las ciudades italianas desarrollaron su legislación a través de sus Estatutos particulares, y ello dio lugar a un movimiento y un método jurídicos de gran relevancia e influencia, cuya evolución histórica culminó en el siglo XIX en la constitución del Derecho Internacional Privado contemporáneo[40].

Se ha dicho que su constitución se basaba en la dialéctica entre *unidad* y *pluralidad* y que la *unidad* se traducía en el siglo XIII en la participación comunitaria en *la República Cristiana del Occidente europeo* y

selección, estudio preliminar, comentarios y notas de Juan VARO ZAFRA. Universidad de Granada, Granada, 2016; y HERNANDEZ CASTELLO, Mª Cristina, *Poder y promoción artística. El Conde de Tendilla, un Mendoza en tiempos de los Reyes Católicos*, Universidad de Valladolid, Valladolid, 2017.

[39] Maravall, José Antonio, *op.cit.*, pp. 179 y180-181.

[40] Pueden verse, por ejemplo, al respecto, los Cursos en la Academia de La Haya de Derecho Internacional de 1929 de Max Gutzwiller, "Le développement historique du Droit international privé", *RCADI*, t. 29, 1929-IV, pp. 289-400; y de 1934 de Eduard Maurits Meijers, "L'histoire des principes fondamentaux du Droit international privé à partir de Moyen âge spécialement dans l'Europe occidentale", *RCADI*, t. 49, 1934-III, pp. 543-686 ; y el texto decimonónico de Armand Lainé, *Introduction au Droit international privé contenant un étude historique et critique de la théorie des status* (dos volúmenes), Librairie Cotillon, París, 1888 y 1892. Entre nosotros, hicieron serias reflexiones Adolfo MIAJA DE LA MUELA (en su *Derecho internacional privado*, tomo primero, octava edición, Atlas, Madrid, 1981, pp. 85-135) y Mariano AGUILAR NAVARRO (En su *Derecho Internacional Privado*, vol. I, t. I, cuarta edición, Universidad Complutense, Madrid, 1979, pp. pp. 137-239). También se puede ver BARILE, Giuseppe, *Funciones e interpretación del Derecho internacional privado en una perspectiva histórica*, Cuadernos de la Cátedra J.B. Scott, Universidad de Valladolid, Valladolid, 1965. Como textos recientes, pueden consultarse, la tesis doctoral MESA-MOLES MARTEL, María Paz, *Génesis y formación del Derecho Internacional Privado. Una aproximación histórica*, director Fernando Suárez Bilbao, Universidad Rey Juan Carlos, 2007, en https://eciencia.urjc.es/handle/10115/1058; y el estudio de ANCEL, Bertrand, *Elements d'histoire du droit international prive*, Panthéon-Assas, París 2017.

en la existencia del papado y el Imperio, así como en la existencia del llamado *Ius Comune*[41].

Frente a ello, la *pluralidad* se expresaba en la multiplicidad de poderes políticos citadinos y en una consiguiente multiplicidad de ordenamientos jurídicos, la diversidad de los *Statuta* ciudadanos[42]. Tamaña variedad en un territorio con tanta relación y circulación y un intenso intercambio personal y comercial (téngase en cuenta el fenómeno de las ferias), implicaba el problema de hasta dónde aplicar los Estatutos de cada ciudad[43]. Las personas sometidas a distintos Estatutos entraban en relación y la pluralidad de *Statuta* planteaba que la misma situación o relación jurídica se hallaba regulada de modo diferente, y hasta contrario, en los diversos Estatutos aplicables, de modo que esas situaciones provocaban lo que se llamaban las "cuestiones mixtas" que reclamaban una regulación y consideración singular[44]. Piénsese en matrimonios entre cónyuges de ciudades diferentes, los hijos de esos matrimonios, las herencias que afectaban a sujetos dispersos entre distintas ciudades. La necesidad de aplicar leyes de otras ciudades o Estados llevó a los juristas italianos de los siglos XIII, XIV y XV a apoyarse en el Derecho Romano como fuente de legitimidad de sus soluciones[45]. Partiendo de las glosas de Aldricus y de Accursio, juristas como Bártolo de Sassoferrato, Baldo de Ubaldis o Bartolomé Saliceto, desarrollaron reglas y respuestas para las "cuestiones mixtas" que consolidaron un modo de razonar que se debatía entre la personalidad y la territorialidad de las leyes, conjugando soluciones diversas[46].

No se puede contar aquí la historia completa de la doctrina estatutaria, el hecho es que a partir de esa realidad plural se desarrolló un método de relación entre ordenamientos citadinos, que, a grandes rasgos y simplificando mucho, dividió todo el Derecho privado en tres ámbitos:

---

[41] Así, AGUILAR NAVARRO, *op.cit.*, p.182.

[42] Ver, por ejemplo, MIAJA DE LA MUELA, *op.cit.*, p. 98; y AGUILAR NAVARRO, *op.cit.*, pp.182-185.

[43] Ver AGUILAR NAVARRO, *op.cit.*, pp.185-186; y MIAJA DE LA MUELA, *op.cit.*, p. 98.

[44] Ver AGUILAR NAVARRO, *op.cit.*, p.185.

[45] Ver Miaja de la Muela, *op.cit.*, p. 98.

[46] Ver AGUILAR NAVARRO, *op.cit.*, p.187-204; y MIAJA DE LA MUELA, *op.cit.*, pp. 102-117.

a) El Estatuto personal, las normas que afectan a la persona se rigen por su ley personal[47];

b) El Estatuto real, las normas que afectan a los bienes se rigen por la ley del lugar donde se encuentren[48];

c) El Estatuto formal, las normas que afectan a las formas y solemnidades de los actos y negocios jurídicos se rigen por la ley del lugar donde se realicen[49].

Su influencia posterior llegaría hasta Federico Carlos Savigny y la invención histórica del Derecho Internacional Privado contemporáneo con su *Sistema de Derecho Romano Actual* editado en alemán en 1849[50], sin perjuicio de que junto —o alternativamente— a la técnicas estatutarias, no pocas veces, e incluso con cierta asiduidad, se utilizaran soluciones más simples y directas o métodos de negociación a través de convenios internacionales[51].

¿Un desarrollo republicano a través de estructuras equivalentes a las Ciudades-Estado italianas hubiera permitido crear *Statuta* ciudadanos diferentes como en el modelo italiano? Verdaderamente, se trata de algo que pertenece a la historia ficción. La regla es que cualquier comunidad construye su Derecho. Como afirmaba el jurista Baldo, "los pueblos existen por derecho de las gentes y su gobierno tiene origen en el derecho de las gentes; como el gobierno no puede existir sin leyes y estatutos, el propio hecho de que exista un pueblo tiene como consecuencia que existe un gobierno en él, tal y como el animal se rige

---

[47] Ver AGUILAR NAVARRO, *op.cit.*, pp.191, 198-199, 202-203 y 206-207; ANCEL, Bertrand, *op.cit.*, pp. 89-92 y 149; y MIAJA DE LA MUELA, *op.cit.*, pp. 99, 103, 106, 113.

[48] Ver AGUILAR NAVARRO, *op.cit.*, pp. 197-199, 202-203 y 206-207; ANCEL, Bertrand, *op.cit.*, pp. 92-98 y 151; y MIAJA DE LA MUELA, *op.cit.*, pp. 108 y 113.

[49] Ver AGUILAR NAVARRO, *op.cit.*, p. 202; ANCEL, Bertrand, , *op.cit.*, pp. 103-107; y MIAJA DE LA MUELA, *op.cit.*, pp. 107-108.

[50] Ver SAVIGNY, Friedrich Karl Von, *Sistema de Derecho Romano actual*, tomos I-VIII, Góngora y Compañía, Madrid, 1878.

[51] Un ejemplo muy ilustrativo puede verse en las relaciones entre la República de Venecia y el Imperio Otomano, precisamente en el contexto en el que nos encontramos. Ver Maréchaux, Benoît, "*Non andare mai alla giustizia*. Conflictividad marítima, mediación y normas jurídicas comunes entre Venecia y el Imperio otomano (1600-1630)", en en HERRERO SÁNCHEZ, Manuel (ed.), *Repúblicas y republicanismo…*, *op.cit.*, pp. 205-228.

por su propio espíritu y alma"[52]. La realidad hispánica, desde el punto de vista del Derecho privado, estaba en la diversidad de los Derechos consuetudinarios, en función de los Reinos, pero también de los fueros y privilegios concedidos a territorios y ciudades. Aragón tenía su Derecho y Castilla el suyo, donde se encontraban el *Espejo*, *Las Partidas* y una tradición jurídica común que difícilmente hubiera sido posible desconocer[53].

Desde una perspectiva del Derecho Internacional Privado la hipótesis resulta enormemente atractiva. Cualquier poder independiente no puede ceder a la tentación de crear su propio Derecho y de desarrollar a su modo un tronco común del que se proceda. La anterior cita de Baldo resulta pertinente. Aunque el objetivo de crear poderes ciudadanos fuera político, sus consecuencias jurídicas en el Derecho privado hubieran sido inevitables. Podemos pensar que se hubiera podido producir un desarrollo asimétrico en las diferentes ciudades, como se ha producido en tantas ocasiones, y como sucedió con el propio Derecho romano en Europa, y singularmente en las ciudades italianas, que de un tronco común se desarrollaron soluciones diferenciadas.

4. ¿REVUELTA O REVOLUCIÓN?

No queremos dejar pasar la oportunidad de expresar que el hecho de que el movimiento comunero planteara seriamente la posibilidad del cambio de régimen hacia algo similar a las Ciudades-República italianas o, incluso, la clara pretensión de vigencia de los "Capítulos" de la *Ley Perpetua* como normas que limitaban el poder real, confieren a nuestro juicio el carácter de revolución a las Comunidades de Castilla, como plantearon autores como José Antonio Maravall, Joseph Pérez y Sthephen Haliczer[54]. A nuestro parecer, quienes consideran

[52] La cita de Baldo se puede encontrar en HESPANHA, António Manuel, *Cultura jurídica europeia. Síntese de um milenio*, Europa-América, Sintra, 2003, p. 105.

[53] Algo hemos dicho al respecto en otro lugar. Puede verse nuestro VICENTE BLANCO, Dámaso-Javier, "Antropología jurídica, pluralismo jurídico y Derecho como patrimonio en el Derecho consuetudinario de Castilla y León", en *El patrimonio cultural inmaterial de Castilla y León: propuestas para un atlas etnográfico* (Luis DÍAZ VIANA; y Dámaso Javier VICENTE BLANCO, Eds.), CSIC, Madrid, 2016, pp. 83-127.

[54] Así MARAVALL, José Antonio, *op.cit*; PÉREZ, Joseph, *La revolución de las comuni-*

que las Comunidades de Castilla no fueron una revolución pecan de consecuencialismo. No creen que fuera una revolución simplemente porque no triunfó y, en realidad, esa fue la perspectiva dogmática del marxismo ortodoxo. Don Carlos Marx negó el carácter de revolución porque era demasiado temprana, no se daban las condiciones objetivas que él consideraba necesarias para una revolución[55]. Pero, ¿qué es necesario para una revolución? A nuestro juicio, que un grupo social con participación popular se plantee un cambio de régimen con un sistema alternativo de gobierno. Y, desde esa perspectiva, es indudable que la guerra de las Comunidades de Castilla fue una revolución, con independencia de lo que hayan dicho Don Carlos Marx y el actual revisionismo historiográfico que persigue, por razones ideológicas, edulcorar la interpretación hecha de las Comunidades de Castilla por Maravall, Pérez, Haliczer y la corriente histórica que ha mantenido su estela[56]. Pero el consecuencialismo no es un criterio científico, sino la excusa para no dar relevancia a hechos poco controvertidos. Y todo parece indicar, cada vez con mayor claridad, que la *Ley Perpetua* de Ávila pretendía establecer un modelo "republicano" hasta entonces inédito, un modelo de sometimiento del Rey a la Ley, que implicaba un cambio de régimen, hacia algo muy rudimentario de lo que hoy llamaríamos una "monarquía parlamentaria", con una suerte de protoconstitución que perseguía limitar el poder real[57]. Las consecuencias en el ámbito

dades de Castilla, *op.cit.*; y HALICZER, Sthephen, *Los Comuneros de Castilla: la forja de una revolución 1475-1521*, Universidad de Valladolid, Valladolid, 1987. Y también Manuel Azaña en su estudio sobre Ganivet (ver AZAÑA, Manuel, *Comuneros contra el Rey*, Reino de Cordelia, Madrid, 2021, p. 79).

[55] El texto es Marx, Carlos, "La España revolucionaria", *New York Daily Tribune*, 9 de septiembre de 1854. Puede verse en Marx, Carlos, *La España revolucionaria*, Alianza, Madrid, 2014. Al respecto pueden verse, por ejemplo, KOSSOK, Manfred, "Karl Marx y el ciclo revolucionario español del siglo XIX", *Historia contemporánea*, nº 2, 1989, pp. 65-102; CANAVAGGIO, Jean, "Karl Marx y las Comunidades de Castilla", en GÜELL, Mónica; y DÉODAT-KESSEDJIAN, Marie-Françoise (dirs.), *À tout seigneur tout honneur: Mélanges offerts à Claude Chauchadis*, Toulouse: Presses universitaires du Midi, 2009. Disponible en Internet, en https://books.openedition.org/pumi/29923; y SÁNCHEZ LEÓN, Pablo, "El levantamiento de las Comunidades de Castilla desde el materialismo histórico", *Viento sur: Por una izquierda alternativa*, nº. 175, 2021, pp. 87-98.

[56] Recientemente, puede verse, MARTÍNEZ, Miguel, *op.cit.*, pp. 23-24. Este autor subraya la utilización del término "revolución" en su época para hablar de los propios sucesos comuneros por fray Alonso de Guevara y por Alonso de Santa Cruz.

[57] Pueden verse, BELMONTE DÍAZ, José, *Los comuneros de la Santa Junta. La "Consti-*

del Derecho privado, de haberse producido el cambio político más radical, se hubieran dejado sentir de un modo claro, pero hoy ya imposibles de adivinar con total precisión, aunque en todo caso hubiera implicado una transformación radical también en el ámbito del Derecho privado, al establecer un nuevo pluralismo jurídico.

5. LA DIALÉCTICA ENTRE UNIDAD Y DIVERSIDAD EN EL MOVIMIENTO COMUNERO

Desde esta perspectiva, no puede sino resaltarse la dialéctica entre unidad y diversidad del movimiento comunero. *Unidad*, por un lado, pues los "Capítulos" comuneros, la *Ley Perpetua de Ávila* implicó la elaboración de una norma común, única, por encima de las diversidades jurídicas y de las tradiciones forales. Frente al Derecho foral, frente a los fueros, que no eran otra cosa que privilegios otorgados por el monarca, la *Ley perpetua*, como una suerte de "protoconstitución", anticipaba un esbozo del principio de igualdad de lo que en el futuro sería la tríada revolucionaria de la Revolución Francesa, bien entendido que con la distancia de la mentalidad de la época[58]. *Diversidad*, porque el poder cívico de las ciudades, la reafirmación de los derechos y libertades de sus vecinos, hubiera implicado inevitablemente una pluralidad y singularidad, con las particularidades derivadas del ejercicio

---

tución de Ávila", Caja de Ahorros de Ávila, Ávila, 1986; JEREZ, José Joaquín, *op.cit*, p. 325-580; PERALTA, Ramón, *La Ley Perpetua de la Junta de Ávila (1520). Fundamentos de la democracia castellana*, Actas, Madrid, 2010; y MARTÍNEZ-SICLUNA y SEPÚLVEDA, Consuelo, "La Ley Perpetua: Ley fundamental del Reino en la revuelta comunera", en *Carlos V: conversos y comuneros: Liber Amicorum Joseph Pérez*, coord. por István SZÁSZDI LEÓN-BORJA, María Jesús GALENDE RUIZ, Centro de Estudios del Camino de Santiago, Valladolid, 2015, pp. 451-484; y GONZÁLEZ-HERRERO, Joaquín, *La Ley Perpetua. Fundamentos de una utopía*, Ayuntamiento de Martín Muñoz de las Posadas, Segovia, 2021.

[58] Sobre su pretendida influencia en el proceso constituyente de elaboración de la Constitución norteamericana, en la Conferencia de Filadelfia de 1787, cuestión divulgada en medios de comunicación, carecemos de fuentes directas fidedignas, ya que nada aparece en los llamados "Registros de la Convención Federal de 1787" (Ver *The Records of the Federal Convention of 1787*, en *Online Library of Liberty*, en https://oll.libertyfund.org/title/farrand-the-records-of-the-federal-convention-of-1787-3vols). La única fuente que hemos encontrado está en PÉREZ SERRANO, Nicolás, *Tratado de Derecho Político*, Civitas, Madrid, 1977, pp. 440 y 490. Pero este autor no cita expresamente las fuentes documentales en las que se basó para su afirmación.

de un poder ciudadano independiente al modo del de las Ciudades-Estado italianas.

Frente a ello, la Historia del Derecho español nos muestra que, en realidad, el principio de igualdad no pudo triunfar, ni con los comuneros, por tímido e insuficiente que se dibujara en las reclamaciones comuneras (también en el caso de los tributos, exigiendo ampliar el alcance de quienes debía pechar), ni con posterioridad, en el siglo XIX, al modo de la Revolución Francesa, pues, a pesar del mandato de la Constitución de Cádiz de 1812, de unificación de la legislación civil, pervivieron los Derechos forales bajo el Código Civil de 1889, cuando el Código Civil único era la expresión del principio de igualdad para el pensamiento liberal: "una sola y misma Ley para todos"[59]. Ello implicó dos cosas. Como en el caso comunero, primero, que los privilegios impositivos se mantuvieron, con un claro mantenimiento de la desigualdad fiscal. En relación a este último supuesto, aún perviven hasta hoy las desigualdades, como se ve con los supuestos de Navarra y el País Vasco[60]. Y, en segundo lugar, la subsistencia de los fueros tras el siglo XIX, implicó mantener el sistema de reproducción de la estructura social estamental, con la pervivencia del mayorazgo o equivalentes y retrasar cualquier pretensión de igualdad social y de modernización de las estructuras sociales.

Por otra parte, y en lo que nos interesa, con la derrota comunera no se pudo desarrollar un poder cívico en las ciudades castellanas, ya independiente, ya respetado por una corona con el poder limitado por la *Ley* (*Perpetua*), a semejanza de lo sucedido en la Península Itálica con las Ciudades-Estado. En último término, lo que pudo ser y no fue.

---

[59] Pueden verse CLAVERO SALVADOR, Bartolomé, "La idea de Código en la ilustración jurídica", en *Historia. Instituciones. Documentos*, núm. 6, 1979, pp. 49-88; Baró Pazos, Juan, *La codificación del derecho civil en España, 1808-1889*, Ed. Universidad de Cantabria, 1993; y FERNÁNDEZ ALVAREZ, Antón Lois, "El mandato de unificación jurídica y la constitución española", *Revista de Estudios Histórico-Jurídicos* [Sección Historia del Derecho Español], vol. XXXIV, 2012, pp. 167-194.

[60] Ver, por ejemplo, MARTÍNEZ DÍEZ, Gonzalo, *Fueros sí, pero para todos: los conciertos económicos*, Silos, Valladolid, 1976.

La interpretación hoy no puede dejar de hacerse desde la perspectiva de su función de modelo comunero en la historia. José Antonio Maravall, el historiador español, consideró que se trataba de la primera revolución moderna[61]. Para España, es evidente que la derrota de Villalar condicionó su dificultad histórica posterior para entrar en la modernidad, en los casos de las pugnas del siglo XIX, con las Guerras Carlistas, y el infortunio de la Constitución liberal de 1812. En la Revolución Comunera se ponían en juego, en el contexto de la mentalidad de su tiempo, los dos elementos sustanciales que posteriormente se frustraron en España en el siglo XIX para acceder a la modernidad. Así, el fracaso del proyecto liberal, a nuestro juicio, se plasmó en dos aspectos. En lo público, en la imposibilidad de establecer el control del poder real, a través de su sometimiento a la Ley. No lo consiguieron los comuneros, con la derrota de Villalar y la desventura de la *Ley Perpetua de Ávila*, que ponía límite al poder real, y no lo consiguieron los liberales del siglo XIX, con la cadena de Cartas Otorgadas y textos constitucionales sin control de la Jefatura del Estado. En realidad, hasta la Constitución Republicana de 1931 no se logró ese control, que se frustraría con el golpe de Estado de 1936 y la dictadura de Franco. En el ámbito del Derecho privado, lo que estaba en juego, como ya lo hemos mencionado, era el principio de igualdad. En el caso comunero, la *Ley Perpetua* establecía, hasta donde se podía, una ley para todos por encima de los Fueros, que no eran más que privilegios locales[62]. Lo

[61] MARAVALL, José Antonio, *op.cit.*

[62] Así cabe mencionar la afirmación de fray Antonio de Guevara, que habiendo presenciado el levantamiento comunero afirmaba; "lo que pedían los plebeyos de la República es, a saber, que en Castilla todos contribuyesen, todos fuesen iguales, todos pechasen y que a manera de señorías de Italia se gobernasen" (ver Guevara, Antonio, *Libro primero de las epístolas familiares de Fray Antonio de Guevara, Volumen 1*, Real Academia Española, p. 305). Con todo, hay que contextualizar la cuestión en 1521, y considerar que no se perseguía, por ejemplo, que pecharan los señores igual que los plebeyos, aunque determinados rasgos sí implicaron un claro ataque a los privilegios nobiliarios (ver, por ejemplo, GUTIÉRREZ NIETO, Juan Ignacio, *Las comunidades como movimiento antiseñorial*, Planeta, Barcelona, 1973; pp. 66-68; y LÓPEZ MUÑOZ, Tomás, *Proceso contra Bernardino de Valbuena, el comunero de Villalpando*, Universidad de Salamanca, Salamanca, 2019).

que establecía la *Ley Perpetua* eran derechos con cierta pretensión de uniformidad para todos. En el caso del XIX, el principio de igualdad de la tríada revolucionaria francesa (*Libertad, Igualdad, Fraternidad*) se concretaba en el Código Civil, el Código Napoleónico, una sola ley para todos; pero en España, como ya hemos señalado, la pervivencia de los Fueros, los Derechos históricos territoriales, vigentes en paralelo junto con el Código Civil de 1889, no hacía otra cosa que perpetuar los privilegios territoriales y los sistemas de mantenimiento de las estructuras sociales tradicionales[63].

En último término, es indudable que la derrota de Villalar, como afirmaba con acierto Uslar Pietri, condicionó nuestra vida colectiva, nuestra vida jurídica, nuestra historia. Pero, como señalara el maestro hispano-alemán del Derecho Internacional Privado, radicado en Argentina Werner Goldschmidt, "Desde los umbrales de la historia de la humanidad se escucha el estridente grito de *Vae victis*"[64]. "Ay de los vencidos".

---

[63] Ver, por ejemplo, nuestro trabajo VICENTE BLANCO, Dámaso Javier, "Antropología jurídica, pluralismo jurídico y Derecho como patrimonio en el Derecho consuetudinario de Castilla y León", en *El patrimonio cultural inmaterial de Castilla y León: propuestas para un atlas etnográfico* (Luis DÍAZ VIANA; y Dámaso Javier VICENTE BLANCO, Eds.), CSIC, Madrid, 2016, pp. 83-127

[64] GOLDSCHMIDT, Werner, «Transactions between States and public firms and foreing private firms (a metodological study)», *RCADI*, vol. 136, 1972-II, pp. 203-329.

REPÚBLICA, COMUNIDAD Y SEÑORÍA, TRES PALABRAS DEL LENGUAJE POLÍTICO EN LAS COMUNIDADES DE CASTILLA

István Szászdi León-Borja
Universidad de Valladolid

I. La República sinónimo de Comunidad, Señoría y Estado

Hace pocos años un luminoso trabajo de don José Manuel Pérez-Prendes se fijaba en un pasaje de una obra menor del gran jurista de los Reyes Católicos, el Dr. Juan López de Palacios-Rubios[1]. La dicha obra es el *Tractado del esfuerzo bellico heroico compuesto a ruego de Gonzalo de Bivero, hijo primogénito del autor*; librito publicado en 1524 póstumamente. El sabio salmantino, catedrático de Valladolid y miembro del Consejo Real, decía en ella que merecía honra ese esfuerzo con las armas que superaba los comportamientos regulares comunes cuando estos los realizan los hombres leales a la Comunidad. Textualmente añadía el jurista: *"hombres que por bien de la república se ponen en peligro de muerte…"*[2].

Pérez-Prendes observaba el significado que el Dr. de Palacios Rubios señalaba para la voz república "no es otro que el vínculo del militar con la comunidad política", un colectivo político general que "es cosa de todos", o república. Creía, que en esta obra "se produce la aparición de la palabra *respublica*. Y aparece, al efecto que aquí nos interesa, que no es otro que el vínculo del militar con la comunidad política, no tanto con la persona del monarca, según la tradición alfonsina".

Pero don José Manuel desconocía que cuatro años antes, en la Ley Perpetua, redactada por la Junta Santa en Ávila, los comuneros escribieron en el capítulo que comienza:

---

[1] Jurista y Miembro del Consejo Real, que como tal fue declarado traidor y ejecutado en efigie por la Junta comunera en la Plaza Mayor de Valladolid, ante una muchedumbre llorosa porque era considerado un sabio, pero también un buen hombre servidor del Reino.

[2] José Manuel Pérez-Prendes Muñoz-Arraco, "Derecho, Estado y patria en la España moderna", en *Patria, Nación y Estado*, número extraordinario de la *Revista de Historia Militar*, año XLIX, 2005. p. 95.

"*Item: que quando se hicieren las Cortes y fueren llamados para ellas procuradores de las ciudades y villas que tienen voto...* ", declárase: "*y que las tales cidades y villas otorguen libremente los poderes a su voluntad a las personas que les pareciere estar bien a su República*". Este eco de la República de Aristóteles, significaba Comunidad política y bien común. Pero sin forzar su significado, ¿no nos resulta familiar las palabras atribuidas a Juan Bravo en el cadalso de Villalar: "*Traidores no, sino fieles defensores del bien público y la libertad del reino*"? Tales últimas palabras se refieren a la defensa del bien común, de la *res pu-blica*. Ello no era nada nuevo en el discurso filosófico y moral castellano bajomedieval. Tanto Enrique Tierno Galván como Jesús Castillo Vegas, quien desde su tesis doctoral ha dedicado sólidos estudios al pensamiento político salmantino temprano, subrayaron la influencia doctrinal directa de Fernando López de Roa entre los comuneros y su discurso político, lo que causó que después de la batalla de Villalar cayeran en desgracia sus obras.

Pocos años después se hablaba en México y en otras partes de las Indias de república de españoles y de república de indios, dividiendo así las dos comunidades humanas en aquellos reinos. Todavía hoy la Real Academia Española en su Diccionario de la Lengua[3] al definir república recoge como séptima acepción: "*desus. Cuerpo político de una sociedad.* Es en este contexto, el de comunidad política —y no en otro—, como hay que entender la voz república en la obra del padre Alonso de Castrillo, en su *Tratado de República y otras antigüedades*. En el prólogo decía el trinitario:

> Y no piense alguno que el daño de las comunidades es a culpa de todos los comunes, mas antes de alguno que las novedades y los consejos más escandalosos les parecen más saludables, y estos tales no son nuestros naturales, sino hombres peregrinos y extranjeros enemigos de nuestra República y de nuestro pueblo, porque, como tales enemigos, provocaban a las otras gentes a dañar, a quemar y a encender las casas, no tanto con celo de la justicia, como con cubdicia del robo, y como hombres

---

[3] https://dle.rae.es/rep%C3%BAblica

cansados de obedecer, por el camino de las novedades desean subir a ser iguales con los mayores, que ninguna cosa puede ser tan poderosa y para la perdición de los hombres como la igualdad de los hombres[4].

Tales evidencias no contradicen el que exista entre los comuneros señales de republicanismo político como forma de estado. La carga de la prueba se satisface con abundantes referencias como las que ofreceremos a continuación.

La República, como un ente político, era la Señoría, en Italia. En Venecia se podía elegir un duque o un *dogo* para su representación y gobierno, pero era el consejo quien tenía la responsabilidad de las decisiones. Este Consejo era conocido como el *Consiglio dei Dieci,* el cual estaba formado por diez patricios que eran nombrados cada año por el *Maggior Consiglio,* formaban un tribunal secreto con la participación del Dux, y tomaban decisiones sobre el gobierno y la política exterior de la Serenísima. Velaba el Consejo de los Diez por la seguridad interna y externa del estado: espionaje, contraespionaje y diplomacia, policía, la lucha contra la corrupción y conspiraciones, al igual que por la defensa marítima y terrestre de la República. No podía haber más de un miembro de una familia entre sus consejeros, y su cargo era de duración anual sin poder renovarlo inmediatamente. Sus decisiones eran inalterables y vinculantes hasta al mismo Dux. La mayor parte del poder la ejercían tres *Capi,* quienes firmaban las sentencias y ordenaban las pesquisas. Los *Capi* vivían en el Palacio Ducal durante su mandato, aislados, para así evitar su corrupción, y eran los responsables de la seguridad de la famosa prisión que estaba unida al Palacio Ducal por el Puente de los Suspiros. La idea del *Consiglio* era heredera del viejo Senado romano.

En el siglo XV las repúblicas itálicas eran muy diferentes a las actuales democracias. El gobierno republicano de entonces pretendía encontrar su referente en la República de Roma, con todas las

---

[4] Enrique Tierno Galván, "De las comunidades o la historia como proceso", *Boletín Informativo del Seminario de Derecho Político de la Universidad de Salamanca,* 1, 1957. p. 146.

incompatibilidades de su marco socio-económico. Cuando el traslado del Papado a Avignon, incluso Roma vivió una corta experiencia republicana entre 1347 y 1354. Mientras el Sumo Pontífice estaba lejos de Roma, las instituciones ciudadanas de Roma tomaron las bridas del gobierno de la Ciudad Eterna. Mientras los Colona y los Orsini luchaban por el poder sobre la Ciudad Eterna se abrió paso el deseo de restaurar la República. Un conocido notario enamorado de la Historia antigua, Cola di Rienzo, amigo de Petrarca, se puso a la cabeza de ese movimiento político en 1343 el cual derribó el senado oligárquico de la urbe. Cola creo el gobierno de los trece *"boni homines"*, que representaban los gremios de Roma en un claro rechazo a la aristocracia romana. El revolucionario Cola di Renzo viajó a Avignon donde justificó ante el papa Clemente VI el cambio político debido a la corrupción nobiliaria y a la falta de seguridad que sus conjuras provocaban. El Papa le nombró Notario de la Cámara Municipal y le despachó de regreso a la Ciudad del Tíber. Cola creía en el igualitarismo mesiánico de Joaquín de Fiore y se apoyaba en la plebe *"il popolo"* y en los miembros de la "gentilezza", compuesta por los comerciantes burgueses y la baja nobleza. Se declaró enemigo de la tiranía y de la aristocracia local. En muchas cosas se parecía su situación a la que vivieron los comuneros de Castilla tiempos más tarde. El 24 de junio de 1347 fue aclamado Tribuno del Pueblo en el Capitolio, ya había sido investido de la Señoría en el Campidoglio. Más tarde sería excomulgado por el Sumo Pontífice, perdiendo el poder a finales de aquel año. A los siete años recuperó el poder y murió asesinado en 1354[5].

Para Maravall las comunas italianas, lejos de reducirse a una actividad económica, como ocurría con aquellas del norte de Europa, se convirtieron en un "espacio de organización y gobierno" que trascendía a la ciudad y que alcanzaba un contenido jurídico y político. Como señalase Ottokar, los nobles y los propietarios del campo se insertaron en su tejido político-social, a diferencia de las sociedades transalpinas donde la dicotomía ciudad-campo, burguesía-nobleza territorial eran realidades enfrentadas[6]. En Castilla, las ciudades, incluso en los mo-

[5] Véase a Michel MOLLAT DU JOURDIN, *Europa y el mar*, Crítica, Barcelona, 1993.
[6] José Antonio MARAVALL, *Las Comunidades de Castilla.* Alianza Editorial, Madrid.

mentos de mayor autonomía, se sentían ligadas entre sí respecto a un "todo político" superior que las trasciende. Su vida política se había hecho dependiente al Rey, se había ligado a su institución[7].

Bartolo de Sassoferrato justificaba las repúblicas italianas por ser herederas de la vieja República romana, a pesar de su simpatía por el Imperio, del cual fue gran defensor, habiendo sido nombrado por el propio emperador Carlos IV su *consiliarius* en 1345. Bartolo se había doctorado en Derecho en el estudio boloñés, que tradicionalmente despreciaba el derecho contemporáneo de las ciudades, pero aquel supo reconocer el derecho de las Señorías. Maestro en Pisa y en Perugia se convirtió en cabeza de los que llamamos postglosadores. Es decir, impartió clases en Señorías, Pisa perdería su independencia años más tarde y pasaría en 1406 a formar parte de Florencia. Entre 1494 y 1506 recuperó brevemente su independencia. Señoría significaba para él el conjunto de la república y su gobierno. Las universidades hispanas estaban contagiadas por el bartolismo y su culto por Roma, por ello no resulta atrevido ver el origen del nombre que los comuneros dieron a sus capítulos de Ávila, el de la Ley Perpetua, en el Edicto Perpetuo de Salvio Iuliano, consejero de Adriano, que por orden de este redactó en el 134 creando un programa fijo para los pretores, dividiéndolo por materias, y en la práctica, esclerotizando el derecho pretoriano. La idea de los juristas que intervinieron en la Ley Perpetua de 1520 era la de establecer un programa de gobierno para el Rey sobre el cual se levantaba el pacto con el Reino. Un programa que ponía límites y dividía en capítulos la actividad del Príncipe y sus oficiales. En esta Ley Perpetua se vertían los principios del buen gobierno castellano recogidos en leyes de cortes y en la tradición histórica. Cuyos capítulos el Rey no podía alterar. Tomemos como referencia el edicto posterior firmado por don Juan de Austria, en calidad de Gobernador de Flandes, conocido

20021 p. 70.

[7] Maravall citaba una carta muy ilustrativa de la relación que habían tenido los Reyes Católicos con sus vasallos, escrita por el Almirante de Castilla al Emperador después de la derrota de los comuneros en que señalaba: "Ellos eran sólo Reyes destos Reinos, de nuestra lengua, nacidos y criados entre nosotros, conocían a todos, criaban a los hijos e hijas en su corte, arraigábase el amor; los que morían en su servicio pensaban que en ellos dejaban padres a hijos, sabían a quien hacían las mercedes; y siempre las hacían a los que más las merecían; jamás se veían sin rey… " [Ibídem, pp. 71, 103.]

como el Edicto Perpetuo, del 7 de enero de 1577 firmado en Huy, y por el cual el Rey de España reconocía los acuerdos de la Pacificación de Gante con los Estados Generales de las Provincias de los Países Bajos (Holanda y Zelanda) y la Unión de Bruselas, igualmente se reconocían los privilegios ciudadanos, el que los oficios de gobierno estuvieran en manos de gentes de los Países Bajos, y se prometía la retirada de los tercios[8]. Era el compromiso o instrumento jurídico que confirmaba la satisfacción de las reclamaciones de los rebeldes. También recogía una amnistía general y la promesa que ninguna de las partes iría contra el Edicto. El Edicto fue revocado por el propio don Juan en julio de 1577 al retirarse a Namur[9]. No creo aventurado afirmar que la Ley Perpetua comunera estuvo presente en la cabeza del hijo de Carlos I al redactar el dicho Edicto Perpetuo. Don Juan de Austria, nacido en 1547, fue educado en Villagarcía de Campos por Luis Méndez de Quijada, Mayordomo del Emperador e hijo del Corregidor de Medina del Campo en 1520, Gutierre de Quijada, el cual con Antonio de Fonseca dirigió el fuego y saqueo de la Villa de las Ferias durante las Comunidades[10].

[8] La mayoría de estas reclamaciones se contenían también en la Ley Perpetua de los comuneros castellanos. En concreto la última demanda, se encontraba en un capítulo de la Ley Perpetua que exigía "la exclusión del reino de tropas extranjeras", la cual Azaña consideraba que era un capítulo de orden constitucional fundamental. [Manuel AZAÑA, *Comuneros contra el Rey*. Ed. y prólogo de Isabelo Herreros. Reino de Cordelia. Madrid, 2021. p. 111.]

[9] Don Juan fue enviado a Flandes con poderes de Gobernador con la misión de pacificar el territorio rebelde. Oficio que ocupó de 1576 a 1578, muriendo en Namur. Este Edicto Perpetuo de 1577 es conocido en la historiografía de los Países Bajos como el Tratado de Marche-en-Famenne. Consúltese respecto del Edicto Perpetuo la obra de Sir W. Stirling MAXWELL, *Don John of Austria, or Passages from the History of the Sixteenth century,* 2 vols. Londres, 1883; el artículo "John, Don". The Encyclopaedia Britannica, Eleventh Edition. Cambridge University Press, 1911. Vol. 15, pp. 445-447. Ver igualmente, el artículo "Juan de Austria. Spanish military officer" de la *Enciclopaedia. Britannica* [https://www.britannica.com/biography/Juan-de-Austria#ref89660], consultado el 04. 12.2021.

[10] Sobre el fuego de Medina del Campo y el corregidor Quijada, véase la investigación del Padre Luis FERNÁNDEZ S. I.: "El incendio de Medina del Campo: 21 de agosto de 1520. Un testimonio inédito", *Investigaciones históricas: Época moderna y contemporánea*, 13, 1993. pp. 95-106. Artículo fundamental que fue reeditado por el Padre Luis en un libro donde recopiló algunos de sus trabajos principales: *Nueva miscelánea vallisoletana*. Grapheus, Valladolid, 1998. Para la familia de don Luis Méndez de Quijada, consúltese de José Joaquín REAL DÍAZ, "La política del Consejo de Indias durante la presidencia de don Luis Méndez Quijada", en *El Consejo de las Indias en el siglo XVI,* Colección Bernal, Serie americanista 1. Secretariado de Publicaciones, Universidad de Valladolid, 1970, pp. 79-87; y de Conrado PÉREZ PICÓN S.I., "Don Luis Méndez

Es fácilmente imaginable para un joven que estudió en Alcalá, y que conocía la historia reciente de Castilla, de medio siglo antes, el imaginar que la Guerra de los Ochenta años podía ser terminada mediante un pacto con el Rey que permitiera la pacificación de los Países Bajos, después de tantos esfuerzos inútiles, incluso el tema religioso parecía por entonces tener arreglo.

Volvamos nuestra atención al tema del nacimiento del republicanismo castellano.

Las Fuentes contemporáneas a las comunidades afirman que los Comuneros de Toledo intentaron transformar sus ciudades en *Signorias* como en Italia. La vez más temprana que he encontrado el término político *Señoría*[11] en castellano data del verano de 1520 y se halla en unas hojas impresas en Toledo dedicadas a Juan Padilla tituladas *"Coplas hechas al Muy Magnifico Señor el señor Juan de Padilla capitan general"*. En su parte final estos versos cuentan como el capitán de Segovia, Juan Bravo, acude en persona a Toledo para pedir protección para su ciudad que se encuentra amenazada por el ejército del Virrey[12].

> *Luego desde poco vn dia*
> *Vino vn capitan prudente*
> *El qual Vravo se dezia*
> *Porque Segouia le embia*
> *que le socorra con gente*
> *y luego en vn continente*
> *hazen ciertos capitanes*
> *para que recojan gente*
> *por el mesmo consiguiente*
> *que toquen los atabales.*
> *En luego sin mas detardar*
> *Bispera de Santiago*
> *Salieron de la ciudad*

Quijada, Presidente del Real Consejo de Indias", en la misma obra *El Consejo de las Indias en el siglo XVI...*, 1970, pp. 89-108.

[11] El equivalente en español a la voz itálica de *Signoria*.

[12] *"Coplas a Juan de Padilla"*, Biblioteca Nacional de España http://bdh.bne.es/bne-search/detalle/bdh0000207586

Porque no les dan vagar
Los de Segovia y el Bravo
*Y luego **la Señoria***[13]
Viendo salir gente tal
Dizen que razon seria
Que vaya en su compañia
Su capitan general

Como Shaw ha subrayado, los enemigos de los comuneros les acusaban de procurar la "libertad", aquella *"libertà"* gozada por las ciudades de Italia. Uno de aquellos críticos, el virrey Adriano de Utrecht, entendió de cartas del Marqués de Villena no sólo que la gente toledana

> *procuran atraer aquella ciudad a la libertad de la manera que lo están la ciudad de Génova y otras en Italia, sino que no quieren obedecer al Gobernador por Vuestra Alteza puesto y constituido, ni al Consejo Real, mas tan solamente a las chancillerías, y a lo mismo trabajan de inducir las otras ciudades con las cuales están confederadas*[14].

El fraile franciscano Antonio de Guevara[15], hombre prominente en la corte, argumentaba que los comuneros creían que sus ciudades serían libres como las *Signorias* italianas, transformándose en repúblicas: *"quedarán exentos e libertados como lo son Venecia, Génova, Florencia, Siena y Luca, de manera que no les llamen ya ciudades, sino **señorías** y que no haya en ellos regidores sino cónsules"*.

---

[13] La letra negrita es mía.

[14] Christine Shaw, "Procuran atraer aquella ciudad a la libertad de la manera que lo están la ciudad de Génova y otras en Italia: *Comunidades* and *Comuni* compared", in *Carlos V. Conversos y Comuneros. Liber amicorum Joseph Pérez*, István Szászdi y María José Galende Ruíz (Editores), Valladolid. 2015, p. 25. Fernando Martínez Gil, 'Furia Popular. La participación de las multitudes urbanas en las Comunidades de Castilla', en Fernando Martínez Gil (ed.), *En torno a las Comunidades de Castilla*. Cuenca, 2002. p. 321.

[15] Guevara (1480-1545) fue un brillante escritor y orador, por su obra propagandística durante la Guerra de las Comunidades el Rey le recompensó con el oficio de Predicador Real. Sus *Epístolas familiares*, fueron de gran utilidad a la causa imperial. [Fray Antonio de Guevara, *Epístolas familiares*. Obras Completas, 3, Fundación José Antonio de Castro, Madrid. 2004).]

En opinión de Guevara, premiado más tarde con el oficio de Predicador de la Corte, *"lo que pedían los plebeyos de la república es, a saber, que en Castilla todos contribuyesen, todos fuesen iguales, todos pechasen y que a manera de señorias de Italia se gobernasen, lo cual es escándalo oírlo y blasfemia decirlo porque así como es imposible gobernarse el cuerpo sin brazos, así es imposible sustentarse Castilla sin caballeros"*[16]. Lo que significaba que los comuneros consideraban a la *libertá* itálica el que lo plebeyos o común no fuera diferente, no se distinguiera, de los caballeros o nobles a la hora de pagar impuestos. Es decir, la libertad significaba el fin de la diferencia entre pecheros e hidalgos, y que todos fueran gobernados por igual por cónsules[17]. Esta reclamación estaba

---

[16] *Idem*. Epístola 49, Fray Antonio de Guevara a Juan de Padilla, fechada el 8 de marzo de 1521, p. 273, también citada por Shaw. Sobre este pasaje del franciscano, futuro Obispo de Mondoñedo, decía Manuel Azaña: "Se echa de ver que el partido de la Corte sabía muy bien, como el partido de la Junta, el objeto de la rebelión." [AZAÑA, *Comuneros contra el Rey*. Op. cit. (n. 8), p. 113.]

[17] Es evidente que la Republica Romana fue la fuente política para fundamentar la idea tardomedieval de la libertad. La *libertá* medieval de las Señorías italianas significaba la justificación del auto gobierno republicano, una barrera ideologica a toda aspiración de gobierno absoluto. Y ese concepto justificaba la exigencia de igualitarismo que coincidía con el sentido con que los *cives* romanos de la Antigüedad entendían la igualdad. Esta referencia a los ciudadanos romanos fue expuesta también en las obras de Maquiavelo. [Francisco Javier DE ANDRÉS. *Roma. Instituciones e ideologías políticas durante la República y el Imperio*. Editorial Tecnos, Madrid. 2015, pp. 19, 29.] En Castilla el término *libertad* implicaba una dignidad para aquellos que la poseían. Esta era la gran diferencia entre los que sufrían servidumbres y aquellos que habitaban las ciudades. Para los comuneros su lucha era contra la tiranía, una *Guerra Justa*. No olvidemos la importancia de la Guerra Justa entre los títulos para justificar la posesión del Nuevo Mundo. Gutiérrez Nieto consideraba que la referencia contra los repartos de *encomiendas* en la Ley Perpetua se debía a que entendían los comuneros que ello representaba un ataque a la libertad de los indígenas, reconocida por los Reyes Católicos, y exigida por las bulas alejandrinas. Los indios eran vasallos no esclavos. Para ellos el problema era paralelo a las ambiciones nobiliarias de establecer señoríos cada vez más feudalizantes. [Juan Ignacio GUTIÉRREZ NIETO. "La idea de la libertad en Castilla", en *América y la España del Siglo XVI*, II, CSIC, Madrid. 1983. pp. 20-21.] Fray Prudencio de Sandoval copió el capítulo dedicado a las Indias de la *Ley Perpetua* (1520) en su *Historia del Emperador*. La cito por su gran importancia: *"Item, que no se hagan ni se puedan hazer perpetuamente Mercedes algunas à ninguna persona de qualquier calidad que sea, de Indios algunos, para que caven è saquen oro, ni para otra cosa alguna. E que revoquen las mercedes dellos fechas hasta aquí. Porque en se aver fecho merced de los dichos Indios, se ha seguido antes daño que provecho al patrimonio Real de sus Magestades, por el mucho oro que se pudiera aver dellos: de mas que siendo como son Christianos son tratados como infieles, y esclavos."* [Fray Prudencio de SANDOVAL, *Historia del Emperador Carlos V*. Amberes, Jerónimo Verdussen impresor, 1681 Lib.VII, I, p. 241.]

unida al malestar generado por la intervención de los corregidores en el gobierno económico de las ciudades y villas[18].

En otra carta abierta dirigida al Obispo de Zamora, fechada en Medina de Ríoseco el 20 de diciembre de 1521, fray Antonio de Guevara acusaba a don Antonio de Acuña, de ser responsable de intrigar y predicar en las ciudades castellanas y leonesas que estas alcanzarían la libertad que gozaban las Señorías de Venecia, Génova, Florencia, Siena y Luca terminando con el régimen gubernativo de corregidores y regimientos. Guevara le decía:

> *También me ha caydo en gracia el arte que ayéys tenido para engañar y alterar a Toledo, a Burgos, a Valladolid, a León, a Salamanca, a Ávila y Segovia, diziendo que desta hecha quedarían esentas y libertadas como los son Venecia, Génova, Florencia, Siena y Luca, de manera que no las llamen ciudades sino señorías y que no aya en ellas regidores sino cónsules. Pensando en este caso o que diría tuve gran espacio suspensa la péñula y al fin me paresció que sobre tan grande vanidad y sobre tan nunca oýda liviandad no avía qué dezir ni menos qué escribir; porque me tengo por dicho que aquéllas ciudades no las queréys libertar sino tyranizar; no para que sean señorías sino para aprovecharos de sus riquezas. Los que quieren emprender algún negocio que de su cosecha es bullicioso y escandaloso no han de mirar la ocasión que ay estonces para lo levantar; sino el mal fin o bueno que pueden tener porque todos los famosos escándalos siempre han avido comiénço de buenos respectos...*[19]

[18] El corregidor era un oficial nombrado por el Rey para presidir y corregir el gobierno local en su nombre. Para el conocimiento de la institución del corregimiento es aconsejable la lectura de la tesis doctoral de Agustín BERMÚDEZ AZNAR, *El Corregidor en Castilla durante la baja Edad Media (1348-1474)*, Universidad de Murcia, 1974. La misión del corregidor era la de intervenir el regimiento, la autonomía municipal, al ser los ojos y las manos del Rey dentro del gobierno municipal abría un nuevo frente en el proceso político para conseguir el poder absolute sobre el reino. Durante el reinado de los Reyes Católicos se generalizó esta institución que produjo numeroso roces con las oligarquías locales castellanas, las cuales vieron reducida su capacidad y su "libertad" frente a los oficiales reales.

[19] Guevara, *Epístolas familiares. Op. cit.* (n. 15), Ep. 47, p. 266.

Este importante testimonio señala al Obispo de Zamora, pretendiente al Arzobispado Primado de Toledo, como el responsable y primer ideólogo, de la transformación de los concejos castellanos en repúblicas "a la manera de Italia".

Previamente Fray Antonio había escrito la letra dirigida al Capitán general de Toledo Juan de Padilla, con fecha de 8 de marzo de 1521, en Medina del Campo, que en parte anteriormente he citado. Trataba de la relación entre libertad e igualdad fiscal, en que declaraba:

> *y lo que pedían los plebeyos de la república, es a saber: que en Castilla todos contribuyesen, todos fuesen iguales, todos pechasen, y que a manera de señorías de Italia se gobernasen; lo qual escándalo es oirlo y blasfemia decirlo, porque así como es imposible gobernarse el cuerpo sin los brazos, así es imposible sustentarse Castilla sin caballeros*[20].

Pero la igualdad fiscal no significa necesariamente la igualdad de los hombres en una sociedad oligárquica, una sociedad estamental donde cada cual sabía quién era quién en ese "orden natural" en que se establecía un código y una la escala difícilmente alterable entre los hombres. La libertad que predicaban los comuneros era en realidad una igualdad limitada *"erga omnes"*[21].

Era una opinion común el considerar aquellas *Signorias* como gobiernos inestables que podían radicalizarse o caer en manos de fanáticos como el dominico Savonarolla (un hereje) o condotieros desaprensivos. Fray Antonio de Guevara, devolvió la acusación de tiranos a los Comuneros, los cuales según él, que alimentaban la guerra civil y la

---

[20] *Ibidem.* Ep. 49, p. 275.

[21] Skinner y Pockock han desarrollado la idea de la existencia de un modelo que ha dado forma al republicanismo continental europeo desarrollado en los límites del imperio de los Staufen. [Domingo CENTENERO DE ARCE, "¿Republicanismo castellano? Una visión entre las historias de las ciudades y de las Actas Capitulares.", en *Repúblicas y republicanismo en la Europa moderna (siglos XVI-XVIII)* Coord. por Manuel HERRERO SÁNCHEZ. Fondo de Cultura Económica, Madrid. 2017, cap. 2. pp. 127-128.] Los estatutos castellanos de 1427/1433 y de Portugal de 1446 establecían que la opinión de Bártolo como autoridad indiscutible en los casos que tanto Justiniano o las glosas de Accursio no ofrecieran otra solución.

destrucción del reino, así en *Letra para don Juan de Padilla*:

> *Bien, señor, os acordáys que en la Junta de Ávila os dixe que*
> *ývades perdido, ývades engañado y que ývades vendido, porque*
> *Hernando de Ávalos y don Pedro Girón y el obispo de Çamora y*
> *los otros comuneros no había inventado esta guerra cevil con zelo*
> *de remediar los daños de la república, sino para tomar cada uno*
> *de su enemigo venganza… Pues quisistes y queréys seguir y creer*
> *a Hernando de Ávalos y a los otros comuneros, seráme forçado de*
> *assentaros en el cathálogo de los famosos tyranos…[22]*

Y si el discurso de los comuneros al respecto de la Libertad era blasfemo, la persecución de aquella era también herética. Recientemente Rizzuto ha estudiado este aspecto de la controversia con los comuneros, subrayando una cita de una carta del Almirante de Castilla poco después de la batalla de Villallar, el 23 de abril de 1521, en que se refiere a *"esta maldita seta de livertad"*[23].

La "secta toledana" sobrevivió a la represion posterior a 1521, y tenemos pruebas que no renunciaron a su ideal de la libertad. César Rizzutto also quotes the anonymous *Relación del discurso de las Comunidades*: *"Pero es de saber que en este año de 1521, no obstante el castigo fecho en los comuneros, todavía en la ciudad de Toledo quedó aquella secta e vana opinión en los aderentes de Juan de Padilla"*[24].

El Dr. Joseph Pérez mantenía la opinión que los comuneros podían haber estado influenciados por el ejemplo republicano italiano pero que no se comprometieron a la transformación de sus concejos municipales en verdaderas repúblicas[25]. Sin renunciar al respeto que guardo

---

[22] Guevara, *Epístolas familiares. Op. cit.* (n. 15), pp. 274, 277-278.

[23] Claudio César Rizzuto, "El problema de las relaciones entre herejía y rebelión en el contexto de la Revuelta comunera (Castilla, 1520-1521)", *Tiempos Modernos* 30 (2015/1), p. 13.

[24] *Relación del discurso de las Comunidades,* p. 191.

[25] En palabras de Pérez: "Ya en 1516, Málaga, tras rebelarse contra el almirante de Castilla, pretendió gobernarse a la manera de Génova. En los momentos subsiguientes al estallido de la rebelión en Toledo, el marqués de Villena llamó la atención del cardenal Adriano respecto de las intenciones de los insurrectos, que invocaban el ejemplo de las ciudades italianas, pocos meses más tarde el almirante de Castilla insistía sobre el mismo

a la obra del gran investigador francés no puedo rechazar la evidencia que nos conduce a pensar lo contrario.

Ellos tenían presente la necesidad de una Liga Santa o Santa Junta que centralizara la toma de decisiones, tal como por ejemplo había ocurrido para la lucha contra los turcos.

En diversas ocasiones habían declarado su guerra contra la tiranía como *"guerra justa"*[26].

Existen dos poderosas razones para justificar por qué no tenemos más información sobre el plan de transformar el Reino en una confederación de Signorias, en primer lugar hubo una sistemática destrucción de la documentación comprometedora de las ciudades y villas participantes en las Comunidades para lavar su reputación y proteger a los linajes comprometidos con la causa. Un buen ejemplo son las páginas arrancadas de las actas y acuerdos municipales de Toledo, sin ir más lejos, que nuestros colegas Sánchez y Gómez Vozmediano están investigando. La segunda razón es que la Revolución Comunera duró unos dos años solamente. Es más, es asombroso que en tal corto periodo temporal pudieran desarrollar el marco ideológico programático de la Ley Perpetua que les condujo a pedir socorro al rey D. Manuel de Portugal[27] y al mismísimo Francisco, Rey de Francia. De haber sido

aspecto, y los cronistas desde Guevara a Damián de Goes se ocuparon del mismo tema: las ciudades sublevadas contemplaban transformarse en pequeñas repúblicas autónomas evolución relativamente reciente había acabado reservando los cargos municipales a una pequeña minoría de privilegiados, totalmente desligados de las nuevas fuerzas económicas y sociales. El deseo de obtener una autonomía más amplia y la tendencia a democratizar la vida política se unieron, pues, para reforzar el principio que impulsaba a los comuneros a conceder mayor importancia a las instituciones de la ciudad y a levantar con ellas una especie de muralla contra la arbitrariedad y el autoritarismo del poder central. No es imposible, por otra parte —como cree Maravall— que en medio de estas teorías se hubieran deslizado ciertas ideas republicanas difusas, reforzadas por la lectura de los autores clásicos. No obstante, la idea de un gobierno republicano no aparece en los comuneros; su meta debió de ser más bien la creación de una monarquía muy descentralizada en que las comunas autónomas habrían dispuesto de poderes autónomos muy amplios…" [Joseph PÉREZ, *La Revolución de las Comunidades de Castilla (1520-1521)*, Siglo XXI de España Editores, Madrid. 1977, pp. 517-518..]

[26] István SZÁSZDI LEÓN-BORJA, "Los comuneros ante la encomienda indiana", en *Imperio y Tiranía. La dimensión europea de las comunidades de Castilla*. István Szászdi León-Borja y María Jesús Galende Ruíz (Editores), Universidad de Valladolid, 2013. pp. 455-456.

[27] Isabel M. R. Mendes DRUMOND BRAGA, *Um espaço, duas monarchias...* (Lisbon. 2001). pp. 25-26. La Junta de Tordesillas escribió a El-Rei D. Manuel que Castilla y

por ellos hubieran sido felices reconociendo a D. Manuel como Rey de Castilla. Nadie podía olvidar que había estado casado con doña Isabel, la hija mayor de los Reyes Católicos, y que había sido jurado heredero al trono de Castilla. Ni que en segundas nupcias había casado con doña María, su cuñada, en terceras casó en 7 de marzo de 1519 con Leonor de Habsburgo, hermana de don Carlos.

Los comuneros procuraron el bien común del Reino ante la tiranía que les acechaba. La Comunidad de Toledo, la última en resistir a los "imperiales", mantuvieron hasta el final la opinión de transformar las *"Comunidades de villa y tierra"* en ciudades libres siguiendo el modelo de Génova o Venecia[28]. La "Libertad ciudadana" era la base del credo comunero, en abril de 1521 cuando doña María Pacheco, la viuda de Padilla, suplicó auxilio a su tío el Marqués de Villena, Diego López Pacheco, se justificó: *"lo hacía como defensora de una ciudad libre[29]*.

Para los imperiales Libertad era sinónimo de anarquía y desorden, para los comuneros significaba justicia y buen gobierno. Para los primeros, el Imperio significaba orden y legalidad, mientras para los segundos, significaba tiranía y ruptura con la tradición pactista que caracterizó la política bajomedieval castellana. Los seguidores de don Carlos valoraban al Imperio como la sociedad organizada, lo contrario al desorden en que vivían las repúblicas itálicas. Esta era la opinion que mantenía también Hartmann Schedel en su *Liber Chronicarum* publicado en 1493 y que circuló en Castilla[30].

Portugal eran *"una misma nación"*, y justificaron su Revolución por los abusos de *"los flamencos"* que habían sido consentidos por el Rey y el Consejo Real: "ved los robos y tiranías que hacían los extranjeros que en su Consejo venían y las encubiertas y abominables maneras que para despojar y empobrecer estos Reinos tenían, persuadiendo a su Alteza que vendiese, como vendió (contra lo que tenía jurado y contra las leyes destos Reinos) treinta cuentos de renta del patrimonio Real." El -Rei D. Manuel, a pesar de recibirles, no dio su protección a la Junta, pero nunca rompió la comunicación con los rebeldes a pesar que era claro que estaba con don Carlos. Esto fue lo que provocó que los comuneros negociaran con el rey Francisco de Francia.

[28] PÉREZ, *La Revolución de las Comunidades... Op. cit.*, p. 171.

[29] Alfonso M. GUILARTE, *El Obispo Acuña. Historia de un comunero*. Editorial Miñón, Valladolid. 1979, p. 158. Doña María era hija del Conde de Tendilla, embajador de los Reyes Católicos ante la Santa Sede, un hombre impregnado por el Renacimiento italiano. El Gran Tendilla había sido nombrado por los Reyes Alcaide y gobernador de la Alhambra de Granada, por esta razón Doña María Pacheco nació en el Palacio del Partal.

[30] Schedel estudió en Leipzig y en la Universidad de Padua entre 1456 and 1466. Su

Cuando se trata del republicanismo en el pensamiento comunero se indica siempre que fue un fenómeno toledano. En la Castilla del siglo XVI decir República era decir Comunidad[31].

El delito de los comuneros era gravísimo pues se habían rebelado a los señores propietarios del Reino: la Reina doña Juana y en su nombre, su hijo don Carlos. Pero esta idea política era tanto en contra del pactismo político tardío castellano que estudió el Dr. Alfonso García-Gallo[32], como a las ideas del maestro Rodrigo Sánchez de Arévalo,

biblioteca en Nuremberg fue muy famosa en su tiempo. Uno de sus mejores amigos fue Martin Behaim.. [Hartmann SCHEDEL, *Liber Chronicarum.* Spanish translation by Jaume Casamitjana, Studies by Dietrich Briesemeister and Juan José Vallejo Penedo OSA., (Burgos, Gil de Siloé SA, 2006).]

[31] Por ejemplo, en Indias se hablaba de república de españoles y república de indios. Como ha escrito un admirado colega: "con la irrupción del Estado moderno lo que sucedió fue que la fuerza expansiva del republicanismo alcanzó a espacios territoriales más amplios y se introdujo en el pensamiento político de los nuevos Estados nación… Un ejemplo lo constituye el *Tractado de República* de Fray Alonso de Castrillo (1521), que defendió el valor de las repúblicas urbanas frente al absolutismo monárquico con el trasfondo de la guerra de las Comunidades de Castilla. La derrota de los comuneros representó el fin simbólico de los ideales de de autogobierno ciudadano del humanismo cívico…" [Francisco Javier ANDRÉS SANTOS, *ROMA. Instituciones e ideologías políticas durante la República y el Imperio.* p. 20.]

[32] Decía don Alfonso: "En plena crisis de autoridad tras la deposición de Enrique IV en Ávila y la proclamación de su hermano don Alfonso (1465), reconocida por el rey Dª Isabel como heredera a la muerte de este en el Tratado de los Toros de Guisando (1468), los procuradores de las Cortes reunidas en Ocaña en marzo y abril de 1469 al dirigirse al rey pidiendo remedio de los males y desgobierno del rey, comienzan formulando la doctrina pactista del poder real: Toda muchedumbre es materia o causa de confusión, e de la confusión viene la disensión por la pluralidad de los que contienden; e por esto fueron los homnes constrennidos por nesçesidad de ensonnorear, entre muchedumbre e congregación dellos, e a uno que las disensiones concordasen por mandado de su superioridad les departiese, e por su dicho de aquesta fuesen regidos; y por que su ofiçio era regir, convenible cosa fue que le llamasen rey.de lo qual se sigue quel oficio del rey, así por su primera invención como por su nombre, es regir, y hase de entender, bien regir, porque el rey que mal rige, no rige, mas disipa. Síguese que pues quitar o determinar quistiones y dar a cada uno lo suyo es oficio de rey, e este tal ejerciçio se llama justiçia... propio es a los reyes hazer juizio e justiçia. .. E vuestro cargo es que mientras vuestros subditos duermen Vuestra Alteza vele guardandolos. Y su mereçenario sois pues soldada desto vos dan vuestros súbditos para que relevedes las suyas y quitéis sus vexaciones. , partes de sus frutos e de las ganancias de su industria, y vos sirven con sus personas muy ahincadamente, a los tiempos de vuestras nesçeçidades, por vos hazer más poderoso, para que relevedes las suyas e quitéis sus vexaciones. Pues mire Vuestra Alteza si es obligado por contrato callado a los tener y mantener en justicia." [Alfonso GARCÍA-GALLO, "El Pactismo en el Reino de Castilla y su proyección en América", en *El Pactismo en la Historia de España.* Instituto de España, Madrid. 1980. pp. 156-157.] Es notorio que el trato que don Carlos dio a la Corona de Aragón no se corresponde con su forma de imponerse en Castilla, mientras en la

quien había escrito que el Rey no era propietario del reino, sino administrador del reino, pues su oficio era de derecho público[33]. Por tanto la Revolución Comunera era legítima a estar dirigida para la conservación del reino y el fin del mal gobierno.

En la carta que Toledo dirigió a las ciudades castellanas convocándolas a constituirse en Santa Junta en Ávila se dice:

> *no podrán decir que nos amotinamos con la Junta, sino que somos otros Brutos de Roma, redentores de su patria, de manera que sacaremos renombre de inmortales para siglos venideros… el destierro es gloria, la persecución es corona, el morir es vivir, porque no hay muerte más gloriosa que morir el hombre por defensa de su república.*

Y subraya Ramón Menéndez Pidal el contenido de una de las misivas del cardenal Adriano al Rey, fechada el 20 de junio de 1520, que nos muestra que los toledanos hilaban fino al unir a la palabra república la lucha por la libertad:

> *Los de Toledo cada día se afirman más en su pertinancia, y procuran atraer aquella ciudad a la libertad, de manera que lo están la ciudad de Génova y otras de Italia*[34].

primera se continúa con respeto el orden pactista respetado por Fernando el Católico, con los castellanos sólo prevaleció la voluntad real. Por ejemplo, las ciudades sardas vieron confirmados sus privilegios y peticiones en las Cortes de la Coruña de 1520, dice Marconi.: "Carlos de Gante declara de manera explícita que se quiere plegar de manera explícita a las reglas establecidas por su abuelo en un cuadro político de continuidad y de respeto de la tradición jurídica local. La línea de continuidad se recalca también con el mandato que en Zaragoza, el 3 de octubre de 1518, se confiere al virrey don Ángel de Vilanova para celebrar las cortes en Cerdeña, y recoger el juramento de fidelidad y el homenaje de los presentes… La vitalidad social y la creciente función política de las ciudades se había manifestado en el año de 1518 en Zaragoza, cuando en el momento del juramento de fidelidad, se presenta al soberano un enorme bloque de solicitudes. Unas se acogen enseguida, otras al cabo de un año en Barcelona y otras aun las codificará la Corte un par de años después en La Coruña." [Francesco MANCONI, *Cerdeña. Un reino de la Corona de Aragón bajos los Austrias.* Traducción de María José Barranquero. Publicacions de la Universitat de Valencia, 2010. pp. 65-67.]

[33] Teodoro TONI; "Don Rodrigo Sánchez de Arévalo, 1404-1470, su personalidad y actividades. El Tratado de "Pace et Bello". *Anuario de Historia del Derecho Español,* T. XII, Madrid. 1935, p. 276.

[34] Ramón MENÉNDEZ PIDAL, "Carlos V y las Comunidades vistas a nueva luz documental", en *El P. Las Casas y Vitoria con otros temas de los siglos XVI y XVII.* Colec-

Nacido en la cercana Talavera de la Reina en 1530, el jesuita Juan de Mariana no sólo escribió su famoso *Rege et regis institutione* en 1599, en que defendía el tiranicidio para el rey del mal gobierno —idea derivada de la obra tomista— sino que en su *Historia general de España*, editada en Toledo en 1601, justificaba que su obra abarcaba hasta la muerte del Rey Católico en 1516, porque según sus palabras *«No me atreví a pasar más adelante y relatar las cosas más modernas, por no lastimar a algunos si decía la verdad, ni faltar al deber si la disimulaba»*. Su límite temporal con la muerte de don Fernando en Madrigalejo no era una casualidad. Para mí es evidente que Mariana quería evitar juzgar las mocedades del Rey don Carlos, y concretamente a la Revolución comunera. Bien decía Francisco Tomás y Valiente:

> Mariana es entre nosotros un tardío exponente (en 1599) del pactismo político medieval. Para él, como ha estudiado Delgado Pinto, los límites del poder real se derivan de que el pueblo no ha delegado en el príncipe todo poder; la república conserva cierta autoridad, y las 'Leyes fundamentales' son aquellas leyes es positivas vigentes en cada reino que constituyen las cláusulas del contrato por el cual la república cedió su poder al rey[35].

Una Ley Fundamental fue la Ley Perpetua de los comuneros de Castilla, y en contra del parecer de algunos el día de hoy, no era una constitución democrática. Con gran respeto vuelvo a citar la opinión del Dr. Tomás y Valiente: "las leyes fundamentales se nos muestran como un puente ideológico construido principalmente para proteger a los estamentos privilegiados frente a la soberanía absoluta del príncipe. Una vez más conviene comprender que el pactismo, en cualquiera de sus manifestaciones, no fue nunca (no podía serlo) una forma de "democratización" del poder o algo parecido, sino una fórmula para reconocer la alianza objetivamente ineludible entre la Monarquía y los

ción Austral 1286, Ediciones Espasa-Calpe, 3ª ed. Madrid, 1966, p. 81.
[35] Francisco TOMÁS Y VALIENTE, *Manual de Historia del Derecho Español*, Editorial Tecnos, Madrid. 4ª ed. 3ª reimpresión, Madrid. 1983, p. 288.

elementos privilegiados:"[36] Nuestra Ley Perpetua pretendió ser la última Ley Fundamental, pero no pasó de ser un proyecto.

Para la historiografía extranjera esto resulta difícil de comprender, casi un enigma. Se preguntaba la historiadora inglesa Christine Shaw, quién en Castilla podía tener conocimiento de las cosas de Italia...

> *Who in Castile would have had personal, direct knowledge of Italy? Travellers from Castile would have gone there as merchants and traders, as students to Italian universities and as pilgrims, above all to Rome, where Spanish clergy would also go on business concerning benefices and legal disputes. From the 1490's, thousands of men from the Spanish kingdoms went to Italy to fight in the Italian Wars. As yet, few would have gone on diplomatic business. Spanish officials in Italy would be much better acquainted with the Kingdoms of Sicily and Naples, and with the Papal government in Rome, than with northern Italy and the Italian republics... In all likelihood, few people in Spain would have had a detailed knowledge of Italian republican governments, or of the principles underlying them. At most they would have a notion of them as self-governing cities, not owing allegiance to any other prince[37].*

¡Pero entre los conocidos del padre de doña María Pacheco, el Conde de Tendilla, estaba —por ejemplo— un forastero ligur naturalizado portugués que le pidió a los Reyes Católicos un capelo para su hijo mayor, don Diego, tal como acababa de hacer Lorenzo el Magnífico!

En la Carta de Descubrimiento del Libro Copiador de Colón, escrita en el estuario del Tajo en 1493 recién regresado a Europa, pedía el genovés a los Reyes que gestionaran un capelo para su hijo Diego,

---

[36] *Ibídem, .*p. 289.

[37] SHAW, "Procuran atraer aquella ciudad a libertad ...", *Op. cit..* (n. 14), p. 27. En octubre de 1520, el primo del Rey, el Almirante de Castilla, escribió a la Junta tratando de disuadirles y les decía que Castilla no podía seguir el ejemplo de Venecia o de Génova en su regimiento pues había en Castilla tantas ciudades insignes que cada una era comparable con aquellas repúblicas. Decía Enríquez que Castilla necesitaba aun rey que la defendiera y no convertirse como en esas repúblicas itálicas inermes, sin sentido de la honra, que necesitaban suizos a sueldo para su defensa. [MENÉNDEZ PIDAL, Op. cit. (n. 34), pp. 81-82.]

como Lorenzo de Médicis acababa de conseguir para su hijo el futuro León X[38]. Dice el dicho pasaje, de la Carta a los Reyes anunciando el Descubrimiento, versión del Libro Copiador:

Agora, serenísimos príncipes, acuerde V. Al. Que yo dexé muger y hijos, y vine de mi tierra a les servir, adonde gasté lo que yo tenía y gasté siete años de tiempo y rrecibí mill oprovios con disfama y sofrí muchas neçesidades, no quise entender con otros príncipes que me rrogaron, puesto que a V. Al. aya dado recaudo a este viaje, que a sido más inportunidad mía que no por otra cosa, y que no solamente se me a hecho merced, mas aun no se a cumplido lo que se me avía prometido. Yo no demando merced a V. Al. para athesorar, porque yo no tengo condiçión salvo de servir a Dios y a V. Al. y traer este negoçio de las Yndias a perfectión, como el tiempo dará d'ello testimonio; y por tanto les suplico que la honra me sea dada según el serviçio.

Tanbién la Iglesia de Dios deve entender en esto: aprobeer de perlados y devotos y sabios religiosos; y porque la cosa es tan grande y de tal calidad qu'es razón que provea el Sancto Padre de perlados que sean muy fuera de cubdiçia de bienes temporales, y muy propio(s) al serviçio de Dios y de V. Al., y por tanto a ella suplico que, en la carta que escriva d'e esta victoria que le demanden un cardenalgo para mi hijo y que, puesto que no sea en hedad idónea, se le dé, que de poca diferençia ay en el tiempo d'el y del hijo del Ofiçio (sic) [Lorençio] de Medicis de Florençia, a quien se dio el capelo sin que aya servido ni tenga propósito de tanta honra de la Christiandad; y me faga merçed de la carta d'esto, porque yo lo enbíe a procurar.

[38] Cristóbal COLÓN, *Textos y documentos completos.* Edición de Consuelo Varela. *Nuevas Cartas.* Edición de Juan Gil. Alianza Editorial, Madrid, 1992. p. 233. D. VII. El 9 de marzo de 1489, según el gran historiador de los papas Ludwig Pastor, se nombró cardenal al segundogénito de Lorenzo el Magnífico, el futuro papa León X con catorce años. Obsérvese que en la versión es una errata del Libro Copiador, se lee *"del Ofiçio de Medicis"*, en lugar de *"de Lorençio de Medicis"*; se debe a la mala transcripción del copista en el siglo XVI que ha leído una *f* donde había una *r*. El Conde de Tendilla, el embajador que más sabía de las cosas de Italia, conoció a Cristóbal Colón en el Campamento Real en Santa Fe, ya antes de la caída de Granada.

El modelo de gobernar de las Señorías italianas, debía también correr por la cabeza de Colón para sus Yndias en el futuro. Un virreinato que en realidad fuera como el dogo de Venecia o de Génova; y sus hijos codeándose y siendo tratados como los de los Médici de la Toscana. Consuelo Varela ha dedicado un importante estudio sobre la importante presencia florentina en Sevilla a finales del siglo XV y comienzos del XVI[39]. Y Ernesto Lunardi, hace décadas trabajó la correspondencia enviada a la Señoría por Amerigo Vespucio, verdaderos informes diplomáticos[40]. Personalmente creo que era el modelo oligárquico de Florencia el que más atraía a los toledanos comuneros, aunque tampoco debemos olvidar su interés por la República e Génova. Para doña María Pacheco las noticias de la Ciudad del Arno le resultaban, de gran interés pues el papa de entonces León X pertenecía a aquella familia de ricos banqueros y comerciantes. Como recuerda Shaw. Los Médicis recuperaron el poder en Florencia gracias al virrey español de Sicilia, Ramón de Cardona, quien en 1514 acabó con su exilio que había comenzado en 1494 con la revuelta de Savonarola a raíz de la invasión francesa[41]. La República democrática de Florencia del fraile dominico, con su fanatismo religioso y político, era también un claro ejemplo de lo que no debían convertirse las ciudades y villas castellanas; aquellos alborotos tienen un cierto parecido con los desórdenes vividos en Segovia durante las Comunidades. Las inflamadas predicaciones del antiguo confesor de Lorenzo de Médicis se parecen en contenido al de los frailes de las órdenes mendicantes en la Castilla y León de las Comunidades.

Los florentinos tenían viejas alianzas en Venecia, allí su nación tenía una hermosa capilla principal en la Iglesia de los franciscanos —Santa Maria Gloriosa dei Frari— dedicada a San Juan Bautista con una imagen de Donatello. Allí se reunían y enterraban. Fernando el Católico potenció el consulado español de comerciantes, siendo los cónsules

[39] Consuelo VARELA BUENO, *Colón y los florentinos*. Alianza Editorial, Madrid. 1988.

[40] Vease el trabajo de Ernesto LUNARDI sobre los informes de Vespucio a la Señoría florentina.

[41] SHAW, "Procuran atraer aquella ciudad a libertad... " *Op. cit.* (n. 14), p. 31.

españoles verdaderos espías al servicio del Rey[42]. Familias, como los vizcaínos Zornoza sirvieron al Emperador y a Felipe II en el consulado español de Venecia, informando al rey de todo tipo de materias políticas y económicas, su conocimiento de la política veneciana no podía ser más sutil. Junto a ellos también existía otra comunidad hispana, la de los judíos sefardíes quienes eran muchas veces fuente de información para los cónsules de lo que ocurría en la capital de la Serenísima.

En el caso de los genoveses su presencia en Sevilla, con un barrio amurallado, baños y cementerio propio, databa del siglo XIII, conservándose un *Libro de Privilegios* de su comunidad en el Archivo Municipal hispalense. Su interés por la adquisición de lana merina para industria pañero llevó a casas comerciales de aquella nación a establecerse en Sevilla y a convertirse en grandes aliados de los reyes castellanos frente a los intereses venecianos. La colonia genovesa de Sevilla era la más grande, rica e influyente de Castilla, algo lógico al ser Sevilla su capital comercial por excelencia. Así cuando se inició la crisis entre Portugal y Castilla desatada por el viaje de Colón, los reyes don Fernando y doña Ysabel mandaron armar una nave gruesa a Iñigo de Artieta, el 24 de agosto de 1492, lo que fue el inició de la Armada de Vizcaya, para proteger en el mar la expedición descubridora. El 12 de septiembre de 1492 los Reyes expidieron otra provisión dirigida a los genoveses radicados en el reino, especialmente los de Sevilla, Cádiz, Córdoba y Murcia (donde vivían la mayoría de los tratantes ligures), *"porque syendo en nuestros Reinos bien tratados no sera rrason que nuestros subditos recibieren agravio de los naturales de la çibdad de Genova...."* pidieran a la República de Génova que ninguno de ellos molestase a Artieta ni tomasen en represalia su nao gruesa llamada Santa Lucía, que le habían mandado armar[43]. ¿Cómo se puede dudar que eran muchos en Castilla los que conocían de los asuntos políticos y de

[42] István Szászdi León-Borja, "Los cónsules de Portugal, Castilla y Aragón en Venecia en los siglos XV-XVII", en *Revista de Historia Moderna: Anales de la Universidad de Alicante*, 16, 1997, pp. 179-183.

[43] István Szászdi León-Borja e Inés Rodríguez López, "La Armada de Vizcaya en 1492. Los Reyes de Castilla quebrantaron la paz con el reino de Portugal". *Ciencias Históricas*, Vol. XIII. Universidade Portucalense Infante D. Henrique, Oporto. 1998. pp. 128-130. Ver el Doc. I, del apéndice documental del presente trabajo.

los negocios de sus socios los genoveses, que llevaban siglos establecidos en Castilla, Portugal y en el reino nazarí de Granada?[44]

Otro tanto había pasado con los *"placentines"* los mercaderes de Piacenza en Sevilla, aliada de Génova[45]. En Sevilla, durante la Baja Edad Media hubo Almirantes de Castilla miembros de la nación genovesa como lo fueron Egidio y Ambrosio de Boccanegra —padre e hijo sucesivamente— que vivieron en la segunda mitad del siglo XIV[46]. Incluso una de las calles principales de Sevilla, que arrancaba de la Catedral, era la Calle de los Genoveses. Igual o más que en Castilla fue la influencia del comercio genovés en la vida del reino de Portugal durante los siglos XIV y XV. Allí también tuvieron Almirantes de Portugal nacidos en tierras ligures. En 1317 el rey don Dionís nombró a Manuel Pessagno con esa dignidad, dejando claro que era hereditaria a sus descendientes. Otorgándole El-Rey el lugar de Pedreira en Lisboa que se fue conocido desde entonces como *Bairro do Almirante*. A finales del siglo XV controlaban el mercado del azúcar azoriano[47], y su poder era tal que las cortes portuguesas pidieron al rey João II su expulsión del reino. Antonio de Noli, Antoniotto Usodimare o el más antiguo Lanzarotto Marocello, fueron empresarios y proyectistas genoveses al servicio de Portugal en la exploración de las Canarias, Guinea y las Islas de Cabo Verde.

Como sabemos todos, hay una familia española que destacó en la política italiana de la segunda mitad del siglo XV: los valencianos Bor-

---

[44] Cuando la caída de Málaga durante la Guerra de Granada, en agosto de 1487, los castellanos hallaron una factoría de los genoveses, sentenciándolos todos a pena de muerte.

[45] El rey Fernando III les dio también privilegios: hornos, baños y alhóndiga, por su ayuda en la conquista de Sevilla, hoy queda una calle con su nombre que arranca desde la Giralda como recuerdo de su barrio que el concejo de Sevilla recuperó en parte en 1480 para dedicar sus casas al comercio.

[46] Pertenecían a un antiguo linaje ligur al que había pertenecido el primer Dux de Génova, Simón Boccanegra, muerto en 1362. Los privilegios a los genoveses quedaron recogidos en un Libro. Tenían en Sevilla un espacio exento donde tenían casas, almacenes, baños e incluso cementerio. [Antonio BALLESTEROS BERETTA, *Sevilla en el siglo XIII*. Reed. del Colegio Oficial de Aparejadores y Arquitectos Técnicos de Sevilla, 1978. Isidoro GONZÁLEZ GALLEGO, "El Libro de los privilegios de la nación genovesa", *Historia, Instituciones, Documentos*, N° 1, 1974, pp. 275-358.]

[47] Antonio BALLESTEROS BERETTA, *Cristóbal Colón y el Descubrimiento de América*. I. Salvat Editores, Barcelona. 1945. pp. 253-258.

ja. Grandes servidores de los Reyes Católicos, incluso antes de que fueran reyes, durante tres generaciones sirvieron al Papado para restablecer su primacía y mantener su independencia respecto de Francia. Fueron grandes administradores y maquiavélicos políticos. Por algo el autor del *Príncipe* confesaba que su modelo era el *"Valentino"*, es decir César Borja. Creo que nuestro Cesare Borgia fue el modelo de obispo Antonio Osorio y Acuña. Se parecían moralmente y compartieron amistad durante los diez años romanos en que este vivió en la ciudad del Tíber entre 1482 y 1492. En 1512 fue enviado por el Rey Católico a Ortez, ante los Reyes de Navarra. Gracias a un trabajo reproducido en este mismo libro de don Álvaro Fernández de Córdoba, conocemos la amistad que labraron en Roma Antonio Acuña, futuro Obispo de Zamora, y el inquieto hijo del papa Alejandro VI muerto en Viana, su correspondencia en los Archivos Vaticanos[48]. Cuando el obispo Acuña fue capturado en Logroño por los imperiales, huía a reunirse con los ejércitos del Rey de Francia y del Rey de Navarra. En el otro lado del Ebro, en la ribera norte se encuentra Viana, villa Navarra, frente a Logroño. Seguramente el prelado que se consideraba Arzobispo de Toledo pensó en su viejo amigo, que también había pedido el apoyo de los navarros y franceses al final de su vida. La experiencia italiana de Acuña le sirvió para reconocer un modelo político a seguir. Julio II le nombró Obispo de Zamora en 1506, De la Róvere era otro prelado soldado que gustaba el ponerse la armadura y montar a caballo. Un papa guerrero y fuerte, que también inspiró al Obispo Comunero en sus andanzas militares, con su ejército de clérigos. Julio II había sido el causante del cautiverio español de César Borja y su trágico final[49]. El Castillo de la Mota y el Castillo de Simancas, uno cercano al otro en el espacio, fueron las prisiones políticas para dos príncipes del Renacimiento. Igual que el Valentino buscó la raya navarra para ponerse a

[48] Álvaro Fernández De Córdova, "Antonio de Acuña, su embajada en Roma al servicio de Felipe el Hermoso": en *Iglesia, eclesiásticos y la revolución comunera*, István Szászdi León-Borja (Ed.), Centro de Estudios del Camino de Santiago. Sahagún. Valladolid, 2018, pp. 73-121.

[49] István Szászdi León-Borja, "La fuga de César Borja del Castillo de la Mota en el trasfondo de las relaciones diplomáticas de la Casa de Labrit con los Trastámara", *Iacobus: revista de estudios jacobeos y medievales*, Nº 31-32, 2012, pp. 285-314.

salvo, igual que César Borja buscó el apoyo del Rey de Navarra y de Francia en una situación límite. El prelado castellano habrá recordado a su amigo romano en aquel difícil trance hasta alcanzar el Ebro en Logroño donde fue apresado. César murió enfrente de Logroño en Viana de Navarra. Fueron en buena medida *Vidas Paralelas* como las de Plutarco.

No sólo los papas Sixto IV (1414-1484) y su sobrino Julio II (1443-1513) eran nativos de la República de Génova, también Inocencio VIII (1432-1492) había nacido en Saona —de donde era natural Cristóbal Colón— que pertenecía a la república genovesa. La mayor colonia de italianos en la península ibérica era la de los genoveses[50], siendo Sevilla, Lisboa y Madeira, los más importantes centros de su población en los reinos ibéricos, se dedicaban al comercio de la lana y del azúcar. Las cortes portuguesas en tiempos de João II pidieron al Rey limitar las transacciones de los ligures, prohibiendo su nombramiento como oficiales. A pesar de esto Shaw, declara que por entonces (en tiempos de la Revolución Comunera) la República de Génova estaba ocupada por los franceses y que el dogo Ottaviano Campofregoso, era en realidad gobernador por Francisco I; y que por tanto no servía de modelo de *"libertad"* para los comuneros[51]. El argumento lo encuentro inválido dado que precisamente por eso, por la ocupación francesa, el viejo modelo de república oligárquica resultaba atractivo para ser restaurado. Más cuando en su *Epístolas Familiares* Guevara había escrito que los comuneros creían que por sus acciones: *"quedarán exentos e libertados como lo son Venecia, Génova, Florencia, Siena y Luca, de manera que no los llamen ya ciudades, sino señorías y que no haya regidores sino cónsules"*. La misma especialista inglesa demuestra el conocimiento generalizado que había por las "cosas" de Italia en la corte de Fernando el Católico al reproducir un párrafo de unas instrucciones del Rey don Fernando a su embajador en Roma, en relación con la política papal

---

[50] Cuando don Fernando y doña Ysabel tomaron Málaga, un 18 de agosto de 1487, tras seis meses de duro asedio, encontraron una factoría de genoveses que compraba lana a los moros. Los mercaderes genoveses fueron ejecutados a pesar de ser cristianos por complicidad con el enemigo. [Véase la conquista de Málaga en la obra Andrés BERNÁLDEZ, Cura de Palacios, la *Crónica del reinado de los Reyes Católicos.*]

[51] SHAW, *Op. cit.* (n. 14), pp. 31-32.

de intervenir en los asuntos de Luca para el beneficio de Giulano de Médicis, hermano del Sumo Pontífice, El Católico instruyó: *"como lo vuestro que lo de Toscana no sabeys cómo se podria fazer por la qualidad de aquellas comunidades, y por la antigüedad de su libertad y que aquello no creheys que pareçerá bien a los de Italia"*[52].

Por si quedase duda, el propio Gobernador Adriano de Utrecht escribió al Emperador a finales de junio de 1521, en relación a la ideología de los últimos comuneros: "Los de Toledo procuran atraer a aquella ciudad a la libertad, a la manera que lo está la ciudad de Génova y otras de Italia…"[53]. Doña María Pacheco, ya degollado su marido en Villalar, tomó en sus manos la defensa de Toledo y de la causa comunera. Su República y su Libertad no eran la de la causa jacobina de 1789, tampoco exactamente como lo que se entendían en Italia, aunque sí se acercaba mucho, se trataba de un republicanismo oligárquico con el sabor del regimiento concejil castellano bajomedieval alterado por las difíciles circunstancias histórico-políticas que lo impedían pues no era lo mismo gobernar en tiempos de guerra que en tiempos de paz y contra el orden político establecido en las Siete Partidas del Rey Sabio. Sin la Reina, sin sus capitanes, solo quedaba el huir hacia adelante buscando una intervención francesa internacionalizando su Revolución. Como escribió don Ramón Menéndez Pidal, dos semanas después de Villalar, se recibieron noticias de la entrada del francés en Navarra. En una carta del Almirante de Castilla dirigida con fecha de 11 de mayo de 1521, este le informaba de la derrota de los comuneros y le advertía al Rey que la pacificación no era firme: "Su Majestad ha de saber que esta maldita seta de la libertad estaba muy imprimida en los corazones de esta gente, que han de pasar largos tiempos, con compañía de buenas obras para que se olvide. Ha de saber Su Alteza que tiene tan vivo en su pensamiento a Juan de Padilla, como si le viesen delante como solían"[54].

---

[52] Ibídem. p. 31. Cita la obra del Barón de Terrateig, *Política en Italia del Rey Católico 1507-1516*. Madrid, 1963. T. II, p. 297.

[53] José Joaquín PÉREZ, *Pensamiento político y reforma institucional durante guerra de las Comunidades de Castilla (1520-1521).* Fundación Elías de Tejada – Marcial Pons, Madrid 2007. p. 227.

[54] Ramón MENÉNDEZ PIDAL, "Carlos V …", en *El P. Las Casas y Vitoria…* Op. cit.

Y en esta memoria del pueblo se apoyaba doña María, incluso frente a la poderosa presencia del arzobispo Antonio de Acuña. No se ha escrito lo suficiente que ella en realidad se había convertido en la regidora de Toledo, cuando van cayendo los cabecillas de las Comunidades en manos de los imperiales. Fue *de facto* Regente del Reino de Toledo, de su Comunidad. Toledo no era cualquier ciudad, era la Archidiócesis Primada de España y era la ciudad capital del viejo reino visigodo. Era la ciudad más prestigiosa de los Reinos de España. Allí doña Ysabel y don Fernando celebraron las Cortes de 1480, que inauguraron su reinado tras las Paces de las Alcáçovas con Portugal, tratado que por cierto fue ratificado por aquellos príncipes en esa vieja Ciudad del Tajo.

La imposición del absolutismo como forma política en Europa no fue ni mucho menos un fenómeno exclusivo de la Casa de Austria. Por ejemplo, en Inglaterra, por esos años este nuevo estilo cesarista habían animado a Enrique VIII, que también había pretendido la corona Imperial, a no convocar el parlamento para ordenar nuevos impuestos. Un año antes de la Junta de Ávila, el Rey de Francia, Francisco, estando la Corte en el castillo de Amboise echó a los parlamentarios en enero de 1519 y les mandó decir que en Francia no había más que un Rey y que al lado suyo no consentiría un senado como en la Señoría de Venecia[55]. Actitud extrapolable al drama castellano.

III. Doña María Pacheco en Portugal

Y volviendo a María Pacheco, si su padre, maestros y amigos sugieren su buena información de las condiciones políticas de las Señorías italianas, otro tanto decimos de Antonio de Acuña, Arzobispo de Toledo.

Como ha expresado Joseph Pérez, de haber vivido más tiempo Cisneros, pudo haberse evitado la Guerra de las Comunidades de Castilla. Pero esta sí aconteció, y doña María Pacheco murió en Oporto, gracias a la tolerancia del rey portugués D. João y de su esposa la Reina

---

(n. 34), p. 96. Tanto impacto causaba Padilla que el capitán de las Germanías en Játiva adoptó su nombre y apellido como homenaje al defensor de la libertad "por reverencia y memoria del capitán castellano". [Ibídem.].

[55] Meléndez Pidal, *El P. Las Casas... Op. cit.* (n. 34), p. 96.

Doña Catarina de Austria, mujer que vivió en sus carnes el conflicto castellano. Doña María no consiguió que el Emperador le permitiera enterrarse en su exilio con su marido ni con su hijo, espera hasta hoy en la capilla de San Gerónimo de la Sé de Oporto por el homenaje de sus desmemoriados compatriotas[56].

No fue ella la única comunera que huyó a Portugal donde encontró la protección de los monarcas vecinos. Famoso es el caso del toledano Pedro Lasso de la Vega, el hermano de Garcilaso, quien ha sido tildado de "agitador", fue uno de los 293 que don Carlos exceptuó del Perdón General, viviendo de 1521 a 1526 cómodamente en la Corte de Portugal[57].

[56] Durante el Estado Novo se acometieron importantes obras de intervención en las catedrales de Porto y de Lisboa. Tanto que se ha perdido la memoria histórica de la propia capilla de San Jerónimo en la primera. No dudo que una investigación seria permitiera su identificación. Cito a continuación a Joseph Pérez, que en el *Diccionario Biográfico Español* de la Real Academia de la Historia escribe lo siguiente sobre la huída a Portugal de doña María y su último descanso en la ciudad donde desemboca el río Duero: "María recibió ayuda en el palacio de su tío, el II marqués de Villena en Escalona: mulas, dineros y alimentos para el camino. Así pudo llegar a Portugal con su hijo de corta edad. Exceptuada en el perdón general del 1 de octubre de 1522 y condenada a muerte en rebeldía en 1524, María subsistió con dificultades. El rey de Portugal Juan III se negó a acatar las peticiones de expulsión que le llegaban desde Castilla. María encontró refugio, primero en Braga, con la ayuda del arzobispo, luego en la casa de Pedro de Acosta, obispo de Oporto. Nunca solicitó el perdón real. Su hermano menor, Diego Hurtado de Mendoza, menciona en una carta que la visitó en Oporto antes de morir y que sus deudos intentaron repetidamente lograr su perdón. Murió la viuda de Padilla de un dolor de costado en marzo de 1531. Según refiere Juan de Sosa, que fue su capellán, "dejó mandado en su testamento que, pues la majestad de César no le diera licencia para ir viva a acabar la vida en Villalar, adonde está sepultado el cuerpo de Juan de Padilla, su marido, que enterrasen su cuerpo en la Seo de Porto, delante el altar de San Hierónymo, que está detrás de la capilla mayor, y, comido el cuerpo, llevasen sus huesos a sepultar con los de su marido en la dicha villa de Villalar donde yace". Ella misma compuso esta glosa latina al testamento para ser grabada en el sepulcro: "Ad illustris D. Mariae Pacciechae Tumulum. / Principibus genita, et Padillae conjugis ultrix, /Maria sexus honos clauditur hoc tumulo. /Haec quis nos potuit (vitam cum clauserit exul) /conjugis ad bustum gressibus ire, volens, /Sousa [su capellán] et Ficorhous [su secretario: ¿La Higuera?] rara pietate ministri /curarunt dominam condere sarcophago. /Viscera sed postquam dederit putrefacta cadaver /contumulanda ferent ossibus ossa viri. /Finis". Carlos V se negó a dar su visto bueno a la petición de María Pacheco. Esta que fue, en palabras del cronista Sandoval, "el tizón del reino", quedó pues enterrada en la Catedral de Oporto." [Joseph PÉREZ, "María Pacheco" en *Diccionario Biográfico Español*. Real Academia de la Historia. http://dbe.rah.es/biografias/7698/maria-pacheco]

[57] Fue perdonado por el Rey el 13 de mayo de 1526. Estando en Portugal casó por segunda vez, en Elvas el 5 de febrero de 1526, con Beatriz de Sá, dama de la Emperatriz doña Isabel de Portugal, lo que demuestra la intervención de la Emperatriz en el perdón

Sabemos todavía muy poco sobre la estancia de doña María Pacheco en suelo portugués, se la alejó de la Corte, para evitar denuncias del Emperador, que protestó repetidamente por las negativas a su extradición como ya exigían las Paces de las Alcáçovas de 1479, pero como entonces y después, El- Rey D. Jôao debió declarar que doña María era una deuda suya y que por lo tanto las letras de las Paces no eran vinculantes para ella, esto era lo acostumbrado entre los dos reinos. La Reina doña Catalina no olvidaba las vistas con su marido, don Juan de Padilla, en Tordesillas, en compañía de su madre, y como señaló Manuela Mendonça en su citada investigación, mucha parte de la protección regia se debió a la Rainha. Acabo de mencionar que la casa de María de Padilla en Oporto guarda muchas sorpresas. No vivió tan pobremente, y se relacionó con los habitantes prominentes de la ciudad, su confesor el padre Sousa recordaba como los cirujanos consultaban y debatían con ella. Tuvo a su disposición libros y letrados a su servicio, esta afirmación lejos de temeraria y producto de una calenturienta imaginación, está documentada. Doña María tenía un grupo de sabios criados que vivían a su servicio en su casa del exilio portugués. Uno de ellos era el francés Diego Sigeo o Sigeu, antiguo estudiante de Alcalá, humanista, hombre versado en latines que había entrado a servir como preceptor a María Pacheco en Toledo, la granadina tendría en mente a Pedro Mártir de Anglería que se ocupó de la formación de sus hermanos y que influyó en su formación[58]. Al caer Toledo en ma-

del toledano. Doña Beatriz falleció en Toledo antes del 11 de marzo de 1530 sin dejar descendencia. Pedro Laso de la Vega volvió a contraer matrimonio, en 1536 o 1537, con Isabel de Sá, su cuñada [María del Carmen VAQUERO SERRANO, *Doña Beatriz de Sá, la Elisa posible de Garcilaso. Su genealogía.*, Ciudad Real, Oretania Ediciones, 2002.]

[58] Hernán Núñez de Toledo y Guzmán, fallecido en Salamanca en 1553, es conocido por ser un gran humanista con gran dominio del latín y del griego, era conocido como el *Comendador Griego*, o "el Pinciano". Este caballero de la Orden de Santiago estudió en el Colegio de San Clemente de los Españoles de Bolonia, y en 1498 entró al servicio del Conde de Tendilla en Granada, donde sirvió de preceptor de sus hijos, incluyendo a María Pacheco. Fue allí donde aprendió el árabe. En 1523 ganó la cátedra de griego de Salamanca, hasta entonces ocupada por Nebrija. [Juan SIGNES CODOÑER, Carmen CODOÑER MERINO, y Arantxa DOMINGO MALVADI, *Biblioteca y epistolario de Hernán Núñez de Guzmán (El Pinciano). Una aproximación al humanismo español del siglo XVI*, Madrid, CSIC, 2001.] El ejemplar de *In politicorum libros Aristotelis commentarii* de Fernando de Roa, que se atesora en la Biblioteca de la Universidad de Salamanca perteneció, según Tierno Galván, al Comendador Griego "gran comunero... quien en los márgenes del libro escribió alguna observación laudatoria para el

nos de los imperiales, Sigeo o Sigeu como le llamaron los portugueses, huyó con su señora a Portugal en compañía de otros criados suyos en 1522. Sigeu no fue incluido en el Perdón General del Emperador, al igual que su señora[59]. En 1530 Sigeu pasó a servir al Duque de Braganza, como preceptor de sus hijos[60]. La fecha debió ser en la segunda mitad de aquel año pues doña María Pacheco murió en marzo de 1531 de *"dolor de costado"*[61]. Resulta evidente que doña María, al sentirse tocada de enfermedad mortal despidió a Sigeu, pero recomendándole a D. Jaime de Braganza. Lo que explica la presencia de este en la casa más noble de los primos del Rey de Portugal. El Duque de Braganza siendo niño había huído con su hermano, y su tío D. Álvaro de Portugal a la corte de los Reyes Católicos, a raíz de la ejecución en el cadalso por traición de su padre el Duque D. Fernando, en Évora en 1483 por orden del Príncipe Perfecto. D. Álvaro fue un personaje muy querido por la Reina doña Ysabel de Castilla, era cuñado de sus primos hermanos portugueses, y llegó a ser Presidente del Consejo Real y Contador Mayor del Reino[62]. Los pequeños D. Jaime y su hermano D. Dionís se educaron en la corte de sus primos los Reyes Católicos, su madre la duquesa D. Isabel, hija del Duque de Viseo, era prima hermana de

criterio igualitario, y democrático del catedrático salmantino". [Enrique TIERNO GALVÁN, "De las comunidades, o la historia como proceso", Op. cit. (n. 4), pp. 147-148.]

[59] Javier Dámaso VICENTE BLANCO, "El estatuto jurídico de doña Doña Juana de Castilla, la Excelente Señora, y de Doña María Pacheco en Portugal", en *Mujeres en armas. En recuerdo de María Pacheco y de las mujeres comuneras.* István SZÁSZDI LEÓN-BORJA y María Jesús GALENDE RUÍZ (Coord.), Centro de Estudios del Camino de Santiago. Sahagún. Valladolid, 2020. p. 206. M. R. PRIETO CORVALÁN, *Epistolario Latino de Luisa Sigea,* Akal. Madrid, 2007. pp. 11-94.]

[60] Nieves BARANDA LETURIO, "Luisa Sigea", *Diccionario Biográfico Español.* Real Academia de la Historia. Madrid, 2013.[http://dbe.rah.es/biografias/7698/maria-pacheco]

[61] PÉREZ ,"María Pacheco", Op. cit. (n. 56).

[62] István SZÁSZDI LEÓN-BORJA, "El Magnífico Señor Don Álvaro de Portugal, Contador Mayor de Castilla. Una trayectoria político-administrativa", en *Castilla y el Mundo Feudal, Homenaje al Profesor Julio Valdeón..* María Isabel DEL VAL VALDIVIESO y Pascual MARTÍNEZ SOPENA (Dirs). Junta de Castilla y León - Universidad de Valladolid, 2009. pp. 699-709. Sobre la huída de los Braganza a Castilla, véase mi trabajo: "Las Paces de Tordesillas en peligro. Los refugiados portugueses y el dilema de la guerra", en *Las relaciones entre Portugal y Castilla en la época de los descubrimientos y la expansión colonial.* Ana María CARABIAS (Ed.) Ediciones de la Universidad de Salamanca - Sociedad V Centenario del Tratado de Tordesillas. 1994, pp. 117-131, especialmente las 119-124.

Ysabel la Católica y hermana del futuro rey D. Manuel el Afortunado. El Duque de Braganza, D. Jaime, era muy aficionado a lo español y el Rey Católico le dio armas heráldicas compartiendo las suyas. D. Jaime casó en 1500 con una hija del tercer Duque de Medina Sidonia, Juan Alfonso Pérez de Guzmán, con quien tuvo descendencia y que asesinó por celos en 1512. En Villaviciosa, en el palacio de los duques, se hablaba y se leía en español.

Volviendo a Sigeu, cabe señalar que su familia huyó a Portugal con él, entre otros familiares, su hija, conocida como Luisa Sigea, nacida en Toledo —según su propia confesión— entre 1521 y 1522, en los años de las Comunidades, ella que brillaría como dama latina y brillante escritora y poetisa en la lengua de Virgilio. Luisa creció en la casa de D. María Pacheco en Oporto y en Villaviciosa con los Braganza. No dudo que doña María interviniera en su educación. Si la granadina sabía latín, árabe y griego, Luisa también lo aprendió con el hebreo, el siriaco, el árabe, el portugués, el francés y el castellano. Todos sabemos cuan importantes son en el aprendizaje del niño los diez primeros años de vida. Y sobre todo aprendió de la Pacheco a no tener complejos por ser mujer, a saber que la mujer era tan o más capaz que el hombre en el mundo del conocimiento[63]. La fama de Luisa Sigea, llegó al Papa pues le escribió una carta en cuidado latín. Ya era famosa por entonces, y en 1542 fue nombrada *"moça de camara"* por la Reina de Portugal, D. Catarina[64] —la amiga de los comuneros—, figurando en los *Livros de Moradia da Rainha*. Era el deleite de la corte. Luisa tañía la lira y componía versos en latín y en griego en la corte de Lisboa. Fue encargada de acompañar a la Infante D. María, quien organizó una corte literaria con sabias doncellas como Joana Vaz o Paula de Vi-

---

[63] En una carta dirigida a Felipe II en 1559, la Sigea le confiesa: "Aunque soy toledana de nacimiento, no obstante, crecí entre los lusitanos y tengo mis ancestros entre los galos. Gracias a mi padre, y a mis otros preceptores, tengo un conocimiento nada mediocre de las lenguas latina, griega, hebrea, caldea y arábica. De muy buen grado fui admitida en la Corte Lusitana, y para la Infanta María realicé con honor la función de maestra." [*Epistolario latino Luisa Sigea*. Edición de María R. PRIETO CORBALÁN. Akal , Madrid, 2007, carta 15, p. 119.] Su dominio por el árabe es una clara aportación de la formación que recibió de la Pacheco.

[64] BARANDA, *Op. cit.* (n. 60). Dice la autora que en 1552 se libraron a Diego Sigeo, que había acompañado a su hija a la Corte lusitana en 1542, la cantidad de 25.000 reales (reis) para la dote de su hija.

cente. En realidad fue preceptora de latín de la Infante. Luisa Sigea, la casi comunera, casaría con Francisco Cuevas que fue *"ayuda de copa"* de Juana la Loca. Luisa siguió sirviendo a la Infanta D. María de Portugal[65], hija de doña Leonor de Habsburgo y de El-Rei D. Manuel. En 1555 pasó a Burgos, de donde su marido era natural (el cual descendía del alcalde Ronquillo)[66]. En 1556 ella y su esposo pasaron a servir a doña María de Hungría, por su petición, en su corte de Cigales hasta 1558, fecha de la muerte de la reina viuda de Luis II de Hungría[67], Su marido, Cuevas, fue secretario de la hermana del Emperador, la Reina

[65] Nació en Lisboa, en el Palacio de la Ribera en 1521, y falleció en 1577. Fue Duquesa de Viseo. Nunca se casó y se negó a volver a ver a su madre en 1558 en Badajoz, cuando esta, ya viuda de Francisco de Francia volvió a Castilla. En aquella reunión fallida estuvo presente doña María de Hungría. D. María de Avís nos dejó un libro de recetas médicas y de cocina, muchas de herencia familiar, fue una de las mujeres más cultas de su época, y gustó de Sintra para su pequeña corte por lo que la Sigea le dedicó un poema en latín que lleva tal nombre: *Syntra*, en que le predice la dicha de un feliz matrimonio que no pudo ser. Así Luisa Sigea, protegida de la Pacheco brilló en el Renacimiento hispano-portugués.

[66] Soy de opinión que la Sigea hizo ese matrimonio obligada para lavar el expediente familiar por su pasado comunero y su servicio a la Leona de Castilla, *conditio sine qua non* para poder trasladarse a España. Rodrigo Ronquillo, Alcalde de Zamora, fue con Antonio de Fonseca el responsable de la quema y saco de Medina. Pasó a Flandes con Fonseca para reunirse con don Carlos y defender su actuación. Fue el encargado de procesar a los comuneros después de la batalla de Villalar. Fue implacable, ganándose el afecto del Rey. Natural de Arévalo, descendía de los Velázquez de Cuéllar, distinguidos criados de los reyes que custodiaron a la Reina viuda doña Isabel de Portugal y a sus hijos los infantes Alonso e Ysabel en el Palacio de Arévalo. Murió en Madrid en 1552 sirviendo en la Sala de los Alcaldes del Rey. Su hija, Catalina Briceño casó con el noble segoviano Pedro Mercado de Peñalosa, el cual gracias a la influencia de Ronquillo en 1530, fue promovido como oidor de la Real Chancillería de Valladolid para ocupar el puesto que había dejado vacante el licenciado Contreras con su muerte. Carlos I elevó al licenciado Mercado al Consejo de Castilla y más tarde al Consejo de Indias. [Ignacio Javier EZQUERRA Y REVILLA y Henar PIZARRO LLORENTE, "Mercado de Peñalosa, Pedro", en *La Corte de Carlos V,* José MARTÍNEZ MILLÁN (dir.), Madrid, Sociedad Estatal para la Conmemoración de los Centenarios de Felipe II y Carlos V, 2000, pp. 282-283. Ernesto SCHAEFER, *El Consejo Real y Supremo de las Indias,* I y II, Madrid, Marcial Pons-Junta de Castilla y León, Consejería de Educación y Cultura, 2003, pp. 354, 269-271.]

[67] Ver BARANDA, Op.cit. (n. 60). En la ya citada carta escrita a Felipe II en 1559, Luisa Sigea le recuerda. "habiendome visto la Serenísima Reina de Hungría… cuyo nombre no ha de ser jamás silenciado, y habiéndome hablado con gran benevolencia —pues su inclinación le ha llevado a los hombres doctos— nos tomó por propia voluntad a su servicio a mí y a mi marido. A él lo empleó de secretario y a mí por mis estudios entre el número de sus nobles damas mientras vivió. Ahora tras su muerte nos ha dejado una suma razonablemente pequeña, aunque nada desdeñable, teniendo en cuenta el tiempo que le servimos." [*Epistolario latino…* Op. cit. (n. 63), p. 119.]

de Hungría, y al morir esta dejó en su testamento para él y su mujer una manda por la cual les dotaba de una pensión anual de 150.000 maravedís, 56.250 a Luisa Sigea y 93.750 para su marido, y dice Baranda que se sumarían a los 10.000 que recibía este desde 1556.

La inteligencia y superioridad de María Pacheco fue estímulo para sus enemigos varones a la hora de juzgarla. Sus detractores le llamaron desde hechicera morisca hasta tirana. El cronista del Emperador, Pedro de Mexía, refleja la opinión dominante sobre la última comunera en la Corte:

> *Pero doña María Pacheco, muger de Juan de Padilla, endurecida más con la muerte del marido, como estaba apoderada del alcáçar y de las puertas, procuraba echar fuera de la ciudad a todo los que le eran sospechosos; y teniendo cerca de si hombres trauiessos y facinerosos y amigos de la guerra y bulliciosa, estaua hecha señora y tirana de aquella ciudad*[68].

Aquella "tirana", una de las más agudas inteligencias de su época había intentado dar un vuelco a la situación penosa de los comuneros inspirándose en la Historia[69], el intento de Acuña de alcanzar al rey Francisco en Navarra era parte de unos contactos que los de Toledo habían intentado a la desesperada —cuando no les ataba nada a ese joven rey usurpador que buscaba gobernar a Castilla a distancia sólo para explotarla como a una vaca lechera[70].

---

[68] Pedro MEXÍA, *Historia del Emperador Carlos V. Escrita por su cronista el magnífico caballero Pedro Mexía veinticuatro de Sevilla.* Edición y estudio de Juan de la Mata Carriazo. Espasa Calpe S.A., Madrid. 1945. Lib. I, p. 257.

[69] Dice Joseph PÉREZ: María, como refiere su capellán Juan de Sosa, fue "muy docta en latín y en griego y matemática y muy leída en la Santa Escritura y en todo género de historia, en extremo en la poesía. Supo las genealogías de todos los reyes de España y de África, por espanto, y después de venida a Portugal, por ocasión de su dolencia, pasó los más principales autores de la medicina, de manera que cualquier letrado en todas estas facultades que venía a platicar con ella había". Op. cit. (n. 56). Léase igualmente el Prólogo que Joseph PÉREZ le dedicó a doña María Pacheco en el libro *Mujeres en Armas...* Op. cit. (n. 59), pp. 13-14.

[70] Anglería cuenta como los cortesanos flamencos se referían a los castellanos como "nuestros indios".

IV. Una última sorpresa: los florentinos como agentes culturales en Salamanca

Sin duda Salamanca, Sevilla, Toledo, Valladolid y Alcalá de Henares eran las capitales culturales de Castilla y León entre el siglo XV y XVI. Salamanca con su Estudio y sus brillantes colegios mayores, su gran reputación en Europa desde los días del papa Luna que la consagró como la *Mater et magistra* de todas las demás de la península, nos hace preguntarnos qué conocían de las repúblicas italianas sus maestros, alumnos y la ciudad. Diversos autores como Lucien Lebvre y recientemente Marta de la Mano González nos permiten contestar indirectamente a esta cuestión. De la Mano ha estudiado la actividad de los libreros florentinos de la Junta en las primeras décadas del siglo XVI en Salamanca como vendedores de libros e intermediarios para la publicación de esos en Venecia. Era esta, por entonces, la ciudad por excelencia de los impresores. Ya los Reyes Católicos habían pedido a las autoridades salmantinas los manuscritos del *Tostado* para su publicación en la Serenísima, encomendándole al librero italiano Andrea de Hondedei aquella misión. Lucas Antonio de la Junta, florentino establecido en Venecia era librero y empresario de la estampa, su hermano Felipe dirigía la filial de Florencia y su sobrino Juan de la Junta fue el encargado de los negocios en España, estableciéndose en Salamanca al abrigo del Estudio salmantino[71]. La noticia que creo más antigua de las actividades del joven Juan de la Junta en Castilla la he encontrado en el Registro General del Sello correspondiente a 1513[72]. En ese año habría sufrido en Cádiz el que le hubieran incautado varias cajas de libros provenientes de Venecia por parte de unos vizcaínos que tenían una carta de represalia. Por esta Real Provisión sabemos que de la Junta ya era vecino de Salamanca y que ejercía allí el oficio de librero[73]. Hasta a hora el primer dato conocido era del año siguiente,

[71] Marta de La Mano González, *Mercaderes e impresores de libros en la Salamanca del siglo XVI.* Ediciones Universidad de Salamanca, 1997, pp. 29-41.

[72] Archivo General de Simancas, Registro General del Sello, 1513- IX.

[73] Véase el apéndice documental de este trabajo. Es de imaginar que su llegada a Salamanca fue anterior a 1513, fecha anterior a la que considera Teresa Santander, que encontró en el Registro General del Sello información de 1514 relativa a la incautación

1514, y trata sobre el mismo asunto. Todo hace creer que su llegada a la Ciudad del Tormes data de poco antes. Así cobra sentido la Real Provisión enviada al Corregidor de Salamanca a inicios de 1518 en que decía de Juan de la Junta:

> *quel es extranjero destos Reynos y de nación florentina… e que a quatro o çinco años que está en esa çiudad de Salamanca con una fatoría de libros, vendiendo e tratando en ellos en nombre de Luca Antonio, veçino de Florençia, librero prinçipal…*[74]

Tengo la sospecha de la relación cercana de doña María Pacheco con los libreros de la Junta, quienes eran los mejor relacionados con los estampadores vénetos en Castilla. Sabemos que los *Giunta* o de la Junta eran ardientes republicanos florentinos. Y esa es la razón que para Febvre y Martin, fue el justificante de la venida de Juan di Giunta a Castilla: el regreso al poder de los Médicis en Florencia el año de 1512. Dice Febvre: "el establecimiento de Lucas Antonio se convirtió en el cuartel general de los desterrados florentinos en Venecia"[75]. La

que sufrió en Cádiz. [Teresa SANTANDER, "La imprenta en el el siglo XVI", en *Historia ilustrada del libro español de los incunables al siglo XVIII*", H. Escolar, Fundación Germán Sánchez Rupérez, Madrid. 1994 p. 121.]

[74] LA MANO, *Mercaderes e impresores…* Op. cit. (n. 71), p. 37.

[75] Lucien FEBVRE y Henri Jean MARTIN, *La aparición del libro.* Fondo de Cultura Económica, 3ª edición. 1ª reimpresión, México, 2019. pp. 135-136. El regreso a Florencia y la consolidación de los Médicis no hubiera sido posible sin el apoyo español, y especialmente de Carlos V al apoyar a Cosme de Médicis en 1537, por lo cual fue aclamado Duque de Florencia. Entonces este envió a Francisco de los Cobos, el Secretario Real, como presente de agradecimiento la escultura de juventud de Miguel Ángel Buonarroti del San Juanito, que tanta admiración causaba a Vasari. Hace pocos años se descubrió en el archivo de la Señoría la documentación del envío de la estatua a España que llegó al puerto de Murcia. Estuvo en la iglesia del Salvador de Úbeda donde se encontraba la tumba de Cobos hasta su destrucción iconoclasta el año de 1936 en que también la misma chusma quemó el gran retablo de la Transfiguración de Berruguete que se encontraba en el altar mayor de aquel maravilloso templo. [Sobre este tema ver la célebre obra de Hayward KENISTON, *Francisco de los Cobos, Secretario De Carlos V.* Traducción de Rafael Rodríguez-Moñino. Editorial Castalia. Madrid. 1980. En esta obra se reproduce una fotografía antigua de la escultura de Miguel Ángel. [Sobre la restauración de la dicha obra, véase el artículo en *El Mundo* de María P. de BONMATÍ, titulado: *"Hay una escultura de Miguel Ángel Buonarroti en España y esta es la familia aristocrática que lo tiene"*, actualizado el 20 de octubre de 2021.] Cobos también recibió de premio de su amo las alhajas que doña María Pacheco dejó custodiadas en un convento de Toledo, un cordón de oro, seguramente entre los premios por asumir

venida de Juan debiose para asegurar su vida tras la represión política desatada.

Doña María Pacheco gran lectora, docta en historia, genealogía de los reyes de España y de África, matemáticas y otras ciencias, dejó escrito obras hoy extraviadas, las cuales llevaron al impresor veneciano Paulo Manucio (1512-1574) a escribir una extensa alabanza de la hija menor de Tendilla, que confirmara Nicolás Antonio en su *Bibliotheca Nova*. Escribió Joseph Pérez al respecto: "El elogio figura en la dedicatoria a Diego Hurtado de Mendoza, hermano de María y autor de la *Guerra de Granada,* de un breve volumen de obras de Cicerón, publicado en Venecia en 1541: *M. Tullii Ciceronis De Philosophia prima pars*. Allí se puede leer una clara alusión a María Pacheco en quien tan bien se unen, como en su hermano, las virtudes bélicas y las dotes literarias: *"fuit soror illa tua praestantissima foemina: cuius militaria facinora cum audimus, cuius eam nostrae aetatis viro animi magnitudine comparamus: cum autem ea, quae scripsit legimus, vel antiquis scriptoribus ingenii praestantia similliman iudicamus"*. Alaba Manucio a María Pacheco en quien "tan bien se unen las virtudes bélicas y las dotes literarias, ya que hubiera escrito obras que merecerían figurar dignamente al lado de las mejores que dejaron los antiguos"[76]. El recuerdo de doña María como mujer doctísima era celebrado en la Serenísima muchos años después de su sacrificio por la causa de la Libertad. La lectora en castellano, toscano, latín, griego, y seguramente árabe, también quiso dejarnos un legado político en sintonía con la tradición castellana, condenada a muerte en rebeldía, falleció en el exilio preferido por los españoles: en Portugal.

V. Una carta desconocida de los virreyes al Señor de Luque

Navegando por PARES, después de haber presentado este trabajo en el VIII Simposio de Historia Comunera, he descubierto una carta desconocida firmada por el cardenal Adriano de Utrecht y por el

---

la excomunión por la ejecución en el castillo de Simancas del Arzobispo don Antonio de Acuña.

[76] Pérez, "María Pacheco", Op. cit. (n. 56).

Almirante de Castilla, don Fadrique Enríquez, escrita a comienzos de febrero de 1521 en Tordesillas. Gran parte de la carta está redactada por el Almirante, señor de Medina de Rioseco, nacido en 1460 y fallecido en 1538. Don Fadrique casó en 1477 con doña Ana de Cabrera Devèse, Condesa de Módica, noble siciliana. Don Fadrique fue hombre culto, patrón de las artes, y conocía de la política italiana, no en balde es uno de los autores con más cartas acusando a los toledanos de republicanos y que buscaban la libertad como en las señorías de Venecia, Génova y otras. Al Conde de Módica[77] debía conocer también el papel de los arragusanos, los habitantes de la República de Ragusa, enfrentada con Venecia y feroz enemigo de los turcos. En la dicha carta, escrita en Tordesillas, el 8 de febrero, dice: *"mas pensando que pueden ser comunidades como en Veneçia o otros pueblos, quieren.."* Comienza el Almirante por considerar sinónimo de república o señoría, la voz **comunidad**. Lo que sigue, tampoco tiene desperdicio por la novedad de sus noticias y porque nos permite ajustar las fechas de otras más conocidas permitiéndonos seguir las negociaciones de paz que intentaron otros estados poderosos en el conflicto:

> *que de mas de los cumplimientos que yo el Almirante hize con ellos el Nunçio del Papa y el enbaxador del Rey de Portugal les fueron a rrequerir que dexasemos las armas y que todos juntos entendiesemos en lo que tocava al Reyno. Y si esto no querian que se hiziese una tregua larga, o como la quisiesen para entender en ello y estos ni nuestros rrequerimientos ha bastado para encaminallos que hagan lo que les cunple antes con palabras y obras declaran su mala yntinçion. Traen en Tierra de Campos al Obispo de Çamora con gente rrobando los pueblos, saqueando iglesias, rrobando los caminos, matando caminantes, que es cosa del mayor dolor del mundo y porque a los caballeros toca que ayamos de entender en matar tanto fuego y en rrefrenar gente tan desordenada que ni temen a Dios ni conoçen Rey[78].*

[77] Don Fadrique Enríquez, Almirante de Castilla, por matrimonio.

[78] He acentuado el texto para facilitar su lectura aunque manteniendo la grafía original. El texto completo corresponde al documento tercero del Apéndice Documental al final

Como podemos ver para inicios de febrero las Comunidades ya no reconocían rey. Esta misiva escrita por los Virreyes data de una fecha anterior a la toma de la fortaleza de Torrelobatón, sucedida el 25 de febrero de de 1521. Joseph Pérez creía que esta, que le daba a los comuneros una postura de fuerza, había provocado la negociación de Padilla con los imperiales. Decía nuestro no suficientemente llorado amigo, que "el 28 de febrero, [Padilla], se explayó extensamente en una carta a Toledo: él nunca se había negado a negociar con los prohombres realistas, Eso sí quería hacerlo desde una posición de fuerza", mas la toma del castillo de Torrelobatón —a pesar de pertenecer a don Fadrique Enríquez— no podía parecer un signo de la próxima caída de Medina de Rioseco, según mi modesta opinión. Padilla se declaró favorable a una tregua limitada a ocho días[79]. Ello nos hace pensar, cotejando con la carta de los Virreyes del 8 de febrero, que las negociaciones se debían remontar por lo menos al mes de enero. Si el 5 de diciembre los imperiales habían recobrado a Tordesillas con la Reina, lo lógico era negociar.

Siempre siguiendo la lectura de la tesis de Joseph Pérez, el día 22 de febrero de 1521, la Junta se reunió aquel día para tomar una decisión respecto del negociar o no negociar, y qué negociar. La mayoría consideró negociar una tregua de ocho días y dio poderes a don Pero Laso de la Vega y al bachiller Guadalupe para su firma con los siguientes capítulos y condiciones:

-Ante todo la Junta precisó que aceptaba la tregua para dar satisfacción al Rey de Portugal (*por respeto e servicio del señor rey de Portugal*).

-La tregua duraría ocho días a partir del domingo, 3 de marzo. Las tropas deberían permanecer en el lugar que se encontraban en el momento en que la tregua entrara en vigor.

-Los viajeros que circularan en son de paz, los civiles, no serían molestados.

-Durante toda la duración de la tregua, ningún infante, ningún caballero sería autorizado a pasar de un bando al otro. En caso de que tal cosa sucediera, los interesados serían devueltos a su punto de partida debidamente custodiados.

de este trabajo.

[79] PÉREZ : *La revolución de las Comunidades de Castilla…* Op. cit. (n. 19), p. 299.

-Durante el período de la tregua, ninguno de los dos bandos podría entrar en contacto con las ciudades del bando enemigo.

-Finalmente, la tregua no sería prolongada en ningún caso[80].

Como se puede apreciar se repiten los temas recogidos en la carta de los Virreyes de ocho de febrero de 1521 al señor de Luque. Los robos en los caminos a inocentes, las tropelías del obispo Acuña en Tierra de Campos... Si bien no se dice nada de la mediación del Nuncio Apostólico, en cambio se empieza reconociendo los buenos oficios del Rey de Portugal, D. Manuel. Aquí conectamos con la negociación portuguesa con los comuneros de que nos referíamos en la nota 21 de este trabajo. El gran rey portugués les recomendaba pedir perdón a don Carlos y negociar, comprometiéndose a servir de mediador. No sabían los comuneros que el Rey Afortunado ya estaba en negociaciones secretas con el Duque de Borgoña —Don Carlos— para casar a su hija Isabel y restañar las diferencias que tenían[81].

Como dice Pérez aquella negociación era imposible de aceptar para la mayoría de la Comunidad porque para ellos la soberanía pertenecía al Reino y su depositaria era la Junta. Si bien los virreyes parecían estar de acuerdo, tal caso era el de Adriano que era pacifista, no parece haberlo estado el Almirante de Castilla quien buscaba ganar tiempo para aplastar a esos facinerosos de *"mala intención"*.

La intervención del Nuncio de España que se llamaba Vianesio de Albergatis, italiano, queda por investigar[82]. Albergatis ocupó la nunciatura apostólica hispana de 1520 a 1521 y había sido nombrado por

---

[80] Ibídem, p. 301.

[81] Isabel M. R. Mendes DRUMOND BRAGA, *Um espaço, duas monarchias...* Op. cit. *(n. 27)*. pp. 25-26. Esta información se encuentra también citada por Manuela Mendoça quien además ofrece los párrafos que dedica Damião de GOES, al asunto es su *Chronica do Felicíssimo Rey Dom Emanvel da Gloriosa Memoria* [Manuela MENDONÇA, "Uma Mulher no exílio María de Padilha y Portugal", en *Monarquía y Revolución: En torno a las Comunidades de Castilla. I Simposio de Historia Comunera. Actas.* István SZÁSZDI y María Jesús GALENDE RUÍZ (Coord.). Fundación Villalar Castilla y León, Valladolid, 2009. pp. 264-268. El artículo de la profesora Mendoça ha sido reproducido recientemente en el libro: *Cuando el mal gobierno sublevó a un pueblo. 1521-2021: 500 años de la Revolución Comunera.* István SZÁSZDI LEÓN-BORJA y Dámaso Javier VICENTE BLANCO (Editores). Editorial Páramo, Valladolid, pp. 143-160.

[82] Vianesio debió ser pariente del cardenal Niccolò Albergati (1373-1443), que retrató Jan van Eyck al final de su vida y cuya familia en el el siglo XVI era una de las más importantes de la ciudad de Bolonia.

el papa León X, Juan de Médicis en el mundo, en el mundo, florentino hijo de Lorenzo de Médicis y Clarisa Orsini, era un buen conocedor de las luchas intestinas en su patria[83], como la del rey D. Manuel de Portugal, son claras pruebas de la preocupación que provocaba en Europa el difícil cambio dinástico de Castilla. La situación política interna del imperio estaba revuelta por Lutero a quien declaró hereje, el Turco amenazaba la frontera del Danubio y ya hacía tiempo al Papa resultaba evidente que el enemigo era Francia. Las señorías de Italia se preparaban para la guerra. Y el apoyo extranjero nunca llegó a los comuneros.

VI. Conclusiones

Desde ahora es necesario estudiar la Revolución Comunera en el marco de los movimientos políticos locales que se desarrollaron en los espacios urbanos mediterráneos en los albores de la Edad Moderna, desde Ragusa hasta Castilla, por los cuales la burguesía comerciante y la baja nobleza se enfrentaron a la aristocracia y poderosas oligarquías agitando la bandera de la Libertad y de la Igualdad, tal como ya había intentado Cola di Renzo y otros en el siglo XIV. Lo que tienen común todas estas luchas es evitar lo que se llamará el gobierno absoluto, uno de los sistemas que caracterizan la Edad Moderna en Europa. Es por esto que se reivindica la vieja República romana, la enemiga de la tiranía. La Guerra de las Comunidades fue una guerra civil, que como las Guerras de Religión de Francia y de Alemania pretendieron poner freno al creciente poder real. En una época bisagra entre la Edad Media y la Moderna, el deseo de transformar Castilla en una red confederada de Señorías municipales era un último esfuerzo por mantener el pacto entre el pueblo y el soberano que había caracterizado el siglo anterior.

La República se convirtió en la forma de gobierno de los comuneros a partir de enero de 1521, lo que fue por descarte cuando era evidente que ni la reina Juana, ni su hijo mayor quisieron alcanzar un

---

[83] En 1494 los florentinos habían festejado la expulsión de la familia Médicis de Florencia liberando de tiranos a la República. Precisamente esta circunstancia fue la que motivó el encargo del David de Miguel Ángel Buonarrotti en 1501.

entendimiento. El Infante don Fernando ya estaba fuera del juego político ibérico, en cambio las repúblicas o "comunidades" itálicas ofrecían un horizonte de éxito en su ejercicio "democrático del poder". La destrucción de documentos después de las Comunidades, por razones obvias, no significa la ausencia de un proyecto político revolucionario. Aquí hemos querido subrayar cómo el absolutismo borgoñón, forzó a un pueblo de una distinta tradición jurídica buscar nuevos caminos para defender sus Libertades.

APÉNDICE DOCUMENTAL:

I. Real Provisión para que los genoveses en el reino escriban a las autoridades de Génova para que no secuestren la nao que Iñigo de Artieta tenía con mercaderías, y que había hecho por mandado de los Reyes.

[AGS. Registro General del Sello, IX-1492- f. 132.]

Yñigo de Ar/tyeta

Que los genoveses escriban a Genova / que no tomen su nao. /

Don Fernando e doña Ysabel etc. A vos los / mercaderes genoveses estantes en nuestros / Reynos, salud e graçia: Sepades que Yñigo de / Artyeta nuestro vasallo de la villa de Lequeytio / hiso por nuestro mandado vna nao gruesa con la / qual agora anda de mercaderia e dis que se / tiene que los de la çibdad de Genova o sus capi/tanes gentes suyas le tomaran la dicha su / nao yendo como va en nuestro seruiçio e porque / syendo vosotros en nuestros Reynos bien tratados / no sera rrason que nuestros subditos recibieren / agravio de los naturales de la çibdad de Genova. / E mandamos de dar nuestra carta para vosotros / en la dicha rrason porque vos mandamos que luego / escriuays a la dicha çibdad de Genoua e / sus tierras e proveays de manera que al dicho Yñigo de Artita (sic) no le sea tomada / la dicha su nao ni rreçiba daño en ella con / aperçibimiento que vos fasemos que sy la

76

dicha nao le / fuere tomada o daño le fuera fecho en ella / por qualesquier personas de vuestras Naçion que vos/otros o vuestros bienes lo pagareis syn embargo de / qualquier o qualesquier nuestras cartas de seguro e salva/guardas que tengays las quales e cada vna dellas / que tuvierais es nuestra merçed que para en su caso / [f.v.] no os puedan aprouechar ni aprouechen ni dellas / ni de algunas dellas a vos vos podades ayudar antes / desde luego alçamos el dicho nuestro seguro por / nuestras justiçias de las çibdades Seuilla e Cordova / e Cadiz e Murçia que luego que conosca nuestra carta fuere / rreçibida la faga pregonar publicamente e por ante / escribano por las plaças y mercados e / como habeis de cada vna dellas e / de como esta nuestra carta vos fue / notyficada e la mis hordenes man/damos so pena de diez mill maravedis / para la nuestra camara a qualquier escrivano publico que para esto fuere/ porque nos sepamos en como se cunple nuestro man/dado. Dada en la çibdad de Çaragoça a dos / dias del mes de setienbre año del naçimiento de Nuestro / Saluador Ihu Xpo de mill e quatroçientos e noventa / e dos años. Yo el Rey. Yo la Reyna. Yo / Juan de la Parra secretario del Rey e de la Reyna / nuestros señores la fise escribir por su mandado. Don / Aluaro. Andrade. Iohanes dotor. Andres dotor. Antonius / dotor.

II. Real Provisión a los corregidores y justicias del reino para que se restituyeran las cajas de libros que se tomaron en Cádiz, propiedad de Juan de la Junta, florentino.

[AGS. Registro General del Sello 1513 –IX]

+ /
El embaxador de Florençia /

Doña Juana etc. A todos los corregidores, asystentes, / alcaldes e otras justicias qualesquier asy / de la çibdad de Cadiz como de todas las otras / çibdades, villas e lugares de los mis Reyno / e señorios e a cada vno e qualquier de vos / en vuestros lugares e juridiçiones salud e graçia. / Sepades que por parte de la señoria de Florençia / qual esta en esta mi corte me fue fecha rrelacion por su / petiçion deziendo que puede aver dos meses poco / mas o menos que en la dicha çibdad de Cadiz / aporto una nao en que benian muchas caxas / de libros las quales diz que son de Juan de la Junta / librero florentyn avitante en la çibdad / de Salamanca e que por algunos vizcaynos fueron / tomados los dichos libros deziendo que tienen / çierta carta de marca rrepresalia contra beneçianos / e que tomaron los dichos libros so color e de fecho / que heran de los dichos venecianos no siendo asy / saluo del dicho Juan de la Junta en lo qual avia / rreçibido grand agrauio e daño, por ende que / me suplicava e pedia por merçed mandase que dando el / [f.v.] dicho Juan de la Junta fyanças de estar a derecho / a pagar lo juzgado le tornasen e restituyesen / los dichos libros o que sobre ello proveyese / como la mi merçed fuese lo qual visto por los / del mi Consejo fue acordado que devia mandar / dar esta mi carta para vos en la dicha / rrazon e yo touelo por por bien porque / vos mando que luego veades lo suso / dicho que dando el dicho Juan de la Junta / fianças vastantes, legas, llanas e a/bonadas destar a derecho e pagar / lo que sobre ello fuese determinado / desenbargueys e fagays desenbargar / los libros que se provaren que son del dicho / Juan de la Junta e desenbargados que los / hagays tornar e restituir libre/mente e syn costa alguna e los vnos / ni los otros endeal. Dada en Valladolid / A xiiii de septiembre de DXIII años. Çapata, / Caruajal, Santyago, Polanco Sosa, / Aguirre. /

Yo Juan Ramyres escribano /

muy noble señor

[Texto manuscrito en castellano antiguo, en su mayor parte de difícil lectura.]

Carta del cardenal Adriano y del almirante de Castilla al señor de Luque, fechada en Tordesillas, el 8 de febrero de 1521 (con la autorización del Archivo Histórico de la Nobleza).

10 0 1 2 3 4 5 6 7 8 9 10

REPUBLICANISMO Y COMUNIDADES DE CASTILLA

Esteban Anchústegui Igartua[1]
Universidad del País Vasco UPV/EHU

> ¡Qué alborozo por las calles!
> Los pendones se despliegan,
> morados pendones viejos,
> violados de tanta espera.
> Luis López Álvarez, *Los comuneros*

INTRODUCCIÓN

El republicanismo es una corriente del pensamiento, con raíces en la antigüedad clásica y con una historia donde se suceden momentos de auge y repliegue, que plantea una teoría política sobre la libertad, los valores cívicos, la ciudadanía y el autogobierno.

En el caso que nos concierne, el republicanismo renacentista, el caso más conocido y estudiado es el italiano. Representado por autores como Maquiavelo, Guicciardini o el mismo Savonarola, se basa en principios y valores políticos como el bien común, la virtud ciudadana, la libertad, la igualdad, el imperio de la ley o la propia estabilidad institucional. Esta concepción política se fundamenta en la *república*, entendida como *cosa pública* (hoy podríamos hablar de cuestiones públicas y de Estado) e instituida como una forma de organización que garantiza la participación de una pluralidad de individuos (ciudadanos) en la gestión de la comunidad. Si bien la pluralidad de los sujetos participantes podía ser más estrecha o más amplia según el contexto y los límites de la ciudadanía en la época, en todo caso se distingue y opone claramente al gobierno de uno solo, esto es, al gobierno monárquico (y especialmente al tiránico, como consecuencia y degeneración

[1] Profesor Titular Pleno (Full Professor) de Filosofía Política en la Universidad del País Vasco UPV/EHU. Este trabajo ha sido elaborado en el marco del proyecto de investigación "Biografía colectiva y análisis prosopográfico más allá del Parlamento" del MICIU (PGC2018-095712-B-100) dentro del Grupo de Investigación consolidado tipo A del Gobierno Vasco Biography & Parliament (IT-1441-22).

de este). Es importante destacar, en este aspecto, la concepción "anti-
tiránica" del republicanismo, siempre contrario a cualquier tipo de
dominación arbitraria). Con todo, a lo largo del texto se expondrá y
reivindicará un republicanismo específico, el castellano, cuyas características disienten en diversos aspectos del modelo italiano.

LA LIBERTAD REPUBLICANA

Antes que nada es importante destacar algún aspecto teórico del republicanismo. Para ello analizaré un elemento fundamental del republicanismo, la libertad, que el republicano la concibe como *no-dominación*.
De hecho, como señala Philip Pettit, la tradición republicana asignó
"a la libertad como no-dominación el papel de valor político supremo,
y abrazó el supuesto de que la justificación de un Estado coercitivo y
potencialmente dominante consiste simplemente en que, propiamente
constituido, es un régimen que sirve a la promoción de ese valor"[2].

La libertad republicana se define a partir de su opuesto: la servidumbre, por lo que, "en la tradición republicana, a diferencia del punto de
vista modernista, la libertad se presenta siempre en términos de oposición entre *liber* y *servus*"[3]. Es siervo quien está a merced de la voluntad
de otro, por lo que "la condición de libertad se ilustra con el estatus de
alguien que [...] no está sujeto al poder arbitrario de otro, esto es, de
alguien que no está dominado por el poder arbitrario de ningún otro"[4].
Por lo tanto, y como resultado de todo ello, la libertad no consiste en
la ausencia de restricciones, sino en la garantía frente a la interferencia
caprichosa de los demás, esto es, frente a la vulnerabilidad y la incertidumbre.

La situación de servidumbre tiene una importante dimensión subjetiva, en tanto se destaca que quien se encuentra en esta situación vive
su circunstancia afectado por una vulnerabilidad que le causa permanente temor; de tal modo que quien está a merced de otro se ve instado

---

[2] Philip PETTIT, *Republicanismo. Una teoría sobre la libertad y el gobierno* (Barcelona: Paidós, 2017), 113.

[3] PETTIT, *Republicanismo,* 51.

[4] PETTIT, *Republicanismo*, 51-52.

a comportarse con un exceso de sumisión hacia el dominante, lo cual le envilece moralmente.

Por consiguiente, al objeto de "reducir la incertidumbre con que tiene que vivir y las estrategias de que tiene que echar mano"[5] quien está sujeto a la servidumbre, la libertad republicana no reclama solamente la ausencia de interferencia, sino que además rechaza expresamente cualquier arbitrariedad, lo cual solamente es factible cuando se garantiza la no interferencia arbitraria por los demás en el ámbito de acción que legítimamente se le reconoce a cada uno.

Y la única manera de "liberar a las personas de la incertidumbre, […] de la necesidad de tener que desplegar estrategias con los poderosos; y en punto a liberarles de la subordinación que acompaña a la consciencia común de que la persona en cuestión está expuesta a la posibilidad de interferencia arbitraria"[6] es imprescindible la existencia de una «garantía», la cual solo puede provenir de la «ley». En la concepción republicana, por tanto, es la ley la única instancia que posibilita escapar a la situación de precariedad y servidumbre respecto a quienes tienen el poder de interferir arbitrariamente en nuestra existencia.

Por tanto, es imprescindible erigir un orden normativo que garantice el estatus «republicano» de libertad, un sistema jurídico e institucional que proteja la acción de los ciudadanos, confiriéndoles derechos mediante leyes y sanciones. En definitiva, el republicanismo considera que el mejor modo de defenderse de la dominación es interpretar la libertad, "no como un dato de la naturaleza, sino como el estatuto de un ciudadano en un orden jurídico adecuado, y esto implica que la ley esté ligada analíticamente al concepto de libertad, en lugar de estar subordinada a ella como un instrumento exterior y contingente"[7]. En otras palabras, fuera de la ley no hay libertad (*extra legem nulla libertas*), hasta el punto de que la ley no es solamente valiosa por ser un instrumento necesario para garantizar una libertad previamente dada; sino que es precisamente la ley, a través de su acción, la que constituye la libertad. Por tanto, la libertad de la comunidad republicana "se trata

---

[5] PETTIT, *Republicanismo*, 123.

[6] PETTIT, *Republicanismo*, 123,

[7] Jean-Fabien SPITZ, *La liberté politique* (París: P.U.F., 1995), 208-209.

de un estado en el que las leyes son adecuadas para crear la libertad de sus ciudadanos"[8].

El pensamiento republicano, al rechazar la noción instrumental de la política, considera que esta trata sobre la *res publica*. La política, por consiguiente, constituye el ámbito donde se tienen que dilucidar las necesidades e intereses de los ciudadanos, esto es, que la política funda el espacio donde surge la ley. Es por ello que el poder que emana de la política nunca debe ser arbitrario: "para que el poder del estado no sea ejercido arbitrariamente, lo que se requiere es que el poder se ejerza de manera tal que atienda al bienestar y a la visión del mundo del público, no al bienestar y al mundo de los detentadores"[9].

Así pues, el republicanismo trataría de establecer un sistema de instituciones, derechos y también costumbres (llamadas republicanas porque precisamente mantienen y garantizan estos hábitos republicanos). En este aspecto, el republicanismo se caracteriza por su aprecio a las instituciones colectivas, y ello es debido a que la libertad va unida a la ley y al sistema político que produce esta.

Los republicanos consideran que no podemos escapar a la dominación con recursos y estrategias individuales, por lo que así se entiende que la libertad haya de pensarse, no como condición del individuo considerado aisladamente, sino *en presencia de otros*. En definitiva, sentencia Spitz:

> Es imposible representar la soledad como una situación ideal de libertad, porque ésta última implica la presencia de los otros al tiempo que implica la ausencia de toda imposibilidad de interferencia legítima por su parte. El paradigma de la libertad es en adelante una sociedad de hombres que se respetan mutuamente en sus derechos, y es realizado plenamente en la situación de un ciudadano que, viviendo con otros, está eficazmente protegido por la ley contra sus interferencias. Ser perfectamente libre supone, en esta concepción, ser miembro de una sociedad: es la pertenencia a cierta forma de sociedad (una sociedad libre que dispone de una regla jurídica que protege a

[8] Pettit, *Republicanismo*, 61.
[9] Pettit, *Republicanismo*, 83.

cada uno de sus miembros contra las posibles interferencias de los demás, sean quienes sean, individuos o representantes del Estado) la que define la libertad; la libertad es el disfrute del estatus de ciudadano en una sociedad de forma republicana[10].

Además, las leyes creadas por las instituciones políticas republicanas garantizan la libertad en la medida en que incorporan el presupuesto de la *igualdad*. Ello significa que nadie es libre si su área de libertad es menor que la de otros, ya que, o bien carece de derechos que otros poseen, o bien hay otros que están en condiciones mejores para violar la ley. Este criterio de igualdad se completa con que la libertad exige garantía igual de no interferencia por parte de los demás (igualdad jurídica), así como por el igual reconocimiento público de su calidad de ciudadano. Spitz lo describe con claridad:

> En la tradición republicana un hombre sólo es libre si son satisfechas las condiciones siguientes: que disponga, respecto a todos sus conciudadanos, del mismo ámbito de libertad y de la misma garantía jurídica de no-interferencia; que tenga un conocimiento claro de su propia igualdad con el conjunto de sus conciudadanos en este plano; y, en fin, que todos sus conciudadanos reconozcan explícitamente que es igual, es decir que se beneficia de este estatus a igual título y en la misma proporción que ellos[11].

En definitiva, para que la comunidad política republicana sea efectivamente tal, *res publica*, "cosa de todos", el orden normativo que lo constituye ha debido ser instituido en condiciones de reciprocidad e igualdad.

BASES REPUBLICANAS DE LA TRADICIÓN CASTELLANA

Con este esquema teórico general realizaré una somera aproximación a la revuelta comunera de 1521 y a sus características republicanas, así como al contexto histórico-político en que surge este movimiento.

[10] SPITZ, *La liberté politique*, 186-187.
[11] SPITZ, *La liberté politique*, 203.

Además, en este intento de analizar las bases republicanas castellanas del movimiento comunero, hay una serie de aspectos que quiero destacar significativamente, como son el especial protagonismo de Juan de Padilla, líder del alzamiento de las Comunidades; la relevancia e influencia teórica de la Escuela Jurídica de la Universidad de Salamanca en la difusión de este pensamiento republicano a través de sus diversas publicaciones, donde destacan los comentarios a la obra *La Política* de Aristóteles; igual que quiero subrayar el relevante papel de la Iglesia castellana y de algunos obispados (como el de Zamora y Toledo), que actuaron como baluarte y apoyo de la reivindicación comunera.

Cuando se analizan las aportaciones de la Universidad de Salamanca, una de las cuestiones más controvertidas estriba en que, más allá y en disonancia con el republicanismo clásico y el modelo italianizante, el pensamiento jurídico-político castellano "había evolucionado de forma autóctona hacia algunas formulaciones *sui generis* de régimen monárquico"[12]. Este interesantísimo trabajo se había centrado, entre otros aspectos, en la cuestión del principado electivo, donde, contextualizado en la experiencia de inestabilidad que habían provocado los problemas generados por la cuestión sucesoria durante el reino visigodo, se realizaron reflexiones vanguardistas que se alejaban de la práctica monárquica de su tiempo. Así, como señala José Joaquín Jerez, "los maestros Alfonso Polo, Pedro Martínez de Osma y, sobre todo, Fernando de Roa, que enseñaron en los claustros salmantinos a finales del siglo XV y principios del XVI, formaban parte de una corriente doctrinal favorable a la limitación del poderío regio"[13], proponiendo todos ellos, con sus especificidades particulares, "una forma de gobierno mixto que combinase elementos del régimen monárquico (la existencia de un solo príncipe) con otros democráticos (la elección popular de ese príncipe)"[14]. Este movimiento renovador salmantino se cerrará con el *Tractado de República* de Alonso de Castrillo.

[12] Salvador Rus Rufino y Eduardo Fernández García, *La rebelión de las Comunidades* (Madrid: Tecnos, 2021), 157.

[13] José Joaquín Jerez Calderón, *Pensamiento político y reforma institucional durante la guerra de las Comunidades de Castilla (1520-1521)* (Madrid: Marcial Pons, 2007), 222.

[14] Jerez, *Pensamiento político*, 222.

Estas posiciones se fueron configurando tras la estela marcada por el magisterio de Alfonso Fernández de Madrigal, "más conocido como Alfonso de Madrigal en razón de su nacimiento en la localidad abulense de Madrigal de las Altas Torres, o con el sobrenombre de Tostado"[15]. Aunque a veces también se le denomina como Alonso de Polo, la confusión con este nombre probablemente se deba a que "la primera edición de las obras del Tostado, la *prínceps*, duró desde 1507 hasta 1531; la preparó Alonso de Polo, canónigo de Cuenca, quien sustituyó a Palacios Rubios, e intervinieron en su promoción la reina Isabel la Católica, su esposo Fernando, Juan López de Vivero (Doctor Palacios Rubios), el cardenal Cisneros y el emperador Carlos V"[16]. También es usual denominar a Madrigal como «el Abulense» por haber sido en los últimos años de su vida obispo de Ávila.

Aunque catedrático de Sagrada Escritura en la Universidad de Salamanca, los comentarios bíblicos de Alfonso Fernández de Madrigal (nacido entre 1400 y 1410, y fallecido en 1455)[17] están repletos de referencias filosóficas y políticas. Aún manifestando sus inclinaciones por la monarquía, "hizo gala de sus firmes ideales democráticos a lo largo de su obra"[18], apoyando la participación del pueblo en el gobierno del reino y no ocultando sus simpatías por el principado electivo. En su disertación académica promovió el análisis de los textos de Aristóteles —temática central en las investigaciones de lo que se viene a conocer como la primera Escuela de Salamanca—, y en cuyo ámbito intelectual, como analiza Cirilo Flórez, se fijan las bases de una corriente de pensamiento político similar a la reflejada por humanistas como Coluccio Salutati o Leonardo Bruni en Florencia[19]. En efecto,

---

[15] Jerez, *Pensamiento político*, 170.

[16] Inmaculada Delgado Jara, "Alfonso de Madrigal, «el Tostado»", *Diccionario de autores literarios de Castilla y León (en línea)*, dir. y ed. María Luzdivina Cuesta, 2019, http://letra.unileon.es/.

[17] M.ª Idoya Zorroza, "La naturalidad del dominio humano sobre las cosas en Alfonso de Madrigal". *Azafea. Revista de Filosofía* 14 (2012): 235-236.

[18] Jerez, *Pensamiento político*, 223.

[19] Cirilo Flórez Miguel, "La primera Escuela de Salamanca (1405-1516). Presentación", en *La primera Escuela de Salamanca (1405-1516)*, edición de Cirilo Flórez Miguel, Maximiliano Hernández Marcos y Roberto Albares Albares (Salamanca: Ediciones Universidad de Salamanca, 2012), 11.

apoyándose en el aristotelismo, Madrigal impulsa "la defensa de una monarquía templada y la limitación del poderío de los reyes"[20], hasta el punto de "llegar a escribir, de la mano del Estagirita, que el pueblo puede derrocar al gobernante tiránico"[21], si bien precisa que este derrocamiento solo sería lícito cuando "la opresión subiese a intolerable"[22]. Su teoría política está recogida en su Relección De *optima politia*[23], dictada en 1436, donde el Tostado identifica "los considerandos que fundan la comunidad política, susceptibles de constituir la mejor forma de gobierno, al tiempo que se exponen los principios rectores de la «política» sobre la base de la teoría aristotélica"[24], siendo su punto de partida "la crítica que Aristóteles hace de la *República* de Platón en el libro segundo de la *Política* y donde plantea la política a partir de una teoría de la ciudad"[25].

En su obra, Madrigal hace un repaso de las distintas teorías clásicas acerca del surgimiento de las ciudades, como indica Juan Candela en su estudio sobre *De optima politia*. Entre los autores que menciona, el Tostado describe la posición de Ovidio y su teoría de "las cuatro edades del mundo", donde las ciudades aparecieron en la "segunda edad" como "defensa contra las inclemencias del tiempo o los ataques de los enemigos". Asimismo describe la teoría de Lactancio, destacando que, en sus comentarios al *De Natura deorum* de Cicerón, este autor se refiere a "la causa de la aparición de las ciudades, pero no señala el tiempo", esto es, no hace mención a su razón histórica. De hecho, para este apologista cristiano del siglo IV los hombres se reunieron para "multiplicar sus fuerzas" ante las adversidades estableciendo "lugares

---

[20] Francisco Elías de Tejada, *Historia de la literatura política de las Españas* (Madrid: Real Academia de Ciencias Morales y Políticas, 1991), t. II, 265; citado por Jerez, *Pensamiento político*, 170.

[21] Jerez, *Pensamiento político*, 170.

[22] Elías de Tejada, *Historia*, t. II, 266; citado por Jerez, *Pensamiento político*, 170.

[23] *Alfonso de Madrigal «el Tostado», El gobierno ideal*. Introducción, traducción y texto latino con aparato crítico y citas de Nuria Belloso Martín (Pamplona: Eunsa, 2003).

[24] Emiliano Fernández Vallina, "El tratado *De optima politia* del Tostado: una visión singular en el siglo XV hispano sobre las formas políticas de gobierno", *Anuario filosófico* 45/2 (2012): 298.

[25] Cirilo Flórez Miguel, "El humanismo cívico castellano: Alonso de Madrigal, Pedro de Osma y Fernando de Roa", *Res publica: revista de filosofía política* 18 (2007): 115.

de defensa y pequeñas aldeas" para, de este modo, ir "aprendiendo unos de otros y todos de la experiencia común", "inventando poco a poco leyes" y conociendo "las ventajas y comodidades que reporta la comunidad humana". Asimismo, Madrigal hace referencia a la posición que sostiene Cicerón en su *Retórica*, cuando el romano alaba las excelencias de la elocuencia e indica que fue esta la causa de que un hombre "dotado por la naturaleza de gran ingenio y de palabra acomodada" convenció a las aquellas "gentes ignorantes y rudas a establecer la comunidad política"[26].

El Tostado también se remite a la Biblia, atribuyendo a Caín la fundación de la primera ciudad de la tierra, cuando, tras cometer el fratricidio y dirigirse hacia la tierra oriental, "entonces conoció Caín a su esposa, la cual concibió y dio a luz a Henoc; y edificó una ciudad, y la llamó Henoc, como el nombre de su hijo (Gn 4,17)"; para a continuación referirse al planteamiento de San Agustín: "hay dos ciudades: una, la llamada ciudad de Dios; otra, la ciudad del demonio; ambas comenzaron a un mismo tiempo, se desarrollan simultáneamente y han de ser perpetuas en su duración. En cuanto a la ciudad del demonio, tiene sus bienes en este mundo perecedero, sin que se le reserven para la posteridad más que suplicios"[27].

Por tanto, Madrigal no tiene duda alguna acerca de la naturaleza y origen de la ciudad, a la que considera producto de la condición humana: "por ello, fue conveniente que el mismo primer hombre que se constituyó en cabeza de la ciudad del demonio, fundase la primera ciudad en la tierra. Y esto puede decirse, sin duda, de Caín. Él es, en efecto, el primer hombre que fue destinado, junto con el diablo y sus ángeles, al fuego del infierno. Con razón, pues, fue este, el primero que fundó una ciudad"[28].

Seguro que el cisma eclesiástico de Occidente y la anarquía social que en su tiempo imperaba en Castilla llevaron a Fernández de Madrigal a preocuparse en profundidad acerca de la condición humana. De hecho,

---

[26] Juan CANDELA MARTÍNEZ, "El *De optima politia* de Alfonso de Madrigal el Tostado", *Anales de la Universidad de Murcia (Derecho)* vol XIII, 1 (1954-1955): 88.

[27] CANDELA, "El *De optima politia*", 89.

[28] CANDELA, "El *De optima politia*", 89-90.

el "pesimismo antropológico" inspira su percepción de la naturaleza y el origen de las ciudades, descartando en sus escritos "la viabilidad de la vigencia del Evangelio como norma positiva, única y común para la república temporal", lo que le lleva a asumir "la necesidad de un cierto relativismo histórico, que es la nota predominante en su pensamiento político"[29]. Igualmente, el Abulense considera, y nos lo dice hasta la saciedad, que la paz es el supremo bien de la república. Por ello, insiste el Tostado, teniendo en cuenta que "el sistema político mejor es el que más refleja la presencia activa de la comunidad y asegura así la paz; la ley mejor es la que tiene más en cuenta que los ciudadanos son muchos, dispares y concretos", de forma que "esta paz es el producto de una feliz coordinación de las individualidades subjetivas"[30].

Por tanto, como destaca Victoriano Martín, para el Tostado "no se trata solo de diseñar el mejor sistema de gobierno, sino que se trata de "asegurar su supervivencia", por lo que "es necesario instaurarlo y conservarlo. De ahí la necesidad de asegurar la paz y el bienestar de la comunidad". Con este objetivo, "a fin de asegurar la instauración y conservación del mejor sistema de gobierno", como señalábamos antes, "es necesario conocer bien la naturaleza humana, y Alfonso Fernández de Madrigal, lo mismo que San Agustín, es consciente de la debilidad de la condición humana, de sus tendencias pasionales viciosas y de sus sentimientos perversos". De ello se deduce que hay que estar atento a las inclinaciones humanas "a la hora de diseñar una organización social", en el sentido de que las construcciones terrenales están afectadas por "esta concepción agustiniana pesimista de la naturaleza humana"; por lo que, como se ha mencionado en el párrafo anterior, se insta "a desaconsejar el Evangelio como norma positiva para la República temporal"[31].

Desde estos supuestos pragmáticos "el Tostado más que el mejor sistema de gobierno intenta encontrar el más conveniente", de donde, deduce Martín, "al menos implícitamente, de la doctrina de Alfon-

[29] CANDELA, "El *De optima politia*", 75.

[30] CANDELA, "El *De optima politia*", 74.

[31] Victoriano MARTÍN MARTÍN, "Juan Trías Vejarano, Del antiguo régimen a la sociedad burguesa". *Eunomía, Revista en Cultura de la Legalidad*, 18 (2019): 442.

so Fernández de Madrigal, se desprende la teoría del consentimiento, que significa que el gobernante no puede tomar decisiones que afecten a la comunidad sin el consentimiento del pueblo, una doctrina que se venía defendiendo en el ámbito de la Universidad de Paris"[32].

En este contexto y con esta perspectiva Madrigal reflexiona sobre la forma de gobierno ideal, abordando los tipos de ciudad (que equipara al Estado), y cuya clasificación atiende a los cánones de monárquica, aristocrática, timocrática, democrática y oligárquica. Entre estas opciones —como describe Candela— el Tostado considera que "hay unos regímenes políticos que son buenos, y otros que son malos y viciosos, como dice Aristóteles (*Política,* lib. III). Los buenos son: la Monarquía real, la Aristocracia y la Timocracia. Los otros tres —la Monarquía tiránica, la Oligarquía y la Democracia— son viciosos"[33]. Y después de describir los tres regímenes viciosos, prosigue Candela, Madrigal apela a la autoridad del Estagirita (*Política,* lib. III) para precisar que el tercero de ellos —la Democracia— representa "la mejor forma de gobierno para las ciudades, aún cuando de suyo sea una forma viciosa, porque en ella llegan a ser gobernantes algunos ignorantes que, naturalmente, serían más aptos para servir [que para gobernar]"[34]. La preferencia que Madrigal muestra por un sistema de carácter no virtuoso como la democracia estriba en que esta forma política "no lleva a la sedición, dado que el gobierno queda asentado en el pueblo entero y todos ejercen el poder equitativamente (*quia ista sediciosa non est, cum apud totum populum maneat principatus, et omnes aequaliter dominentur)*"[35].

El poder político es otro de los aspectos analizados por el Tostado. Considera que su finalidad es "garantizar el bienestar de la comunidad" y que se trata de una facultad que originariamente "reside en Dios, quien trasmite dicho poder inmediatamente a los súbditos, que a su vez constituyen lo que designamos con el concepto abstracto de comunidad, que es la que elige al príncipe". Con semejante

---

[32] Martín, "Juan Trías", 442.

[33] Candela,"El *De optima politia*", 94.

[34] Candela "El *De optima politia*", 95.

[35] Fernández, "El tratado *De optima politia"*, 302.

conceptualización, concluye Martín, "no parece arriesgado señalar a nuestro autor como uno de los defensores del contrato político como constitutivo de la organización social y del Estado"[36]. Así puede entenderse del alegato del Abulense, cuando define, aunque "sin desarrollar ni entrar en la discusión teórica ni sistemática [...], el carácter contractual de la sociedad política o la dependencia de la ley y su función de la coparticipación ciudadana", y lo expresa en los siguientes términos: "políticamente hablando, contrato es cierto pacto que se establece entre cualesquiera personas, y que descansa en una decisión compartida bien contrastada (*Est autem contractus, ut politice loquar, quaelibet conventio inter aliquos constituta et communi deliberatione firmata*)"[37].

Este mismo párrafo es enfatizado por Juan Candela como una característica del "pactismo del Abulense"[38], siendo igualmente esta la razón por la que Madrigal descarta las teorías antes señaladas de Ovidio, Lactancio y Cicerón. Al mismo tiempo, en su tratado *De optima politia* busca "una ordenación general [...] destinada a una ciudad que los hombres con tendencias sociales [...] pudieran establecer de hecho", argumentando para ello que "para que exista una comunidad política es necesario que haya algo común entre sus miembros"[39].

Aunque Agustín de Asís insiste que "el Tostado no conoce la doctrina pactista tal vez porque tuviera demasiado presente la obra de Aristóteles"[40]; la realidad es —como el propio Asís también admite— que "hasta aquellos años todos los medievales conocían los pensamientos de Platón y Aristóteles por medio de San Agustín y Santo Tomás, de aquí que en casi todas las filosofías perdurase tanto la idea del pacto"[41]. De hecho, Madrigal "no deja de apoyarse en la tradicional doctrina de Santo Tomás de Aquino", dando por buena la posibilidad de "un pacto punitivo contra el que rige una nación", de modo y manera "que puede ser castigado el príncipe, siempre que ello no

[36] MARTÍN, "Juan Trías", 442.

[37] FERNÁNDEZ, "El tratado *De optima politia*", 298.

[38] CANDELA, "El *De optima política*", 72.

[39] CANDELA, "El *De optima política*", 73.

[40] Agustín DE ASÍS GARROTE, *Ideas sociopolíticas de Alonso Polo, El Tostado* (Sevilla: Publicaciones de la Escuela de Estudios Hispano-Americanos, 1955), 24.

[41] Asís, *Ideas sociopolíticas*, 24-25.

produzca escándalo"[42]. En definitiva, si bien el Tostado recomienda que "no se intente castigar al príncipe cuando sus excesos de poder no causan un daño esencial a la nación, porque ello implicaría una merma de prestigio y autoridad necesaria para el desempeño del cargo", ello no supone —como destaca Asís— que "de su doctrina se desprende que se puede llegar a ese caso cuando, «por ejemplo, el príncipe intentase arrastrar a sus súbditos a la infidelidad o quisiera entregarle a sus enemigos»". Dándose estas circunstancias, deduce Asís, Madrigal "admite y aún parece alentar a su eliminación, o por lo menos a rebelarse contra él, cuando sus actos, directamente, causan daño grave en la integridad espiritual o material de los súbditos y naciones." Para el Tostado, por tanto, cuando se produzcan estas circunstancias no hay excusa alguna para que el príncipe sea perseguido: "«tales cosas no pueden ser permitidas, y aunque existiera escándalo para los súbditos, el príncipe debe ser castigado o por lo menos cohibido para que no pueda hacerlo»"[43].

Asís describe la argumentación del Tostado alrededor de la idea recurrente del «escándalo», exponiéndola de la siguiente manera: Si bien es cierto que "la alta magistratura de la nación exige gozar, para el mejor desempeño de sus funciones, de una intangibilidad que garantice la independencia de sus actos", no obstante, "el príncipe, que queda también sometido al imperio de las leyes que él mismo da para los demás, puede convertirse en transgresor"; de lo que se extrae que ello produciría también "escándalo en el sentido de que los súbditos se ven animados por el mal ejemplo a cometer con más facilidad actos delictivos", todo lo cual conlleva a que el príncipe transgresor también "debe ser sancionado"[44].

En el fondo, todo ello se basa en el principio republicano de la primacía de la ley, que está encaminado a buscar el bienestar de los súbditos y "la consecución del bien común, fin de todo poder político"[45]. En efecto, como apunta Asís, para el Tostado "el carácter de la ley es

---

[42] Asís, *Ideas sociopolíticas*, 59.

[43] Asís, *Ideas sociopolíticas*, 60.

[44] Asís, *Ideas sociopolíticas*, 59.

[45] Asís, *Ideas sociopolíticas*, 71.

su fuerza imperante, [...] es un precepto que ordena, prohíbe y permite", en el sentido de que no se trata de "dar leyes simplemente buenas, sino leyes buenas para el pueblo de que se trata, «como sucede con las medicinas»"[46]. En la misma línea apunta Emiliano Fernández Vallina cuanto cita a Madrigal, *"debet dare leges, non quidem simpliciter optimas, sed optimas illi politiae, quam dirigere vult"*, para referirse a que el Abulense "se muestra prudente y sensato observador de la historia, considerando la circunstancia de cada régimen político en su devenir"[47]. Para Madrigal, por consiguiente, las leyes y el orden constitutivo —la *politia*— de una entidad política nunca deben perder la "perspectiva de cada momento histórico y de cada comunidad singular", siendo esta necesidad de adaptarse la que le lleva a sostener que "a veces el legislador *volens condere aliquam politiam non debet ponere optimas leges, nec optimam politiam*, pues es su obligación *eligere politiam convenientem huic populo; etiam si illa non sit bona secundum se... id est, totaliter"*[48].

Por tanto, siendo una característica fundamental de la ley positiva "su conformidad con el carácter del pueblo, [...] «la ley y la ordenación política deben estar acomodadas a las condiciones de los súbditos para los que se dan»"[49], por lo que, para el Tostado, "«las leyes no tienen fuerza de obligar mientras no se promulguen con el consentimiento del pueblo» [...], es decir, que mientras que es el príncipe el autor material de la ley, radica en el pueblo la facultad de aceptarla o no"[50].

A fin de cuentas, como bien recuerda Asís, este principio no obedece a una elucubración doctrinal de Madrigal, "sino que, más bien, responde a una postura característica de la política tradicional del pueblo español, pues sabido es cómo los reyes de Castilla para promulgar o para que se pusiera en práctica una ley necesitaban el consentimiento de las Cortes, reunidas expresamente para ello"[51].

[46] Asís, *Ideas sociopolíticas*, 81.
[47] Emiliano FERNÁNDEZ VALLINA, "Poder y buen gobierno en Alfonso Fernández de Madrigal (El Tostado)", *Cuadernos salmantinos de filosofía* 23 (1996): 270.
[48] Fernández, "Poder y buen gobierno", 271.
[49] Asís, *Ideas sociopolíticas*, 82.
[50] Asís, *Ideas sociopolíticas*, 83.
[51] Asís, *Ideas sociopolíticas*, 83.

Finalmente, también quisiera resaltar otra característica apuntada por Asís en el pensamiento de Madrigal, que no deja de ser un rasgo propio de una herencia neoagustiniana generalizada en la España de la época, y que se refiere a que "la doctrina del Tostado, y con objeto de que presida siempre el mayor acierto en las tareas del gobierno de la comunidad política, exige del príncipe la obligación de buscar sus consejeros de entre los hombres religiosos y prudentes, pues, al igual que todos sus contemporáneos, el Tostado presta especial atención a la fe del príncipe"[52].

La impronta que marcó Alfonso de Madrigal, al que no resulta exagerado atribuir el cometido de ser el faro y "el punto de partida del gran movimiento renovador castellano" fue continuada por Pedro Martínez de Osma y Fernando de Roa, "y que cerrará, un tanto trágicamente en el alba de Villalar, el *Tratado de República* del padre Alonso Castrillo"[53].

Pedro Martínez de Osma (1427-1480), a quien Menéndez y Pelayo en su *Historia de los heterodoxos españoles* denomina "el primer protestante español", alcanzó en 1463 la cátedra de Prima de Teología en la Universidad de Salamanca. Discípulo del Tostado, el soriano publicó en 1466 su *Summa super Libris Politicorum Aristotelis*[54], donde aboga por la elección popular de los príncipes frente a la monarquía hereditaria, que era la modalidad enraizada desde antiguo en el reino de Castilla. Esta posición discrepante de Osma es probablemente debida a "su entrañado aristotelismo y a que en la mentalidad helena antigua no había lugar para el señor hereditario". Asimismo, además de que su conocimiento de la *Política* del Estagirita le llevara a asumir posicionamientos contrarios al sistema hereditario, tampoco hay duda alguna de que su pensamiento está encuadrado y es reflejo "del consecuente democraticismo que sostuviera Alfonso de Madrigal",

---

[52] Asís, *Ideas sociopolíticas*, 60-61.

[53] Francisco Elías DE TEJADA, *Historia de la literatura política de las Españas* (Madrid: Real Academia de Ciencias Morales y Políticas, 1991), t. II, p.251; citado por Jerez, *Pensamiento político*, 170.

[54] Pedro MARTÍNEZ DE OSMA y Fernando DE ROA, *Comentario a la Política de Aristóteles*, 2 vols., ed. de José Labajos Alonso (Salamanca Publicaciones de la Universidad Pontificia, 2006).

su maestro. Coherente con su posición, y ateniéndose a sus fuentes intelectuales, Osma plantea en su escritos "las condiciones que haya de ostentar el rey para ser elegido, dando por supuesto que la elección será el procedimiento más adecuado para nombrarlo", aunque sin llegar al extremo del "abierto criterio electivo que propugnara Francesc Eiximenis"[55].

También la adaptación al momento histórico marca otra característica de la obra política de Osma, aceptando la perspectiva de singularidad de la comunidad objeto de estudio. Esta inclinación se manifiesta en la comprensión por las condiciones de sus conciudadanos, así como en la cercanía y adecuación a la realidad que estos experimentan; como se puede percibir con claridad en su *In Ethicorum Aristotelis Libros Commentarii*, escritos entre 1457 y 1460, donde "sigue la senda iniciada por el Tostado" y distingue "entre el buen y el mal gobernante según proceda o no con amistad hacia su pueblo", porque "el príncipe virtuoso quiere a sus súbditos como amigos mientras que el tirano les trata como siervos"[56].

En cuanto a sus comentarios y referencias sobre autores clásicos, en su análisis sobre las fuentes del humanismo cívico castellano, Cirilo Flórez señala las observaciones que Osma realiza sobre Cicerón, indicando que "el fallo fundamental que Pedro Martínez de Osma aprecia en Cicerón es que identifica la vida contemplativa con la vida solitaria". A partir de una posición opuesta, y desde un "humanismo comunitario y participativo", sostiene que "el hombre ha sido creado para vivir en comunidad y no en soledad; y por eso defiende Aristóteles que el hombre es un animal político; es decir, un animal comunitario"[57].

Acusado de herejía, entre 1478 y 1479, Osma fue sometido a un proceso por la Inquisición española con motivo de de sus polémicas obras *Quodlibetum de Confessione y el Tractatus de Confessione* sobre las indulgencias y la penitencia, que se dieron a conocer en 1476, siendo condenado y mandándose quemar los ejemplares de esta publica-

[55] Elías DE TEJADA, *Historia de la literatura política de las Españas*, t. III, pp.146-147; citado por JEREZ, *Pensamiento político*, 223.

[56] JEREZ, *Pensamiento político*, 171; cfr. Elías de Tejada, *Historia de la literatura política de las Españas*, t. III, p. 147.

[57] FLÓREZ, "El humanismo cívico castellano", 127.

ción. Aunque "el acusado acepta su pena y se somete dócilmente a su condena", en opinión de Isabella Iannuzzi "la cuestión básica del escándalo osmiano no recibe la debida consideración", ya que "no hay debate teológico y doctrinario capaz de definir las bases de la doctrina de las indulgencias y la penitencia", de modo que "son muchas las fuerzas que se enfrentan y entrecruzan en este episodio, complejos factores y luchas de poder entre grupos que van interactuando para edificar la monarquía de los Reyes Católicos y crear la cultura política y la ideología que tendría que sostenerla y consolidarla"[58]. Finalmente, precisa Jesús Luis Castillo, "el grupo de amigos de que Pedro de Osma gozaba en la Universidad de Salamanca logró evitar la bulliciosa ostentación que en la ejecución de la condena pretendían llevar a cabo sus enemigos", por lo que "no se celebró la procesión que, con carácter oficial, pretendían realizar dentro del Estudio algunos destacados impugnadores de Osma", ni "tampoco se quemó la cátedra desde la que tanta doctrina provechosa había impartido antes de defender las doctrinas condenadas". Asimismo, como sentencia Castillo, "su verdadero heredero espiritual sería Fernando de Roa"[59].

De hecho, como destaca Flórez, el *Comentario a los ocho libros de la Política* de Aristóteles es "originariamente de Pedro Martínez de Osma y podemos considerarlo como otro fruto de sus años de docencia en la Universidad de Salamanca al frente de la Cátedra de Filosofía Moral"[60], si bien "fue editado en 1506 por Martín de Frías en Salamanca y atribuido a Fernando de Roa"[61]. En opinión de Flórez "Fernando de Roa ha añadido el texto aristotélico de la traducción de Bruni e introducido breves comentarios en el interior del comentario de Osma", por lo que "puede considerarse a ambos como autores (coautores)"[62].

---

[58] Isabella Iannuzzi, "La condena a Pedro Martínez de Osma: «ensayo general» de control ideológico inquisitorial", *Investigaciones históricas: Época moderna y contemporánea* 27 (2007): 40.

[59] Jesús Luis Castillo Vegas, *Política y clases medias. El siglo XV y el maestro salmantino Fernando de Roa* (Valladolid: Secretariado de Publicaciones Universidad de Valladolid, 1987), 24.

[60] Flórez, "El humanismo cívico castellano", 130.

[61] Flórez, "El humanismo cívico castellano", 139.

[62] Flórez, "El humanismo cívico castellano", 130.

Al analizar la publicación, Flórez considera que este *Comentario* se encuentra "en la línea de renovación del aristotelismo", pero también "en relación a la interpretación tomista que encontramos en Sánchez de Arévalo" donde las cuestiones políticas ya no se plantean en "términos de «deber ser», sino en términos de «ser»", no preguntándose "cómo debe ser la república", sino que "al hilo del texto de Aristóteles" se analizan "las distintas formas de constituciones que se han dado en el tiempo"; inaugurando "un pensamiento «realista» en términos políticos, como luego será también el caso de Maquiavelo"[63].

Aprovecho la referencia que Flórez hace a Rodrigo Sánchez de Arévalo y su *Suma Teológica* para reivindicar igualmente la figura de este segoviano (1404/1405-1470), que fue asimismo una personalidad relevante del humanismo castellano y compañero de estudios de Madrigal. Según Rafael Martín, Arévalo, en la misma línea y en consonancia con las temáticas tratadas por la primera Escuela de Salamanca, abordó la cuestión de la "limitación del poder y la sujeción a la ley" —aspecto también tratado por Osma y Roa, y al que luego me referiré—, según la cual "el rey debe gobernar *«según las leyes e no las quebrantando»*"[64], de manera que el rey "debe *«conformar su uoluntad con el derecho scripto, saluo quando con grande e euidente causa usare de la equidad e uirtud, que es propiamente dispensación e moderacion de la justicia o del justo legal»*, pues *«todo buen príncipe o político deve considerar que (...) su poder es limitado»*"[65]. Esta tradición y principios, destaca Martín, son intrínsecos a la doctrina y magisterio de la Universidad de Salamanca y "se encuentran también recogidos en Fernando de Roa y Pedro Martínez de Osma, y, antes que en ellos, en Alonso de Madrigal"[66].

De hecho, como destaca Flórez, en el recién mencionado *Comentario* a la *Política* de Aristóteles de Osma y Roa se expone una teoría

---

[63] FLÓREZ, "El humanismo cívico castellano", 130.

[64] Rafael MARTÍN RIVERA. "La idea de «Res publica» en la tradición política y jurídica castellana (siglos IX-XV). *Anuario de Historia del Derecho Español*, tomo LXXXVI (2016): 640.

[65] Rodrigo Sánchez de Arévalo, "Suma de la política", en *Prosistas Castellanos del siglo XV*, edición y estudio preliminar por Mario Penna, Biblioteca de Autores Españoles (Madrid: Ediciones Atlas, 1959), t. I, 300; citado por Martín Rivera, "La idea de «Res publica»", 640.

[66] MARTÍN RIVERA, "La idea de «Res publica»", 640.

de la república, entendida esta como una *civitas*, esto es, un espacio político ordenado cuyos miembros son los ciudadanos; y cuyas dos propiedades características son la libertad y la igualdad: "la ciudad rectamente fundada o instituida […] está apoyada sobre las virtudes civiles de los ciudadanos. Dentro de esta es donde hace su aparición el poder político, que tiene como finalidad el gobierno de hombres libres e iguales"[67].

En cuanto a la dimensión moral o virtuosa de la terminología utilizada por parte de Osma y Roa, conviene hacer una distinción en la utilización que realizan de los conceptos «buen hombre» y «buen ciudadano». Así, mientras la expresión «buen hombre» "hace alusión a la dimensión moral del hombre", el término «buen ciudadano» nos remite a la "dimensión política del hombre y a sus virtudes como miembro de la república, ya sea como gobernante o como súbdito", y, por tanto, dotado del «bonus civis», cuya finalidad es "la conservación y buena gobernación de la república o comunidad política". Si bien una primera aproximación a esta diferencia pudiera hacernos pensar que las virtudes del «buen ciudadano» fuesen asimilables a las cualidades propias de *El Príncipe* de Maquiavelo, cuyo planteamiento de la política podemos calificar también de realista"; sin embargo, esto no es así, ya que "las dos virtudes civiles que destacan Martínez de Osma y Roa son la prudencia y la justicia legal", correspondientes y con "propia peculiaridad según que se trate del gobernante o del súbdito", de donde se infiere con toda claridad que estos dos pensadores políticos están fundamentalmente "preocupados por el perfeccionamiento moral del hombre, lo que les aparta considerablemente de Maquivelo"[68].

Además, el aspecto del perfeccionamiento moral que brinda la *civitas* está íntimamente relacionado con la cuestión de la «limitación del poder», que como acabamos de señalar fue una de las temáticas tratadas por la primera Escuela de Salamanca. Así, al abordar este aspecto, Osma y Roa distinguen entre "el poder real, cuyo paradigma es la virtud; y el poder tiránico, que busca el bien del tirano y no el de los gobernados", concluyendo que "el poder real como forma de poder

[67] Flórez, "El humanismo cívico castellano", 131-132.
[68] Flórez, "El humanismo cívico castellano", 131.

político se funda en el «amor a los súbditos»; aspecto este totalmente ausente del tirano"[69].

También la otra cuestión señalada anteriormente, «la sujeción a la ley», es analizada por nuestros pensadores. Desde su posición, más allá de las distintas formas de gobierno en que se puede ejercer el poder político en la «ciudad o república», esto es, "aristocrática, real y democrática o republicana", Osma y Roa consideran que lo primordial es que "estas distintas formas de ejercer el poder político [...] tienen que estar sometidas al imperio de la ley, que es el fundamento legítimo del gobierno de la ciudad o república"[70]. Para ellos, consecuentemente, "la peculiaridad del ámbito político como ámbito propiamente humano es el de ser un ámbito regido por la ley, y por lo tanto podríamos decir que es un ámbito jurídico", esto es, que "la peculiaridad de lo humano político es el derecho". En opinión de Flórez, "esta quizá es una de las ideas fundamentales de Martínez de Osma y Fernando de Roa, y la que hace de ellos dos pensadores modernos en el ámbito del pensamiento político"[71], poniendo en circulación "un bagaje de ideas (enciclopedia) que van a tener un gran peso en el pensamiento político de la modernidad, fundamentando la tradición del «humanismo cívico»"[72].

Refiriéndome específicamente a Fernando de Roa (aprox. 1448-1502)[73], hay que señalar que fue un firme defensor del sistema electivo, hasta el punto que atribuía "buena parte de los males de que adolecía la monarquía de su época al hecho de ser hereditaria y piensa que una solución adecuada para resolver esas deficiencias, o al menos buena parte de ellas, sería que los reyes se eligieran temporalmente"[74]. Reitera esta posición con ocasión de un comentario a la monarquía

[69] FLÓREZ, "El humanismo cívico castellano", 132.

[70] FLÓREZ, "El humanismo cívico castellano", 132.

[71] FLÓREZ, "El humanismo cívico castellano", 134.

[72] FLÓREZ, "El humanismo cívico castellano", 135.

[73] CASTILLO, *Política y clases medias,* 14 y 24.

[74] CASTILLO, *Política y clases medias,* 61-62. Para citar los escritos de Fernando Roa, Jesús Luis Castillo Vegas utiliza el ejemplar de la edición salmantina que se conserva en la Biblioteca Universitaria de Salamanca: Fernando de Roa, *In politicorum libros Aristotelis commentarii*, Salamanca, Juan Porras, 1502 (Castillo, *Política y clases medias,* 11).

temporal de Esparta. Así, frente a los que consideran que "si el rey gobernara solo por un periodo de dos o tres años" se dejaría llevar "por el miedo a ofender a parte de los gobernados y futuros electores", con la consecuencia que "habría quienes con más facilidad le desobedecerían" y "no podría mantener adecuadamente el gobierno de la comunidad"; Roa considera que, "dada la malicia de los hombres", esta estructuración del poder real tendría "evidentes y grandes ventajas" y sería un "elemento de estabilización constitucional", porque "el rey se esforzaría por superar al que lo precedió", tratando de "corregir los defectos de su antecesor para lograr así el aplauso del pueblo", con lo que "procuraría un mejor gobierno"[75].

Roa denuncia también las corruptelas y distorsiones que producen los gobiernos hereditarios, cuyo germen, en su opinión, estaría en los "cargos perpetuos", a los que considera una "distorsión grave en la administración de la cosa pública". Y precisamente, como señala Castillo, "la supresión de esta forma de administración municipal de carácter vitalicio será una de las pretensiones comuneras con más tesón defendidas a la que pudo haber contribuido Roa a través de sus discípulos"[76]. Volveré a esta cuestión cuando más adelante glose los *Comentarios a la política* de Fernando de Roa que, en forma de decálogo, recogen los principales deberes que obligan al rey (las prácticas señaladas se repudian en el quinto y octavo considerandos de los *Comentarios*), y que constituyeron la columna vertebral de las demandas de los comuneros en su *Ley Perpetua*.

Otra característica del pensamiento político de Roa es su "preferencia por el gobierno de las clases medias, *mediocres*" —utilizando su terminología—, "procurando reducir los gobiernos reales o monárquicos *ad medicrem modum* repartiendo el poder del rey." Su tesis, por tanto, se fundamenta en que "el gobierno real, con su realzada dignidad, se mantiene mejor cuando más se acerca a este gobierno de las clases medias", donde "la soberbia y la envidia son menores". En definitiva, "receloso de la autoridad real", Roa considera que "toda reducción del poder del rey […] traerá consigo el aseguramiento del

---

[75] Castillo, *Política y clases medias*, 62.

[76] Castillo, *Política y clases medias*, 62.

poder regio puesto que, al ser más limitado, conseguirá conservarse durante más tiempo"[77].

A criterio de Fernando de Roa el gobierno de las clases medias ocupará un puesto intermedio entre estos "dos extremos: *la popularitas* y la *paucorum popularitati*", que vendrían a ser la demagogia y la oligarquía. Por tanto, el gobierno de "*la mediocrium gubernatio*", que al estar formado por "aquellos ciudadanos que poseen bienes pero no en demasía es menos propenso a ser dominado por la soberbia o por la envidia", constituye "una síntesis superadora de las formas degeneradas anteriormente citadas"[78].

Esta comunidad política de ciudadanos pertenecientes a la clase media, "*societas civilis optima est quae per mediocres sit et geritur*", al ser la mejor, garantizaría la "estabilidad y la bondad del gobierno de la comunidad política y la *civitas*", sirviendo de criterio, además, para "establecer la adecuada jerarquía de las formas de gobierno"[79].

Por otro lado —ahondando en lo ya señalado por Osma y Roa al abordar los aspectos relacionados con la moral y la virtud—, en su proyecto de comunidad política ideal Roa realiza una interesante distinción entre el *bonus vir* y el *bonus civis*, relacionando ambos elementos con el concepto de *virtus* al objeto de delimitar los planos ético y político. Así, mientras "la *virtus* en el *bonus* vir es la prudencia como virtud moral", de modo que "esta *prudentia* se configura como perfeccionadora del que la posee y hacedora de la bondad de la acción realizada, *quae habentem perficit et eius opus bonum reddit*"; al contrario, "la *virtus* que brilla en el *bonus civis* no tiene por qué ser moral puesto que se configura como astucia, como una habilidad adquirida que implica una sutileza aplicada a las cosas mundanas, *astutia et industria quaedam vel mundana subtilitas*", de manera que tal *virtus* se orienta "a la conservación y adecuado regimiento de la cosa pública para que la comunidad política alcance su fin, *in finem civitatis*"[80].

---

[77] Castillo, *Política y clases medias*, 73.

[78] Castillo, *Política y clases medias*, 76.

[79] Castillo, *Política y clases medias*, 83.

[80] Castillo, *Política y clases medias*, 113.

Como personaje de su tiempo y su circunstancia, lo que en realidad estaba realizando Roa era edificar su comunidad ideal sobre la coyuntura castellana de su tiempo, donde la tradición del concejo abierto tanto peso tuvo "en la actividad repobladora en la zona del Duero y que dio lugar a la creación de las Comunidades de Villa y Tierra en la Extremadura castellana, en la leonesa y al norte del reino de Toledo", pero que "había ido cercenándose a partir del siglo XIV, concretamente desde 1345 por obra de Alfonso XI en carta dirigida a diversos concejos de la Extremadura"[81].

Con todo, y para ser precisos, en lo referente a su modelo de comunidad política es importante aclarar que las consideraciones que hace Roa de la *respublica mediocrum* como la mejor forma de gobierno son compatibles con las abundantes referencias que hace a la monarquía, calificando a "la *regio gubernatio* como la mejor forma de gobierno y, entre todas, la más divina, *regnum est optima politia et omnium divinissima*". Por todo ello, una correcta interpretación de la propuesta política de Fernando de Roa se traduciría en que "el *regnum* […] presenta mejores garantías de estabilidad y duración, *est magis permansivum et conservativum*, cuando está compuesto de clases medias, *quod ex mediis constat*"[82].

Desde esta posición, como mal menor y elemento de equilibrio en su proyecto socio-político, Roa prestará atención a la cuestión de la educación del príncipe. Aunque estrictamente "no es posible calificar a los *Comentarios de la Política* de Fernando de Roa como un *speculum princeps*", la obra sí contiene "suficiente número de aportaciones referentes a la formación que debe presidir la vida del gobernante", las cuales "justifican con creces que se les dé un tratamiento unitario". Los *Comentarios*, por tanto, recogen observaciones válidas para los príncipes y gobernantes de su tiempo, incluyendo en estos "no solo a los que ocupan altos cargos en la *respublica* sino también a todos aquellos que ejercen algún tipo de poder político." Tampoco falta la referencia expresa a Alfonso X el Sabio cuando, "para gobernar la *civitas*", Roa se refiere a "las cosas que el príncipe debe

[81] CASTILLO, *Política y clases medias,* 116.
[82] CASTILLO, *Política y clases medias,* 83.

saber y está obligado moralmente a ello para no faltar a sus deberes de gobernante"[83].

Las líneas maestras del *"speculum principum roense"* comprenden diversas destrezas. Por un lado el gobernante ha de "conocer el contenido de lo tratado por Aristóteles en su *Política* y por otros autores en obras semejantes", al objeto de ir profundizando en "el terreno jurídico-político, en el que dicta las orientaciones y líneas fundamentales de desarrollo de la reguiría de la *respublica*". Asimismo "la adecuada formación del príncipe no puede eludir" el ámbito de "la defensa de la patria, *patriam defendere*", lo que hace urgente e ineludible que el gobernante tenga un conocimiento del "arte militar", más necesario si cabe en "la experiencia nada optimista de fines del siglo XV, época de frecuentes guerras y banderías."[84]. Además, más allá de la formación política y militar, el príncipe requiere también de una "completa formación moral", siendo especialmente "aquellas virtudes honestas y honradas, como la liberalidad, la fortaleza y la justicia las que demandan en él un ejercicio mayor." Considera Roa que estas virtudes son las más firmes garantías de su gobierno, mientras, por contraste, la corrupción personal y la vida voluptuosa del rey constituyen la principal causa de su caída, *a statu suo cadere faciat*". Más aún, Roa añade que esta degradación "incita, de por sí, a los miembros de la milicia a rebelarse contra los reyes". Por último, "la exigencia de que el gobernante practique una vida virtuosa, demanda también en él el que sea un modelo de virtudes", ya que "su valor ejemplar es de capital importancia porque los súbditos aman y desean lo mismo que los gobernantes"[85].

Roa sigue inmerso en un contexto medieval donde la virtud tiene una connotación moral, donde es importante que "los súbditos reverencien y honren, *in honore et reverentia teneri*, a su príncipe", lo cual exige que este "no se deje arrastrar por los vicios o que, al menos, aparentemente, *sucundum apparientiam*, obre como hombre virtuoso, sobre todo en sus apariencias públicas." No obstante, aunque esta última afirmación tenga un atisbo renacentista y apunte algunos rasgos del príncipe ma-

[83] Castillo, *Política y clases medias,* 122.
[84] Castillo, *Política y clases medias,* 124.
[85] Castillo, *Política y clases medias,* 125.

quiaveliano, "la constitución política roense queda muy lejos de la del pensador florentino", ya que Roa "exige para el buen obrar que se dé un fin bueno y honesto y que se escojan rectamente los medios que se necesiten para ese fin, y que para obrar bien también hay que atender no sólo a lo que se hace sino a cómo se hace"[86].

A fin de cuentas, como certeramente destaca Castillo, en el pensamiento de Roa se manifiesta "su nostalgia por un régimen de libertades articulado en una sólida base democrática que él había visto tan malparada por la prepotencia nobiliaria del reinado de Enrique IV"[87]. Al respecto, es de destacar la alusión que nuestro autor hace a su reinado, que "se caracterizó por una inseguridad social a causa de los numerosos atentados contra la propiedad y contra las personas, *suborta multa latrocinia et homicidia*"[88]. Este deterioro democrático se acrecentó en la época de los Reyes Católicos, "con el ascenso de un poder monárquico que tendía a hacerse cada vez más omnipresente en la España de fines del cuatrocientos"[89].

Este es el contexto histórico que envuelve a Roa y que igualmente subyace en los años en que se fragua la guerra de las Comunidades frente a la política intervencionista de Carlos V. Es por ello que, como precisa Castillo, "nada tiene de singular que la concepción roense de la *civitas recte instituta* coincida en gran medida con las aspiraciones comuneras"[90], como se especificará más adelante.

El paradigma investigativo anglosajón y el modelo republicano ibérico

En este epígrafe quisiera realizar una aclaración metodológica previa, señalando mi disconformidad respecto al proceder de los enfoques contextualistas anglosajones[91] de las ideas políticas, y más precisamente

[86] Castillo, *Política y clases medias,* 126.
[87] Castillo, *Política y clases medias,* 83.
[88] Castillo, *Política y clases medias,* 122.
[89] Castillo, *Política y clases medias,* 83.
[90] Castillo, *Política y clases medias,* 116.
[91] Para una orientación general acerca de la Escuela de Cambridge, ver Quentin Skinner, *Visions of Politics. Renaissance Virtues* (Cambridge: Cambridge University

cómo la denominada escuela de Cambridge ha legitimado un paradigma investigativo donde los lenguajes, experiencias, propuestas políticas en el seno de las monarquías del Renacimiento, para validarse como republicanas, deben previamente pasar el cedazo del modelo italianizante y el estilo de las repúblicas ciudadanas del norte de Italia, para ser considerados como tales, sin dar opción a valorar la posibilidad de otro modelo republicano distinto al de las ciudades-estado italianas.

Como consecuencia de ello, esta concepción y enfoque del republicanismo ha colonizado las distintas investigaciones en el ámbito de la historiografía republicana, primando y privilegiando esta perspectiva frente a otras. Por consiguiente, aceptando como valiosa la aportación historiográfica de la Escuela de Cambridge en lo que respecta a la importancia del contexto para analizar los conceptos históricos, considero que esta metodología validatoria comparativa con el modelo italiano de repúblicas locales para interpretar las experiencias republicanas en la península ibérica es absolutamente insuficiente. De hecho, las referencias italianas no tuvieron demasiada relevancia a la hora de reflexionar, entender o constituir el eventual modelo republicano hispánico, siendo mucho más importante, por ejemplo, la influencia teórica de Cicerón o Aristóteles para los comuneros, o la de Erasmo para el propio Emperador, cuya percepción del republicanismo estaba muy condicionada por las ideas del humanista holandés.

Subrayan Rus y Fernández que son Aristóteles, Platón y Cicerón, en este orden de prelación, las autoridades que inspiran la aproximación y la recepción de la república como forma política del Estado en la Península Ibérica, "si bien la comparación entre los modelos puros —incluso mixtos— de la teoría política y la realidad conocida —la histórica y la cercana— desdibujaban la validez práctica de los arquetipos para dar respuesta a las necesidades de participación del común castellano"[92].

Además, otra segunda vía, señalada también por Rus y Fernández, caracterizó al modelo ibérico: Esta segunda senda, a modo de republicanismo "autóctono", se caracteriza por su carácter contrastivo, desta-

Press, 2002). También el aludido *Republicanismo* de Pettit.

[92] Rus y Fernández, *La rebelión de las Comunidades*, 161.

cando su recurso al empirismo, elemento que representó a la tradición castellana, como posteriormente impregnaría al pensamiento político español de la época de los Austrias. De hecho, partiendo del mismo origen (desarrollar el modelo político renacentista en base al fortalecimiento de las virtudes cívicas del gobernante[93]) se llega a una exigencia similar de gobierno moralizador tanto en el republicanismo como en la ideología monárquica hispánica, siendo esta es una constante en toda la tratadística de los Austrias, sin que en el siglo XVII quede un ápice del debate sobre la forma republicana del Estado ni en España ni prácticamente en ningún otro lugar de la monarquía hispánica, habida cuenta de la fugacidad del experimento de las Provincias Unidas.

Así, si bien se usó a Aristóteles por parte de los comuneros para denostar el imperio como forma política y, con ello, la misma ambición imperial de Carlos; "la limitación del poder regio, la participación ciudadana y el republicanismo son tres objetivos distintos que no necesariamente interaccionan en la posición comunera por igual"[94].

Por un lado, la intención prevalente de cambio de la forma del Estado castellano se realiza frente al modelo imperial carolino, pero no propugnado el establecimiento de un modelo republicano ciudadano, sino reivindicando el modelo monárquico tradicional castellano.

Por otro lado, el ideario ciceroniano fue más fecundo con respecto al arquetipo de gobernante virtuoso y de un gobierno ejercido buscando el bien común, esto es, más orientado a la consecución efectiva de lo *honestum e utile*, que en relación con la forma del Estado. También, bajo la pretendida autoridad de Aristóteles, los tratados políticos medievales y los primeros de la Edad Moderna abogaban monolíticamente por la monarquía como forma única del Estado, se llamase este como se llamase: reino, república, monarquía o imperio. No se desconocía la realidad histórica republicana, sino que, por el contrario, conociéndola, se desechaba, cuando no se repudiaba.

En definitiva, considero que es Cicerón[95], en tanto asume la teoría del gobierno mixto de Aristóteles e incluye elementos platónicos en

---

[93] Maurizio Viroli, *Repubblicanesimo* (Roma-Bari: Laterza, 1999).

[94] Rus y Fernández, *La rebelión de las Comunidades*, 162.

[95] Cicerón, *Sobre la República. Sobre las leyes* (Madrid: Tecnos, 1992).

su teoría política, quien mejor representa los ideales del republicanismo "autóctono" que quiero reivindicar. Pero sigue siendo un Cicerón aristotélico, es el macedonio el autor analizado y publicitado desde las cátedras de la Universidad salmantina, en lo que se viene a llamar la primera escuela de Salamanca.

También merece la pena señalar el comentario que John Pocock realiza en su introducción a la edición española de 2002 de su libro *El momento maquivélico*, donde se señala que "los estudios españoles percibirán con toda claridad que de sus grandes escritores del siglo XVI —de su *siglo de oro*— no se ocupan del *maquiavelismo*. Y es que esa rama de su pensamiento fue antimaquiavélica, estuvo relacionada con la *razón de Estado* de la gran monarquía territorial expansiva y no consideró el ideal de república como una alternativa en condiciones de oponerle"[96].

Por último, además de estas evidencias para constatar la singularidad de un proyecto político republicano hispánico, habría otra característica más en esta alternativa autóctona, significada por la utilización de un particular lenguaje político. Así, si bien es cierto que esta peculiaridad no es privativa del pensamiento político castellano, tampoco se puede obviar su validez como ingrediente contrapuesto al republicanismo italianizante dominante, ya que en el caso hispano "el paradigma lingüístico del republicanismo en la primera Edad Moderna se caracterizaría por un código léxico secularizado de la virtud cívica que cambia en parte el conocimiento cristiano hacia una aspiración más profunda de la libertad frente al lenguaje exclusivamente escatológico de la redención cristiana en la visión medieval"[97].

Por mi parte considero que este republicanismo de sesgo cristiano sería un elemento definitorio determinante en el pensamiento republicano castellano autóctono y singular que estamos tratando de defender, hasta el punto de señalar que el componente fundamental de su virtud cívica reside en la devoción (cristiana) por el bien común, que es la característica fundamental que encarna el proceder del buen ciuda-

---

[96] John G. A. Pocock, *El momento maquivélico. El pensamiento político atlántico y la tradición republicana atlántica*, (Madrid: Tecnos, 2017), 83.

[97] Rus y Fernández, *La rebelión de las Comunidades*, 169-170.

dano[98]. Por tanto, el ciudadano que encarne la devoción por implicarse en los asuntos de la comunidad y comprometerse en su bien común sería, de hecho, un buen ciudadano, esto es, un republicano, como lo prueba la circunstancia de que el término "republicano" seguirá utilizándose durante todo el siglo XVI como sinónimo de "persona que busca el bien común"[99].

En consecuencia, el buen cristiano (como poseedor de esa devoción) y el buen ciudadano (republicano) comparten la misma devoción, lo que explicaría y "estaría en la base de la participación de tantos religiosos en el bando comunero"[100]. Y la participación de estos religiosos acarreó la introducción de elementos más moralizantes en las ideas y conceptos que se reivindicaron en el bando comunero, como la consideración del ser humano como libre e igual, la justicia como fundamento de las relaciones sociales y políticas, así como el respeto a la diversidad social sin distinción de rangos por origen, fortuna, grupo étnico o adscripción estamental.

Además, como queriendo dar continuidad en el tiempo a este singular republicanismo, el uso de este lenguaje con sesgo cristiano será reiterativo, utilizándose como elemento legitimador de lo republicano en todos los discursos justificativos de otras revueltas contra el poder

[98] Tommaso GRECO, "Per un repubblicanesimo religioso. Libertá e fede nella storiografia di Maurizio Viroli", *Stato, Chiese e pluralismo confessionale* 10 (2020): 59; citado por RUS Y FERNÁNDEZ, *La rebelión de las Comunidades*, 170.

[99] Sebastián de Covarrubias Orozco, *Tesoro de la lengua castellana española compuesta por el licenciado Don Sebastian de Covarrubias Orozco....* Madrid: Luis Sánchez Impresor, 1611, ed. facsimilar.
Disponible en: https://www.bvfe.es/es/directorio-bibliografico-diccionarios-vocabularios-glosarios-tratados-y-obras-lexicografia/15380-tesoro-de-la-lengua-castellana-o-espanola.html
También en Sebastián de Covarrubias Orozco, *Parte segunda del Tesoro de la lengua castellana o española compuesto por el licenciado don Sebastian de Covarrubias Orozco...* Madrid: Melchor Sánchez Impresor, Gabriel de León Editor, 1674.
Disponible en http://www.cervantesvirtual.com/obra-visor/del-origen-y-principio-de-la-lengua-castellana-o-romance-que-oy-se-vsa-en-espana-compuesto-por-el--0/html/
Disponible en https://bibliotecadigital.jcyl.es/es/consulta/registro.cmd?id=8383
Señalar también, como curiosidad que, frente a la voluntariedad de los actos del republicano o ciudadano que se compromete con el bien común, Covarrubias define al súbdito como alguien, que por estar sujeto a otro, no puede decidir por sí mismo [«subdito»: *latin subditus*, el que tiene alguna sugeción *(sic)* a otro], destacando la ausencia de libertad de sus actos.

[100] RUS Y FERNÁNDEZ, *La rebelión de las Comunidades*, 170.

monárquico de los Austrias durante los siglos XVI y XVII, mezclando la retórica republicana de referencias al clasicismo romano, a la virtud cívica, al patriotismo ciudadano y a la vinculación entre ley y libertad[101].

El republicanismo clásico y las reivindicaciones comuneras: el republicanismo castellano y la *Ley Perpetua de 1520*

La relación entre el republicanismo clásico y la fundamentación del proyecto que impulsó las protestas y reivindicaciones comuneras ha sido objeto de enconadas disputas; que van desde los que consideran que la posición comunera tuvo elementos comparables con las repúblicas italianas de la época, hasta posiciones que rechazan cualquier componente republicano en esta revuelta, tratándose exclusivamente de un enfrentamiento contra un Emperador que pretendía remover el poder y la influencia que determinados sectores sociales habían detentado hasta entonces en Castilla.

A favor del primer posicionamiento es de destacar el enfoque del hispanista francés Joseph Pérez cuando señala lo siguiente: "creemos que este afán de libertad estuvo en el origen de los proyectos que algunos comuneros desarrollaron para hacer de Castilla una confederación de ciudades libres, al modo de las repúblicas italianas"[102].

Igualmente, tampoco hay que desdeñar la opinión que los carolinos tenían de los comuneros, como señala Manuel Danvila, quien afirma que la percepción que aquellos tenían de los rebeldes era igual de radical, antes y después de Villalar, tanto por parte del Almirante de Castilla, Fadrique Enríquez, como del mismo Emperador[103], hasta el punto de justificar que la pretensión existente en el republicanismo comunero de Toledo era la de aplicar el modelo de las ciudades libres italianas.

[101] Gabriel Entin, "Catholic Republicanism: The Creation of the Spanish American Republics during Revolution", *Journal of the History of Ideas* 79/1 (2018): 113; citado por Rus y Fernández, *La rebelión de las Comunidades*, 170.

[102] Joseph Pérez, "Pour una nouvelle interpretation des Comunidades de Castilla", *Bulletin Hispanique* 65 (1963): 277

[103] Manuel Danvila y Collado, *Historia crítica y documentada de las Comunidades de Castilla*, vol. III (Madrid: Establecimiento tipográfico de la viuda e hijos de M. Tello, 1897-1900), 387 y 594; citado por Rus y Fernández, *La rebelión de las Comunidades*, 171.

Antes que nada, no debemos perder el contexto de la rebelión comunera. Así, la revuelta surge en una Castilla inestable social y políticamente (1520), con una reina encerrada en Tordesillas y declarada incapaz para gobernar mientras el rey se había marchado al extranjero para ser proclamado Emperador y había nombrado en su ausencia gobernador del reino al cardenal neerlandés Adriano de Utrecht, que estaba más atento a las intrigas vaticanas para ser elegido papa.

En este escenario, destacaría asimismo el difícil encaje que un republicanismo clásico tendría con la aspiración expresada manifiesta y reiteradamente por los comuneros de contar con el respaldo de la reina Juana, "que durante un tiempo se mostró ilusionada y capaz de asumir sus responsabilidades"[104]. De hecho, "la cantidad de veces que estos dicen actuar a favor del rey o de la Corona contrasta significativamente con las escasas evidencias fehacientes y expresas de que se quisiera cambiar el sistema", por lo que, aunque en política cada cierto tiempo "las estrategias coyunturales construyen alianzas ideológicamente inconsistentes", en el caso que nos afecta y con vistas a evaluar el componente republicano del movimiento comunero "el supuesto interés táctico de unos republicanos convencidos por suscitar la adhesión de la reina propietaria es difícil de cohonestar con el resto de las evidencias de sus reivindicaciones"[105].

Para entender el sentido de estas demandas, así como las circunstancias en las que se produjeron sus propuestas y solicitudes de reformas, es preciso comprender la coyuntura histórica en la que vivieron los comuneros, miembros de una sociedad inmersa en profundas transformaciones, y encarados ante nuevos retos y dificultades que estaban amenazando la subsistencia del reino y a la propia institución monárquica. Por ello, con la urgencia que requería establecer un nuevo marco de gobierno que asentara la forma de Estado monárquica, los representantes comuneros se afanaron en definir las funciones y las atribuciones que debía tener el nuevo rey en Castilla, así como en delimitar

---

[104] Salvador Rus Rufino y Eduardo Fernández García, "Cinco siglos de un debate: rebelión y reforma frente a revolución en las Comunidades de Castilla en su V Centenario", *Foro Interno. Anuario de Teoría Política* 21 (2021): 13.

[105] Rus y Fernández, *La rebelión de las Comunidades*, 172-173.

la participación de los castellanos en los órganos de representación de las Cortes y en los gobierno de las Comunidades.

De hecho, si el republicanismo anti-imperial hubiera conducido a un republicanismo anti-monárquico, el banderín de enganche de este con las ciudades y villas solo se podría haber basado en el respeto de la tradición monárquica castellana, ya que esta estructuraba en gran medida la propia conformación y aspiraciones de las ciudades castellanas, que habían ido constituyéndose a medida que avanzaba la Reconquista bajo la dirección de la propia monarquía. Frente a la realidad italiana, donde no se reconocía la existencia de una realidad política e institucional superior, las ciudades comuneras promovían y se sentían parte de una identidad castellana que se apoyaba en una historia compartida y en la existencia de un ordenamiento jurídico común, aspectos estos que se habían ido asentando a través del proceso de recuperación de un territorio que se consideraba propio y que había sido usurpado por el islam. Toda esta operación, donde se iban repoblando las tierras y ciudades antes arrebatadas, así como reasentando el cristianismo, se sustentaba en un imaginario y en una identidad perdida que había que reinstaurar. Desde este punto de vista, Castilla, como punta de lanza de la Reconquista, representaba una identidad compacta a pesar de su diversidad, y en nada comparable a la realidad y práctica política italiana de la época.

El pretendido republicanismo basado en el modelo de las ciudades-estado del centro y del norte de Italia ha de ser analizado, incluso como arquetipo de gobierno, con todos los elementos teóricos, pero también contextuales. En este sentido, las circunstancias que rodearon el régimen comunal italiano medieval son imposibles de trasplantar a la experiencia castellana previa a las Comunidades, tanto por la propia realidad del reino y las ciudades castellanas como por su sujeción a la tradición castellana. De hecho, como destacan Rus y Fernández, "cuanto más nos ciñamos a las reivindicaciones comuneras concretas, más se percibirá su anclaje con la tradición castellana, tendencia menos universalista o internacionalista de la que hubiera podido abonar la copia de un modelo foráneo de haberse derribado el gobierno de Carlos V"[106].

[106] Rus y Fernández, *La rebelión de las Comunidades*, 165.

Las reclamaciones castellanas no tuvieron fundamento jurídico ni aspiración política relacionada con los intereses de los líderes de las oligarquías de las ciudades-estado republicanas italianas. Ni tampoco lo era por la idiosincrasia castellana de encauzar el conflicto político, que, como señala Enrique Serrano Gómez, era profundamente idealista, en las antípodas de lo propuesto por Maquiavelo como Hobbes, que en este aspecto se mostrarán abiertamente antiplatónicos[107]. A modo de ejemplo, mientras la tratadística española solventará la cuestión sobre la base teológica del orden natural[108], el pensamiento de Maquiavelo está caracterizado por la prevalencia del conflicto: "El estado, objeto de estudio de la ciencia política, no es un hecho natural, sino un producto de la acción humana: un artificio. No surgió inevitablemente, sino por casualidad, y no se presupone seguir a la naturaleza ni copiarla, sino actuar sobre ella, modificarla y manejarla"[109].

Estas cuestiones no pasaban desapercibidas a los ideólogos de la causa comunera, en particular a los provenientes del ámbito eclesiástico, que tenían noticias por sus propias órdenes mendicantes de lo acontecido en las principales repúblicas italianas. Todas estas razones debilitaban cualquier adaptación castellana de una propuesta coetánea italiana de régimen republicano para las ciudades.

A continuación voy a analizar las reivindicaciones comuneras, y lo voy a hacer, siguiendo a Rus y Fernández[110], a partir de las afirmaciones que realiza Fray Antonio de Guevara[111], obispo de Mondoñedo y cronista de Carlos V, en las cartas que dirige a Acuña[112], obispo de

---

[107] Enrique Serrano Gómez, "El conflicto político. Una reflexión filosófica", *Estudios Políticos* 11 (1997): 35-60.

[108] Hugo Óscar Bizarri, "El concepto de ciencia política en don Juan Manuel". Disponible en https://ebuah.uah.es/dspace/bitstream/handle/10017/5411/El%20Concepto%20de%20Ciencia%20Pol%C3%ADtica%20en%20Don%20Juan%20Manuel.pdf?sequence=1&isAllowed=y

[109] Ana Martínez Arancón, "Introducción", en Nicolás Maquiavelo, *Discursos sobre la primera década de Tito Livio* (Madrid: Alianza Editorial, 1987), 13.

[110] Rus y Fernández, *La rebelión de las Comunidades*, 158.

[111] Antonio de Guevara, *Epístolas familiares*, primera parte (Amberes: Casa Iacobo Meurcio, 1633). Disponible en http://www.cervantesvirtual.com/obra-visor/libro-primero-de-las-epistolas-familiares--2/html/dcaa2544-2dc6-11e2-b417-000475f5bda5_2.html

[112] Antonio Acuña, obispo de Zamora, partidario de los comuneros, es denunciado por Guevara como "capitán de los comuneros" y de pretender convertir a los clérigos en sol-

Zamora, y a Juan de Padilla, referencias destacadas de la causa comunera, en las que les acusa de estar infundiendo en las ciudades alzadas en comunidad la pretensión de que estas "quedaran esentas .y libertadas como lo son Venecia, Genova, Florencia, Sena y Luca, de manera que no las llamen ya ciudades, sino señorías"[113]. Aunque la pretensión última de estas misivas era conocer la verdadera magnitud de la rebelión y verificar el alcance real del republicanismo comunero en Castilla, su indagación también pretendía averiguar la uniformidad del movimiento comunero y sus reivindicaciones. En su labor de desprestigio del movimiento comunero, Guevara no duda en señalar que sus reclamaciones eran extrañas a la tradición castellana y que sus demandas estaban "contaminadas" por un republicanismo antimonárquico y secesionista que pretendía acabar con la unidad del reino bajo el pretexto de la autonomía de las ciudades.

Estas insidias de Guevara en modo alguno reflejaban la realidad comunera, que era plural, aunque también habría que destacar que en una de las ciudades (Toledo) había arraigado un republicanismo más consecuente, siendo Padilla su líder indiscutible y, en mi opinión, el más republicano de los dirigentes comuneros. Apoya esta hipótesis la carta enviada por el marqués de Villena a su hermano, donde señala el comportamiento de la ciudad de Toledo bajo la dirección de Padilla, destacando que este jefe comunero pretende "atraer aquella ciudat a la libertad, a la manera en que lo estan la ciudat de Genova y otras en Italia"[114].

Porque independientemente de las convicciones de Padilla y más allá de las insinuaciones intencionadamente desacreditativas que Guevara realiza de las Comunidades, la verdadera fuente intelectual

dados (Guevara, *Epístolas familiares*, 243), así como de comprar la voluntad y la lealtad de sus soldados con el dinero del obispado de Zamora (Guevara, *Epístolas familiares*, 250), cuyo titular es tachado como "mullidor e inventor de toda esta guerra" (Guevara, *Epístolas familiares*, 249).

[113] Guevara, *Epístolas familiares*, 296; citado por Rus y Fernández, *La rebelión de las Comunidades*, 158.

[114] A la literalidad de esta carta se refieren también José Antonio Maravall, *Las Comunidades de Castilla. Una primera revolución moderna* (Madrid: Alianza, 1979), 155; y Xavier Gil Pujol, "Concepto y práctica de república en la España moderna. Las tradiciones castellana y catalano-aragonesa", *Estudis* 34 (2008): 117. Citados por Rus y Fernández, *La rebelión de las Comunidades*, 171.

del movimiento comunero se encuentra en la tradición castellana y el magisterio salmantino, como se puede constatar, por ejemplo, analizando el decálogo de buen gobierno que había propuesto Roa y que fue recogido en gran parte por su discípulo Alonso de Castrillo en su *Tractado de República*[115].

Los *Comentarios a la política* de Fernando de Roa tienen forma de decálogo y, en línea con lo señalado en el apartado anterior de cómo deben ser para este autor la educación y la conducta moral del príncipe, recogen sintética y sistemáticamente los principales deberes del rey. Como indicaba antes, los preceptos recogidos en este decálogo constituirán el armazón del texto de la *Ley Perpetua* que debía ser presentado a Carlos V por disposición de la Santa Junta (máximo órgano de la revuelta comunera que sesionó a modo de Cortes extraordinarias) y en la que se incorporaron las demandas en las que Comunidades castellanas resumieron sus aspiraciones políticas. La *Ley Perpetua del Reino de Castilla* fue redactada por la Junta de Procuradores de las Comunidades de Castilla reunida en Ávila en el verano de 1520. Esta Ley no suponía solo una limitación del poder real, sino un precedente de los procesos constitucionales posteriores, aunque en este caso el Emperador —amparándose en las ideas de derecho divino, su concepción del poder absoluto y sobre la monarquía de la época— no se diera por enterado; aunque algunas de estas reivindicaciones sí fueron asumidas en las ulteriores Cortes de Valladolid del año 1523 en un intento de superar el conflicto constitucional que habían evidenciado los comuneros.

La primera de las consideraciones del decálogo de Roa —"procurar la promoción del bien común, *bona communia procuret*, y que cuide de que las rentas y demás ingresos, *redditus regni*, se empleen en el acrecentamiento de dicho bien común, *in bonum commune expendere*"— se reitera una y otra vez en la *Ley Perpetua*, donde los comuneros insisten en que "el rey «no haga ni pueda hacer cosa alguna que sea contra su ánima, e contra su honra e contra el bien público de sus reinos»"[116].

---

[115] Alonso de Castrillo, *Tractado de República con otras Hystorias y antigüedades* (Madrid: Centro de Estudios Constitucionales, [1521] 1958).

[116] CASTILLO, *Política y clases medias,* 128.

Al respecto, y para justificar sus reclamaciones, los comuneros se proponían como defensores fervientes del bien común, frente al particularismo y las pretensiones señoriales de la nobleza terrateniente que apoyaba al bando imperial para así, a expensas de las comunidades, reforzar su realengo. En definitiva, la noción del bien común suponía el elemento estimulador de su acción, así como el argumento propiciatorio para legitimar su resistencia al gobierno real y dar peso político a sus reivindicaciones.

El segundo precepto de Roa declara que "corresponden al rey las funciones de proteger y mantener los bienes públicos y los derechos del reino, *bona communia et iura regni mexime custodire et observare*", utilizando el calificativo de tiranos para "todos aquellos que arrebatan los bienes ajenos, *aliorum bona rapiunt*, y no guardan el ordenamiento jurídico del reino, *iura regni non observant.*" Esta fue una las exigencias más firmemente ratificada en la *Ley Perpetua*, recordando que "las leyes del reino «que por razón natural fueron hechas y ordenadas, que así obligan a los príncipes como a sus súbditos» han sido reiteradamente violadas"[117].

La tercera consideración recogida en los *Comentarios a la política* de Fernando de Roa hace hincapié en el perfil humano del rey, evitando el "talante excesivamente terrible y severo ni demasiado familiar", debiendo aparecer como "persona grave que inspire reverencia, *persona gravis et reverenda*; lo que sólo es factible al virtuoso.*" Contrariamente a este estereotipo deseado, la *Ley Perpetua* "pone especial acento en la prodigalidad dilapidadora de los bienes del reino por parte del Emperador" en contraste con la moderación de sus predecesores: "se gastan «cada día ciento cincuenta mil maravedís» cuando los Reyes Católicos no gastaban «más de doce o quince mil maravedís»"[118].

La cuarta exigencia al que un rey debe atenerse es a "no despreciar a ninguno de sus súbditos, *nullum subditurum contemnere*, ni injuriarles, *nulli iniuriare*", tanto personal como a través de sus allegados. Roa considera que este requerimiento debe guiar la actividad real a fin de alcanzar su objetivo primordial: la búsqueda de la justicia. En la reivindicación comunera se insiste con vehemencia en este propósito,

[117] CASTILLO, *Política y clases medias*, 129.

[118] CASTILLO, *Política y clases medias*, 131.

que debe ser asumido por el rey "como uno de sus deberes más perentorios" en múltiples vertientes, abarcando aspectos que van desde proveer "en los cosas y casos de justicias y administración" a asegurar las condiciones para "evitar la corrupción de los administradores de justicia"[119].

En este sentido el término "comunero" —que ya aparece en el siglo XV en situaciones conflictivas parecidas a la revuelta de 1520— da cuenta del hecho que el comunero es un miembro de la Comunidad o del Común. En efecto, el comunero pertenece al Común de pecheros (el que paga impuestos), diferenciándose del estamento caballero o hidalgo (exento del pago impuestos).

Esta es precisamente una de las reiteradas exigencias que Guevara reclamaba a los líderes de las Comunidades, instándoles a que depusieran su actitud y volvieran a ser buenos y leales súbditos del rey: "lo que pedían los plebeyos de la República es a saber, que en Castilla todos contribuyessen, todos fuessen iguales, todos pechassen y que a la manera de Señorías de Italia, se gobernasen, lo qual es escándalo oírlo, y blasfemia decirlo"[120].

Sin embargo, el quinto consejo de Roa, dedicado a procurar al rey "un entorno de personas allegadas a él, *habere familiares*" o a "mantener relaciones amistosas con la nobleza, *diligere nobiles et barones*", no es recogido en las demandas comuneras; y si algo de ello recoge la *Ley Perpetua* lo hace para referirse más a "la cuestión de prebendas y a la plaga del nepotismo." Este precepto real, para Rea, "pertenece más a la finalidad de un *speculum principis* que a un programa concreto de gobierno"[121], como solicitaban las Comunidades castellanas.

El sexto de los preceptos del decálogo roense, que "recomienda al rey ser moderado en su alimentación"[122], debe ser entendido en un contexto medieval, que consideraba que "determinados alimentos excitaban los placeres carnales"[123], con lo que esta conducta podía

[119] CASTILLO, *Política y clases medias,* 132.
[120] GUEVARA, *Epístolas familiares*, 252.
[121] CASTILLO, *Política y clases medias,* 133.
[122] CASTILLO, *Política y clases medias,* 133.
[123] CASTILLO, *Política y clases medias,* 133-134.

provocar el "desprecio por parte de los súbditos"[124], Tampoco es muy explícita la *Ley Perpetua* en este punto, aunque la exhortación a la moderación en los comportamientos reales está relacionada con la queja señalada anteriormente por los "inmensos gastos y sin provecho" del Emperador frente a la austeridad practicada por los Reyes Católicos.

El séptimo consejo de Roa, "el príncipe debe tener en su ánimo la preocupación por el buen gobierno, *statum reipublicae diligere*", sin embargo, es compartido plenamente por los comuneros, que "la expresan de forma concreta y circunstanciada". Igualmente, la exigencia de Roa de que el príncipe debe "fortificar las ciudades y las fortalezas, *civitates munere et castra*", así como demostrar "su preocupación del bien común y que antepone este al suyo propio" se sustancia en las exigencias comuneras, "demandando «que sus Altezas hagan visitar e visiten luego, e de aquí delante de dos en dos, la[s] fortalezas fronteras de estos reinos, e repararlas como conviene al estado real»"[125].

En cuanto a la octava consideración roense de asignar al rey la función de promover los estudios universitarios, "creando Estudios Generales, *studia generalia construere*, y reconociendo superior rango a los estudiosos y sabios, *sapientes in honore maximo habere*"; los comuneros la enfocan para referirse a la extracción e idoneidad "de los que iban a ocupar cargos y oficios públicos", recalcando que, frente a "prácticas que consideraban abusivas y cuyo remedio urgían a Carlos V", estos servidores debían poseer "la competencia en la gestión de los puestos que iban a ocupar". Así, la *Ley Perpetua* establece "que «los que nuevamente salgan de los estudios [...] sean personas que tengan experiencia»"[126].

La novena proposición de Roa, sin embargo, choca con lo expresado en la *Ley Perpetua*. Así, mientras Roa considera que la "la guerra solo es tolerable en la perspectiva de una acción de fuerza al servicio de la justicia", la norma que plasma las reivindicaciones comuneras prevé la guerra defensiva y la guerra de conquista, admitiendo una y otra"; aunque la preocupación fundamental que estos últimos manifiestan

---

[124] CASTILLO, *Política y clases medias*, 134.

[125] CASTILLO, *Política y clases medias*, 134.

[126] CASTILLO, *Política y clases medias*, 135.

en la *Ley Perpetua* es la de "evitar una acumulación de «gente de arma extranjera»" en una supuesta defensa del reino, llamando también la atención la referencia que los comuneros hacen acerca del "mal trato dado a los indios del Nuevo Mundo, que «son tratados como infieles y esclavos», siendo cristianos"[127].

Es precisamente este trasfondo religioso una de las características fundamentales de las demandas y reclamaciones comuneras, aspecto absolutamente coherente teniendo en cuenta —como se ha señalado anteriormente— el destacado y relevante papel de la Iglesia y de importantes obispados castellanos (destacaría los de Zamora y Toledo) como baluarte y apoyo de la reivindicación comunera. Esta cuestión se recoge expresamente en la décima y última proposición de Roa y tiene su correlato en las manifestaciones y espíritu que se transmite en la *Ley Perpetua*.

Aludiendo de nuevo a la importante colaboración que cierta jerarquía eclesiástica tuvo con la revuelta comunera, esta posición fue duramente criticada por Guevara, que amonesta con rigor por carta al obispo de Zamora (Acuña) acusándole de incitar con su posición a que las reivindicaciones de las ciudades persigan el mismo patrón comunero. A tal efecto reprueba la posición del obispo Acosta de buscar una mayor justicia en la carga tributaria que padecían las ciudades, acusándole de involucrar e uniformar a todas las ciudades alzadas en sus demandas: "tambien me ha caido en gracia el arte que habéis tenido para engañar y alterar a Toledo, a Burgos, a Valladolid, a León, a Salamanca, a Avila y Segovia diciendo que desta hecha quedaran esentas"[128].

Así pues, en su proposición final Fernando de Roa declara que "el rey tiene que ajustar su conducta a las exigencias de la religión, *bene se habere circa divina*", y son varias las razones que aduce para ello. Por un lado, señala Roa, que "cuando los súbditos advierten en el rey una auténtica vida religiosa, *deicolam ese, amicum esse Deum*, entonces se da en ellos la íntima convicción de que el soberano va a ajustar su conducta a los dictados de la justicia, *homines existimant (…) semper*

---

[127] Castillo, *Política y clases medias,* 135.

[128] Guevara, *Epístolas familiares*, 142; citado por Rus y Fernández, *La rebelión de las Comunidades*, 159.

iuste agere". Más aún, si el monarca es reconocido como teniendo tal amistad, *habeat amicum Deum,* y se perciben en él los rasgos de la vida santa, *propter sanctitatem regis,* el conjunto de los ciudadanos tendrá la convicción de que el rey cuenta con la ayuda divina, con lo cual su sumisión al mismo estará más firmemente asentada"[129].

Aunque en la *Ley Perpetua* se observa una cierta secularización, en el sentido de que se aducen razones de tipo filosófico-político y otras de carácter histórico-constitucional como fundamentos de las tesis comuneras, la impronta religiosa y ejemplarizante de la conducta regia está muy presente.

En definitiva, los dos textos (*Comentarios* y *Ley Perpetua*) responden a la misma orientación democrática que latía en la sociedad bajomedieval castellana. Fernando de Roa, asentándose en la tradición aristotélica y en la orientación doctrinal proveniente de Alfonso Fernández de Madrigal, se incardina en una línea de limitación del poder real y de defensa de la participación popular en las tareas de gobierno, línea que, concuerda, básicamente, con la actitud adoptada por las Comunidades de Castilla.

En los textos de Roa se perciben los esfuerzos por reducir el poder real y su tenaz oposición al proceso de concentración del poder. Este mismo espíritu subyace en la Ley constitucional comunera; que concibe el poder real como un pacto o acuerdo entre el rey y su reino. La validez de los de estos acuerdos "se constituye «por vía de contrato hecho o contraído entre nos, e los dichos nuestros reinos de Castilla e de León, e procuradores dellos, e con las comunidades e vecinos e moradores de ellos»"[130].

Desde este punto de vista, el objetivo de los comuneros fue la institución de un pacto entre la monarquía y el estamento ciudadano del reino, quedando convertido este último, en la utopía de Roa, "en el guardián de la salud del reino, pone y depone reyes, juzga y legisla en orden a la común utilidad, finalidad a la que toda acción política queda subordinada"[131]; con lo que está fundamentando un nuevo orden

[129] CASTILLO, *Política y clases medias,* 136.
[130] CASTILLO, *Política y clases medias,* 136.
[131] Adolfo Jorge SÁNCHEZ HIDALGO, "Fernando de Roa y la defensa del estamento

político en el cual se reconfiguraría la relación súbdito-rey en favor de los representantes de las ciudades. En este sentido la reivindicación comunera —siguiendo a Roa— pretendía establecer en la Corona de Castilla un nuevo orden político, un pacto entre la monarquía y el brazo ciudadano del reino. Así, con el propósito de una mayor participación del componente ciudadano del reino en los asuntos políticos del mismo, los rebeldes se oponían a la concepción privativa y patrimonial del Estado transmitida por el bando imperial.

Asimismo, atribuían una cierta equiparación "entre el rey y su pueblo, obligándose uno y otro a lo pactado: «por vía de iguala, e composición e contrato fecho e otorgado entre nos e nuestros reinos e procuradores e comunidades dellos. E par observancia e guarda de lo cual nos podamos obligar e nos obligamos, como ellos mismos, por vía de contrato»"[132].

Por tanto, las pretensiones comuneras no apuntaban solamente a una participación más amplia de los Estados del reino en las Cortes, sino —a través de sus representantes o procuradores— pretendían también institucionalizar una Junta de delegados de las ciudades con periodicidad trienal, que supusiese además la ampliación de la autonomía municipal, la contención y moderación del poder real, la garantía de la independencia de los tribunales superiores del reino y la atenuación de la jurisdicción excesiva de la Inquisición, así como la introducción de instancias de control y la sujeción del poder regio a las leyes y tradición del reino.

Este es el carácter y significado que en la *Ley Perpetua* tienen "los preceptos que disponen que los gobernadores deban ser «puestos y elegidos a contentamiento del reino»". Y esta misma pretensión anima a las disposiciones que giran en torno a la provisión de cargos y oficios, como también veíamos en Roa, y que prohíben que se confíen a aquellos que los solicitan, "mandándose que se provean «los dichos oficios por habilidad e merecimiento»"; Y este mismo espíritu late en los comuneros cuando abogan por "la oposición a los cargos dados a perpetuidad; la prescripción de que no se pueda tener más

ciudadano". *Revista Filosofía UIS* 17/2 (2018): 36.
[132] CASTILLO, *Política y clases medias,* 136-137.

de un oficio y de que se rindan cuentas de los mismos, así como la prohibición expresa de que se vendan, «porque la venta de los tales oficios es muy detestable e prohibida por derecho común e leyes destos reinos»; la disposición de que no se den mercedes y oficios que tienen hombres vivos y que se despida a aquellos «que hubieren usado mal de sus oficios en deservicio de Su Majestad e gran daño a la república de sus reinos». "Por último, la predilección roense por el gobierno de las clases medias coincide con la comunera de que «ningún grande pueda tener ni tenga oficio que tocare a la hacienda y patrimonio real»"[133].

En suma, se percibe una clara actitud democrática en el establecimiento que se hace de una representación popular en la gestión pública. En efecto, se manda «que aquí en adelante perpetuamente de tres en tres años, las ciudades e villas que tienen voto en Cortes se puedan ayuntar e se junten por sus procuradores, que sean elegidos de todos tres estados, como de suso está dicho en los procuradores. Y lo puedan hacer en ausencia y sin licencia de sus Altezas». Y para que esta representación no quede sin vigor por la vía de los hechos, se ordena "que el procurador del cabildo de la Iglesia, el del Estado de los caballeros y escuderos y el del estado de la comunidad «tengan libertad de se ayuntar y conferir y platicar los unos con los otros libremente» y que no se les envíen por parte de los reyes poder, ni instrucción ni mandamiento que recorten sus poderes"[134].

BIBLIOGRAFÍA

Asís Garrote, Agustín (de), *Ideas sociopolíticas de Alonso Polo, El Tostado,* Sevilla, Publicaciones de la Escuela de Estudios Hispano-Americanos de Sevilla, 1955. En línea en BDCyL [9-febrero-2019].

Bizarri, Hugo Óscar. "El concepto de ciencia política en don Juan Manuel". Disponible en https://ebuah.uah.es/dspace/bitstream/handle/10017/5411/ El%20Concepto%20de%20Ciencia%20Pol%C3%ADtica%20en%20 Don%20Juan%20Manuel.pdf?sequence=1&isAllowed=y

[133] Castillo, *Política y clases medias,* 137-138.
[134] Castillo, *Política y clases medias,* 138.

Candela Martínez, Juan. "El *De optima politia* de Alfonso de Madrigal, el Tostado", *Anales de la Universidad de Murcia (Derecho)* vol. XIII, 1 (1954-1955): 61-108.

Castillo Vegas, Jesús Luis. *Política y clases medias. El siglo XV y el maestro salmantino Fernando de Roa.* Valladolid: Secretariado de Publicaciones Universidad de Valladolid, 1987.

Castrillo, Alonso (de). *Tractado de República con otras Hystorias y antigüedades.* Edición de Enrique Tierno Galván. Madrid: Centro de Estudios Constitucionales, [1521] 1958. Disponible en: https://tiendaeditorial. uca.es/descargas-pdf/8477860955-completo.pdf (consultado el 20 de diciembre de 2021).

Cicerón. *Sobre la República. Sobre las leyes.* Estudio preliminar y traducción José Guillén. 2ª edición. Madrid: Tecnos, 1992.

Covarrubias Orozco, Sebastián (de). *Tesoro de la lengua castellana o española compuesta por el licenciado Don Sebastián de Cobarruvias Orozco....* Madrid: Luis Sánchez Impresor, 1611, ed. facsimilar. Disponible en: https:// www.bvfe.es/es/directorio-bibliografico-diccionarios-vocabularios-glosarios-tratados-y-obras-lexicografia/15380-tesoro-de-la-lengua-castellana-o-espanola.html (consultado el 15 de diciembre de 2021).

——————. *Parte segunda del Tesoro de la lengua castellana o española compuesto por el licenciado don Sebastián de Covarrubias Orozco...* Madrid: Melchor Sánchez Impresor, Gabriel de León Editor, 1674. Disponible en: http://www.cervantesvirtual.com/obra-visor/del-origen-y-principio-de-la-lengua-castellana-o-romance-que-oy-se-vsa-en-espana-compuesto-por-el--0/html/

También disponible en https://bibliotecadigital.jcyl.es/es/consulta/registro.cmd?id=8383 (consultado el 15 de diciembre de 2021).

Delgado Jara, Inmaculada. "Alfonso de Madrigal, «el Tostado»", *Diccionario de autores literarios de Castilla y León (en línea),* dir. y ed. María Luzdivina Cuesta Torre, coord. Grupo de investigación LETRA, León, Universidad de León, julio 2019. En línea en <http://letra.unileon.es/>. DOI: https://doi.org/10.18002/dalcyl/v0i9 (Consultado el 13-02-2021).

Fernández Vallina, Emiliano. "Poder y buen gobierno en Alfonso Fernández de Madrigal (El Tostado)". *Cuadernos salmantinos de filosofía* 23 (1996): 255-274.

——————————. "El tratado *De optima politia* del Tostado: una visión singular en el siglo XV hispano sobre las formas políticas de gobierno". *Anuario filosófico* 45/2 (2012): 283-311.

Flórez Miguel, Cirilo. "El humanismo cívico castellano: Alonso de Madrigal, Pedro de Osma y Fernando de Roa". *Res publica: revista de filosofía política* 18 (2007): 107-139.

——————————. "La primera Escuela de Salamanca (1405-1516). Presentación". En *La primera Escuela de Salamanca* (1405-1516), edición de Cirilo Flórez Miguel, Maximiliano Hernández Marcos y Roberto Albares Albares, 9-14. Salamanca: Ediciones Universidad de Salamanca, 2012.

Guevara, Antonio (de), *Epístolas familiares*, primera parte, Amberes: Casa Iacobo Meurcio, 1633. Disponible en http://www.cervantesvirtual. com/obra-visor/libro-primero-de-las-epistolas-familiares--2/html/ dcaa2544-2dc6-11e2-b417-000475f5bda5_2.html (consultado el 18 de diciembre de 2021).

Jerez Calderón, José Joaquín. *Pensamiento político y reforma institucional durante la guerra de las Comunidades de Castilla (1520-1521)*. Madrid: Marcial Pons, 2007.

Iannuzzi, Isabella. "La condena a Pedro Martínez de Osma: «ensayo general» de control ideológico inquisitorial, *Investigaciones históricas: Época moderna y contemporánea* 27 (2007): 11-46.

Madrigal «el Tostado», Alfonso (de). *El gobierno ideal*. Introducción, traducción y texto latino con aparato crítico y citas de Nuria Belloso Martín. Pamplona: Eunsa, 2003.

Maquiavelo, Nicolás. *Discursos sobre la primera década de Tito Livio* (Traducción, introducción y notas Ana Martínez Arancón). Madrid: Alianza Editorial, 1987.

Martín Martín, Victoriano. "Juan Trías Vejarano, Del antiguo régimen a la sociedad burguesa". *Eunomía, Revista en Cultura de la Legalidad* 18 (2019): 437-448. DOI: https://doi.org/10.20318/eunomia.2020.5293.

Martín Rivera, Rafael. "La idea de «Res publica» en la tradición política y jurídica castellana (siglos IX-XV). *Anuario de Historia del Derecho Español*, tomo LXXXVI (2016): 619-656.

Martínez de Osma, Pedro, y Fernando de Roa. *Comentario a la Política de Aristóteles*, edición de José Labajos Alonso, 2 vols. Salamanca: Publicaciones de la Universidad Pontificia, 2006.

Pérez, Joseph. "Pour una nouvelle interpretation des Comunidades de Castilla", *Bulletin Hispanique* 65 (1963): 238-283.

Pettit, Philip. *Republicanismo. Una teoría sobre la libertad y el gobierno*. Traducción Toni Domènech. 6ª edición. Barcelona: Paidós, [1999] 2017.

Pocock, John G. A. *El momento maquiavélico. El pensamiento político atlántico y la tradición republicana atlántica*. Estudio preliminar y notas Eloy García, Comentario crítico Joaquim Gomes Canotilho, Traducción Marta Vázquez-Pimentel y Eloy García). 2ª edición (reimpresión). Madrid: Tecnos, [1975] 2017.

Rus Rufino; Salvador y Eduardo Fernández García. *La rebelión de las comunidades. Monarquía, participación y comunidad política*. Madrid: Tecnos, 2021.

—————————. "Cinco siglos de un debate: rebelión y reforma frente a revolución en las Comunidades de Castilla en su V Centenario". *Foro Interno. Anuario de Teoría Política* 21 (2021): 3-16.

Sánchez Hidalgo, Adolfo Jorge. "Fernando de Roa y la defensa del estamento ciudadano". *Revista Filosofía UIS* 17/2 (2018): 21—40. DOI: https://doi.org/10.18273/revfil.v17n2-2018002.

Serrano Gómez, Enrique. "El conflicto político. Una reflexión filosófica". *Estudios Políticos* 11 (1997): 35-60.

Skinner, Quentin. *Visions of Politics. Renaissance Virtues*. Cambridge: Cambridge University Press, 2002.

Spitz, Jean-Fabien. *La liberté politique*. París: P.U.F., 1995.

Viroli, Maurizio. *Repubblicanesimo*. Roma-Bari: Laterza, 1999.

Zorroza, M.ª Idoya. "La naturalidad del dominio humano sobre las cosas en Alfonso de Madrigal". *Azafea. Revista de Filosofía* 14 (2012): 233-252.

LAS CIUDADES DE FLANDES EN LA ÉPOCA DE LAS COMUNIDADES DE CASTILLA: CONCORDANCIAS Y DIVERGENCIAS

Francisco J. Andrés Santos
Universidad de Valladolid[1]

En esta comunicación me propongo describir, de forma necesariamente sintética, el estado de las ciudades flamencas en torno a la época de las Comunidades de Castilla, y los conflictos que ellas tuvieron con la Casa de Austria, con la intención de señalar los paralelismos que se pueden observar entre ambas experiencias histórico-políticas. En un congreso cuyo *leitmotiv* es el análisis de la presencia del elemento republicano en el movimiento comunero, no parece improcedente echar un vistazo a la situación de algunas de las repúblicas más antiguas que se constituyeron en el Occidente europeo tras la caída del Imperio Romano, y que servirían de base además a la primera verdadera república que se instituyó en el seno de un amplio territorio europeo durante la Edad Moderna. Prestaré especial atención al caso de la ciudad de Gante, no solo por ser cuna del emperador Carlos, sino también porque constituye un buen ejemplo del desarrollo general de la vida urbana que se produjo en los Países Bajos a finales de la Edad Media e inicios de la Modernidad (y que no es descartable que de algún modo sirviera de modelo a lo que ocurriría en Castilla con las Comunidades).

En efecto: a las tres y media de la madrugada del día 25 de febrero del año 1500 nacía en la ciudad flamenca de Gante el que estaba llamado a ser rey de España y emperador de Alemania, Carlos de Habsburgo[2]. Como nieto por línea paterna de la duquesa María de Borgoña, Carlos se convertiría también en soberano del territorio de los Países Bajos,

[1] El trabajo mantiene sustancialmente la forma de su presentación oral, por lo que las notas a pie se han reducido al mínimo. El trabajo se realiza en el marco del Proyecto de Investigación "Discrecionalidad judicial y debido proceso" (Investigador principal: Dr. Juan Antonio García Amado, Universidad de León), subvencionado por el Ministerio de Ciencia e Innovación (convocatoria 2019).

[2] Francisco de NÁRDIZ Y POMBO, "Los Estados de Flandes: política y milicia", en *Boletín de la Biblioteca de Menéndez Pelayo* 35, 1959, p. 359.

conocido entonces por la denominación genérica de "Flandes" como consecuencia precisamente del predominio económico y cultural de algunas de sus ciudades, como Brujas y, con posterioridad, Amberes.

Efectivamente: el condado de Flandes fue una entidad feudal fundada a finales del s. IX como dependencia del reino de la Francia Occidental sobre la base de las posesiones de su primer conde titular, Balduino I de Flandes, conocido con el sobrenombre de Brazo de Hierro. Su territorio comprendía inicialmente las tierras del entorno de lo que serían las ciudades de Brujas, Gante y Bergues. Sus sucesores fueron consolidando la entidad y ampliaron progresivamente su territorio, ganando poder e influencia respecto a los países neerlandeses del Sacro Imperio Romano-Germánico. En 1302, tras la batalla de Courtrai (o de las Espuelas de Oro) consiguió finalmente la independencia del reino de Francia, constituyendo un amplio territorio que se extendía desde las costas del mar del Norte y las islas de Zelanda hasta la costa de Normandía. En 1369, como consecuencia de diversas alianzas familiares, el condado cayó en manos de Felipe el Atrevido, duque de Borgoña, que lo incorporó al conjunto de estados borgoñones[3]. En 1477, la soberanía de ese territorio le llegó a María de Borgoña, hija del duque Carlos el Temerario. María contrajo matrimonio con al archiduque de Austria, Maximiliano, y de ese modo Flandes (y el conjunto de los Países Bajos) pasó a manos de la Casa de Habsburgo, a la que pertenecía el futuro Carlos V. Este incorporaría desde 1549 a Flandes como una de las Diecisiete Provincias de los Países Bajos españoles, a los que daría nombre en su conjunto[4]. Carlos V fue, efectivamente, flamenco de nacimiento y educación, y tuvo siempre a Flandes como una pieza fundamental de su estrategia de hegemonía continental, junto con Castilla[5]. De ahí que encontremos interesantes paralelismos entre los desarrollos políticos de ambos territorios durante el periodo de dominio hasbúrgico.

[3] Henri PIRENNE, *Histoire de Belgique*, t. II, *Du commencement du XIVᵉ siècle à la mort de Charles le Téméraire*, Bruxelles 1922[3], pp. 219-225; ID., "The Formation and Constitution of the Burgundian State (Fifteenth and Sixteenth Centuries)", en *The American Historical Review* 14/3, 1909, pp. 477-502.

[4] Sobre la historia de Flandes, vid. una buena síntesis en J. LESTECQUOY, *Histoire de la Flandre et de l'Artois*, PUF, Paris 1966.

[5] M. Á. ECHEVARRÍA, *Flandes y la Monarquía* Hispánica, Madrid 1998, pp. 17 ss., 59 ss.

Debido a su posición geográfica y la dureza del terreno, Flandes se especializó pronto en la artesanía y el comercio, consiguiendo una notable prosperidad sobre todo por su potente industria del paño y diversas manufacturas. Ello facilitó también un temprano desarrollo de la vida urbana. En efecto, como dice el gran historiador de la Edad Media Henri Pirenne, "ninguna región se presta mejor que Flandes para el estudio de los orígenes municipales en un medio estrictamente laico"[6]. Ciertamente, en el curso del s. X se fueron concentrando activas colonias comerciales en algunos puntos neurálgicos del condado, dando lugar a la aparición de instituciones urbanas. Localidades como Gante, Brujas, Ypres, Saint-Omer, Lille o Douai experimentaron un rápido proceso de urbanización en esa época, sobre la base de la concentración de un amplio número de mercaderes y artesanos libres en un *portus* o burgo nuevo constituido en torno a un burgo central más antiguo. En un principio, la autoridad tanto sobre el burgo central como sobre el *portus* correspondía a un alcaide nombrado por el conde de Flandes u otro señor territorial y a un tribunal de regidores que vivían en la propia alcaldía y aplicaban un derecho consuetudinario primitivo. Sin embargo, pronto la burguesía del *portus* reclamaría la realización de reformas indispensables que permitiesen su libre expansión, con los mercaderes como grupo dirigente, organizados a base de cofradías o corporaciones (llamadas gildas o hansas) que estaban dirigidas por jefes, llamados *dekenen* o *hansgraven*. Desde la primera mitad del s. XI, estos jefes o deanes fueron ocupándose de las necesidades comunes más indispensables, a lo que los alcaides no se opusieron. Pronto recibieron el apoyo de los condes de Flandes, que les fueron concediendo cada vez más privilegios que limitaban la jurisdicción episcopal o señorial, y que permitieron a esas ciudades desarrollar un derecho propio alejado del primitivismo del derecho consuetudinario dominante y que venía administrado por un tribunal propio formado por jurados o escabinos (*schepenen* o *échevins*) extraídos del seno de la propia burguesía, y que acabaría privando de competencias a la vieja regiduría de carácter feudal. Todas ellas experimentaron un desarrollo histórico similar: a una primera época, dominada por un "patriciado"

[6] Henri Pirenne, *Las ciudades de la Edad Media* (trad. esp.), Madrid 2001[7], p. 120

(*lignages* o *geslachten*, o también *poorterie*) formado por grandes mercaderes que lograron monopolizar de forma hereditaria el acceso al gobierno municipal, le siguió (a partir de mediados del s. XIII y, sobre todo, del s. XIV, a causa de la crisis económica y las tensiones sociales subsiguientes) otra época de gobierno más "democrático", en el que el pueblo llano (el *commune*) toma parte en la administración de la ciudad a través de los gremios, que se organizan autónomamente y participan en la elección del *échevinage* y del consejo ciudadano[7].

Los estratos dirigentes de las ciudades flamencas, al igual que los del resto de Europa, estaban dominados por un más o menos activo espíritu republicano, tanto en el periodo inicial controlado por el "patriciado" de los jefes de los gremios como en posterior periodo más democrático a partir del s. XIV. Sin embargo, estas repúblicas medievales y protomodernas presentaban marcadas diferencias con las repúblicas de la Antigüedad que les servían como modelo[8]. Así, mientras en las repúblicas antiguas la ciudad se identificaba con la totalidad del Estado —incluyendo, por tanto, a los campesinos que vivían y trabajaban en los campos que circundaban la ciudad, en estas repúblicas urbanas medievales el gobierno municipal se circunscribía exclusivamente a los habitantes del perímetro de la ciudad, y sus privilegios, por tanto, no se compartían ni con el campesinado ni con la baja nobleza de la periferia. La república, por tanto, no era integradora, sino que estaba articulada para defender los privilegios de una minoría de la población. La ciudad es un espacio de libertad, pero no lo es para todos, solo para los *burgenses*: el *ius civitatis* acaba donde terminan los muros de la ciudad. E incluso dentro de la población urbana, la libertad no se extendía a todos por igual, sino que siempre estaba mediatizada por la integración en una corporación. Los derechos y deberes individuales están, por lo tanto, ausentes: se es miembro de la corporación o gremio antes que de la ciudad. Entre la república y sus ciudadanos se interpo-

[7] Henri Pirenne, *Early Democracies in the Low Countries: Urban society and political conflict in the Middle Ages and the Renaissance* (trad. ingl.), New York *et al.* 1963 (= 1915), pp. 125-180; ID., *Belgian Democracy: Its Early History* (trad. ingl.), Kitchener 2004 (= 1915), pp. 65-91.

[8] Pirenne, *Early Democracies… Op. cit.* [n. 6], pp. 156-162; ID., *Belgian Democracy… Op. cit.* [n. 6], pp. 92-95.

nía siempre el grupo de los compañeros de corporación, que se impone siempre en caso de conflicto de intereses con la ciudad. E incluso entre los gremios existían desigualdades; para la toma de decisiones, se articulaban unidades intermedias entre las asociaciones gremiales y el gobierno municipal: son los llamados "miembros" (*leden*) de la Comunidad (*commune*), integrados por grupos de corporaciones gremiales. En Gante o en Ypres, por ejemplo, donde el comercio del paño sobresalía respecto a todas las demás actividades económicas, el *commune* estaba compuesto por cuatro "miembros": 1) el *poorterie* (patriciado), con el que se asociaban los gremios de los carniceros, pescaderos, tintoreros y esquiladores; 2) la *wevambacht* o gremio de los tejedores; 3) la *vullerie* o gremio de los bataneros; y 4) los *gemeene neeringen*, es decir, las corporaciones comunes, que comprendían a todas las demás asociaciones de artesanos (en número mayor de una cincuentena). Para adoptar las decisiones se votaba por "miembros", lo que aseguraba una fácil mayoría para los intereses del sector textil. Un fenómeno similar acontecía en la mayor parte de las ciudades flamencas, con raras excepciones (como en el caso de la ciudad episcopal de Lieja). No obstante, los "miembros" eran bastante autónomos unos de otros, de modo que solo cuando conseguían ponerse de acuerdo en alguna decisión esta tenía posibilidades de llevarse a efecto: esto fue motivo de constantes conflictos y de inoperancia en el estamento de las ciudades, lo que a la larga traería graves consecuencias para todas ellas[9].

En parte como resultado de lo anterior, otro rasgo que distinguía a estas repúblicas bajomedievales de las repúblicas antiguas es su carácter marcadamente conservador. En Atenas, por ejemplo, todo el sistema de las magistraturas y la organización judicial, financiera y militar de la *polis* se vieron radicalmente afectadas por el acceso del pueblo llano al poder. Nada de esto ocurrió en Lieja, Brujas o Gante tras el triunfo del movimiento democrático: el gobierno y la administración de la ciudad siguió en manos de los *échevins* y del consejo municipal; solo hubo un cambio en las personas que dirigieron la república, no en la maquinaria administrativa: en vez de estar exclusivamente bajo el

---

[9] PIRENNE, *Early Democracies… Op. cit.* [n. 6], 172-180; ID., *Belgian Democracy… Op. cit.* [n. 6], 88-92.

control de una oligarquía de hombres ricos, ahora el poder de dirección estaba determinado por los gremios, donde el pueblo llano tenía una mayor capacidad de participación. Como señala Pirenne, hubo un cambio más en el "espíritu político" que en el sistema político[10]. Pero tan solo ese cambio ya produjo importantes repercusiones en la vida política de su tiempo.

Con todo, a pesar de estas divisiones internas y la conflictividad latente, ello no quiere decir que las ciudades no fueran capaces de unirse internamente cuando resultaba necesario para los intereses conjuntos, e incluso de armar milicias para defender sus posiciones incluso militarmente si resultaba necesario[11]. Esto tendría fuertes repercusiones ulteriormente, como hemos de ver. Pero lo que apenas consiguieron las ciudades flamencas fue aliarse entre sí para perseguir un interés común, ya que estaban fundadas en el particularismo. La causa de las ciudades era en última instancia la causa de un grupo privilegiado, lo que a su vez entraba en colisión con los otros intereses privilegiados de la nobleza y el clero, lo que fue hábilmente utilizado en su favor por los soberanos del territorio un poco más adelante.

Una tercera diferencia entre estas repúblicas flamencas bajomedievales y las grandes repúblicas antiguas es que aquellas no disponían de una absoluta independencia respecto a los señores territoriales, a diferencia de las antiguas. Las ciudades flamencas solo escaparon al poder del señor o del obispado correspondiente poniéndose directamente a disposición del poder directo del príncipe soberano, es decir, en última instancia el emperador del Sacro Imperio o el rey de Francia, y desde el s. XIV el duque de Borgoña[12]. Esto durante un tiempo permitió a las ciudades gozar de cierto margen de maniobra, pero a la larga acabará desembocando en un conflicto abierto, como vamos a ver[13].

---

[10] PIRENNE, *Early Democracies… Op. cit.* [n. 6], 162; ID., *Belgian Democracy, … Op. cit.* [n. 6], 83.

[11] José Javier RUIZ IBÁÑEZ, "Repúblicas en armas: huestes urbanas y ritual político en los siglos XVI y XVII", en *Studia Historica. Historia Moderna*, 31, 2009, pp. 95 ss.

[12] J. LESTOCQUOY, *Op. cit.* [n. 3], pp. 53-58; PIRENNE, *art. cit.* [n. 2], pp. 477-480.

[13] Sobre la conflictividad dentro de las ciudades de Flandes y de ellas contra los duques de Borgoña, vid. David M. NICHOLAS, *Towns and Countryside. Social, Economic, and Political Tensions in fourteenth-century Flanders*, Brugge 1971, pp. 53-70.;

En efecto, el extraordinario desarrollo económico que tuvieron las ciudades flamencas durante la Edad Media les proporcionó un poder y una autonomía muy pronunciados, solo comparable al de las poderosas ciudades del norte de Italia o las ciudades libres dentro del Sacro Imperio. Sin embargo, a partir de la entrada de Flandes en el seno del círculo borgoñón, la aparición de mecanismos de control por parte del príncipe soberano con vistas a la conversión de su territorio en un auténtico reino independiente condujo a las primeras tensiones con los dirigentes de las ciudades, que se vieron acrecentadas con la llegada de la Casa de Austria al dominio eminente del territorio. Las medidas de intervencionismo regio en el gobierno de las ciudades se fueron haciendo cada vez más patentes, con el nombramiento directo de burgomaestres y funcionarios de justicia (como el *écoutète* o el *amann*) para colaborar con los *échevins* en la administración de la ciudad, o incluso la elección de varios de estos por parte del representante del príncipe. Estos intentos de recortar fuertemente la autonomía local desembocaron finalmente en una abierta rebelión de algunas ciudades flamencas contra los príncipes, y en concreto contra la política de Maximiliano de Habsburgo, esposo de María de Borgoña, que a la muerte de esta en 1482 ejerció como regente del territorio en nombre de su hijo, Felipe el Hermoso, que contaba con tan solo cuatro años cuando accedió el puesto de su madre[14].

En efecto, la nueva situación no agradó a las ciudades flamencas, que vieron en la llegada de los Habsburgo una clara amenaza a su secular autonomía por una mayor centralización del poder del príncipe en combinación con sus dominios en tierras hasbúrgicas; además, Maximiliano incrementó la tendencia de los soberanos borgoñones a promover incesantes guerras, lo que suponía una constante carga impositiva que recaía principalmente sobre las ricas ciudades de Flandes. Finalmente, varias de esas ciudades desafiaron abiertamente la tutela de Maximiliano sobre su hijo[15]. Gante se convirtió en el mayor oponente

[14] Henti PIRENNE, *Histoire de Belgique*, t. III: *De la mort de Charles le Téméraire à l'arrivé du Duc dÁlbe dans les Pays-Bas (1567)*, Bruxelles 1923³, pp. 32-56.

[15] Sobre las diversas revueltas de las ciudades europeas que tuvieron lugar en ese período, vid. Willem-Peter BLOCKMANS, "Autocratie ou polyarchie? La lutte pour le pouvoir politique en Flandre de 1482 à 1492, d'après des documents inédits", en *Bulletin de*

del archiduque, llegando a acuñar moneda propia en nombre de Felipe, los que fue considerado un acto peligrosamente próximo a una declaración unilateral de independencia, ya que la unidad monetaria era esencial para garantizar la prosperidad económica de los Países Bajos borgoñones. El cinco de junio de 1483 las ciudades flamencas, superando por una vez sus particularismos en pro de un interés común, decidieron formar su propio consejo de regencia para el joven Felipe. Puesto que Felipe se encontraba en Brujas en manos de los rebeldes, Maximiliano intentó negociar, ofreciendo la destitución de los miembros de su corte que no fueran del agrado de los flamencos, lo que dio escasos resultados. El surgimiento de problemas en los territorios episcopales de Lieja y de Utrecht impidió la reacción de Maximiliano hasta 1484. Su relación con los flamencos se vio deteriorada además cuando los Caballeros del Vellocino de Oro de Dendermonde lo depusieron como gran maestre de su Orden; Brujas se negó a admitir a Maximiliano en su ciudad con una compañía superior a una docena de personas, y el comandante de los ejércitos flamencos se proclamó a sí mismo general en jefe en nombre de Felipe el Hermoso.

Flandes intentó entonces forjar una alianza con su vecino ducado de Brabante, pero no tuvo éxito. En Noviembre de 1484 Maximiliano reunió a los Estados Generales de los Países Bajos borgoñones[16]; Flandes no acudió a la reunión, pero las otras provincias garantizaron su apoyo al archiduque, ya que estaban irritadas con Flandes debido a la negativa de las ciudades flamencas a cooperar con las otras provincias (en particular, Brujas y Gante habían intentado bloquear las rutas comerciales de Amberes). De hecho, las ciudades y la nobleza de

la Commission royale d'histoire. Académie royal de Belgique, 140, 1974, pp. 257-368; Marc BOONE — Hanno BRAND, "Vollersoproeren in collectieve actie in Gent en Leiden in de 14de-15de eeuw", en Tijdschrift voor Sociale Geschiedenis 19 (2), 1993, pp. 168-192; Jan DUMOLYN, "'Criers and Shouters'. The Discourse on Radical Urbal Rebels in Late Medieval Flanders", en Journal of Social History, 42 (1), 2008, pp. 111-135; Jelle HAEMERS, "Fractionalism and State Power in the Flemish Revolt (1482-1492)", en Journal of Social History, 42 (4), 2009, pp. 1009-1039; Jelle HAEMERS, "Social memory and rebellion in fifteenth-century Ghent", en Social History, 36 (4), 2011, pp. 443-463; Jelle HAEMERS, "Fractionalism and State Power in the Flemish Revolt (1482-1492)", en Journal of Social History, 42 (4), 2009, pp. 1009-1039.

[16] H. G. KOENIGSBERG, Monarchies, States Generals and Parliaments: The Netherlands in the Fifteenth and Sixteenth Centuries, Cambridge 2001, pp. 93-122.

Brabante se adhirieron a las posiciones de los Habsburgo. Y tampoco el reino de Francia se puso del lado de la causa flamenca, a pesar de sus promesas de apoyo iniciales.

En 1485 se desencadenó ya una guerra abierta entre el ejército de Maximiliano y las milicias flamencas. En enero, fuerzas austriacas tomaron la ciudad de Oudenaarde y a continuación vencieron a la milicia de Gante bajos los mismos muros de la ciudad. Sin embargo, un motín en sus tropas le obligó a retirarse, dejando paso a las tropas francesas que, aparentemente, habían acudido en apoyo de la ciudad flamenca. El verano siguiente, tanto Brujas como Gante sufrieron sendos golpes de estado a favor de Maximiliano. El 21 de junio Brujas se rindió, reconociendo a Maximiliano como su *mambourg* (protector), y lo mismo hizo Gante una semana después. El archiduque firmó un tratado de paz confirmando los privilegios de ambas ciudades, pero poco después lo revocó en todos sus términos. El día 22 de julio, de hecho, tomó venganza sobre Gante, mandando ejecutar a 33 líderes rebeldes, y los privilegios de la ciudad fueron objeto de una revisión por parte de una comisión oficial.

Una vez sometidos los rebeldes flamencos, Maximiliano volvió su atención hacia Francia y elevó los impuestos sobre el rico país de Flandes para financiar sus campañas militares. Comparado con el periodo de gobierno conjunto de Maximiliano y María de Borgoña, los impuestos recaudados en Flandes se doblaron en 1487, mientras que los derechos señoriales sobre las monedas de plata se elevaron a un 12%. Esto trajo consigo una inflación galopante, con un incremento sobre todo del precio de los alimentos, a lo que se unieron las epidemias que diezmaron la población. La dureza de la situación económica y la excesiva imposición, junto con el fracaso de la expedición militar contra Francia, llevaron a una segunda revuelta en Gante en noviembre de 1487, dirigida, como la vez anterior, por el gremio de los tejedores. Desde Brujas, Maximiliano, ahora ya Rey de Romanos, negoció con Gante al mes siguiente. Pero cuando se disponía a cercar la ciudad con sus tropas, los gremios de Brujas se adhirieron a la revuelta, exigiendo publicidad de los agravios causados a los rebeldes (p. ej. el saqueo del campo por las tropas habsbúrgicas), así como del proceso de adopción de las decisiones. Prohibieron a Maximiliano salir de la ciudad, y en febrero lo encarcelaron tras el nombramiento de nuevos regidores municipales leales a Felipe, ejecutando además a uno de los ministros de Maximiliano.

Tanto el Papado como el Sacro Imperio intervinieron en el conflicto: el Papa excomulgó a los rebeldes y el emperador alemán Federico III, padre de Maximiliano, armó un ejército de 20.000 hombres en Alemania, que llegó a Flandes a través de Brabante en abril de 1488. Al mes siguiente, Maximiliano llegó a un acuerdo con sus captores: estaba dispuesto a abandonar el título de "conde de Flandes", dejando el control de la provincia en manos de un gobierno similar al que había existido antes de 1482, a cambio del pago de un canon anual. Pero, tan pronto como abandonó la ciudad, rompió el juramento, alegando que su juramento feudal a su señor natural, el emperador, tenía preferencia sobre el juramento que acababa de prestar.

El comandante de las tropas de Maximiliano, Philip de Cleves, había asumido voluntariamente el puesto de su señor mientras estuvo cautivo de los rebeldes, pero a continuación abrazó la causa de la rebelión, por considerar que Maximiliano había cometido traición. El anterior Almirante de los Países Bajos se convirtió en comandante en jefe de los ejércitos rebeldes y sometió a "terror" al mar usando el puerto de Sluis como base naval. Varias ciudades de Brabante, incluyendo Bruselas y Lovaina, se adhirieron a la rebelión, así como una parte de Holanda. Amberes, en cambio, abrazó una vez más la causa de los Habsburgo, aportando un ejército mercenario de cerca de 4.000 soldados, incluidos 400 jinetes.

La segunda revuelta de las ciudades flamencas fue finalmente sofocada en 1492 por el ejército de Federico III, apoyado además por los ingleses. Los bloqueos alemanes de las rutas comerciales y los puertos de Brujas, apoyados desde el mar por una flota dirigida por el almirante inglés Edward Poynings, paralizó el comercio de la ciudad. Las ciudades flamencas fueron obligadas, pues, a aceptar a Maximiliano como regente.

Como resultado de estos enfrentamientos, el nuevo rey de Francia, Carlos VIII, cedió Artois y Saint-Pol y renunció a sus derechos sobre Flandes a través del tratado de Senlis (1493). Estos territorios se convirtieron en parte del Sacro Imperio Romano-Germánico, del cual Maximiliano se convirtió en emperador en agosto de ese año. Al año siguiente, 1494, abandonó formalmente el gobierno de los Países Bajos en favor de su hijo Felipe, que se había hecho popular entre la nobleza flamenca. La mayor parte de Flandes permaneció en manos de los Habsburgo hasta 1794.

Tras estos avatares, el movimiento se extinguió en 1492, trayendo como resultado la incorporación al Sacro Imperio, y la pérdida a cambio del ducado de Borgoña en favor de Francia, con el ascenso de Amberes como potencia económica en detrimento de Brujas[17]. Al año siguiente, Felipe el Hermoso asumió personalmente el poder: este se había hecho popular entre la nobleza flamenca y llevó a cabo una política más proclive a los intereses de los Países Bajos frente a las pretensiones imperiales.

Esta actitud más favorable de Felipe no puso fin, sin embargo, a los conflictos entre los Habsburgo y las ciudades de Flandes. Con la llegada efectiva al poder de su hijo Carlos en 1515, Flandes volvió a ponerse fundamentalmente al servicio de los intereses estratégicos de la casa de Austria y se reforzaron las tendencias absolutistas ya apuntadas por los soberanos borgoñones[18]. La alianza con Castilla prometía en principio grandes beneficios para los empresarios flamencos, que vieron en los reinos de España una suerte de colonia a su disposición. Sin embargo, Carlos vio en seguida que sus posesiones ibéricas podían servir como escalón para ampliar su poder en Centroeuropa y reconfiguró la relación de fuerzas en el seno de sus estados, dejando a Flandes como un punto de apoyo estratégico y financiero para los objetivos europeos y americanos de la Monarquía Hispánica. Los dirigentes flamencos

---

[17] Amberes (como Ámsterdam) había prestado su apoyo a Federico III frente a los rebeldes debido a los muchos privilegios que habían recibido de Maximiliano, y vivió entonces una "época dorada" hasta la revuelta holandesa de finales del s. XVI: cfr. PIRENNE, *Early Democracies... Op. cit.* [n. 6], pp. 202-209; ID., *Belgian Democracy... Op. cit.* [n. 6], pp. 103-105; Herman VAN DER WEE, "Trade Relations between Antwerp and the Nothern Netherlands, 14th to 16th Century", en *The Low Countries in Early Modern Times. From the Late Middle Ages to the Industrial Revolution* (trad. ingl.), Aldershot 1993, pp. 126-141

[18] ECHEVARRÍA, *Op. cit.* [n. 4], pp. 59-63.

comenzaron a verse de dominadores a dominados o relegados. En particular, las ciudades se consideraron especialmente maltratadas. El gobierno regio comenzó a hacer llamadas a que los Países Bajos ayudaran a sufragar el coste de las guerras imperiales no con simples donativos, sino con impuestos regulares. De hecho, el 1520 el 50% de los ingresos municipales se dedicaban a sufragar los gastos imperiales, y esa proporción pasará a dos tercios en 1530, aumentando con el tiempo a la par que las deudas carolinas. A su vez, debido a su riqueza, las ciudades de Flandes, junto con las de Brabante, Holanda y Zelanda, aportaban dos tercios de esa cantidad. El país creía que estaba financiando al conjunto en exclusiva: una impresión subjetiva que no sonaría extraña a oídos de un castellano de la época, como bien sabemos. A todo ello se sumaba el hecho de una presencia cada vez mayor de castellanos en los órganos de gobierno del país, con una presencia cada vez más intensa del castellano como lengua de comunicación administrativa[19]. Es decir, en definitiva, parecería que nos encontramos ante una foto en negativo de la situación que se produjo en Castilla en la época de las Comunidades.

El resultado, como no podía ser de otro modo, fue la rebelión de una parte de los súbditos flamencos del emperador. Particular significación tiene, por su carga simbólica y cuantitativa, la rebelión de Gante de 1539-1540[20].

[19] Hugo DE SCHEPPER, "El funcionariado y la burocratización en el gobierno y en las provincias de Flandes regio, siglos XVI y XVII", en *Chronica Nova*, 23, 1996, pp. 403-436; María Ángeles GARCÍA ASENSIO, "Los Países Bajos en el siglo XVI: una situación de convivencia de lenguas y culturas", en "Los Países Bajos en el siglo XVI: una situación de convivencia de lenguas y culturas", en *Boletín de la Real Academia de Buenas Letras de Barcelona*, 43, 1992, pp. 363-379.

[20] La gran revuelta de Gante contra Carlos V ha sido objeto de numerosos estudios: vid., entre otros muchos, PIRENNE, *Early Democracies… Op. cit.* [n. 6], pp. 215-221; ID., *Belgian Democracy… Op. cit.* [n. 6], pp. 108-111; Yves Maria BERCÉ, *Revolt and Revolution in Early Modern Europe: An Essay on the History of Political Violence*, Manchester 1987, p. 43; Peter J. ARNADE, *Realms of Ritual: Burgundian Ceremony and Civic Life in Late Medieval Ghent*, Ithaca-London 1996, pp. 200-209; Manuel FERNÁNDEZ ÁLVAREZ, *Carlos V, el César y el Hombre*, Madrid 1999, pp. 597-601; Ernest BELENGUER, *El imperio de Carlos V. Las coronas y sus territorios*, Barcelona 1992, pp. 189-190.; Johan DAMBRUYNE, "De middenstand in opstand. Corporatieve aspiraties in transformaties in het zestiende-eeuwse Gent", en *Handelingen der Maatschappij voor Geschiedenis en Oudheidkunde te Gent* 53, 2003, pp. 71-122; Jan DUMOLYN, "'Criers and Shouters'. The Discourse on Radical Urbal Rebels in Late

Aunque había perdido su primacía política a favor de Bruselas y su primacía económica a favor de Amberes, Gante seguía siendo una gran ciudad de la época, con una población de entre 40.000 y 50.000 habitantes y excelentes relaciones comerciales con Francia.

Ya en 1515, nada más asumir el poder, Carlos impuso a Gante el edicto llamado peyorativamente *Calvfel* (vellocino)[21] que, entre otras cosas, prohibió a los gremios de Gante elegir a sus propios líderes. Más adelante, en 1536, Carlos emprendió una guerra contra el rey Francisco I de Francia por el control del norte de Italia. El rey pidió a la Gobernadora General de los Países Bajos, su hermana María de Hungría, que extrajese dinero y recursos humanos de las provincias flamencas para apoyar la campaña. A finales de 1537, María decretó una aportación de 1,2 millones de florines y una leva de 30.000 soldados junto con municiones y artillería. Flandes debía pagar un tercio de esa cantidad (400.000 florines), y en concreto Gante 56.000. Ya en ese momento la ciudad se encontraba fuertemente endeudada debido a las multas impuestas por Maximiliano en el siglo anterior. En consecuencia, la ciudad rechazó pagar esa contribución extraordinaria basándose en viejos pactos con los gobernantes anteriores según los cuales ningún impuesto podría ser irrogado a Gante sin su consentimiento, pero ofreció aportar soldados en lugar del dinero. María intentó negociar con los líderes de la ciudad, pero Carlos insistió firmemente en que Gante pagara su parte sin condiciones. De las cuatro provincias de Flandes, Gante fue la única que se atrevió a rechazar la contribución. Cuando las demás provincias se negaron a apoyar a los de Gante, sus líderes ofrecieron secretamente su alianza con Francisco I a cambio de su protección frente a Carlos. El rey francés rechazó la proposición de la ciudad, posiblemente porque Carlos había insinuado la posibilidad de dejar a Francisco el control de Milán cuando abdicara, por lo que Francisco prefirió estar en buenos términos con el emperador. A inicios de 1539 Gante celebró un lujoso festival de retórica, y esa prodigalidad irritó aún más a los oficiales reales, ya que la ciudad estaba alegando no estar en condiciones de pagar su contribución. En julio de ese año se extendió el rumor de que ciertos

Medieval Flanders", en *Journal of Social History*, 42 (1), 2008, pp. 115-135.

[21] La razón es que el documento estaba escrito sobre pergamino (*vellum*).

échevins habían sustraído documentos de los archivos municipales que legitimaban la autonomía de la ciudad. En particular, los gremios estaban indignados por el supuesto robo del conocido como la Compra de Gante, un documento legendario según el cual un antiguo conde de Flandes supuestamente habría dado a Gante el derecho a rechazar cualquier imposición. Los miembros de los gremios creyeron que el pasado de la ciudad había sido alterado y rebajado, lo cual fue la espita que encendió el fuego de la rebelión.

En agosto de 1539 un grupo de gremios —que incluían a los molineros, los cordeleros, los antiguos zapateros, los forjadores y los armadores— reclamaron el derecho a elegir a sus propios deanes y el arresto de los regidores acusados de haber capitulado ante las exigencias de la Gobernadora en contra de sus deseos. En los días subsiguientes se armaron y tomaron la ciudad, forzando a los *échevins* a huir o ser encarcelados. El 21 de agosto formaron un comité de nueve miembros para administrar los asuntos de la ciudad. Un escabino retirado de 75 años, llamado Lieven Pyn, fue ejecutado el día 28 de agosto en parte por la acusación de haber hecho, supuestamente, desaparecer los documentos que legitimaban la autonomía de Gante, además de haber participado en las negociaciones sobre los impuestos de 1537. Pyn fue torturado en el potro hasta morir. El 3 de septiembre, el pergamino sobre el que había sido escrito el edicto *Calfvel* fue ceremonialmente hecho pedazos.

Como signo de buena voluntad, Francisco I informó a Carlos de que Gante le había ofrecido traicionarlo en su favor. Viendo que el rey francés parecía cooperar, el emperador decidió que era el momento de sofocar la rebelión personalmente. Solicitó el paso de sus tropas a través del territorio francés, lo que se le concedió. Carlos no quería navegar hacia Flandes porque temía que los ingleses intentaran capturarlo en el Canal. El emperador salió de España con un séquito de unos cien hombres. Se movió por Francia durante el invierno de 1539. El 12 de diciembre se encontró en Loches con Francisco, que lo escoltó hasta París. Avanzando, llegó a Valenciennes en enero, donde le salió al encuentro su hermana María y una delegación enviada desde Gante. Carlos los advirtió de que daría un escarmiento ejemplar a la ciudad. Llegó a los territorios de Borgoña a finales de enero. Allí reunió a las tropas que había reclutado en Alemania, España y los Países Bajos. El emperador llegó a Gante en febrero con un ejército de unos 5.000 soldados[22]. La ciudad no ofreció resistencia cuando entró en ella.

Los líderes de la revuelta fueron arrestados, y de ellos 25 fueron ejecutados. El resto fueron sometidos a humillación pública: el día 3 de mayo tuvieron que marchar a través de las calles desde la sede del gobierno hasta el palacio del rey (*Prinsenhof*). La procesión estaba formada por todos los regidores de la ciudad, los asistentes, los oficiales y 30 nobles, todos ellos vestidos con túnicas negras y descalzos; 318 miembros de los gremios y 50 tejedores también vestían túnicas negras, y 50 jornaleros vestían camisas blancas y llevaban sogas con nudos corredizos al cuello, simbolizando que merecían la horca. En el *Prinsenhof* se les obligó a suplicar clemencia al emperador y a su hermana.

Se impuso a la ciudad una multa de 8.000 florines. A finales de abril Carlos decretó una nueva constitución imperial, la Concesión Carolina, que arrancaba a Gante todas sus libertades jurídicas y políticas del Medievo, así como todas sus armas. Los tejedores y otros 53 gremios fueron refundidos en 21 corporaciones, y se privó de sus privilegios a todos los gremios, excepto a los navieros y los carniceros. La vieja abadía de San Bavón y su iglesia de San Salvador fueron demolidas para dejar espacio a una nueva fortaleza, el Castillo de los Españoles (*Spanjaardenkasteel*), que albergó a una guarnición permanente en la ciudad. Los *échevins* de la ciudad serían a partir de entonces elegidos por magistrados nombrados por los representantes del soberano. Carlos ordenó la cancelación de los festivales que excitaban el orgullo cívico de la ciudad. El reloj artesanal colocado en el campanario fue desmontado, por ser un símbolo de desafío político, ya que fue utilizado para convocar las asambleas de trabajadores en la plaza principal de la ciudad (el *Vrijdagmarkt*). Desde entonces, los habitantes de Gante han recibido el sobrenombre de los *stropdragers*, los "portadores del nudo corredizo". Todos los veranos, durante las fiestas patronales de Gante, el Gremio de los Portadores del Nudo Corredizo conmemora la revuelta marchando por las calles de la ciudad vestidos con camisas blancas y sogas con nudos corredizos alrededor de su cuello. El nudo

[22] Hay discrepancias entre los estudiosos sobre si fue el día 14 o el 24 de febrero.

corredizo se ha convertido también en un símbolo informal de la ciudad de Gante[23].

En conclusión: Podríamos tener la tentación de ver en esta represión de Gante una suerte de justicia poética, de venganza póstuma de los comuneros frente a los arrogantes flamencos que llegaron a Castilla con aires autosuficientes e ímpetu explotador. Pero sería un error. Los flamencos que sufrieron la represión del emperador son en el fondo los mismos que la padecieron en Castilla veinte años antes: el pueblo llano y los dirigentes de unas ciudades que pretendían mantener sus libertades frente al avance del absolutismo moderno. Tal vez con un mayor celo por la defensa de su autonomía política, pero en las rebeliones de las ciudades flamencas puede verse el mismo ánimo que impulsaba a los comuneros: un sentimiento de desarraigo, de alienación respecto a un poder cada vez más lejano que se cernía sobre ellos impulsivamente y anulaba la esfera de libertad que la ciudad siempre había representado durante la Edad Media. Con ciertas diferencias de matiz, en Flandes asistimos a una resistencia similar a la castellana frente a la integración homogeneizadora de las municipalidades en el ámbito de un estado territorial y a la supresión de los espacios de libertad republicana que la ciudad proporcionaba. Los individuos pasaban así de ciudadanos a súbditos, un fenómeno que también se observó en el mundo antiguo tras la caída de las repúblicas más o menos democráticas del mundo clásico. Las similitudes entre estas dos experiencias históricas son a mi juicio mucho más profundas que las diferencias. Tal vez, por tanto, la mala fama que Flandes y los flamencos tienen aún entre la población castellana merecería una reconsideración y debería subrayarse, una vez más, que al fin y al cabo la causa de la libertad es siempre la misma en todas partes.

BIBLIOGRAFÍA

ARNADE, Peter J., *Realms of Ritual: Burgundian Ceremony and Civic Life in Late Medieval Ghent*, Ithaca-London 1996

BELENGUER, Ernest, *El imperio de Carlos V. Las coronas y sus territorios,*

[23] Die Gilde van de Stroppendragers (https://stroppendragers.gent/).

Barcelona, 1992

BERCÉ, Yves Maria, *Revolt and Revolution in Early Modern Europe: An Essay on the History of Political Violence*, Manchester 1987

BLOCKMANS, Willem-Peter, "Autocratie ou polyarchie? La lutte pour le pouvoir politique en Flandre de 1482 à 1492, d'après des documents inédits", en *Bulletin de la Commission royale d'histoire. Académie royal de Belgique*, 140, 1974, pp. 257-368

BOONE, Marc —BRAND, Hanno, "Vollersoproeren en collectieve actie in Gent en Leiden in de 14de-15de eeuw", en *Tijdschrift voor Sociale Geschiedenis* 19 (2), 1993, pp. 168-192

DAMBRUYNE, Johan, "De middenstand in opstand. Corporatieve aspiraties en transformaties in het zestiende-eeuwse Gent", en *Handelingen der Maatschappij voor Geschiedenis en Oudheidkunde te Gent* 53, 2003, pp. 71-122

DE SCHEPPER, Hugo, "Centralismo y autonomismo en los Países Bajos durante el siglo XVI", en *Centralismo y autonomismo en los siglos XVI-XVII*, Barcelona 1990, pp. 487-1650

DE SCHEPPER, Hugo, "El funcionariado y la burocratización en el gobierno y en las provincias de Flandes regio, siglos XVI y XVII", en *Chronica Nova*, 23, 1996, pp. 403-436

DUMOLYN, Jan "'Criers and Shouters'. The Discourse on Radical Urbal Rebels in Late Medieval Flanders", en *Journal of Social History*, 42 (1), 2008, pp. 111-135

GARCÍA ASENSIO, María Ángeles, "Los Países Bajos en el siglo XVI: una situación de convivencia de lenguas y culturas", en *Boletín de la Real Academia de Buenas Letras de Barcelona*, 43, 1992, pp. 363-379

HAEMERS, Jelle "Social memory and rebellion in fifteenth-century Ghent", en *Social History*, 36 (4), 2011, pp. 443-463

HAEMERS, Jelle, "Fractionalism and State Power in the Flemish Revolt (1482-1492)", en *Journal of Social History*, 42 (4), 2009, pp. 1009-1039

KOENIGSBERG, Helmut Georg *Monarchies, States Generals and Parliaments: The Netherlands in the Fifteenth and Sixteenth Centuries*, Cambridge 2001

LESTOCQUOY, Jean, *Histoire de la Flandre et de l'Artois*, Paris 1966

NÁRDIZ Y POMBO, Francisco de, "Los Estados de Flandes: política y milicia", en *Boletín de la Biblioteca de Menéndez Pelayo* 35 (1959), pp. 359-383

NICHOLAS, David M., *Towns and Countryside. Social, Economic, and Politi-*

cal Tensions in fourteenth-century Flanders, Brugge 1971

PIRENNE, Henri, *Belgian Democracy: Its Early History* (trad. ingl.), Kitchener 2004 (= 1915)

PIRENNE, Henri, *Early democracies in the Low Countries: Urban society and political conflicto in the Middle Ages and the Renaissance* (trad. ingl.), New York *et al.* 1963 (= 1915)

PIRENNE, Henri, *Belgian Democracy: Its Early History* (trad. ingl.), Kitchener 2004

PIRENNE, Henri, *Histoire de Belgique*, t. II, *Du commencement du XIVe siècle à la mort de Charles le Téméraire*, Bruxelles 1922³

PIRENNE, Henri, *Histoire de Belgique*, t. III. *De la mort de Charles le Téméraire à l'arrivée du Duc d'Albe dans les Pays Bas (1567)*, Bruxelles 1923³

PIRENNE, Henri, *Las ciudades de la Edad Media* (trad. esp.), Madrid 2001⁷

PIRENNE, Henry, "The Formation and Constitution of the Burgundian State (Fifteenth and Sixteenth Centuries)", en *The American Historical Review* 14 (3), 1909, pp.477-502

RUIZ IBÁÑEZ, José Javier, "Repúblicas en armas: huestes urbanas y ritual político en los siglos XVI y XVII", en *Studia Historica. Historia Moderna*, 31, 2009, pp. 95-125

VAN DER WEE, Herman, "Trade Relations between Antwerp and the Nothern Netherlands, 14th to 16th Century", en *The Low Countries in Early Modern Times. From the Late Middle Ages to the Industrial Revolution* (trad. ingl.), Aldershot 1993, pp. 126-141

VAN DER WEE, Herman, *The Low Countries in Early Modern Times*, Aldershot 1993

LA REPÚBLICA DE LOS FRAILES ANTE LAS COMUNIDADES DE CASTILLA: LOS AGUSTINOS DE TOLEDO

Miguel F. Gómez Vozmediano
UC3M y AHNOB

"tienen culpa en la Comunidad frailes y confesores"[1]
Francisco López de Gómara, humanista, sacerdote y cronista

En el pasado, en el Viejo Continente, durante los periodos convulsos o cuajados de incertidumbres, los hombres de Iglesia catalizaron el descontento o bien se erigieron en garantes del orden establecido y persuadieron a los fieles cristianos a resignarse frente a las adversidades o injusticias que padecían. Así, mientras que el alto clero estuvo en el ojo del huracán de las intrigas políticas de su tiempo[2], el bajo clero a menudo agitó las masas populares, convirtiéndose el papel de ambos colectivos en un *topos* historiográfico[3]. De este modo, durante siglos fue relativamente frecuente que predicadores itinerantes por el medio

---

[1] Cit. por José Antonio MARAVALL, *Las comunidades de Castilla: una primera revolución moderna*, Madrid, Revista de Occidente, 1963, p. 226.

[2] Óscar VILLARROEL GONZÁLEZ, "Servir al rey en las ligas nobiliarias: los eclesiásticos en las confederaciones políticas", *Anuario de Estudios Medievales*, 36/2, 2016, pp. 751-781; Juan A. PRIETO SAYAGUÉS, "La clerecía regular ante los conflictos internos y guerras exteriores de la Corona de Castilla durante la Baja Edad Media", *En La España Medieval*, 40, 2017, pp. 309-337

[3] Algunas de las últimas aportaciones a este lugar común en Jean-Philippe GENET, "Espace public: du religieux au politique?", en Hipólito Rafael OLIVA HERRER, Vincent CHALLET, Jan DUMOLYN y María Antonia CARMONA (ed.), *La comunidad medieval como esfera pública*, Sevilla, Universidad de Sevilla, 2014, pp. 23-42; Phillip HABERKER, "Prophetic rebellions: radical urban theopolitics in the era of the Reformations", en Justine FIRNHABER-BAKER y Dirk SCHOENAERS (ed.), *The Routledge History Handbook of Medieval Revolt*. Abingdon y New York, Routledge, 2017, pp. 349-368; así como Vincent CHALLET, "Violence as a political language. The uses and misuses of violence in late medieval French and English popular rebellions", en Justine IRNHABER-BAKER y Dirk SCHOENAERS (ed.), *The Routledge History Handbook of Medieval Revolt*, Abingdon y New York, Routledge, 2017, pp. 279-299; Phillip HABERKER, "Prophetic rebellions: radical urban theopolitics in the era of the Reformations", en Justine IRNHABER-BAKER y Dirk SCHOENAERS (ed.), *The Routledge History Handbook of Medieval Revolt*, 2017, Abingdon y New York, Routledge, 349-368; Rodney HILTON, *Siervos liberados. Los movimientos campesinos medievales y el levantamiento inglés de 1381*, Madrid, Siglo XXI, 2020.

rural, clérigos urbanos o frailes mendicantes catalicen encendiesen los ánimos por Castilla[4]. Pero es en tiempos del también agustino Lutero[5], cuando esta Orden está en el ojo del huracán, en una coyuntura en que el vocabulario de la disidencia religiosa y la herejía se confunde con la disertación política[6].

El tema que abordamos es ambicioso: desentrañar el rol desempeñado por las comunidades agustinas toledanas durante la contienda de las Comunidades de Castilla. La cuestión ha sido orillada hasta ahora, salvo acontecimientos o personajes muy concretos[7]; y, aunque existe una visión panorámica en el marco del conflicto[8], está desdibujado su papel como Orden y apenas conocemos el alcance del conflicto ni su impacto en el microcosmos de una ciudad cabeza de la rebelión en Castilla. Y es, antes como ahora, es difícil vislumbrar qué pasa tras los muros conventuales.

Somos conscientes de las limitaciones que nos imponen las fuentes consultadas. La información se basa en la correspondencia coetánea

---

[4] Referido al reinado de Enrique IV de Castilla, un capellán dice que, ante los excesos señoriales y la enajenación del realengo a manos de los poderosos "el mal governador del pueblo non es digno de ser señor e que la cabeça que govierna e defiende sus miembros deva ser dasamada dellos que no sin causa quisieron las leyes que el fuese llamado caveça, porque así como todos los miembros se an de esforçar a la defender e servir ansi ella a los governar e administrar... la flaqueça sin virtud façe a los malos seguir la maldad... contra la maldad e vinción en servicio de Dios y del pueblo a lo qual non solo el braço seglar más el eclesiástico invocarse debría". *Carta que envió un religioso al arçobispo de Toledo quando las Hermandades*; 23/01/1474. BNE, mss, 1619, ff. 72v-73r.

[5] La bula *Exsurge Domine,* que exigía la retractación de Lutero y luego la bula *Decet Romanum Pontificem*, que lo excomulgaba ante su negativa fueron publicadas en plena Revuelta Comunera, la primera en junio de 1520 y la segunda el 3 de enero de 1521. Las aproximaciones a Martín Lutero son inabarcables, algunas obras de referencia: Heiko A. OBERMAN, *Lutero. Un hombre entre Dios y el diablo*, Madrid, Alianza, 1992; Heinz SCHILLING, *Martin Luther: Rebell in einer Zeit des Umbruchs*, München, Beck, 2012; Lyndal ROPER, *Martín Lutero. Renegado y profeta*, Madrid, Taurus, 2017.

[6] Melquiades ANDRÉS MARTÍN, "Lutero y la guerra de las Comunidades de Castilla" *Norba. Revista de arte, geografía e historia*, 4, 1983, pp. 317-323.

[7] Cuando un prestigioso especialista en el tema aborda el protagonismo del clero regular durante la revuelta comunera en un manual, de la docena de páginas que le dedica, solo dos merecen los frailes realistas o abiertamente proimperiales. José Joaquín JEREZ: *Pensamiento político y reforma institucional durante la Guerra de las Comunidades de Castilla (1520-1521),* Fundación Francisco Elías de Tejada, Marcial Pons, Madrid-Barcelona-Buenos Aires, 2007, pp. 484-497.

[8] Máximo DIAGO HERNANDO, "El factor religioso en el conflicto de las Comunidades de Castilla (1520-1521). El papel del clero", *Hispania Sacra*, 119, 2009, pp. 85-39.

entre ambos bandos, los pleitos civiles o criminales fulminados por los tribunales, así como las crónicas posteriores (como la de Pedro Mártir de Anglería); es decir, las fuentes de la represión o del discurso oficial. Además, la documentación inquisitorial, que tan fructífera ha sido para analizar el fenómeno de los clérigos sediciosos y el profetismo político, apenas nos alumbra porque, como antes había acontecido con otras órdenes religiosas, el Papa León X promulgó un Breve en 1517 ordenando a los inquisidores que remitiesen las causas criminales de los agustinos a sus superiores jerárquicos.

Sin embargo, cuando profundizamos en el tema el resultado es un caleidoscopio sorprendente de hombres de Dios y apóstoles de la Comunidad de los cuales, a menudo no sabemos más que sus nombres o el impacto que tuvieron sus arengas y sermones subversivos[9], pero apenas conocemos el contenido exacto de los mismos ni se explicitan su ideas. Seguramente se aprovechasen de su aura de prestigio y sacralidad para acudir a parábolas evangélicas y recurriesen a los recursos habituales de los predicadores[10] con el fin de seducir a los descontentos sobre la bondad de algunos de los bandos en liza. Esta es la historia que pretendemos contar.

LOS FRAILES ANTE LA REBELIÓN CASTELLANA

Es conocido el protagonismo de las órdenes religiosas, sobre todo mendicantes, en el magma de conflictos que confluyen en las Comunidades de Castilla. Ellos auspiciaron, o al menos propalaron, el clima

---

[9] Que incluso han inspirado la novela histórica de Fernando Rodríguez Quejerazu, *El cuchillo en los labios. Los comuneros*, Buenos Aires, Dunken, 2006.

[10] Casi un siglo después de los acontecimientos que narramos un teólogo franciscano afirmaba que "Aunque la voz sale por los naturales instrumentos del predicador, no mana de él, más de aquella fuente viva y piélago de inmenso caudal, que es Dios. Esta consideración había de poner gran cuidado a los cristianos para oír con respeto a los predicadores, pues de tal manera son voces y dan voces que no son suyas, no hablan de su cabeza, cada uno es *vox clamantis*, voz del que clama. Había, otrosí, de persuadirse que cuando hablan con aspereza reprendiendo los vicios, no es cólera de hombres impetuosos, más acrimonia de hombres celosos a quienes el deseo de salvación de sus oyentes mueve al tal azoramiento". "Sermón cuarto de la Dominica tercera de Adviento" en Baltasar PACHECO (OFM), *Dominical de 54 sermones, desde la dominica primera de Adviento hasta la quincuagésima inclusivamente con Pascuas y sus vigilias que ocurren en este tiempo*, Salamanca, imp. Artus Taberniel, 1605, p. 166.

de descontento ante un rey lejano y extraño, manejado por ambiciosos consejeros foráneos; ellos vocalizaron ante el pueblo el discurso político contra tiranos y gobernantes ilegítimos vertebrados en las aulas universitarias; ellos catalizaron a las masas populares y ellos justificaron la revuelta frente a la injusticia y el poder real arbitrario[11]. En esta cruzada destacaron, sobre todo, dominicos y franciscanos, pero también padres de otras reglas, no quedándose rezagados los ermitaños de San Agustín[12].

Sobre el protagonismo del clero regular en el movimiento comunero, una temprana carta remitida por Andrés de Haro, contino de Su Majestad y criado del Condestable, al cardenal Adriano, fechada en febrero de 1519, le informa que algunos predicadores, como fray Francisco de Santana, pronunciaban sermones en Medina del Campo contra los flamencos y el propio rey, afirmando taxativamente que *"nunca hubo revuelta ni escándalo en estos Reynos que no fuese el principio dello los predicadores, como agora lo comienzan a faser estos"*[13].

No olvidemos la famosa la carta redactada en Salamanca por varios frailes franciscanos, agustinos y dominicos, en febrero de 1520, tras convocarse Cortes, dirigida a los regidores de Zamora, donde se enumeran muchas de las reivindicaciones que los procuradores debían presentar al rey en las Cortes de Santiago-La Coruña, además de leerse entre líneas una advertencia al monarca si desatendía sus peticiones[14]. Un documento donde por primera vez aparece el término Comunidad.

Una vez estallada la rebelión, en Zamora y Valladolid, frailes de varias órdenes religiosas participan en los ayuntamientos comuneros.

---

[11] Hipólito Rafael OLIVA HERRER, "Sermones políticos y audiencia: una revisión crítica de la predicación en vísperas de las Comunidades de Castilla". *Impactum. Revista da Historia da sociedade e da Cultura*, 18 (2019), pp. 49-68; quien, por cierto, comprueba que la retórica profética está prácticamente ausente de los sermones vallisoletanos pronunciados hacia 1517 (p. 60).

[12] José Joaquín JEREZ, *Pensamiento político y reforma institucional durante la Guerra de las Comunidades de Castilla (1520-1521)*, Fundación Francisco Elías de Tejada, Marcial Pons, Madrid-Barcelona-Buenos Aires, 2007, pp. 484-497.

[13] Máximo DIAGO HERNANDO, "El factor religioso en el conflicto de las Comunidades de Castilla (1520-1521): el papel del clero", *Hispania Sacra*, v. 59, 119, 2007, pp. 85-140, en concreto p. 108.

[14] Joseph PÉREZ, *La revolución de las comunidades de Castilla (1520-1521)*, Madrid, Siglo XXI, 1999, pp. 142-144.

Fray Francisco de los Ángeles (OFM), antiguo paje de Cisneros, que le asistió cuando dicta testamento[15], supo nadar entre dos aguas: era pariente de los Núñez de Guzmán, líderes comuneros leoneses, e intentó, sin éxito, mediar entre los bandos en liza[16], terminando siendo elegido en el capítulo de Burgos (1523) general de los franciscanos y luego cardenal[17].

Por su parte, fray Prudencio de Sandoval (OSB) nos informa que en la Junta de Ávila había *"muchos frailes graves y do[c]tos, aunque no bien mirados"*, algunos de los cuales incluso tuvieron voz y voto en sus asambleas. El cabildo de regidores de Burgos, después de traicionar a la Santa Junta de Tordesillas, el 11 de noviembre de 1520 escribe a la asamblea comunera en los siguientes términos: *"E esos gatos religiosos debríades Señores quitar de entre vosotros, que es una causa de sembrar entre nosotros esta cizaña e vollicio. Y tan desvergonzadamente y sin ningún temor predican cosas falsas y que no se deben permitir"*[18]. Días después, el 25 de noviembre de 1520, una misiva enviada por el Almirante de Castilla a Toledo, reflexionaba sobre la situación general del reino y alertaba de las argucias perpetradas por los rebeldes para convencer a sus adeptos *"haciendo profecías falsas, trayendo predicadores que prediquen la fe del diablo, sin que haya memoria de la de Dios"*[19].

[15] Cuando redacta testamento el cardenal Cisneros en 1517, enfermo de tercianas (malaria), residente en la villa de Madrid, mandó llamar a fray Francisco de los Ángeles, que había sido su paje, y que luego fue General de toda la Orden franciscana y Cardenal de España; al padre Juan de Marquina, provincial; al guardián de Talavera, al de Alcalá y a Fray Barnabás, "todos santos religiosos que habían sido sus compañeros". Zacarías GARCÍA VILLADA (SI), "Semblanza del cardenal Cisneros, según sus íntimos", *Razón y Fe*, 49, 1917, pp. 180-191, en especial p. 188-189.

[16] Fray Francisco de los Ángeles, solicitaba en los capítulos acordados "que se suplique a su Santidad que los obispos y arzobispos e prelados destos reynos residan en sus obispados la mayor parte del año e que no lo faziendo pierdan prorrata los frutos e sean para las fábricas de las Iglesias pues por no residir en ellas no son servidas ni administrados los oficios divinos como devian e que su magestad enbie bulla de su Santidad para ello a estos Reynos". Capítulo 84, en José Joaquín JEREZ, *Pensamiento político y reforma...*, op. cit., pp. 663-664.

[17] 05/06/1523. Manuel DANVILA Y COLLADO, *General Historia crítica y documentada de las Comunidades de Castilla*. MHE, nº 39, Madrid, Real Academia de la Historia [RAH], 1899, pp. 421-422. En adelante, DANVILA, nº (año).

[18] DANVILA, 36 (1898), pp. 374-375.

[19] Carta reproducida como apéndice en Pedro de ALCOCER, *Relacion de algunas cosas que pasaron en estos Reynos, desde que murio la Reina Catolica Doña Ysabel, hasta que se acabaron las Comunidades en la ciudad de Toledo*, Antonio Martín Gamero (ed.),

Aunque Carlos V reclamó y obtuvo del Papa la excomunión para los clérigos comuneros, estuvo un tiempo sin aplicarse y, cuando se hizo, muchos de estos no se amedrentaron por esta condena espiritual. En este sentido, Francisco de Mendoza, administrador del arzobispado de Toledo, viéndose hostigado por los comuneros, escribió que *"los pueblos alterados ni temen la descomunion ni obedescen el mandamiento de su magestad"*[20]. Así, a inicios de 1521, sabemos que el padre guardián del convento de Santa María de Jesús (Torrijos) procedió contra un franciscano que predicó en aquella villa contra el emperador y fue encarcelado por el prior de San Juan unas semanas después[21].

Incluso después de Villalar, el 3 de junio de 1521, fray Pedro de la Cruz (OSA)[22] predicó en Ávila contra los gobernadores, en el convento femenino de Nuestra Señora de Gracia, siendo investigado por el corregidor y apremiado por el padre provincial de su Orden para que castigase su osadía[23]. Por entonces, todavía los ediles de Toro (Zamora) denunciaban a varios dominicos del monasterio de San Ildefonso, que *"perseverando en sus errores y desatinadas intenciones, continuaban predicando muchas cosas en deservicio del rey y para provocar a las gentes a que tornasen a los dichos levantamientos y escándalos"*[24].

Desde luego, el emperador tuvo un gran aliado en el talaverano fray García de Loaysa y Mendoza (OP), general de su Orden desde 1518. Después de su periplo dentro y fuera de España, llegó a Valladolid a inicios de noviembre de 1520, en plena ofensiva comunera. En enero de 1521, medió entre el rey y la Comunidad de Valladolid, junto al

---

Sevilla, R. Tarascó, 1872, p. 170.

[20] Se trata de una carta al señor de Chièvres, principal colaborador de Carlos el 12/03/1521. Danvila, 37 (1898), p. 536.

[21] Danvila, 38 (1898), p. 169.

[22] Vástago del bachiller Juan Díaz de la Cruz y de Aldonza Díaz. Profesó en el convento de Salamanca el 5 de junio de 1494 y en otoño de 1508 asiste a la profesión de las primeras religiosas del monasterio de Nuestra Señora de Gracia, participando en el capítulo definitorio de 1510.

[23] Serafín de Tapia Sánchez, "La participación de Ávila en las Comunidades de Castilla", *Ávila en el tiempo: homenaje al profesor Ángel Barrios*, Ávila, Diputación de Ávila e Institución Gran Duque de Alba, 2007, III, pp. 139-182, en especial p. 165.

[24] Archivo General de Simancas [AGS], RGS [Registro General del Sello], leg. 152106, sn.

nuncio apostólico y al embajador de Portugal[25], siendo decisiva su intervención para convencer para que cambiase de bando el líder toledano a Pedro Laso de la Vega, procurador de Toledo ante la Santa Junta. El conde de Atarés, en su crónica, explica de este modo los contactos previos en los que se fraguó la traición:

> Vino en estos días a Valladolid Fray García de Loaysa, natural de Talavera, general de los dominicos, que después fue obispo de Osma, y confesor del emperador. Era conocido y amigo de Don Pedro Laso, con el cual habló un día en confesión, descubriéndole los deseos que tenía de apartarse de aquel camino, y que ya había dado parte de su buen propósito por medio de Alonso Ortiz, jurado de Toledo, al Condestable y Almirante, y había venido fray García desde Burgos a Valladolid a solo deshacer en cuanto pudiera la junta y Comunidad[26].

Incluso menciona el envío de cartas cifradas para evitar sorpresas. Es más, cuando la suerte de la rebelión parecía sellada, en julio de 1521, se concedió al superior dominico la represión de los frailes de su Orden implicados en las Comunidades y exceptuados por el perdón general regio, a quienes privó de su jurisdicción. Según un testimonio coetáneo se creía que esta medida garantizaba una cierta inmunidad a los implicados[27]. Pero Loaysa estaba implicado en la coerción de los

[25] Joseph Pérez, *Los Comuneros*, Madrid, Alba Libros, 2005, p. 284.

[26] Diego Hernández Ortiz, "Memorias de las que obo en el reyno llamadas Comunidades", conde de Atarés (ed), *Boletín Real Academia de la Historia*, 118, (1946), pp. 479-545, en concreto p. 511. Una versión similar en Prudencio de Sandoval (OSB), *Historia de la vida y hechos del Emperador Carlos V, máximo, fortísimo, Rey Católico de España y de las Indias, Islas y Tierra firme del mar Océano*, Pamplona, imp. Bartolomé París, 1614, cap. XXXIV.

[27] "todos los frayles de la orden de Santo Domingo que an sido principales traydores de todos estos reynos sean remitidos al general de su Orden, que es otro tanto como mandarlos soltar, para que tornen a predicar antes de muchos días. Aquí teníamos preso a uno muy principal dellos y se llama maestro Bustillo; el cardenal manda que lo den al General y será para que le suelte y esto haze el cardenal como comisario apostólico. Todos los del Consejo estamos desesperados en ver estas provisiones y otras tales". Carta al emperador, 6 de agosto de 1521. AGS, Estado, leg. 8, f. 117. Guillermo Nieva Ocampo, "El confesor del Emperador: la actividad política de fray García de Loaysa y Mendoza al servicio de Carlos V (1522-1530)", *Hispania*, v. 75, 251, 2015, pp. 641-668, en concreto p. 648, not. 29.

sublevados, hasta tal punto que hizo una severa vista al convento se-
ñero de San Esteban de Salamanca, imponiendo perpetuo silencio a
los revoltosos. Su fidelidad fue largamente recompensada: en febrero
de 1522 fue nombrado Inquisidor General de Castilla y Aragón y en
el capítulo de Salamanca celebrado ese mismo año refuerza el voto de
obediencia al emperador. En esta senda, dispuso que, en los conventos de Ávila, Burgos, Salamanca, Santiago de Compostela y Toledo, se
creasen cárceles donde albergar a los frailes acusados de traicionar al
emperador hasta ser juzgados y, eventualmente, ejecutados, dando de
plazo 6 meses para arbitrar las medidas pertinentes.

Hacia 1523, mientras se recomponía en el poder los miembros de la
antigua facción cortesana fernandina, con el secretario Francisco de los
Cobos y el cardenal Juan Tavera a la cabeza, en el marco de las Cortes
de Valladolid de 1523 Carlos V recompensó a los superiores dominicos
leales durante la guerra: a fray Juan Hurtado de Mendoza le ofreció el
arzobispado de Granada, pero no aceptó; a fray Juan Álvarez de Toledo, hijo del duque de Alba, el obispado de Córdoba; y a fray García de
Loaysa, el obispado de Osma. No nos extraña que en una postrera relación remitida por el Almirante de Castilla al emperador asegure que
el general de los dominicos "es buen servidor de vuestra magestat"[28].
Pedro centrémonos en dos de los agustinos más señalados por su radi-
calidad y significación política anti-imperial: Bernardino Palomo o de
Flores y Juan Bravo. Comencemos por este último.

En Córdoba, la oligarquía urbana no aceptó doblegarse en las Cortes
de Santiago-La Coruña; no obstante, todavía en junio de 1520, el regimiento cordobés se negó a declararse en rebeldía. Es más, desoyen los
cantos de sirena que llegan desde Toledo para que se uniesen a la Santa
Junta y juran fidelidad al monarca, ya ausente. No obstante, el corregidor de Córdoba, el burgalés Diego de Osorio (hermano del obispo Antonio de Acuña) decide viajar a su tierra y dejar el gobierno a su alcalde
mayor, pese el clima levantisco que se respiraba en la ciudad. Además,
después del incendio de Medina, los capitulares cordobeses escriben a
Adriano de Utrech ofreciéndole amparo y, ese mismo otoño, conciertan
con otras ciudades andaluzas articular la Liga de la Rambla proimpe-

[28] Danvila, 38 (1898), p. 364.

rial. De este modo, su corregidor vuelve a tomar la vara, desengañado del movimiento revolucionario que ve en Burgos y decide expulsar de la ciudad a la nobleza local, siempre envuelta en rencillas y bandos.

Para apaciguar al pueblo, el corregidor persuadió al prior del convento dominico de San Pablo, fray Gregorio de Prado, que aquietase los ánimos de los rebeldes y avivar la lealtad a la corona Carlos, primero en la plaza del Salvador y luego en la de la Corredera[29]. Pero, mientras esto acontecía, el agustino fray Juan Bravo alentaba la rebelión. Parece que por entonces había llegado a la ciudad este religioso, enviado por los comuneros de Castilla para promover la revuelta[30].

No sabemos si se trata de la misma persona, pero el 24 de junio se leyó en Toledo una carta enviada desde Segovia por Juan Bravo y otros frailes del monasterio de Santa Cruz[31] solicitando ayuda militar a la Comunidad toledana[32]. Tampoco olvidemos que las fuentes también aluden a un fraile de Segovia que hablaba de Carlos I como el Anticristo, hijo de una esclava y no de la reina Juana, deslegitimando de una tacada su ascenso al trono[33].

Lo cierto fue que, todavía el 7 de marzo de 1521, el cabildo cordobés puso precio a su cabeza, acusándole de traicionar al rey y concertarse con otros conocidos líderes comuneros: Pedro de Hoces[34], señor

---

[29] Se ha querido ver en este posicionamiento el enfrentamiento entre dominicos (ultraconservadores desde sus atalayas de la Universidad o el Santo Oficio y abiertamente proimperiales) y agustinos (humanistas y sensibles al ideal comunero) así como los resabios de la rivalidad entre ambas órdenes religiosas en su pugna por el ascendiente entre sus fieles. El impacto del rol espiritual en el movimiento comunero puede apreciarse en Máximo DIAGO HERNANDO, "El factor religioso…", Op. cit., p. 107.

[30] Antonio RODRÍGUEZ VILLA, "Córdoba y la Guerra de las Comunidades", *Revista Europea*, 3 (1875), p. 561.

[31] "En XIIII de julio [1520]. Se leyó una carta de Segovya por Juan Bravo e otros e frayles del monesteryo de Santa Cruz de la mysma çibdad la respuesta de lo qual se cometió a Juan Carryllo e a Luys de Villalta. Fueron en este regymyento Juan de Padylla, Fernando Dávalos, e Juan Carryllo, e don Pe[d]ro Laso de la Vega, e don Pedro de Ayala". Antonio MARTÍN GAMERO, *Historia de la ciudad de Toledo, sus claros varones y monumentos*, Toledo, imp. Severiano López Fando, 1862, apend. 27, p. 1076.

[32] El único problema es que el convento de Santa Cruz la Real segoviano es una fundación dominica, no agustina; tal vez se trate de algún pariente del líder comunero de Toledo. Su genealogía en Luis FERNÁNDEZ MARTÍN, *Juan Bravo*, Segovia, Caja de Segovia, 1961.

[33] DANVILA, 37 (1898), p. 598.

[34] La Casa de los Hoces, también conocida como Casa de los Guzmanes, es una antigua

de Albaida y veinticuatro de la ciudad (quien termina degollado) y el zapatero Cristóbal Ruiz. Se llega a ofrecer nada menos que cien ducados de oro por su cabeza, acusándole de delitos "atrocísimos y muy graves", amenazándose a quienes lo amparasen a que perderían vida y bienes. Al día siguiente, el veinticuatro Lope de Angulo, solicita en cabildo "que sin dilación alguna, vayan a atacar el dicho monasterio y prender al dicho fraile" y que se levantase acta de su petición. Pero, viendo amenazada su vida, este fraile se asiló en el convento de San Agustín[35], en la collación de Santa Marina, que es cercado de inmediato por la justicia local. Algún veinticuatro, como Diego de Angulo, propuso quebrantar el sagrado para dar un castigo ejemplar[36]. No obstante, alguien le avisó y huyó antes de ser capturado[37]. A partir de entonces, se le pierde la pista a este fraile levantisco.

Más información tenemos de su correligionario fray Bernardino de Flores o Palomo, que con ambos apellidos se le conoce. Hijo de Juan Palomo y María Flores. Profesó en los agustinos de Toledo el 8 de junio de 1505, siendo prior fray Francisco de la Parra, de quien hablaremos más adelante. En septiembre de 1512, este predicador estaba en el convento de Sevilla, siendo conminado a comportarse con recato en un momento explosivo por la pugna entre los Guzmán y los Ponce de León[38]; un cenobio que, por cierto, en 1516 se declara en rebeldía ante

casa solariega ubicada en el barrio de la Trinidad (Córdoba). En 1497 era jurado por la parroquia de Todos los Santos, por traspaso de su padre traspaso que en él hizo su padre Lope de Hoces [AGS, RGS, leg, 149706, nº 38]. Unos años después, en 1513, los consejeros reales dan carta de seguro a Antón de la Mesa y Juan García de Almoguera, caballeros de premia y vecinos de Córdoba, al verse amenazados por Pedro de Hoces y Pedro de los Ríos, veinticuatros de la ciudad, por haberles denunciado por agravios [AGS, RGS, leg. 151307, nº 445].

[35] Juan Aranda Doncel, "El convento de San Agustín de Córdoba durante los siglos XVI y XVII", en Francisco Javier Campos y Fernández De Sevilla (coord.), Monjes y monasterios españoles: actas del simposium (1/5-IX-1995), San Lorenzo de El Escorial, 1995, II, pp. 7-64.

[36] Danvila, 37 (1898), p. 543.

[37] Miguel Fernando Gómez Vozmediano, "Historia Versus Memoria: La revuelta comunera en las ciudades de Córdoba y Sevilla y su eco en la corografía barroca", en István Szászdi León-Borja (coord.), Monarquía y Revolución: en torno a las Comunidades de Castilla, Valladolid, Fundación Villalar-Castilla y León, 2010, pp. 195-234, en concreto p. 209.

[38] Una pugna cerrada en falso, meses después, con la confederación rubricada por Leonor de Guzmán, duquesa de Medinasidonia, en nombre de su hijo Alonso Pérez de

los intentos de vuelta a la observancia espiritual, debiéndose emplear en profundidad el provincial Parra para reconducir su reforma[39].

Pocos años después, en 1519, en el convento domino de San Pablo sevillano hay reuniones clandestinas de algunos caballeros descontentos[40]. Por entonces, había una pugna soterrada por el poder entre la aristocracia (los duques de Medinaceli, Medina Sidonia y Arcos, así como el marqués de Tarifa y Adelantado de Andalucía) y los *mercaderes de grueso* sevillano (encabezados por el linaje judeoconverso de los Alcázar), con los veinticuatros y el pueblo alineados y sus respectivas clientelas. Todo termina en un motín urbano, el 16 de septiembre de 1520, liderado por algunos hidalgos que levantaron la bandera de los anticonversos, pero que fue sofocado en un día. No consta documentalmente el protagonismo de este fraile en la asonada, seguramente porque ya había viajado al norte, sumándose a las filas comuneras.

Semanas después, consta que fray Bernardino pasó por Toledo, declarando un conocido suyo que "se jactaba de cómo predicando en esta ciudad había inducido a la Comunidad que fuesen a combatir el castillo de San Servando[41], que estaba por el Rey, trayéndoles para ello aquella auctoridad del Evangelio *ite in castellum, quod est contra vos*"[42]. Seguramente halló cobijo en el también predicador de su Regla, Santa Marina, destacado comunero. Curiosamente, entre los diputados de la collación de San Cristóbal, que aparecen con voz y voto en la congregación toledana los meses de julio a octubre de 1521, se consigna el albañil llamado Francisco Flores que podría ser pariente suyo[43].

Guzmán, con Rodrigo Ponce de León, I duque de Arcos; 02/05/1513, Sevilla. Archivo Histórico de la Nobleza [AHNOB], Osuna, caja 1635, doc. 33.

[39] Juan ARANDA DONCEL, "El *convento de San Agustín de Córdoba…*", op. cit., pp. 89-90.

[40] Antonio COLLANTES DE TERÁN SÁNCHEZ, "El "alboroto", a título de Comunidad, de 1520 en Sevilla", *Boletín de la Real Academia Sevillana de Buenas Letras: Minervae Baeticae*, 40, 2012, pp. 385-452, en especial, p. 390.

[41] Antigua fortaleza que defendía el Puente de Alcántara. Sirvió de refugio, durante un tiempo, a algunos toledanos realistas y luego, en septiembre de 1521, fue empleado por el Prior de San Juan para emplazar la artillería que bombardeó la Toledo comunera.

[42] Archivo Histórico Nacional [AHN], Inquisición, Tribunal de Toledo, leg. 223, exp. 7, ff. 272-272v.

[43] Archivo de la Real Chancillería de Valladolid [ARCHV], Registro de Ejecutorias, caja 412, exp. 56.

En primavera de 1520, este agustino debía andar por Madrid, intrigando para que su cabildo se sumase a la rebelión encabezada por Toledo. Así, en el estío de ese año, fray Bernardino está en el núcleo duro de los agitadores. En el cabildo celebrado el 18 de junio de 1520 aparece un fray Bernardino, ayudando a redactar las cartas de adhesión a la Comunidad que se enviaban a Toledo y Segovia. Además, cuatro días después ejerce de testigo en el pleito-homenaje para la seguridad del Alcázar madrileño y el 3 de agosto es encarga, junto a otros líderes madrileños, de dictar los Capítulos que habían de llevar los emisarios de Madrid a la Santa Junta[44].

Tal vez se los llevase él mismo y se pusiese a las órdenes de esta asamblea comunera, toda vez que a fines de octubre de 1520 se traslada a Palencia para tener puentes entre esa ciudad leonesa y al alzados, a fin de granjearse la confianza del vicario de la diócesis. Llega el día 25 y la situación que se encuentra era caótica; en sus propias palabras *"e hallado tanta revuelta y mudança en esta ciudad de Palencia que no lo podría relatar en breve"*[45]. Sin embargo, lo cierto era que don Diego de Castilla y el corregidor estaban a favor del Condestable. Una carta de Adriano de Utrech enviada con mensajero por el cabeza de linaje de la Casa de Velasco, vertía blasfemias, descortesías y amenazas a partes iguales contra los comuneros palentinos, asegurando que Valladolid se había pasado al bando imperial y que rescataría a la reina de Tordesillas.

Fray Bernardino quería leer la carta que portaba en público, aunque el regimiento prefería hacerlo en cabildo cerrado, acordando enviar cartas a Valladolid, Medina de Rioseco y Tordesillas. En vista de la cerrazón de los ediles, el agustino abandonó Palencia y fue detenido cuando llegó a Medina de Rioseco, jurisdicción del Almirante de Castilla[46].

---

[44] Máximo DIAGO HERNANDO, "Realistas y comuneros en Madrid en los años 1520 y 1521. Introducción al estudio de su perfil sociopolítico", *Anales del Instituto de Estudios Madrileños*, 45, 2005, pp. 35-94, en concreto pp. 75-76.

[45] 27/10/1520, Palencia. AGS. Patronato Real, leg. 2, doc. 2.

[46] Severiano RODRÍGUEZ SALCEDO, "Historia de las Comunidades Palentinas", *Publicaciones de la Institución Tello Téllez de Meneses*, 10, 1953, pp. 75-273, en concreto p. 134.

Nada sabemos de él hasta que el cardenal de Tortosa escribe al emperador desde Medina, el 1 de noviembre de 1521, comentándole que *"De estos frailes que andan seduciendo e incitando los pueblos con sermones se ha prendido uno que se dice Fr. Bernardino, de la Orden de San Agustín, que casi es tan maligno como el fray Alonso, pero yo le he hecho poner a buen recaudo, y espero que habrá el castigo debido"*[47].

Palencia termina proclamándose comunera, mientras que Palomo fue encarcelado en Monzón de Campos (Palencia), una villa amurallada. Su VII señor, Diego de Rojas, anticomunero y dueño también de Cavia, Valdespina y Serón, solicitó a los palentinos ayuda para sofocar el levantamiento. Se le atribuye la anécdota que estando en su mazmorra, *"el alcaide le hacía mil sinsabores por se hacer muy leal; y un día, como milano, cosidos los ojos, estaba el fraile muy pensativo y muy cabizbajo, y le dijo el alcaide: ¿En qué piensa agora el fraile? Él respondió: Escudero, de mi persona os han dado cargo, y no de mis pensamientos"*. Cuando el 7 de enero de 1521, las tropas del obispo Acuña entran en Monzón y la saquean, este fraile revoltoso ya no estaba en su mazmorra, ya que había sido trasladado lejos, al Reino de Sevilla.

Por esas fechas, los Grandes quisieron canjear al doctor Tello, consejero regio, por fray Francisco Palomo, pero el cardenal de Tortosa desestimó este trueque, *"porque, en verdad, este fraile me dicen que ha sido muy maligno en estas rebeliones y levantamientos y creo que, viéndose en libertad con sus malas persuasiones haría más daño y guerra que las mejores cien lanzas que tienen los contrarios y rebeldes"*[48].

El 23 de abril de 1521, el cardenal de Tortosa manda pagar a Fernán Armijo de Sosa[49], 30 ducados de oro *"para el mantenimiento de fray Bernardino, que tiene preso por mandado de Sus Magestades"*. Allí permanecía recluido el 1 de abril de 1522, cuando el emperador escribía a su carcelero en los siguientes términos: *"Ya sabéis cómo por mi mandato tenéis preso en esa fortaleza a fray Bernardino, de la Orden de San Agustín, porque en tiempo de las alteraciones pasadas predicaba*

[47] DANVILA, 36 (1898), p. 474.

[48] 06/02/1521. DANVILA, 37 (1898), p. 205.

[49] Caballero portugués que fue veinticuatro de Córdoba y alcaide de la fortaleza de Villalba del Alcor (Sevilla).

en nuestro deservicio" y le informaba que el obispo de Oviedo, juez apostólico, había determinado que su causa fuese juzgada por el padre Provincial[50], a quien fue entregado en julio. En el perdón general otorgada por Carlos V el 28 de octubre de 1522 quedaron excluidos siete clérigos regulares, entre ellos fray Bernardino, residente en tierra de Sevilla[51], además de cuatro dominicos[52].

No obstante, fray Bernardino pudo disfrutar de posteriores indultos. Es más, parece que pudo pasar por las aulas de la Universidad Complutense, diciéndose años después maestro en Teología. Declarado antierasmista[53], hacia 1529, ejercía como canónigo de San Agustín y cura en Pinto (Madrid), un villorrio cuyos campesinos se había unido a las Comunidades instigados por Gómez Carrillo, señor de Pinto y Caracena.

Aparte de arrastrar mala fama por sus costumbres aseglaradas, ser bebedor y jugador, debía ser hombre ingenioso y con chispa, porque se le atribuyen diversos chistes y anécdotas graciosas[54], amén de ser un excelente predicador y experto en lenguas bíblicas. Desengañado del mundo, en las adiciones al sermón manuscrito de otro agustino escribe al margen: *"no ay verdad en el mundo, no paresçe en las plaças, ni en los scriptorios, ni en las audiençias; si está en los conventos, no la cognosçen; si está entre las capillas y los bonetes, está rebocada; si entre las redes y*

[50] Se despachó una Real Cédula a Armijo de Sosa, alcaide fortaleza de Villalva, donde permanecía preso fray Bernardino agustino, para que lo entregase al obispo de Oviedo, por remitirse su causa al Provincia de su Orden, el doctor Alba y el doctor Loarte; 01/04/1522. DANVILA, 39 (1899), p. 100.

[51] 01/10/1522, Valladolid. Biblioteca Nacional de España [BNE] ms. 1751, ff. 224-227. Colección de Documentos Inéditos para la Historia de España, v. 112. Madrid, 1895, pp. 86-88; en línea en http://www.cervantesvirtual.com/bib/historia/CarlosV/7_1_31.shtml

[52] Joseph PÉREZ, «Moines frondeurs et sermons subversifs en Castille pendant le premier séjour de Charles Quint en Espagne», *Bulletin Hispanique*, v. 67, 1-2, 1965, pp. 5-24.

[53] Henar PIZARRO LLORENTE, "Clero y corrientes espirituales en las Comunidades", en Carlos Javier de CARLOS MORALES y Natalia GONZÁLEZ HERAS (dirs.), *Las Comunidades de Castilla: Corte, poder y conflicto (1516-1525)*, Madrid, UAM-Polifemo, 2020, pp. 249-279, en concreto p. 256.

[54] *Augustin* REDONDO, "Contribution à l'étude du *cuentecillo* au XVIe siècle: le cas de fray Bernardino Palomo (*alias* de Flores)", *Travaux de l'Institut d'études hispaniques et portugaises de l'Université de Tours*, Presses universitaires François-Rabelais, 1979, pp. 135-150.

los velos negros, no ay verdad y es muerta"[55]. No obstante, parece que gozó de una cierta protección por parte de Alonso de Fonseca, arzobispo de Toledo (1523-1534).

El 6 de septiembre de 1530 este agustino denuncia ante el Santo Oficio al brillante humanista cristiano Juan de Vergara por luterano y erasmista. Vergara había sido canónigo de la Catedral Primada y secretario personal de tres de sus titulares: Cisneros, Guillermo de Croy y del propio Fonseca; además de haber catalizado en la Universidad de Alcalá un selecto círculo erasmista. Días antes, en la residencia del arzobispo toledano en Madrid, ambos habían disputado acaloradamente. Al principio, la conversación versó sobre el lujo flamenco y los derroches de los cortesanos, así como el poder del emperador; pero luego, al agustino cuestionó las nuevas traducciones bíblicas vertidas desde el griego y el hebreo a la *Biblia Políglota* (1514-1517). Palomo defendió la *Vulgata* y Vergara enumeró los errores que cometió San Agustín al traducir del griego en las *Quinquagenae*. Ante el cariz que tomaron los acontecimientos, Fonseca les impuso perpetuo silencio[56].

El fraile consideró intolerables las palabras proferidas por Vergara y el desprecio con que lo trató, al calificarle de necio, ignorante, borracho, y que *"tiene por costumbre jugar todo el día y la noche, hurtando los dineros en cantidad, y levantarse de allí a decir misa"*. Además, cuando el acusado cae en las garras inquisitoriales sale a colación la mala vida de fray Bernardino, a quien un testigo le acusa de perjuro y de ser *"persona infame y criminosa del crimen* lesae maiestatis, *por haberse puesto, como se puso con todas sus fuerzas, en levantar este reino en deservicio y rebelión del Emperador y Rey nuestro señor, y levantó mucha parte de él, usando de los sermones y palabra de Dios, para escándalo y levantamiento del pueblo, incitando la gente a robos, muertes"*.

El proceso se prolongó tres años, pasando a las cárceles del Secreto en 1533. Vergara será condenado a abjurar *de vehementi* en el cadalso en auto de fe celebrado en Zocodover el 21 de diciembre de 1535,

---

[55] *Loci communes F. Dionisii Augustiniani quibus sunt addita et subtracta non nulla a Flores eiusdem ordinis, quae significant litterae subiectae D. et F., etc.* BNE, ms. 3620, ff. 362r-425v. Citado por ibidem.

[56] Marcel BATAILLON, *Erasmo y España, Estudios sobre la historia espiritual del Siglo XVI*, México, FCE, 1995, pp. 439-440.

además de ser sancionado con una multa de 1.500 ducados y con un año de prisión, que pasará en parte en el convento de San Agustín (justicia poética, pensaría Palomo) y la otra en una estancia de la catedral de Toledo[57]. El 27 de febrero de 1537 sería excarcelado.

Mientras tanto, el agustino seguía disfrutando de su curato *de misa y olla*. Además, algún predicamento debería tener entre los Ponce de León, duques de Arcos[58], porque pocas semanas después de delatar a Vergara actúa como apoderado de los intereses de algunos de sus hijos menores[59], para evitar que les quitase la legítima. Nuestro agustino, caracterizado en esta declaración como cura de Pinto, aparece en el documento con el nombre de Bernardino Palomo, pero firma con el apellido Flores[60].

Pocos años más tarde, en 1533 se ratifica en sus acusaciones ante el Santo Oficio toledano. Al año siguiente, un fraile agustino llama-

[57] Sobre la *cámara fuerte*, situada en la parte baja de la torre de la Iglesia Primada, según un testimonio recogido en 1627 "dudaban algunos sin fundamento si una dignidad o canónigo había de ser preso en la torre por la mala comodidad que en ello havía, y se dixo que la torre era carçelería de canónigo o dignidad propiamente, y menos propiamente del racionero, y que canónigos también habían sido puestos en aposentos del claustro y detenidos en sus casas, que todo se hacía conforme a la calidad del delito". Alfredo RODRÍGUEZ GONZÁLEZ, *Justicia y criminalidad en Toledo y sus Montes en la Edad Moderna*, Toledo, Ayuntamiento de Toledo, 2009, p. 277, nota 1242.

[58] La vinculación de los Ponce de León con la Orden de San Agustín en Tomás de HERRERA (OSA), *Historia del convento de San Agustín de Salamanca*, Madrid, Gregorio Rodríguez, 1652, pp. 130 y ss.

[59] Rodrigo Ponce De León, III conde Arcos (†1492), se casó dos veces, pero solo tuvo descendencia con Inés de la Fuente: Francisca Ponce de León, marquesa de Zahara, casada con el IV señor de Villagarcía (su hijo, Rodrigo Ponce de León, será el I duque de Arcos); Leonor (†1507), casada con Francisco Enríquez de Ribera, conde de los Molares y señor de Tarifa, señor de Bornos y Adelantado Mayor de Andalucía [AHNOB, Osuna, c. 1617, doc. 3) y María, mujer de Rodrigo Mesía Carrillo, señor de La Guardia y Santa Eufemia. Rodrigo Ponce de León, (†1530), I duque de Arcos (desde 1493), se casó en tres ocasiones. De su tercer matrimonio, con María Téllez Girón tuvo a su heredero: Luis Cristóbal Ponce de León (†1573, futuro II duque de Arcos, desde 1530), quien celebró boda con María Suárez de Figueroa, (hija del III Conde de Feria y de la marquesa de Priego). Tuvieron a los siguientes hijos: Rodrigo Ponce de León y Cabrera (que llegaría a sucederle en el ducado de Arcos); Luis Ponce de León, que murió joven; y fray Pedro Ponce de León, dominico y obispo de Ciudad Rodrigo y de Zamora. Rodrigo Ponce de León, futuro I duque de Arcos, prestó a su padre, Luis Ponce de León, dos millones y medio de maravedís para ayudarle a pagar la dote de Leonor de Figueroa (1523); y, en 1527. Leonor de Figueroa acredita que su padre había terminado de pagar los diez millones que importó su dote. AHNOB, Osuna, caja 193, docs. 17-18].

[60] 28/09/1530, Madrid. Ibidem, 19.

do fray Bernardino publica en Medina del Campo unas *Coplas de la Asunción de Nuestra señora*; aunque no sabemos si es el fraile comunero que biografiamos. El escolio puesto al margen de su profesión en el cenobio toledano nos proporciona un balance sumario de su vida: "fue gran predicador, fue cura propietario de la villa de Pinto; no se portó bien en tiempo de las Comunidades"[61].

LOS AGUSTINOS EN LA CIUDAD DE TOLEDO

San Agustín de Hipona (†430) es uno de los Padres de la Iglesia. Fue precursor en adaptar los saberes clásicos a la cultura cristiana medieval, haciendo de las Artes Liberales el resorte para acceder a las disciplinas consideradas superiores: Teología y ambos Derechos, regio y eclesiástico. Su figura y enseñanzas inspiró una nueva Orden Religiosa mendicante: la de los Ermitaños de San Agustín (1244). Pues bien, la fundación de una comunidad agustina en Toledo es una de las más antiguas de la Corona de Castilla. En 1260, Alfonso X el Sabio insta a los agustinos de San Ginés de la Jara a que fundasen un convento en la ciudad de Toledo en una ermita consagrada a San Esteban, cruzando el Tajo[62]; pero es su esposa, la reina doña Violante, quien posibilita a esta comunidad instalarse intramuros, cerca del puente de San Martín[63].

Desde el comienzo, esta comunidad se granjeó la devoción de todos los toledanos. Según la tradición, en abril de 1268 el propio San Agustín bajó de los Cielos y arrojó al Tajo una terrible plaga de langosta que padecía toda la comarca. Desde entonces, la ciudad votó celebrar este prodigio, haciendo cada año una solemne procesión los cabildos civil y eclesiástico desde el ayuntamiento hasta dicho convento. Sin embargo, el espaldarazo definitivo a esta comunidad se da en el siglo XIV, cuando Gonzalo Ruiz de Toledo (†1323), señor de Orgaz, los patrocina y traslada su sede al antiguo Palacio de Don Rodrigo (1312),

---

[61] Manuel SERRANO Y SANZ, "Juan de Vergara y la Inquisición de Toledo", en *Revista de Archivos, Bibliotecas y Museos*, 5 (1901), pp. 896-912 y 6 (1902), pp. 24-42.

[62] 31/01/1260, Toledo. Archivo Condal de Cedillo, caja 2, doc. 44.

[63] Víctor FERNÁNDEZ SANTOS (OSA), *La Ordo Eremitarum Sancti Augustini y sus orígenes en la Península Ibérica. 1256-1400*, Madrid, Univ. Pontificia de Comillas, 2018.

no sin antes superar los escrúpulos por la maldición que pesaba sobre ese vetusto edificio[64], terminando por sepultarse entre sus muros[65].

Durante las centurias siguientes, los agustinos toledanos fueron acumulando rentas[66], limosnas y adeptos en la ciudad levítica en la que se convierte la Urbe del Tajo en los siglos bajomedievales y modernos. Con el paso del tiempo, este cenobio masculino se convirtió en última morada de algunos grandes linajes[67], algunos de ellos conversos[68], dotándose además de un Estudio conventual propio, donde se formaron laicos y religiosos.

El Renacimiento castellano fue una encrucijada de reformas en todos los órdenes y el clero hispano no se sustrajo a este movimiento reformista, gozando muchos cenobios agustinos de la protección de la nobleza[69]. El Papa Alejandro IV liberó a esta orden de la jurisdicción

[64] Donde se decía que el Rey don Rodrigo había mancillado a La Cava, el principio del fin del Reino Visigodo de Toledo según la leyenda mozárabe. Sebastián del PORTILLO Y AGUILAR (OSA), *Chrónica Espiritual Augustiniana: Vidas de Santos, Beatos, Y venerables religiosos y religiosas del Orden de su gran padre San Agustín, para todos los días del año 1651*, Madrid, imp. Alonso de Orozco, 1732, IV, p. 339.

[65] Aunque luego fuesen trasladados sus restos a la parroquia latina de Santo Tomé (1327), donde la piedad popular sitúa el milagro. Siglos después fue inmortalizado por El Greco, pintando la escena en el que *san Agustín* y san Esteban ayudan a sepultar el cuerpo del señor de Orgaz.

[66] Mandato del rey Fernando el Católico a los escribanos de privilegios y confirmaciones para confirmar un juro de 13.000 mrs. que tenía el monasterio de San Agustín de Toledo situados en rentas de la ciudad, aunque no se documentase que lo habían tenido años antes. 20/04/1509, Valladolid. AGS, Cámara de Castilla, Cédulas, 7, 180, 2.

[67] Como los Dávalos. Ruy López Dávalos (†1428) fue Camarero Mayor de Enrique III, Condestable de Castilla y Adelantado Mayor de Murcia. Se casó en tres ocasiones. En primeras nupcias lo hizo con María Gutiérrez de Fontecha, cuyos hijos fueron, entre otros, Pedro López Dávalos y Fontecha, casado con María de Horozco (señora de Tamajón y Manzaneque) y enterrado junto a sus padres, así como Diego López Dávalos y Fontecha, casado con Leonor de Ayala y Castañeda (hija del I señor de Fuensalida y de Elvira de Castañeda); buena parte de su descendencia se instaló en Toledo. En tercer y último matrimonio se casó Constanza de Tovar, de la que tuvo tres hijos, entre los que estuvo Rodrigo López Dávalos y Tovar, casado con la dama hidalga toledana María Carrillo. Carmen RALLO GRUSS y Juan Carlos Ruiz SOUZA, "El *palacio de Ruy López Dávalos y sus bocetos inéditos* en la *Sinagoga* del *Tránsito: estudio* de *sus yeserías* en el *contexto artístico* de *1361*", *Al-Qantara*, 20, 1999, pp. 275-298.

[68] Como las familias judeoconversas de apellido Acre y Franco. AGS, CME, leg. 734, exp. 37.

[69] Se sucedieron las fundaciones agustinas bajo mecenazgo nobiliario, por ejemplo, en Écija (1501), Jaén (1504), Jerez de la Frontera (1509), Antequera (1514), etc. En 1511, Teresa Enríquez, esposa de Gutierre de Cárdenas, señora de Torrijos y Maqueda, financió la construcción del convento de Santa María de Huécija (Almería).

episcopal e Inocencio VIII otorgó a sus iglesias conventuales indulgencias similares a las que se disfrutaban en Roma (1490). Sin embargo, dentro de la política regalista y renovadora emprendida por los Reyes Católicos, el breve pontificio *Exponi Nobis*, promulgado en Roma el 5 de julio de 1495, facultaba a fray Francisco de Cisneros (OFM), arzobispo de Toledo (1495-1517) a visitar, disciplinar y reformar todos los monasterios de su archidiócesis. Por lo que toca a los agustinos, su labor no fue fácil[70].

Los agustinos estaban sumidos en un proceso de renovación, impulsado desde la corona, pero existían tensiones internas. No obstante, ese mismo año de 1495 el arzobispo Carrillo de Albornoz obtuvo la comisión para reducir todos los monasterios de Castilla y Aragón a la Observancia, lo que hizo que se reformasen en Castilla casi todos los conventos de la Orden[71]. El brazo ejecutor de la reforma agustina en Castilla fue fray Francisco Ruiz de la Parra[72]. El capítulo toledano de los agustinos celebrado en enero de 1504 consagró la victoria de los observantes sobre los claustrales[73]. Los estudios en el convento toledano fueron confiados hacia 1504 al humanista fray Pedro de Valencia, que había recalado en Toledo en 1497, procedente de su convento levantino. A esa altura, el convento de agustinos calzados de San Esteban (Toledo), hacía tiempo que estaba íntimamente vinculado a Isabel I[74].

[70] Mandato al prior y frailes del monasterio de la Trinidad (Toledo), para que envíen al Consejo Real el proceso original instruido contra fray Juan de Sevilla (vicario general de los frailes de la observancia de la Orden de San Agustín) por intervenir cuando el agustino fray Benito de Valladolid se fugó del convento toledano donde estaba preso y fue a en Roma, donde consiguió un rescripto con falsa relación; 18/03/1497, Burgos. AGS, RGS, leg. 149703, nº 247.

[71] Maximiliano Barrio Gozalo, "Los Reyes Católicos, Cisneros y la reforma del clero secular y regular", en José Antonio Escudero López (dir.), *La Iglesia en la historia de España*, Madrid, Marcial Pons, 2014, pp. 415-432.

[72] Con estos apellidos aparece en una carta de seguro regio en su calidad de reformador de la Orden de San Agustín; 25/08/1503, Segovia. AGS, RGS, leg. 150308, nº 171.

[73] La Congregación se dividía en cuatro Provincias (Toledo, Salamanca, Burgos y Sevilla), cuyos Superiores eran los priores de cada casa, con potestad para regir, gobernar, visitar y corregir; a este respecta, también se contempla que los Priores de Toledo, Salamanca, Burgos, Valladolid, Córdoba y Sevilla tuviesen en su convento mazmorras para remedio y castigo de indisciplinados. Ignacio Arámburu Cendoya, "El Capítulo toledano de 1504 fin de la Claustra en la Provincia de España (I)", *Archivo Agustiniano*, 57/1, 1963, pp. 67-92.

[74] Cédula Real para que se pague al bachiller Juan Martínez de Cardeña, tesorero del

Entre 1504-1508, fray Francisco de la Parra[75], oriundo de la villa pacense homónima, era prior del convento toledano y, desde, 1505 provincial de los agustinos de Toledo[76]. El 10 de enero de 1505, fray Agustín de Terni, General de la Orden (1505-1506) remitió al cenobio toledano una misiva aprobando implantar la vida regular en el convento y prohibiendo cualquier intromisión ajena; además, recordaba que los conversos no podían tener oficios, ni voz activa ni pasiva en los capítulos, así como que en el futuro no permitiesen ingresar a ningún *notado* en los conventos masculinos y femeninos de la Provincia y la archidiócesis de Toledo.

Meses después, esta comunidad quiso comprar unas casas anejas para ampliar el cenobio[77], lo que nos habla de su pujanza económica. Precisamente por entonces, muerta Isabel la Católica, se despachó una Real Cédula para que de las arcas regias se pagasen al bachiller Juan Martínez de Cardeña, tesorero del arzobispo de Toledo, 47.600 maravedís en razón de las 2.800 misas encargadas por su alma en los monasterios de la Orden de San Agustín, a razón de medio real por misa[78].

Pero otros nubarrones oscurecían su vida conventual. Cisneros, contrariado por cuestionarse su autoridad sobre el clero regular, veta

arzobispo de Toledo, 47.600 maravedís para las 2.800 misas que se dirían en los cenobios de la Orden de San Agustín en Salamanca y Toledo *"por el anima de todos los que murieron en serviço de su alteça"*, a razón de medio real por misa (1505). AGS, Consejo Real de Castilla, leg. 5, exp. 303.

[75] No sabemos su patria, pero sospechamos que está vinculado a Sigüenza. Es esta ciudad alcarreña había una universidad episcopal. Pedro González de Mendoza primero fue obispo de Sigüenza (1474-1482) y a continuación arzobispo primado (1482-1495). En 1478, Cisneros era capellán mayor de la catedral seguntina y luego arzobispo toledano desde 1495. Ambos lo conocieron y supieron de su valía acercándolo a la Ciudad Imperial. Además, Hernando de Parra fue inquisidor del Santo Oficio de Sigüenza (1491-1499). Dimas Pérez Ramírez, *Catálogo del Archivo de la Inquisición de Cuenca*, Madrid, Fundación Universitaria Española, 1982, p. 18 y Aída Portilla González, *Cultura, poder y redes sociales en la Castilla medieval: El clero del cabildo de la Catedral de Sigüenza durante la Baja Edad Media (SS. XIV-XV)*, Santander, Tesis Universidad de Cantabria, 2019.

[76] Con cabeza en la Ciudad Imperial, se extendía tanto por los cenobios masculinos dispersos por Toledo (la propia ciudad, Las Nieves y San Pablo de los Montes), Ávila (Arenas de San Pedro), Cuenca (Castillo de Garcimuñoz, Cuenca), como por las comunidades femeninas de Santa Úrsula (Toledo), Castillo de Garcimuñoz (Cuenca) y Alcaraz (Albacete).

[77] 16/09/1505, Segovia. AGS, RGS, leg. 150509, nº 428.

[78] AGS, Casa y Sitios Reales, leg. 5, exp. 303.

la intervención desde Roma en los asuntos domésticos. Hacía tiempo que fray Francisco de la Parra se había convertido en una *figura* del ya cardenal Cisneros. Las tensiones, dentro y fuera de sus muros fueron enormes; como muestra, a fines de 1507, el Rey Católico ordena al corregidor de Toledo ayudar al Provincial de la Orden de San Agustín, que viajaría para reformar y visitar el monasterio de su orden[79]. En esta senda, en marzo de 1508, el Consejo Real otorga carta de seguro al prior fray Francisco de la Parra y al resto de la comunidad, que temían a algunos vecinos[80].

En primavera de 1509, Fernando V encomienda a las autoridades Toledo que apoyen al Provincial de la Orden de San Agustín y al prior del convento local, fray Francisco de la Parra, para que implantasen la reforma en la observancia (1509)[81], así como que el ministro de la Orden de la Trinidad de Toledo sobreseyese el pleito entre el Provincial de la Orden de San Agustín en Castilla y el Prior de San Agustín de Toledo y, de paso, anulase cualquier entredicho, absolviendo a los excomulgados[82]. Poco después, en 1510, Julo II dio la bula de Reforma relativa a la Provincia de Toledo y el 5 de mayo de ese año Parra es nombrado Vicario General en las Provincias de Castilla y Toledo. En paralelo, desde la corte se dio carta de seguro a los monasterios agustinos de la provincia de Toledo que habían sido reformados[83].

Más aún, a fines de 1510 e inicios de 1511, los consejeros otorgan sendos seguros a fray Francisco de la Parra, ya vicario general de la Orden de San Agustín, para continuar su labor reformadora[84]. A pesar del respaldo de la corona, Parra fue desautorizado por el Papa, poco después. En efecto, por entonces, fray Egidio de Viterbo, Prior General de la Orden de San Agustín, escribe una carta intimidatoria a Parra, acusándolo de no atajar las "discordias, sediciones y tempestades de movimientos, y por eso nosotros, llorando la calamidad de

---

[79] 27/11/1507, Burgos. AGS, RGS, leg. 150711, nº 354.

[80] AGS, RGS, leg. 150803, nº 11.

[81] 19/IV/1509, Valladolid. AGS, Cámara de Castilla, Cédulas, 7, 106, 3.

[82] 16/05/1509, Valladolid. AGS, Cámara de Castilla, Cédulas, 7, 198, 9.

[83] 07/09/1510, Madrid. AGS, RGS, leg. 151009, nº 25.

[84] 16/10/1510 y 07/01/1511, Madrid. AGS, RGS, legs. 151010, nº 3 y 151101, nº 237.

nuestro rebaño, habemos intentado en vano todos los medios. En vano habemos escrito, en vano habemos trabajado para curar estas llagas. Y habemos entendido que todas estas cosas nacen de castigo divino"[85].

La Concordia de 1511 supondrá, formalmente, la unión de las provincias agustinas de Toledo y Castilla, pero fue consentida de mala gana por Francisco de la Parra, que veía peligrar su poder en el seno de su Orden. A pesar de todo, aunque asiste al Capítulo de 1513 como prior del convento de San Pablo de los Montes, al siguiente, celebrado en Toledo el 29 de junio de 1515, ya es elegido Vicario Provincial General. Aupado por Cisneros, fray Francisco de la Parra está en la cumbre de su carrera y, según sus hagiógrafos, llegó a renunciar a los obispados de Badajoz, Jaén y Ávila.

Pero los acontecimientos se desarrollaban de manera inexorable hacia el caos. Un correligionario suyo, el padre agustino fray Antonio de la Mota, procedente de Burgos aunque profeso en el convento de San Agustín en Salamanca (1497)[86], fue absuelto por el Santo Oficio toledano en marzo de 1518[87], tras ser acusado de escandalizar al pueblo. Además, la resistencia a las reformas no fueron exclusivas de Toledo[88]. En vísperas de las Comunidades, de la Parra asistió como Provincial de Castilla y Navarra al Capítulo de Valladolid, el 25 de mayo de 1519.

---

[85] Ignacio ARAMBURU CENDOYA (OSA), "*La provincia de Castilla o de España en los años 1505-1525*", *Archivo Agustiniano*, 58/3, 1963, pp. 289-326, en concreto pp. 295-296.

[86] Tomás de HERRERA (OSA.), *Historia del convento de S. Augustín de Salamanca*, Madrid, imp. Gregorio Rodríguez, 1652, p. 167.

[87] ADT, lib. 811, f. 1v. Fray Antonio de la Mota, hijo de García de Torquemada y Catalina de la Mota, profesó en el convento de Burgos el 30 de junio de 1497, donde llegó a ser maestro de novicios hacia 1508; Isacio R. RODRÍGUEZ y Jesús Álvarez FERNÁNDEZ, "Libro de profesiones del Convento de San Andrés de Burgos (1492-1646)", *Archivo agustiniano*, 2, 1999, pp. 39-76, en especial p. 42.

[88] A petición de fray Francisco de la Parra, provincial de la Orden de San Agustín para Castilla y Navarra, el Consejo Real insta a al visitador y prior del monasterio de San Agustín en la ciudad de Sevilla para que suplicase ante el Papa las bulas y letras apostólicas obtenidas a petición de dicha comunidad para sustraerse de la observancia y que el asistente sevillano no consintiese su uso. Semanas antes, se había suscitado un alboroto en el monasterio sevillano cuando fray Pedro Díez de Carrión fue a tomar posesión de su cargo como prior [12-16/04/1516, Madrid. AGS, RGS, leg. 151604, nº 109 y 110]. A este respecto ver NIEVA OCAMPO, Guillermo, "Frailes revoltosos: corrección y disciplinamiento social de los dominicos de Castilla en la primera mitad del siglo XVI", *Hispania*, 237, 2011, pp. 39-64.

En plena efervescencia comunera, Francisco de la Parra fue denunciado por los agustinos afectos a la rebelión. Escribieron cartas en su contra Juan de Padilla y la Congregación toledana, siendo confinado en una celda conventual. También sabemos que fue enjuiciado en el capítulo celebrado en Toledo en vísperas de Villalar, aunque termina siendo declarado inocente. No obstante, hacia 1527, se vislumbra que de la Parra había sido privado del cargo de provincial de la Orden y, desde luego, se sabe que en 1523 fue eximido de la jurisdicción de sus superiores directos y se retira a la ermita en Santa María del Risco (Ávila), pretextando su avanzada edad y muchos achaques. No obstante, Parra todavía se documenta en el convento toledano en 1533, organizando la salida de misioneros a Nueva España. Poco después, moriría.

Para vislumbrar la ideología política que pudieron tener, si la tuvieron, los frailes albergados en el convento de San Agustín toledano vamos a rastrear el posicionamiento de sus familiares durante la revuelta.

TOLEDANOS PROFESOS DEL CONVENTO DE SAN AGUSTÍN (TOLEDO) DURANTE EL PERIODO COMUNERO			
AÑO	NOMBRE	PADRES	OBSERVACIONES
1496	Pedro de Escobar	Fernando de Escobar y Constanza Núñez	Cosme y Antonio/Antón de Escobar [tejedor de terciopelo], diputados por San Andrés, y Martín de Escobar [calcetero diputado por la parroquia de San Pedro] aparecen entre los miembros activos de la Congregación en el estío de 1521
1499	Dionisio Vázquez	Pedro Vázquez y Guiomar de San Pedro	Predicador real. Proimperial, cercano a los regentes de Castilla

1500	Francisco de la Peña	Ildefonso de la Peña y de Elvira de San Pedro	Antonio de la Peña era regidor de Toledo. Un Alonso de la Peña, tejedor, está implicado en el asalto a los molinos de Vililla y multado. Gonzalo de la Peña implicado en robar y derrocar la casa del regidor Hernán Pérez de Guzmán
1500	Jerónimo de Escobar	Hernando de Segovia (jurado) e Inés de Escobar	Luis de Segovia es contrario a derrocar la casa del conde de Cifuentes, pero asiste a reuniones de la Congregación toledana
1501	Francisco de Villegas	Alonso Martínez y Teresa de Villegas	Alonso Martínez la Fuente, el jurado, participa en la junta de la parroquia de San Juan Bautista y, en junio de 1521, vota a favor de una tregua con el Prior de San Juan, que asediaba Toledo
1504	Luis de Toledo	Gonzalo Gaytán y María Suárez	Su padre es regidor y capitán de la Comunidad toledana y es exceptuado del perdón general
1505	Bernardino	Juan Palomo e Inés Flores	Fraile comunero, gran predicador, proselitista y antierasmista
1506	Francisco de Torres	Hernando de Torres y de Mencía de Castaño	Pablo de Torres, diputado de la Congregación por la parroquia de San Cristóbal. Alonso de Torres, mesonero, condenado por robar y derribar la casa del regidor Hernán Pérez de Guzmán
1510	Cristóbal	Bernaldo de Orense y Luisa de Ávalos	Diego de Orense, hijo de Bernaldo de Orense, condenado por robar y derribar la casa del regidor Hernán Pérez de Guzmán

1510	Juan de Bargas	Alonso Díaz de Torrijos y Ana Díaz	Su primo García de Torrijos, hijo de Gonzalo de Torrijos, vive en San Román, y es condenado por el saqueo de los molinos de Vililla y del castillo de Barcience
1510	Juan de Paredes	Antonio de Paredes y Juana de Paredes	Juan de Paredes, sombrero, es condenado por el saqueo de los molinos de Vililla y del castillo de Barcience
1513	Diego Muñoz	Juan Muñoz e Isabel de Salazar	Juan Muñoz, residente en la casa del Moral, es condenado por el saqueo de los molinos de Vililla e implicado en el asalto al castillo de Barcience. Diego, criado de Juan Muñoz, condenado por robar y derrocar la casa del regidor Hernán Pérez de Guzmán
1517	Diego de Villaseca	Juan Francés [maestro herrero/ rejero, artífice de la reja de la capilla mozárabe de la catedral] y Catalina Díaz	Diputado de la Congregación por San Andrés. Moderado
1518	Diego de Vargas	Francisco de Vargas e Isabel de Contreras	Rafael y Pedro de Vargas, diputados de la Congregación, defienden la resistencia a ultranza frente a los imperiales. Juan y Pedro Ramírez de Vargas diputados de la Congregación y síndicos. Cristóbal de Vargas era escribano público y colabora con los comuneros

1518	Bernardino de Figueroa	Antonio de Figueroa y Juana de Peñalosa	Francisco de Figueroa, bonetero, es condenado por el saqueo de los molinos de Vililla y del castillo de Barcience, propiedades ambas de los Silva
1520	Lucas de Toledo [sacerdote]	Miguel López y Marina López	Antonio López, diputado de la Congregación por la Magdalena. Diego López, toquero, condenado por robar y derrocar la casa del regidor Hernán Pérez de Guzmán

FUENTE: Ignacio Arámburu Cendoya, OSA: "Las profesiones religiosas del convento de Toledo Libro I (1495-1566)", *Archivo Agustiniano*, 67, 1983, pp. 355-381.

Mientras tanto, a caballo entre los siglos XV-XVI, dominicos y agustinos pugnaban por el monasterio de las Nieves, una fundación bien dotada, que tras muchas vicisitudes termina quedando en manos de la Orden de Predicadores[89]. En marzo de 1504, los Reyes Católicos encargan al toledano Francisco de Rojas, embajador en Roma, para que abogue en favor de la fundación que Pedro de Ribadeneira, racionero de la Iglesia Primada, había hecho del monasterio de Nuestra Señora de las Nieves, a una legua de la Ciudad Imperial, confiándoselo a los religiosos observantes de la Orden de San Agustín y dotándolo para ser Colegio de Estudiantes[90]. Los frailes dominicos de San Pedro Mártir protestaron y se solicitó el arbitrio pontificio, que primero lo deja en manos de los agustinos (1517 y 1520) hasta que Clemente VII lo hace retornar a los predicadores (1530), excomulgando a sus contrarios.

Además, en paralelo a la fundación masculina, desde el siglo XIII hubo un beaterio femenino, vinculado desde 1365 al monasterio masculino. Ambos cenobios se integraron en 1494 en la Congregación de la Observancia[91], pero veinte años después sus monjas estaban agita-

[89] Eugenio SERRANO RODRÍGUEZ, *Toledo y los dominicos en la época medieval. Instituciones, economía, sociedad*, Cuenca, Universidad de Castilla la Mancha, 2014.

[90] 14/03/1504, Medina del Campo. AGS, Cámara de Castilla, Cédulas, 9, 63, 3.

[91] Teófilo VIÑAS ROMÁN (OSA), "Dos conventos toledanos de Monjas Agustinas: Real Monasterio de Santa Úrsula y Convento de la Purísima Concepción", Francisco Javier CAMPOS Y FERNÁNDEZ DE SEVILLA (coord.), *La clausura femenina en España: actas*

das por fuertes disensiones internas. En el estío de 1515, el cardenal Cisneros hace que el Consejo Real concediese que la justicia seglar garantizase que fray Francisco de la Parra, vicario provincial de la Orden de San Agustín, pudiese visitar los monasterios de monjas[92]. Para promover la reforma, sus superiores decidieron trasladar a Toledo a algunas monjas de la comunidad de Madrigal de las Altas Torres (Ávila)[93]. Una maniobra que rompía el frágil equilibrio de fuerzas dentro de la clausura y que despertó las airadas protestas de dos caballeros de hábito santiaguistas locales: Juan Gaytán y Bernardino de Ayala, futuros comuneros y con media parentela tras sus muros[94].

Agustinas y freiles fueron excomulgados por frey Francisco de Eván, comendador del monasterio mercedario de Santa Catalina y juez conservador apostólico[95]. Parece que las monjas tuvieron que acatar los designios de sus superiores, aunque todavía en 1517 una de las profesas, Juana de Salazar, se negaba a regresar al claustro, obligando a fray Francisco de la Parra, provincial de la Orden de San Agustín, a reclamar el auxilio del corregidor[96]. Si en vísperas de las Comunidades de Castilla el ambiente político era irrespirable, la espiritualidad también estaba agitada por la estigmatización de los judeoconversos y la eclosión de los alumbrados, haciendo tambalear la reforma del clero

del simposium, El Escorial, 2004, I, pp. 427-454, en concreto p. 453.

[92] 07/08/1515, Burgos. AGS, RGS, leg. 151508, nº 8.

[93] El convento agustino calzado extramuros de Madrigal, puesto bajo la advocación de Nuestra Señora de Gracia, adoptó muy pronto la reforma de la Observancia (1438) y fue una fundación vinculada a los Reyes Católicos. Villa de realengo, salvo el breve periodo en se cedió a Germana de Foix, segunda esposa de Fernando II, esta comunidad femenina acogió en su clausura a damas nobles y en ella profesaron desde 1490 dos hijas naturales del monarca aragonés (María y Esperanza de Aragón). Teófilo VIÑAS ROMÁN, "El convento agustiniano extramuros de Madrigal de Las Altas Torres", *La ciudad de Dios*, 214, 2001, pp. 705-732 y Jesús GASCÓN BERNAL, "Población y grupos sociales en Madrigal de las Altas Torres durante los siglos XV y XVI", *Cuadernos Abulenses*, 32, 2006, pp. 615-629. Años después, en plena guerra, igual que aconteció en Arévalo, Madrigal apoya a las tropas imperiales, impidiendo entrar a los comuneros acaudillados por Padilla.

[94] José GARCÍA ORO y Segundo L. PÉREZ LÓPEZ, "La reforma religiosa durante la gobernación del cardenal Cisneros (1516-1518): hacia la consolidación de un largo proceso", *Annuarium Sancti Iacobi*, 1, 2012, pp. 47-174, en concreto pp. 67-68 y 73-74, apéndices 1 y 6-7.

[95] 24/10/1515, Madrid. AGS, RGS, leg. 151510, nº 25.

[96] 28/04/1517, Madrid. AGS, RGS, leg. 151704, nº 7.

regular. Una coyuntura cuando las disputas teológicas entre órdenes regulares eran tan frecuentes como los desencuentros entre conventuales y observantes, por no hablar de la pugna de los clérigos por las limosnas y el ascendiente entre los fieles[97].

PERSUASIÓN, RESIGNACIÓN O REVOLUCIÓN. SAN AGUSTÍN EN LA PLUMA DE SUS EXÉGETAS Y EN LOS PÚLPITOS RENACENTISTAS

San Agustín de Hipona (354-430) ha sido calificado por teólogos e historiadores como el más influyente Padre de la Iglesia de quien proceden la mayoría de los desarrollos doctrinales y eclesiásticos de Occidente y a quien se recurre tras cada crisis o cuando hay que reorientar el pensamiento. Sin entrar en cuestiones teológicas, su doctrina defiende la libertad humana para elegir el camino a seguir; la responsabilidad de reyes y vasallos por sus transgresiones; la necesidad de admitir a los nuevos cristianos en la comunidad de los elegidos; o la legitimidad de los súbditos para resistirse al tirano. Es decir, su preocupación por el buen gobierno del bien común, la *res pública* (un *leiv motif* de los comuneros), que le lleva a ser el primer pensador cristiano en enunciar el derecho de resistencia en sus obras, tanto en *De libero arbitrio* como en *De civitate Dei*[98].

Sin embargo, es mucho más restrictivo cuando aborda el principio clásico de epiqueya (equidad) que distinguía entre la ley y su espíritu o propósito, no siempre coincidente y en virtud de la cual se pensaba que era lícito transgredir una ley en casos excepcionales, cuando dicha ley implicase perpetrar alguna injusticia[99]. A ese respecto, San

---

[97] Un buen ejemplo de esta áspera competencia en Alicia ÁLVAREZ RODRÍGUEZ, "Los frailes y la *cura animarum* como actividad conflictiva en Zamora, Toro y Benavente durante la baja Edad Media", *Edad Media. Revista de Historia*, 19, 2018, pp. 218-240. https://doi.org/10.24197/em.19.2018.218-240

[98] San Agustín fue coetáneo a la caída del Imperio Romano y su pensamiento se enmarca en el providencialismo imperante, de manera que contempla la tiranía como el flagelo de Dios contra los pecadores, confiando en el plan salvífico de la humanidad sustentando ello en la providencia y en la ininteligibilidad del juicio divino. Henri-Xavier ARQUILLIÉRE, *El agustinismo político. Ensayo sobre la formación de las teorías políticas en la Edad Media,* Granada, Universidad de Granada, 2005.

99 Isidoro MIGUEL GARCÍA, Jorge ANDRÉS CASABÓN, Ester CASORRÁN BERGES, "En la estela del Cisma de Occidente. Dos nuevas bulas del Papa Luna en los archivos capi-

Agustín afirmó que las leyes temporales, que los hombres discuten y deliberan antes de promulgarlas, una vez sancionadas por la corona, el juez debe aplicarlas sin dudar ni discutirlas; de tal modo que la epiqueya no es una virtud, sino un vicio, una línea de pensamiento en la cual incidió el trinitario Castrillo en la obra que publica en vísperas de Villalar, trufada de aristotelismo[100] y agustinismo[101] político. Un san Agustín que por cierto también se puede rastrear entre los textos de un feroz proimperial como Antonio de Guevara (OFM)[102], a la sazón hermano del doctor Fernando de Guevara, consejero áulico, mereciendo ser nombrado definidor de su provincia en otoño de 1520 y luego predicador real, en 1521[103].

Por su parte, el clérigo segoviano Rodrigo Sánchez de Arévalo, embajador del rey de Castilla ante el Papa en el Concilio de Basilea (1431), redactó una *Suma de la política* (c. 1455)[104] que, siguiendo a Aristóteles y San Agustín, equiparaba ciudad y reino "pues es un cuerpo místico", exaltando unas urbes cada vez más erigidas en focos culturales y políticos, gobernadas con unas élites imbuidas de anhelos republicanos y cuyos intereses solían coincidir con los monarcas frente a los magnates intrigantes y a los señores feudales tiranos.

En tiempos de Lutero, dentro y fuera de la Orden de San Agustín, como consecuencia del arraigo de la *devotio moderna,* entre algunos

tulares de Zaragoza", *Aragón en la Edad Media*, 20, 2008, pp. 479-503, en especial p. 489 Recuperado de https://dialnet.unirioja.es/servlet/articulo?codigo=2875648

[100] Ángel RIVERO RODRÍGUEZ, "Roma como modelo público en el Tratado de la República de Alonso de Castrillo", en Flávia BENVENUTI (coord.), *O Renascimento da República*, Maceió, Edufal, 2015, pp. 141-154

[101] Alexandra MERLE, "Huellas y usos de la *Ciudad de Dios* en el *Tractado de la República* de Alonso de Castrillo (1521)", *Criticón*, 118, 2013, pp. 11-25 y Jesús Luis CASTILLO VEGAS, "La formación del pensamiento político comunero. De Fernando de Roa a Alonso de Castrillo", en István SZÁZDI LEÓN-BORJA y María Jesús GALENDE RUIZ (eds.), *Imperio y tiranía. La dimensión europea de las Comunidades de Castilla*, Valladolid, Universidad de Valladolid, 2013, pp. 83-110.

[102] Emilio BLANCO, "*Egregio, glorioso, divo*: Agustín de Hipona en Antonio de Guevara", *Criticón,* 118, 2013, pp. 27-44.

[103] Francisco MÁRQUEZ VILLANUEVA, "Guevara, Antonio de", en Real Academia de la Historia, *Diccionario Biográfico electrónico* https://dbe.rah.es/biografias/11073/antonio-de-guevara

[104] Juan Antonio BONACHÍA HERNANDO, "Entre la "ciudad ideal" y la "sociedad real". Consideraciones sobre Rodrigo Sánchez de Arévalo y la «Suma de la política»", *Studia historica. Historia medieval*, 28, 2010, pp. 23-54.

frailes cundieron deseos de renovación erasmista y aún de reforma del catolicismo y subversión del orden establecido[105]. Es conocido que la figura del obispo de Zamora, Antonio de Acuña, suscitaba entre muchos la comparación con el agustino disidente. Por ejemplo, Juan Manuel, señor de Belmonte y embaxador español en Roma, en misiva a Carlos V, fechada el 31 de diciembre de 1520, calificaba al prelado castellano era un "segundo Lutero"[106]; En otra carta del 27 de abril de 1521, el mismo embajador sostenía *"Quanto a lo de Çamora dixe al Papa que alli tenía otro Martín Luter"*[107]. Este símil también aparece glosado, mucho tiempo después, en los *Anales de Aragón* de Diego José Dormer[108].

El impacto de prédicas y sermones entre los fieles está fuera de toda duda. El esquema de los sermones seguía un esquema habitual se comenzaba con un breve exordio, que recordaba el tema central de la prédica y luego se pasaba a declamar en lengua vernácula el sermón, comentando algún versículo de las Sagradas Escrituras. La última parte glosaba todo lo explicado, concluyendo con una invocación a Dios o a la Virgen, y una perorata, que incluía una exhortación y despedida al auditorio, bendiciendo a los asistentes.

[105] Joan BUSQUETS, "Recepción de Agustín en el pensamiento de Lutero". *Teología y vida*, 43/2-3, 2002, pp. 121-137. https://dx.doi.org/10.4067/S0049-34492002000200004

[106] RAH, Colección Salazar y Castro, A 20, fol. 160-162. Esta carta, como otras del embajador don Juan Manuel, se encuentra también cifrada en Gustav Adolf BERGENROTH (ed.), *Calendar of Letters, Despatches, and State Papers relating to the negotiations between England and Spain preserved in the archives at Simancas and elsewhere. Vol. II. Henry VIII. 1509-1525*, Londres, Longmans, Green, Reader & Dyer, 1866, p. 331.

[107] RAH, Colección Salazar y Castro, A 45, fol. 25r°. Esta carta también se encuentra cifrada en Gustav Adolf BERGENROTH (ed.), *Calendar of Letters, Despatches...*, op. cit, p. 344.

[108] "En el de 1521 a 6 de febrero, antes que le prendiesen, escrivió el embaxador Don Juan Manuel al Emperador, que avía hablado al Papa, y le avía respondido, que aviendo causas le depondría, estimando sus deseos de presentar para esta Mitra al Cardenal de Médicis su sobrino. A 10 de febrero bolvió a escrivir el embaxador para que se formara el proceso; y a 27 de abril, después de hablar de la perniciosa, y detestable do[c]trina de Martin Lutero, añade, que el otro Lutero de Zamora escrivía avía vencido al Prior Don Antonio de Zuñiga, y muértole mucha gente". Diego Josef DORMER, *Anales de Aragón desde el año MDXXV del nacimiento de nuestro redemptor hasta el de MDXL*, Zaragoza, imp. Herederos de Diego *Dormer*, 1697, f. 261. Esta frase tuvo eco en el título de la monografía de Karl Adolf Constantin von HÖFLER, *Don Antonio de Acuña, genannt der Luther Spaniens; tin Lebensbild aus dem Reformajions-Zeitalter*, Viena, Braumüller, 1882.

La oratoria sagrada estaba destinada a emocionar, conmover y despertar las conciencias. Por ello, elocuencia y emotividad eran requisitos indispensables del buen predicador, para crear empatía con su público, que demasiadas veces no podía discernir acerca de la ortodoxia del mensaje recibido. Las palabras, debían ser claras, persuasivas, graves y adecuadas, preferiblemente en castellano, recomendando emplear un léxico comprensible por los feligreses y empleando gestos adecuados a la importancia del momento o del mensaje. Tales sermones, repetidos en el tiempo y en el espacio, investidos de autoridad moral y espiritual, se convirtieron en vehículos de difusión eficaces para sancionar una ideología o proyectar una mentalidad, una cosmovisión o una interpretación trascendente de la realidad a la mayoría de la población, casi siempre iletrada.

Los sermones subversivos tendieron a moverse por unos estrechos cauces interpretativos, pero libres del corsé de la ortodoxia. Recordaban siempre el deber de desobediencia del pueblo hacia los poderosos cuando eran soberbios e inmisericordes, olvidando los miserables la obligada resignación hacia las autoridades. Unos sermones incendiarios, xenófobos y maximalistas, que apelaban a las emociones, más que a la realidad.

Se trata pues de una pedagogía del miedo que pone a la audiencia en la encrucijada de la Salvación del alma mediante la protesta para lograr un bien común o bien atenerse al Infierno del pecado, si te postrabas ante las injusticias o abusos de los poderosos, ya fuesen cortesanos, señores de vasallos, o miembros de la oligarquía urbana. En esta senda, los sermones comuneros andarían el camino de providencialismo; la culpabilidad, el cuestionamiento o deslegitimación de las autoridades más o menos lejanas; denunciarían la dejación del gobierno del Reino en manos espureas o de sus tradicionales funciones como rey-juez, instándole a arrepentirse y rectificar; cuando no expresarían directamente reivindicaciones antiseñoriales, políticas o fiscales. Todo ello salpimentado con altas dosis de demagogia, maximalismo, maniqueísmo, posesión de la verdad o xenofobia. Otra cosa era el modo en que estos discursos fueran interiorizados, asumidos o asimilados por los oyentes, en qué grado y con qué variantes. En todo caso, parece evidente su enorme poder de persuasión, al recurrir a artificios tales como situar en la Tierra y en el presente, sueños proféticos y vaticinios apócrifos, mezclados con impresos políticos, bulas pontificas (reales o falsas) o misivas de líderes carismáticos.

Por lo que atañe al amplio espectro de sus receptores, baste la carta enviada por el canciller Polanco al emperador, donde alude a los estamentos sociales conmovidos por el clero afecto a la rebelión:

> *Los sermones y travajos del obispo de Çamora levantan muchos coraçones y por pecados de los que acá estamos es mucho número de los creyentes porque de los labradores la mayor parte, de hidalgos y escuderos muchos. Los clérigos, en especial de gente de labradores, están obstinados mucha y la mayor parte dellos. En la parte de [Tierra de] Campos y Behetrías donde ha andado el obispo ay muchas voluntades dañadas[109].*

En el bando contrario militó el agustino toledano fray Dionisio Vázquez (1479-1539), tenido por muchos como el más brillante orador de su generación. Hijo de Pedro Vázquez[110] y Guiomar de San Pedro, vecinos de Toledo y ambos descendientes de señaladas estirpes conversas[111]. En 1499 ingresó en el convento de San Agustín local para hacer el año de noviciado, haciendo su profesión religiosa el 5 de junio de 1500. Luego, inició sus estudios eclesiásticos, aunque no sabemos si en su propio convento o en el cenobio de Salamanca.

---

[109] 28/01/1521, Tordesillas (Valladolid). Antonio SUÁREZ VARELA, "Celotismo comunal. La máxima política del procomún en la revuelta comunera", *Tiempos Modernos. Revista electrónica de Historia Moderna*, v. 5, 15/1 (2007), pp. 1-34, en concreto p. 153.

[110] Los consejeros reales ordenan a mosén Ferrer, corregidor de Toledo, que permita a Pedro Vázquez, vecino de la ciudad, disponga libremente de una casa sita en la collación de San Vicente, un barrio de conversos adinerados, que habían sido ocupadas por Villalta, escribano del crimen, y que antes habían sido alquiladas al mercader Gonzalo de San Pedro, pariente cercano de su esposa; 13/08/1510, Madrid. AGS, RGS, leg. 151008, nº 342.

[111] Por el contrario, los cronistas de la Orden insisten en que "ambos [eran] de condición hidalga" Quirino FERNÁNDEZ (OSA), "Fray Dionisio Vázquez de Toledo, orador sagrado del Siglo de Oro", *Archivo Agustiniano*, 60, 1976, pp. 105-198, en especial pp. 110-111; mientras que algún otro asegura que fray Dionisio "venía de casta limpia, de hidalgos, sin mezcla de raza", asegura Miguel de la PINTA LLORENTE, *Erudición y humanismo*, Madrid, s.i., 1948, p. 74.

Su fama de predicador se propagó en la fugaz corte de Juana I y Felipe I, pero fue procesado por la Inquisición de Valladolid en 1506[112], por una agria disputa teológica con Fernando de Préxamo, catedrático de prima de Teología en la Universidad de Valladolid y futuro comunero, quien le acusaba de converso y de lanzar invectivas contra el Santo Oficio. Superado este trance, pero nunca olvidado, fue nombrado predicador real por Fernando el Católico (1507). Aunque el primogénito de la familia, Juan Vázquez, siguió la tradición familiar y fue comerciante de sedas, al menos dos de sus hermanos varones optaron por la Iglesia: Hernán Vázquez ejerció como canónigo en Alcalá y fray Diego de Toledo profesó en los agustinos de Burgos, el 12 de marzo de 1508[113].

Mientras tanto, sus superiores, conscientes de su sólido conocimiento del hebreo, antes de terminar sus estudios, en 1510 decidieron enviarlo a Roma para que completase allí su formación, bajo la dirección de fray Egidio de Viterbo. Este General de la Orden, estaba tan empeñado en relanzar los estudios bíblicos como fascinado por la cábala judía[114]. Hasta 1517 permaneció en la corte pontificia, ejerciendo como predicador, en la capilla de Julio II.

Por entonces, el cardenal agustino Egidio de Viterbo fue enviado por el Papa ante el joven Carlos I y en Zaragoza, donde fue jurado y reconocido como rey de Aragón, en compañía de su madre la reina; en aquel foro privilegiado, el legado pontificio predicó un celebrado sermón en la catedral en que exaltaba a la monarquía habsburgo. Fray Dionisio Vázquez seguramente acompañó a su protector en su periplo hispano, integrándose en la corte itinerante del joven rey y despertando la admiración de los consejeros flamencos y del propio Adriano de Utrech.

Durante un tiempo, fray Dionisio permaneció junto a Juana I en su retiro de Tordesillas, consolando a la reina ausente. Entre 1518-1527

[112] 06/06/1506, Toro. José Meseguer Fernández, "Documentos diversos. II. El cardenal Cisneros inquisidor general", *Archivo Ibero-Americano*, v. 39, 153-154 (1979), pp. 165-205, en concreto p. 175.

[113] Isacio R. Rodríguez (OSA) y Jesús Álvarez Fernández (OSA), "Libro de profesiones del Convento de San Andrés de Burgos (1492-1646)", *Archivo Agustiniano*, v. 83, 201, 1999, pp. 39-76, en concreto, p. 45.

[114] Sergio Fernández López, *El cantar de los cantares en el Humanismo español: la tradición judía*, Huelva, Universidad de Huelva, 2009, p. 96

fue capellán real; itinerando con la corte en sus viajes a Santiago-La Coruña; pero luego permanece en Castilla, junto a los gobernadores, entre 1520-1522, recalando en Valladolid, Medina de Rioseco, Segovia, Burgos, Logroño y Vitoria, donde llegaron a primeros de octubre de 1521, para pasar el invierno cerca de Fuenterrabía, asediada por los franceses.

Poco antes, en agosto de 1521, el Almirante escribía al emperador sobre este religioso en los siguientes términos: "el maestro fray Dionisio de la orden de Sant Agostín (sic) ha bien servido y que vuestra Magestad le haga mercedes con que tenga de comer"[115]. También Adriano, ya preconizado Papa, en enero 1522 alaba sus prédicas y acalla las calumnias vertidas contra su benemérita persona: "en todos los sermones que nos oímos del padre fray Diego Vázquez, de la orden de San Agustín, maestro en santa Teología, predicador de la cesárea y católica majestad, así en la villa de Valladolid antes de las alteraciones de ella como en las villas de Medina de Rioseco y Tordesillas y otras partes donde habernos estado, se mostró docto y celoso del servicio de Dios nuestro Señor y de sus majestades y en beneficio de los fieles cristianos, e que a nuestro parecer, el dicho padre fray Dionisio no predicó en los sermones que nos le oímos cosa de escándalo ni deservicio de sus majestades, como diz que algunos le han querido calumniar"[116].

Siendo predicador de la real capilla, venero de privilegios y mercedes, este excelente orador tuvo ocasión de ser prelado de Palencia y México, pero rechazó tales dignidades, prefiriendo seguir dedicado a escribir obras teológicas y a impartir clases como catedrático de la Universidad de Alcalá de Henares. Es más, en 1527, defendió a Erasmo en un acalorado debate teológico y doctrinal, oponiéndose a lo que los admiradores de Erasmo en la corte imperial consideraban que era "una conjura de los mendicantes".

Anciano y enfermo, acompañó a la corte a las Cortes de Toledo, donde murió en 1539 en la casa donde había sido aposentado, que era la de su hermano Juan Vázquez, disponiendo ser enterrado en el convento

---

[115] Quirino FERNÁNDEZ (OSA), "Fray Dionisio Vázquez de Toledo, orador sagrado del Siglo de Oro", *Archivo Agustiniano*, 60, 1976, pp. 105-198, en especial p. 129.

116 *Ibidem*, p. 130.

de san Agustín toledano, donde había vestido por primera vez el hábito negro de su Orden.

La Ciudad Imperial en la década de 1520 era una urbe saturada de fundaciones religiosas, y más que lo sería después. Casi todas las órdenes religiosas tenían representación masculina en la antigua *urbs regia*: los dominicos de San Pablo, trasladados en 1407 al convento de San Pedro Mártir; los franciscanos de San Juan de los Reyes, los cistercienses de Monte Sión, y los agustinos, establecieron a inicios del siglo XIV en unas casas próximas a la Puerta del Cambrón. Desde el siglo XIII también se ubican por estos lares dos cenobios de redentoristas: trinitarios (1220) y mercedarios (Santa Catalina, 1260). Luego vendrían los jerónimos de Santa María de la Sisla extramuros; o los monasterios de mendicantes de San Gil, Santa María de las Nieves y Sancti Spiritus.

Por lo que atañe a sus ramas femeninas, en el siglo XIII se fundaron Santa Clara la Real y Santa Úrsula (Agustinas), a los que se sumaron las comunidades dominicas de Santo Domingo el Real y Madre de Dios, así como las del Imperial Monasterio de San Clemente cisterciense. Luego vendrían las monjas jerónimas de San Pablo (1375). Solo a lo largo del siglo XV se crearon diez monasterios entre agustinas (Gaitanas, 1459), clarisas y terciarias (Santa Ana, Santa Isabel de los Reyes, San Antonio de Padua y San Miguel de los Ángeles), más un convento de dominicas (Madre de Dios, beaterio fundado por unas hijas del conde de Cifuentes) y otro de la nueva orden de la Inmaculada Concepción (1484), que se sumaban al monasterio de la Encarnación o Vida Pobre), además de un monasterio de monjas benitas. A principios del Quinientos se instalan intramuros las freilas santiaguistas de Santa Fe (1505)[117].

Tales cenobios ya estaban arraigados en vísperas de las Comunidades de Castilla, contando con el mecenazgo de nobles, caballeros y

[117] Laura CANABAL RODRÍGUEZ, "Reformas, acciones y planteamientos de rechazo a los superiores masculinos en beaterios y conventos de Toledo (siglos XV al XVII)", *Vínculos de Historia*, 8, 2019, pp. 249-276.

ricos comerciantes. Su influencia se proyectó sobre frailes y monjas, espacios funerarios, devotos, criados, aspirantes a ingresar, proveedores de todo tipo, artistas y artesanos. Es imposible abordar aquí un estudio panorámico de estos centros de fe en pleno conflicto pero creemos plausible que solo habría tres posturas posibles: todos rezarían por el temprano fin de la guerra, la mayoría se mostraron neutrales ante las turbulencias (escandalizados por violencias y represalias) y algunos tomaron abierto partido por alguno de los bandos en liza (imponiendo el voto de obediencia debida a su comunidad), siendo excepcional que se pronunciaran en público por el rey o la Congregación, y más aún el que agitaran a las masas en uno u otro sentido.

Sin embargo, la situación se deterioraba a ojos vista. Los antiguos bandos urbanos adquieren una dimensión política inusitada, espoleada por los púlpitos. El corregidor urbano, Luis Portocarrero, I conde de Palma (1507-1523)[118], escribe a la corte alarmado por su actitud beligerante. En respuesta, Adriano de Utrech le expide una real cédula encargándole realizar un informe confidencial sobre los frailes, predicadores y clérigos que, en sus sermones en iglesias y monasterios, escandalizaban con sus críticas contra el soberano o sus ministros[119].

Su sucesor en la vara de justicia, Antonio de Córdoba, escribió al gran canciller, a fines de febrero de 1520, informando que el cabildo municipal estaba minado por bandos y al borde de la sedición. Por su parte, el maestrescuela catedralicio informó en cabildo que los regidores querían enviar mensajeros al rey y convence a los canónigos que la ida del rey era una pésima noticia para el reino; lo contradijo el núcleo duro realista (integrado por el deán, don Pedro de Mendoza y el capellán mayor); por entonces, en casa del maestrescuela, se habían juntado los regidores rebeldes y se dice que allí han hecho los capítulos que llevaban Pedro Laso de la Vega y Alonso Suárez a las Cortes de Galicia, mencionando de paso que:

---

[118] Se casó en primeras nupcias con Leonor de la Vega Girón con quien tuvo dos hijos (su heredero Luis Portocarrero, II conde de Palma, y Leonor de la Vega, monja clarisa en Palma del Río); y por segunda ocasión con Leonor de la Vega Guzmán, hija de Garcilaso de la Vega, con quien tuvo nueve vástagos.

[119] 07/09/1519. Danvila, 35 (1897), p. 239.

algunos predicadores an hablado y hablan en los púlpitos muy sueltamente, aprovando lo que estos regidores haçen y pidiéndoles que esté en ello y diciendo que el gran daño del Reyno viene de la yda de su magestat, con otras muchas cosas para alterar el pueblo, estos son el prior de San Pedro Mártir y un fraile de San Juan de los Reyes y el obispo Canpo, canónigo desta iglesia; no le he hablado porque creo que lo harían peor sy vieran que hago caso. Escrívame vuestra señoría lo que en esto manda que haga, porque me dice que se alargan en esta plática más de lo que devrían[120].

En un tumultuoso ayuntamiento celebrado en las casas consistoriales, a fines del mes de marzo de 1520, se congregaron conjuntamente los cabildos de regidores y jurados, cuatro diputados del cabildo catedralicio y todos los priores de los monasterios, para suplicar que no partiesen Padilla y Dávalos, y lo mismo exigieron los caballeros del ayuntamiento e hidalgos urbanos "cosa nunca vista", hasta el punto que mientras votan "estavan en nuestro corredor personas tan reverendas e de tantas leyes de religión que bastaran para residir en un conçilio universal de toda la christiandad". Mientras tanto, en las inmediaciones se agolpaban los plebeyos a son de Comunidad. Para evitar un mayor altercado y la ira popular, se vota que no se fuesen los emisarios municipales y se acuerda escribir al rey una carta suplicando que atendiesen sus demandas.

Días más tarde, en abril de 1520, la Cofradía de la Santa Caridad organizó su tradicional procesión desde su sede en la parroquia de Santa Justa a la Iglesia Primada. Los regidores Hernando de Silva y Antonio Álvarez de Toledo presionan para que no se aprovechase la concurrencia de gente para alborotar al pueblo contra el emperador. Desde esta hermandad se les respondió *"que la cosa buena y sancta no se avía de dexar de hazer por semejante mensajería, que ellos ivan a encomendar a*

[120] Toledo 27/02/1520. DANVILA, 35 (1897), pp, 292-293. Cit por Carmen VAQUERO SERRANO, *En el entorno del maestro Álvar Gómez. Pedro del Campo, María de Mendoza y los Guevara*, Ciudad Real, Oretania, 1996, p. 12 y Oscar LÓPEZ GÓMEZ, *Violencia urbana y paz regia. El fin de la época medieval en Toledo (1465-1522)*, tesis UCLM, 2006, III, p. 1746.

Dios los negocios del Rey y los suyos"[121]. A pesar de todo, el predicador, durante la letanía, suplica a Dios que alumbrase al rey para regir y gobernar bien el reino. Mientras tanto, Juan de Padilla intrigaba con su cuñado Juan de Acuña y su primo Diego de Merlo, que se habían criado en la corte. Padilla intenta seducir a los franciscanos de San Juan de los Reyes y a sus hermanos mendicantes de San Agustín para aprovechar un día de letanías del mes de abril para organizar otra procesión desde la catedral hasta san Agustín; su plan era aprovechar la multitud de fieles congregados para retener a los procuradores en Cortes antes que de partir. Y, efectivamente, cuando llegó la ocasión y estando en comitiva en la calle, se cruzan palabras enojosas Hernando Dávalos, conocido comunero, con Francisco de Herrera, canónigo y capellán mayor de los Reyes Nuevos, con el consiguiente murmullo y escándalo[122].

En la primavera de 1520, la tensión sigue una espiral imparable. Avanzado el mes de abril de 1520, Juan de Padilla lidera la revuelta y encabeza a un grupo de 70 u 80 hombres, que deambulan por la ciudad, convocando a ciudadanos y artesanos para que *"se juntasen con ellos dando bozes por toda la çibdad diziendo que pedian libertad e se juntaron más de çinco mil hombres y fueron a posada del corregidor Córdova"*[123], para quitarle la vara y entregársela de nuevo, pero en nombre de la Comunidad. Poco después, se nuevo se juntó todo el pueblo contra el corregidor, tumulto al cual se unieron los religiosos y frailes de los monasterios. Un testigo presencial declara que iban:

> *dyzendo e publicando muchas cosas en deservicio de Dios y de sus magestades e convocando los monasterios y religiosos y atrayendo a las cofradías e personas del pueblo diziendo que se quebrantaban los previlegios e libertades de la dicha çiudad que andaban tomando firmas y convocando religiosos que platicasen a los vecinos de la çiudad su dañada yntinçion*[124].

[121] Ana Díaz Medina, *Relación del discurso de las Comunidades*, Valladolid, Junta de Castilla y León, 2003, p. 97.

[122] Danvila, 35 (1897), p. 323.

[123] Archivo Real Chancillería de Valladolid, Pleitos Civiles, Lapuerta (F), caja 294, exp. 1, f. 108r.

[124] Archivo Real Chancillería de Valladolid, Pleitos Civiles, Lapuerta (F), caja 294,

Cuando el día del *Corpus Christi* de 1520, fiesta grande en Toledo, se jura en público la adhesión a la Comunidad de manos de Pedro Campo, obispo de Utica, un enjambre de frailes respaldó y dio solemnidad al acto con su presencia y su actitud entusiasta.

Meses después, Íñigo Fernández de Velasco, condestable de Castilla, el 26 de enero de 1521 envía cartas a Toledo proponiendo pacificar el reino. Una de ellas iba dirigida al guardián de San Juan los Reyes, exponiendo los males de la guerra y persuadiéndole para que trabajase por doblegar a los rebeldes y convencerles, *"especialmente los ofiçiales y gente menuda, que todos están destruydos, no entendiendo en sus ofiçios y cargados de sisas"*[125].

En vísperas de Villalar, el 2 de abril de 1521, el Prior de San Juan, encargado de asediar la ciudad de Toledo desde el flanco sur del Tajo, también contacta con el padre guardián de San Juan de los Reyes para que capitulasen los comuneros toledanos, o al menos se acordase alguna tregua[126]. Sin embargo, los comuneros urbanos estaban ya

exp. 1, f. 142r.

[125] Fernando Martínez Gil, *La ciudad inquieta. Toledo comunera, 1520-1522*, Toledo, IPIET, 1993, p. 78.

[126] *"Lo que el mui reverendo Padre Guardián de San Juan de los Reyes a de decir de mi parte a la mui noble ciudad de Toledo es lo siguiente.*
Que vi su intención, y lo que dicen que derramé la gente, y que dé seguridaes bastantes, para lo de estas partes esté en paz, y no en alguna alteraçión, diréis que la gente que yo tengo no es para ofender a nadie, ni para aiudar a nadie, sino para aiudar a los pueblos que quieren estar en paz para que se conserven en ella, como lo he hecho y ago, y si esa Mui Noble ciudad hubiese menester la gente que yo tengo para su paz y sosiego y guarda de este Reyno, que yo le ayudaré con toda ella, de mui buena gana y voluntad, porque deseo el bien y creo que es estadamente y más de esa çiudad que ninguna de todos estos Reynos, y si supiesen y fuesen informados de las cosas que en Ocaña pasan estoy cierto seguro la buena intención que esa Noble Çiudad tiene que la favorecería, porque no solamente tratan malas cosas en dicho lugar, más procuran el desasosiego de las comarcas. Para esto me parece que el remedio es que se entienda en la governaçión de la misma villa, para que se haga de manera que no tengan ningún debate con la villa del Corral de Almaguer, n con otro lugar de los de esta Provincia, que están debajo de la gobernación y propósito, porque son tantas las amenazas que açen a aquellos pueblos comarcanos que son constreñidos a buscar aiuda y favor para defenderse de ellos.
Otrosí que la dicha çiudad de Toledo tenga por bien que todos los lugares y fortalezas que son en el Reyno de Toledo, realengos y del Arçobispado, y de los Maestrazgos de Santiago, y Calatrava y Priorazgo de San y otros señores, que estén y permanezcan en toda paz y sosiego, y en el estado que ahora están cada pueblo, sin que en ellos aia novedad, y que den aiuda a la dicha çiudad, para conservar en paz y quietud a los pueblos, y estén en ella. Y los pueblos que quisieren alborotarse que

radicalizados. En la reunión de la Congregación celebrada el 7 de septiembre de ese mismo año, los diputados parroquiales reunidos en una casa emplazada *"junto con el monesterio de la Trinidad"*[127], invocan el servicio a Dios y el bien público, ordenando indagar en los monasterios e iglesias conventuales urbanas, además de registrar las casas de los realistas ausentes, para buscar bienes, dineros y armas, registrando las alhajas de templos y conventos (se mencionan expresamente la *"plata e joyas que ay demasyado en las tales yglesias e monasterios"*), justificando esta polémica medida

> *porque es notorio que sy lo que Dios non quiera los contrarios puede ser su mal propósito... sin escándalo ni daño, que en cada monasterio e iglesia e casa entre e vaya un diputado o dos con las otras personas de la Congregaçión acordare, ante escribano, lo caten e busquen e que fallaren lo pongan por ynventario e depositen en las mismas en las mismas yglesias e monesterios.*

no les recivan en su guarda ninguna Comunidad.
Otrosí que tenga por bien la dicha çiudad que la villa de Orgaz vuelva al serviçio de su señor, que es natural de esa misma ciudad. Y paréceme mal que cerca de tan Noble Çiudad pelee cada día con la fortaleza de la villa.
Otrosí que haia por bien la dicha ciudad que un freile de la Orden de Sanctiago que está preso en Ocaña, siendo sacerdote y estando la villa excomulgada, no le dejen yr a su combento.
Y que pues esto que pido es tan justo, y tan santo haga vuestras mercedes que se pongan en obra las seguridades que combienen, en que para esto pueden executar, porque yo sacare la gente de este Reyno de Toledo y la embiaré cuia es. Y de esta manera acabarán de conoçer claramente la intención, y voluntad que yo tengo a ciudad y bien del Reino. Y si esto no se hiciere con esto daré quenta a Dios y al Rey nuestro Señor y todo el Mundo, y no será a mi cargo todos los males que resçivieren. Yo he mandado que por seis días toda la gente de guerra esté queda, hasta que vuestra reverencia traiga determinación de esa ciudad.
Fecha en la villa de Corral de Almaguer, a cinco días del mes de março, años del naçimiento de Nuestro Señor Jhesucripto de mil e quynientos e veynte e un años,
El Prior de San Juan (rúbricado)"
Carta de prior de San Juan al padre Guardián de San Juan de los Reyes para que mediase ante la ciudad de Toledo 04/03/1521, BNE, mss 337, sf. DANVILA, 37 (1898), p. 513-515.

[127] Tal vez sea una mera casualidad, pero muchas de las reuniones de los comuneros segovianos se celebraron en el convento de los trinitarios locales.

INVENTARIADO DE BIENES CONVENTUALES POR LA CONGREGACIÓN TOLEDANA (1521)				
CENOBIO	RAMA	ORDEN	DIPUTADOS	ESCRIBANO PÚBLICO
La Concepción	F	San Francisco	Ginés Álvarez e Francisco de Sepúlveda	Juan Sánchez Montesino
Las Comendadoras	F	Santiago	Martín de Zaldívar y Juan de Cavañas	Diego García (notario apostólico)
Santo Domingo el Real	F	Santo Domingo	Diego de Aguilar e Tomás Rodríguez	Francisco Sánchez de Yepes
Santa Clara	F	Clarisa	Juan de Caxales y Pedro Gascón	Hernán García de Alcalá
Santo Domingo el Antiguo	F	Santo Domingo	Francisco Hernández (boticario) y Luis Álbarez	Gaspar de Pedro
San Clemente	F	Císter	Antón de Salzedo y Pablo de Torres	Cristóbal de Vargas
Madre de Dios	F	Santo Domingo	Alonso del Castillo y Clemente Sánchez	Antonio de Madrid
Santa Úrsula	F	San Agustín	Francisco Hernández (mercader) y Alonso de Sosa	Pedro Núñez de Navarra
Santa Isabel de los Reyes	F	San Francisco	Rafael de Vargas e García de Ceres	Alonso Pérez (notario)
San Miguel de los Ángeles	F	San Francisco	Juan de Talavera y Juan Francés	Andrés Ortega
Sant Pablo	F	San Jerónimo	Antón de Escobar y Juan Tornero	Fernán Rodríguez de Canales
Beatas de la Contadora	F	Orden Tercera de San Francisco	Diego Hernández de Madrid, Diego de Gálvez y Antón Díaz	Alonso de Toledo (notario)
Carmen	M	Monte Carmelo	Pedro Fernández de Illescas y Ruy González de Avilés	Andrés Núñez de Madrid
Santa Catalina	M	Nª Sª de la Merced	Antonio de Dueñas y Luis de la Cruz	Payo Sotelo
La Trinidad	M	Trinidad	Juan del Castillo y Rodrigo de Alburquerque	Juan Hernández de Ocaña

Santo Agustín	M	San Agustín	Gonzalo de las Heras y Gonzalo Pérez	Marcos Díaz de Mondéjar
San Juan de los Reyes	M	San Francisco	Martín Alonso Cota e Gonzalo de Illescas	Martín Pero González de las Quentas
San Pedro Mártir	M	Santo Domingo	Cristóbal de Cabrera e Juan Hurtado	Pedro de Uzeda
San Juan de la Penitencia	F	Orden Tercera de San Francisco	Martín de Rojas e Pedro Hernández de la Sevillana	Gabriel Suárez

FUENTE: ARCHV. Pleitos Civiles, LaPuerta (Fenecidos), caja 295, exp. 1, ff. 52v-54r

Algunos miembros de la Congregación, tenidos por tibios, se dicen presionados para votar a favor de la requisa. Así Juan Francés alega, tiempo después, que un grupo de alborotadores le buscaron, armados hasta los dientes, para que se aprobase que se requisasen las haciendas de monasterios e iglesias con el fin de financiar la guerra; por esa razón, le llevaron escoltado y a la fuerza a la Casa de la Congregación, intimidándole con insultos y palabras feas e injuriosas. Al no ceder a las extorsiones, en otra ocasión le enviaron soldados y lo encarcelaron. Francés se había significado contra la Congregación, al decir públicamente en las Carnicerías que todos deberían pagar alcabalas y piensa que solo por estar enfermo y ser anciano no le hicieron pedazos los comuneros, aunque se sacaron espadas.

Desde luego, todos pensaron que esta investigación sistemática sería el paso previo para su requisa o secuestro en aras de la causa rebelde. Los imperiales calificaron de sacrilegio o robo esta providencia, tomada a la desesperada por unos líderes populares empeñados en una huida hacia adelante, poco antes de doblegarse ante los ejércitos realistas.

No les faltó la razón. En una carta mensajera enviada al jurado Hernán Vázquez, en otoño de 1521, se menciona el saqueo de bienes albergados en monasterios, concretando que de San Juan de los Reyes habían confiscado tres millones de maravedís en dinero, propiedad del obispo Castillo y de Fernando Dávalos, a quien se le había secuestrado hasta el orinal o sampedro[128]. En esta línea, años después, los toledanos Pedro y Antonio de Cepeda e Íñigo de Torres, mercaderes con compañía en Toledo, demandan a los diputados de la Congregación para que se les restituyesen o indemnizasen por ciertos fardos de lienzo (dos de navales, uno de Bretaña y unas cajas de seda tejida) que estaban bajo custodia del monasterio de Santo Domingo el Antiguo de Toledo, tasados en 300 ducados de oro, en cuyo proceso da el curioso testimonio que como los toledanos no querían entrar en los espacios sagrados de su ciudad se mandó a forasteros a tomar cuanto pudiesen[129].

En una crónica castellana coetánea se afirma que "En tanto cresçió la locura e ynsolençia del pueblo, que las yglesias y templos de Dios no valían a las personas que en ellas se acogían, ni perdonavan a los bienes que los hombres en los templos ponían en guarda, mas todo lo robavan e tomaban sin orden alguna a su placer"[130]. De este modo, en agosto de 1521, fray Barnabás[131] escribe al cardenal de Tortosa que, siendo padre guardián de San Juan de los Reyes, había arriesgado su vida por ir contra la Comunidad y suplicaba que ayudase a su homólogo de Torrijos para meter en cintura a un fraile incorregible[132].

EL APÓSTOL DE LA COMUNIDAD: FRAY JUAN DE SANTA MARINA

En la llamada Ciudad Imperial uno de los principales valedores de la revuelta fue un agustino: Juan de Santa Marina[133], ermitaño de San

[128] 16/09/1521. DANVILA, 37 (1898) p. 492.

[129] 22/12/1528, Valladolid. ARCHV, Registro de Ejecutorias, caja 412, exp. 56.

[130] José Manuel NIETO SORIA (ed.), *De Enrique IV al emperador Carlos. Crónica castellana de 1454 a 1536*, Madrid, Sílex, 2015, p. 178.

[131] Fray Barnabás, hacia 1520 era padre guardián del convento de San Francisco de Alcalá y Discreto (encargado de la disciplina) de dicha Provincia.

[132] AGS, Comunidades, leg 5, f. 191. DANVILA, 37 (1898), p. 414.

[133] No confundir con los Santamaría, que tuvieron una cierta notoriedad en el Toledo precomunero. Hacia 1518, el jurado Diego de Santamaría entabló pleito con el monasterio mercedario de Santa Catalina (Toledo), litigio que llegó a la Corte, porque los monjes demandaban a Diego saldar el pago de una deuda; proceso que termina con los huesos del jurado en el calabozo, cuestionando el fuero y privilegios inherentes a su cargo municipal, teniendo que bregar el cabildo de jurados de manera mancomunada hasta ver respetadas sus exenciones. Diego de Santamarina mantuvo su cargo durante el comienzo de las conmociones urbanas. Óscar LÓPEZ GÓMEZ, *Violencia urbana y paz regia: el fin de la época medieval en Toledo (1465-1522)*, Tesis UCLM, Toledo,

Agustín y profeso en Toledo. Fue calificado por sus detractores como "revolvedor de pueblos" o "mensajero del Anticristo"[134], y por sus partidarios con el apelativo más amable de "el fraile de la Comunidad"[135]. Creemos que su figura no ha merecido la atención que merece[136].

Francisco de Santa Marina, como se llamaba *en el siglo* era un forastero en la urbe del Tajo. En el libro de profesiones del monasterio toledano consta que sus padres eran Juan Sancho de Cisla y de Marina López, vecinos de Madrigal (Ávila), e ingresó como fraile el 1 de noviembre de 1509[137]. Por entonces era prior Ildefonso de Ávila[138]; es probable que la patria del prior sirviese de imán para sus paisanos. No nos extraña que al profesar como agustino cambiase su nombre de pila por el de su padre, como hacían otros muchos[139]. Entre esa fecha y el comienzo de los alborotos en Toledo perdemos la pista de este fraile mendicante que, sin embargo, cobrará un inusitado protagonismo desde los primeros compases en que prende la revuelta comunera.

En fecha indeterminada, pero seguramente al comienzo de los tumultos, sabemos que Santa Marina predicó en la iglesia de su monasterio junto al popular líder rebelde Diego López, el Latonero, pronunciando un sermón escandaloso que puso a la ciudad en armas. Según los testimonios recabados, parece que el agustino andaba por las pa-

---

2006, pp. 329 y 1667.

[134] María del Carmen VAQUERO SERRANO (dir.), *El proceso contra Juan Gaitán...*, op. cit., pp. 203 y 207.

[135] Ibidem, p. 278.

[136] "Su influencia en la población toledana fue bastante menor que la ejercida por otros miembros de su Orden". José Joaquín JEREZ, *Pensamiento político y reforma...*, op. cit., p. 493.

[137] Por entonces había crecido la presión fiscal en esa villa abulense, se incrementa la sisa para pagar las alcabalas y se percibe un cierto movimiento migratorio en la localidad. En agosto de ese año el Consejo Real permite hacer una derrama entre su vecindario para pagar pleitos y costear la confirmación de un privilegio. AGS, RGS, leg. 150908, nº 475.

[138] Ignacio ARÁMBURU CENDOYA (OSA), "Las profesiones religiosas del convento de Toledo Libro I (1495-1566)", *Archivo Agustiniano*, 67, 1983, pp. 355-381, en especial p. 364.

[139] Por ejemplo, en 1523 profesa en el mismo monasterio fray Juan de Oseguera, «llamado antes Antonio», hijo de Juan de Oseguera y de María de Sotomayor, vecinos de Toledo, futuro evangelizador de México. Ibidem, p. 369.

rroquias diciendo profecías *"que dezían que Vuestra Magestat no avia ni debe vivir en estos Reynos"* y que no le dejasen volver a Castilla.

En primavera de 1520, Juan de Padilla busca la complicidad del clero mendicante, en especial franciscanos y agustinos, para no ir a la Cortes convocadas en La Coruña. De este modo, aprovecha el voto urbano que se celebraba en abril contra la langosta[140] y la procesión del cabildo hasta el convento de San Agustín, el Domingo de Quasimodo, para que se pronunciasen en su contra. Poco después, termina en alboroto la procesión que iba desde la Iglesia de las santas Justa y Rufina hasta la capilla de Nuestra Señora del Sagrario, que organizaba la cofradía de la Caridad para *"pedir y suplicar a Nuestra Señora diese al rey entendimiento y consejo para gobernar sus reinos"*[141].

Poco sabemos de sus aspiraciones y maquinaciones, pero en un regesto de cartas del periodo comunero, conservado en Simancas, datable hacia agosto de 1520 se recoge el siguiente asiento:

> *ay otra [carta] de fray Juan de Santa Marina el predicador de Toledo a Juan de Padilla donde le llama remedio de las Españas y poderoso señor y capitán de la libertad y en fin concluye en que, pues fue compañero de los trabajos, que se acuerden de él en las prosperidades y que se haga predicador de la Reyna y le den un obispado de los que sobraren y le libre de las manos de su provinçial*[142].

Una misiva que no hemos localizado aún, pero que nos hablaría de las ambiciones de este agustino, de su cercanía y proximidad al líder comunero toledano, de su protagonismo en las alteraciones y confirmaría sus malas relaciones con el provincial agustino.

---

[140] Según la leyenda el mismísimo san Agustín bajó del Cielo en 1268 para acabar con la plaga de langosta que asolaba la ciudad de Toledo, y la arrojó al Tajo, acabando con su amenaza. Jerónimo ROMÁN (OSA), *Chrónica de la Orden de los Ermitaños del Glorioso Padre Sancto Augustín*, Salamanca, imp. Juan Bautista de Terranova, 1569, ff. 52v-53r.

[141] Fernando MARTÍNEZ GIL, "Furia popular: la participación de las multitudes urbanas en las Comunidades de Castilla", en Fernando MARTÍNEZ GIL (ed.), *En torno a las Comunidades de Castilla. Actas del Congreso Internacional: Poder, conflicto y revuelta en la España de Carlos I*, Cuenca, Universidad de Castilla La Mancha, 2002, pp. 309-320.

[142] AGS, Patronato Real, leg, 5, doc. 19, f. 186v.

En otoño de 1520, al prior agustino Francisco de Parra la situación se le había escapado de las manos. Pero el culmen de su labor sediciosa de este clérigo incendiario tuvo lugar durante la festividad de San Ildefonso (23 de enero de 1521), onomástica de la milagrosa imposición de la casulla por la Virgen al legendario prelado toledano. Hacía unos días que había muerto prematuramente el arzobispo ausente, Guillermo de Croy, y había tensiones en el cabildo catedralicio por los rumores sobre su sustituto. Ese día, la cofradía Nuestra Señora de la Antigua celebraba misa en catedral y los comuneros envían a Santa Marina para presionar al cabildo de la Primada.

En palabras de Juan Ruiz, la turba popular condujo a la fuerza a fray Juan de Santa Marina desde su convento hasta la catedral. Llegados a la Puerta de los Reyes, frente a la Cava, la multitud armada intimidó a los canónigos que estaban cerca del púlpito. El testigo Juan Ruiz el Viejo, canónigo de la catedral, afirmó que ante la discusión sobre si Santa Marina predicaría o no "el dicho Juan Gaitán con mucha soberbia… dijo que él predicaría, y aún entre los dos coros, aunque les pesase"[143].

Durante un momento, hubo una tensa disputa con los canónigos, que se oponían a que predicase entre los dos coros, levantándose un vocerío y escándalo que condujo a tal confusión "que en el infierno no pudiera haber más". Preguntado por los comuneros, el bachiller Hernán Martínez de Torres, capellán de la capilla de San Pedro, si se debiera permitir que predicase Santa Marina, a quien tenía por apóstol de Dios "este testigo dijo que no era apóstol ni predicador de Dios, sino predicador y mensajero del Anticristo, pues predicaba contra la doctrina de la Iglesia y contra el servicio y la autoridad del emperador"[144]. Francisco Ramírez de Sosa, jurado y alcalde ordinario de Toledo nombrado por el corregidor, cuando se le pregunta si Santa Marina debía predicar en la catedral opina que "el dicho Santa Marina, que era una persona hecha por mano del diablo. Porque este testigo no lo tenía por cristiano porque siempre predicaba alborotos y herejías contra el servicio de Su Majestad, haciendo palabras muy feas

[143] María del Carmen VAQUERO SERRANO (dir.), *El proceso contra Juan Gaitán…*, op. cit., p. 209.

[144] Ibidem, pp. 206-207.

y diabólicas… Y que hizo aquel dicho día un sermón endiablado en favor de la Comunidad y traidores"[145].

En el momento de las ofrendas, el fraile se subió al púlpito, acompañado por el sobrino del canónigo Juan Ruiz[146] y profirió mil bellaquerías. Durante el sermón, la tensión fue creciendo, así como el número de personas armadas. Las fuentes hablan de 4 ó 5.000 alborotadores, muchos armados con escopetas y alabardas. Al desbocarse un caballo entre la multitud congregada, la turba comunera, temiendo un ataque, empezó a gritar, disparando sus ballestas y escopetas hacia las bóvedas de la catedral[147]. Según algunos testigos, el fraile se escondió tras el coro y se interpusieron hombres delante de él para que le defendiesen. Viendo amenazada su vida, Santa Marina se desvaneció del susto y los caballeros Gómez Carrillo y Gonzalo Gaytán lo condujeron a la casa del mariscal Payo de Ribera[148].

Ante el cariz que tomaban los acontecimientos, los comuneros prenden a unos canónigos en el Alcázar y envían al licenciado Mexía para

---

[145] Ibidem, p. 209.

[146] Con ese nombre había en la catedral primada dos canónigos: Juan Ruiz, el Viejo, y Juan Ruiz el Joven protonotario y tesorero de la catedral con el arzobispo Juan Tavera, además de rector del Hospital de Santa Cruz, fallecido en 1539. Su epitafio estaba en la pared de la capilla de Santa Leocadia. *Epitafios de la catedral de Toledo, copiados por Esteban de Garibay*. RAH, Salazar y Castro, 9/329, f. 104 v. En mayo de 1521, Juan Ruiz el Viejo escribe una carta narrando los incidentes y alborotos acaecidos en Toledo y la tierra, así como la llegada de la noticia de la muerte de Juan de Padilla. AGS, Patronato Real, leg, 3, doc. 109, 2. No confundir con un pariente suyo homónimo; a este respecto ver Ramón Sánchez González, «A la sombra de un ilustre apellido. El canónigo toledano don Juan de Silva y Ribera», *e-Spania*, 39 (2021), DOI: https://doi.org/10.4000/e-spania.40910

[147] Varios testigos afirman que, tras su sermón "después vio ciertas saetas hincadas en la techumbre de la dicha santa iglesia y vidrieras quebradas de las escopetas". María del Carmen Vaquero Serrano (dir.), *El proceso contra Juan Gaitán…*, op. cit., p. 536.

[148] Luego el mariscal Payo de Ribera, comendador de la Orden de Santiago, le habría pedido al fraile Santa Marina "que él predicase en donde quisiese y no en la Iglesia Mayor por causa de la fiesta que en la Iglesia Mayor se hacía" [Ibidem, p. 548]. Este señor de Malpica, San Martín de Pusa y Navalmoral de Pusa, residía en Toledo y se inmiscuyó en los bandos urbanos. De su carácter pendenciero solo apuntar que en 1491 es acusado de reunir gente en el monasterio de Santo Domingo el Real de Toledo, siendo denunciado por su propia comunidad de monjas, donde por cierto profesó su hermana Juana de Toledo [21/01/1491, Sevilla; AGS, RGS, leg. 149101, nº 40]; en 1503 se vió envuelto en un litigio, con la ciudad de Toledo, por la dehesa de Valdepisa [17/09/1503, Segovia; AGS, RGS, leg. 150309, nº 450] y en 1508 impide la jurisdicción de la Santa Hermandad Vieja de Talavera en su Estado señorial [15/05/[1498, Toledo; AGS, RGS, leg. 149805, nº 264].

vigilar las puertas de Bisagra y del Cambrón, además de asegurar los puentes. En esta misma senda, tiempo después, unos testigos coinciden que Santa Marina

> predicó un sermón muy feo y escandaloso y dijo muchas palabras en deservicio y desacato de su Majestad. Las cuales palabras y sermón del dicho predicador puso tanto alboroto y escándalo en las personas de la Comunidad que le pusieron contra los caballeros y personas del cabildo de la dicha Santa Iglesia, y los echaron e hicieron salir fuera de la dicha ciudad[149].

El 31 de enero de 1520 una carta-orden del Prior General, Gabriel de Venezia (1519-1537), encarga al superior de los agustinos toledanos que pusiera el máximo empeño en investigar a los religiosos que se inmiscuían en los bandos urbanos, con la precaución de que le remitiese los procesos que instruyese si los juzgase culpables y los expulsase de la Provincia. Nueve meses después, el General de la Orden ordena investigar a los religiosos rebeldes al prior Francisco de la Parra y a quienes se entrometían en las pugnas urbanas, reclamando el proceso que instruyeran y, si fuesen "muy culpables", los expulsasen de la Provincia y los enviasen ante su presencia[150]. A inicios de 1521, escribieron contra de la Parra al capítulo agustino de Toledo nada menos que Juan de Padilla y la mismísima Congregación de Toledo.

El 2 de febrero de 1521, la multitud, enfervorecida, retornaba a la catedral para exigir que se eligiese al hermano de María Pacheco como arzobispo de Toledo. El día 7 siguiente, varios capitulares catedralicios son expulsados de la ciudad por orden del hermano de Juan Gaytán y se refugian en una residencia del cabildo radicada en la cercana localidad de Ajofrín. Abandonan la ciudad con Diego López de Ayala, obrero de la catedral, a la cabeza[151], el obispo Campo, arcediano de Segovia, y el canónigo Pedro de Mendoza. Al obispo Cabrera y al

---

[149] María del Carmen VAQUERO SERRANO (dir.), *El proceso contra Juan Gaitán...*, op. cit., p. 447.

[150] Ignacio ARÁMBURU CENDOYA (OSA), "La Provincia de Castilla...", op. cit., p. 316.

[151] Fernando MARTÍNEZ GIL, *La ciudad inquieta...*, op. cit., p. 84.

licenciado Peña, canónigos proimperiales, se rumoreó que planearon matarlos en una emboscada en descampado, cerca de Santa Cruz, intentando disuadir al alcalde mayor Francisco López de Úbeda y a Bernardino de Vozmediano, alguacil mayor, para que no los escoltasen. Entre los clérigos comuneros destacaron el maestrescuela Francisco Álvarez Toledo[152] y el canónigo Rodrigo de Acevedo.

Asimismo, parece que el mismo Santa Marina fue el encargado de comunicar al obispo de Zamora las pretensiones de María Pacheco sobre la mitra arzobispal, que parecía tener reservada para su propio hermano[153]. Ya fuese bellaco o santo, parece que, ante al cariz exaltado de sus sermones, el mismo Gonzalo Gaytán, quien luego pasó de comunero a proimperial a fines de la revuelta, comentó a uno de sus allegados que dicho fraile merecía estar quemado y ponerle un capacete de hierro ardiente en la cabeza.

Lo cierto fue que, en vísperas de Villalar, el 19 de abril de 1521, fray Juan de Santa Marina era subprior de la comunidad conventual[154], lo que denota una cierta popularidad entre sus muros. Entre sus amigos estaba Medinilla[155], alcalde por la Congregación de Toledo, que le favorecía abiertamente. Parece que su popularidad entre las masas comuneras se debía a sus prédicas incendiarias, trufadas de invocaciones a Dios y al bien común[156]; mensajes mesiánicos y

[152] Quien, sin embargo, cuando es procesado por comunero asegura, sin empacho, que se resistió al obispo Acuña y que "oviera por ello de ser muerto, que con espadas y con una escopeta armada puesta a mis pechos y el fuego encendido vi la muerte a los ojos" y que, cuando se niega a dar dinero del cabildo, el prelado intruso le prende junto a sus sobrinos, Antonio Álvarez y Juan de Ayala. También arguye que arriesgó su vida al oponerse al fraile Santa Marina, al cual tilda de fanático comunero [30/12/1523; DANVILA, 39 (1899), pp. 466-470]. El proceso termina con la absolución del maestrescuela de Toledo, ya difunto.

[153] Alfonso M. GUILARTE, *El obispo Acuña. Historia de un comunero*, Valladolid, Miñón, 1979, pp. 150 y ss.

[154] Ignacio ARÁMBURU CENDOYA (OSA), "Las profesiones religiosas…", op. cit, p. 368.

[155] Tal vez aluda con este diminutivo despectivo al espadero Rodrigo de Medina, activo diputado de la Congregación.

[156] Igor MINEO, "Cose in comune e bene comune. L'ideologia della communità in Italia nel tardo medioevo", en Andrea GAMBERINI, Jean-Philippe GENET, Andrea ZORZI (eds), *The Languages of Political Society. Western Europe, 14th-17th centuries*, 2013, Viella, Roma, pp. 39-67 y Corina LUCHÍA, "La noción de 'bien común' en una sociedad de privilegio: acción política e intereses estamentales en los concejos castellanos (siglos XV-XVI)", *Edad Media. Revista de Historia*, 17, 2016, pp. 307-328.

pronósticos apocalípticos, que calaban entre las masas más fanatizadas o desesperadas. Además, su continuo recurso a los evangelios y a supuestas profecías daba autoridad a su discurso exaltado, soliendo recordar las palabras atribuidas a Salomón, el rey justo por excelencia, que dejó la frase lapidaria de que "reinando los malos, son las ruinas de los hombres".

Pero este ascendiente dentro de su propia comunidad se tornó en peligrosa después de Villalar, cuando la rebelión se convirtió en revolución y tanto los caballeros como los mercaderes urbanos más prósperos abandonan una causa que se da por perdida y aún peligrosa para sus intereses de grupo. De esta manera, los jurados de Toledo, el 19 de mayo de 1521, se desvinculan de la Comunidad y escriben a los gobernadores para convencerles que, en los escándalos pasados que habían agitado la ciudad, no habían tenido la culpa y que, siendo procuradores del pueblo, estaban obligados a informar al rey, para lo cual enviaban al jurado Nicolás de Párraga. Su intención era convencerles que mantuviesen en el cabildo de Toledo a los diputados y procuradores que no se habían involucrado en los alborotos, de paso que insistían en que los diputados de las parroquias debían disolverse para sosegar al pueblo; un pueblo alborotado por un fraile (elíptico, aunque creemos que sería Santa Marina) que predicaba contra los capitulares de la catedral, persiguiendo canónigos, disparando escopetas y ballestas en la catedral, llegando a pedir que se les nombrase un corregidor o que los gobernadores fuesen en persona a Toledo[157].

Cuando, pocos años después, es juzgado el caballero santiaguista frey Juan Gaytán, se suceden los testimonios inculpatorios hacia este agustino. Con ocasión de su juicio, algunos convecinos declaran que "era una persona hecha por mano del diablo. Porque este testigo no lo tenía por cristiano porque siempre predicaba alborotos y herejías contra el servicio de su majestad, haciendo palabras muy feas y diabólicas"[158], atribuyéndole ser el promotor de desasosiegos y tumul-

[157] DANVILA, 38 (1898), pp. 83-84.
[158] María del Carmen VAQUERO SERRANO (dir.), *El proceso contra Juan Gaitán...*, op. cit., p. 209.

tos, hasta el punto de calificarle como hereje, al tener siempre en su boca *"palabras escandalosas en deservicio de Sus Magestades"*[159].

En este sentido, el jurado Nicolás de Párraga declara que "en aquel tiempo había pocos predicadores que predicasen la verdad en esta ciudad; había tantos que escarneciesen de la Iglesia y que la persiguiesen... [de forma que] este testigo tenía muy seca la devoción de oír estos sermones ni de venir a la dicha iglesia mayor"[160]. Pero es que incluso entre los artesanos tenía detractores, como evidencia el calcetero Luis Gutiérrez, quien testifica "que [todo lo que predicaba] el dicho fraile Santa Marina era para destruir la ciudad y ponerla en escándalo y alborotos"[161]. También Hernando de la Rúa, o de la Torre, que con ambos apellidos aparece durante el proceso, asegura que "cualquier cosa de desorden que querían hacer, la hacían sin temor de Dios ni del rey", identificando implícitamente herejía y rebelión[162].

Lo cierto fue que cuando, el 13 de mayo de 1521, los regentes-gobernadores autorizan al marqués de Villena a entrar en Toledo, dos días después les escribe una misiva informándoles *que han huydo de la cibdad dos de los mayores alborotadores y el frayle [Santa Marina], que hera el mayor de todos*[163]. A partir de entonces perdemos la pista a este agustino rebelde, pero no está entre los veinte toledanos exceptuados del perdón general concedido en noviembre de 1521. La represión de los agitadores agustinos fue encargada al provincial Diego de la Torre.

FIEL AL EMPERADOR: FRAY TOMÁS DE VILLANUEVA

Nació Tomás García Martínez (1486-1555) en Fuenllana (Ciudad Real), siendo el vástago del hidalgo Tomás García y de Lucía Martínez de Castellanos. Se crio y educó en Villanueva de los Infantes (Ciudad

---

[159] Ibidem, p. 279.

[160] Ibidem, pp. 205 y 500.

[161] Ibidem, p. 278 (f. 248v.) se repite en p. 308.

[162] Claudio César RIZZUTO, *La revuelta de las Comunidades de Castilla en el reino de Dios: Profecía, Heterogeneidad religiosa y reforma eclesiástica, 1520-1521*, Salamanca, Universidad de Salamanca, 2021.

[163] DANVILA, 38 (1898), p. 78.

Real), en el corazón del Campo de Montiel[164], donde estudió Gramática. Desde niño dio muestra de gran austeridad y devoción religiosa, convirtiéndose en un extraordinario orador. En su juventud estudió Artes y Teología en el Colegio Mayor de San Ildefonso de la Universidad Complutense (Alcalá de Henares)[165]. Fue bachiller en 1508 y catedrático en 1512. Profesó y se ordenó con 30 años de edad como agustino en Salamanca (1516), y poco después fue ordenado sacerdote (1518). Su trayectoria en la Orden de San Agustín fue impresionante: prior conventual (Salamanca, 1519 y 1523), visitador general (1525), prior de Burgos (1531), primer prior provincial de Andalucía (1526) y Castilla (1534), revisor inquisitorial de las bibliotecas conventuales (1536), consejero provincial (1537), prior de Valladolid (1541) y arzobispo de Valencia (1544-1556)[166], además de consejero y confesor de Carlos V durante unos años. Fue beatificado en 1618[167]; en 1654, Inocencio X expidió un Breve para celebrar su fiesta en Alcalá de Henares y, poco después, fue canonizado (1658). Pero centrémonos en su papel durante la revuelta castellana.

En vísperas de la conmoción comunera, fray Tomás viajó por el sur de Italia y Valencia, desempeñando tareas de responsabilidad para la Orden. Su eficacia y diligencia fue recompensada por el General de los agustinos Gabriel della Volta, más conocido como Gabriel de Venecia, cuando el 31 de octubre de 1520, le designa para juzgar a Parra, junto al maestro fray Antonio de Villasandino, encargándole presidir del Capítulo Provincial que debía celebrar la Provincia de España en Toledo al año siguiente, donde a la sazón se habrían de dirimir los car-

---

[164] También de ese entorno procedió fray Diego de Almagro, hijo de Gil Martínez y de María Martínez, vecinos de Alcubillas, que profesó en los agustinos de Toledo el 25 de noviembre de 1509. Ignacio ARÁMBURU CENDOYA (OSA) "Las profesiones religiosas….", op. cit., p. 364.

[165] AHN, Universidades, lib. 1233, f..2

[166] Todavía en 1553, se le libraban de las arcas reales a fray Tomás de Villanueva, arzobispo de Valencia, de 1.500.000 maravedís, el importe de la mitad de los 8.000 ducados que prestó al emperador en 1552. La otra mitad se le pagó en un juro de 75.000 maravedís al quitar a razón de 20.000 el millar. AGS, EMR, MER, leg. 120, exp. 31.

[167] Copia de diferentes documentos acerca de su beatificación entre los manuscritos que mando recopilar Juan de Ribera, arzobispo de Valencia y patriarca de Antioquía, nombrando visitador y escribano para hacer acopio sobre las virtudes del santo y sus reliquias (1601-1604). AHN, Universidades, lib. 1099, nº 4.

gos imputados por los agustinos partidarios de la Comunidad contra Francisco de Parra, prior del convento de Toledo, al que acusaban de tibio[168].

El 26 de enero de 1521 el Prior General encargó a fray Tomás castigar a los religiosos que se habían implicado en el alzamiento de los Comuneros[169]. La tensión era manifiesta, porque el 20 de abril de 1521 se celebró el Capítulo en Toledo (donde se votó provincial a fray Diego de la Torre), en plena efervescencia comunera, razón por la cual parece razonable que no asistiese fray Tomás de Villanueva. En paralelo, el provincial Francisco de la Parra convocó otro capítulo en un lugar que no han recogido las crónicas y los capitulares tuvieron que optar por asistir a alguna de ambas convocatorias. Desde Roma, se desautorizó a ambos, ya que el cambio de sede era competencia exclusiva del prior general.

Mientras tanto, todos sus hagiógrafos recogen la importancia que tuvo un ciclo de sermones predicados en la catedral de Salamanca en la cuaresma de 1521 cuando Castilla ardía en la Guerra las Comunidades, donde glosó el salmo *In exitu Israel de Aegipto*, que empleaba la parábola del viaje espiritual hacia el Paraíso[170] para relatar el difícil tránsito hacia la pacificación del reino. Su fidelidad a toda prueba determinó que fuese confesor real a la vuelta del emperador, en 1522. Del desprestigio de esta Orden en las décadas siguientes es buena muestra que cuando se convoca el Concilio de Trento (1545), los agustinos castellanos no aportaron ningún teólogo de peso al foro internacional donde habría de renovarse el catolicismo, salvo fray Tomás de Villanueva, aunque viajase en calidad de arzobispo de Valencia.

---

[168] Balbino RANO GUNDÍN *(OSA), "Notas críticas sobre los 57 primeros años* de Santo Tomás de Villanueva", *La ciudad de Dios*, 171, 1958, pp. 646-718, en concreto p. 681.

[169] "in Regem oblocuti sunt, et quique in factionibus civium se intromiserunt". Rafael LAZCANO GONZÁLEZ, *La España de Santo Tomás de Villanueva (1486-1555)*, Madrid, Centro Teológico San Agustín, 2005, pp. 75-77, en concreto p. 75.

[170] F. Javier CAMPOS Y FERNÁNDEZ DE SEVILLA (OSA), *Santo Tomás de Villanueva. Universitario, Agustino y Arzobispo en la España del siglo XVI*, San Lorenzo del Escorial, 2001.

El aura sacralizada de la figura del emperador y su influencia tanto en Roma como otras altas instancias eclesiásticas garantizaba el respeto a su autoridad, persona y gobierno. Sin embargo, la cercanía de los agustinos mendicantes al pueblo, de donde se extrajeron la mayor parte de sus profesos, no faltando los malquistos judeoconversos, propició que algunos de estos frailes fuesen comuneros irredentos, alentando a las masas contra el emperador y sus ministros extranjeros. Por el contrario, muy poco o nada sabemos de las comunidades femeninas coetáneas; enclaustradas en sus cenobios y apartadas (al menos en apariencia) del fárrago político y social en que estaba sumida Castilla, estaban inmersas en las mismas sombras que la inmensa mayoría de mujeres de su tiempo.

A lo largo del año 1522, después de una guerra perdida por los comuneros y de una dura represión selectiva ejercida desde todas las instancias de poder afectas al emperador, parecía que el césar Carlos sería capaz de laminar toda oposición o crítica a su gobierno[171]. Y sin embargo no fue así. En las Cortes de Valladolid (1523), muchos de los postulados comuneros contemplados en la Ley Perpetua (1520) fueron atendidos y el 4 de noviembre de 1523 Carlos V generalizó las multas de composición, lo que de algún modo atemperó la ignominia de los perdedores.

No obstante, lo cierto es que hubo un goteo de incidentes de sesgo político protagonizados por los frailes en el Toledo poscomunero, amén de los alumbrados que cunden por su tierra y reino. El 23 de mayo de 1524 una Real Cédula despacha al licenciado Briviesca, alcalde de casa y corte y juez de residencia en Toledo, le ordena informar de un espinoso suceso. El 8 de mayo anterior, en domingo, el agustino fray Galindo predicó un sermón que escandalizó a los oyentes, por no hablar de lo acontecido con un criado del maestrescuela, que fue co-

---

[171] En paralelo, en 1523 se produjeron las primeras ejecuciones de herejes en aplicación de los decretos; así, el 1 de julio de 1523, eran quemados dos frailes agustinos, compañeros de hábito de Lutero y reformistas convencidos. Leandro Martínez Peñas, "La legislación de Carlos V contra la herejía en los Países Bajos", *Revista de la Inquisición (Intolerancia y Derechos Humanos)*, 16, 2012, pp. 27-61, en concreto p. 38.

munero y alférez de la Comunidad, quien cuando era llevado preso por la justicia, salieron al paso de los alguaciles el arcediano de Segovia y lo introdujo en el sagrado de la torre de la catedral[172].

Por si fuese poco, el primer domingo tras de la Ascensión del año 1524, el prior de los agustinos de la urbe predicó en la Catedral Primada un sermón donde apoyaba al corregidor expulsado, Martín de Córdoba, criticando a los toledanos que solicitaban un riguroso juicio de residencia. Para ello recurrió a la parábola de que cuando Jesucristo subió a los cielos, los ángeles se espantaron de verle con llagas, para luego proclamar que no eran buenos cristianos quienes correspondían a sus cuitas con tales demandas. Luego, de manera explícita manifestó a los fieles allí congregados que, del mismo modo que los judíos habían vilipendiado a Jesucristo, así los toledanos desagradecían sus desvelos por impartir justicia e imponer el orden y paz en la Ciudad Imperial. De este modo, el superior de los agustinos emplea el púlpito de la catedral, un día de fiesta, como altavoz para transmitir un mensaje político inequívoco.

Su posicionamiento intolerable provocó un escándalo que levantó en la ciudad. El licenciado Briviesca, alcalde de Casa y Corte, y juez de residencia enviado a Toledo, solicitó al provincial de la Orden de San Agustín que le impusiese silencio y algún castigo por su entrometimiento, ordenando al deán y cabildo catedralicio que no le consistiesen en adelante volver a predicar en ella, así como que *"estubiesen sobre abiso para no consentir que los predicadores se metiesen en estas cosas"*. Además, advierte el licenciado Briviesca al emperador que:

> uno de los mayores males que es esta çibdad ay es que sede bacante no quedó onbre que no se hiziese de corona y los de la iglesia y otros caballeros están cargados de bellacos y todos de corona... ay también una infinita gente que no tienen sino unas tigeras y estos con no tener que perder y también con ser de corona y con ver como los favorecen an estado muy sueltos.[173]

---

[172] AGS, Cámara de Castilla, Cédulas, lib. 69, f. 123r.

[173] 06/06/1524, Toledo. DANVILA, 36 (1898), pp. 513-516. Una estrategia de acogerse al fuero eclesiástico que también por entonces se siguió en otros lugares, como Almagro

Como vemos, la coyuntura estaba plagada de turbulencias. En Toledo, implicada de hoz y coz en la rebelión, se dispuso que las compensaciones a los proimperiales se pagasen mediante una sisa (un impuesto indirecto sobre el consumo que suponía un recargo en el precio de diversos productos alimenticios, como el vino o la carne), lo que despertó el malestar de muchos vecinos, implicados o no directamente en las Comunidades. Así, cuando se pregona la sisa en Toledo, proveyeron que se echase sisa para pagar los daños del tiempo de las alteraciones pasadas. En esta encrucijada, se reunieron en cabildo jurados y regidores y quienes debían de contribuir a la sisa, pero el alcalde mayor prohibió su cobro porque los consejeros reales habían enviado al licenciado Santiago para que se suspendiese esta medida tan impopular. Sin embargo, al irse algunos cortesanos de la ciudad, entró en el ayuntamiento el maestro Pardo, un fraile dominico a la sazón confeso, "a hacer grandes clamores sobre la sisa, de la misma manera que lo hacían otros frailes en los principios de las alteraciones pasadas". Pese al revuelo, se volvió a pregonar la sisa en carne y pescado como estaba "sin exceder un cabello".

Sin embargo, el 24 y el 27 de septiembre siguientes, interrumpieron las deliberaciones municipales el canónigo Diego López de Ayala y el licenciado Bernardino Zapata, maestrescuela de Toledo y exceptuado por los gobernadores, criticando severamente la sisa, proponiendo el maestrescuela que se informase al rey de la oposición de Toledo a tal medida, amenazando con que si no se tornaba a quitar la sisa, se alzarían de nuevo en armas "y les echarían el pueblo a cuestas". Es más, aunque se opusieron a esta medida de fuerza y desacato el alguacil mayor, Gutierre de Guevara y sus hijos (los regidores Diego y Hernando de Silva), y pidieron levantar acta de lo sucedido, el escribano concejil no quiso dar testimonio "por ser pariente" del maestrescuela[174]. Todavía en otoño de 1524, Toledo se mostraba levantisca, pese a haber perdido la gue-

(Ciudad Real). Miguel Fernando GÓMEZ VOZMEDIANO, *"Los conversos toledanos y manchegos en la encrucijada de las Comunidades: los casos de Toledo y Almagro"*, en István SZÁSZDI LEÓN-BORJA y María Jesús GALENDE RUIZ (eds.): *Carlos V. Conversos y comuneros. Liber amicorum Joseph Pérez*, Valladolid, Centro de Estudios del Camino de Santiago, 2015, pp. 123-188, en concreto pp. 151-152.

[174] DANVILA, 36 (1898), p. 405.

rra, en tanto que el clero, atrincherado en su fuero privilegiado, seguía mostrando su hostilidad a las medidas impopulares arbitradas desde la corona, sobre todo cuando le afectaban como estamento[175].

Pocos años después, cuando en las Cortes de Valladolid (1527) el emperador apremió a las órdenes religiosas a contribuir a las arcas regias, estas respondieron que eran tan pobres que solo podían socorrer a la corona con las alhajas destinadas al culto, que no eran suyas sino de Dios[176]. A partir de entonces nobleza y clero dejaron de asistir a las cortes castellanas. Colofón de tantos avatares históricos, el 30 de octubre de 1558, los testamentarios del emperador remitieron una misiva al monasterio de San Agustín toledano para que se dijesen cien misas por el ánima del Emperador[177].

Agitadores de corazones y despertadores de conciencias, algunos frailes agustinos desencantados con el bisoño Carlos V e indignados por su corte flamenca, se comprometieron con los pobres, con los humillados y con los irredentos, tanto por su formación teológica como por sus inquietudes político-sociales, hallando en la palabra la espada para convertir a la injusticia. En un escrito premonitorio del propio San Agustín, muchos siglos antes de acontecer las Comunidades de Castilla: "para ellos, en este tiempo, la grandeza consistía en vivir libres o en morir valerosamente"[178].

[175] Curiosamente, en 1526, Carlos dio provisión a Toledo para "echar en sisa cuarenta mil maravedís para hacer pozos y fuentes en esta villa, y otras cosas" y levantar una casa consistorial, ya que por entonces los capitulares municipales se reunían en un monasterio.

[176] Francisco MARTÍNEZ MARINA, *Teoría de las Cortes o grandes juntas nacionales de los reinos de León y Castilla*, Madrid, imp. Fermín Villalpando, 1820, II, p. 466.

[177] AGS, Casa y Sitios Reales, leg. 140, 2, 27.

[178] san Agustín, *La Ciudad de Dios*, libro V, cap. XII. Cit. Agustín de HIPONA, *La Ciudad de Dios*, traducción de Santos Santamarta del Río y Miguel Fuertes Lanero, prólogo y notas de Victorino Capánaga, Madrid, Bibliotheca Homo Legens, 2006, p. p. 202.

LOS HUMANISTAS Y LOS COMUNEROS

Martin Biersack

Ludwig-Maximilians-Universität München

1. ¿DISCIPLINA O REBELDÍA?

Al investigar para mi tesis doctoral la recepción del humanismo italiano en la España de los Reyes Católicos encontré una coincidencia que me parecía interesante. Me centraba en aquel entonces en algunos humanistas que debido a su papel como maestros de escuela tuvieron un papel principal en la transferencia cultural desde Italia y la difusión del humanismo en España. De dos de estas escuelas humanistas que analicé salían algunos de los comuneros más destacados. Se trata de Pedro Girón y Pedro Laso de la Vega, que fueron alumnos del humanista italiano Pedro Mártir de Anglería en la escuela de corte de los Reyes Católicos, y de María Pacheco que probablemente fue alumna de Hernán Núñez de Guzmán (o de Toledo) en la escuela que los Mendoza granadinos tuvieron en la Alhambra. Debido a este acercamiento al tema de los comuneros, mi manera para indagar en la relación entre el humanismo y el movimiento de las comunidades es un tanto particular. Lo obvio sería analizar el discurso comunero o hacer un análisis conjunto de biografías. Mi enfoque, en cambio, es diferente. Parto de las escuelas humanistas y me pregunto por una posible repercusión de las enseñanzas de los maestros Pedro Mártir de Anglería y Hernán Núñez de Guzmán.

La relación entre el Estado y la educación es un tema clásico en la política, la pedagogía y también en la historiografía. Desde la Revolución francesa se planteó la cuestión de cómo educar al ciudadano para que este pudiera ejecutar sus derechos y deberes en la república. Una pregunta clave desde entonces es si la educación debe servir como instrumento para transmitir valores, adaptando a los alumnos al orden existente o, por el contrario, si es un instrumento que sirve a la emancipación del ciudadano[1]. La enseñanza en la democracia tiende a la emancipación del

[1] Manuel de PUELLES BENÍTEZ, "Estado y Educación en las Sociedades Europeas", *Re-*

alumno, i.e. formar en él un espíritu crítico. Los ideales de enseñanza a principios de la edad moderna, en cambio, tendían a lo contrario. Era una faceta típica del humanismo en Europa concebir la enseñanza como instrumento de disciplinamiento, para asegurar la socialización de los alumnos en el orden establecido[2]. En la obediencia se veía "una de las principales claves del aprender", como se leía en los estatutos que en 1508 se elaboraron en Granada para la escuela municipal de latín[3]. El mismo énfasis en la obediencia puso también el primer obispo de Granada Hernando de Talavera, quien hizo un gran esfuerzo para dotar a la iglesia de su diócesis de instituciones de enseñanza. Decía: *"a los pueblos y a los súbditos é inferiores pertenece obedecer simplemente é bien hacer y ejecutar lo que los mayores supieron ó supieren mandar y ordenar"*[4].

El énfasis en el disciplinamiento y la obediencia hecha por los pedagogos de la época parecen confirmar la opinión de Anthony Grafton y Lisa Jardine sobre la enseñanza en las escuelas de latín en la Italia del Renacimiento. Estas, según los dos autores, no pretendían formar a los discípulos moralmente y crear en ellos valores cívicos y críticos[5]. El éxito de la educación humanista consistía más bien en su

vista *Iberoamericana de Educación* 1, 1993, https://rieoei.org/RIE/article/view/3006.

[2] Wilhelm KÜHLMANN, *Gelehrtenrepublik und Fürstenstaat. Entwicklung und Kritik des deutschen Späthumanismus in der Literatur des Barockzeitalters,* Tübingen 1982, p. 320. Para el concepto del disciplinamiento véase: Heinz SCHILLING, "Disziplinierung oder 'Selbstregulierung der Untertanen'? Ein Plädoyer für die Doppelperspektive von Makro- und Mikrohistorie bei der Erforschung der frühmodernen Kirchenzucht", *Historische Zeitschrift* 264, 1997, pp. 677-691, pp. 675-680.

[3] El aprender de la obediencia se mencionan en varios párrafos de los estatutos: Dicen "que el dicho maestro les castigue las juras yndebidas a dios o a nuestra señora o a los santos por que sean bien criados e honestos asy en los dichos como en la disçiplina". Y más abajo se lee: "los estudiantes que son ya onbres de maior hedad sean punidos e apremiados çirca la obediençia e acatamiento que deven tener al dicho maestro por el dicho estudio sea bien regido e aun por que una de las prezipales claves del aprender es que el maestro sea temido e acatado de los disçipulos que son debaxo de su disçiplinas". Colación del bachiller Gonzalo Hernández con la Cátedra de gramática y estatutos de la Cátedra, sacado de las actas del Cabildo de la Ciudad de Granada, martes, 7. 3. 1508, Archivo de la Real Chancillería de Granada, 1044-9, s.f.

[4] Hernando de TALAVERA, "Breve e muy provechosa doctrina de lo que deve saber todo cristiano con otros tractados muy provechosos", en: Miguel MIR (Ed.), *Escritores místicos españoles*, Madrid 1911 (=NBAE, 16), vol. 1, pp. 1-103, p. 58.

[5] Sobre el humanismo cívico véase: Hans BARON, *The Crisis of the Early Italian Renaissance. Civic Humanism and Republican Liberty in an Age of Classicism and Tyranny*, Princeton 1966.

forma de disciplinar a los jóvenes mediante métodos estrictos de memoria y técnicas filológicas. En las escuelas de latín importaba más un ciego aprender que la crítica, el análisis o el pensar, algo propio de la escolástica. Esto era debido a que las escuelas de gramática eran algo tan valioso y útil en los ojos de gobernadores y cabildos, no porque de aquellas salieran hombres críticos y ciudadanos con convicciones cívicas, sino porque los humanistas familiarizaban a sus alumnos con la disciplina y la obediencia[6].

La visión de Anthony Grafton y Lisa Jardine sobre el efecto de las enseñanzas de los humanistas es controvertida. Aunque las escuelas de latín fueran pensadas para educar a los alumnos a la obediencia y al disciplinamiento social, en la práctica, la enseñanza de las letras pudo tener un sentido contrario. Fue justamente Joseph Pérez quien subrayó el germen revolucionario que yacía en la enseñanza del latín. En clase, los alumnos aprendían filosofía, historia, ética y poesía a través de los clásicos y se dedicaban a la interpretación y crítica textual de las fuentes[7]. ¿Disciplinamiento social o valores cívicos, aprender de memoria o crítica textual, obediencia u obstrucción, autoridad o búsqueda de la verdad? Volviendo al tema de los comuneros: ¿fue la presencia de destacados comuneros en la clase de humanistas mera coincidencia? o ¿puede un análisis de los preceptos políticos y pedagógicos de Pedro Mártir de Anglería y Hernán Núñez de Guzmán revelar un impulso para que algunos de sus alumnos se opusieran al poder Real?

2. Pedro Mártir de Anglería y la Escuela de Corte de los Reyes Católicos

Los Reyes Católicos fundaron una Escuela de Corte, donde se educaron los jóvenes de las principales familias de sus reinos. Su maestro fue, a partir de 1492, el humanista italiano Pedro Mártir de Anglería[8].

[6] Anthony Grafton - Lisa Jardine, *From Humanism to the Humanities. Education and the Liberal Arts in 15th-and 16th-century Europe*, Cambridge/Mass 1986, p. XIV.

[7] Joseph Pérez, *Ferdinand und Isabella. Spanien zur Zeit der Katholischen Könige*, Munich 1989, p. 339.

[8] Véase para más detalles mi artículo: "Ein Instrument zur Disziplinierung des Adels am Hof der Katholischen Könige. Die Schule Pietro Martire d'Anghieras", en: Klaus

Los reyes pretendían educar a los jóvenes nobles en la corte y cerca del príncipe heredero Juan para crear lazos de fidelidad entre el futuro rey y sus mayores vasallos. Además del ideal medieval de la fidelidad entre rey y vasallos por la común educación, las enseñanzas humanistas prometían algo más: Por un lado, los alumnos podían adquirir los instrumentos comunicativos en retórica y gramática latina necesarios para las tareas gubernativas, por el otro, la educación tenía una finalidad moral. Como en la escuela de Pedro Mártir se educaba a los herederos de títulos y mayorazgos que en un futuro iban a mandar, las clases tenían que prepararlos para el ejercicio del poder. La idea era familiarizar a los alumnos con las doctrinas cívicas de la literatura clásica con autores como Cicerón, Aristóteles o Séneca y formarlos así moralmente. El humanista italiano Lucio Marineo Sículo describe esta doble finalidad en la educación de los jóvenes nobles en la Corte de los Reyes Católicos con las palabras *"moribus et litteris"*[9]. Gonzalo Fernández de Oviedo lo llama "buenas artes e buenas maneras"[10].

Pedro Mártir de Anglería no ha dejado escritos propiamente pedagógicos. Las doctrinas suyas en relación con el valor político de la educación se deben, por lo tanto, reconstruir mediante un análisis de sus poemas, escritos historiográficos y cartas. Sobre todo su epistolario está lleno de referencias en las que deja constancia de sus ideas políticas y pedagógicas. Uno de los pocos testimonios sobre las lecturas que en concreto se hizo en las clases del humanista se halla en una carta a García de Toledo, el primogénito del duque de Alba. Escribió Pedro Mártir que, después de dos años de clase en poesía, iba a dedicar el tercero a la prosa, leyendo de Cicerón *De officiis*, oraciones y la pseudo-

---

HERBERS - Teresa JIMÉNEZ CALVENTE (eds.), *Spanien auf dem Weg zum religiösen Einheitsstaat (15. Jh.). España en el camino hacia un estado homogéneo en lo religioso (s. XV). Spain on its Way to Religious Unity (15th c.)*, Wiesbaden 2021, pp. 101-116.

[9] "Adolescentes etiam, Nobilium filios, quibus utebatur in mensa, moribus et litteris erudiri iubebat, ne ociosi sese ludis et aliis vitiis inquinarent". Lucio MARINEO SÍCULO, *De Rebus Hispaniae*, Alcalá 1533, fol. 122v. Citado en: Vicente Rodríguez Valencia, *Isabel la Católica en la opinión de españoles y extranjeros. Siglos XV al XX*, Valladolid 1970, vol. 1, p. 203.

[10] Gonzalo FERNÁNDEZ DE OVIEDO, *Libro de la Cámara real del príncipe Don Juan*, Madrid 1870, p. 133.

ciceroniana *Rhetorica Nova Ad Herennium*[11]. La lectura de Cicerón era la predilecta para impregnar un humanismo cívico, dedicado al ideal del bien común entre los alumnos para apartarlos de los intereses particulares propios de la aristocracia y convertirlos en servidores de la res pública.

Pedro Mártir construye la relación entre pedagogía y política en torno a tres pilares: estudio, virtud y ejercicio. El valor del estudio lo expresaba en una carta a su alumno Pedro Fajardo y Chacón, el futuro I marqués de los Vélez:

> De los tres que en los hombres se llaman bienes, a saber: de fortuna, de cuerpo y de ingenio, sólo los de este último está demostrado que son verdaderos bienes [...]. Afánate, pues, querido hijo, por las dotes de la inteligencia si quieres percibir tu parte de la felicidad[12].

La erudición, no obstante, no era un fin en sí mismo, sino una obligación para el actuar: "nuestro Cicerón es de criterio de que muy poco puede y aprovecha la erudición sin el correspondiente ejercicio"[13]. La condición para ejercer bien el poder es la virtud. A Alonso de Silva, el primogénito del Conde de Cifuentes, Pedro Mártir le daba la siguiente advertencia:

> Los bienes que el vulgo estima ser únicos, no son por sí ni males ni bienes. Si llegan éstos a manos de algún hombre bueno, se convertirán en bienes y son instrumentos para las buenas acciones[14].

La relación entre la educación y el poder según las doctrinas de Pedro Mártir se puede resumir así: el estudio de las letras facilita virtud al hombre; y la virtud es tanto condición como obligación para el

---

[11] *Epistolario de Pedro Mártir de Anglería*, ed. por José López De Toro, 4 vols., Madrid 1953-57, carta 153 del 30. 12. 1494 a García de Toledo.

[12] *Epistolario de Pedro Mártir*, carta 150 del 19. 12. 1494 a Pedro Fajardo.

[13] *Epistolario de Pedro Mártir*, carta 129 del 5. 1. 1493 a Gilberto, hijo del Conde Borromeo.

[14] *Epistolario de Pedro Mártir*, carta 205 del 6. 5. 1499 a Alonso de Silva.

ejercicio del poder. Para decirlo de otra forma: quien quería ejercer poder tenía que ser virtuoso y para ser virtuoso se necesitaba una educación en las *studia humanitatis*. Eso valía tanto para los alumnos de la corte como para los propios reyes, porque solamente aquellos eran reyes sabios que habían asumido las penurias de estudiar[15]. En la concepción de Pedro Mártir, quien sigue en esto los ejemplos de Séneca y Aristóteles, las letras y por lo tanto el humanista-filósofo, ocupaban un lugar central porque correspondía a ellos educar a los que iban a tener el poder.

Pedro Mártir veía personalizados sus ideales de reyes sabios y virtuosos en los Reyes Católicos, y sobre todo en Isabel[16]. En la apología que hacía de los Reyes Católicos faltan, en cambio, los criterios "legitimidad" (importante en la propaganda regia durante sus primeros años de gobierno) y la "providencia divina" (importante sobre todo durante la guerra contra Granada)[17]. Para el italiano, los reyes estaban legitimados solamente por su virtud, y esta era la única razón de su éxito político.

Pedro Mártir comparte la apología de los Reyes Católicos con los comuneros. Estos también elogiaron a Isabel y Fernando porque habían conseguido controlar a la nobleza haciendo así posible un gobierno que se basaba en la justicia y el bien común. Frente a la imagen positiva de los Reyes Católicos se presentaba al gobierno de Carlos V movido por el interés de los flamencos y como una vuelta de la influencia perjudicial de la aristocracia. Ante sus ideales políticos y la apología que él mismo hacía de los Reyes Católicos, no sorprende que Pedro Mártir mostrara al principio, comprensión con los reclamos de los comuneros. En las cartas en las que relata los acontecimientos de las Cortes de Santiago de Compostela, fue muy crítico con el rey Car-

---

[15] Pedro Mártir de Anglería, *Opera. Legatio Babylonica. De orbe novo decades octo. Opus epistolarum*, ed. por Erich WOLDAN, edición facsímile de la edición Alcalá 1516, Graz 1966, p. 38.

[16] Por ejemplo, en sus primeras cartas que mandó desde España a Italia, y también en el poema *Pluto furens*. Véase: Ursula HECHT, Der "Pluto furens" des Petrus Martyr Anglerius. Dichtung als Dokumentation, Frankfurt/M. 1992, p. 83.

[17] Ana Isabel CARRASCO MANCHADO, "Discurso político y propaganda en la corte de los Reyes Católicos. Resultados de una primera investigación (1474-1482)", *En la España Medieval* 25 (2002), pp. 299-379, pp. 301-302.

los y sus consejeros. Estaba convencido de que las ciudades castellanas no podían pagar la suma que se les exigía y se desangrarían por culpa de los malos consejeros, pero exculpó a Carlos porque era demasiado joven para comprender[18].

La actitud de Pedro Mártir pronto cambió, y su comprensión de los comuneros se disolvió. En las varias cartas en las que informó a Gattinara y Marliani en Alemania sobre los sucesos en España, el humanista italiano se presenta muy crítico con los comuneros y su discurso, y especialmente crítico con los elementos democráticos en su gobierno. En una de las cartas relata el discurso de un amigo suyo, el también comunero y humanista Gonzalo de Ayora. Este disertó con ejemplos de la historia sobre la cuestión de qué sistema de gobierno fuera el mejor, la monarquía, la aristocracia o la democracia. Ayora mostraba simpatías para la república Romana, pero advertía que tampoco era un sistema perfecto, pues solo funcionaba mientras sus ciudadanos se sometían a la res pública. Pedro Mártir sacó del discurso como conclusión que "todo esto vendrá a caer en poder de ineptos, que no tienen la menor responsabilidad"[19]. Dado que para él la educación era el único camino hacia la virtud, la sabiduría y, por tanto, la capacidad de gobernar, el pueblo nunca podría dirigir un gobierno responsable. Siempre se guiaría por sus intereses y deseos. Esta desconfianza de Pedro Mártir frente a los elementos democráticos de los comuneros se encuentra en una carta del 15 de marzo de 1521 a Gattinara y Marliani en la que llamó a los comuneros un pueblo enfermo, y generalmente los consideraba una multitud regida por sus concupiscencias[20].

A finales de 1520 escribió a Gattinara para informarle que había buscado una conversación con dos de los principales comuneros, su antiguo alumno Pedro Laso de la Vega y su amigo el obispo de Zamora, Antonio de Acuña. Según la carta explicó a los dos que sus acciones no servían al bien del reino, sino que eran traición[21]. En contra de su

---

[18] *Epistolario de Pedro Mártir*, carta 666 del 5. 4. 1520 a los marqueses de los Vélez y Mondéjar. Véase también: Manuel DÁNVILA Y COLLADO, *Historia crítica y documentada de las Comunidades de Castilla*, Madrid 1897, vol. 2, pp. 303-304.

[19] *Epistolario de Pedro Mártir*, carta 684 a Gattinara del 30. 8. 1520.

[20] *Epistolario de Pedro Mártir*, carta 718 a Gattinara y Marliani del 15. 3. 1521.

[21] *Epistolario de Pedro Mártir*, carta 709 a Gattinara del 27. 12. 1520.

simpatía inicial por los comuneros, Pedro Mártir ahora sólo veía en los comuneros insurgentes.

Pedro Mártir no solamente ocupaba un puesto en la corte, sus alumnos eran aristócratas, y muchos de ellos partidarios del joven rey Carlos. El humanismo de Pedro Mártir era igualmente aristocrático y se distinguió por una fuerte desconfianza y hasta desprecio por el pueblo. Su puesto en la corte, su relación con la alta nobleza, y finalmente su actitud de humanista elitista explican porque el italiano seguía fiel al joven rey Carlos. No estaba de acuerdo con la actitud rebelde de sus antiguos alumnos. A Pedro Girón dedicaba el epigrama *Discipulo suo petro gerioni petrus martyr* en el cual se preguntaba por qué su antiguo alumno se había convertido en un rebelde y por qué actuaba de tal forma[22]. ¿Temía el humanista que se viera una responsabilidad en sus enseñanzas?

3. LOS ALUMNOS DE PEDRO MÁRTIR DE ANGLERÍA

Los efectos de las enseñanzas de Pedro Mártir de Anglería entre sus alumnos se pueden observar en las bibliotecas que reunieron, en la erudición humanista que mostraron y en sus intereses y gustos renacentistas[23]. Desde este punto de vista, las clases del italiano tuvieron una fuerte impronta. Desde otro punto de vista, no obstante, parece a primera vista que fracasaron. Si la intención detrás del establecimiento de la escuela de la corte fue vincular más estrechamente a la nobleza con la monarquía, sólo tuvo un éxito parcial. Por lo menos cuatro alumnos de Pedro Mártir se caracterizaron por su resistencia contra el poder Real. Lo más llamativo es la participación destacada de Pedro Laso de la Vega y Pedro Girón en el movimiento comunero. Además, se encontraron entre los alumnos de Pedro Mártir dos nobles "rebeldes" de los que el primero no tuvo ninguna relación con las comunidades y el segundo solamente de forma ambigua. Se trata de

---

[22] Pedro Mártir de Anglería, *Poemata*, Valencia 1520, fols. H6r-v.

[23] Véase sobre más detalles mi tesis *Mediterraner Kulturtransfer am Beginn der Neuzeit. Die Rezeption der italienischen Renaissance in Kastilien zur Zeit der Katholi-schen Könige*, Munich 2010, pp. 215-287.

Pedro Fernández de Córdoba, el I marqués de Priego, y Pedro Fajardo, el I marqués de los Vélez. Como la biografía de Pedro Laso de la Vega y Pedro Girón es ya sobremanera conocida para los historiadores interesados en los comuneros, me voy a centrar en lo siguiente en los marqueses de Priego y Vélez, y solamente mencionar de forma más breve a Pedro Girón y Pedro Laso de la Vega.

La relación de Pedro Fernández de Córdoba con el poder Real estuvo llena de tensión después de la muerte de Isabel la Católica. Un primer enfrentamiento con el rey tuvo lugar cuando el marqués se opuso junto con el conde de Cabra y en ayuda de los habitantes de Córdoba en 1506, al inquisidor Lucero, ya que Fernando el Católico interpretó la resistencia cordobesa como un atentado contra la autoridad Real[24]. Otro conflicto que estalló poco después llevó a la ruptura definitiva entre el rey Fernando y el marqués de Priego. Cuando en 1507 la peste se había extendido en Córdoba, tanto el Cabildo como el corregidor Osorio abandonaron la ciudad. El poder para mantener el orden público fue entonces transferido al conde de Cabra y al marqués de Priego. Cuando Fernando el Católico mandó al alcalde de casa y corte, Fernán Gómez de Herrera a Córdoba, el marqués se negó a entregarle el poder. Como consecuencia, Fernando se trasladó en 1508 con un ejército a Andalucía para someter al desobediente noble. Su castillo de Montilla fue arrasado, el marqués desterrado de Córdoba, y sus cargos e ingresos confiscados. Él mismo fue condenado a pagar una cuantiosa multa, mientras que algunos de sus ayudantes fueron ejecutados[25].

---

[24] Sobre el enfrentamiento entre Lucero y Priego en Córdoba véase: Juan Martínez De Rojas, *Compendio Historial de la Casa de Córdoba y Aguilar*, 1633, BNE, Mss 2465, fols. 402f-404v; *Historia de la Casa de Córdoba*, BNE, Mss 11596, fol. 44v-46r; John EDWARDS, "Revolte du marquis de Priego à Cordoue en 1508. Symptôme des tensions d'une société urbaine", *Mélanges de la Casa de Velázquez*, 12, 1976, pp. 165-172, pp. 170-171; María Concepción QUINTANILLA RASO, "La nobleza", en: *Orígenes de la monarquía hispanica. Propaganda y legitimación (ca. 1400-1520)*, Madrid 1999, pp. 63-103, pp. 150-151.

[25] EDWARDS, "Revolte du marquis", pp. 165-172; Regina PÉREZ MARCOS, *El poder en Castilla al comienzo del Estado Moderno. Imágen y Realidad,* Madrid 1991, pp. 536-554; Regina PÉREZ MARCOS, "El conflicto nobleza-monarquía a comienzo de la edad moderna. El caso de marqués de Priego", en: *Actas del segundo congreso de Historia de Andalucía,* Córdoba 1995, vol. 1, pp. 521-536.

Pedro Fernández de Córdoba formaba parte de una generación de nobles que, durante la época de los Reyes Católicos, tuvo que lidiar con la creciente pretensión de poder por parte de la corona. Por eso, la razón de su resistencia al poder Real debe buscarse, como alegan John Edwards y Regina Pérez Marcos, en el conflicto estructural entre el centralismo regio y la nobleza feudal[26]. De la misma manera, Alonso de Algabe, un criado del marqués que escribió una biografía de su maestro, describió la postura de Don Pedro como una defensa de sus intereses, sus pretensiones de poder y su orgullo frente al poder real:

> *Por sentir henchido su pecho de orgullo en la Ciudad de Córdoba,*
> *por mostrar al pueblo su perpetua autoridad del linaje de Aguilar,*
> *ponía su cabeza en bandeja de plata, e como animal, la manzana*
> *en la boca[27].*

No obstante, el conflicto entre el marqués y el rey tiene otra dimensión más. La actuación del marqués contra el inquisidor Lucero y durante la peste en Córdoba ocurrió a petición explícita de los ciudadanos. Consecuentemente, Pedro Fernández de Córdoba entendía sus actos no como rebeldía contra el rey sino como un servicio al bien común. Cuando fue desterrado de Córdoba escribió, el 23 de enero de 1509, una carta al Rey donde se explicaba y justificaba. Él se veía tratado con injusticia porque después de la muerte de Felipe el Hermoso había tomado el poder en Córdoba para mantener el orden en la ciudad. Su resistencia al alcalde Herrera la consideró, en consecuencia, un *"servicio de Dios e de su Alteza [la reina Juana] e grande bien de la dicha Ciudad"*. En vez de un castigo, el Marqués reclamó una recompensa por su servicio a la Corona[28].

Los argumentos del Marqués de Priego se parecen al discurso con el que los comuneros, una década más tarde, justificaron su resistencia

---

[26] PÉREZ MARCOS, *El poder en Castilla*, p. 550; EDWARDS, "Revolte du marquis", p. 172.

[27] Alonso de ALGABE, *Vida del Marqués de Priego*, ed. por José A. JIMÉNEZ MARTÍN, Montilla 1995, p. 74.

[28] ABAD DE LA RUTE (Francisco Fernández de Córdoba), "Historia de la Casa de Córdoba", *Boletín de la Real Académia de Córdoba*, 77, 1958, pp. 164-168.

contra los gobernadores del rey Carlos. Aquéllos igualmente apelaron al bien común, a la legalidad y al servicio a Dios y al Rey. Los traidores no eran ellos sino, como en el caso del Marqués de Priego, los administradores del Rey contra quienes cualquier resistencia era un servicio a la corona. Debido a su prematura muerte en 1517, don Pedro ya no tuvo la oportunidad de posicionarse frente al movimiento comunero. Su actitud frente al rey Fernando, cuando este gobernaba en nombre de la reina Juana, hace probable que al menos en la fase inicial, se hubiera mostrado partidario de su causa.

El segundo de los alumnos de Pedro Mártir de Anglería que se enfrentó al poder Real fue Pedro Fajardo y Chacón[29]. La primera disputa iba por el control del puerto de Cartagena, que había sido dominado por su familia. Cuando a principios del XVI fue reclamado por los Reyes Católicos, Pedro Fajardo se opuso y, como consecuencia, fue exiliado permanentemente de Murcia. Este castigo solamente se levantó con la muerte de Isabel la Católica. En los años siguientes Pedro Fajardo intentó recuperar lo que el rey le disputaba, y poco podía tranquilizar su ambición la concesión del título de marqués de los Vélez por Fernando el Católico[30].

El marqués de los Vélez mostró al comienzo mucha simpatía por los Comuneros. Corrían rumores que había dicho que no serviría al Rey mientras que el ladrón Chièvres formara parte del gobierno. Además, sus antepasados no le habían dejado mejor legado que el de ayudar a las Comunidades. Pedro Fajardo concebía su apoyo a los comuneros no como un acto de rebelión, sino por el contrario, como un deber que derivó de la lealtad de sus antepasados a los Reyes Católicos[31].

---

[29] Se ha publicado hace poco el epistolario del marqués de los Vélez: Francisco ANDÚJAR CASTILLO - Julián Pablo DÍAZ LÓPEZ - Dietmar ROTH - Bernard VINCENT (eds.), *La palabra rescatada. La correspondencia del I marqués de los Vélez (1507-1546)*, Almería 2020.

[30] Gregorio MARAÑÓN, "Los tres Vélez", en: *Obras completas*, Madrid 1971, vol. 3, pp. 539-648, pp. 556-574.

[31] DÁNVILA, Historia crítica y documentada de las Comunidades, vol. 1, pp. 555-562. Véase para el contexto: ANDÚJAR CASTILLO - DÍAZ LÓPEZ - ROTH - VINCENT, La palabra rescatada, pp. 46-49 y Francisco ANDÚJAR CASTILLO, "Las comunidades en el reino de Murcia. La tercera voz, en: Francisco SÁNCHEZ-MONTES GONZÁLEZ - Juan LUIS CASTELLANO (eds.), *Carlos V. Europeísmo y universalidad*, Granada 2001, vol. 2, pp. 43-62.

Gregorio Marañón toma, en su biografía de Pedro Fajardo, estas declaraciones en serio y cree que el marqués era partidario de los comuneros[32]. Joseph Pérez, en cambio, interpreta las acciones del marqués como las de un "gran señor" que no quería someterse a la autoridad Real y veía en las Comunidades la posibilidad de recuperar el poder que sus antepasados habían ejercido en el reino de Murcia[33].

El posicionamiento del marqués frente a los comuneros era flexible. Utilizó su discurso cuando le fue útil, pero cuando por la influencia de las Germanías de Valencia, se empezó a cuestionar también entre los comuneros el papel de la nobleza, cambió de rumbo y buscó acercarse a Carlos. Finalmente, él mismo envió soldados a Valencia para luchar allí contra las Germanías[34]. En una carta al emperador, justificó su comportamiento más que vacilante y su ausencia de la corte con que allí le hubieran tratado con mucha frialdad y no se hubiera apreciado sus servicios, muy a diferencia de lo que había hecho la reina Isabel. Sin embargo, en vista del peligro, no dudaba en tomar las armas por iniciativa propia para defender el reino. La argumentación de esta carta justificadora se mantiene íntegramente en las categorías del servicio, sin mencionar siquiera el bien común[35].

Resumiendo, el comportamiento de Pedro Fajardo parece el de un señor feudal que empleaba el lenguaje político como instrumento para sus intereses. Supo referirse tanto al bien común para rechazar la intromisión Real en su feudo, como al servicio cuando quería ganar el favor Real. Que ya los contemporáneos no le creían ni lo uno ni lo otro se ve en el testimonio del alcalde Leguizamo, comisionado Real en Murcia, quien sentenció: *"Me parece quél quiere ser señor desta tierra"*[36]. Que

---

[32] MARAÑÓN, Los tres Vélez, pp. 566-572.

[33] Joseph PEREZ, *La Revolución de las Comunidades de Castilla (1520-1521)*, Madrid 1970, pp. 405-408.

[34] Sobre el marqués de los Vélez y los comuneros véase además de las obras de Marañón y Pérez: Juan Francisco JIMÉNEZ ALCÁZAR, "En servicio del rey, en servicio de la comunidad. Los comuneros en el Reino de Murcia", *Murgetana* 103, 2000, pp. 33-42, pp. 36-42; Santiago ALEIXOS ALAPONT, "De la inacción a la represión. La participación del marqués de los Vélez en las Germanías", *Estudis: Revista de historia moderna*, 47, 2021, pp. 53-74.

[35] DÁNVILA, *Historia crítica y documentada de las Comunidades*, vol. 4, pp. 623-626.

[36] Citado por: PÉREZ, *La Revolución de las Comunidades*, vol. 1, p. 409.

el marqués se creía mal entendido y su actuar un servicio al Rey en consonancia del bien común se desprende del lema con el que adornó su Palacio Vélez Blanco: "Bien por mal, mal por bien"[37].

El alumno de Pedro Mártir que durante más tiempo estuvo enfrentado con el poder Real fue Pedro Girón, hijo y heredero del Conde de Ureña. Su resistencia estaba motivada por su interés en el ducado de Medina Sidonia, a la muerte del duque Juan de Guzmán en 1507. Pedro Girón estaba casado con la hija del duque Mencía y exigía primero ejercer la tutoría para el heredero Enrique, ya que su cuñado todavía era menor de edad, y cuando murió este en 1512 quería gobernar en nombre de su mujer. Fernando el Católico, no obstante, temía que entonces se unificaran dos casas andaluzas poderosas. Se opuso a la sucesión de Pedro Girón, dió el ducado en 1513 a Alonso, hijo del segundo matrimonio de Juan de Guzmán, y le casó con su nieta Ana de Aragón. A pesar de esto, Pedro Girón seguía reclamando el ducado y hasta su muerte llevaba el título duque de Medina Sidonia. Después de la muerte del rey Fernando, se enfrentó primero con el regente Cisneros y después con el rey Carlos[38]. Cuando este tampoco le quería dar el ducado, se unió en 1520 a los comuneros.

Hasta la derrota de Tordesillas, Pedro Girón utilizó el discurso de los comuneros para justificar su resistencia. Equiparaba bien común y servicio del rey, y que ambos eran representados por la comunidad. A los representantes del rey en Castilla, en cambio, los identificaba con la tiranía, con lo cual la resistencia era legítima[39]. Según esta lógica, la resistencia contra la Santa Junta era resistencia contra el rey y, por tanto, un pecado contra Dios:

Porque todos conocen que es pasyon partycular e muy culpada
la de aquellos que no confiesan la voz de la Santa Junta ques

[37] MARAÑON, Los tres Vélez, p. 563.

[38] Francisco Javier AGUADO GONZÁLEZ, "La sucesión en el Ducado de Medina Sidonia a la muerte de don Juan de Guzmán. Conflictos entre el linaje de los Guzmán y el de los Téllez-Girón (1507-1517)", *Anuario de Estudios Medievales* 19, 1989, pp. 689-709, pp. 689-700.

[39] Carta de Pedro Girón a la Comunidad de Valladolid del 27. 10. 1520 y carta del 28. 10. 1520 a la Comunidad de Segovia, en: DÁNVILA, *Historia crítica y documentada de las Comunidades*, vol. 2, pp. 360-361 y pp. 407-408.

la uerdadera del Rey y la Reyna nuestros Señores e quan gran pecado es para con dios e quanta culpa para con el Rey nuestro Señor querer haser division y particularidades en estos Reynos y contradesir las comunidades dellos[40].

Después de Tordesillas, el discurso de Don Pedro cambió. Buscó reconciliarse con el Emperador, con lo cual ya no hacía ninguna referencia al bien común, sino se refería solamente al servicio, al que siempre habría sido obligado. Quería servir también en el futuro, y así esperaba recuperar el favor de Carlos[41]. Finalmente consiguió el perdón Real[42].

Pedro Laso de la Vega fue uno de los líderes de la ciudad de Toledo cuyos intereses defendió ante el emperador[43]. Se le consideró muy elocuente, y como no había sido educado en una universidad, pudo haber adquirido sus habilidades retóricas en clase de Pedro Mártir. En un discurso de Pedro Laso en el Cabildo de Toledo que es reportado por Juan Ginés de Sepúlveda, se puede observar las influencias del pensamiento político aristotélico. No se cuestionaba la legitimidad del Rey, pero si el Rey no procuraba el bien común, la resistencia era legítima[44]. Como Pedro Girón, también Pedro Laso entendía la resistencia contra los regentes como un servicio al bien común y, por lo tanto, también al rey. En una carta del 10 de febrero de 1521 al emperador se consideró como "sus verdaderos siervos y vasallos"[45]. Después de la pérdida de Tordesillas, Pedro Laso intentó encontrar un acuerdo entre los comu-

---

[40] Carta de Pedro Girón del 18. 10. 1520 a la Comunidad de Valladolid, en: DÁNVILA, *Historia crítica y documentada de la Comunidades*, vol. 2, p. 326.

[41] Cartas del 11. 5. y del 28. 5. 1521 y del 6. 8. 1522, en: DÁNVILA, *Historia crítica y documentada de las Comunidades*, vol. 4, pp. 162-164 y p. 276.

[42] Paulina LÓPEZ PITA, "Nobleza y perdón regio. Noticias sobre el otorgado a Pedro Girón en el contexto del movimiento comunero", *Cuadernos de Historia de España*, 81, 2007, pp. 67-90.

[43] Sobre Pedro Laso de la Vega véase: Carmen Vaquero Serrano; Antonia RÍOS DE BALMASEDA, *Don Pedro Laso de la Vega. El comunero señor de Cuerva. Su testamento, el de sus padres y el de su tercera esposa*, Toledo 2001.

[44] El discurso fue reproducido por Juan Ginés de Sepúlveda en su Historia de Carlos V. Juan GINÉS DE SEPÚLVEDA, *Obras completas, vol. 1. Historia de Carlos V. Libros 1-5*, ed. por E. RODRÍGUEZ PEREGRINA, Pozoblanco 1995, pp. 40-42.

[45] DÁNVILA, *Historia crítica y documentada de la Comunidades*, vol. 3, p. 211.

neros y el rey Carlos. Como fue en vano, se distanció de la Junta y buscó reconciliarse solo con Carlos V[46].

La oposición al poder Real de los cuatro alumnos de Pedro Mártir tiene un punto en común: querían que se entendiera su resistencia no como rebeldía, sino como un acto justificado por su servicio al bien común. ¿Actuaron por un ideal político o utilizaron este ideal para esconder sus intereses? Aquí nos topamos con un problema metodológico. Se puede reconstruir los intereses de los actores de la historia, y en tres de los cuatro casos —Pedro Fernández de Córdoba, Pedro Fajardo y Pedro Girón— son bien visibles y explican porque estos grandes señores feudales se opusieron al rey. También el discurso con que justificaron sus actos es visible y puede ser analizado. Pero lo que realmente movía a un actor histórico, su motivación intrínseca, es un *black box* y se resiste al análisis historiográfico.

4. HERNÁN NÚÑEZ DE GUZMÁN, PRECEPTOR DE MARÍA PACHECO EN LA ALHAMBRA

Pedro Girón, Pedro Laso de la Vega y Pedro Fajardo finalmente se distanciaron de los comuneros e intentaron reconciliarse con Carlos V tal y como se los aconsejaba su antiguo maestro Pedro Mártir de Anglería. La comunera María Pacheco, en cambio, continuó con la resistencia hasta el final. Nunca consiguió el perdón Real y murió exiliada en Portugal. Ante su importante y excepcional papel entre los comuneros, cabe preguntarse si su formación humanista tuvo algo que ver con su resistencia decidida contra Carlos V. Sabemos muy poco sobre su educación, salvo que su erudición fue considerada excepcional y célebre ya en su época. El humanista italiano Lucio Marineo Sículo, llama en el *De rebus Hispaniae* eruditas a ella y a su hermana mayor María de Mendoza, Condesa de Monteagudo. Con María Pacheco decía haber conversado muchas veces sobre literatura, elogiando entonces su elocuencia y sabiduría[47]. El humanista Diego de Sigea (o Sigi), quien

---

[46] Pedro MEJÍA, *Relación de las Comunidades de Castilla*, Madrid 1946 (=BAE, 21), pp. 400-402.

[47] MARINEO SÍCULO, *De Rebus Hispaniae*, 694.

fue secretario de María Pacheco en el exilio portugués, terminó una relación que había escrito sobre la historia de los comuneros con un párrafo sobre la excepcional erudición de su Señora:

> *Fue mí señora Doña María Pacheco muy docta en latin y en grie- go y mathemática, y muy leida en la Santa Escritura y en todo género de historia, en extremo en la poesia. Supo las genealogias de todos los reyes de España y de Africa por espanto, y despues de venida à Portugal por ocasion de su dolencia, pasó los más prin- cipales autores de la medicina, de manera que cualquier letrado en todas estas facultades, que venia à platicar con ella, habia menester venir bien apercibido, porque en todo platicaba muy sotil y ingeniosamente*[48].

Otro testimonio que es encima muy curioso por su velado mensaje po- lítico es del impresor y humanista veneciano Aldo Manuzio, quien en 1541 dedicó al hermano de María Pacheco, Diego Hurtado de Men- doza, un libro con el título *M. Tulii Ciceronis De Philosophia prima pars*. En la dedicatoria elogió a la familia de los Mendoza por sus ha- zañas literarias y militares, y especialmente a María Pacheco por sus capacidades intelectuales:

> *fuit soror illa tua praestantissima foemina: cuius militaria facino- ra cum audimus, cuius eam nostrae aetatis viro animi magnitudi- ne comparamus: cum autem ea, quae scripsit legimus, vel antiquis scriptoribus ingenii praestantia similliman iudicamus*[49].

Encontrar un elogio de María Pacheco en la dedicatoria de una obra so- bre la filosofía de Cicerón es, por lo menos, notable debido al discurso de los comuneros, en el cual se debatía el bien común y sus implicaciones.

---

[48] Diego de Sigea (Sigi), Relación sumaria del comienzo y suceso de las Comunidades de Castilla, de cuya causa se recogió la muy ilustre Señora Doña María Pacheco, que fué casada con Juan de Padilla, á Portugal. Fue publicado por: Antonio RODRÍGUEZ VILLA, "La viuda de Padilla", en: *Artículos Históricos*, Madrid 1913, pp. 57-68, p. 67.

[49] Citado por: Alfred MOREL-FATIO, "Doña María Pacheco", *Bulletin Hispanique* 5, 1903, pp. 301-304, p. 303.

Las razones por las que María Pacheco se opuso al poder Real tienen algo también interesado y personal. Primero, quería conseguir en vano la silla del arzobispado de Toledo para su hermano Francisco, y después, tras la muerte de su esposo Juan Padilla, puede haber defendido la causa de los comuneros con tanta vehemencia por fidelidad a él. Para los contemporáneos, su actuar como mujer al frente de los comuneros toledanos fue algo increíble y espantoso, tanto que provocó explicaciones poco comunes. Pedro Mártir refería en una de sus cartas la opinión de una sirvienta de María Pacheco que decía que su dueña era poseída por un demonio a quien consultaba en secreto[50]. Juan Luis Vives tomó en su *Instrucción de la mujer cristiana* a María Pacheco como ejemplo negativo para una mujer que no se contentaba con su rol sumiso en la casa:

> *Mujer hubo poco antes en España, y, por ventura, es viva, que por su querer mandar en lo que no le venía por herencia, puso a su marido, hombre pacífico y muy buen caballero, en parte adonde perdió la vida en deservicio de su rey, por quien todo bueno es obligado perderla. Al fin fue dicho de todo el mundo que con razón fue él castigado del rey, por no haberlo sido de él su mujer. [...] Todo esto no es a otro fin sino que os dejéis de tener cuidado de las ciudades, y tengáis por muy cierto y averiguado que es harto gran ciudad para vosotras, vuestra casa y vuestra hacienda[51].*

En cambio, la valoración de María Pacheco por su secretario Sigea y por Aldo Manuzio era positiva. También su hermano Diego Hurtado de Mendoza la elogió. En un epitafio la veía como seguidora de su marido, a quien era fiel hasta la muerte:

> *Si preguntas mi nombre, fue Maria:*
> *si mi tierra, Granada; mi apellido,*
> *de Pacheco y Mendoza, conocido*

[50] Epistolario de Pedro Mártir, carta 727 del 27. 7. 1521 a Gattinara.
[51] Juan Luis VIVES, *Instrucción de la mujer cristiana*, ed. por Juan JUSTINIANO - Elizabeth Teresa HOWE, Madrid 1995, p. 292.

el uno y el otro mas que el claro dia;
si mi vida, seguir a mi marido;
mi muerte, en la opinion quel sostenia.
España te dira mi qualidad,
Que nunca niega España la verdad[52].

La demonización de María Pacheco y su salirse del rol de mujer del siglo XVI por un lado, pero por el otro también su heroísmo y la lealtad a su marido, eran categorías con las que los contemporáneos intentaron explicar el actuar de María Pacheco. El historiador de hoy ve igual de complicado encontrar las razones detrás de sus acciones. ¿Por qué se convirtió en comunera y en líder de la resistencia toledana contra Carlos V? ¿Por qué continuó la lucha cuando obviamente todo estaba perdido, para convertirse en la "última comunera"?

Su padre era Iñigo López de Mendoza, el II. Conde de Tendilla, una de las figuras claves para la difusión del humanismo italiano en la España de los Reyes Católicos. Para los Mendoza el ejercicio de las letras formaba parte de la tradición familiar, ya que desde el marqués de Santillana se distinguían entre la nobleza castellana por ser considerados ejemplares en la unión de las armas con las letras[53]. Con las letras como tradición familiar, y también por su propio interés en la cultura clásica, Tendilla procuraba en la Alhambra, donde desde 1492 residía como Capitán general del reino de Granada, una educación humanista para sus hijos y criados. Su hijo mayor y heredero, Luis Hurtado, y también Antonio, el futuro virrey de México, y Bernaldino, en el futuro capitán general de las galeras en el mediterráneo y virrey interino de Nápoles, fueron también alumnos de Pedro Mártir en la corte. En cambio, no hay constancia que Diego Hurtado, el futuro embajador; Francisco, quien luego será obispo de Jaén y consejero de Carlos V y María Pacheco, hubieran sido educados en la corte. Recibieron su formación en Granada[54].

Se dispone de pocos datos sobre la escuela que el Conde de Tendilla instaló en la Alhambra para educar a sus hijos e hijas en las le-

---

[52] Citado por: MOREL-FATIO, María Pacheco, p. 302.

[53] Helen NADER, *The Mendoza Family in the Spanish Renaissance*, New Jersey 1979.

[54] Véase para más detalles: BIERSACK, Mediterraner Kulturtransfer, pp. 383-505.

tras. Antes de 1492 el profesor a cargo de Tendilla era Pedro Mártir de Anglería, pero cuando Tendilla se convirtió en capitán general en Granada, el italiano se fue a la corte. Probablemente fue reemplazado por un tiempo por Fernando Alonso de Herrera. A partir de 1496 aproximadamente, el preceptor de los Mendoza era Hernán Núñez de Guzmán, el *Comendador griego*, y lo fue —interrumpido por una estancia en Italia— hasta el año 1513 cuando se fue a la Universidad de Alcalá. María Pacheco nació en torno a 1496, y se habría ido de la Alhambra cuando en 1511 se casó con Juan Padilla. Que ella realmente fue alumna de Hernán Núñez se puede deducir del testimonio arriba citado de Diego de Sigea en el cual afirma que María Pacheco sabía no solamente latín, sino también griego. Eso, además de ser excepcional para la época en España, lo era aún más para una mujer, y señala a Hernán Núñez. Si el Comendador griego fue preceptor de María Pacheco hay que preguntarse en qué medida el humanista influyó en las convicciones políticas de su alumna. ¿Cuáles eran las ideas políticas de Hernán Núñez cuando era preceptor en Granada, y como se posicionó más tarde frente a los comuneros?

El pensamiento político de Hernán Núñez se puede reconstruir gracias a dos obras que editó durante su estancia en Granada: un comentario al *Laberinto de la Fortuna* de Juan de Mena que salió en dos ediciones en 1499 y 1505, y la traducción de la *Historia Bohemica* de Piccolomino de 1509[55]. Ambas obras son, por lo tanto, versiones de textos originales del siglo XV que ya en sí, contenían un mensaje político claro: Fortalecer el poder central frente a la nobleza para garantizar objetivos religiosos. Piccolomini, quien en su obra comprobó históricamente la subordinación de Bohemia al Imperio, quería un poder imperial fuerte capaz de frenar las luchas internas y librar una cruzada

---

[55] Hernán Núñez de Guzmán, *Las Trezientas o Laberinto de fortuna con la glosa de Fernán Núñez de Toledo*, Sevilla: Juan Pegnitzer, 1499; Hernán Núñez de Guzmán, *Las CCC del famossisimo poeta Juan de Mena con glosa*, Granada: Juan Varela de Salamanca, 1505; Hernán Núñez de Guzmán, *La historia de Bohemia en romance*, Sevilla: Juan Varela de Salamanca, 1509. Sobre el trabajo de Hernán Núñez como filólogo y comentarista véase: Teresa JIMÉNEZ CALVENTE "Los comentarios a las Trescientas", *Revista de Filología Española* 82, 2002, pp. 21-44 y Carmen CODOÑER MERINO, "La génesis de un comentario escolar: El Pinciano", en: Pablo ANDRÉS ESCARA (ed.), *De libros, librerías, imprentas y lectores*, Salamanca 2002, (=El libro antiguo español, 4), pp. 73-95.

contra los turcos[56]. Mena argumentó de manera similar. Su rey, Juan II de Castilla, tendría que subyugar la levantisca nobleza y poner fin a las guerras internas para liderar una cruzada contra el reino de Granada y terminar la Reconquista[57]. El patrón de Hernán Núñez en la Alhambra, don Iñigo, compartía la visión política de un poder Real fuerte, ya que su posición en una recién conquistada ciudad musulmana dependía de la protección de los reyes[58].

Lo que ahora interesa es saber como Hernán Núñez interpreta y utiliza ambos textos. El concepto clave para Hernán Núñez, con el que valora el actuar de los protagonistas históricos, es la justicia. Conseguir la justicia para todos de igual manera, tanto para los grandes como para los débiles, es la esencia del buen gobierno y el principal deber del príncipe. La justicia se refiere tanto al reparto justo de poder y bienes (justicia distributiva) como al derecho (justicia correctiva)[59]. Como consecuencia de esta concepción del deber político, Hernán Núñez da una valoración opuesta a Juan de Mena sobre Juan II de Castilla. Mena esperaba quietud y estabilidad en Castilla, sólo gracias a un poder central fuerte encarnado en el rey Juan. Hernán Núñez, en cambio, valora el poder político desde una perspectiva exclusivamente ética, con lo cual no está de acuerdo con que Mena hubiera retratado a Juan como un rey virtuoso. El poder, según Hernán Núñez siempre corrompe, lo que podía verse también en la equivocada estimación que Mena hacía de Álvaro de Luna, el privado de Juan II. Refiriéndose ya a su propia época, Hernán Núñez sentenció citando a Séneca, que el gobierno no debe caer bajo la influencia de los grandes y poderosos porque estos solamente persiguen sus propios fines[60].

[56] Frantisek Ŝmahel, "Enea Silvio Piccolomini and su Historia Bohemica", en: Dána MARTÍNKOVÁ, *Aeneas Silvii Historia Bohemica*, Praga 1998, pp. LIII-XCVII, pp. LXVIII-LXXXIV.

[57] Isidoro Arén JANEIRO, *Juan de Mena y sus lectores. Hernán Núñez y Francisco Sánchez de las Broazas 'El Brocense'*, Disertación University of Massachusetts Amherst 2005, pp. 1-83.

[58] Véase nota 68.

[59] Véase, como ejemplos, los siguientes pasajes: Núñez De Guzmán, Glosa, (1505), fols. 3v, 38v-39r, 76r,113r-114v, 120r y Historia de Bohemia (1509), fol. 19v.

[60] Núñez De Guzmán, Las CCC (1505), fol. 109r.

Para contrarrestar el egoísmo de los poderosos, Hernán Núñez favorecía elementos democráticos en el gobierno porque estos garantizaban el gobierno de los virtuosos y, por lo tanto, el bien común. Hay un caso de práctica política en el que se puede ver esta orientación democrática del humanista. Helen Nader publicó un discurso que este dio el día 5 de noviembre de 1512 en el Cabildo de Granada. Aquel día se trataba el tema de la elección de los jurados y su participación en el regimiento de la ciudad. Los jurados fueron elegidos por los habitantes de los distintos barrios, mientras que los regidores fueron nombrados por el rey. Como la mayor parte de la población en Granada eran moriscos, algunos regidores querían reducir el elemento democrático que estaba presente en los jurados[61]. Propusieron que se nombrara 20 hombres en cada barrio que en caso de la muerte de un jurado eligieran a su sucesor, y, además, quisieron terminar con la participación de los jurados en el Cabildo. En su discurso, Hernán Núñez rechazó esta propuesta con mucha retórica humanista y defendió —con ejemplos de la historia castellana y romana— la integración de los jurados en el Cabildo como "necesario para el bien e pro común". A personas virtuosas no se debería excluir del gobierno, porque, según Plutarco, dos cosas eran necesarias para gobernar: justicia en el castigo y el premio para la virtud. Finalmente, la mayoría de los regidores daba la razón al humanista y se mantenía a los jurados en su acostumbrada posición[62]. La defensa de los jurados por Hernán Núñez combinaba dos factores: por un lado su convicción democrática y por el otro los intereses de su patrón Iñigo López de Mendoza, cuyo gobierno en Granada se sostenía sobre la población morisca[63]. Apoyar a los jurados era, por lo tanto, no solamente una defensa de la influencia de la mayoría de la población morisca en el regimiento de la ciudad, sino también conveniente a la posición del capitán general.

[61] José Antonio López Nevot, *La organización institucional del municipio de Granada durante el siglo XVI. (1492-1598)*, Granada 1994, pp. 196-199.

[62] Helen Nader, "The Greek Commander Hernan Núñez de Toledo, Spanish Humanist and Civic Leader", *Renaissance Quarterly* 31,1978, pp. 463-485, pp. 480-485.

[63] Antonio Jiménez Estrella, *Poder, Ejército y Gobierno en el siglo XVI. La Capitanía general del Reino de Granada y sus Agentes*, Granada 2004, p. 99.

Hernán Núñez era muy crítico con el papel de la aristocracia porque consideraban a su influencia interesada, un obstáculo para el bien común. Consecuentemente, compartía con Pedro Mártir de Anglería la apología de los Reyes Católicos, en cuyo gobierno veía conseguido el bien común gracias a que los reyes controlaron a la nobleza. Durante las Comunidades, cuando Hernán Núñez estaba como profesor en Alcalá de Henares, tomó un posicionamiento revolucionario contra la alta nobleza. Según el testimonio de Fernando Alonso de Herrera su amigo había dicho que "se yría a tornar moro si dentro de un año no viese abatidos a los Grandes e que no oviese ninguno que tuviese de çient mill maravedís arriba de renta"[64]. Su inclinación al bando comunero y su crítica contra la nobleza tuvieron consecuencias. Alvar Gómez de Castro relata que, después de la derrota de los comuneros, el humanista fue herido por Alfonso de Castilla, un noble, cuando discutía con él. Abandonó Alcalá y se refugió en Salamanca en la torre de marfil de la universidad, donde a partir de entonces se limitaba al trabajo filológico sin intervenir más en la política[65].

La participación en el movimiento comunero es un paralelo notable en la vida de María Pacheco y su probable preceptor Hernán Núñez de Guzmán. La crítica de Hernán Núñez de la influencia perjudicial de la aristocracia egoísta y la orientación hacia el bien común con su contenido principal, la justicia, podían haber formado a la joven María Pacheco. Además, pudieron haberla influido ejemplos históricos de heroica resistencia que despertaron en ella la idea de su deber y su lealtad incondicional, incluso más allá de su propia catástrofe. Un ejemplo brindó Hernán Núñez en la Historia de Bohemia con la historia de Vlasta. Esta, a pesar de ser mujer, ejerció un dominio tiránico sobre Bohemia, contando solamente con mujeres entre sus seguidores quienes tenían que luchar con la espada. Hernán Núñez comentó que era "merecedora de contarse entre las memorables mujeres más osada de

---

[64] Citado por: Núñez De Guzmán, *Refranes o Proverbios en romance*, ed. por Louis COMBET - Julia SEVILLA MÚÑOS - Germán CONDE TARRÍO - Josep GUIA I MARÍN, Madrid 2001, vol. 1, p. 140, n.17.

[65] Teresa JIMÉNEZ CALVENTE, "Hernán Núñez de Guzmán, en: *Diccionario Biográfico Español*, https://dbe.rah.es/biografias/21505/hernan-nunez-de-guzman

lo que hembra convenía"[66]. Esta acusación se le hizo reiteradamente a María Pacheco. Ella gobernó y luchó como un hombre, a lo que no tenía derecho como mujer. ¿Tenía en mente este y otros modelos a seguir de las lecciones de Hernán Núñez cuando defendió desesperadamente Toledo? Sin embargo, en última instancia, todo esto es pura especulación y un tanto la imaginación del historiador.

Los hermanos de María Pacheco se mantuvieron fieles a la causa del emperador, aunque Antonio parece haber tenido por lo menos, simpatías con los comuneros. Probablemente por eso su hermano Luis, el II marqués de Mondéjar, no quería que fuera en 1520, como representante de Granada a las Cortes dado que no estaba de acuerdo con su actuación en Valladolid[67]. Luis Hurtado y Antonio eran alumnos de Pedro Mártir en la Corte real. Obedecían, con su fidelidad a Carlos V, a los preceptos de su padre Iñigo López de Mendoza. Este había recomendado a sus hijos la lealtad a los reyes porque, a diferencia de los grandes, ellos no disponían de un poder propio fuerte. Su posición e influencia dependían de su posición como capitanes generales del reino de Granada y con eso del servicio al Rey. Oponerse al Rey significaba poner en riesgo esta posición[68]. Luis Hurtado no se desvió de esta consideración y desde el principio se mostró partidario fiel del joven Carlos. Ya el 23 de enero de 1516 envió una carta a todos los regidores del reino de Granada, en la que los instaba a ser leales a Carlos de Gante, heredero de la corona castellana[69]. Él mismo esperaba con impaciencia su llegada. Decía en una carta "de la no venyda del Rey Nuestro Señor me pesa porque ya sería razón que alegrase estos reynos con su presenzia los quales tengo por ynposible que sostenga en paz syn ella"[70]. De su fidelidad a Carlos no se apartó durante toda la revuelta[71]. Cumplía, por lo tanto, no solamente con los preceptos

[66] Núñez De Guzmán, *Historia de Bohemia*, fol. 9r.

[67] Emilio Meneses García (ed.), *Correspondencia del Conde de Tendilla*, Madrid 1972, vol. 1, p. 552.

[68] Jiménez Estrella, Poder, Ejército y Gobierno, p. 84.

[69] Luis Hurtado De Mendoza, *Cartas*, BNE, Ms. 10.231, fols. 19v-20r.

[70] Luis Hurtado De Mendoza, *Cartas*, BNE, Ms. 10.231, fol. 126r.

[71] Sobre Luis Hurtado de Mendoza durante las Comunidades véase: Jiménez Estrella, *Poder, Ejército y Gobierno*, pp. 79-93.

de su padre, sino también con lo que Pedro Mártir había aconsejado a aquel. Ya en 1508 escribió a su amigo, Iñigo López de Mendoza, para advertirle ante la rebelión de Pedro Fernández de Córdoba y Pedro Girón contra el rey Fernando que procurara que sus hijos jamás se levantaran contra el rey[72].

5. Conclusión

La teoría política del humanismo y los ideales cívicos de los autores griegos y romanos como Cicerón, Séneca o Aristóteles, sirven tanto para defender autoridades y poder, como para criticarlos. Además, hay autores y opiniones para justificar los distintos sistemas políticos, la monarquía, la aristocracia o la república. Lo que importaba a los autores clásicos y humanistas no era un sistema político, sino encontrar el mejor camino para asegurar que los gobernantes se dedicaran al bien común[73]. Pedro Mártir de Anglería y Hernán Núñez de Guzmán seguían en esta línea moralizante del poder —muy a diferencia de su contemporáneo Maquiavelo—. Como preceptores, daban un alto valor al estudio en la formación moral de la clase dirigente. A través de la enseñanza de ejemplos clásicos, se esperaba transformar a la nobleza bélica y convertirla en una especie de nobles al servicio del Estado, que ya no buscaban riquezas y poder, sino que estaban interesados en el bien común.

No obstante, hay una diferencia fundamental entre los dos. Para asegurar el ejercicio correcto del poder, Pedro Mártir se limitaba a la educación y al estudio para formar moralmente a los jóvenes nobles. Desconfiaba del pueblo al que, por su poca formación en las humanidades, veía movido por los instintos e incapaz, por lo tanto, de velar por algo que, como el bien común, era superior a sus intereses individuales. Hernán Núñez, en cambio, desconfiaba de la nobleza porque veía a esta movida por los intereses. Para él, el camino para asegurar un gobierno de la virtud era la participación democrática del pueblo en el

---

[72] *Epistolario de Pedro Mártir*, carta 392 del 1.6.1508 a Tendilla.
[73] Anthony GRAFTON, "Humanism and political theory", J. H. BURNS (ed.), *The Cambridge History of Political Thought. 1450-1700*, Cambridge 2003, pp. 9-29.

gobierno para elegir así a los virtuosos, a los más aptos para procurar el bien común.

El interés en el ideal cívico del bien común se ve reflejados en las bibliotecas que reunieron Mondéjar, Priego y Vélez a las que hoy conocemos y donde se hallaron las obras de autores de referencia[74]. Aunque las lecturas de Cicerón, Seneca o Aristóteles pueden ser resultado del magisterio de Pedro Mártir y de Hernán Núñez, también va en consonancia con los gustos e intereses de la época, y no es nada sorprendente, sino más bien lo usual, encontrar estas obras en un biblioteca nobiliaria de principios del siglo XVI. Además, no es necesario acudir a las clases de los humanistas para encontrar a los responsables para la difusión de la idea del bien común. El centro más importante que lo difundía era la Universidad de Salamanca[75]. No obstante, los herederos de mayorazgos no fueron a la universidad, y se puede suponer que el humanista italiano tuvo un papel importante en la formación de su imaginario político en torno al bien común.

Queda el problema de no poder establecer relación directa entre las currículas, las enseñanzas de los profesores y las prácticas vividas y decisiones tomadas por los alumnos años más tarde. Hay demasiadas facetas que pudieron influir en sus vidas: intereses políticos, amigos, familia, libros, etc.

Lo que se puede constatar es que las enseñanzas humanistas, la orientación hacia el bien común, y la idea de que la nobleza ya no era responsable sólo ante el monarca, sino también ante el Estado abstracto, alimentaban un fondo revolucionario que podría volverse contra el propio monarca. Por un lado, proporcionó una base de legitimación

---

[74] Sobre sus bibliotecas véase: María de la Concepción QUINTANILLA RASO, "La biblioteca del Marqués de Priego", en: *En la España medieval. Estudios dedicados al profesor D. Julio González*, Madrid 1980, pp. 347-383; María Isabel HERNÁNDEZ GONZÁLEZ, *Libros y bibliotecas en la España del s. XVI, con un estudio particular de la colección de D. Pedro Fajardo Chacón, primer marqués de los Vélez*, Salamanca 1994 (= trabajo para la obtención del Grado); Martin BIERSACK, "Ein Spiegel adliger Gelehrsamkeit im Spanien des 16. Jahrhunderts. Die Bibliothek der Marqueses de Mondéjar", *Archiv für Kulturgeschichte* 97, 2015, pp. 333-372.

[75] Claudia MÖLLER RECONDO, *Comuneros y Universitarios. Hacia la construcción del monopolio del saber*, Madrid 2004; Jesús Luis CASTILLO VEGAS, *Política y clases medias. El siglo XV y el maestro salmantino Fernando de Roa*, Valladolid 1987.

para defender intereses particulares y mostrarlos como comunes[76]. Por el otro lado, quizá el humanismo y el ideal cívico del bien común tuvieron una influencia en los pensamientos y actuaciones de los alumnos que iba más allá, y fue una causa real de resistencia al poder Real.

[76] Miguel Ángel LADERO QUESADA, "Los Reyes Católicos y la nobleza en España", en: Alfred KOHLER (ed.), *Hispania-Austria. Die Katholischen Könige, Maximilian I. und die Anfänge der Casa de Austria in Spanien*, Múnich 1993, pp. 68-85 pp. 81-83.

Instituciones y gobierno en las comunidades

LOS COMUNEROS Y EL PERDÓN REAL

Agustín Bermúdez Aznar

Prof. Emérito Universidad de Alicante

1. EL DELITO DE TRAICIÓN Y EL PERDÓN REAL EN LA NORMATIVA Y LA PRÁCTICA BAJOMEDIEVAL CASTELLANA

El delito de traición y el perdón real eran instituciones que, prescindiendo de sus más remotos orígenes, gozaban de una larga tradición en la normativa y en la práctica del gobierno bajomedieval castellano[1].

En la legislación visigoda, el *Liber iudiciorum* había contemplado en su articulado la violación del juramento de fidelidad pactado con el rey, castigándolo con la pena de muerte y la confiscación de los bienes del autor, salvo que un perdón real rebajara el rigor de dichas penas[2].

Esta infidelidad recogida en la legislación goda será el precedente del delito de traición bajomedieval, tal y como queda patente en la legislación alfonsina. En esta, y muy especialmente, en *Partidas* (7.2,1-6), se considera como traidor a quien fuera desleal al monarca y como traición la deslealtad cometida. Tal actuación implicaba la ruptura del vínculo de fidelidad y, por lo tanto, la comisión de un crimen de lesa majestad, castigado con la pena de muerte y pérdida de los bienes[3].

La normativa alfonsina será recogida posteriormente en el *Ordenamiento de Alcalá de Henares de 1348*[4], y en la primera recopilación castellana de Alonso Díaz de Montalvo[5].

---

[1] Para una perspectiva histórico-jurídica sobre el delito de traición en la legislación visigoda y bajomedieval castellana: Aquilino IGLESIA FERREIRÓS, *Historia de la traición. La traición regia en León y Castilla*, Santiago, Universidad, 1971. (En adelante IGLESIA, *Historia de la traición*).

[2] Véase la interpretación del *Liber*, 2.1,8 y 6.1,7 efectuada por IGLESIA, *Historia de la traición*, pp. 23-81.

[3] El análisis crítico de la normativa alfonsina en IGLESIA, *Historia de la traición*, 149-248.

[4] *Ordenamiento de leyes que D. Alfonso XI hizo en las Cortes de Alcalá de Henares del año de mil trescientos y cuarenta y ocho,* ed. de I. JORDÁN DE ASSO-M. DE MANUEL Y RODRÍGUEZ, Madrid, J. Ibarra, 1774. Tít. 32, ley 5.

[5] Alonso DÍAZ DE MONTALVO, *Copilación de leyes*, Huete, Álvaro de Castro, 1484. Lib. I, tít. XI *De los perdones*, leyes 1-7.

Por su parte, en cuanto al perdón real se refiere[6], también el gran texto alfonsino de las *Partidas* lo trataba en su específico título *De los perdones*. Pese a lo genérico de dicho epígrafe, el mismo hacía referencia exclusivamente al perdón real, conectándolo con la práctica de la misericordia y diferenciándolo de la merced y la gracia. En cuanto a sus clases, en la preceptiva del código se distingue entre el perdón general y el particular, el dado antes o después de la sentencia. Pero cualquiera que fuese su tipología, la concesión del perdón real era considerada siempre como una exclusiva prerrogativa regia[7].

Junto a estas teóricas precisiones de *Partidas*, la práctica del perdón real ejercida por los monarcas castellanos bajomedievales revistió destacada importancia. El tema del perdón, en íntima conexión con el uso de la gracia, será considerado durante este periodo como una manifestación del poder real de que goza el rey, quien, por otra parte, puede usarlo por su sola voluntad e incluso al margen y por encima de la propia legalidad. La legitimidad de su ejercicio queda justificada tanto por su origen en la práctica de la misericordia (a la que un vicario de Dios, como era el rey, debía estar inclinado), como por su finalidad de lograr la *pax et tranquilitas* del reino, es decir el bien público y pro comunal[8].

Todas estas premisas, contribuirán progresivamente a intensificar una concepción absolutista del poder real, muy especialmente a partir del acceso al trono de la dinastía Trastámara. Fue más comedida durante los reinados de los primeros titulares (Enrique II, Juan I y Enrique III). Durante el reinado de Juan II, la concepción absolutista del poder regio llega, incluso, a considerar al monarca desligado de su sometimiento a la ley y por encima de la misma, tal y como se declara de forma inequívoca en las Cortes de Olmedo de 1445. Enrique IV, por su parte, no dudará en convertir el perdón real en un habitual

---

[6] Inmaculada RODRÍGUEZ FLORES, *El perdón real en Castilla (siglos XIII-XVIII)*, Salamanca, Universidad, 1971.

[7] *Las siete Partidas del sabio rey don Alonso el nono, nuevamente glosadas por el licenciado Gregorio López.* 7.32,1-3. Se ha utilizado la ed. Madrid, Benito Cano, 1789. (En adelante *Partidas*).

[8] José Manuel NIETO SORIA, "El poderío real absoluto, de Olmedo (1445) a Ocaña (1469): la monarquía como conflicto", *En la España medieval*, 21 (1998), pp.159-228.

instrumento de gobierno, un arma política usada sin muchos escrúpulos para poner término a levantamientos y conseguir adhesiones a
la política real. Frente a ello no faltaron reacciones por parte de las
Cortes castellanas, como pone de relieve el elocuente ejemplo de las
Cortes de Ocaña de 1469. En ellas se formula una crítica a la abusiva
utilización del perdón real y la necesidad de su comedido empleo en
consideración a la supremacía que la justicia debía tener sobre la misericordia. Aunque estas críticas y denuncias de las Cortes conseguían
la aquiescencia real y su firme propósito de reglamentar cuantitativa y
cualitativamente la concesión del perdón, tales intenciones fueron reiteradamente incumplidas y, por lo tanto, tuvieron escasa efectividad
práctica[9].

2. LA CONSIDERACIÓN DE LA REVUELTA COMUNERA COMO DELITO DE TRAICIÓN

Si estas instituciones, delito de traición y perdón real, son ubicadas en
el levantamiento comunero castellano de entre 1520-1522, su encaje
en el mismo es incuestionable.

En cuanto al delito de traición, la revuelta comunera es calificada,
desde la perspectiva regia y desde el primer momento, como una actuación incursa en el mismo. Así lo expresa en repetidas ocasiones Carlos
I al calificar de traidores a los comuneros. Un ejemplo paradigmático
de ello puede encontrarse, por ejemplo, en una real cédula dada en Colonia el 13 de noviembre de 1520 en cuyo texto el rey hace continuada
referencia a "los traidores que residen en la Junta de Tordesillas"[10]. Tal

---

[9] José Manuel NIETO SORIA, "Los perdones reales en la confrontación política de la
Castilla Trastámara", *En la España medieval,* 25 (2002), pp. 213-266. (En adelante
NIETO SORIA, "Los perdones reales").

[10] "El rey. Por quanto por los traydores que residen en la junta de Tordesillas se han
dado mandamientos e fecho otros abtos e prouisiones, poniendo penas e recibiendo las
obligaciones dellas, e haziendo actos de juridicion real, sobre lo qual hemos mandado
prouer mas largamente. E no enbargante que todo lo que hazian e han fecho era y es en
nuestro deseruicio e contra el pro e bien común de nuestros Reynos e de la cosa publica dellos. E asy, demás de no tener, como no tenían, poder ni abtoridad para lo hazer,
hera y es en sy ninguno, pero porque a los que lo saben, e con temor no lo han osado
contradecir, se dé osadía de lo ynformar e tener por ninguno como lo es. E a cosas tan
nuevas y desaguisadas y mal hechas convienen nuevos remedios. Por la presente damos

consideración y uso del calificativo de traidores, se volverá a repetir muy insistentemente a lo largo de la extensa carta de poder enviada por Carlos I a sus gobernadores. El documento, expedido en Worms el 17 del mismo mes y año, incita y concede poder para proceder con contundente energía contra los traidores insurrectos[11]. El contenido y calificativos insertos en dicho documento será reiterado al mes siguiente en los mismos términos[12]. Sandoval suministra un testimonio del pregón de dicho documento realizado en Burgos, el 16 de febrero de 1521, y de la refutación del mismo por los comuneros mediante la colocación de un cartel en la iglesia de Santa María de Valladolid [13].

Inversamente, la propia Junta comunera utilizará también el calificativo de traidor para aplicarlo a sus oponentes del bando realista. Expresamente con él se hace referencia al Condestable y al conde de

por ningunas e de ningún valor e efeto, como lo son, todas y qualesquier obligaciones y abtos que se han hecho por mandado de la dicha Junta e de los que en ella residen y las penas que por ellos han sido puestas, usando de juridicion contra qualesquier nuestros subditos y naturales, a los quales damos licencia y facultad para que de fecho por su abtoridad lo puedan resistir, e les mandamos que, so pena de la fidelidat que nos deven, no parescan ni se presenten ante ellos ni hagan ni consientan hazer otros autos de juridicion ni les den abtoridad, antes los tengan por enemigos desos Reynos. Y mandamos a los del nuestro consejo, presidentes e oidores de las nuestras abdiencias, alcaldes, alguaciles de la nuestra casa e corte e cancillerías, corregidores, asistentes, gobernadores, alcaldes, alguaciles de todas las cibdades, villas e lugares de los nuestros reynos e Señoríos que asy lo guarden e cumplan, so pena de perder los oficios. e caer en mal caso, e de otras penas en que caen e yncurren los que obedecen cartas e mandamientos de traydores e tiranos contra el mandamiento de su Rey e Señor natural. Fecha en Colonia, a treze dias del mes de nov. de 1520 años. Yo el Rey". (Manuel Danvila y Collado, *Historia crítica de las Comunidades de Castilla*, II, Madrid, Memorial Histórico Español, 1898, tomo XXXVI, p. 527. (En adelante Danvila, *Historia crítica*, II).

[11] "Pues los sobredichos delitos y rebeliones y trayciones fechos por las dichas personas son públicos e manifiestos y notorios en esos dichos nuestros Reynos, syn esperar a fazer contra ellos proceso formado por tela y orden de juicio, y sin los mas citar ni llamar, procedays generalmente a declarar y declareys por rebeldes aleves y traydores, ynfieles e desleales a nos y a nuestra Corona a las personas legas de qualquier estado y condición que sean que han sydo culpados [...] condenando a las dichas personas particulares que han sido culpados en estos dichos casos como aleves e traydores a pena de muerte y perdimiento de sus oficios y confiscación de todos sus bienes, y en todas las otras penas asi ceviles como criminales por fuero e por derecho establescidas contra personas legas y particulares que cometen semejantes delitos." (Danvila, *Historia crítica*, II, pp. 505-512).

[12] Worms, 17 de diciembre de 1520. (Danvila, *Historia crítica,* II, pp.777-785).

[13] Prudencio de Sandoval, *Historia de la vida y hechos del Emperador Carlos V. Primera parte (1500-1528)*, Logroño, B. Paris, 1634, pp. 445-455. (En adelante Sandoval, *Historia de la vida y hechos* I).

Alba en pregones efectuados en muchas ciudades y lugares de Castilla a finales de 1520[14].

3. El perdón real en cuanto instrumento de pacificación

La larga tradición castellana bajomedieval del uso pacificador del perdón real contribuye a explicar que dicha institución haga constante acto de presencia durante el levantamiento comunero. El mismo constituía un imprescindible instrumento de negociación, tal y como lo prueba su continuada demanda por los dos bandos contendientes. Por parte de los gobernadores, estos reclaman al rey poder para perdonar, pues lo juzgan necesario, casi imprescindible, para la reconducción del conflicto. Por parte de las ciudades insurrectas, la exigencia de un perdón real supone también, desde el primer momento, un requisito *sine qua non* para negociar el final de su rebeldía.

3.1. Las demandas de perdón

3.1.1. Los limitados poderes de los gobernadores para otorgar perdón
En el caso de la utilización del perdón por los gobernadores, dicha facultad estuvo constreñida por la ausencia de poder suficiente para otorgarlo sin previa consulta regia. Tal requisito impidió que los gobernadores no pudieran utilizarlo a su arbitrio como flexible instrumento de negociación con los sublevados.

Las reticencias reales a no delegar tan alta prerrogativa, como era el perdón real, encontraban justificación normativa y práctica debido a su distintiva condición soberana. Tal vez por ello, en la real provisión de nombramiento de gobernador no se solía aludir directamente al tema, Así ocurre en el nombramiento de Adriano, dado por Carlos I el 18 de mayo de 1520 para que durante su ausencia el Cardenal ejerciese las correspondientes facultades de gobierno en el territorio de la corona de Castilla[15]. En este documento, en el que se considera al Cardenal

[14] Sandoval, *Historia de la vida y hechos*, I, p.380.

[15] Manuel Danvila, *Historia crítica y documentada de las Comunidades de Castilla*, I, Madrid, Memorial Histórico Español, 1897, tomo XXXV, pp. 335-339. (En adelante

como la misma persona real y a sus disposiciones de gobierno como si procedieran del mismo rey, no se desciende a precisiones sobre el uso de la gracia. Tampoco en la anexa instrucción secreta de gobierno que se entrega al designado aparece mencionado el tema del perdón general. Tan solo se menciona una concreta referencia a la posible concesión de perdón en el caso común del homicidio, y, aun así, se permite otorgarlo en casos contados, con el imprescindible requisito del perdón de la parte ofendida y tras haber transcurrido un plazo de tres años desde su comisión[16].

Ante el cariz que van tomando los acontecimientos del levantamiento comunero, en el mes de septiembre de 1520, el monarca estima necesario ayudar al cardenal Adriano, y hacer colegiada la gobernación, asociando a la misma al condestable de Castilla, don Iñigo de Velasco, duque de Frías[17], y al almirante de Castilla, don Fadrique Enríquez. Estos nombramientos, acompañados de una amplia correspondencia complementaria[18], son traídos a España personalmente por Lope Hurtado de Mendoza y Pero Velasco. Al primero, el rey le encomienda que en su nombre transmita oralmente al Condestable toda una serie de actuaciones que deberá llevar a cabo. Al segundo le manda que haga otro tanto con el cardenal Adriano y con el presidente y miembros del Consejo real[19].

Pero, además de dicha instrucción, figuraba también entre las misivas enviadas a los gobernadores el texto de un borrador en el que

DANVILA, *Historia crítica*, I).

[16] DANVILA, *Historia crítica*, I. Los poderes concedidos en pp. 335-339, la instrucción en pp. 339-341.

[17] La carta real al Condestable notificándole su nombramiento está fechada en Bruselas, el 9 de septiembre de 1520. (SANDOVAL, *Historia de la vida y hechos*, I, pp. 340-341).

[18] En ella figuraba una instrucción fechada en Bruselas el 9 de septiembre de 1520 y dirigida conjuntamente a los tres gobernadores en la que se les indica el alcance de sus cometidos, deduciéndose, como afirma Danvila, que "las concesiones de gracia, y aun de justicia, debían de proveerse en la Corte de Flandes". (DANVILA, *Historia crítica*, II, p.13).

[19] "Copia del borrador de la instrucción dada por el Emperador a Lope Hurtado de Mendoza y a Pero Velasco cuando vinieron a España a traer el nombramiento de los virreyes". Carece de datación. (Juan MALDONADO, *El movimiento de España, o sea Historia de la revolución conocida con el nombre de las Comunidades de Castilla*, Madrid, E. Aguado, 1840. Nota 8 de J. QUEVEDO, pp. 292-297. (En adelante MALDONADO, *El movimiento de España*).

se les suministraban pautas para su actuación gubernativa en orden a conseguir la pacificación del reino[20]. En este documento, y en lo concerniente a la utilización del perdón real, quedan claramente expuestos los más importantes criterios mantenidos al respecto por el rey (y más específicamente por sus consejeros flamencos) sobre el alcance y el uso del perdón.

El texto de dicho borrador da por sobrentendida la preferencia que debía darse a la negociación sobre la actuación bélica, y de cómo en aquélla el perdón podía jugar un destacado papel. Ahora bien, su concesión, en cuanto acto de clemencia soberana, debería siempre correlacionarse estrechamente con la justicia. Como tal tema de justicia, ello implicaba, por una parte, la intervención en su concesión del Consejo real[21], y, por otra parte, su no concesión indiscriminada, pues debía valorarse el distinto nivel de responsabilidad de quienes habían intervenido en la revuelta. Era, pues, necesario distinguir entre los responsables principales[22] y los meros seguidores[23]. A los primeros debía castigárseles en justicia con la pena que les correspondiese por el delito cometido, a los segundos, por su menor responsabilidad, podía concedérseles con más facilidad el perdón real. Pero en el caso de no poderse aplicar dicha distinción, y en aras de la deseada pacificación, se

---

[20] "Copia del borrador que se dio a los visorreyes de Castilla para el caso de las Comunidades, sacada del original de la propia mano y letra del secretario Francisco de los Cobos". Carece de datación. (MALDONADO, *El movimiento de España*. Nota 8 de J. QUEVEDO, pp. 297-314).

[21] "En las remisiones y perdones que hiciéredes usareis con acuerdo y parecer de los del nuestro Consejo, teniendo siempre respecto y consideración que la clemencia entonces es debida y loada á los reyes cuando lleva consigo acompañada la parle de la justicia que le conviene, y que ella sola, sin ninguna parte de justicia en delitos tan graves y tan grandes y de tan mala calidad, como son los acontecidos, es muy reprobada por los grandes inconvenientes que suele traer consigo el perdonar ligeramente semejantes escesos. (*Ibidem*, p. 305).

[22] "Porque a los principales que a lo acontecido han dado cabsa grave, se me hace si pueden ser castigados que ansi del todo sean luego perdonados, porque el ligeramente perdonar, como sabéis, suele ser incentivo y ocasión grande á los hombres para pecar, y pudiéndose hacer justicia en algunos de los principales, sería cosa de mucho servicio de Dios nuestro Señor y nuestro, y bien grande de ese reino, y de la paz y sosiego de él, y aun de los otros que Dios nos tiene encomendados". (*Ibidem*).

[23] "A los pueblos y cibdades, ansi por la multitud de culpados que en ellas podrá haber como porque comunmente son de menos culpa, por ser inducidos y atraídos por otras personas con falsas y siniestras relaciones, caerá mejor el perdón". (*Ibidem*).

podría utilizar un perdón general que alcanzase indiscriminadamente a todos[24]. No obstante, en su concesión se debería poner siempre un especial cuidado en que quedase salvaguardada la superioridad de la soberanía real y del ejercicio de la clemencia regia, procurando que el perdón fuera humildemente solicitado por el peticionario y dando muestras de su sometimiento a la autoridad regia, sumisión propia y obligada de la condición de los buenos y leales vasallos[25].

Este borrador, en el que también se alude a la intención de convocar y celebrar Cortes, no debió pasar de la fase de mero proyecto, pues lo cierto es que en fechas posteriores fueron constantes las demandas cursadas al rey por parte de los gobernadores, reclamándole en su correspondencia un completo poder para conceder perdón.

Sobre este tema, el cardenal Adriano se pronunció con insistente regularidad en su correspondencia con Carlos I. Ya a finales de 1520, se empieza a encontrar en sus misivas al rey, la petición de la necesaria ampliación del poder para perdonar[26]. Tales peticiones, prosiguen el año siguiente en cartas del Cardenal de 4 de enero[27], 8 de

---

[24] "Y desearíamos mucho poder cumplir con lo que debemos á rey justo, si se pudiese bien hacer, y si allá os pudiéredes dar buena manera y orden para ello, sin que se siga ni pueda serguirse estorbo ni dilación á la paz y sosiego del reino, que tan afectuosamente vos encomendamos por todas vias procuréis hacello. Y si esto no pudiese ser sin daño ó estorbo de ella, y conviniere para ello que se perdonen todos, hacedlo asi, porque tenemos por mejor concluir y asentar la paz general del reino, y que todo se reduzca y ponga en nuestra obediencia, y torne al punto y estado en que estaba, aunque con perdón de los mas principalmente culpados, que no que quede el reino en el trabajo que agora está, por respecto de no perdonarlos" (*Ibidem*).

[25] "Pero ya que, como dicho es, se haya de perdonar, por lo que toca á nuestra abtoridad real debéis trabajar por la mejor y mas honesta forma y manera que pudiéredes, aunque sea con seguridad que secretamente les deis de nuestra parte, que nos pidan humildemente perdón, y se encomienden á nuestra clemencia, y se sometan como buenos y leales vasallos á cualquier pena que les mandáremos dar. Mirad bien de aseguraros de las personas y cibdades que perdonaredes, que se reducirán, y estarán, y permanecerán en nuestro servicio". (*Ibidem*, p. 306).

[26] Medina del Campo, 23 de diciembre de 1520: El Almirante "y el Condestable tienen razón de pedir poder mayormente para perdonar los crímenes cometidos, que sin el dicho poder crea Vra. Alteza que no se podría hacer cosa buena". (DANVILA, *Historia crítica*, II, p. 67).

[27] Tordesillas, 4 de enero de 1521: "Y sin que el dicho perdón general venga y se les de primero, crea V. Al. que jamás comunidad ni otra cualquier persona particular se reducirá a su real servicio y obediencia, y si tuviésemos poder largo para perdonar, fácilmente se ganarían algunos [...] cumple al servicio de V. M. consentirnos el poder para perdonar a todos en general y en particular, como antes lo teníamos, y para esto

enero[28] y 16 de enero de 1521[29]. El tema llega, incluso, a ocasionar a Adriano problemas con el Almirante, decidido partidario de la concesión de perdón general[30]. Y, en efecto, el propio Almirante, en 23 de enero, en la carta cifrada que le entrega a su pariente, Ángelo de Bursa, para que informe personalmente al rey, le pide que le exponga su queja por la falta de poder, rogándole que se lo envíe, así como el perdón general[31]. E incluso en fecha indeterminada del propio mes de enero, en una credencial dada por el Almirante a Diego Hurtado sobre lo que de su parte debía referirle al rey, se pone nuevamente de relieve el papel estratégico que podía jugar el perdón[32].

---

es menester se nos envié otro poder de nuevo, otramente crea que nunca se haría cosa buena, y asi suplico a V. A. lo mande ver, y piense que a esto no nos mueve otro fin sino el puro deseo que tenemos de procurar el servicio de V. M. y el bien y paz destos reinos". (Manuel Danvila, *Historia crítica y documentada de las Comunidades de Castilla*, III, Madrid, Memorial Histórico Español, tomo XXXVII, 1898, p. 12. En adelante Danvila, *Historia crítica*, III).

[28] Tordesillas, 8 de enero de 1521 (con letra del Cardenal): "Si supiese V.M. la necesidad que hay del perdón, ternía por bien de nos enviar poder para ello para que con esto se decidiesen unas civitates de autres". (Danvila, *Historia crítica*, III, p. 23).

[29] Tordesillas, 16 de enero de 1521: "Quanto a la suspensión del poder para perdonar, cierto es muy necesario concedérnoslo de nuevo o dexarnos usar el que teníamos como ya le tengo escrito, porque con esto se apartarían unas comunidades de otras, otramente todas juntas pedirán remisión y no se les podría denegar sin mucho peligro del reino, como ahora lo hacen, que ya no quieren tratar de cosa alguna sin que primero se les perdone, e de cada dia perdemos favor y pueblos". (Danvila, *Historia crítica*, III, p. 32).

[30] Tordesillas, 16 de enero de 1521: "El Almirante, según dice, teme que se perderá el reino. Díxome a XIII deste que en llegando los cuatro diputados de Toledo, si se quisieren inclinar a concordia y pidieren perdón para todo el reino, él se lo concederá por lo que cumple a la pacificación del mesmo reino, y lo firmará de su mano, obligando todo lo que tiene y entregándoles sus fortalezas, no mirando a las restricciones mas al principal poder que se le ha dado, aunque yo no lo quisiese otorgar y firmar. Si asi aconteciese que el quisiese otorgar y firmar perdón general para todo el reino, forzado me será salirme dél con la bendición de Dios para que no me persigan aquí como a enemigo de la paz y concordia del dicho reino. Podríamos perdonar a los menos malos y culpables y ganar algunas ciudades, lo qual me parece ser tan necessario al bien de V. M. como conducir la gente d´armas para la guerra". (Danvila, *Historia crítica*, III, p. 40).

[31] Tordesillas, 23 de enero de 1521: "Decidle (*al Emperador*) que siempre le suplico por el perdón general destos reynos pues su A. es quien recibe la mayor obra". (Danvila, *Historia crítica*, III, pp. 73 y 74).

[32] Tordesillas, enero de 1521: "Direis a S. M. que es recia cosa no aver acá poder de perdonar ni cartas firmadas en blanco con que nos ubiéramos concertado con algunas ciudades, que en comenzando a quebrar una quebraran todas, mas en tratando dicen que no tenemos poder". (Danvila, *Historia crítica*, III, p. 53).

En el mes siguiente, febrero, la correspondencia mantenida por Adriano con el rey, sigue insistiendo sobre la misma cuestión. En la del día 21 de dicho mes, se muestra partidario de la concesión de un mayor poder a los gobernadores, y advierte al monarca que, de no hacerlo, se arrepentirá por los muchos males que con ello se podrían haber evitado[33]. Vuelve a insistir al respecto en otra carta del día 23, comentando el cambio de opinión adoptado por el Almirante (ahora partidario tan solo de la concesión de perdón a las ciudades), y ratificándose en su postura de la conveniencia de un perdón general. En el mismo se contemplaría, al propio tiempo, la exigencia de responsabilidades y castigos, para los cabecillas de las revueltas[34].

Durante el siguiente mes de marzo, el tema del perdón general prosiguió estando presente en la correspondencia de los gobernadores. Concretamente, el Condestable hace hincapié en el necesario perdón que debería concederse a las ciudades[35]. También insiste el cardenal Adriano sobre el perdón general en sus cartas del 7[36] y del 12 de mar-

---

[33] Tordesillas, 21 de febrero de 1521: "A mas desto, creo que cuando V. M. fuere llegado en estos reynos se arrepentirá de no haver dado poder a sus gobernadores para perdonar, porque, perdonando a algunos que paresciere convenir, con ello se podría atajar muchos males". (DANVILA, *Historia crítica*, III, p.221).

[34] Tordesillas, 23 de febrero de 1521: "Los grandes y cavalleros que acá están no querrían que V.M. diese el perdón general. El Almirante dice ahora que le parece que se deue dar solamente a las ciudades y villas, pero no generalmente a todas las personas particulares, porque conviene mucho al servicio y auctorio de V. M. que los más principales, que han movido y levantado estas rebeliones y persisten en ellas, sean muy bien castigados. No embargando esto, digo que, si con el perdón general estos reinos se pudiesen asosegar y asentar y reducir a devida obediencia, me parece que V. M. lo debería conceder y otorgar muy largamente, que después bien se podrían buscar y hallarles justos y razonables medios con los cuales se pudiesen castigar los susodichos principales y otros particulares. Y cierto me parece cosa impía e inhumana que el Almirante, viendo que el reyno se abrasa, acuerde más de dexarlo perder todo que suplicar a Vtra. Mag. por el dicho perdón general, que por esto no se sigue que lo haya de otorgar V. M. en más de lo que fuere su real voluntad y servicio". (DANVILA, *Historia crítica*, III, p. 224).

[35] Burgos, 4 de marzo de 1521: "Lo primero que se les ofrece (*a las ciudades*) es el perdón, porque así conviene a vuestro servicio, y como acá tenemos el poder limitado y revocaciones, es muy grande embarazo. Remédielo V.M. si le parece que le conviene a su servicio, y bien seria que V.M. sueltamente lo remetiese, pues lo que los gobernadores con los del Consejo hicieren se debe creer que lo harán como convenga a servicio de V. M. Y si V.A. lo dexare por enojo de las cosas pasadas, crea V.M. que, aunque perdonemos mucho, de lo que si quedará harto en que satisfaga su enojo". (DANVILA, *Historia crítica*, III, p. 477).

[36] Tordesillas, 7 de marzo de 1521: "Que todos los de las comunidades son determinados de llevar las cosas a fuerza de armas, y si luego no se les diese el perdón general,

240

zo[37]. Incluso en abril, el Condestable volverá a recordar al rey la necesidad de concesiones de perdón a las ciudades[38].

3.1.2. Las peticiones de perdón real por los comuneros

La exigencia de un perdón general por parte de los comuneros es siempre un tema recurrente en cuantas ocasiones negocian o elevan propuestas al rey, bien directamente con él, bien por medio de los gobernadores. Así se pone de manifiesto, a finales del mes de octubre de 1520, durante las intensas negociaciones que tienen lugar por parte de ciudades, mediadores y Junta comunera.

De entre las demandas urbanas, cabe destacar los capítulos que la ciudad de Burgos remite a Valladolid en 22 de octubre de 1520 para que sean unidas a las que la propia Valladolid estaba preparando para enviar a la Junta[39]. Valladolid, por su parte en 30 de octubre de 1520 hace llegar al Cardenal, Consejo real, y a la Junta comunera de Tordesillas, unos capítulos en los que figura entre sus demandas (calificadas como fundamentales) la referida al otorgamiento de un perdón general[40].

sin duda todo el reino sería perdido, a más de lo que ya lo está". (DANVILA, *Historia crítica*, III, p.394).

[37] Tordesillas, 12 de marzo de 1521: "Veo lo que V. Al. escribe en la carta general y en la mía particular sobre lo del perdón, y porque algunas personas particulares de las Comunidades se han reconoscido y tornado al servicio de V. Al., y sirven ahora mas que algunos de los que continuamente han estado en servicio de V. Al., que aquellos tales V. Mat. debe perdonar. En los dichos principales remítome a lo que fuere su servicio". (DANVILA, *Historia crítica*, III, p. 396).

[38] Castrojeriz, 12 de marzo de 1521: "En lo que V. Mt. dize del perdón que se ofrece a las Cibdades […] parece que se les an ofrecido otras particulares mrds. y este es el mayor trabajo que tenemos, porque ni aprobecha hazelles bien ni hazelles mal. Pero sy todo el Reyno viniese verdaderamente a su seruicio mucho se auia de hazer por no llevar carga tan pesada. Yo certifico a V. Mt. que no ay onbre en España que menos querría que ninguno fuese perdonado que yo, porque dexado aparte lo que a V.Mt. an enojado, yo juro por la verdad que a V. Mt. puedo dezir que tengo menos agora que quando V. Mt. partió de La Coruña". (DANVILA, *Historia crítica*, III, p. 584).

[39] "Que el rey perdone todos los daños, escándalos que se han hecho en estos reinos por lo susodicho, y por ello no hayan pena ni castigo alguna ciudad, villa ni lugar ni persona particular". (SANDOVAL, *Historia de la vida y hechos*, I, p. 347).

[40] "4. Lo otro, que su Magestad otorgue plenísima remisión a todas las ciudades, villas e lugares destos sus reinos, y a los caballeros, comendadores, perlados y personas religiosas, y a todas las otras de cualquier condición, estado y calidad que sean, ansí en cuanto a las culpas, delitos, crímenes y excesos como en cuanto a los bienes y tomas, ocupaciones y gastos y otras cosas necesarias para la seguridad de toda España. Que V. Señoría

En cuanto a los mediadores, puede mencionarse la negociación entablada a finales de octubre entre el Almirante y la Junta comunera con el fin de llegar a un acuerdo pacificador. El Almirante les pide, entre otras cosas, no entrometerse en la vida y cuidado de la reina, el respeto a la gobernación real, la restitución de bienes tomados, etc. En contrapartida se compromete a conseguirles algunas de sus más destacadas demandas: las rentas encabezadas, la exención del servicio económico aprobado en La Coruña, la no concesión de dignidades a extranjeros..., y el perdón real[41].

Respecto a las demandas de la Junta comunera al rey, en 20 de octubre de 1520 la Junta aprueba en Tordesillas el envío al monarca de unos *Capítulos del Reino* (también conocidos como *Ley perpetua*), los cuales le serían entregados por tres mensajeros enviados a la localidad de Worms. En estos programáticos capítulos, que pese a lo previsto nunca llegaron a entregarse personalmente al monarca, se contenía la petición de un amplio perdón para todos los participantes en la revuelta[42].

Finalmente, a comienzos del año siguiente, febrero de 1521, se produce la entrega al rey de unos *Capítulos*, negociados entre fray Francisco de los Ángeles y la Junta comunera. En su apartado 98, se pedía

Reverendísima y letrados la ordenen tan larga y tan cumplida y bastante, y con tantas clausulas derogatorias y no obstancias, cuantas fueren necesarias para entera seguridad. Y que asimismo su Magestad tenga por bien de lo conceder, y se haga la suplicación que para ello fuere necesaria". (SANDOVAL, *Historia de la vida y hechos*, I, p. 368).

[41] "Prometo que se hará perdón general a todo el reino de todas las cosas pasadas, ansi para perlados como para caballeros como para comunidades y pueblos de todo el reino". (SANDOVAL, *Historia de la vida y hechos*, I, p. 347).

[42] "E que todo lo manden remitir e perdonar, e remitan e perdonen plenaria e cumplidamente, asi a los ayuntamientos, consejo e universidades de las ciudades, villas e lugares destos reynos, como a la persona o personas particulares que en ello han entendido e entienden. E que de oficio, ni a pedimiento no se proceda más en ello ni en cosa alguna dello, civil ni criminalmente. E revoquen e den e queden dados por ningunos qualesquier proceso o procesos, mandamientos e sentencias e provisiones que los del Consejo o Alcalde Ronquillo u otro qualquier juez uviere fecho e dado contra qualesquier ciudades e villas e lugares e comunidades destos Reynos, e personas particulares dellos. E por esta causa no les quiten oficios ni mercedes ni maravedís de juros que tengan, e queden del todo libres: pues a ello se han movido por servicio de sus Magestades e por el bien público destos Reynos, e aumento e conservación de sus rentas e patrimonio Real, e cumplir e hazer su deber en servicio de los Reyes sus Señores naturales, por lo que disponen las leyes destos sus Reynos, e por la obligación que tienen a la lealtad de la Corona Real". (SANDOVAL, *Historia de la vida y hechos*, I, p. 336).

al rey el perdón general de los sublevados, admitiendo la libre decisión real sobre los exceptuados que creyera oportuno insertar[43].

3.2. Las concesiones de perdón

Ningún perdón general fue concedido antes del regreso del rey a Castilla. Carlos I mantuvo el criterio, expuesto a través de su correspondencia, que se había incurrido en un crimen de *lesae maiestatis*, consecuencia de la comisión de un delito de traición contra él por parte de un contingente de sus súbditos. En su opinión, era de estricta justicia el castigo de los culpables de dicha actuación criminal, aplicándoles la pena prevista para el delito de traición: pena de muerte y perdida de bienes. Pero, aun siendo todo ello así, el rígido castigo resultante de la comisión del delito podía estar atemperado por el uso de la gracia real en base a la clemencia que todo rey estaba llamado a practicar siguiendo el modelo divino. El efectivo instrumento de dicha clemencia se concretaba en una concesión real de perdón en base a la facultad real de ejercer su derecho de gracia. Sin embargo, dicha medida debía ser cuidadosamente aplicada. Era evidente, por un lado, que el uso de la gracia subrayaba la manifestación del poder real absoluto de que estaba revestido el monarca, y que lo desligaba e incluso lo situaba en una posición de incuestionable superioridad, al margen y por encima de la ley. Mas, por otro lado, el perdón podía ser interpretado como una fácil medida de gobierno con la que acabar un conflicto, por lo que, contrariamente, podía ser considerado como manifestación de la debilidad o incapacidad real para arbitrar las oportunas medidas de gobierno que acabasen con el problema político planteado. Así pues, si bien era admisible que el rey pudiera proceder *motu proprio* y *scientia cierta* en la aplicación de la medida de gracia, en cuanto demostrativa de su poder soberano, era también necesario que, para evitar cualquier

---

[43] "98. Otrosí que á V. Md. plega de conceder perdón generalmente de todos los casos e cosas acaecidos en las Ciudades Villas e lugares que estuvieren alvorotados e alterados, excetando las personas particulares que V. Al. fuere servido. E que asimismo V. Md. tenga por bien de mandar que no se proceda contra los dichos pueblos que estuvieren alterados a penas algunas por razón de las sisas, emprestidos e repartimientos que se hayan hecho, por manera que V. Al. como Señor e Rey soberano vse de clemencia e piedad con ellos". (Danvila, *Historia crítica*, III, p. 277).

equívoca interpretación, la petición del ejercicio de la misericordia regia por medio de la gracia y su plasmación en el perdón real fuera solicitada y rogada humildemente por los posibles beneficiarios.

En este orden de ideas, el rey siempre insistió en que, con el fin de conseguir el delicado equilibrio entre la obligada ejecución de la justicia y el ejercicio del perdón, era imprescindible considerar y graduar, cuanto menos, el distinto grado de responsabilidad en el que habían incurrido los implicados en este crimen de traición. Así, los más directamente responsables, debido a su destacada intervención en el conflicto, debían ser castigados con arreglo a la ley, excluyéndoles del disfrute de las exenciones contenidas en un posible perdón general. Por el contrario, los meros colaboradores o pasivos seguidores de las directrices marcadas por los cabecillas de la insurrección, podrían ser destinatarios, sin mayores problemas, del perdón real, una medida que, en este caso, no era tan atentatoria a la justicia.

Pues bien, todas estas teóricas consideraciones, contenidas más o menos explícitamente en la correspondencia real mantenida con los gobernadores a lo largo de la contienda, vuelven a reiterarse en la misiva que les envía desde Worms el 21 de febrero de 1521. En ella, el rey les deja clara su postura de no aceptar peticiones individuales de perdón para líderes comuneros. Y que, en cuanto a una posible concesión de perdón general, el mismo debería darse mediando petición de los afectados y exceptuándose del mismo a los principales causantes de los alborotos[44].

3.2.1. Concesiones de perdones individuales

En consonancia con cuanto antecede, la actitud real, respecto a la concesión de perdones individuales a destacadas figuras comuneras arrepentidas fue, en principio, bastante inflexible. Este criterio de dureza era el propio de los consejeros regios (Chièvres) y el seguido tam-

[44] "Que lo del poder perdonar a todos y usar de clemencia, pero esto ha de ser reservando el derecho a las partes, y exceptando las personas que principalmente auian sido causa dello, y los procuradores, y los que fueron en detener al Cardenal, y en quitar del servicio de la reina y de la infanta, su hermana, al marqués y marquesa de Denia, y en los atrevimientos y delitos que en Tordesillas se cometieron. Pero, si de su parte fuere suplicado, les mandaría dar el perdón conforme a lo susodicho". (SANDOVAL, *Historia de la vida y hechos*, I, p. 416 y ss.).

bién por el Consejo real[45]. En la mayoría de las ocasiones de poco valió la demanda de gracia del peticionario, ni el alto prestigio e influencia que pudieran tener sus intercesores. Tampoco los propios gobernadores, pese a las fuertes presiones de que eran objeto, podían actuar con libertad de criterio, estando obligados a elevar la oportuna consulta al rey antes de proceder a la adopción de cualquier medida de este tipo[46].

Las peticiones individuales de perdón se van sucediendo a medida que van siendo individualizados e imputados los responsables del levantamiento comunero. De entre ellos el mayor rigor recaerá sobre los que desempeñaron las más altas responsabilidades y no consiguieron escapar a la justicia. Pero quienes consiguieron salvarse desapareciendo del escenario hispano mediante ocultamiento, exilio, etc., solo consiguieron su perdón en fecha tardía. Algunos ejemplos citables son suficientemente elocuentes. Es el caso paradigmático de don Pedro Girón, primogénito del conde de Ureña, cuyo perdón fue pedido desde 1521 por los propios gobernadores[47] y en 1522 por él mismo[48], no

---

[45] Joseph. PÉREZ, *La revolución de las Comunidades de Castilla (1520-1523)*, Madrid, Siglo XXI, 1977, pp.175 y 200. (En adelante J. PÉREZ, *La revolución de las Comunidades*).

[46] Tordesillas, 15 de marzo de 1521. Carta de Adriano al rey: "Ayer a la noche me embió el Almirante muchas cédulas firmadas por el nombre de V.M. con las cuales V.M. perdonaba a don Pero Lasso y otras personas particulares cualquier cosa que hayan fasta aquí fecho en deservicio de V.M., pues se redujesen a obediencia de V.M. Yo no las quise firmar, asi por no tener poder para ello como ahun porque V. M. nos tiene prohibido y mandado que acerca desto, y en lo demás, no tomemos concierto sin consulta suya. Algunos dicen que yo quiero perder el reyno y a V.M., mas, no embargante esto, no quiero engañar a don Pero Lasso ni a otros porque después me dirían que soy y les había sido traidor y engañador, y en cosa de tanta importancia no quería dar algo no teniendo poder para ello. Y créame V.M. que, aunque hoy toviésemos diez mil hombres en campo y en su servicio, aun convendría con tratos y buenos medios procurar concierto, si ya V.M. no acordase, usando de muchas crueldades contra su propio pueblo, haber indignación perpetua dél. El conde de Benavente fasta aquí estaba muy bravo contra las Comunidades y agora con gran diligencia procuraba que yo firmase […] perdón. Mas, después que le hablé sobre ello, confesó que tenía razón de excusarlo. Si. V. M. quiere el bien de sus propios negocios y de los pobres súbditos, debe permitir que podamos perdonar, así a los principales como a particulares que nos pareciese que lo mereciesen. Y tenga por cierto V. M. que si don Pedro Girón y don Pedro Lasso se quisiesen oy tornar a la Junta podrían provocar a ella mucho pueblo y hacer grandísimo daño". (DANVILA, *Historia crítica*, III, p. 410).

[47] DANVILA, *Historia crítica*, III, p. 432.

[48] DANVILA, *Historia crítica y documentada de las Comunidades de Castilla*, V, Madrid, Memorial Histórico Español, tomo XXXIX, 1899, p. 206. (En adelante DANVILA, *Historia crítica*, V).

consiguiendo su perdón definitivo hasta 1524, tras haber pasado por la humillación de ser exceptuado del perdón general de 1522 y conmutada su pena por destierro y servicio militar en Orán. Es el caso también de Pero Laso, apoyado por los gobernadores[49], exiliado en Portugal, parcialmente rehabilitado en 1524, y definitivamente en 1526. Igual ocurrió con don Pero López de Ayala, conde de Salvatierra, también exiliado en Portugal y finalmente fallecido en 1524, en una prisión burgalesa a la espera de ser juzgado. Otro tanto ocurrió en el caso de don Luis de Quintanilla, comendador de la Orden de Santiago, quien en 21 y 23 de julio de 1521 gozó de una intercesión de los soberanos portugueses ante el rey[50], gestión que no obtuvo el menor éxito, ya que no llegó su perdón hasta 1524[51]. También en este mismo año recibe su real cédula de perdón el zamorano Juan de Porras[52], sin que de nada valiera la intercesión que por él hizo el rey de Portugal en 1521[53], etc.

Estos perdones individuales se solían expedir mediante real cédula o real provisión en la que se exponía la actuación comunera del inculpado, las consideraciones tenidas en cuenta en su favor, el perdón concedido, su preciso alcance y el mandato de cumplimiento del mismo dirigido a todas las instituciones y autoridades judiciales de la corona, terminando con la datación y suscripción[54].

Por su parte, el grueso del contingente de comuneros inculpados y exceptuados del perdón, bien en las primeras listas enviadas por las ciudades bien en la relación contenida en el perdón general de 1522, acudieron a todos los medios a su alcance con el fin de salvar su vida y lograr el perdón real aunque fuera tardíamente. Para su consecución, los inculpados procuraron el valimiento de sus familiares[55], de redes

[49] DANVILA, *Historia crítica*, III, p. 410. Tordesillas, 15 de marzo de 1521.

[50] DANVILA, *Historia crítica*, V, p. 193.

[51] DANVILA, *Historia crítica*, V, p. 503.

[52] DANVILA, *Historia crítica*, V, p. 508.

[53] DANVILA, *Historia crítica y documentada de las Comunidades de Castilla*, IV, Madrid, Memorial Histórico Español, tomo XXXVIII, 1898, pp. 656 y 527 respectivamente. (En adelante DANVILA, *Historia crítica*, IV).

[54] Véase, por ejemplo, el de Pedro Girón en DANVILA, *Historia crítica*, IV, pp. 166-168.

[55] Es el caso de Gonzalo de Tordesillas, cuyo perdón solicita su tío Juan Soler, o el de Francisco de Ruescas pedido por su esposa (DANVILA, *Historia crítica*, V, pp. 193 y 370 respectivamente).

clientelares de destacados personajes del bando realista[56], e incluso de su localidad de origen[57]. Estos escritos de intercesión del perdón real solían tener una similar estructura argumentativa: conocimiento por parte del avalista de la imputación efectuada, cualidades e historial del imputado, petición de perdón en base tanto a las circunstancias eximentes o atenuantes que concurrieron en su actuación comunera como a los servicios personales y familiares prestados a la monarquía, y, por último, consideración del otorgamiento del posible perdón como una merced real efectuada al intercesor[58].

A partir de 1522 el número de concesiones de perdones individuales fue abundante[59], llegándose a obtener en algunos casos por la mera prestación de servicios militares[60] y hasta por composición económica efectuada con la Corona[61].

3.2.2. Concesiones de perdones colectivos

Este panorama de escasas concesiones de perdones individuales contrasta con el más dinámico referido a las peticiones y concesiones de perdón dadas a ciudades y villas con anterioridad a 1522. En todo

---

[56] J. PÉREZ, *La revolución de las Comunidades*, p. 577.

[57] Tal hace la villa de Medina del Campo a favor de Francisco de Mercado, Luis de Quintanilla y del Abad de Medina y de Compludo. (DANVILA *Historia crítica*, IV, pp. 60, 61 y 62 respectivamente).

[58] De entre las cartas concejiles de aval puede servir de ejemplo la de Medina del Campo en favor de Francisco de Mercado: "El concejo, justicia, regidores, caualleros, escuderos, oficiales, y onbres buenos de la villa de Medina del Canpo dezimos que V. M. an mandado proceder contra Francisco de Mercado, vezino desta dicha villa, por aver sido con las Comunidades y Capitán de la gente de la dicha villa. Y porque al tiempo que las dichas Comunidades se alteraron y esta dicha villa, con el sentimiento y dolor que ovieron de verla quemada, hizieron al dicho Francisco de Mercado por fuerza e contra su voluntad, los bulliciosos y alterados, que se encargase de la dicha Capitanía. Suplicamos a V. M. sean seruidos de le perdonar, pues su yntincion no fue de deseruir ni desacatar, y ávida consideración a los muchos seruicios quel dicho Francisco de Mercado e sus pasados an hecho a V. Mt. y a la casa real de Castilla. Y en esto rescibiremos mucha merced." (DANVILA *Historia crítica*, IV, p. 60).

[59] Múltiples ejemplos se encuentran en DANVILA, *Historia crítica*, V, pp. 279-301, 508-509, 556-558, etc.

[60] Puede servir de ejemplo el caso de Antonio Rodríguez, vecino de Zamora, quien, exceptuado del perdón, sirvió ocho años en el ejército hispano en Italia, participando en la batalla de Pavía y en el cerco de Nápoles (DANVILA, *Historia crítica*, V, p. 558).

[61] DANVILA, *Historia crítica*, V, p. 509 con lista de dieciocho comuneros rescatados mediante composición económica.

caso, debe recordarse que, siguiendo el principio de individualización de responsabilidades, la concesión colectiva no comprendía de manera indiscriminada a todo el conjunto vecinal. Habitualmente todos estos perdones colectivos dados a ciudades y villas llevaron consigo una protocolaria tramitación en la que estaba incluida la indagación y elaboración de una lista de vecinos excluidos del perdón a causa de su destacada participación en la revuelta comunera de la localidad[62]. Esta condición de excluido no impidió, sin embargo, que en otro momento posterior pudieran conseguir, como así fue, un perdón individual[63].

Peticiones

Sin una pretensión de suministrar una enumeración exhaustiva, pueden citarse algunos casos representativos de la dinámica de la concesión de estos perdones colectivos urbanos.

Antes de Villalar, ya en junio de 1520, y para evitar la sublevación de Guadalajara, el duque del Infantado pidió al Cardenal que se concediera un perdón a la localidad[64]. De 17 de diciembre del mismo año es el perdón concedido a Burgos[65], según gestión realizada al efecto por el condestable don Íñigo de Velasco. Y también en esa misma fecha la localidad de Aranda recibe su perdón[66].

Al año siguiente, 1521, en marzo, una real cédula fechada el día 13 otorgó perdón a la comunidad de Cuenca[67]. En abril, en carta al rey del día 8, el Cardenal Adriano aconseja el perdón para la villa de Valladolid[68], y el 15 de abril, el Almirante de Castilla le sugiere al rey el perdón

---

[62] Véase al respecto J. Pérez, *La revolución de las Comunidades*, pp. 571-574.

[63] Algunos ejemplos en Danvila, *Historia crítica*, IV, pp. 627-628.

[64] "Parecióle bien la carta al Cardenal, mas, sin consultar al Emperador no se atrevió a hacer más de lo que en el Consejo se ordenaba". (Sandoval, *Historia de la vida y hechos*, I, p. 241).

[65] Danvila, *Historia crítica*, II, p. 724 y III, p. 312.

[66] J. G. Peribáñez Otero, *Villas, villanos y señores en el tránsito hacia la modernidad. La Ribera del Duero burgalesa a finales de la Edad Media*, Valladolid, Universidad, 2016, p. 300. (En adelante Peribáñez, *Villas, villanos y señores*).

[67] Danvila, *Historia crítica*, III, p. 526.

[68] "Que V. Md. tuviese por bien con su carta perdonar generalmente a la villa de Valladolid y a todos los vecinos della todos los excessos que fasta aqui han fecho contra V. Mt., y que a mas desto se le restituya la Cancellería con offrecimiento de otras mercedes, que con ello se apartarían de la confederación que tienen con las otras villas

para Ávila, Valladolid y Madrid[69]. Del 25 de abril es una real provisión concediendo el perdón a Ocaña[70]. El 26 del mismo mes Valladolid recibirá el perdón[71]. Su pregón se realiza con gran júbilo por calles y plazas. El día 27 Guadalajara obtiene su perdón real[72].

Tras la derrota de Villalar, aumenta el ritmo de peticiones y concesiones de perdón por parte de localidades comuneras. A 3 de mayo, Ávila da poder a sus procuradores para suplicar al rey el perdón de los comprometidos en el movimiento comunero abulense, perdón que en el mismo mes le es concedido por real cédula[73]. También es el 3 de mayo cuando Medina del Campo inicia la tramitación de una nueva petición de perdón, que los gobernadores le conceden dos días después[74]. Ese mismo día, los gobernadores emiten una real cédula concediendo el perdón a Palencia[75]. El 5 de mayo, Salamanca consigue su perdón[76]. También León, a principios de mayo, y bajo los auspicios del

y ciudades rebeldes y se tornarían a la obediencia de Vra Mat.". (DANVILA, *Historia crítica*, III, p. 569).

[69] "Perdón, como en otras he dicho, para ciudades particulares creo que haryan al caso para Avila y Valladolid y para Madrid. Véalo Su M.t.". (DANVILA, *Historia crítica*, III, p. 606).

[70] DANVILA, *Historia crítica*, III, p. 782.

[71] "Consejo, justicia e regidores, caballeros, escuderos, oficiales e hombres buenos de la villa de Valladolid. Por quanto a mi es fecha relación por los procuradores y otras personas vecinos de esa villa, de la buena voluntad que teneis a nuestro servicio, e por usar con esa dicha villa e con los vecinos e moradores y personas particulares della, de clemencia e piedad, es nuestra merced e voluntad de remitir e perdonar como por la presente remitimos e perdonamos a esa dicha villa e vecinos e moradores e personas particulares della, todos e qualesquier delitos, culpas e cargos en que ayan incurrido por las cosas pasadas e acaecidas en estos reinos, por los escándalos y movimientos que en ellos se han levantado y han sucedido después de mi partida. E les remito cualquier confiscación de bienes e perdimientos de oficios. Hecho en Simancas, a veynte y seis días del mes de abril de mil e quinientos veinte y un años. Lo cual se entienda exceptando, como por la presente excepto, doce de los dichos vecinos desa dicha villa para hacer de sus personas e bienes lo que fuere de justicia e mi merced y voluntad fuere. El Condestable. El Almirante. Por mandado de sus Magestades, los gobernadores en su nombre. Pedro de Zoaçola." (SANDOVAL, *Historia de la vida y hechos*, I, p. 480).

[72] F. LAYNA SERRANO, *Historia de Guadalajara y sus Mendozas en los siglos XV y XVI*, vol. III. Madrid, Aldus, 1942. Texto completo del perdón en pp. 397-398.

[73] DANVILA, *Historia crítica*, IV, pp. 147 y 150 respectivamente.

[74] DANVILA, *Historia crítica*, IV, pp. 55-57 y 97 respectivamente.

[75] DANVILA, *Historia crítica*, IV, p. 111.

[76] DANVILA, *Historia crítica*, IV, p. 93.

conde de Luna, solicita el perdón[77]. A mitad de mes, el día 12, Segovia obtiene la real cédula de perdón, a la cual se adjunta un memorial, comprensivo de 40 personas que debían ser desterradas de la ciudad[78]. El 16 es la villa de Becerril la receptora del perdón[79]. Y ese mismo día 16 se le vuelve a conceder perdón a Aranda, localidad que tras haberlo obtenido ya en diciembre había vuelto de nuevo al bando comunero[80]. La villa de Madrid lo obtiene también este mes de mayo[81].

En meses sucesivos, aunque ya con menor intensidad, van llegando todavía perdones reales a algunas ciudades. Así, Murcia, que había iniciado sus gestiones pidiendo el perdón en mayo, lo obtuvo en la tardía fecha del 24 de julio debido a su inicial negativa a incluir exceptuados, pretensión a la que finalmente tuvo que renunciar[82]. En fecha más avanzada todavía, y tras laboriosas negociaciones[83], el 25 de octubre la ciudad de Toledo obtiene el perdón real[84].

Trámites

Toda esta dinámica, además de ofrecer una sintética y aproximativa panorámica de la evolución espacio-temporal de las peticiones y concesiones del perdón real, implicaba y era la resultante de la puesta en marcha de un obligado protocolo de tramitaciones.

En este sentido, y en primer lugar, la localidad peticionaria debía proceder a la reunión de su concejo para acordar en el mismo la petición del perdón. Este se concedía siempre a solicitud de los afectados, exigencia encaminada a resaltar la superioridad soberana del concedente.

Conjuntamente con el texto peticionario se debía acompañar una relación de posibles vecinos a excluir del perdón, habida cuenta de su

[77] DANVILA, *Historia crítica*, IV, pp.123-125.

[78] DANVILA, *Historia crítica*, IV, p. 90.

[79] DANVILA, *Historia crítica*, IV, p. 92.

[80] PERIBÁÑEZ OTERO, *Villas, villanos y señores*, p. 307.

[81] DANVILA, *Historia crítica*, IV, p. 119.

[82] DANVILA, *Historia crítica*, IV, p. 115.

[83] DANVILA, *Historia crítica*, IV, p. 566-585.

[84] Antonio MARTÍN GAMERO, *Historia de la ciudad de Toledo*, Toledo, Imp. López Fando, 1862. Texto completo en pp. 1085-1088.

destacado protagonismo en la revuelta. La confección de la lista era realizada por el órgano judicial local (corregidor, alcaldes) en base a testimonios facilitados por un determinado número de vecinos[85]. De dicha relación, los gobernadores y el Consejo podían hacer cambios excluyendo nombres o añadiendo otros nuevos. El número total resultante variaba de una localidad a otra, oscilando de una a varias decenas de vecinos.

Tampoco era extraño que, en algún caso, cuando mediaba como intercesor del perdón un alto personaje patrocinador, este escribiera separadamente al rey o a los gobernadores, indicándoles la conveniencia y merecimiento de la concesión, la cual tendría para él la condición de una gratificante merced personal[86].

Tras adoptarse el mencionado acuerdo peticionario de perdón, el concejo procedía al nombramiento de sus procuradores y a dotarles de las consiguientes cartas de poder para negociar con los gobernadores.

---

[85] Por ejemplo, la relación de los "principales alborotadores" de Salamanca es elaborada el 4 de mayo de 1521 por un alcalde con un escribano y en base al testimonio de tres vecinos. La lista comprende un total de 48 nombres. (DANVILA, *Historia crítica*, IV, p. 95).

[86] Es el caso del escrito de don Francisco Fernández de Quiñones, conde de Luna, dirigida al cardenal Adriano apoyando y aconsejando la petición de perdón real para León: "Illmo. y Revmo. Señor. Ayer escreui a V. S. como esta cibdad estava ya libre de los que la tenían oprimida y engañada y buelta en el seruicio de su M.ª Ellos enbian alla al comendador Diego de Lorençana y al regidor Villafaña para que V. S. aya piedad dellos, y no permita que una cibdad como esta sea destruida, porque ella lo esta harto, que con los pechos y robos que les hazian los que aqui estavan la tienen tan fatigada questo les basta por pena. Y lo demás suplico a V. S. nos haga md. a mi y a ellos de nos lo remitir y perdonar, que segun los males y daños, que en otras cibdades se an hecho, en esta no solamente merece que no les den pena, mas que le hagan mds. Porque aqui no a avido muerte de onbres ni derrocamientos de casas ni los otros desatinos que en otras se an hecho. Y asi, por tener ellos poca culpa como por me hazer a mi md., suplico a V. S. esta cibdad sea muy mirada y tractada, no como las otras, mas muy mejor. Porque yo certifico a V. S. que yo e hallado tan buena voluntad en toda ella para el servicio de su M.ª como yo la tengo, que nadie me haze ventaja. Y dias a que ellos quisieran aver fecho esto, sino por la mucha premia y sugecion que los que aquí estavan les hazian que, a unos con engaños, diziendo que lo que hazian era servicio de su M.ª, y a otros con amenazas, no les dexavan hazer lo que querían y eran obligados como personas que no estavan en su libertad. Y porque creo que V. S. lo hará asi por me hazer a mi md., no digo aquí mas de suplicar a V. S. se le acuerde que su intencion y la destos señores a sido de remediar el reyno y no destruyllo, como hazian los deseruidores de su M.ª Nro. Señor su Illma. y Revma. persona guarde y estado acreciente. De León, a tres de mayo de DXXI años. Servidor de vra. Señoria Reverendisima que sus manos beso. El conde de Luna". (DANVILA, *Historia crítica*, IV, p. 124).

Puede servir de ejemplo ilustrativo el proceder de Ávila, localidad que en mayo de 1521 reúne su concejo, adopta el consiguiente acuerdo peticionario (*nemine discrepante*) y da carta de poder a sus dos representantes para "asentar e concertar" con los delegados regios[87]. Incluso en algunos casos se llegaba a pedir a los gobernadores que expidieran salvoconductos a favor de estos emisarios locales para que pudieran comparecer ante ellos, efectuando el consiguiente viaje con unas mínimas condiciones de seguridad personal y material[88]. Tales demandas solían ser atendidas mediante la expedición de las consiguientes cartas de seguro, como muestra por ejemplo la expedida a favor de los enviados concejiles de Murcia[89].

Llegados los procuradores del concejo a presencia de los gobernadores, tal y como ilustra, por ejemplo, la actuación de Medina del Campo, se procedería a la presentación de sus cartas de poder. Tras ello, suplicarían la concesión del perdón, y prestarían "la obediencia e vasa-

[87] "Sepan quantos esta carta de poder vieren como nos, el consistorio, justicia, regidores, cavalleros comisionados de las quadrillas e procurador de la Comunidad de la muy noble e leal cibdad de Avila, e procurador de la tierra de la dicha cibdad, y omes buenos de la dicha cibdad. Estando juntos en nuestro ayuntamiento en las casas donde se suele y acostunbra hazer, e avemos por costunbre de nos ayuntar para las cosas tocantes a seruicio de sus magestades y del bien utilidad y provecho y governacion de la dicha cibdad y su tierra. Todos de una unión, acuerdo e parecer *nemini discrepante* otorgamos e conocemos por esta presente carta que damos e otorgamos todo nuestro poder conplido, libre, llenero e bastante, qual lo podemos e devemos dar y otorgar, asi de fecho como de derecho, con libre y general administración, al muy mag. Cavallero don Pedro de Avila, señor de Villafranca y las Navas, y a Xpal. del Varco, vecinos de la dicha cibdad de Avila, para que en nuestro nombre de toda la dicha cibdad y tierra y vecinos y moradores della, puedan parecer y parezcan ante los muy ylustrisimos Señores Cardenal de Tortosa y Condestable de Castilla y Almirante de Castilla, governadores de sus magestades en estos Reynos de Castilla, o a qualquier dellos. Y asi parecidos podáis asentar y asenteys con sus ylustrisimas Señorías todas las cosas que fueren servicio de Dios nuestro Señor y de sus majestades, y del bien y pro común desta cibdad e su tierra y de todos los vecinos e moradores della, sobre las mudansas y movimientos, alteraciones del Reyno acaecidos en él después que su majestad se partió del hasta oy. Y para todo lo sobredicho podáis hazer y hagáis el dicho asiento y concierto de la manera y forma que a vosotros bien visto sea y que mas convenga al bien publico desta dicha cibdad y tierra y de todos los vecinos y moradores della. Y sobrello bazer y otorgar todas las escripturas y asientos y conciertos que fuere menester sobre lo susodicho". (Danvila, *Historia crítica*, IV, p. 147 y ss.).

[88] Medina del Campo pidió carta de seguro para sus procuradores (Danvila, *Historia crítica*, IV, p. 55).

[89] Los gobernadores concedieron carta de seguro a los enviados de Murcia el 27 de mayo de 1521. (Danvila, *Historia crítica*, IV, p. 115).

llaje que como buenos, fieles e leales vasallos deben y son obligados", entregando, acto seguido, la complementaria documentación de la que fueran portadores[90]. De tal acto, los representantes locales solían sacar certificado ante escribano público para entregarlo a su regreso al concejo, y dejar así constancia del efectivo cumplimiento de la misión que se les había encomendado.

En cuanto al documento del perdón (en sí mismo considerado) solía despacharse formalmente como real provisión (sobre todo en los casos de directa procedencia real), o como real provisión o real cédula cuando era dado por los gobernadores. Aunque todos ellos tenían una similar estructura, puede servir de ejemplo ilustrativo, el perdón concedido a Burgos por Carlos I mediante real provisión expedida en Worms el 16 de diciembre de 1520[91].

El texto se inicia con la titulación real, destinatarios y salutación, para continuar con una clausula expositiva en la que de forma más o menos minuciosa se relataban los hechos que servían para describir las conductas y establecer la tipología delictual imputable[92]. Tras la

[90] "En la villa de Medina del Campo a tres dias del mes de mayo año del nascimiento de nuestro Sr. Jesucristo de 1521 años, estando dentro de las casas de Luys de Quintanilla donde posa el illmo. y muy rmo. Cardenal de Tortosa, governador destos Reynos, e estando y presentes don Femando de Vega, comendador mayor de Castilla de la orden de Santiago, e el licd. Çapata e el licdo Vargas e el licd. Polanco, todos del Consejo de Sus mages., parescieron presentes Juan Vaca e Antonio d´Alamos e el bachiller de Cuellar, juntamente con Lope Osorio, corregidor de la dicha villa, e con el regidor Castillo e Francisco Diaz, e Gutierre de Moltaluo, regidores de la dicha villa, e otros cavalleros e escuderos della, que ay estavan presentes. E los dichos Juan Vaca e Antonio d´Alamos e bachiller de Cuellar, como procuradores de la dicha Villa e en su nombre, dixeron que por virtud deste poder suplicaban a sus magdes. ovieren piedad y clemencia de los vecinos desta villa e les perdonasen e remitiesen las culpas pasadas en que avian caydo e yncurrido por los ecesos que en esta dicha villa se an fecho por los de la comunidad della en deservicio de sus magdes. E que ellos como subditos vasallos de sus altezas estavan ciertos e prestos para servir e haser todo lo que buenos e leales vasallos deben e son obligados a faser, e de conplir e obedescer sus Rs. mandatos e de sus governadores en su nombre E que para ello prestaban la obediencia e vasallaje que como buenos e fieles e leales vasallos deuen e son obligados. E obligavan e obligaron en nonbre de sus partes de tener e guardar e conplir todo lo susodicho, y para ello obligaron los bienes e propios desta dicha villa &&. Testigos de lo qual fueron el licd. de Alcalá, allde. de la corte de sus magestades e García de Montalvo e el licdo Pedro de León e Diego de Ribera, vecinos de la dicha villa, e yo Bartolomé Ruys de Castañeda, secr. de Sus Mags. fui presente. Castañeda". (Danvila, *Historia crítica*, IV, p. 56).

[91] Anselmo Salvá, *Burgos en las Comunidades de Castilla*, Burgos, Hijos de Santiago Rodríguez, 1895, pp. 161-164. (En adelante Salvá, *Burgos en las Comunidades*).

[92] "D. Carlos y D.ª Juana, su madre […] Por quanto después de la partida de mi el

misma, y en contraposición, el texto proseguía con una cláusula de considerandos atenuatorios en los que se valoraban los merecimientos que habían sido tomados en consideración para otorgar el perdón[93]. Seguidamente se insertaba la propia cláusula del perdón, su alcance (tanto espacial como temporal), y la tipología delictiva comprendida en el mismo[94]. El documento continuaba con una cláusula de inhibición judicial, dirigida al fiscal real para que no procediera

Rey de los dichos reinos de Castilla, en la ciudad de Burgos hubo algunos levantamientos y alborotos, y á nombre de comunidad muchos vecinos de la dicha ciudad tomaron las varas de nuestra justicia al nuestro corregidor y sus oficiales, y pusieron otros á su voluntad, y tomaron por fuerza el castillo y fortaleza de la dicha ciudad al alcaide que por nos lo tenía, é derribaron y robaron algunas casas de la dicha ciudad, y mataron á Jofre de Cotannes nuestro aposentador. Y allí y en otros lugares de la provincia é partido de la dicha ciudad, especialmente en la villa de Aranda, se han cometido desde el dicho tiempo acá otros muchos delitos, é ansí mismo envió la dicha ciudad sus procuradores sin licencia ni mandamiento nuestro a la villa de Tordesillas". (*Ibidem*, 161).

[93] "E como quiera que, por ser como son los dichos casos de mucha calidad é gravedad, pudiéramos mandar proceder á la punidad y castigo dellos como nos pareciera rigorosamente; pero habiendo consideración á los muchos y señalados servicios que la dicha ciudad nos ha fecho, y especialmente porque, aunque hobo en ella los dichos alborotos é delitos, después los dichos procuradores que de allí fueron á la dicha villa de Tordesillas en nombre de la dicha ciudad no consintieron ni fueron en voto de las traiciones que los traidores que allí estaban hicieron y cometieron en quitar del servicio de mí la reina y de la ilma. infanta, nuestra muy cara é muy amada hija y hermana, al marqués y marquesa de Denia, y en prender *y* detener al muy reverendo Cardenal de Tortosa, nuestro gobernador de los dichos reinos, y a los del nuestro Consejo, y estorbaron y no dieron lugar que hobiese efeto lo que los dichos traidores tentaron de hacer en perjuicio de la autoridad de mí el Rey. E después, la dicha ciudad rescibió en ella al Condestable de Castilla, mi gobernador de los dichos reinos; é por las cartas que la dicha ciudad ha escrito á los dichos traidores, que todos estos han seido servicios muy señalados y dignos de memoria, y ansí, en alguna enmienda y remuneración dellos, y porque de la dicha ciudad tenemos entera confianza que así lo continuará y perseverará en nuestro servicio con la lealtad que hasta aquí lo ha fecho" (*Ibidem*).

[94] "Por la presente perdonamos é remitimos a todos los vecinos y moradores de la dicha ciudad, y por su respeto a los de los otros pueblos de su provincia y partido, todas las penas así civiles como criminales e mixtas, en que después de los alborotos primeros de la dicha ciudad en este presente año de quinientos y veinte hasta agora han caido é incurrido por qualquier delitos de qualquier gravedad y calidad que sean que hayan cometido en los dichos levantamientos. Asi en quitar nuestras justicias y ponellas de su mano y tomar nuestras fortalezas y enviar los dichos procuradores y derribar y quemar y robar casas y muertes de hombres, desde el caso mayor hasta el menor, como en otras qualesquier cosas, aunque aquí no vayan especificadas y se requiera hacer dellas especial mención. Y los damos por libres é quitos de todo ello para agora y para siempre jamás, y tomamos á nuestro cargo de pagar y satisfacer á los dañineados el daño que hobieren rescibido, de manera que todo tenga enteramente el dicho perdón". (*Ibidem*, p. 162).

contra los perdonados[95], otra clausula derogatoria de toda normativa que pudiera ser alegada en contra del perdón otorgado[96], y finalizaba con unas cláusulas de mandato de cumplimiento y de penalización por su trasgresión[97]. El texto se cerraba con la obligada datación y suscripciones del rey y sus oficiales.

Obviamente, las reales cédulas expedidas por los gobernadores concediendo perdón en nombre del rey, eran formalmente más escuetas en su formalidad y contenido, aunque sustantivamente constaran de similar estructura[98].

[95] "E mandamos que á pedimento de nuestro procurador fiscal ni en otra manera alguna agora ni en ningún tiempo no se pueda proceder ni proceda contra ellos ni contra alguno dellos, no embargante que hayan seido y sean declarados por hechores y cometedores de los dichos delitos y que sean y toquen in *crimine legis maiestatis*" (*Ibidem*, 163).

[96] "Que siendo como somos bien informados de todos ellos y de su gravedad é enormidad, y de los servicios que nos han fecho, nuestra merced y voluntad es de hacer el dicho perdón y remisión en memoria de los dichos servicios que así la dicha ciudad nos ha fecho, no embargante qualesquier leyes, fueros y derechos, usos y costumbres é premáticas que en contrario de lo susodicho sean ó puedan ser. Con las quales, y con cada una dellas habiéndolas aquí por insertas é incorporadas, dispensamos y las abrogamos y derogamos y damos por ningunas é de ningún efeto y valor, quedando en su fuerza y vigor para en todo lo demás" (*Ibidem*).

[97] "E por esta nuestra carta ó por su treslado signado de escribano público mandamos al nuestro justicia mayor y á los del nuestro Consejo, presidentes é oidores de las nuestras audiencias, alcaldes é alguaciles de la nuestra casa é corte é chancillerías y á otras justicias y jueces qualesquier, así de la dicha ciudad de Burgos como de las otras ciudades y villas y lugares de los dichos nuestros reinos é señoríos, e a cada uno é qualquier dellos, que os guarden y cumplan y hagan guardar y cumplir esta nuestra carta de perdón y remisión en todo y por todo como en ella se contiene. Y que contra ella ni contra cosa alguna ni parte della no vayan ni pasen ni consientan ir ni pasar en tiempo alguno ni por alguna manera, so pena de la nuestra merced y de diez mil maravedís para la nuestra cámara á cada uno que lo contrario hiciere". (*Ibidem*, 164).

[98] Es el caso, por ejemplo, de la real cédula concediendo el perdón a Valladolid: "Consejo, justicia e regidores, caballeros, escuderos, oficiales e hombres buenos de la villa de Valladolid. Por quanto a mi es fecha relación por los procuradores y otras personas vecinos de esa villa, de la buena voluntad que teneis a nuestro servicio, e por usar con esa dicha villa e con los vecinos e moradores y personas particulares della, de clemencia e piedad, es nuestra merced e voluntad de remitir e perdonar como por la presente remitimos e perdonamos a esa dicha villa e vecinos e moradores e personas particulares della, todos e aqualesquier delitos, culpas e cargos en que ayan incurrido por las cosas pasadas e acaecidas en estos reinos, por los escándalos y movimientos que en ellos se han levantado y han sucedido después de mi partida. E les remito cualquier confiscación de bienes e perdimientos de oficios. Hecho en Simancas, a veynte y seis días del mes de abril de mil e quinientos veinte y un años. Lo cual se entienda exceptando como por la presente exceto, doce de los dichos vecinos desa dicha villa para hacer de sus personas e bienes lo que fuere de justicia e mi merced y voluntad fuere. El Condestable. El Almirante. Por mandado de sus Magestades, los gobernadores en

Desde la perspectiva comparativa de estos textos de perdones urbanos con sus predecesores bajomedievales, se advierte una marcada continuidad estructural entre todos ellos. Así se comprueba examinando perdones a ciudades concedidos en los reinados de Juan II[99], Enrique IV[100] y Reyes Católicos[101]. En todos ellos la estructura documental es la misma: cláusulas iniciales de titulación real, dirección y salutación, exposición de las actuaciones delictivas imputadas, circunstancias atenuantes de las mismas, el perdón concedido (destinatarios, tipología delictual y vigencia espacio-temporal), cláusula de mandamiento de inhibición judicial, cláusula derogatoria de disposiciones en contrario y mandamiento de cumplimiento del documento, terminándose con la consabida datación y suscripción.

Recepción y publicidad

El documento de perdón carolino, continuador pues de sus predecesores bajomedievales, una vez redactado y rubricado era objeto de envío al concejo destinatario. Este, tras recibirlo, llevaba a efecto las formalidades de su lectura y acatamiento, para terminar publicitándolo mediante su pregón por los lugares acostumbrados de la ciudad o villa. En algún caso, este acto revestía cierta solemnidad en su realización, según ejemplifica el pregón del perdón de Burgos celebrado el día 23 de enero de 1521. Para la ejecución del mismo, se formó un cortejo, alumbrado por cada uno de sus lados con hachones de fuego portados por criados. En el centro abrían la marcha unos heraldos, a los que seguía el Condestable, con vestido de gala y acompañado de un pequeño número de nobles. Tras ellos, la comitiva seguía con el Presidente y miembros del Consejo real, y terminaba con los oficiales de la justicia y

su nombre. Pedro de Zoaçola." (SANDOVAL, *Historia de la vida y hechos*, I, p. 480).

[99] Para este reinado puede servir de modelo el perdón real concedido a Murcia por Juan II en 1450. (*Colección de documentos para la historia del Reino de Murcia. XVI. Documentos de Juan II,* ed. de Juan ABELLÁN PÉREZ, Jerez-Murcia, Academia de Alfonso X el Sabio, 1984, pp. 626-629). (En adelante ABELLÁN, *Documentos de Juan II*).

[100] Perdón concedido a Toledo por Enrique IV el año 1468. (*Memorias de don Enrique IV de Castilla*, II, Madrid, Real Academia de la Historia, 1835-1913, pp. 551-553. (En adelante *Memorias de Enrique IV de Castilla*).

[101] Perdón concedido a Cuenca por los Reyes Católicos en 1477. (NIETO SORIA, "Los perdones reales", pp. 263-265).

regimiento de la ciudad. Llegados a la plaza situada frente a la residencia del Condestable, los dos pregoneros del concejo, en presencia del escribano, llamaron a la multitud para que oyeran una corta arenga. En ella se les recordaba, tanto la participación y actuaciones protagonizadas en el levantamiento comunero, como los merecimientos que habían valido a la ciudad la concesión del perdón[102]. Seguidamente, el texto del documento era leído a todos los presentes en alta voz y de forma literal.

3.2.3. Concesión de perdón general

Con anterioridad al regreso del rey a la Península se comenzaron a perfilar dos enfrentados criterios sobre un posible perdón general. Por un lado, la postura de los gobernadores, inclinados a la concesión del mismo para conseguir así una rápida y completa pacificación. Por otro lado, la postura defendida por los consejeros flamencos y los miembros del Consejo real, partidarios de una represión aleccionadora[103]. Esta opinión debió ser también compartida por algunos oficiales reales, según ejemplifica la carta enviada al respecto por el corregidor de Salamanca[104].

Tras la llegada del rey el 16 de julio de 1522, fue esta última opción la que en un primer momento triunfó, logrando que se ajusticiara a buen número de responsables (unos cien), entre ellos estaban algunos de los amnistiados por los gobernadores[105]. Pero, poco después, se puso en

---

[102] "¡Oid, oid, oid! Sepan todos que la Reina y el Rey, nuestros señores, certificados de la lealtad que la ciudad de Burgos y vecinos y moradores della y su provincia continuamente han tenido y tienen á su corona real, y los muchos é leales servicios que á sus altezas han fecho después que se comenzaron los movimientos destos reinos, los cuales, no solamente han sido y son merecedores de alcanzar perdón de todos los casos y excesos y delitos que en la dicha ciudad y su provincia han acaecido durante el dicho tiempo hasta el día de hoy por qualesquier personas particulares de qualquier estado ó condición, preeminencia ó dinidad que sean, pero han sido y son asímismo merecedores de recibir mercedes, porque á ellos les crezca la voluntad de continuar la dicha lealtad, y los otros á ejemplo desto sean atraídos á ella. Por ende sus majestades, por su carta patente, otorgan á la dicha ciudad y su provincia perdón de todo lo susodicho en la forma siguiente." (Salvá, *Burgos en las Comunidades*, pp. 165-167).

[103] Danvila, *Historia crítica*, V, pp. 195.

[104] "Como yo deseo tanto el servicio de su Magestad y pacificación de estos reinos, a mí me parece que perdonar a los que tanto daño han hecho, que ni dellos habría seguridad para adelante, y sería ocasión para que otros tuviesen atrevimiento a cometer semejantes delictos". (Danvila, *Historia crítica*, III, p. 763. Salamanca, 24 de junio de 1521. Carta del corregidor de Salamanca al Cardenal).

[105] Sobre las actuaciones represoras que se dieron entre la llegada del rey y la promulga-

marcha la decisión real de dar un perdón generalizado, si bien con la inclusión de una relación de exceptuados, quienes serían así castigados por su destacada intervención en las revueltas. El documento definitivo, objeto de larga discusión y elaboración, fue finalmente firmado por el rey el 28 de octubre de 1522, y promulgado solemnemente el 1 de noviembre, aprovechándose las connotaciones religiosas de la fecha[106].

La importancia y trascendencia de esta medida no escapó al cronista fray Prudencio de Sandoval, quien lo relató con todo lujo de detalles: "Estaba Castilla llena de temores. Quiso su Magestad sacarla de ellos, y a veinte y ocho de octubre, año de 1522, en la plaza mayor de Valladolid, en un rico cadahalso cubierto de paños de oro y seda, se puso el Emperador, vestido de ropas largas a lo antiguo, con los Grandes y los del Consejo. Salió el Fiscal real ricamente vestido sobre cubierta una cota de las armas reales"...[107]. Tanta pompa y circunstancia no eran para menos. La solemne ceremonia giraba en torno a un documento de indudable importancia y trascendencia. Mediante él se pretendía poner punto final a la rebelión comunera y cerrar, en la medida de lo posible, las heridas abiertas en las relaciones del joven rey con sus súbditos castellanos.

Cláusulas iniciales

Desde una mera perspectiva jurídica, el documento es amplio, detallado y bien estructurado, obra, al parecer, de un primer borrador de Francisco de los Cobos[108].

Tras una obligada y completa intitulación real, el texto se inicia con una pormenorizada relación de los hechos acaecidos, su tipificación delictual y la pena prevista al efecto en la legislación.

El relato de los hechos es bastante pormenorizado. En él se señala cómo, aprovechando la ausencia del monarca, se produce un levantamiento contra la autoridad real y sus oficiales con el pretexto de impo-

---

ción del perdón de 1522 véase J. Pérez, *La revolución de las Comunidades*, pp. 585-590.

[106] El texto completo en Maldonado, *El movimiento de España*. Nota 17 de J. Quevedo, pp. 340-351. También en Danvila, *Historia crítica*, V, pp. 239-250.

[107] Sandoval, *Historia de la vida y hechos*, I, p. 486. Se inserta texto parcial del perdón.

[108] J. Pérez, *La revolución de las Comunidades*, p. 590.

siciones tributarias desmesuradas y cambios en el sistema recaudatorio fiscal. Sus agentes son tanto colectivos (ciudades, villas y lugares), como individuales. Y el resultado no fue otro que la paulatina usurpación de las atribuciones reales en materia de gobierno (actuándose contra los gobernadores, miembros del Consejo real, corregidores, etc.), en materia de justicia (oyendo y librando pleitos y expidiendo documentos de dicho tenor con el sello real) hacienda, (disponiendo libremente de las rentas del reino), milicia (nombrando alcaides, controlando instalaciones, disponiendo de armamento y formando milicias) … En suma, como el mismo texto indica: "usurparon nuestra justicia e preminencia e autoridad real". Frente a todo ello, en el relato se destaca la reacción conciliadora del monarca, renunciando al servicio votado en las Cortes de La Coruña y volviendo al tradicional sistema de encabezamiento en la recaudación de los impuestos.

La tipificación delictual de estos hechos no es otra que la de considerar genéricamente que se había cometido un crimen *lesae maiestatis* contra el monarca, y más específicamente, de forma derivada o conjunta, la comisión de otras concretas actuaciones delictivas como fueron: homicidios, lesiones, robos, incendios, etc. Para el castigo de estos actos criminales la legislación preveía a nivel individual las máximas penas de muerte y pérdida de los bienes. También a nivel colectivo estaba prevista la posible sanción con la supresión de la representatividad y voto en las Cortes, y la pérdida, a decisión regia, de históricos privilegios reales de todo tipo concedidos por anteriores monarcas[109].

A estas primeras exposiciones denunciatoria y acusatoria, le sigue en el texto del perdón otro amplio bloque de considerandos que, sin la pretensión de que llegaran a ser exculpatorios de las conductas descritas, podían atenuar su gravedad, y contribuir así a justificar la conveniencia del perdón. Primeramente, no debía olvidarse la lealtad y los servicios tradicionalmente prestados por los reinos de Castilla

---

[109] Recuérdese a este respecto la grave preocupación que causa en Valladolid la noticia de un posible traslado de la sede de su Audiencia y Chancillería, medida esta última que efectivamente Carlos I ordenó, pero que finalmente no llegó a ejecutarse. Igualmente fue notoria la inquietud que causó en Medina del Campo el rumor de la posible pérdida de su famoso mercado, proyecto que no llegó tampoco a materializarse. (J. PÉREZ, *La revolución de las Comunidades*, pp. 592-594).

a sus monarcas. En segundo término, también debía recordarse que no todas las ciudades y súbditos se habían sumado al levantamiento comunero, sino que, por el contrario, un contingente de ambos ayudó y colaboró con las autoridades y oficiales reales. En tercer lugar, era evidente que algunos insurrectos habían vuelto a la obediencia regia e incluso se alistaron y combatieron contra los invasores franceses de Navarra. Por último, como justificación no menos pragmática, se destaca el necesario restablecimiento de la paz social en los reinos. Tampoco podían faltar argumentos adicionales de carácter más altruista y llenos de impregnaciones teológicas, como era el ejercicio de la piedad y la clemencia real, siguiendo con ello el ejemplo divino, y la consideración real del perdón en cuanto gesto agradecido a los bienes recibidos de Dios y actuación de finalidad meritoria para seguir recibiéndolos en el futuro.

Perdón

Sopesadas todas estas contrapuestas consideraciones, Carlos I decide la concesión de un perdón general.

El contundente fundamento del mismo se hace provenir del *"proprio motu e cierta ciencia e poderío real absoluto de que en esta parte queremos usar e usamos como reyes e señores naturales no reconocientes superior en lo temporal"*, formula suficientemente expresiva de la concepción soberana carolina, en plena sintonía con la que ya se venía manteniendo expresamente por los monarcas castellanos bajomedievales.

En cuanto a los beneficiados por esta medida de gracia, lo eran, en principio y de forma amplia, las colectividades y los súbditos castellanos incursos en las actuaciones comuneras[110].

Respecto a la tipología delictual comprendida en el perdón, su enumeración es muy amplia. Se destacan en principio todas aquellas actuaciones que de uno u otro modo hubiesen sido y pudieran ser consideradas como atentatorias a la soberanía real y que, en consecuencia,

---

[110] "Todas las dichas cibdades e villas e lugares e concejos e universidades, asi de lo realengo como de señorío e abadengo e ordenes e behetrías, e a las personas particulares dellos e de cada uno dellos, de qualquier estado, preminencia, dignidad e condición e calidad que sean, asi eclesiásticas como religiosas o seglares, de todos nuestros reynos e señoríos de Castilla e estantes en ellos". (DANVILA, *Historia crítica*, V, p. 242).

quedaban comprendidas en el concepto de crimen de lesa majestad. Además de las mismas, se especifican los robos, daños, incendios, destrucciones de edificios tanto públicos como privados, ya fueran civiles o religiosos, las ocupaciones de espacios reales, los homicidios de todo género, prisiones y arrestos domiciliarios ilegales, apropiaciones indebidas de bienes y rentas privadas y públicas, tanto laicas como eclesiásticas, y, en suma, y con fórmula genérica y omnicomprensiva, los delitos similares a estos que no son expresamente citados[111].

El ámbito de vigencia temporal abarcaría el periodo comprendido desde comienzos de 1520 hasta la fecha de suscripción del perdón, esto es, el 28 de octubre de 1522. Y en cuanto a su incidencia judicial, el perdón implicaba un mandato de inhibición que abarcaba la remisión de aperturas procedimentales, apresamientos, acusaciones, secuestros y embargos de bienes, actuaciones procesales y vistas para sentencias. También comportaba el perdón una cláusula restitutoria de fama, tanto individual como corporativa, y otra de restitución de los bienes de los perdonados que hubieran sido secuestrados.

Cláusulas de exclusión

Entre las varias exclusiones establecidas a los efectos contenidos en la medida, la primera está referida a la exclusión de posibles responsabilidades exigibles a los perdonados por la vía civil, y que podría ser ejercida tanto por el ministerio público (fiscal real) como por los particulares, y tanto se tratara de daños como de apropiaciones de bienes o dinero[112].

La segunda excepción concierne a los más destacados responsables (*principales hacedores*) que intervinieron y dinamizaron la revuelta. Perdonarles se consideraba que podía ser un mal ejemplo e incluso

---

[111] "E todos los otros casos e excesos e crimines e delitos, asi los que de suso van nonbrados e declarados como otros qualesquier semejantes o diferentes dellos, mayores o menores o iguales, de qualquier especie calidad, natura, condición, que sean fechos e cometidos por las dichas comunidades o personas particulares dellas, a boz y en nonbre de las dichas juntas e comunidades, aunque fuesen o ayan sido tales que, por su graveza e inormidad, fuese necesario para ser perdonados de se expremir particularmente en esta nuestra carta de perdón". (DANVILA, *Historia crítica*, V, p. 243).

[112] Con esta cláusula se constriñe, pues, el alcance del perdón al ámbito exclusivamente criminal, no al civil que, según se establece, queda subsistente.

deservicio divino, pues se dejarían sin castigo los crímenes cometidos. Ambas razones aconsejaban excluirlos del perdón real y aplicarles las penas que en justicia pudieran corresponderles. Debido a esta exclusión, se interrumpe de algún modo la secuencia textual del documento para intercalar una larga lista de imputados, los cuales quedan exceptuados de los beneficios concedidos en el perdón. No solo se detallan sus nombres sino también su vecindad de procedencia y, en muchos casos, sus oficios y actividad comunera[113].

Una tercera excepción es la que hace referencia a aquellos pleitos que hubieran sido ya sentenciados, aunque dicha sentencia no hubiera sido todavía ejecutada.

Por último, se dedica también un apartado de excepción del perdón para los oficiales de las guardas reales que se hubieren pasado al bando comunero (tenientes de capitanes, alféreces y veedores). No quedan incluidos los escuderos, siempre y cuando los mismos no hubieran combatido en la batalla de Villalar contra el pendón real.

Cláusulas finales

El documento sigue con la inserción de toda una serie de cláusulas finales de contenido fundamentalmente formal.

Se trata en primer lugar de la cláusula de mandato de cumplimiento *erga omnes* del contenido del perdón. La misma va dirigida a toda una amplia lista de autoridades encabezada por el infante don Fernando (hermano del rey), a quien sigue la mención de los títulos de nobleza, dignidades militares y de Ordenes, autoridades judiciales, instituciones y autoridades locales de realengo, abadengo y señorío. A todos ellos se les ordena guardar la carta de perdón en su completo contenido, pues los beneficiarios han sido puestos bajo el seguro y defensa real. A los posibles infractores de este mandato se les considerará in-

---

[113] En opinión de J. Pérez serían un total de 239 referenciados, de los cuales 22 ya habían sido ejecutados (*justiciados*), y setenta y tres lo habían sido en rebeldía, por lo que quedarían por comparecer ante la justicia las dos terceras partes de los proscritos (*La revolución de las Comunidades*, p. 595). La relación de inculpados debió nutrirse fundamentalmente de las relaciones de exceptuados contenidos en los perdones concedidos a las distintas ciudades antes del regreso del rey, perdones en los que era imprescindible una anexa relación de vecinos excluidos debido a su destacada intervención en el levantamiento.

cursos en un delito de quebrantamiento de amparo real, haciéndoles objeto de las consiguientes penas previstas en justicia.

Esta cláusula de mandato es seguida por otra, no menos amplia, derogatoria de toda normativa que pudiera afectar o alegarse contra la carta de perdón, tanto en lo que atañe a su nivel formal como al de su sustantivo contenido. Se trataba de una cláusula de larga tradición en su utilización por los monarcas castellanos bajomedievales. Así, respecto a la normativa de Cortes se da por subsanada la posible ausencia de los requisitos exigidos por Juan I en las Cortes de Briviesca, concretamente: ser escrita por escribano de cámara, nombrar expresamente el delito perdonado, mencionar, si ha lugar, la posible condición de segundo perdón, referir si el perdonado se encuentra en prisión, especificar si el maleficio cometido lo fue en la corte o el autor entró en ella tras su comisión, y detallar si actuó con saeta o fuego [114]. Se hace alusión igualmente a una pragmática del mismo rey firmada en Burgos excluyendo de posible perdón los delitos de aleve, traición, muerte segura y aquellos en que no se obtenga el perdón de los enemigos[115]. También se cita la legislación dada por Juan II en las Cortes de Valladolid[116] y la de Enrique IV en las

[114] El texto hace referencia a la pet. 4 de las Cortes de Briviesca de 1387: "Por cuanto nos auemos dado muchas cartas de perdones de las cuales entendemos que se sigue carga a nuestra conçiençia, porque de fazer los perdones de ligero se sigue tomar los omnes osadía para fazer mal. Ordenamos que de aquí adelante ningún perdón que nos fagamos non sea guardado a ningún omme, salvo el que fuere por carta firmada de nuestro nombre e sellada con nuestro sello e escripta de mano de escrivano de nuestra cámara, e firmada en las espaldas de dos de los de nuestro conseio o de letrados. E otrosi que non se entienda en este perdón que vaya perdonado de ningún maleficio que aya fecho, salvo de aquel que especialmente fuere nombrado e declarado en la nuestra carta de perdón que nos dieremos, e que por perdón general non se entienda ningún caso especial. E si acontecçiere caso que alguno que nos ayamos perdonado, torne después a fazer otro malefizio porque nos después le mandemos dar otra carta de perdón, mandamos que la carta segunda non vala, salvo si feziere mençion de la primera, aunque en ella vayan declarados todos los maleficios. Otrosi que non vala la tal carta, si fuere dada sentencia contra el, si non fiziere mençion de la dicha sentencia. Otrosi si fuer preso, que faga en la carta mención commo está preso". (*Cortes de los antiguos reinos de León y Castilla*, ed. de la Real Academia de la Historia, vol. II, Madrid, Sucs. de Rivadeneyra, 1863, p. 370. (En adelante RAH, *Cortes* II).

[115] Alusión referida a los casos exceptuados de perdón contemplados en la pet. 6 de las Cortes de Burgos de 1379: "Nos place de fazer el dicho perdón general, salvo aleve o traición o muerte segura, e perdonando los enemigos". (RAH, *Cortes*, II, p. 288).

[116] Se trata de la minuciosa respuesta real a la pet. 24 de las Cortes de Valladolid de 1447. (*Cortes de los antiguos reinos de León y Castilla*, ed. de la Real Academia de la Historia, vol., III, Madrid, Sucs. Rivadeneyra, 1866, pp. 525-530). (En adelante

Cortes de Toledo[117] sobre la exigencia de dar cumplimiento en justicia a las partes y la firma del perdón por obispo o caballero o tres doctores que residan en el Consejo. Sin tales requisitos las cartas de perdón no valdrían pese a incluir la cláusula del poderío real absoluto o se declare en ellas que las leyes aprobadas en Cortes deben ser derogadas únicamente en Cortes. En cuanto a la normativa procedente de la legislación, se dan por derogadas las disposiciones de Partidas, fueros, ordenamientos, pragmáticas y ordenanzas cuya preceptiva pudiera ir, en todo o en parte, contra el contenido de este perdón. Esta amplia cláusula derogatoria es fundamentada en el *motu proprio*, ciencia cierta y poderío real absoluto y, además, en la paz, sosiego, pro común y utilidad pública de los reinos castellanos.

Tras esta cláusula derogatoria le sigue otra reiterativa del compromiso real de cumplimiento ("por nuestra fe e palabra real como reyes católicos"), y una última cláusula de publicidad, trámite que se realizaría por medio de la solemne lectura del texto en presencia del rey y el consiguiente pregón a realizar por los habituales ámbitos de la Corona. El escrito finaliza con la datación local y temporal, y las suscripciones, encabezadas por la del propio monarca y seguida por las del presidente y miembros del Consejo.

3.2.4. La tradición bajomedieval del perdón carolino

Pues bien, si se compara este texto con los habidos durante los siglos bajomedievales, puede constatarse que los perdones carolinos se desenvolvieron en la línea de los tradicionales modelos tardomedievales castellanos. A nivel formal no se aprecia ninguna diferencia estructural, pues este perdón general no incorpora nuevas o diferentes cláusulas respecto a las que habitualmente tenían sus precedentes de siglos anteriores.

En las clausulas iniciales, la narración de los hechos y su calificación delictual tienen entidad propia, están obvia y específicamente referi-

RAH, *Cortes*, III).

[117] En la pet. 42 de las Cortes de Toledo de 1462 los procuradores denuncian el reiterado incumplimiento real de la normativa sobre perdones aprobada en Cortes, y piden que sea observada. Tal petición recibe una genérica respuesta real aprobatoria. (RAH, *Cortes,* III, pp. 732-734).

das al levantamiento comunero. Pero, en las circunstancias atenuantes aducidas para conceder el perdón, tanto las más pragmáticas (servicios prestados y la consecución de la paz social) como las de impregnación teológica (la piedad, la clemencia y la actuación real propiciatoria del favor divino), sus argumentaciones son similares a las tradicionalmente presentes en este tipo de documentos del medievo[118].

En cuanto al perdón, en sí mismo considerado, su fundamentación en el *motu proprio, ciencia cierta y poderío real absoluto que no reconoce superior*, alude a una concepción soberana que, en contra de lo que pudiera pensarse, no constituyen ninguna novedad. Desde el reinado de Juan II[119], sobre todo, y luego en los reinados de Enrique IV[120] y Reyes Católicos[121] dicha motivación es continuamente alegada. También el amplio listado delictual comprendido en el perdón es objeto de una minuciosa enumeración, tal y como se venía haciendo desde 1387 en cumplimiento de la pet. 4 de las Cortes de Briviesca, aunque debido a la multiplicidad y variedad de los delitos enumerados en el texto carolino se opta por terminar remitiendo a una omnicomprensiva fórmula analógica[122]. Asimismo, el retroactivo ámbito temporal de vigencia del perdón de Carlos I, de casi tres años, se ajusta a las fechas del conflicto comunero y no constituye un plazo demasiado dilatado si se repara en el antecedente de los veinte años comprendidos en el perdón de Juan II de 1450[123]. Igualmente tienen antecedentes medievales las cláusulas de inhibición judicial[124] y las de restitución de la fama de los perdonados y

---

[118] "Pero considerando que en algunos tienpos antes desto vosotros me ovistes fecho algunos servicios e por ventura non pensastes nin ovistes conosçimiento de en tanto grado errar e me deservir e enojar, e porque el dicho Principe, mi hijo me lo suplicó e pidió por merçed". Perdón de Juan II a Toledo en 1451 (Eloy. Benito Ruano, *Toledo en el siglo XV*, Madrid, CSIC, 1961, p. 217, doc. 23). Con distintos argumentos en el perdón de Enrique IV a Toledo en 1468 (*Memorias de Enrique IV de Castilla* II, p. 552, doc. 146).

[119] Perdón de Juan II a Toledo en 1451. (Benito Ruano, *Toledo en el siglo XV*, p. 217, doc. 23).

[120] Perdón de Enrique IV a Córdoba en 1469 (Nieto Soria, "Los perdones reales", p. 258, doc. III).

[121] Perdón de los Reyes Católicos a Cuenca en 1477. (Nieto Soria, "Los perdones reales", p. 263, doc. VI).

[122] Véase en notas 113 y 93 respectivamente.

[123] Abellán, *Documentos de Juan II*, p. 614.

[124] "E quiero e mando e es mi merçet e voluntad que esa dicha çibdad ni vos ni alguno

de sus bienes secuestrados[125]. Respecto a las exclusiones del perdón, la referida a la demanda de daños y perjuicios por la vía civil se encuentra ya en perdones del s. XV, así como las exclusiones personales[126], aunque en este perdón carolino su número sea elevado. La exclusión de los pleitos sentenciados, medida respetuosa con el procedimiento judicial finalizado, se encuentra aludida en algún perdón medieval, como por ejemplo el dado por Juan II a finales de 1427[127].

Por último, las cláusulas finales, (la de cumplimiento y observancia, la derogatoria de normativa en contrario, la de cumplimiento real y la de publicidad) tal vez por su carácter más protocolario guardan una gran similitud con las medievales[128].

Si del nivel formal del perdón carolino se pasa al de su significativo contenido, se comprueba que el mismo guarda coherencia con la idea del perdón mantenida por Carlos I y sus consejeros flamencos[129]. Des-

de vos ni los sobredichos ni alguno dellos no podades ni puedan ser acusados ni denunciados ni demandados ni molestados ni inquietados agora ni en algunt tienpo sobre ello ni por causa ni razón dello ni de cosa alguna ni parte dello en juyzio ni fuera de juyzio, ni pueda ser ni sea procedido a pena alguna cevil ni criminal contra vos, ni contra los otros sobredichos ni contra alguno dellos, por las dichas rebeliones, e desobediencias, e crimenes, e delitos, e maleficios, e excesos e casos, ni por alguna cosa ni parte dello, a peticion del mi procurador fiscal e promotor de la mi justicia ni de mi oficio real ni por otro oficio de juez noble ni mercenario ni a peticion de otro alguno por cosa alguna de lo sobredicho, pues vos lo yo perdono como dicho es". Perdón general dado por Juan II en 1450 comunicándolo a Murcia. (ABELLÁN, *Documentos de Juan II*, p. 615, doc. 280).

[125] "E quito toda infamia e macula que por razón de los dichos delitos e maleficios e qualesquier dellos o por qualesquier procesos o sentencias que contra vosotros o contra alguno de vos sean fechas o dadas o oviésedes incurrido o caído, e vos restituyo en vuestras buenas famas". Perdón de Juan II a Toledo en 1451 (BENITO RUANO, *Toledo en el siglo XV,* p. 218).

[126] Cláusula de exclusión inserta en el perdón general dado por Juan II en 1450 y comunicado a Lorca: "Pero es mi merçed que no entren en este perdón Sancho Gonçález de Harroniz, e Pero Gonçalez, su hermano, e sus fijos e sobrinos". (ABELLÁN, *Documentos de Juan II*, p. 629, doc. 289).

[127] "Salvando aquellos que por sentencia eran ya condenados, é salvando el derecho é intereses de partes". Perdón general de finales de 1427 dado por Juan II. (NIETO SORIA, "Los perdones reales", p. 231, nota 71).

[128] En el caso de la cláusula derogatoria, su similitud es muy marcada con la contenida en el perdón general de Juan II en 1450 comunicado a Lorca (ABELLÁN, *Documentos de Juan II,* p. 628, doc. 289), o en el de Enrique IV a Toledo el año 1468 (*Memorias de Enrique IV de Castilla*, II, p. 551, doc. CXLVI). También otro tanto se encuentra en el perdón dado por los Reyes Católicos a Cuenca en 1477. (NIETO SORIA, "Los perdones reales", p. 264, doc.VI).

[129] Las líneas maestras que debían guiar la actuación de los gobernadores ante la re-

de el primer momento, la correspondencia del rey con sus gobernadores había insistido implícita y explícitamente en el sentido de no ceder a la tentación de un uso del perdón como fácil instrumento de negociación y resolución del conflicto y, mucho menos, de su concesión indiscriminada a todos los implicados en la rebeldía comunera[130]. Bien estaban la clemencia y el perdón en cuanto a su significación pacificadora, pero sin que su uso resultara lesivo a un principio de justicia retributiva, lo que exigía la gradación de responsabilidades entre los distintos inculpados[131]. Para ello era necesario distinguir entre responsables principales y meros partícipes en la revuelta. Los primeros debían ser castigados en justicia con las penas previstas en la legislación, debiendo ser por lo tanto exceptuados de cualquier medida de gracia. Los segundos, por su menor implicación en la transgresión del orden jurídico, podían beneficiarse de la clemencia y piedad real ejercida a través de la gracia del perdón.

Con el perdón general de 1522 se pretendió cerrar las heridas ocasionadas por la revuelta comunera, ardua empresa que se consigue en líneas generales respecto al ámbito político. Sin embargo, es cierto que, al propio tiempo, abrió una etapa de continuadas demandas, tanto judiciales como extrajudiciales. Los inculpados supervivientes no cesaron de intentar su rehabilitación por todos los medios a su alcance, acudiendo a los miembros de su familia, intercesores poderosos, composiciones económicas con la Corona... Los familiares de los ejecutados y los damnificados trataron, por su parte, de recuperar y salvar lo más posible su patrimonio mobiliario e inmobiliario, dotes,

vuelta comunera y sus protagonistas se encuentran ya esbozadas en el borrador de una instrucción que se les envía por medio de Lope Hurtado de Mendoza y Pero de Velasco en septiembre de 1520. (Véanse notas 20-25).

[130] Carta del rey a los gobernadores dada desde Worms el 21 de febrero de 1521: "Que en lo del poder perdonar a todos y usar de clemencia, pero esto ha de ser reservando el derecho a las partes y exceptando las personas que principalmente auian sido causa dello, y los procuradores, y los que fueron en detener al cardenal, y en quitar del servicio de la reina y de la infanta su hermana al marqués y marquesa de Denia, y en los atrevimientos y delitos que en Tordesillas se cometieron". (SANDOVAL, *Historia de la vida*, I, p. 416).

[131] Aunque no es expresamente citada, una argumentación sobre la posible interferencia entre justicia y misericordia, y la prioridad a conceder a la primera sobre la segunda, se expuso en alegato dado al rey Enrique IV en las Cortes de Ocaña de 1469. (RAH, *Cortes* III, p. 768).

mayorazgos… Los tribunales castellanos, a todos los niveles, siguieron conociendo durante años de las secuelas dejadas por la revuelta comunera[132].

---

[132] Al respecto J. Pérez, *La revolución de las Comunidades*, p. 595 y ss.

JUAN RODRÍGUEZ FONSECA, CONSEJERO ÁULICO, IMPULSOR DE LAS INDIAS

Enrique Martínez Ruiz
Universidad Complutense de Madrid

"El que lo gobernaba todo era Juan Rodríguez de Fonseca"
López de Gómara

En las dos últimas décadas del siglo XV y las tres primeras del siglo XVI, la Castilla de los Reyes Católicos y de su nieto Carlos I, el emperador Carlos V, va a vivir uno de los periodos más pletóricos de su historia. Son cincuenta años en los que además del fortalecimiento institucional de la Monarquía, se acaba la reconquista poniendo fin al último reducto independiente de Islam peninsular; se descubren nuevas tierras y mares navegando hacia el oeste; se salta al otro lado del Mediterráneo estableciendo unas cabezas de puente en el norte de África; en lucha contra Francia, se establece en el sur de Italia y anexiona Navarra y le da a la tierra sus auténticas dimensiones al realizar el primer viaje de circunnavegación. En el orden interno, a la muerte de Isabel la Católica (1504), se produce una crisis institucional que la monarquía supera sin que se detenga ni interrumpa ese extraordinario despliegue exterior[1].

Para semejante despliegue, además de los medios materiales (administrativos, económicos, técnicos, náuticos y militares), la Corona contó con hombres capaces para llevarlo a cabo, que se pusieron decididamente al servicio de las empresas que se les encomendaron sin importarles dónde tendrían que desarrollarlas ni la naturaleza de las mismas, si bien, a la hora de asignárselas se tendría en cuenta su origen, formación y cualidades.

---

[1] Sobre esos años vid. Enrique MARTÍNEZ RUIZ, "La salida al Atlántico de los reinos hispánicos", *LIX Jornadas de Historia Marítima. V Centenario de la expedición de Magallanes-Elcano (I),* Cuaderno monográfico nº 80, 2019, págs. 9-22 y "La España de la primera vuelta al mundo", en Enrique MARTÍNEZ RUIZ, (dir.), *Desvelando horizontes. La circunnavegación de Magallanes y Elcano*, Madrid 2017, págs. 25-120 (segunda edición, Madrid, 2019). Hay traducción inglesa: "The Spain of the First Journey around the world", in Enrique MARTÍNEZ RUIZ, (dir.), *Unveiling horizons I. The circumnavigation of Magellan and Elcano,* Madrid 2019, pp. 27-120.

En ese elenco de personajes se encontraba Juan Rodríguez de Fonseca, que jugará un destacado papel como consejero áulico desde 1493 hasta su muerte, unas veces en la primera línea de la política, otras en un plano mucho más apartado, a la espera de recobrar la influencia perdida. Al margen de la serie de consideraciones que su figura puede suscitar, desde mi punto de vista es el último representante de la España de los Reyes Católicos en la de Carlos V: fiel a sus ideas en todo momento, una de sus líneas de conducta más definida es el apoyo a la Corona, que evidenciará enfrentándose a cuantos traten de limitar la soberanía regia u oponerse a su autoridad. La conducta que mantiene durante los años finales de su vida respecto a los Colón, las Casas, Cortés y las Comunidades muestra la fidelidad —y la intransigencia— en la convicción y defensa de unas ideas para él irrenunciables.

Clérigo, la confianza regia y su valía le permiten desarrollar una granada carrera eclesiástica, desempeñar misiones diplomáticas y, sobre todo, asumir importantes funciones relacionadas con las tierras descubiertas al otro lado del Atlántico, siendo celoso defensor de la soberanía de la Corona en los nuevos establecimientos e impulsor decidido de los viajes de exploración y de los asentamientos colonizadores. Sin embargo, su figura en muchas ocasiones se desvanece, oscurecida por los avatares políticos y la trascendencia de algunas de las iniciativas que auspició, cuyo resultado redundó en beneficio de quien las llevó a cabo. Así se explica que, en muchas ocasiones, su nombre no aparezca cuando se relata la gestación y el desarrollo de esas empresas y que el interés se centre en instituciones tan poderosas como la Casa de la Contratación. Además, su carácter le hizo tener "encontronazos" con destacados personajes del momento, como Colón, Las Casas, Magallanes y el mismo Hernán Cortes, situaciones en las que actuaba movido por su genio y por su vinculación a la Corona, génesis de un conflicto cuya solución no siempre le favoreció, como veremos.

Juan Rodríguez de Fonseca nació en Toro en 1451, en una familia oriunda de Portugal e importante en Castilla durante la Baja Edad

Media, defensora de la realeza frente a las ambiciones aristocráticas, línea en la que se mantuvo nuestro personaje hasta su muerte[2].

> Entendió la Monarquía como una forma de Estado y no solo de gobierno: contribuyó a despersonalizar el poder, consolidando un aparato centralizado y profesional, en el que la autoridad —siempre delegada— era aneja al oficio. En tiempo de don Carlos, la acción fonsequista se dirigió fundamentalmente a tratar de mantener la continuidad en la política indiana, conforme a las directrices de los Reyes Católicos[3].

Hijo de Fernando de Fonseca y Ulloa y de su segunda esposa Teresa de Ayala, al no ser primogénito, recibió una esmerada educación[4]. Entre 1470 y 1473 debió estar a cargo de su tío Alonso de Fonseca el Viejo, de gran cultura, que se preocupó de su formación, para lo que trajo de Italia a Nebrija[5] y posiblemente posibilitó su vuelta a la Universidad de Salamanca; Juan se ordenó en 1493[6], a los 42 años de edad, habiendo ocupado ya los puestos de arcediano de Oropesa, Olmedo, Ávila

[2] Buena conocedora de Fonseca es, sin duda, Adelaida SAGARRA GAMAZO, pues desde que preparaba su tesis doctoral lo ha tenido como un referente en sus tareas investigadoras. Una buena aproximación al personaje es la obra dirigida por ella: *Juan Rodríguez de Fonseca: su imagen y su obra,* Valladolid 2005.

[3] Adelaida SAGARRA GAMAZO, "Fonseca, gestor indiano, en la diplomacia y la política castellana desde su sede episcopal de Burgos", en *Boletín del Instituto Fernán González,* nº 211, 1995/2, pp. 273-317, cita en p. 273. De la misma autora, *Juan Rodríguez Fonseca. Un toresano en dos mundos,* Zamora 2006; para la significación de su familia, "El protagonismo de la familia Fonseca, oriunda de Portugal y asentada en Toro, en la política castellana hasta el descubrimiento de América", en *Anuario del Instituto de Estudios Zamoranos Florián de Ocampo,* nº 10, 1993, pp. 421- 458; para su formación, "La formación política de Juan Rodríguez de Fonseca", en *Actas del Congreso de Historia del Descubrimiento,* t. I, Madrid 1992, pp. 611-641; vid. también, *Colón y Fonseca: dos versiones de la historia indiana.* Valladolid 1997 y *Burgos y el gobierno indiano: la clientela del Obispo Fonseca,* Burgos 1998.

[4] Información sobre la familia en Mariano ALCOCER MARTÍNEZ, *D. Juan Rodríguez de Fonseca. Estudio crítico-biográfico,* Valladolid 1926, pp. 15 y ss.

[5] Para la relación de maestro y discípulo, Adelaida SAGARRA GAMAZO, "Elio Antonio de Nebrija y Juan Rodríguez Fonseca: de la gramática a la cartografía al servicio de la reina", en *Revista de Estudios Colombinos*, nº 2, 2006, pp. 29-40.

[6] Vid. Fidel FITA COLOMÉ, "Órdenes sagradas de don Juan Rodríguez de Fonseca, arcediano de Sevilla y de Ávila, en 1493", en *Boletín de la Real Academia de la Historia,* nº 20, 1982, pp. 178 y ss.

y Sevilla, donde también sería deán y desde 1484, capellán real. En la Corte, debió conocer a fray Hernando de Talavera, que le dispensó una gran protección en la década de 1480; la reina se lo encomendó y con él marchó a Granada, al parecer, como provisor, cuando fray Hernando fue nombrado primer arzobispo de la diócesis granadina después de 1492.

A raíz del descubrimiento de América, la ciudad de Sevilla se va a convertir en un gran centro comercial, náutico e institucional del monopolio que establecería la Corona para las relaciones con las tierras recién descubiertas. Una decisión que no era caprichosa, pues Sevilla ya había adquirido con antelación una gran importancia, solo superada por Cádiz, que desarrollaba un activo comercio mediterráneo y atlántico. El apoyo real a Sevilla a partir del descubrimiento colombino, la situará privilegiadamente en las nuevas perspectivas que se abrían para Castilla y la Corona, convirtiéndose en la pieza clave del entramado que poco a poco se iba a levantar, lo que consolidaría su trayectoria: del siglo XIV al XVI, Sevilla es una de las ciudades más importantes de los reinos españoles. Su crecimiento fue substancial, pues de 15.000 habitantes en 1431, a comienzos del siglo XVI tenía unos 40.000, dejando muy atrás a los otros núcleos urbanos y fondeaderos atlánticos, pues el Puerto de Santa María poseía unos 6.500 habitantes, Huelva, Sanlúcar de Barrameda, Moguer y Ayamonte contaban con unos 4.500 cada una y a Cádiz no le había llegado la hora de competir con Sevilla[7], que será el escenario donde Fonseca se convierta en uno de los más eficaces y directos colaboradores de la Corona.

> Durante los diez años que promediaron entre el segundo viaje de Colón y la fundación de la Casa de la Contratación de Sevilla, los reyes delegaron la inmensa tarea de organizar y supervisar las armadas que se enviaban a las Indias en una persona de su total confianza: el obispo de Badajoz Juan Rodríguez de Fonseca [fue elevado a la sede pacense en 1495], quien más tar-

---

[7] Miguel Ángel LADERO QUESADA, *Historia de Sevilla. La ciudad medieval,* Sevilla 1980, p. 73.

de habría de convertirse nada menos que en el presidente del Consejo de Indias[8].

Por otro lado, Fonseca y Francisco de Rojas fueron los diplomáticos que los reyes utilizaron en las negociaciones necesarias para llevar a buen término los objetivos de su política matrimonial[9]. Ya habían sido empleados ambos en las negociaciones fallidas con la regente de Francia, Ana de Beaujeu, ofreciendo la no intervención española en los asuntos franceses a cambio de que se le devolvieran el Rosellón y la Cerdaña. Un fracaso que planteó como necesarias las alianzas con los Habsburgo y los Tudor, por lo que se abrieron negociaciones simultáneas a las que se llevaban con Francia. Para conseguir la alianza de Maximiliano I, Fernando el Católico dio a Fonseca las instrucciones oportunas con las propuestas que convenía hacer al emperador para conseguir que su hijo Felipe se casara con alguna de las infantas españolas. Como es sabido, el resultado fue el doble matrimonio de Dª Juana con el archiduque, que se celebró en Flandes el 21 de octubre de 1496 y del príncipe D. Juan con Margarita, hija de Maximiliano I y que llegó a España en 1497. La siguiente misión de Fonseca, en 1501, fue ir a Flandes para conseguir que Dª Juana y su marido vinieran a España a ser jurados como herederos, por haber muerto el príncipe D. Juan y el príncipe D. Miguel de la Paz, hijo de Manuel I de Portugal y de la infanta Isabel, que murió en el parto, muertes que situaban a Dª Juana como la primera en la línea sucesoria de los reinos españoles. Ella y su esposo llegaron, por fin, a España el 9 de enero de 1502. Pero como Dª Juana deseaba volver a Flandes, partió hacia allí en marzo de 1504.

---

[8] Carmen MENA GARCIA, "La Casa de la Contratación de Sevilla y el abasto de las flotas de Indias", en: Enriqueta VILA VILAR-Antonio ACOSTA RODRÍGUEZ-Adolfo Luis GONZÁLEZ GONZÁLEZ (coords.), *La Casa de la Contratación y la navegación entre España y las Indias,* Sevilla 2004, pp. 237-278; cita en pp. 237-238.

[9] Para las misiones diplomáticas de Fonseca en relación con Dª Juana I, Adelaida SAGARRA GAMAZO, "La reina Juana y don Juan de Fonseca: ¿Una hoja de servicios con precio político?", en *Revista de Estudios Colombinos,* nº 6, junio 2010, pp. 13-23. Rodríguez Fonseca fue el presidente de la Junta de Indias (1511-1524) dependiente del Consejo de Castilla. Se considera primer presidente del Consejo de Indias, constituido en 1524, al obispo de Osma, García de Loaysa, que ejerció el cargo entre 1524 y 1528.

En 1493, con ocasión del segundo viaje colombino, Fonseca fue nombrado "delegado para el avío de la armada"; en cinco meses fue capaz de organizar una flota de 17 barcos y abastecerla de todo lo que iban a necesitar las 1.500 personas —marineros y pasajeros— que irían a bordo; uno de los objetivos de la expedición era el establecimiento de una colonia, para la que también se llevaba cuanto precisaría a fin de ponerla en marcha con sus propios medios; para ello iba a contar con legumbres, semillas, aperos de labranza, aceite, vino, harina, árboles frutales, vides y animales domésticos, incluidos caballos y vacas. A este efecto, los reyes ordenaron a las autoridades sevillanas que siguieran las órdenes de Fonseca en todo lo relativo al abastecimiento de los navíos que salieran para América. El obispo no recibió otro título que el que se le concedió en esta ocasión, pero "a partir de entonces cualquier cuestión americana fue de su incumbencia"[10].

Pero la relación con Cristóbal Colón durante los preparativos de la expedición no fue fácil. Incluso antes de que el almirante llegara a Barcelona al regresar del primer viaje, los reyes le indicaron a Fonseca que empezara a preparar otra expedición para no depender únicamente de Colón, que se convirtió en el principal problema del clérigo, quien no sentía simpatía por el almirante, del que le separaban posturas diferentes: aquel, muy preocupado por sus propios intereses y Fonseca por los de la Corona, cuyos territorios quería incrementar en el continente recién descubierto.

> Autores hay que suponen retrasaba el preparar los bastimentos con objeto de facilitar a otros navegantes el poder hacer nuevos descubrimientos antes que Colón. Otros creen que el insigne navegante había consultado su proyecto con Fonseca quien le calificó de visionario y que al salir triunfante de su empresa no perdonó nunca a Colón esta humillación[11].

---

[10] SAGARRA GAMAZO, *Juan Rodríguez Fonseca. Un toresano...*, p. 93.
[11] ALCOCER, *Juan Rodríguez...*, p. 27.

Cuando Colón regresó de su segundo viaje en junio de 1496, se habían producido novedades significativas en relación a nuestro personaje, pues la Real Cédula de 16 de septiembre de 1494 ratificaba las facultades de Fonseca; dirigida a diezmeros, almojarifes, aduaneros, portazgueros, guardas, recaudadores, corredores y cogedores de las villas de los arzobispados de Granada y Sevilla, así como de los obispados de Cádiz, Málaga y Córdoba, la real Cédula mostraba con claridad la postura de los soberanos respecto a las nuevas tierras descubiertas y se emitía cuando se preparaba la armada de Antonio Torres con destino a La Española, hacia donde zarpó en octubre de 1494. Decían los reyes a los destinatarios de la Real Cédula:

> *Nos vos mandamos que de las mercaderías e aparejos e armas e pertrechos e artillería e vituallas e otras cosas que don Juan de Fonseca, deán de Sevilla, del nuestro Consejo, e otras personas por él e en su nombre compraren en esas dichas ciudades e villas e lugares, o cualquier dellos para la armada que se hace, e en las que mandásemos hacer en esa provincia de Andalucía para enviar a las islas e Tierra Firme que se han descubierto e se han de descubrir en el mar Océano en la parte de las Indias, de que el dicho don Juan tiene cargo por nuestro mandado de las hacer, que non pidades derechos algunos… por cuanto que las dichas mercaderías e cosas susodichas se han de comprar o compran para Nos y para las dichas armadas que tenemos mandado e mandaremos facer[12].*

Las responsabilidades de Fonseca van más allá de las relacionadas con las flotas destinadas a Indias, pues en ese mismo año de 1494 y por mandato real tiene que preparar dos armadas; la llamada *armada de Levante*, una gran flota a las órdenes del conde de Trevento con 1.250 hombres destinada a Sicilia para neutralizar la amenaza turca y a finales de ese mismo año ha de preparar otra en ayuda del rey de Nápoles, amenazado por Carlos VIII de Francia, que con un contingente de

---

[12] Vid. Juan MANZANO MANZANO y Ana María MANZANO, *Los Pinzones y el descubrimiento de América,* 3 vols., Madrid 1988, vol. I, pp. 228-229.

30.000 hombres y un tren de artillería, se proponía conquistar el reino italiano. La flota preparada por Fonseca zarpó a finales de mayo de 1495 llevando a Gonzalo Fernández de Córdoba y sus tropas. Era el comienzo de las denominadas Guerras de Italia.

Pero el gran campo de acción de Fonseca fueron las expediciones a América, pues a partir de entonces, como administrador "de los asuntos de Indias", se convirtió en el personaje a quien todos los capitanes de las expediciones destinadas al Nuevo Mundo tendrían que acudir para solicitarle la oportuna licencia, con la que allanarían los obstáculos que pudieran encontrar en los preparativos del viaje. En pos de una mayor eficiencia, se emitió la Real Cédula de 1495 que, por un lado, recortaba los privilegios concedidos a Colón y sus descendientes en las Capitulaciones de Santa Fe y, por otro, modificaba la política descubridora al establecer que desde ese momento las empresas que se organizaran las dirigirían y financiarían sus promotores y otorgaba a los particulares la explotación directa de las nuevas tierras bajo el control de la Corona[13]. Colón fue cesado como virrey y gobernador, aunque conservó el título de Almirante.

El sistema se aplicó a fines del siglo XV, mediante los "viajes de descubrimiento y rescate andaluces"[14], realizados entre 1499 y 1502 por pequeños grupos que se desperdigaron por el Caribe al estilo del modelo africano-portugués; viajes que mejoraron el trazado de las cartas náuticas, impulsaron la emigración al nuevo continente y establecieron plantaciones de caña de azúcar, descubrieron minas y asentaron factorías, en donde la Corona se limitaba a ser representada por unos oficiales reales y a firmar unas capitulaciones con el responsable principal de cada expedición[15], que recibía amplias atribuciones militares, civiles y judiciales, reservándose ella sólo la fiscalización de su conducta y los quintos y décimos correspondientes;

[13] Vid. Antonio Miguel BERNAL, *La financiación de la Carrera de Indias. 1492-1824. Dinero y crédito en el comercio colonial español con América*, Sevilla 1992.

[14] Demetrio RAMOS PÉREZ, *Los viajes españoles de Descubrimiento y Rescate*, Valladolid 1981.

[15] Vid. sobre el particular, entre otros, Juan PÉREZ DE TUDELA, *La Armada de Indias y los orígenes de la política de colonización de América (1492-1505)*, Madrid 1956 y Frank MOYA PONS, *Después de Colón. Trabajo, sociedad y política en la economía del oro*, Madrid 1987.

una organización cuya implantación se ha atribuido a la lejanía de América respecto a Castilla[16].

Los viajes menores, andaluces o de exploración y rescate se inician con el de Alonso de Ojeda, Américo Vespucio y Juan de la Cosa en 1499, casi al mismo tiempo que el de Pedro Alonso Niño y los hermanos Cristóbal y Luis Guerra; a finales de ese año salieron también Vicente Yáñez Pinzón (llevaba cuatro carabelas; lo normal eran una o dos embarcaciones) y Diego de Lepe. Ya en 1500 viajan a Indias Alonso Vélez de Mendoza con Luis Guerra; Cristóbal Guerra y Diego Rodríguez de Grajeda (1500-1501); Rodrigo de Bastidas, Juan de la Cosa y Vasco Núñez de Balboa pasaron también a Indias (1501-1502), lo mismo que Alonso de Ojeda (1502)[17]. Mención especial merece la expedición colonizadora de Nicolás de Ovando, que zarpó en 1502 con 30 navíos y 2.500 personas, la más importante de las que hasta entonces habían cruzado el Atlántico[18].

En un primer momento, el sistema parecía muy rentable a la Corona, pues se aseguraba unos ingresos con una escasa inversión, pero pronto hubo que resolver el problema de garantizar la llegada correctamente de las riquezas del Nuevo Mundo controlando las operaciones comerciales, los territorios y los habitantes, ya fuesen naturales o llegados de la metrópoli, para lo que se necesitaba crear una institución específica con la que afrontar todas estas cuestiones. Por otro lado, a medida que progresaba la penetración en América, fue necesario regularizar las relaciones con las comunidades que nacían allí. La creciente complejidad de los asuntos relativos al asentamiento desbordaba las posibilidades de un hombre solo.

[16] Vid. Bartolomé BENNASSAR, *La América española y la América portuguesa. Siglos XVI y XVII*, Madrid 1980.

[17] Para estos viajes, además de los ya citados de MANZANO y MANZANO, sobre los Pinzones y el de Demetrio RAMOS, *Los viajes españoles…,* pueden consultarse, por ejemplo, Carlos SECO SERRANO, "El viaje de Alonso de Hojeda en 1499: últimas conclusiones", *Actas del Congreso de Historia del Descubrimiento (1492-1556),* Madrid 1992, pp. 11-36; Icíar ALONSO ARAGUÁS, "Explorar, conocer: los intérpretes y otros mediadores en los viajes andaluces de descubrimiento y rescate", en Antonio GUTIÉRREZ ESCUDERO-María Luisa LAVIANA CUETOS, (coords.), *Estudios sobre América: siglos XVI-XX,* Sevilla, 2005, pp. 515-528; G. ANDERSON, "Alonso de Hojeda: su primer viaje de exploración", *Revista de Indias*, 79, 1960, pp. 11-65.

[18] Vid. Juan PÉREZ DE TUDELA, *Las armadas de Indias y los orígenes…,* p. 203.

Pero mientras esta evidencia tomaba cuerpo y se hacía ineludible, Fonseca se mantuvo en puesto de tanta responsabilidad y se desenvolvía con seguridad y acierto, de ahí su permanencia en los diez años que median entre el segundo viaje de Colón (1493) y la creación de la Casa de la Contratación (1503) sin que perdiera su influencia posteriormente. Una muestra de su gestión la tenemos, por ejemplo, en el escrito que emite el 5 de agosto de 1499, cuando Vicente Yáñez Pinzón preparaba las cuatro carabelas que llevaría en su viaje a América:

> Nos don Juan de Fonseca, obispo de Badajoz, del Consejo del Rey e de la Reina… mandamos a vos las guardas de la ciudad de Sevilla e de Jerez e del Puerto y de Sanlúcar e de la villa de Moguer e de todos los lugares del Condado que dejen sacar, cargar e llevar a Vicente Yáñez Pinzón ciento e cincuenta tocinos e veinte quintales de aceite e cuarenta quintales de jarcia e cuatro paños bajos de colores e siete rollos de frisa e veinte olonas para velas y otras cosas… sin le pedir ni demandar derechos ningunos, jurando el dicho Vicente Yáñez que todas las cosas que sacare e cargare son para proveimiento de las dichas cuatro carabelas e para el dicho viaje[19].

Su eficaz proceder es reconocido incluso por quienes se le oponían abiertamente, como fuera Fray Bartolomé de las Casas[20], quien decía:

> Este don Juan de Fonseca, aunque eclesiástico… era muy capaz para mundanos negocios, señaladamente para congregar gente de guerra para armada por el mar, que era más oficio de vizcaíno que de obispos, por lo cual siempre los Reyes les encomendaron las armadas que por la mar hicieron mientras vivieron[21].

[19] Vid. en Manzano y Manzano, *Los Pinzones…*, p. 229.

[20] Sobre Las Casas, en la abundante bibliografía que ha suscitado, merece la pena recordar dos libros: Manuel Giménez Fernández, *Bartolomé de Las Casas,* 2 vols., Sevilla 1984 (ofrece, además, un buen panorama de la corte en estos años) y Pedro Borges Morán, *Fray Bartolomé de Las Casas*, Madrid, 1985, del que se ha destacado su objetividad.

[21] Bartolomé De Las Casas, *Historia de las Indias,* Madrid 1961, vol. I, p. 36. Estudio y notas de Juan Pérez De Tudela.

Hubo, además, otros cometidos para Fonseca. En julio de 1501 marchó a Inglaterra acompañando a Catalina, hija de los Reyes Católicos, que iba a contraer matrimonio con Arturo, el heredero del trono inglés; en su ausencia, el equipamiento y organización de flotas fue encargado a Gómez de Cervantes, que contó con la colaboración del contador de los gastos de las armadas, Jimeno de Briviesca y del escribano mayor de las rentas reales de Indias, Gaspar de Gricio; "el empeño no podía estar suficientemente servido por el mecanismo inorgánico constituido por Gómez de Cervantes, Briviesca y Gricio. Ello debe ser tenido en cuenta como dato esencial al considerar los orígenes de la Casa de la Contratación"[22].

El 20 de enero de 1503 los Reyes Católicos firmaban la Real Provisión que creaba la Casa de la Contratación[23], ubicándola en Sevilla, donde desde tiempo atrás estaba el Almirantazgo de Castilla y su tribunal; la ciudad contaba, además, con una importante asociación mercantil, la universidad de mareantes. Los reyes le concedían

---

[22] PÉREZ DE TUDELA, *Las armadas de Indias...*, pp. 198-199.

[23] Sobre esta institución vid., por ejemplo, Antonio GARCÍA-BAQUERO GONZÁLEZ, *La Carrera de Indias. Suma de Contratación y Océano de los negocios*, Sevilla 1994; Gildas BERNARD, "La Casa de Contratación de Sevilla, luego de Cádiz en el siglo XVIII", *Anuario de Estudios Americanos*, XII, 1955; Manuel DANVILA COLLADO, *Significación que tuvo la Casa de la Contratación y el Consejo de Indias*, Madrid 1892; Eduardo IBARRA RODRÍGUEZ, "Los precedentes de la Casa de la Contratación de Sevilla", *Revista de Indias*, núms. 3, 4 y 5, 1941, pp. 85-97, 5-54 y 5-38, respectivamente; Manuel PIERNAS HURTADO, *La Casa de la Contratación*, Madrid 1907; Manuel de la PUENTE Y OLEA, *Los trabajos geográficos de la Casa de la Contratación*, Sevilla 1900; István SZÁSZDI LEÓN-BORJA, "La Casa de Contratación de La Coruña en el contexto de la política regia durante el reinado de Carlos V", *Anuario da Facultade de Dereito da Universidade da Coruña (AFDUDC)*, nº 12, 2008, pp. 905-914, "Las Casas de la Contratación de Sevilla y sus hermanas indianas", en ACOSTA RODRÍGUEZ, Antonio, GONZALEZ RODRÍGUEZ, Adolfo y VILA VILAR, Enriqueta (coords.): *La Casa de la Contratación y la navegación entre España y las Indias*, Sevilla 2003, pp. 23 y ss.; "Las Casas de la Contratación en la perspectiva de la primera mitad del siglo XVI. El caso de Laredo y de La Coruña", en GARCÍA HURTADO, Manuel-Reyes, GONZÁLEZ LOPO, Domingo L. y MARTÍNEZ RODRÍGUEZ, Enrique (eds.): *El mar en los siglos modernos*, vol. II, Santiago de Compostela 2009, pp. 393-400 y "Armadas, Consulados y Casas de la Contratación. La lucha hispana por el desarrollo de nuevos mercados y la creación de instituciones supremas del mercantilismo (1503-1529)", en *e-Legal History Review*, nº 31, 2020. Vid. también Juan MARCHENA FERNÁNDEZ, "La organización del Imperio. La fase inicial", en Joseph PÉREZ (coord.), *La época de los descubrimientos y las conquistas (1400-1570)*, Madrid 1998, t. XVIII de la *Historia de España fundada por Ramón Menéndez Pidal*, pp. 422 y ss. y Ramón María SERRERA CONTRERAS, "La Casa de la Contratación en el Alcázar de Sevilla (1503-1717)", en *Boletín de la Real Academia Sevillana de Buenas Letras*, nº 36, 2008, pp. 141-176.

a Sevilla[24] el privilegio de puerto único para el tráfico con América, medida que no fue bien recibida en otros lugares, pues sólo beneficiaba a una ciudad, a la que había que llegar superando el peligro que suponía la barra de Sanlúcar y la distancia de la ciudad al mar (unas 20 leguas). Cádiz era la principal afectada por la decisión real, pues había sido el primer punto centralizador del comercio al crearse en 1493 la Aduana, contaba con un buen puerto, una profunda bahía, un grupo mercantil considerable y una larga tradición marítima y comercial. Sevilla ofrecía la ventaja de ser un puerto interior, seguro, resguardado, un grupo numeroso de comerciantes extranjeros, personal cualificado e instituciones para tratos y navegación.

La creación de la Casa de la Contratación en 1503 no supuso la postergación de Fonseca; especial atención puso el obispo en la potenciación de la producción de azúcar en La Española, a donde había sido llevada desde Canarias, llegando a la península las primeras muestras del azúcar antillano en 1515: fue el inicio de lo que se ha llamado la "canarización" de la economía caribeña[25]. En cuanto a su relación con la Casa de la Contratación, hay que esperar a la muerte de D. Álvaro de Portugal (23-IX-1503)[26] para que se consolidara:

[24] Respecto a la ciudad andaluza, aparte de la monumental obra de Huguette et Pierre CHAUNU, *Séville et l'Atlantique,* París 1955-1960, pueden verse, entre otras, Antonio DOMINGUEZ ORTIZ, *Orto y ocaso de Sevilla,* Sevilla 1946; Ramón CARANDE, *Sevilla, fortaleza y mercado. La tierra, las gentes y la administración de la ciudad en el siglo XIV,* Sevilla 1982; Miguel Ángel LADERO QUESADA, *Historia de Sevilla. II. La ciudad medieval,* Sevilla 1980; Enrique OTTE, *Sevilla, plaza bancaria europea en el siglo XVI,* Madrid 1978; Florentino PÉREZ EMBID, *Navegación y comercio en el puerto de Sevilla en la Baja Edad Media,* Sevilla 1968; Pablo Emilio PÉREZ-MALLAINA BUENO, "Sevilla centro de la Carrera de Indias y de la náutica española en el siglo XVI", en *II Jornadas de Andalucía y América,* t. I, Sevilla 1982; Antonio Miguel BERNAL - Alejandro COLLANTES DE TERÁN, *El puerto de Sevilla. De puerto fluvial a centro portuario mundial. Siglos XIV-XVII,* Sevilla 1988; Francisco MORALES PADRÓN, *Sevilla y el Río,* Sevilla 1980.

[25] Para la conquista de las Canarias y su inserción en el comercio americano, por ejemplo, MORALES PADRÓN, Francisco: *Descubrimiento, toma de posesión, conquista: Canarias, una modesta América,* Las Palmas 2009, *Canarias: crónica de su conquista,* Las Palmas 1993 y "La extensión canaria", en *España y América. Un océano de negocios. Quinto centenario de la Casa de Contratación, 1503-2003,* Madrid 2003, pp. 81-88, GIL OLCINA, Antonio: "Canarias en la Carrera de Indias: los vientos de la travesía", en *Anuario de Estudios Atlánticos,* nº 65, 2018, pp.1-8.

[26] Sobre el personaje, István SZÁSZDI LEÓN-BORJA, "El magnífico señor don Álvaro de Portugal, contador mayor de Castilla. Una trayectoria político-administrativa", María Isabel del VAL VALDIVIESO y Pascual MARTÍNEZ SOPENA (coords.), *Castilla y el mundo*

Hasta el fallecimiento de don Álvaro de Portugal, Presidente del Consejo Real y Contador Mayor de Castilla, los oficiales sevillanos respondían directamente ante él por sus actos y aquel dirigía personalmente, en nombre de la Reina Católica, la negociación indiana... Con la muerte del portugués, y no antes, la Casa de la Contratación pasó a estar bajo la vigilancia de Juan Rodríguez Fonseca... los primeros Oficiales, más que hechuras de Fonseca, podemos afirmar que eran personas del *Magnífico señor* D. Álvaro de Portugal, quien era Alcaide de los Reales Alcázares y de las Atarazanas de Sevilla[27].

Es más, de D. Álvaro[28] se ha dicho que a él "se debió el tomar el modelo de la Casa de Ceuta y de Guinea para la institución que se convertiría en modelo de la administración mercantilista colonial" castellana, es decir la Casa de la Contratación establecida en Sevilla[29].

UNA POSICIÓN CAMBIANTE

Cuando se presumía el fallecimiento de la reina, Fonseca fue nombrado embajador extraordinario en Flandes, para lo que sería una compleja

---

feudal. Homenaje a Julio Valdeón Baruque, Valladolid, 2009, PP. 699-709; también Pedro GAN GIMÉNEZ, *El Consejo Real de Carlos V,* Granada 1988, p. 255, del mismo autor, "Los Presidentes del Consejo de Castilla (1500-1560)", *Chronica Nova,* 1, 1968, p. 15 y Salustiano de DIOS, *El Consejo Real de Castilla (1385-1522),* Madrid, 1982, pág. 248;

[27] István SZÁSZDI LEÓN-BORJA, "Juan Rodríguez de Fonseca y los Comuneros segovianos", en István SZÁSZDI LEÓN-BORJA (coord.), *Monarquía y revolución: en torno a las Comunidades de Castilla,* Valladolid 2010, pp. 239-257; cita en p. 241. Más información al respecto, en los trabajos de este mismo autor "Los portugueses y el nacimiento de la Casa de la Contratación sevillana el año 1503", *O Tempo Histórico de D. João II. Nos 555 anos do seu nascimento,* Lisboa, 2005, pp. 283-324 y "La Casa de Contratación de Sevilla y sus hermanas indianas", *La Casa de la contratación y la navegación...,* ya citado, pp. 101-128.

[28] D. Álvaro ejerció el cargo de Alcaide del Alcázar y de las Atarazanas desde el 6 de enero de 1495 hasta el 24 de septiembre de 1503, sucediéndole en el cargo con nombramiento del día siguiente su hijo D. Jorge de Portugal, puesto en el que permaneció hasta el 25 de septiembre de 1543. Vid. Pablo Emilio PÉREZ-MALLAÍNA, "Los responsables de las Atarazanas de Sevilla durante la Baja Edad Media", *Norba. Revista de Historia,* vol. 27-28, 2014-2015, pp. 201-226; los datos citados, en p.222. D. Jorge de Portugal era el personaje más influyente del grupo portugués asentado en Sevilla cuando llegaron a la ciudad andaluza Magallanes y Falero.

[29] SZÁSZDI LEÓN-BORJA, "Armadas, consulados y casas de contratación...", p. 6.

misión diplomática encaminada, según los deseos de Fernando *El Ca-tólico*, a impedir la llegada a España de Juana y Felipe *el Hermoso* y asumir él el gobierno, pero lo único que consiguió el obispo fue ganarse la antipatía de los flamencos.

> En la ciudad de Toro quiso el Rey Fernando reunir las Cortes, y además una Junta de Navegantes para dejar la cuestión de los descubrimientos, en concreto del paso de la Especiería, por la vía de los hechos consumados fuera del alcance de Felipe de Austria y los suyos. En 1505, la diplomacia fernandina se proyectó en un triple campo para lograr que el testamento de doña Isabel se cumpliera: la acción de Gutierre Gómez de Fuensalida, embajador en la corte archiducal; los representantes de las ciudades en las Cortes de Toro; y la negociación secreta y directa con doña Juana a través de Juan Rodríguez Fonseca[30].

Muerto Felipe I *el Hermoso* (1506) y ante la incapacidad de su esposa, Juana I, la regencia la asume el cardenal Cisneros hasta la vuelta de Fernando el Católico que se había trasladado a Nápoles. Cuando se le comunica la muerte de su yerno, decide volver —sin prisas—, estando en Castilla en agosto de 1507; en diciembre de ese año, firma una orden por la que "todo lo concerniente a las Indias será responsabilidad de Juan Rodríguez de Fonseca, obispo de Palencia, nuestro capellán y de Lope de Conchillos, nuestro secretario". La orden restituía a Fonseca toda la influencia que antes disfrutaba, lo que le permitiría volver de nuevo a la organización de armadas y entre 1508 y 1516 disfrutará de una gran libertad y autoridad en lo relacionado con los asuntos india-nos: será el promotor de nuevos viajes de descubrimiento y conquista; reunió la Junta de Burgos de 1512, de la que salieron *Las Leyes de Bur-gos* para mejorar el trato a los indígenas y consideradas el origen de los derechos humanos; favoreció, por ejemplo, las expediciones de Vasco Núñez de Balboa y la de Pedrarias Dávila en 1513-1514, compuesta por 21 barcos y 1.500 hombres, cuyo coste dobló el presupuesto inicial

---

[30] SAGARRA GAMAZO, *Juan Rodríguez Fonseca. Un toresano...*, p. 167.

al montar su importe 10.300.383,5 maravedíes[31]. Y es que desde que en el segundo viaje de Colón, el obispo fuera encargado de los asuntos relativos a las tierras recién descubiertas, en esa posición se mantendrá, salvo en dos etapas en que ha de retirarse a un segundo plano cortesano, la primera, como ya hemos dicho, fue durante el reinado de Felipe I *el Hermoso* y la primera regencia del cardenal Cisneros y entre 1516 y 1518, con la vuelta a la regencia de Cisneros y con Jean Sauvage al frente de los asuntos indianos.

Como hemos dicho, tras 1507, Fonseca recupera su influencia y se abre un periodo clave para el futuro del asentamiento español en América. El establecimiento de la soberanía española en Nápoles, tras la derrota francesa de 1511, significó para él ser nombrado en 1512 arzobispo de Rossano —aunque nunca estuvo allí—. Dada su preocupación por los asuntos indianos, en 1508, Fonseca convocó en Burgos (de donde él sería obispo desde 1514, siendo recibido no sin oposición por los miembros del cabildo) a expertos navegantes y cosmógrafos a una reunión, en la que estuvieron personajes tan significativos como, entre otros, Vicente Yáñez Pinzón, Américo Vespucio, Juan de la Cosa y el portugués al servicio de Castilla Juan Díaz de Solís (que moriría en 1515 en el Río de la Plata); con la dirección de Fonseca, este Consejo de Navegantes, como ha sido denominado, tomó unas decisiones de gran trascendencia.

> Fonseca decidió hacer hincapié en constituir asentamientos permanentes, en lugar de enviar expediciones indiscriminadas para explorar y traficar con los nativos. Santo Domingo, en la isla de La Española, representaba el asentamiento más firma de Castilla en el Nuevo Mundo. Fonseca intentó que hubiera muchos otros como este.
>
> Como parte de este esfuerzo, también decidió establecer fundaciones en el continente, donde las posibilidades de una expansión fructífera parecían más prometedoras… En la cabeza de Fonseca tomaba cuerpo la idea de arraigar en el Nuevo Mundo… la sociedad castellana del Viejo Mundo, con sus

---

[31] MENA GARCÍA, Carmen: *Sevilla y las flotas de Indias. La gran armada de Castilla del Oro (1513-1514)*, Sevilla 2016.

costumbres, valores, pautas de conducta e instituciones sociales, económicas y religiosas[32].

Con Fonseca se produce en los planteamientos ultramarinos castellanos un punto de inflexión de enorme importancia, pues se aban-
donaba un sistema que presentaba grandes similitudes con el que los
portugueses estaban desarrollando, (consistente, básicamente, en la
creación de unas factorías que sirvieran de escala en los viajes de exploración y comercio hacia la India y en pos de las Molucas) y se abría
una nueva perspectiva que tendría como objetivo establecer grandes
asientos territoriales y administrativos, que fueron el futuro de la colonización española en América.

Tras la muerte de Fernando el Católico (1516), la estrella de Fonseca
se eclipsa durante otro periodo de tiempo, la regencia del cardenal Cisneros, quien tenía una concepción de las Indias muy diferente a la de
Fonseca, al que cesa como delegado de los asuntos indianos:

> Entre sus objetivos [los de Cisneros] no se encontraban ni los
> descubrimientos ni la contratación. Tierra Firme se entendía
> como una base para la evangelización. Para evitar que la labor
> de Fray Pedro de Córdoba y sus frailes fuera entorpecida, se
> llegaron a prohibir los envíos de armadas de rescate. Pero el
> humanismo indigenista de Cisneros no fue la única causa de
> esta parálisis de la política descubridora… Fonseca había sido
> apartado de estas tareas y los grandes navegantes que él había
> enviado a Indias: Pinzón, Vespucio, Solís, etc., estaban muer-
> tos. En esta etapa tan solo se habían dado viajes de descubri-
> miento y rescate utilizando como puertos las bases españolas
> establecidas en el Caribe[33].

---

[32] PATTERSON, Jack E.: "El obispo Rodríguez de Fonseca y la "empresa" de América",
en *Mar Océana*, nº 13, 2006, pp. 109-119; cita en p. 113.

[33] Lorenzo SILVA ORTIZ, "La labor de D, Juan Rodríguez de Fonseca en los asuntos indianos desde el advenimiento de Carlos V hasta su muerte en 1524", en *El Emperador
Carlos y su tiempo. Actas IX Jornadas Nacionales de Historia Militar*, Sevilla 2000,
pp. 173-196; cita en p. 178.

Cuando Carlos llegó de Flandes (17 de septiembre de 1517[34]) para ser reconocido como heredero de los reinos españoles, venía acompañado de un séquito de señores flamencos y uno de ellos, el gran canciller Jean le Sauvage, fue encargado de los asuntos de Indias[35], pues de acuerdo con la práctica política flamenca, le competía el gobierno de Castilla y Aragón sin que tuviera que consultar con el soberano ningún asunto. Pero Sauvage murió el 7 de junio de 1518, sustituyéndole interinamente Jean de Carondelet hasta octubre de ese año, en que fue nombrado Mercurino Gattinara. La muerte de Sauvage supuso el regreso de Fonseca.

> Es de especial significación que tras la muerte de Sauvage fuese requerida en la Corte la presencia de Rodríguez Fonseca, quien había estado apartado de la alta política desde la muerte del Rey Católico, ya que como consecuencia de la pérdida de su protector se encontró a merced de uno de sus más insignes rivales: el cardenal Cisneros, a quien también habría de sobrevivir. Al fallecimiento de Cisneros se sumaba su fracaso en el proyecto de *reformación indiana,* algo que dio lugar a un extraño vacío. A esto hay que sumar… que los flamencos identificaran la política indiana con la percepción de buenas rentas… Junto con esto no se hicieron esperar las quejas de los pobladores en América… La situación requería de alguien que pudiese dar continuidad al gobierno en Indias. Tras dos años condenado al ostracismo y al olvido, se volvió a hacer necesaria la presencia del toresano en la dirección de los negocios referentes a América. Pero no volvería a ser lo mismo; su regreso se producía bajo condicionamientos y en circunstancias bien distintas a las que conoció en vida del rey Fernando[36].

[34] Para la llegada del rey, Javier LÓPEZ MARTÍN, *El primer viaje de Carlos de Habsburgo a España y el hundimiento del Engelen,* Gijón 2020.
[35] Vid. Manuel GIMÉNEZ FERNÁNDEZ, "Política indiana del canciller Jean Le Sauvage (8-XI-1516-7-VI-1518)", en *Anuario de Estudios Americanos,* XII, 1955, pp. 131-218.
[36] SILVA ORTIZ, "La labor de Don Juan…, p. 175.

Al volver a la alta política, Fonseca se encontró con la oposición —animadversión— de las Casas, que le culpaba a él y a Conchillos de que "destruían las Indias", acusándoles de la "mala gobernación que en estas Indias había... pues innumerables gentes por ella habían perecido"[37]. Como veremos después, las discrepancias entre los dos clérigos culminarían algo más tarde. Por su parte, Fonseca tuvo especial cuidado en contactar con Carlos nada más llegar este a la península y será en "Aguilar de Campoo cuando Carlos tenga su primera entrevista con la España oficial, representada por la figura del obispo de Burgos"[38]. En esos momentos, en las banderías de la Corte, Fonseca contaba con amigos tan poderosos como Adriano de Utrecht y La Chaulx, El nombramiento de Francisco de Los Cobos el 21 de junio de 1517 como secretario real resultaba muy favorable para Fonseca y su grupo, del que se quedó descolgado solamente López de Conchillos, debido a las reticencias de Sauvage, que decidió no reincorporarlo a su cargo de secretario por las dudas que suscitaba su honradez, si bien de su postergación se ha culpado a Fonseca, que empezaba a "cambiar sus ideas sobre el gobierno de las Indias a tenor de las corrientes nuevamente imperantes"[39]. Sea como fuere, lo cierto es que Fonseca supo moverse con habilidad en terreno tan resbaladizo, convencido de que su regreso no tardaría mucho en producirse, máxime cuando tenía razones para pensar que aún gozaba de consideración entre los castellanos, ya que en esos momentos de transición entre los dos reinados, había quienes seguían acudiendo a él con peticiones que él tramitaba, algo que el mismo las Casas reconocía, bien a su pesar. No obstante, la recuperación de su influencia no la consigue Fonseca hasta abril de 1518, ratificando su nueva posición la muerte de Sauvage ocurrida dos meses después.

Sobre la importancia de Fonseca en los asuntos indianos y en el juego cortesano es indicativo el siguiente párrafo:

Rodríguez de Fonseca... reunía a un grupo de miembros del
Consejo en sus casas de Valladolid para trata de aquella nego-

[37] LAS CASAS, *Historia de las Indias*, t. I, pp. 410 y ss.
[38] Manuel FERNÁNDEZ ÁLVAREZ, *Carlos V, un hombre para Europa*, Madrid 1976, p. 25.
[39] GIMÉNEZ FERNÁNDEZ, "Política indiana del Canciller...", p. 192.

ciación… así nació el Consejo de Indias pocos años después de Villalar. El Obispo Ruiz de la Mota y el obispo Fonseca se habían repartido, o más bien trabajaban juntos en el Consejo Real, reservándose los temas de Yndias. Entre 1508 y 1519 ha sido documentada su asociación en multitud de asuntos… Cabe pensar que el gran respeto y amistad de los flamencos a estos dos obispos… era el poder que tenían y el conocimiento en materia de Yndias… ¡Qué gran casualidad que los dos hubieran estado en las Cortes de Santiago de 1520 defendiendo la visión imperial!… Resulta muy extraño que historiadores americanistas y modernistas no hayan caído en cuenta de esta asociación de intereses y presencia conjunta en las cortes previas a la Revolución Comunera[40].

UNA EMPRESA EXCEPCIONAL: LA PRIMERA VUELTA AL MUNDO

En septiembre de 1517, Fernando de Magallanes había llegado a Castilla y unos meses después lo hacía Ruy Falero; habían ideado un proyecto para encontrar una nueva ruta a las Molucas navegando hacia el oeste, que querían presentar a Carlos con la pretensión de que el rey financiara la expedición. Tras una estancia en Sevilla, donde tomaron contacto con el grupo portugués allí establecido[41] y con los oficiales de la Casa de la Contratación, el 20 de enero de 1518 salieron los dos portugueses y el factor Juan de Aranda hacia Valladolid, donde el oficial de la Casa de la Contratación sería quien los introduciría en la Corte.

---

[40] SzÁszdi León-Borja, "Juan Rodríguez de Fonseca y los Comuneros segovianos", ya citado pp. 241-242.

[41] El grupo portugués afincado en Sevilla ha merecido especial atención de István SzÁszdi León-Borja. Vid. al respecto su trabajo "Los planes de Magallanes y los consejeros flamencos en 1519 para el traslado de la Casa de la Contratación sevillana al norte", en István SzÁszdi León-Borja y Ramón Sánchez González (eds.), *Comercio, rentas y globalización en la guerra de las Comunidades,* Valladolid 2020, pp. 295-326; especialmente interesante sobre el grupo, su ambiente y su ubicación en Sevilla es la información contenida en la nota 2 a pie de página, donde el autor da cumplida cuenta del progreso de sus investigaciones y de las de Ádám SzÁszdi Nagy, ambos excelentes conocedores del periodo. De su amplia producción bibliográfica, de momento y para esta cuestión, baste referir el trabajo del primero de los dos "Don Juan II y el Memorial Portugués de 1494. Una reinterpretación", en *Revista de Ciencias Históricas,* nº 13, 1998, pp. 153-166.

Las entrevistas con Sauvage empezarían en torno al 21 de febrero. Pero superadas las entrevistas protocolarias, sería Fonseca quien llevaría el peso de la negociación.

Si tenemos en cuenta que tanto Magallanes como Falero y el mismo Fonseca tenían un carácter fuerte, las negociaciones no debieron ser fáciles en algunos momentos y los colaboradores y asesores del nuevo monarca no se implicarán decididamente en la consideración del proyecto magallánico, al estar más preocupados por la aceptación de Carlos como soberano por sus nuevos súbditos y por el ambiente hostil que estaba aflorando, que culminaría en la sublevación de las Comunidades castellanas[42]. Las dudas y vacilaciones existentes en el entorno real, hicieron de Fonseca el máximo defensor del plan de los portugueses, pero se estaba retrasando la consecución de un acuerdo, en cuya aceleración pudo ser decisiva la intervención de Cristóbal de Haro, otro experto como Fonseca en todo lo relacionado con el apresto y financiación de expediciones comerciales y descubridoras[43], cuyo grupo financiero y mercantil era particularmente dinámico[44].

Se produjeron en esos días las entrevistas de los portugueses con Sauvage, Adriano de Utrecht y Fonseca. El 22 de marzo de 1518, se firmaron en Valladolid las capitulaciones entre los portugueses y el rey[45]. Una copia del acuerdo se les entregó a los portugueses y

[42] No nos detendremos en estas cuestiones que el lector puede encontrar ampliamente tratadas en Enrique MARTÍNEZ RUIZ (Dir.), *Desvelando Horizontes. La circunnavegación de Magallanes y Elcano*, t. I, Madrid 2020 (segunda edición), cap. V, así como una amplia bibliografía que nos dispensa a nosotros de alargarnos en más referencias.

[43] Louise BENAT-TACHOT, "Cristobal de Haro, un marchand judéo convers entre trois mondes au XVIe siècle ou le défi d'une "globalisation" avant l'heure", en Esther BEN-BASSA (ed.) : *Les Sépharades. Histoire et culture du Moyen Âge à nos jours*. Paris 2011, pp. 135-160.

[44] Vid. al respecto Adelaida SAGARRA GAMAZO, "El grupo de Burgos y la esclavitud", en *XXI Coloquio de Historia Canario-Americana*, Las Palmas de Gran Canaria, 2014 y "La empresa del Pacífico o el sueño pimentero burgalés (1508-29)" en *Revista de Estudios Colombinos*, nº 9, 2013, pp. 21-36. También, Demetrio RAMOS PÉREZ, "El Grupo financiero de Burgos en el momento que dominó la empresa ultramarina", *I Jornadas de Historia Burgos y América*, Burgos 1992, pp.131-157.

[45] Su contenido se puede consultar en José Toribio MEDINA, *Colección de documentos inéditos para la historia de Chile*, Santiago de Chile 1888, t. I, doc. III, págs. 8 y ss. y en el apéndice III de Martín FERNANDEZ DE NAVARRETE, *Colección de los viajes que hicieron por mar los españoles desde fines del siglo XV*, Madrid 1837, pp. 116-121. Vid. Demetrio RAMOS PÉREZ, *Magallanes en Valladolid. La capitulación*, Valladolid

fue registrado en la Casa de la Contratación[46]. En el mes siguiente y camino de Zaragoza, en Aranda de Duero, Carlos firmaría unas cédulas a fin de acelerar la puesta en marcha de la expedición, que se demoraría más de un año. El telón de fondo de todas estas entrevistas y disposiciones era el preludio de las Comunidades, cuya conflictividad ya apuntaba[47].

Mientras se desarrollaba la negociación de la expedición al Maluco entre los portugueses y Carlos, se produjo una especie de interferencia. El 29 de marzo de 1518, cuando se dirigía a Zaragoza, Carlos firmó en San Martín de Rubiales (Burgos), una real Cédula a favor del Mayordomo Mayor y Almirante de Flandes concediéndole "gracia y merced de la conquista de la Ysla de Cozumel"[48]; pero tal concesión no se llegó a realizar en la práctica, permutada por una licencia de 10 de agosto de ese año, que le permitía a Gorrevod vender en exclusiva y durante los cuatro años siguientes 4.000 negros esclavos en La Española, Cuba, San Juan Bautista y Jamaica, las cuatro islas caribeñas pobladas entonces por cristianos. Tal privilegio se complementó con la concesión por juro y heredad de los metales que se obtenían en Álava, Guipúzcoa, Vizcaya, las Encartaciones y los valles de Mena y Liébana: se trataba de las ferrerías cantábricas, productoras de clavazón, cadenas y otros artículos, exportados a Europa y a las Indias[49].

2019. Vid. también Enrique MARTÍNEZ RUIZ, "Las Capitulaciones de Valladolid. Génesis, financiación y misión de la expedición", en *Revista General de Marina,* agosto-septiembre, 2019, pp. 229-240.

[46] *Documentos extraídos del Libro Copiador de la armada para el descubrimiento de la Especiería. Asiento y Capitulación con Magallanes y Falero (que finalmente no fue), nombramiento de sus capitanías generales y relación de otras disposiciones a cumplir en el viaje.* AGI, Es. 41091, 10.1.9, contratación, 5090, l.4. Vid. Sevilla 2019-2022 / Documentos para el quinto centenario de la primera vuelta al mundo. La huella archivada del viaje y sus protagonistas (Transliteración por Cristóbal Bernal)

[47] No nos detendremos en los sucesos que se desarrollan durante las negociaciones de las capitulaciones firmadas entre la Corona y Magallanes y Falero, que el lector puede encontrar en MARTÍNEZ RUIZ, Enrique: "La primera vuelta al mundo: la compleja negociación que la hizo posible"(en prensa; libro colectivo que prepara la editorial Dykinson).

[48] Vid. István SZÁSZDI LEÓN-BORJA, "La merced de la isla de Cozumel al almirante de Flandes por parte del Rey don Carlos: las gobernaciones de Cuba y de Yucatán en 1518", *Anuario de Estudios Americanos,* vol. 58, nº 1, 2001, pp. 13-22.

[49] Vid. Luis GARCÍA FUENTES, "El Descubrimiento de América y el comercio de hie-

Por entonces Carlos incluyó en su Consejo Secreto a Gorrevod (consejo que en torno a 1522 sería el Consejo de Estado), quien secundaría decididamente a Chievres y Gattinara. Este y Gorrevod, ambos saboyanos, ya estaban en el entorno de Carlos cuando era niño, pues se habían incorporado al formar la archiduquesa Margarita de Austria, viuda del duque de Saboya, en 1507 una corte en Malinas para educar a su sobrino. En el círculo próximo a Carlos durante su estancia en España, estaban además de ambos saboyanos el maestro Ruiz de Mota y Fonseca, todos partícipes en mayor o menor medida de las mercedes hechas a Gorrevod.

Las referidas concesiones iban en contra de las peticiones que luego formularían los comuneros, que también se oponían a que se trasladara a Flandes la contratación de Indias establecida en Sevilla, como incluyeron en el proyecto de Ley Perpetua[50].

> Lo que nos hace ratificar la verosimilitud del rumor que los flamencos querían sacar la Casa de Sevilla y llevarla a Amberes, y mucho más posible, a Burgos, donde el obispo Juan Rodríguez de Fonseca mantenía excelentes relaciones con los Maluenda, Cartagena, Aranda, Briviesca y otras familias de cristianos nuevos mercaderes de lana, quienes trataban directamente con Flandes. Ello hubiera significado el desplazamiento del mercado de Sevilla a los puertos del Cantábrico[51].

Abundando en esta línea, conviene señalar que terminadas las Comunidades, el 22 de diciembre de 1522 fue creada en La Coruña la Casa de la Especiería[52], que sería la canalizadora del comercio de las especias

rro y manufacturas metálicas del País Vasco. Reflexión sobre una oportunidad histórica frustrada", *Congreso de Historia del Descubrimiento. Actas,* vol. III, Madrid, 1992, pp. 664-681 y István SZÁSZDI LEÓN-BORJA, "La idea del Imperio en Yndias en tiempos del César Carlos", *La Torre. Revista de la Universidad de Puerto Rico,* vol. 12, nº 43, pp. 129-152. No nos detendremos más en estas cuestiones. El lector interesado puede recibir información más amplia y complementario en la nota 13 del articulo citado varias veces de SZÁSZDI LEÓN-BORJA, sobre Fonseca y los comuneros segovianos, p. 244.

[50] Vid., por ejemplo, Joseph PÉREZ, *Los Comuneros,* Madrid, 2001, p. 43. Sobre la Ley Perpetua, Ramón PERALTA, *La Ley Perpetua de la Junta de Ávila (1520),* Madrid, 2010.

[51] SZÁSZDI LEÓN-BORJA, "…Fonseca y los comuneros…", pp. 247-248.

[52] Para los intentos precedentes encaminados a debilitar la posición de Sevilla, vid. el epígrafe II de István SZÁSZDI LEÓN-BORJA, "La Casa de la Contratación de La Coruña

hacia Flandes, una clara concesión a los burgaleses, a los gallegos y al mismo Fonseca, que de esta forma acentuaba su protagonismo en el comercio de la Monarquía. Lo que provocó las consiguientes protestas de Sevilla, entre cuyos argumentos alegados en su defensa estaba el de su fidelidad en el conflicto comunero. La Casa gallega, finalmente, se disolvió al vender Carlos V la propiedad de las Molucas a su primo Juan III de Portugal en 350.000 ducados.

> El interés por crear una Casa de la Especiería, más que por entrar en competencia con los portugueses… era de naturaleza económica, la insaciable necesidad por hallar nuevos recursos para mantener la Monarquía Hispana, lejos del emporio sevillano… Había que vencer las resistencias sevillanas a la hora de reclamar nuevos préstamos o derramas de cualquier índole. El aborto de la Casa de la Especiería significaba también la derrota de la política real centralizadora económica, al igual que el triunfo del comercio sevillano[53].

Mota se marchó con las corte carolina a Flandes y regresó cuando lo hizo el ya Emperador, pero enfermó y murió el 20 de septiembre de 1522, en el monasterio de san Bernardino de Herrera de Pisuerga, lo que benefició a Fonseca, que no solo aumenta su poder, sino también consolidó sus clientelas burgalesa y sevillana; además, en sus casas de Valladolid reunía a unos miembros del Consejo para tratar sobre los asuntos de Indias, de donde nacería años después de derrotada la sublevación comunera el Consejo de Indias. Pero las relaciones con Carlos V se enturbiaron cuando este regresó.

CORTÉS, LAS CASAS, DIEGO COLÓN

La relación de Fonseca con estos tres personajes constituye unos puntos de inflexión que incidirán directamente en la posición cortesana

en el contexto de la política regia durante el reinado de Carlos V", en *AFDUDC*, 12, 2008, pp. 905-914, especialmente pp. 909-911.
[53] *Ibidem*, p.911.

del obispo, pues los tres casos representan opciones relacionadas con las Indias muy diferentes a las que él propugnaba desde su apoyo decidido a la Corona y sus ideas sobre lo que debía ser la colonización americana, lo que en algún caso le llevó a mostrarse contrario a las decisiones reales.

Siguiendo con la práctica de enviar viajes de rescate y descubrimiento desde las islas caribeñas, Diego Velázquez, primer gobernador de Cuba desde 1516 hasta su muerte en 1524, fundador de las siete primeras ciudades en la isla, decidió organizar una expedición para que fuera más allá del Yucatán y a solicitar la capitulación correspondiente envió a Castilla al clérigo Benito Martín, que la negoció en la Corte casi al mismo tiempo que Magallanes gestionaba la expedición al Maluco, consiguiendo el representante de Velázquez que se firmara en Zaragoza el 13 de noviembre de 1518, participando Fonseca en la tramitación. Se trataba de una capitulación diferente a las anteriores, pues esta incluía una cláusula que autorizaba la conquista[54] y concedía a perpetuidad para él y sus herederos la vigésima parte de las ganancias producidas por la isla, lo cual situaba este acuerdo en la línea de los establecidos con Cristóbal Colón, a los que era tan contrario Fonseca, pero tales condiciones fueron incluidas por otros consejeros, ya que el gobierno de las Indias era colegiado.

Hernán Cortes había firmado un acuerdo con Velázquez el 23 de octubre de 1518, pero zarpó sin avisar al gobernador ni esperar la licencia regia, convirtiéndose en un proscrito al desconsiderar a quien poseía la autoridad real por delegación. Para regresar a la legalidad y desvincularse del gobernador de Cuba decidió crear una nueva jurisdicción, iniciando el proceso que lo llevaría a ser la máxima autoridad en la Nueva España, es decir,

> pasar de simple delegado de Diego Velázquez, que a su vez solo tenía poder delegado del almirante Diego Colón, a justicia mayor y capitán general de la Nueva España con potestad ordinaria, conferida directamente por la comunidad ayuntada en Villa

---

[54] Ramos Pérez, *Audacia, negocio y política en los viajes españoles de "descubrimiento y rescate"*, Valladolid 1981, p. 542.

Rica de la Veracruz y alzada ante el poder real contra la tiranía de Diego Velázquez[55].

A fin de normalizar su situación, Cortés envió unos procuradores a la Corte en 1519, encontrándose con la oposición no solo de Fonseca, sino también de los oficiales de la Casa de la Contratación Sancho de Matienzo y Juan López de Recalde, los tres contrarios a iniciativas como la de Cortés por lo que tenían de desconsideración de la autoridad real y de búsqueda de un bien propio.

Fonseca había abandonado la Corte, entonces en Barcelona, y se encontraba en Burgos, donde recibió una carta del ya Carlos V para que preparara una gran flota de cien navíos con la que trasladarse a Alemania. Cuando el 25 de noviembre llegaron a Sevilla los emisarios de Cortés, el obispo ya calificaba Veracruz como "sede de rebeldes" y actuó en consecuencia, pues ordenó que se les incautasen los 10.000 pesos que los recién llegados traían como presente al rey. Convencido de que le apoyaría el Consejo, que siguiendo a la Corte estaba en Barcelona, Fonseca escribió unas instrucciones de clara oposición a Cortés, pero falló en sus cálculos; consejeros como Francisco de los Cobos, Gattinara y Mota posponían su respuesta y el mismo rey no decidió hasta algún tiempo después, por lo que uno de los conquistadores escribiría:

> Y ansí por las cartas glosadas que sobrello le escrebio [al monarca] el obispo de Burgos, desde allí vio su Majestad que todo era al contrario de la verdad, desde allí adelante le tuvo mala voluntad al obispo especialmente que no envió todas las piezas de oro, e se quedó con gran parte dellas. Todo lo cual alcanzó a saber el dicho obispo… el cual alcanzó muy grande enojo[56].

[55] Manuel GIMÉNEZ FERNÁNDEZ, "El alzamiento de Hernando Cortés según las cuentas de la Casa de la Contratación", en *Revista de Historia de América* (México), 1951, pp. 1-58.

[56] Bernal DÍAZ DEL CASTILLO, *Historia verdadera de la conquista de la Nueva España,* Madrid 1955, p. 116. Posiblemente, esas piezas que dice Bernal que Fonseca no entregó sean los 4.000 pesos de oro que el obispo ordenó se entregasen a Francisco Grimaldo para cubrir los costos de cuatro barcos que se construían en Bilbao.

En la actitud de Fonseca en relación a Cortés se ha visto también el temor de que la conducta del conquistador fuera el origen de una revuelta similar a las Comunidades castellanas[57], una posibilidad que suscitaba la oposición del obispo por ser contraria a la autoridad de la Corona y porque "el odio que Fonseca guardaba a los Comuneros por lo que había sufrido su hacienda y la de su familia, significaba la voluntad de revancha y ausencia de clemencia con ellos"[58].

Antes de salir para Alemania, Carlos paso por Tordesillas para despedirse de su madre. Fonseca había comprendido por entonces que su estrella se eclipsaba, pero la precipitada marcha del rey dejó sin aplicar cualquier modificación en el gobierno indiano, aunque el obispo no se llevaría a engaños a raíz de lo sucedido en una reunión del consejo celebrada el 30 de abril de 1520, después de aplazar mucho el tema de Cortés y en la que declararon los enviados por este; en la reunión, además de Fonseca, estuvieron presentes Adriano de Utrecht, Gattinara, Rojas, Vega, Zapata, Beltrán de Aguirre y Padilla, quienes ordenaron liberar los 10.000 pesos incautados por el obispo. El desenlace definitivo llegó al cabo de dos años, cuando Adriano de Utrecht el 22 de julio de 1522 apartó a Fonseca de la dirección de los asuntos americanos. Meses más tarde, el 22 de octubre, el consejo falló a favor de Cortés y el emperador lo confirmó tres días después. El obispo salía completamente derrotado en su enfrentamiento con el conquistador. Pero hubo más.

Todavía antes de zarpar, Carlos reunió en La Coruña al Consejo para abordar especialmente dos cuestiones pendientes en relación con América: el proyecto de Las Casas para la evangelización y colonización pacífica y la reposición de Diego Colón ampliando también sus poderes, cuestiones en las que Fonseca se movió en la línea de los consejeros flamencos. Se ha señalado que las reuniones habidas entre el 12 y el 19 de mayo evidenciaron la existencia de una especie de plan conjunto encaminado fundamentalmente a aprovechar los recursos americanos en beneficio de la Corona, lo que supondría un

---

[57] Vid. Manuel GIMÉNEZ FERNÁNDEZ, "Hernán Cortés y su Revolución Comunera en la Nueva España", *Anuario de Estudios Americanos,* t. V, 1948, pp. 1-144.

[58] István SZÁSZDI LEÓN-BORJA, "Juan Rodríguez de Fonseca y los Comuneros segovianos", ya citado, p. 241.

cambio en las directrices de la política indiana bajo la influencia de Gattinara[59].

Según Fonseca, el plan de las Casas contenía reminiscencias señoriales, en las que el obispo fundaba su oposición y vaticinaba el fracaso del proyecto, que según su autor iba encaminado a la evangelización y aplicación de un sistema de colonización alternativo a las encomiendas[60], que aplicaría en la costa de Cumaná, consistente en la reunión de cincuenta colonos que constituirían una especie de orden religiosa o militar autorizada por el rey y el papa. Sus miembros llevarían un hábito blanco con una cruz dorada en el pecho; fundarían pueblos y fortalezas; pagarían 15.000 ducados de renta (posiblemente imposición de Fonseca a fin de mostrar el predominio de la Corona) para ser armados caballeros con hidalguía y escudo de armas valedero en las Indias, que tres años más tarde serían válidos también en España. La autoridad suprema en la comunidad la tendría las Casas con facultad de conceder licencias que permitieran comerciar con perlas y oro y proponía la existencia de un tesorero y un juez de nombramiento real, pero que actuarían a su requerimiento, con lo que el fraile se ponía por encima de la autoridad del rey y equivalía a una involución política.

El proyecto fue aprobado por Carlos el 19 de mayo de 1520 estando todavía en La Coruña y el dominico zarpó de Sanlúcar de Barrameda el 14 de diciembre de 1520. Respecto a sus resultados, puede servirnos el siguiente párrafo:

> Las Casas fue muy desdichado en la aplicación de sus teorías probablemente por ser descabelladas. Dirigía amonestaciones a reyes, a Carlos I, a consejos de gobierno, audiencias, virreyes, obispos y otros prelados, y desde la altura que se adjudicaba, por estar seguro de que sus planes eran perfectos y preferibles a los demás, parecía superior. No obstante, cuanto emprendió se frustró, porque su sentido crítico yacía falseado en su mente[61].

[59] Vid. Emelina MARTÍN ACOSTA, *El dinero americano y la política del Imperio*, Madrid 1992.

[60] Marcel BATAILLÓN, *Etudes sur Bartolomé de las Casas*, Paris, 1965, p. 5.

[61] Roberto LEVILLIER, "Una nueva imagen de las Casas y el arte crítico de Menéndez Pidal", en *Revista de Indias*, nº. 91-92, 1963, p. 118. Sobre el pensamiento y la actitud

En cuanto a Diego Colón, una de las razones que se han dado de su reposición es que fue resultado de la alianza entre Croy y él a cambio de 10.000 ducados que el interesado ofreció al rey, quien por su Real Provisión de 17 de marzo de 1520 autorizaba su reposición. En la concesión a las Casas no había nada que limitara el poder del virrey, pues existía un acuerdo con Colón, según el plan conjunto que habían presentado en Barcelona, de manera que el proyecto del dominico se hacía viable, mientras que indirectamente Colón podía extender su influencia al continente, pues es probable que esperase el fracaso del fraile y aprovecharse de ello para afianzar su autoridad en Tierra Firme.[62] Carlos zarpó para Alemania el 20 de mayo de 1520.

> La suspensión definitiva de Diego Colón en su cargo vino determinada tras el regreso de Carlos I a España. El 23 de marzo de 1523, se aprobaba la creación de la Audiencia de Santo Domingo y la suspensión de Colón. Todo esto se producía un año antes de la creación del Real y Supremo Consejo de las Indias, fundado el 1 de agosto de 1524.
>
> De esta forma se cerraban 25 años de tensiones, en los que las pugnas medievalistas anduvieron siempre presentes. Con ello se daba paso a una época de plenitud dentro de la salvaguarda del poder real[63].

En el transcurso de la sublevación de las Comunidades, el incendio de Medina del Campo por Antonio de Fonseca, hermano del obispo, generalizó una reacción popular contraria a los Fonseca, decididos partidarios del rey.

> Fonseca, toresano, pero con intereses familiares señoriales en los alrededores de Segovia, además de sufrir el saqueo en Bur-

de Las Casas respecto a las Indias, Mercedes Junquera Gómez, "Bartolomé de las Casas y América", en *Homenaje a Ramón González Ruiz*, pp. 367-381

[62] Sobre las ambiciones colombinas, Demetrio Ramos Pérez, *Los Colón y sus pretensiones continentales. Los planes sobre Norteamérica, Venezuela, México y Perú*, Valladolid, 1977.

[63] Silva Ortiz, "La labor de D. Juan....", pp. 194-194.

gos, de sus papeles y bienes, sufrió en 1521 el que los comuneros de Segovia, con un grupo de "gente alborotada" saquearan 10.000 fanegas de cebada, trigo y centeno que guardaba en el monasterio de Santa María de Párraces, en Cobos de Segovia, que fueron tomadas por fuerza, con dos tiros de pólvora, por Juan de Murcia y otros vecinos segovianos[64].

Pero no fue solo esto. Las casas de los Fonseca fueron destrozadas en Valladolid, Coca y Alaejos; Villafruela fue saqueada como castigo por haber acogido al obispo, que adelantó al Condestable en diferentes partidas un total de 447.231 maravedíes para el mantenimiento del ejército real contra los sublevados[65]. Y es que la vinculación de Fonseca a la causa realista fue total, como muestran las diversas cartas que le envió al Emperador, exponiéndole las claves que el consideraba en relación a la revuelta, culpando especialmente a los judíos, lo mismo que Francisco de los Cobos y destacando los leales servicios de personajes como el marqués de Astorga o el arzobispo de Santiago. También le daba cuenta el obispo de la victoria en Villalar y la ejecución de los cabecillas comuneros[66]. Por su parte, Carlos V le anunciaba en una carta de 21 de enero de 1521 que regresaba a Castilla.

Cuando volvió el emperador (llegó a Santander el 7 de julio de 1522), reunió el Consejo Real en Palencia para sopesar los términos de la represión comunera. Los consejeros estaban divididos, pues el almirante D. Fadrique Enriquez y el condestable D. Íñigo de Velasco recomendaban clemencia, al contrario que Cobos y Mota, partidarios de la dureza, postura en la que eran aventajados por Fonseca, "imperturbable, partidario de la mano dura, era el único que aconsejaba a Carlos V no ceder un ápice. No podían hacerse concesiones a la rebelión"[67]. La

[64] SZÁSZDI LEÓN-BORJA, "Juan Rodríguez de Fonseca y los Comuneros …", ya citado, p. 239.

[65] Adelaida SAGARRA GAMAZO, "El protagonismo de Juan Rodríguez de Fonseca, Gestor Indiano, en la diplomacia y la política castellana desde su sede episcopal de Burgos", en BIFG, Burgos, año LXXIV, nº 211, 1995/2, pp. 273-317; cita en 285-286.

[66] Mas detalles sobre estas cuestiones en *Ibidem*, pp. 287 y ss.

[67] Joseph PÉREZ, *La revuelta de las Comunidades de Castilla (1520-1521)*, Madrid 1977, p. 275.

represión había empezado el 8 de agosto de 1521 y el 28 de octubre del año siguiente se publicó un perdón general que exceptuaba a 223 personas. Precisamente, Fonseca y otros personajes recibieron una delegación de poderes para tramitar el perdón con los afectados a cambio de una multa, cuyo importe se establecería de acuerdo con ellos. De los casos que tuvo que ver Fonseca estaba el del obispo comunero Acuña, detenido cuando pretendía huir a Francia y encarcelado, aunque su proceso fue encargado por el papa Clemente VII a Antonio de Rojas.

A su vuelta de Alemania y por sus agobios económicos, Carlos V decidió también reunir una junta para encontrar los medios que remediaran la situación. Entre los convocados estaba Fonseca.

> Su Majestad recoge todo el más dinero que puede haber para esta guerra [con Francia], y las personas que entienden en su hacienda son los cuatro evangelistas: el arzobispo de Granada, el obispo de Burgos, Alonso Gutiérrez, el contador, y Juan de Vozmediano... los cuales tienen a su cargo vender juros y tercias y componer los acetuados [los exceptuados del perdón general de 1522, que podían acogerse a la real provisión emitida en Pamplona en este sentido] e buscan todas las vías e maneras que se pueden tener para haber dineros[68].

Pero la suerte del obispo de Burgos ya estaba echada, pues Adriano de Utrecht lo apartó de la dirección de los asuntos indianos el 22 de julio de 1522.

FONSECA OBISPO

Por otro lado, su salud se fue resintiendo y enfermó tan gravemente, que en su retiro burgalés hizo testamento el 22 de diciembre de 1523, evidenciando un cambio que se había producido en el obispo, al ocuparse de la dimensión pastoral de su cargo, antes tan abandonada. Cuando advirtió la corrupción de los examinadores de su diócesis, los

---

[68] Vid. Antonio RODRÍGUEZ VILLA, *El Emperador Carlos V y su Corte...*, Madrid 1903, p. 156.

cesó, publicó sus abusos y los desterró. Medidas parecidas tomó con notarios y escribanos del tribunal eclesiástico y fortaleció las competencias jurisdiccionales del obispo frente al cabildo, pese a la oposición del deán y los canónigos, lo que generó grandes tensiones entre ambas partes. Los pleitos de Fonseca como prelado burgalés fueron muy numerosos, incluidos algunos planteados por sus familiares[69].

En 1495 comenzó la culminación de su carrera eclesiástica al ser nombrado obispo de Badajoz, pasando en 1499 a la sede cordobesa; en la década siguiente, en 1504, ocupaba la silla obispal de Palencia; en 1511 fue nombrado arzobispo de Rossano, tomando posesión del cargo en 1513 y un año más tarde accede al obispado de Burgos, donde permaneció hasta su muerte en 1524. Una carrera donde es fácil ver la recompensa real a los leales servicios prestados a la Corona, algo que se ve claramente en el proceder de Fernando el Católico en la década de 1510, al que el obispo correspondió con lealtad y entrega.

Durante el concilio Lateranense (1512), fray Pascual de Ampudia, obispo de Burgos, murió en Roma y le sucedió el cardenal de Oristán; el 16 de octubre de 1513, Fonseca tomó posesión del arzobispado de Rossano; Fernando el Católico consiguió por medio de Jerónimo de Vich que fuera nombrado obispo de Burgos, de cuya sede se posesionó el 5 de julio de 1514; alegando que debía atender los asuntos indianos y otras misiones, el rey consiguió que no asistiera al concilio, delegando en un procurador. En 1515 se dirigió a los procuradores en las Cortes reunidas en Burgos, donde explicó las claves de la política italiana y de la anexión de Navarra, en lo que él tuvo participación[70].

El interés de Fonseca por el arte empezó a manifestarse en la década de 1490[71] y lo evidenciará, especialmente, en las catedrales por las que

[69] Mas detalles en SAGARRA GAMAZO, "El protagonismo de Juan Rodríguez...", pp. 298 y ss.

[70] *Ibidem*, pp. 276 y ss.

[71] Sobre esta faceta de la personalidad de Fonseca, María José REDONDO CANTERA, "Juan Rodríguez Fonseca y las artes", en Adelaida SAGARRA GAMAZO (ed.), *Juan Rodríguez de Fonseca: su imagen y su obra*, Valladolid 2005 y René Jesús PAYO HERNAZ y José MATESANZ DEL BARRIO, *La edad de oro de la Caput Castellae. Arte y sociedad en Burgos, 1450-1600*, Burgos 2015, pp. 453-462 y más concretamente, Joaquín YARZA LUACES, "Dos mentalidades, dos actitudes ante las formas artísticas: Diego de Deza y Juan Rodríguez de Fonseca (1500-1514)", en *Jornadas sobre la catedral de Palencia*. Valladolid 1989, pp. 105-142.

pasó, donde dejó su impronta al estar los templos en construcción o remodelación y poder intervenir en la solución de problemas arquitectónicos de diferente envergadura.

En este campo la actividad y los intereses de Fonseca, aparte de las habituales donaciones en metálico, se centraron sobre todo en garantizar que los templos bajo su responsabilidad cumplieran su función litúrgica de la manera más correcta y más adecuada a su tipología y jerarquía, lo que podría resumirse en... *ornato* —en el sentido de monumentalidad, suntuosidad y riqueza— y *dignidad* —en el sentido de adecuación a la función, importancia y categoría de la obra—... habría que añadir *memoria*, en cuanto que las obras emprendidas mantuviesen vivo el recuerdo de su patrón, su linaje y la importancia de su cargo[72].

Aunque promovió algunas obras en los palacios episcopales de Córdoba y Burgos y favoreció económicamente a los hospitales de San Bernabé y San Antolín en Plasencia y del Emperador en Burgos, más importantes y duraderas fueron sus realizaciones arquitectónicas.

Con la catedral de Palencia[73] fue con la que mantuvo (1504-1514) una relación más estrecha, pues además de su presencia en ella, se implicó en la traza del templo, que por esas fechas aún estaba sin terminar. Él lo amplió al añadir un tramo a la iglesia (lo que entrañó trasladar la capilla mayor y el coro, que hubo que modificar, lo mismo que el retablo mayor; así se vinculaban mejor los espacios centrales del templo[74] con la cripta de San Antolín y el origen legendario de la iglesia). Patrocinó obras en el interior, como la sala capitular y el

---

[72] María Dolores TEJEIRA PABLOS, "De Badajoz a Burgos: Juan Rodríguez de Fonseca en sus catedrales", en *Laboratorio de Arte*, nº 29, 2017, pp. 53-82; cita en pp. 56-57. Trabajo que nosotros seguimos en su organización respecto a la labor artística del prelado.

[73] Vid. Rafael MARTÍNEZ GONZÁLEZ, *La Catedral de Palencia. Historia y Arquitectura*, Palencia 1988.

[74] Vid. Julián HOYOS ALONSO, "Juan Rodríguez de Fonseca y el trascoro de la catedral de Palencia, un espacio simbólico", en Concha LOMBA, Juan Carlos LOZANO, Ernesto ARCE y Alberto CASTÁN (coords.), *El recurso a lo simbólico, Reflexiones sobre el gusto*, II, Zaragoza 2014, pp. 223-233.

claustro (incluyendo con reiteración en distintos espacios su escudo y el de su familia a manera de testimonio imperecedero de su paso por la sede obispal), sin desentenderse de la conclusión del trascoro, donde un retrato suyo está en la tabla central del retablo. El regalo que hizo de unos tapices colocados en los intercolumnios de las naves laterales completaría la configuración nueva del templo, cuya construcción terminaría en 1516.

En Burgos fue obispo desde 1514 hasta 1524, cuando murió; años en los que residió allí con frecuencia y en los que tuvo choques con el cabildo, sobre todo por cuestiones jurisdiccionales. La primera obra que abordó en la catedral[75] fue la portada de la Coronería, mandando en 1516 cerrarla y derribar la escalera que daba acceso a la catedral desde la parte alta de la ciudad; una decisión que tomó en contra del parecer de los canónigos y que respondía a un gran sentido práctico, pues la gente utilizaba esa puerta para cruzar el templo y salir por la puerta del Sarmental a la parte baja del núcleo urbano con el consiguiente trastorno que en las funciones religiosas creaba semejante trasiego de personas. Para mantener el acceso desde la parte alta, encargó a Francisco de Colonia la puerta de la Pellejería, aprovechando un postigo que daba salida a un corral allí existente; en la ornamentación, incluyó su escudo y su efigie, vestido de medio pontifical postrado ante la Virgen con el Niño; en 1519 rehízo la escalera que bajaba al interior del templo, según el proyecto de Diego de Siloé: tal fue y es la Escalera Dorada[76], que se concluyó en 1526. Pero Fonseca fracasó en su intento de mover el coro por la oposición del cabildo a dicha pretensión.

Por lo que respecta al legado suntuario a sus catedrales (libros de coro y litúrgicos, cálices, custodias, cruces, tapices[77], paños, etc.),

---

[75] Sobre el templo, Jesús URREA GERNÁNDEZ, *La Catedral de Burgos,* Madrid 1989, Marcos RICO SANTAMARÍA, *La Catedral de Burgos, patrimonio del mundo,* Burgos 1985 y la "clásica" de Manuel MARTÍNEZ SANZ, *Historia del templo catedral de Burgos, escrita con arreglo a documentos de su archivo,* Burgos 1997 (primera edición, Burgos 1866).

[76] Fabio SPERANZA, "La escalera dorada de la catedral de Burgos", en *Archivo Español de Arte,* n° 293, 2001, pp.19 y ss.

[77] Vid. María José MARTÍNEZ RUIZ y Miguel Ángel ZALAMA RODRÍGUEZ, "Tapices del obispo Juan Rodríguez de Fonseca en las catedrales de Burgos y Palencia: desde la donación a nuestros días", en *Alma ars. Estudios de ate e historia en homenaje al Dr. Salvador Andrés Ordax,* Valladolid 2013, pp. 281-296.

merece la pena destacar la donación del cuadro de la Virgen de la Antigua en 1498 a la catedral de Badajoz, en donde es posible reconocer a un Fonseca joven en la figura del donante que aparece en el lienzo y dado que esa advocación de la Virgen era una de las patronas de los descubrimientos, la obra muestra una de las actividades más significativas de Fonseca. También está retratado en el políptico de los Dolores de la Virgen de la catedral de Palencia.

Y ya en el terreno personal y como corresponde a un personaje de su condición social, Fonseca se hizo levantar un palacio en Toro, que inició al ocupar la sede burgalesa y del que solo quedan fragmentos, cuya traza hizo Martín de Bruselas, un arquitecto flamenco que trajo el obispo. Su gran obra personal fue el hospital de la Asunción y los Santos Juanes, también en Toro. Y en cuanto a su sepulcro y el de sus familiares, encargados a Bartolomé Ordóñez para el panteón familiar de Santa María de Coca, no alcanzó la monumentalidad del proyecto original al morir Ordóñez y pasar el encargo a otros escultores italianos[78].

Desde que hiciera testamento en diciembre de 1523 hasta su muerte transcurrió un año. En el testamento, donde manifiesta un claro sentimiento religioso preparándose a bien morir, son significativos algunos puntos de su contenido: ordenaba la celebración de una misa —para la que asignaba una dotación económica— los días de los aniversarios del fallecimiento de los Reyes Católicos; dejaba como heredero universal a su hermano Antonio, que influyó mucho en ciertos momentos de la vida del obispo; mejoraba en un millón de maravedíes a Mayor de Fonseca, su sobrina, de la que se sospechaba que era hija suya; concedía ayudas a unos sobrinos para que culminaran sus estudios; hizo legados a las sedes que ocupó, excepto a la de Badajoz, que no aparece mencionada en el testamento, posiblemente por el enfrentamiento que mantuvo su cabildo con los Fonseca, señores de las Tercias de las tierras novales del obispado.

Si a la vista de todo lo anterior tuviéramos que hacer una caracterización del obispo, tendríamos que referirnos a su lealtad a la Corona, a

---

[78] María MORENO ALCALDE, "Los Fonseca y la iglesia de Santa María de Coca", en *Anales de Historia del Arte*, nº 2, 1990, pp. 57-78 y Luciano MIGLIACCIO, "Los sepulcros de la familia Fonseca en la iglesia de Santa María la mayor en Coca (Segovia)", en SAGARRA GAMAZO (ed.), *Juan Rodríguez de Fonseca...*, pp. 207-219.

su eficacia como gestor y organizador y a su recio temperamento, que le lleva a chocar con frecuencia con la gente que trataba, lo que explica la fobias y filias que despertó. Entrar en la ponderación de los juicios y opiniones emitidas sobre su persona nos llevaría muy lejos. En este orden de cosas, yo siento especial predilección por la carta que le escribió Antonio de Guevara —probablemente a requerimiento del mismo Fonseca— en mayo de 1523, algo más de un año antes de su muerte. En dicha carta se lee:

> Dicen en esta Corte que sois un macizo cristiano y un muy desabrido obispo... También dicen que sois largo, pródigo, descuidado e indeterminado en los negocios que tenéis entre manos, y con los pleiteantes que andan tras vos; y lo que es peor de todo que muchos dellos se vuelven a sus casas gastados y no despachados. También dicen que vuestra señoría es bravo, orgulloso, impaciente y brioso y que muchos dejan indeterminados sus negocios por verse de vuestra señoría asombrados.
> Otros dicen que sois hombre que tratáis verdad, decís verdad y sois amigo de verdad y que a hombre mentiroso nunca le vieron ser vuestro amigo. También dicen que sois recto en lo que mandáis, justo en lo que sentenciáis y moderado en lo que ejecutáis; y lo que más es de todo que en cosa de justicia no tenéis pasión ni afección en determinarla. También dicen que sois compasivo, piadoso y limosnero; y lo que sin gran alabanza se puede decir, que a muchos pobres y necesitados que quitáis la hacienda por justicia se la dais por otra parte de vuestra cámara.

Sobre el fallecimiento de Fonseca no hay acuerdo; documentalmente se sitúa entre el 1 y el 4 de noviembre de 1524, pero otras estimaciones apuntan unas fechas de marzo. La que pone en la lápida de su sepultura es el 4 de noviembre.

> Todos los beneficios eclesiásticos que había ocupado fueron solicitados por Clemente VII a Carlos V a través de Mercurino de Gattinara a favor de Pedro Strozio: Santa María de Parraces,

San Zoilo de Carrión, San Isidoro de León, San Agustín y San Benito, de la orden Cluniacense, situados todos en los obispados de Palencia, Segovia y León[79].

Era el colofón al giro que se había producido en su situación desde 1520, pero a esas alturas, allá en su tumba, poco podía importarle ya.

[79] SAGARRA GAMAZO, "El protagonismo de Juan Rodríguez de Fonseca…", p. 317.

UNIVERSIDAD Y FAMILIAS DE PODER EN LA REVOLUCIÓN COMUNERA

Claudia Möller Recondo
Universidad de Valladolid

Joseph Pérez (en la década de los 70) afirmaba en la *Revolución de las Comunidades de Castilla* que "en la reorganización emprendida por los comuneros, algunos de los magistrados aportaron su colaboración, bien aceptando cargos ejecutivos, bien ofreciendo sus conocimientos jurídicos al servicio de la revolución (y esto podría) explicar el gran número de letrados, bachilleres, licenciados o doctores que aparecen en las filas de los rebeldes…"; y —continuaba— "Otro tanto hay que decir respecto a las universidades. Sin duda la gran mayoría de los cuerpos docente y discente de la Universidad de Alcalá simpatizaba con la Comunidad. También la Universidad de Valladolid había sido ganada por las ideas revolucionarias" (pero) "No poseemos información tan precisa acerca de lo sucedido en Salamanca (sin embargo) la presencia de los nombres de algunos universitarios en la lista de proscripción de 1522 nos induce a pensar que también allí las simpatías se decantaron muy pronto en favor de la Comunidad"[1].

Así, hace ya más de 20 años, cogí el guante ante este desafío y me adentré en las "tripas" de los archivos con el fin de investigar en función de estas intuiciones e indicios (ni evidencias, ni pruebas) que proponía el maestro Pérez.

Los primeros resultados confluyeron en mi tesis doctoral que cristalizó en *Comuneros y universitarios*[2] y mostraba las dos dimensiones del hombre renacentista: la pluma y la espada, encarnados aquí por los *omes sabidores y factiosi*, que formaban parte de una de las cuatro universidades más importantes de la Cristiandad: la de Salamanca; y se proponía observar cómo los distintos personajes del mundo

---

[1] Joseph Pérez (1970) *La Revolución de las Comunidades de Castilla.* Siglo XXI: Madrid, pp. 495-496.

[2] Claudia Möller Recondo (2004) *Comuneros y Universitarios: hacia la construcción del monopolio del saber.* Madrid-Buenos Aires: Miño y Dávila. Con el aval científico de la Universidad de Salamanca.

académico, participaron en la construcción de un campo de poder (o de contrapoder) pero no únicamente teorizando a favor del conflicto, sino formando parte activa de él.

20 años después, presento los avances realizados y los resultados obtenidos, desde que se publicara *mi opera prima,* y que a lo largo de todo este tiempo, se fueron mostrando parcialmente.

Los resultados que presentaré (todos originales y algunos de ellos éditos), en formato resumen, serán divididos en dos grandes apartados: 1) el contexto con su clima de ideas y 2) los hombres de letras que participaron mucho más allá de las teorías propuestas, en lo que sin ninguna duda fue una revolución.

1. El contexto: el clima de ideas

1.1. Primera reflexión[3]

En la primera mitad del siglo XVI, la Universidad de Salamanca comparte con otras "repúblicas de las letras" ciertas tendencias innovadoras en el mundo de las ideas, no siempre reconocidas por los historiadores del período. Entonces ¿Cuáles serían los *topics* que van configurando un microclima de ideas, prácticas y representaciones? Analizando algunas bibliotecas —paradigmáticas— de personas vinculadas a la Universidad, y estudiando lo que se leía, se identificaron itinerarios intelectuales (o parte de ellos) que tienen como referente indiscutible al platonismo —entendido este, como lo hace la Academia florentina—. Así, ciertos autores que se leían en Salamanca pueden haber sido los que inspiraron lo que para muchos fue la primera revolución moderna: las Comunidades de Castilla. Entonces ¿Es posible que fueran los libros los que hicieran la Revolución?

Salamanca es, en la primera mitad del siglo XVI, "una noble y leal ciudad", pero sobre todo lo es antes de 1520 y posiblemente después de 1522. Hubo unos años en que no lo fue, porque se levantó contra

---

[3] Claudia Möller Recondo (2022) "El microclima de ideas en la Universidad de Salamanca en la época de Carlos V. En: José María Beneyto Pérez (Dir.) *Imperio, Globalización y Derecho Internacional.* Madrid: Tecnos, pp. 97-111.

su rey que a la sazón y para esas mismas fechas, debutaba como emperador.

Un paseo por la ciudad de entonces nos deja ver a su Concejo, su Catedral, al Convento de los dominicos y a la Universidad con sus Colegios —mayores y menores, seculares, militares y religiosos...—, espacios donde las ideas y las ideas en acción van y vienen. El Convento de los dominicos es sin ninguna duda un entorno de saber y remite a la Escuela de Salamanca, sobre la que se ha escrito casi todo (y sobre la que J. Pérez también se recreó subrayando el aspecto más reivindicativo de las Comunidades, encabezado por los frailes). Pero, y para esta época, no se ha escrito tanto sobre la participación de la Universidad.

El clima de ideas salmantino en clave micro, se inserta perfectamente en un panorama europeo que remite a un trasfondo ideológico de corte platónico que caracteriza a lo que se ha dado en llamar la república de las letras renacentista. ¿Qué se leía en Salamanca? Y sobre todo ¿Qué se hacía con lo que se leía? 200 años después, en Francia, con lo que se leía se hizo una Revolución ¿Y en España?

La Universidad de Salamanca, por gracia de doña Isabel de Castilla, había adquirido el estatus/privilegio de asesorar a la monarquía en diversas materias. Hoy hablaríamos de politización y de ideologías, en aquel momento, esto no era conocido con esos nombres, pero por hacer un paralelismo, he intentado entrar en aquel mundo y ver qué ideas circulaban, cuál era el microclima salmantino. No se trata tanto de mostrar las especificidades salmantinas, sino que se trata de remarcar, qué mínimos comunes denominadores comparte con otros centros de saber. Neoplatonismo o platonismo (para Ficino es una misma cosa) sobrevivieron en la Academia de Florencia y en otros muchos centros del saber, entre ellos Salamanca. ¿Y esto qué implica? Implica conciliar filosofía y religión y entender a esta desde una perspectiva más sincrética; implica estudiar a Platón a través de Boecio, Avicena, Escoto y San Agustín, y quienes lo hacen y por ello son los referentes del momento, son Ficino o Pico de la Mirándola. Priorizan la interpretación más que la literalidad aristotélica, y utilizan el diálogo, las *quaestiones* y las *diputationes.*

¿Y cómo sabemos todo esto? Lo hemos podido probar analizando qué se leía en Salamanca. ¿Y cómo? Estudiando, por ejemplo, la biblioteca de un comunero, el maestro León, pero también analizando la biblioteca de un obispo. Ambos, miembros del clero y vinculados por ello con la Universidad. En este marco he analizado e identificado las lecturas que debían hacer quienes formaron parte de los grupos de poder, sobre todo teólogos, canonistas y juristas. Para estas alturas, no es ninguna novedad que el clero, en especial el salmantino, lejos estaba de ser contemplativo y, sobre todo, desde el Convento de San Esteban dieron muestras de su activismo. Analizando los libros que tenían estas bibliotecas, una con 718 y otra con más de 1000 ejemplares, no deja de sorprendernos la presencia de Bartolo de Saxoferrato, Boecio, Savonarola, Plutarco, Virgilio y por supuesto, directa o indirectamente, Platón. Estos autores están en Paris, están en Florencia: están en el centro de la innovación.

Luego recogí las conclusiones que había obtenido en otros trabajos, cuando analicé las lecturas oficiales que debían realizarse en la Universidad, según lo indicaba la normativa, léanse los Estatutos[4]. Las lecturas específicas y vinculadas sobre todo a los dos derechos que se impartían en Salamanca demuestran la practicidad y aplicabilidad de los conceptos teóricos trabajados en las aulas e impartidos desde las cátedras. Pero hay más lecturas posibles, y son las que quedan recogidas en la fachada plateresca de la *Alma Mater,* y que según las últimas investigaciones fue financiada por Juana de Castilla[5], y en su portada (que hay que entenderla en conjunto con la escalera y los enigmas del claustro) estampa un programa humanista y político para el emperador Carlos V, un programa de corte platónico que invita a la superación personal como clave de un modelo de estado. La fachada se construyó a lo largo de 30 años, los primeros del siglo XVI, por tanto, fue testigo directo de las Comunidades y más que testigo, participante activo a través de los *omes sabidores,* que eran teólogos y juristas, pero también canonistas, médicos…

[4] Claudia MÖLLER RECONDO (2001) "Las lecturas de un grupo de poder: los Estatutos hechos por la Universidad de Salamanca en el año de 1548". En: Peter Burke, José Luis Martín Martín, Teresa Navas Rodríguez et. al. *Educación y transmisión de conocimientos en la Historia*. Salamanca: Universidad de Salamanca, pp. 147-182.

[5] Alicia CANTÓ (2014). "Epigrafía y arquitectura en la Universidad de Salamanca. I: el arquitecto real Juan de Talavera, firmante en la 'Portada Rica' de la Reina Juana". En: *Anejos a Cuadernos de Prehistoria y Arqueología. Homenaje a la profesora Catalina Galán Saulnier,* nº 1.

Por tanto, es posible afirmar que en Salamanca se manifestaron los primeros síntomas de un "cambio climático" que llegó para Europa en el siglo XVIII con la Revolución Francesa. Su Universidad asesora a los Reyes Católicos en diversas materias y a su nieto, Carlos V, pero a la vez que asesora y a veces colabora, también es opositora y crítica. Opositora al punto de enfrentarse al mismo monarca, tal vez no en una declaración institucional, pero sí en praxis particulares, a través de sus profesores, autoridades y estudiantes, miembros en definitiva de los claustros de diputados y consiliarios que llevaron a la práctica esas ideas que desde hacía más de un siglo ya circulaban en la ciudad del Tormes, y que cada vez quedan menos dudas de que respondían al legado que el neoplatonismo dejó para la república de las letras.

Trazar o comenzar a delinear ciertos itinerarios "ideológicos" o intelectuales puede aportar muchas claves que nos ayuden a completar las vinculaciones establecidas entre los diversos centros del saber y con ellos y desde ellos analizar desde una perspectiva más filosófica las relaciones entre el poder y el saber en vísperas de la revolución castellana, posiblemente la primera de la época moderna.

1.2. Segunda reflexión[6]

Sobre todo los historiadores de las ideas, y hasta el mismo Pérez, se vieron cautivados por la Escuela de Salamanca y las influencias que podría haber tenido en las Comunidades, pero viendo, como ya se ha dicho, que el Convento de San Esteban formaba parte de un conjunto mayor (en el mundo académico) que compartía con la Universidad y con la Iglesia… me he preguntado ¿Hay vida, más allá de la llamada Escuela de Salamanca? Sí, porque ir más allá del Convento de los dominicos (delimitando edificios y pensamientos) permite visualizar el dominio de las prácticas y nos ayuda a ver las consecuencias de unas propuestas teóricas.

Como todos sabemos, los teólogos salmantinos teorizaron sobre los límites del poder del príncipe y tuvieron la oportunidad de llevar a la

---

[6] Claudia MÖLLER RECONDO (2021) "La otra Escuela de Salamanca. Reflexiones en torno al poder del saber en la época de Carlos V". En: Emilio Callado Estela (Coord.) *El advenimiento de la Casa de Austria a los Reinos Hispánicos.* Madrid: Dykinson, pp. 47-66.

práctica esas propuestas, pero también teorizaron los juristas, que tal vez fueron menos, en ese momento, "mediáticos". No hay más que ver, como lo haremos más adelante, al doctor Alonso de Zúñiga. Sabemos que lo hicieron en las aulas adiestrando a los estudiantes en sus lecciones, repeticiones, disputas y conclusiones (sobre todo los juristas), glosando a las autoridades (como lo hizo sobre todo Vitoria), pero lo implementaron extra e intramuros, y lo demostraron, por ejemplo, ante los visitadores reales que llegaron a la Universidad y como máxima expresión, tal vez, en la entrevista con la reina doña Juana en Tordesillas.

Por tanto… hay un contexto claro: hay autores que se leían en Salamanca y que sin ninguna duda son "inspiradores"; Salamanca se inserta en una tendencia general, en un "clima de ideas", pero tiene sus particularidades y tiene una en especial: en Salamanca conviven el platonismo con el aristotelismo tomista de los dominicos que, por ejemplo, legitimaba un levantamiento cuando los privilegios pudieran verse amenazados, plasmando todo ello en sus *quaestiones* sobre todo, en sus comentarios y en los discursos desde los púlpitos enarbolados por los llamados "frailes revoltosos".

Entonces y además de los teólogos ¿Quiénes formaban parte de lo que llamé "la otra escuela de Salamanca"?

1.3. Tercera reflexión

Lo interesante de haber investigado a los protagonistas de esta historia en clave individual, aquellos que en principio fueron condenados y sobre todo perdonados, es que en la construcción y reconstrucción de sus biografías en clave prosopográfica, descubrí que estábamos ante familias de poder, familias extensas, familias que la sangre unía y que se prolongaban en sus acciones hasta la Universidad; y observando las prácticas familiares he podido reconstruir más claramente lo que pasó en Salamanca en las Comunidades, o mejor, lo que aportó Salamanca, en clave microhistórica, a las Comunidades de Castilla.

No es posible recapitular todos los hallazgos realizados a lo largo de estos últimos años, pero señalaré algunos que me han parecido especialmente relevantes; y si bien rescato individuos, lo hago en relación con las llamadas familias de poder, familias académicas: familias comuneras en la Universidad[7].

¿Y por qué? Hay al menos dos respuestas, una histórica y otra metodológica. La cuestión de la familia me sigue pareciendo un referente importantísimo. Hoy nadie duda que en el Antiguo Régimen las familias y parentelas constituían conjuntos de gran centralidad. Las relaciones familiares y de parentesco tenían un significado mucho más amplio que el actual, sobre todo porque acumulaban tanto el capital material como el cultural, relacional y simbólico de sus miembros. Los conjuntos familiares resultantes de los diversos vínculos de parentesco, podían prolongarse mediante relaciones de amistad, lealtad y de patronazgo, incluso poseer todas estas funciones a la vez. La familia reafirmaba la posición del individuo frente a la sociedad y también implicaba la pertenencia, lealtad y sumisión de sus miembros. Así, las redes sociales derivadas de las relaciones familiares funcionaron como organizaciones tendientes a reproducir el orden social (público y privado).

[7] Claudia MÖLLER RECONDO (2001) "Omes sabidores, homini factiosi: la oposición al poder en la época de Carlos V, en versión salmantina". En: Bruno Anatra y Francesco Manconi. *Sardegna, Spagna e Stati italiani nell´età di Carlo V.* Roma: Carocci Editore; (2004) "Universidad, sociedad y familias de poder: los Maldonado de Salamanca". *Iacobus*, Volumen 17-18, pp. 197-241;(2005) "Le pouvoir familial dans l´Université: le cas de Salamanque à l´époque des Révolutions de Castille". En: Michel BERTRAND. *Pouvoirs des familles, familles de pouvoir.* Toulouse: Université de Toulouse II-Le Mirail, pp. 727-741; (2013) "La Audiencia Escolástica salmantina ¿Comunera?". En: Istvan SZÁSZDI LEÓN-BORJA y María Jesús GALENDE RUIZ. *Imperio y Tiranía. La dimensión europea de las Comunidades de Castilla.* Valladolid: Universidad y Fundación Villalar, pp. 61-82; (2016) "El doctor Valdivieso: Bedel de la Universidad de Salamanca y comunero". En: Istvan SZÁSZDI-LEÓN BORJA. *Carlos V, Comuneros y Conversos. Liber Amicorum Joseph Pérez.* Valladolid: Centro de Estudios del Camino de Santiago, pp. 189-204; (2016) "El doctor Alonso de Zúñiga: Catedrático de Derecho en la Universidad de Salamanca de la época de las Comunidades de Castilla". En: Istvan SZÁSZDI-LEÓN BORJA. *Carlos V, Comuneros y Conversos. Liber Amicorum Joseph Pérez.* Valladolid: Centro de Estudios del Camino de Santiago, pp. 499-524; (2018) "Con la Iglesia hemos topado". El Cabildo Catedralicio y la Universidad de Salamanca en las Comunidades de Castilla. En: Istvan SZÁSZDI LEÓN-BORJA. *Iglesia, eclesiásticos y la revolución comunera.* Valladolid: Centro de Estudios del Camino de Santiago, pp. 151-173; "La cara oculta de la revolución: las mujeres en la vida de los comuneros universitarios". En: Istvan SZÁSZDI LEÓN-BORJA. *Mujeres en armas. En recuerdo de María de Pacheco y de las mujeres comuneras. Prefacio de Joseph Pérez* Valladolid: Centro de Estudios del Camino de Santiago, pp. 321-342; (2021) "Andrés de Toro: escribano del Tribunal universitario salmantino y de la Junta comunera de Ávila". En: Istvan SZÁSZDI-LEÓN BORJA y Dámaso Javier VICENTE BLANCO (Coord.) *Cuando el mal gobierno sublevó a un pueblo. 1521-2021: 500 años de la Revolución Comunera.* Valladolid: Páramo, pp. 465-484.

Mediante la estructura familiar fue posible que se afianzaran los intereses de sus miembros en la sociedad; la familia actuó como grupo y con la capacidad de armar redes sociales y económicas mediante matrimonios estratégicos, inversiones y participación política. En este contexto, la familia deja de ser un "ítem" para convertirse en la unidad central de análisis, ya que a través de las relaciones familiares es posible observar "la organización básica de los actores sociales y del ordenamiento de la producción, el trabajo, el mercado, la constitución política; porque la vida social (la familia) vincula a los actores sociales en dinámicas y procesos históricos"[8]. La riqueza de esta forma de análisis no debe pasarse por alto, ya que en vez de interpretaciones macrosociales, la multiplicidad de vínculos minúsculos entre un par o varios actores, induce a formular hitos que permiten entender las relaciones que se producen en cualquier sociedad y tiempo.

Metodológicamente (y es en lo que me encuentro trabajando ahora) tomé prestado de las ciencias económicas y empresariales el concepto de "clúster" que actualmente también ocupa un lugar central en diferentes herramientas de análisis bibliométrico. "Clúster" significa 'grupo' o 'racimo' se aplica (además que a los grupos empresariales), a los sistemas distribuidos de granjas de computadoras unidos entre sí normalmente por una red de alta velocidad y que se comportan como si fuesen un único servidor. Y así son estas familias de poder que he estudiado en el marco de las Comunidades de Castilla, vinculadas con la Universidad de Salamanca: conformaron grupos unidos entre sí por lazos parentales o de amistad o vecindad (familia extensa), diseñando una red que se comporta como si fuera "un único servidor". Por tanto, se han identificado "las cabezas", "los nodos" o los líderes de esos clústeres, pero no por su poderío económico o por ser el *pater familias* sino por su vinculación con la Universidad de Salamanca, y desde ellos, se ha trazado la red que los vincula con otros miembros de la universidad, con otras familias, sus amigos, parientes lejanos y cercanos, y por supuesto, subraya

[8] José María IMÍZCOZ (2001) "Actores sociales y redes de relaciones: reflexiones para una historia global". En: José María IMÍZCOZ (Dir.) *Redes familiares y patronazgo, aproximación al entramado social del País Vasco y Navarra en el Antiguo Régimen (siglos XV-XIX)*. Bilbao: Universidad del País Vasco.

su "comportamiento" frente o en relación con el movimiento comunero.

2. LOS ACTORES

En este apartado presentaré un grupo escogido de actores, aquellos que protagonizaron la Revolución comunera, que pertenecieron a la Universidad de Salamanca, y en su interior, construyeron familias académicas (con sus lazos de parentesco, de amistad, de clientela…) que nos aportan otra perspectiva de análisis y con ella, otra visión distinta sobre las Comunidades de Castilla.

2.1. Las dos familias Maldonado

2.1.1. Pedro Maldonado Pimentel

Fue nieto de Rodrigo Maldonado de Talavera, catedrático de Vísperas de Leyes en la Universidad de Salamanca, "… oidor de Valladolid y alcalde de Corte … del Consejo Real y embajador de Inglaterra, e hizo las paces con Portugal por 101 años"[9]; "se acostaba con el duque de Alba", y fue padre de Rodrigo Arias Maldonado que casó con doña Juana Pimentel hermana legítima del conde de Benavente (lo que le hizo emparentar con una Casa grande) y de cuyo matrimonio nació Pedro Maldonado (uno de los capitanes comuneros).

2.1.2. Francisco Maldonado

Primo y lugarteniente de don Pedro Maldonado, que estaba casado con Ana Abarca, y formaba parte de otra familia Maldonado, la de los señores del Maderal. Ana era la hija del catedrático de prima de medicina de la Universidad de Salamanca, el doctor Gabriel Álvarez de la Reyna, nombrado médico de la reina doña Juana en 1507[10] y hermana de otro catedrático de dicha universidad, Gabriel[11], que a su vez era uno de los contadores mayores de la reina doña Juana. También era sobrina de Fernando Álvarez de la Reyna, catedrático de Prima

---

[9] Archivo de la Real Academia de la Historia de Madrid: Ms. D-29, T. IV.
[10] Archivo General de Simancas: *Libros de Cámara 14*, fol. 123v.
[11] Archivo de la Universidad de Salamanca: *Claustros 1*, fols. 240 a 244v.

Medicina y sustituto del doctor de la Reyna. Ana, a su vez es familiar de Hernando de Anaya, otro contador mayor de la reina doña Juana, que fue despedido por comunero en abril de 1521[12].

2.2. El profesor Alonso de Zúñiga

Es catedrático de Vísperas de Leyes de la Universidad de Salamanca, compañero de ilustres juristas del momento (finales del siglo XV-principios del siglo XVI) y miembro de una acomodada familia salmantina que emparentaba con los Zúñiga, los Acevedo, y con los Arzobispados de Santiago y de Toledo. Así, familiarmente estaba vinculado con el alto clero y con la alta nobleza, y también tenía buenos amigos "sabidores" como Galíndez de Carvajal, a quien probablemente haya reemplazado más de una vez en la Universidad, cuando este era llamado a la Corte. Hay quien ha dicho que el doctor Zúñiga marca el perfil de intelectual metido a político, posiblemente. Sin ninguna duda era un intelectual, aunque para la época es preferible hablar de *ome sabidor*.

El doctor formaba parte del núcleo comunero, aunque tal vez no del más duro, a juzgar por las expresiones amenazantes que le obligaron a ir a la Santa Junta y que hemos tenido la suerte de hallar, a pesar de la quema de toda la documentación municipal ordenada por Carlos[13].

Y aquí quiero rescatar una cuestión poco subrayada: se sabe que el doctor fue el interlocutor de la Junta ante la Reina en Tordesillas, pero no se ha explicado con claridad qué expuso y cuál fue el resultado: tuvo 3 encuentros con doña Juana. El primero fue el 24 de septiembre de 1520 y es cuando le pide que gobierne en solitario, el segundo es al otro día, el 25, cuando se ve obligado a rectificar y propone un gobierno conjunto de madre e hijo, y el último encuentro es en noviembre, cuando la reina le nombra interlocutor más sabio, pero se retira de la reunión, sin responder, postergando sus alegaciones.

[12] Archivo General de Simancas: *Comunidades de Castilla*, Leg. 3.
[13] Archivo de la Real Chancillería de Valladolid: Fernando Alonso, Fenecidos, Leg. 215, fol. 20v.

2. 3. El bachiller en Artes Andrés De Toro

Se trata del "sencillo bachiller Andrés de Toro" como le llamó el Prof. Pérez, y que le recordó nada menos que al Menochio de Ginzburg.

Andrés comienza su andadura en la Universidad matriculándose de la mano del maestrescuela, Sancho de Castilla, lo que no es un acto menor: es poner el pie en la Universidad más prestigiosa del momento de la mano del juez del Estudio; y recordemos que todo el cuerpo docente y discente de la Universidad estaría bajo la jurisdicción de dicho juez, ante cualquier problema que pudiera suscitarse tanto dentro como fuera de la institución. Recordemos también que la Universidad tiene fuero propio, el académico y tiene su propio tribunal: la Audiencia Escolástica (y con esto no quiero ser *spoiler*).

Es escribano del maestrescuela, su subalterno y encargado de estar muy cerca de los dineros universitarios y del otorgamiento de los grados. Dicho oficio también lo desempeñará en la Junta Comunera de Ávila (el de escribano), tal vez en el sentido más actual del término escribano-secretario: como amanuense de toda la correspondencia que la Junta emitía, como notario, dando fe de determinados actos, y como asesor. Los documentos nos hablan de un personaje bravío, compañero de los Maldonado, que no temía en sacar el cuchillo, a plena luz del día si hiciera falta, para "poner en vergüenza" a un opositor.

Por su participación en las Comunidades de Castilla fue condenado por el Emperador, y también será perdonado *a posteriori*, entre los primeros, si bien parece que nunca dejó su oficio en la Universidad, aún, pesando sobre él la condena imperial, porque aparentemente nunca estuvo para ser notificado al respecto.

2.4. El deán Pereyra

Los Pereira son detentadores del deanato en el Cabildo salmantino, conservadores en la Universidad de Salamanca, comuneros, y emparentados con un gran linaje, los Anaya-Acevedo, que remite a los arzobispados de Santiago y de Toledo y al Patriarcado de Alejandría. Personajes que "nadaron" en las turbulentas aguas de los tres poderes salmantinos: La Universidad, la Iglesia y la Ciudad. Estaban vinculados con el alto clero que paradógicamente no remitirían al fenómeno estrictamente religioso, es decir, en relación con la producción de discursos más o menos revolucionarios —a la manera de los dominicos salmantinos o de Savonarol—, sino que se ubicarían en un terreno casi estrictamente político.

El involucrado, condenado, "mandado a prender" y perdonado es el deán Joven, Juan Pereira. Se intuye que su padre, el deán Viejo, como en el caso del doctor Talavera o del propio duque de Alba, participaron activamente en las Comunidades de Castilla, tanto en los acontecimientos previos que las gestaron como en el movimiento como tal y a la postre cuando debieron gestionar escondites, huidas y reclamos. Nuestro Juan Pereira, no sólo actuó como político sino también aportando hombres de armas, dinero y aún finalizada la revolución, no cediendo un bastión icónico como fue la torre de la Catedral de Salamanca. Así, siguió ejerciendo de deán aún finalizadas las Comunidades, luego huyó a esconderse en propiedades del duque de Alba, luego a Roma, y luego retornando a Salamanca, muere precipitadamente, posiblemente asesinado.

Un epígrafe es importante introducir: sin ninguna duda, la Iglesia salmantina tuvo a sus máximos representantes involucrados directa o indirectamente en las Comunidades: al deán de la Catedral, que de hecho era quien mandaba allí (ante la ausencia del obispo), el Viejo deán, negociando desde la Corte, unido, familiarmente, a los Fonseca-Anaya-Acevedo (arzobispados y patriarcado) y a los Talavera Maldonado y ubicado en el entramado del duque de Alba, al maestrescuela, al bachiller Andrés de Toro, juez del Estudio y titular de la escolastría de la catedral salmantina, bajo la autoridad del deán, transitando dos jurisdicciones, la académica (por la dependencia del maestrescuela de la Universidad de Salamanca, del deán, y por ser conservador del Estudio) y la eclesiástica, por ser deán; y esto en aquellos tiempos no era una cuestión menor, cuanto más cuando los comuneros debían ser juzgados por crímenes *lesa magestatis* y por ende, dos jurisdicciones le protegían.

2.5. El bedel Valdivieso

Los Valdivieso eran una familia que poseía la bedelía del Estudio desde antes del movimiento comunero y los vemos a lo largo de los *Libros de Claustros* de la Universidad, ejerciendo sus múltiples funciones, aparte de las propias de los bedeles del Estudio.

En concreto nos interesó Juan González de Valdivieso que tenía el grado de doctor, ejerció como notario del número en el Censo de personas y granos de la ciudad, fue llamado por el rey Fernando para ir a Nápoles y fue procurador de la Junta de Ávila.

Su condena hizo reaccionar a la Universidad, quien invocó sus fueros y privilegios, escribiéndole al rey en estos términos: "Suplicamos humildemente a Vuestra Sacra Majestad pues la Universidad tiene proveýdo del dicho oficio y por mandado de Vuestra Sacra Majestad que no mande dar lugar a que el dicho oficio sea secuestrado pues está probeýdo por quien lo puede probeer según previlegios y Constituciones deste Estudio mandando dar la Provisión para que en ello no se entrometa... y ansý hará gran bien"[14].

Este fue un caso interesante de estudiar, porque logró traspasar el oficio a su cuñado, para poder mantenerlo en la familia, luego huyó a México (lo que nos pone en la línea de estudio emprendido por Águeda Rodríguez Cruz sobre las conexiones entre Salamanca y América) para volver y recuperar su lugar.

3. FINALMENTE...

Se ha dicho y con razón, que en las Comunidades de Castilla hubo más gente de derecho que de armas; no hay ninguna duda de que hubo detrás del planteamiento comunero (al menos en sus comienzos), una postura teórica encabezada sobre todo por Salamanca: sea por sus teólogos dominicos (aristotélicos) cuanto por sus juristas y canonistas (platónicos). Se trató de una postura teórica que derivó en acción y en acción revolucionaria, ya que como muy bien apunta

---

[14] Archivo General de Simancas: *Cámara de Castilla*, *Memoriales,* Leg. 142, Documento 124.

Maribel del Val, la Junta reemplazará a las Cortes, y esto es transgresor para la época.

Quiero terminar exponiendo una conclusión más: creo que la Revolución de las Comunidades terminó el día en que el doctor Zúñiga cedió ante la reina doña Juana y modificó la posición sobre quién debía gobernar, aceptando que fuera un gobierno compartido entre la madre y el hijo, y cambiando el nombre de la convocatoria a Junta por la convocatoria a Cortes e Junta General; y porque a partir de ese momento, la voz cantante de la Junta no fue "académica", y de hecho desde ese momento no queda registro de la participación salmantina, más allá de lo que hicieron los dos capitanes Maldonado (Francisco y Pedro).

Desde ese momento, por tanto, la teoría dio paso a la acción, pero a una acción que sobrepasó a los debates, propuestas, encuentros y desencuentros y se trasladó al campo de batalla, para lo cual, la llamada "gente de derecho" que incluía al clero, no solo no estaba preparada, sino que era inferior en número, al ejército, que para esas alturas ya era imperial. Pero esto sería otra cuestión, que vista desde esta perspectiva minimiza un apartado de la historia de España que amerita seguir siendo revisada en muchas de sus interpretaciones, sobre todo, aquellas derivadas de estudios que no contemplen la investigación de archivo y que están condenadas a repetir una y otra vez "topicazos" que ya es hora de derribar.

EL REGIMIENTO DE SEGOVIA Y LAS COMUNIDADES DE CASTILLA

Efrén de la Peña Barroso
Cuerpo Facultativo de Archiveros, Bibliotecarios y Arqueólogos

"Porque somos informados que de causa de los movimientos de las Comunidades, en algunas de las ciudades alteradas no se hacen ayuntamientos de regidores, y en otras la mayor parte de ellos andan ausentes, y que los que están presentes no tienen libertad, ni hacen más de lo que por las dichas les es mandado y ordenado"

Borrador de la instrucción para los Gobernadores de Castilla

INTRODUCCIÓN

Con esta instrucción, enviada por Carlos I a los gobernadores de Castilla hacia el mes de septiembre del año 1520, el monarca manifestaba su inquietud por el estado crítico de los regimientos urbanos y del gobierno de las ciudades castellanas comuneras.

La preocupación del monarca se fundamentaba en que los regimientos, órganos ejecutivos encargados de la política y del gobierno urbano, modificaron profundamente su composición en las ciudades comuneras durante los meses en que se mantuvieron las alteraciones. La principal novedad de este cambio fue la sustitución del cuerpo tradicional de regidores por personas procedentes del Común de los pecheros y de instituciones eclesiásticas, que tradicionalmente habían sido excluidas del gobierno urbano. Esta circunstancia, aunque efímera en el tiempo, significó uno de los grandes logros conseguidos por los comuneros a nivel local.

Los regidores, que procedían de la caballería y la oligarquía urbana, tuvieron que adaptarse a esta nueva situación en las ciudades comuneras de la manera que mejor pudieron: unos escaparon de las ciudades para salvar la vida, otros se mantuvieron al margen de los acontecimientos y algunos se decidieron a participar en las Juntas comuneras locales a título meramente personal. Eso fue lo que ocurrió en la ciudad de Segovia, donde el regimiento tradicional fue sustituido por otro órgano con representación plural que se encargó de dirigir la política local durante el tiempo de las Comunidades, pero que se disolvió tan pronto se produjo la derrota de Villalar.

Orígenes, funciones y atribuciones del regimiento

El regimiento[1] era el órgano de gobierno urbano formado por un cuerpo de regidores vitalicios nombrados directamente por el rey y creado desde mediados del siglo XIII con el objetivo de intervenir y centralizar la política municipal, en esos momentos muy deteriorada por las luchas banderizas entre la caballería urbana[2].

El privilegio de constitución del regimiento de Segovia fue otorgado por el rey Alfonso XI en el año 1345[3]. El monarca estableció inicialmente un regimiento de quince individuos organizados a partes iguales en torno a los linajes de los dos legendarios conquistadores de Madrid, don Día Sánchez y don Fernán García. De esos quince regidores, diez de ellos eran de origen caballero; tres eran elegidos por los pueblos y lugares de la Tierra; y los dos últimos eran elegidos por la comunidad urbana por lo que, en un primer momento, todos los sectores sociales tuvieron mayor o menor representación en el concejo.

El mantenimiento en el tiempo de estos dos linajes sirvió en primera instancia para crear grupos de afinidad "en los que se sustituía el lazo

---

[1] Una aproximación al regimiento en Luis García De Valdeavellano, *Curso de Historia de las Instituciones españolas. De los orígenes al final de la Edad Media*, Madrid 1988, (1ª ed. 1968), pp. 548-550.

[2] En efecto, los caballeros urbanos de muchos grandes municipios, que ambicionaban el control de la política local desde la restauración urbana del siglo XII, fueron generando una serie de tensiones y violencias permanentes que derivaron en una situación de efectiva autonomía municipal durante los siglos XIII y XIV. Entonces la monarquía, cada vez más relegada de los gobiernos locales, reaccionó con la creación del regimiento para recuperar el control de los concejos e intervenir en ellos como instancia superior. Con la creación de esta institución la Corona se reservó en exclusiva el nombramiento de los regidores, entre los que integró a los codiciosos caballeros a cambio de que estos renunciasen de hecho a la autonomía que habían gozado durante los siglos anteriores.

[3] Una transcripción del privilegio en Amando Represa Rodríguez, "Notas para el estudio de la ciudad de Segovia en los siglos XII-XIV", *Estudios Segovianos* 2-3, 1949, Apéndice II, pp. 29-30 de la separata.

de sangre por la fidelidad personal, asumida pública y formalmente"[4]. Sin embargo, hacia mediados del siglo XV los linajes ya habían perdido cualquier vestigio de enfrentamientos anteriores y se habían convertido en meras plataformas de ascenso social[5], coincidiendo precisamente con el aumento del número total de regidores hasta veinticuatro y la consideración de todos ellos como caballeros. De este modo, el Común de los pecheros se vio relegado de cualquier participación en la política y gobierno urbano, lo que acabó generando un conflicto latente que cristalizó durante las Comunidades[6].

El regimiento de una ciudad tenía numerosas atribuciones. Los regidores, entre otras facultades, nombraban al resto de oficiales del concejo; ejercían funciones de orden público; velaban por el mantenimiento de caminos, puentes, murallas e incluso del acueducto; organizaban las derramas necesarias para afrontar los gastos; dictaban las ordenanzas para el gobierno de la ciudad y de su Tierra; nombraban a los oficiales del concejo; elegían de entre ellos mismos a los procuradores de Cortes; y organizaban las milicias ciudadanas en colaboración con el corregidor[7].

En teoría, los regidores debían gobernar para el bien común de todos los ciudadanos, pero lo cierto es que sus decisiones en la esfera pública se mezclaron habitualmente con sus intereses privados. Así que, en realidad, los regidores de Segovia dominaron, administraron y gestionaron la ciudad y su Tierra bajo la óptica de sus propios intereses

[4] María ASENJO GONZÁLEZ, *Segovia. La ciudad y su Tierra a fines del medievo*, Segovia 1986, pp. 261-262.

[5] Jorge Javier ECHAGÜE BURGOS, *La Corona y Segovia en tiempos de Enrique IV (1440-1474). Una relación conflictiva*, Segovia 1993, p. 19.

[6] Sobre las tensiones que produjo la instauración del regimiento en los concejos a finales de la Edad Media, véase José María MONSALVO ANTÓN, "La sociedad política en los concejos castellanos de la meseta durante la época del regimiento medieval. La distribución social del poder", en *Concejos y ciudades en la Edad Media hispánica* (II Congreso de la Fundación Sánchez-Albornoz, León, 1989), Ávila-León 1990, pp. 359-413; María Isabel DEL VAL VALDIVIESO, "Oligarquía *versus* común (Consecuencias sociopolíticas del triunfo del regimiento en las ciudades castellanas)" en *Medievalismo: Boletín de la Sociedad Española de Estudios Medievales* 4, 1994, pp. 41-58; y sobre el regimiento de la ciudad de Segovia en concreto, Pablo SÁNCHEZ LEÓN, *Absolutismo y comunidad. Los orígenes sociales de la guerra de los comuneros de Castilla*, Madrid 1998, pp. 31-73.

[7] ASENJO, *Op. cit.* [n. 4], pp. 445-446.

aprovechándose de la aceptación de sus competencias en todos los órdenes. De aquí se concluye que el oficio de regidor de Segovia no era ambicionado en realidad por los 2.000 maravedíes de salario anual que le asignaba el concejo, "sino por poder acceder con este cargo a las preeminencias y privilegios que se les reservaban"[8].

El oficio de regidor fue especialmente apetecible por segundones de la baja nobleza, hidalgos venidos a menos y ciudadanos que conseguían hacer fortuna. Precisamente, el indicador más evidente de la apetencia del patriciado urbano por una regiduría del concejo fue la mutación constante de la institución, no tanto de las familias y apellidos representados en el regimiento como de los propios regidores[9]. El oficio normalmente servía como paso previo a alguna merced de mayor importancia y era habitual que muchos regidores heredasen, vendiesen, renunciasen o traspasasen el cargo en personas de su parentela o clientela cuando ellos no podían ejercerlo directamente o cuando les era concedido un honor más elevado en la corte real[10]. Esta verdadera patrimonialización de las regidurías[11], fenómeno muy extendido a finales

---

[8] *Ibídem*, p. 276. En la misma línea, otro autor recoge: "El oficio de regidor no era apetecido por los beneficios económicos inherentes al cargo, pues su salario era bastante bajo, sino por el honor que proporcionaba a quien lo ejercía y por la posibilidad de poder administrar los bienes municipales nombrando a los abastecedores de la ciudad, fiscalizando en materia de obras públicas y otros servicios municipales como la beneficencia, y crearse clientelas gracias a la posibilidad que tenían de nombrar a los oficiales menores del municipio", en Francisco Javier MOSÁCULA MARÍA, *Los regidores de la ciudad de Segovia, 1556-1665: análisis socioeconómico de una oligarquía urbana*, Universidad de Valladolid, Valladolid 2006, pp. 139-140.

[9] "Si nos fijamos en la relación de regidores y leemos con atención los nombres que aparecen en el listado, vemos que existe cierta continuidad de las familias y, aunque se produjeran ingresos de gentes nuevas, se observa la permanencia de los apellidos tradicionales. Por lo que podemos asegurar que la renovación de la oligarquía existió, pero en Segovia quedó difuminada por los matrimonios que se produjeron entre los miembros de la caballería tradicional y los miembros de la burguesía". MOSÁCULA, *Op. cit.* [n. 8], p. 328.

[10] De hecho, se prefería para el oficio a los propios hijos de regidores anteriores pues, como decía Jerónimo Castillo de Bobadilla, "*el pueblo tolera mejor su imperio acordándose que sus padres ejercieron aquellos mismos oficios*". Citado en MOSÁCULA, *Op. cit.* [n. 8], p. 47.

[11] Diego de Colmenares mencionaba que para sufragar las guerras con Granada, a comienzos de la década de 1430 "*se comenzaron a vender los regimientos de las ciudades, que en la nuestra se habían perpetuado noventa años antes, para escusar molestias y bandos en los pueblos, que con las ventas se aumentaron, naciendo de la perpetuidad el señorío, y de la venta los abusos y calamidades de Castilla*". En Diego de

del siglo XV y evidenciado por la repetición constante de determinados apellidos, desembocó en la escisión definitiva entre los miembros del concejo urbano y sus representados[12], lo que habría de manifestarse más tarde en la configuración de la Comunidad segoviana.

EL REGIMIENTO DE SEGOVIA A COMIENZOS DEL SIGLO XVI

El regimiento de Segovia, como ocurrió en otras tantas ciudades castellanas, fue testigo de disputas de muy diverso signo. Como ya se ha dicho, los intereses de los regidores eran dispares y atendían indistintamente tanto al bien común como a su propio beneficio, lo que creó una situación de tensión permanente en la institución que acabó por estallar en los albores del conflicto comunero.

El primer factor de tensión dentro del regimiento lo constituyeron los intentos de participación del Común de los pecheros en la política municipal. La aspiración de las gentes del Común por participar del gobierno urbano, si bien era una demanda tradicional que se remontaba a la propia implantación del regimiento, se acentuó desde la segunda mitad del siglo XV y culminó a comienzos del siglo XVI[13].

Durante el reinado de los Reyes Católicos el número total de regidores del concejo de Segovia quedó fijado en veinticuatro. De esta cifra, dieciséis regidores procedían del estamento de los caballeros, dos regidores representaban al Común de la ciudad y seis regidores hacían lo propio con los sexmos de la Tierra. Sin embargo, los regidores del Común, que en teoría debían servir de enlace entre los vecinos de la ciudad y el regimiento, fueron distanciándose cada vez más de su cometido y de sus representados hasta el punto de llegar a confundirse con el resto de regidores caballeros.

La intensificación de la actividad política de la Comunidad de pecheros de Segovia, relacionada estrechamente con el desarrollo económico

COLMENARES, *Historia de la insigne ciudad de Segovia y compendio de las Historias de Castilla*, Segovia 1982, vol. I, p. 579.

[12] Jesús MARTÍNEZ MORO, *La Tierra en la Comunidad de Segovia. Un proyecto señorial urbano (1088-1500)*, Valladolid 1985, p. 146.

[13] Esta cuestión ya ha sido estudiada en profundidad por ASENJO, *Op. cit.* [n. 4], pp. 303-309; y en SÁNCHEZ, *Op. cit.* [n. 6], pp. 181-193.

de la incipiente burguesía artesano-mercantil de la ciudad, alcanzó su victoria más importante en el año 1497 cuando los reyes autorizaron a que los diputados y procuradores del Común se reuniesen solo ante el corregidor y sin la necesidad de la presencia de los dos regidores que les representaban en el concejo. Desde ese momento, la actividad política desplegada por el Común se hizo tan intensa en su objetivo de vigilancia y seguimiento de la política urbana del concejo de regidores que llegó a despertar el recelo de la propia oligarquía de regidores. El regimiento no encajó bien el reconocimiento oficial de este poder paralelo y reaccionó mostrando su hostilidad de muy diversas maneras. Una de ellas fue la negativa del cuerpo de regidores a admitir a los procuradores del Común en las reuniones del regimiento. Este hecho provocó un sonado altercado entre los regidores y los procuradores del Común en el año 1511 que se saldó con un herido y en el que incluso los regidores llegaron a obstaculizar la intervención del juez de residencia de la ciudad[14].

En cualquier caso, las bases de la participación del Común en la política municipal ya estaban iniciadas en el momento de las alteraciones comuneras. Fue entonces cuando cristalizó la actividad política de los procuradores del Común de los pecheros y cuando estos, como veremos más adelante, consiguieron acceder *de facto* a la dirección colegiada de la Comunidad revolucionaria de Segovia.

El regimiento de Segovia también fue testigo del enfrentamiento directo entre los propios regidores del concejo. Una de las situaciones que más conflictos generó fue la elección de procuradores de Cortes[15]. Y es que la procuraduría era una condición muy apetecida por todos los regidores por el honor y exclusividad que suponía el desempeño de dicha función, la posibilidad que brindaba de acceder directamente al monarca y a la curia para poder despachar asuntos particulares y por las mercedes y sinecuras que siempre proporcionó el voto favorable a los deseos del monarca[16].

[14] ASENJO, *Op. cit.* [n. 4], pp. 422-427.

[15] Los conflictos por las procuradurías debieron ser frecuentes porque durante los siglos XVI y XVII se reguló minuciosamente el proceso de elección de los procuradores. Véase MOSÁCULA, *Op. cit.* [n. 8], pp. 113-122.

[16] Véase Máximo DIAGO HERNANDO, "La representación ciudadana en las asambleas

En este sentido, se ha conservado un pleito seguido en el año 1506 entre dos regidores de Segovia por desavenencias en la elección de procuradores para las Cortes de Salamanca-Valladolid de ese mismo año. Este pleito, sustanciado ante el Consejo Real de Castilla, ilustra perfectamente la repercusión de los conflictos entre regidores y linajes en el conjunto del regimiento[17].

Los regidores del concejo, como era costumbre durante la elección de procuradores, votaron en dos bloques independientes: los del linaje de don Fernán García eligieron a Francisco Arias por unanimidad; los del linaje de don Día Sánchez tuvieron desavenencias y la votación estuvo muy ajustada entre Juan Vázquez del Espinar y Juan de Solier. Pero como el primero obtuvo un voto más que el segundo, el corregidor Diego Ruiz de Montalvo y su alcalde el licenciado Ronquillo, que a la sazón ejercía este oficio en Segovia, reconocieron a Juan Vázquez del Espinar su derecho a representar a la ciudad. Ese reconocimiento dio inicio a la disputa judicial.

El pleito, además de reflejar la disputa entre los dos regidores, es sugestivo por tres aspectos. El primero hace referencia al sentido del voto de los regidores, lo que es interesante por cuanto nos permite conocer las afinidades existentes entre los miembros de la institución[18]. El segundo aspecto del pleito es la información sobre las personas que habían sido regidores del estado de los pecheros en algún momento[19].

estamentales castellanas: Cortes y Santa Junta comunera. Análisis comparativo del perfil sociopolítico de los procuradores", *Anuario de Estudios Medievales* 34/2, 2004, pp. 604-609.

[17] Más datos sobre el sorteo realizado por ambos linajes en Juan Manuel Carretero Zamora, *Cortes, monarquía, ciudades. Las Cortes de Castilla a comienzos de la época moderna (1476-1515)*, Madrid 1988, pp. 311-312. Por otro lado, "a pesar de estar en cada ciudad tan minuciosamente reglamentado el procedimiento de elección de los procuradores, surgiesen tantas disputas cada vez que había de ser aplicado, nos proporciona una buena prueba de hasta qué punto era ambicionado el desempeño de este oficio". En Diago, *Op. cit.* [n. 16], p. 613.

[18] El regidor Juan Vázquez del Espinar recibió los votos de Lope de Mesa, Antonio de Mesa, Gómez Fernández de Heredia, Diego de Heredia y Diego López de Samaniego; mientras que el regidor Juan de Solier fue votado por Francisco de la Hoz, Juan de Contreras, Íñigo López Coronel y Pedro de Malpaso. A su vez, Juan Vázquez votó a Francisco de la Hoz y Juan de Solier votó a Antonio de Mesa.

[19] Fernán Núñez Coronel, Juan Vázquez del Espinar, Rodrigo de Tordesillas, Lope de Mesa, Rodrigo de Mansilla, Juan de Contreras, Diego del Río y Francisco Arias fueron regidores del estado de los pecheros en algún momento. De los ocho, solo Juan

La tercera aportación de este pleito se extrae del interrogatorio de los testigos presentados por Juan de Solier para probar su razón. Solier presentó al bachiller Alonso de Miranda (*"que tiene hedad de veynte e dos o veynte e tres años, poco más o menos tiempo"*) y a Francisco Arias (*"que tiene hedad de quarenta e siete años, poco más o menos tiempo"*), regidores de Segovia. Ambos debían tener parcialidad con Juan de Solier, ya que de otro modo no se entendería que Francisco Arias declarase *"quel dicho Iohán de Solier tiene justicia"* y que *"holgaría que vençiese él"*[20].

Visto en su conjunto, este pleito permite vislumbrar las afinidades y los enfrentamientos de los regidores a comienzos de siglo. Es muy probable que la relación entre Juan Vázquez del Espinar y Juan de Solier se deteriorase desde ese momento, si no lo estaba ya con anterioridad. De hecho, ambos regidores tomaron caminos radicalmente opuestos durante las Comunidades.

Por último, los regidores del concejo de Segovia también se enfrentaron entre sí por otras fricciones generadas durante el ejercicio de sus atribuciones, ya fuese por la defensa del bien común o por la de sus intereses privados. Por ejemplo, Rodrigo de Tordesillas y Gómez Hernández de Heredia, procuradores en las Cortes de Burgos de 1512, suplicaron a la reina Juana que revocase la merced que los Reyes Católicos habían hecho a los marqueses de Moya de los lugares y vasallos de los sexmos de Casarrubios y Valdemoro[21] Esta reclamación, formulada con regularidad por los procuradores de Segovia en las distintas reuniones de Cortes, debía incomodar tanto a Juan Pérez de Cabrera y Bobadilla, II marqués de Moya, como a su hermano Fernando de Cabrera y Bobadilla, I conde de Chinchón y alcaide del Alcázar de Segovia, e incluso enfrentarles con algunos miembros del regimiento, sobre todo con aquellos que fuesen más reacios a aceptar este privilegio. También sabemos que los regidores Frutos de Fonseca y Francisco de Contreras litigaron entre sí en 1518 por la compraventa de unas

Vázquez, Rodrigo de Tordesillas, Juan de Contreras y Francisco Arias seguían activos al iniciarse la revuelta comunera.

[20] Archivo General de Simancas [=AGS], Consejo Real de Castilla [=CRC], 70, 4, fols. 24r-26r.

[21] AGS, Patronato Real [=PTR], leg. 69, doc. 48. Fechado en 1512.

casas que pertenecían a la herencia de Juana de Valladolid, mujer del primero[22].

Aunque no siempre los regidores se enfrentaron judicialmente entre sí. Había ocasiones en las que los intereses confluían y organizaban una defensa conjunta. Eso ocurrió en 1516, cuando Juan de Solier y Alonso Mejía, fiadores del convento de Santo Domingo el Real, entablaron un pleito para defender su derecho[23]. El pleito hubiese pasado desapercibido de no ser porque el regidor Juan de Solier estaba casado con María Mejía y que Alonso Mejía lo estaba con Isabel de Guzmán, hija del regidor Luis Mejía[24]. Ambos litigantes abrazaron poco después la causa comunera, lo que acaso no sea casualidad si tenemos en cuenta su vínculo familiar y su relación jurídica.

De estos pocos ejemplos se deduce que el regimiento de Segovia era un hervidero de actitudes, condiciones y enfrentamientos que estallaron en 1520. Naturalmente, estas alianzas o desavenencias existentes entre los regidores no explican por sí solas su vínculo o rechazo a la Comunidad, pero es evidente que fueron un factor importante que pudo llegar a condicionar a algunos de ellos.

LAS CORTES DE 1520 Y SUS CONSECUENCIAS EN EL REGIMIENTO

Como acabamos de ver, las relaciones entre algunos regidores del concejo de Segovia atravesaron momentos de tensión puntuales en las décadas anteriores a la guerra de las Comunidades. Sin embargo, los altercados más graves en el seno del regimiento se produjeron a raíz de la convocatoria de Cortes en Santiago en la primavera de 1520.

A pesar de que la Corona siempre deseó y procuró que los concejos designasen a procuradores dóciles a sus pretensiones, la costumbre en

---

[22] Archivo de la Real Chancillería de Valladolid [=ARChVa], Registro de Ejecutorias [=RR.EE.], caja 333, nº 9. Fechada el 10 de diciembre de 1518.

[23] ARChVa, PL. CIVILES, MORENO (OLV), caja 1319, 2. Fechado en 1516.

[24] Algunos datos sobre Alonso Mejía e Isabel de Guzmán en Efrén DE LA PEÑA BARROSO, "Las reclamaciones de dote y arras de las mujeres de los comuneros de Segovia", en István SZÁSZDI LEÓN-BORJA y Ramón SÁNCHEZ GONZÁLEZ (eds.), *Comercio, Rentas y Globalización en la Guerra de las Comunidades*, Centro de Estudios del Camino de Santiago - Sahagún y Universidad de Castilla-La Mancha, Valladolid 2020, pp. 107-144.

Segovia era que la procuración de Cortes se sortease entre todos los regidores presentes el día de la elección[25]. Por supuesto, la votación podía sufrir manipulaciones diversas para que los procuradores elegidos fuesen los deseados. En cualquier caso, el expediente relativo a la votación para las Cortes de 1520, que se celebró sin mayores contratiempos, menciona que se eligió a Juan Vázquez y a Rodrigo de Tordesillas[26].

El verdadero problema surgió cuando los regidores tuvieron que decidir acerca de la naturaleza del poder otorgado a los procuradores. Por lo visto, el corregidor don Juan de Acuña llevaba días presionando al regimiento para que otorgase un poder favorable a la aprobación del servicio y que había sido previamente redactado desde la corte[27]. Pero había un grupo de regidores que pretendían que el monarca escuchase antes su memorial de agravios.

Este desacuerdo provocó que la expedición de la carta de poder para los diputados se demorase varios días[28], al menos hasta que fue posible juntar a quince regidores para deliberar sobre el asunto. El expediente de la sesión recoge que

> *después de muchas pláticas los ocho dellos, en que entraron los dos procuradores, otorgaron el poder como en la minuta venía. Y los otros siete le otorgaron conforme a la minuta y a la instruçión que la çibdad diese firmada del escrivano del conçejo*[29].

---

[25] Sobre el proceso completo de procuración de Cortes, véase MOSÁCULA, *Op. cit.* [n. 8], pp. 114-122.

[26] *"Los regidores que según la ordenança devieron ser llamados y echaron suertes, y cupo a Juan Vázquez y a Rodrigo de Tordesillas, regidores"*. En AGS, PTR, 69-58, fol. 593r. Sin fecha.

[27] El mandato se otorgaba "[...] *para que podades consentir e otorgar en nonbre desta dicha çiudad* [...], *qualquier serviçio e servicios de que sus Altezas quisieren ser servidos* [...] *si de su parte os fueren [pedidos]*". Reproducido en *Cortes de los antiguos Reinos de León y de Castilla*, Madrid 1861-1903, tomo IV, pp. 288-290.

[28] El poder otorgado por el regimiento servía a la vez de credencial para ser recibido en las Cortes y para actuar en nombre de la ciudad, por lo que era necesaria su expedición en forma. En la carta también quedaba especificada la capacidad de decisión de los procuradores y los límites de su libertad en el ejercicio de sus atribuciones. En MOSÁCULA, *Op. cit.* [n. 8], p. 113.

[29] AGS, PTR, 69-58, fol. 593r.

Este asunto supuso la primera gran fractura del regimiento y dejó en evidencia la unidad de actuación y la división de opiniones en el seno de la institución.

Pero, ¿quiénes eran los siete regidores díscolos y qué instrucciones pretendían incorporar al poder de los procuradores? Los siete regidores favorables a otorgar un poder condicionado fueron Juan de Solier, Gómez Hernández de Heredia, Antonio Jiménez, Juan Bravo de Mendoza, el licenciado del Espinar, Diego de Barros y Francisco de Avendaño[30]. Y también conocemos las condiciones que pedían antes de conceder la aprobación del servicio[31], que he agrupado en tres grandes apartados.

El primero de ellos, en la línea de las tesis defendidas por Toledo y Salamanca antes de la reunión de Santiago, contenía instrucciones genéricas para los procuradores de la ciudad que seguían la línea de lo solicitado en la reunión de Cortes del año 1518:

- Que suplicasen al rey que no permitiese la saca de moneda del reino;
- Que el rey no dejase la gobernación del reino en manos de extranjeros sino que delegase únicamente en el Consejo Real;
- Que prorrogase el encabezamiento de las alcabalas dispuesto en las Cortes de Valladolid y que no consintiese que los arrendadores lo elevasen[32].

El segundo paquete de peticiones estaba destinado a la reparación de agravios de la ciudad de Segovia y su Tierra:

- Que el rey mandase al Consejo Real resolver el pleito que la ciudad de Segovia mantenía desde antiguo con Gonzalo Chacón, I señor

[30] AGS, PTR, 69-58, fol. 592.

[31] AGS, PTR, 69-58, fols. 590-591. Fechado en [febrero] de 1520.

[32] Una cédula fechada el 7 de junio de 1519 había abierto una subasta para recaudar las cantidades de distintos impuestos en el mayor precio posible. "Las alcabalas eran hasta entonces encabezadas, es decir, que las cantidades exigidas se repartían entre todos los habitantes, por lo que, no interviniendo los recaudadores, se evitaban los recargos que estos recibían de los contribuyentes". En Enrique BERZAL DE LA ROSA, *Los comuneros. De la realidad al mito*, Madrid 2008, p. 52.

de Casarrubios, sobre los términos que este quería usurpar, para lo que el concejo ya llevaba gastados más de 20.000 ducados;

- Que mandase cumplir lo dispuesto en el testamento de la reina Isabel por el que restituía a la ciudad de Segovia los vasallos que fueron apartados de ella por merced a don Andrés Cabrera y que ahora tenía Fernando de Cabrera y Bobadilla, I conde de Chinchón;

- Que mandase revocar la merced de la feria otorgada en favor de Álvaro Pérez Osorio, III marqués de Astorga, porque su celebración en Astorga coincidía con la feria franca de Segovia y causaba perjuicio a la ciudad.

- Que volviese a nombrar como corregidor de la ciudad de Segovia a don Juan de Ayala, por la *"paçificaçión y sosiego"* en que había tenido a la ciudad, una vez que acabase el período anual para el que había sido nombrado don Juan de Acuña[33].

El tercer grupo de proposiciones afectaba exclusivamente al regimiento de la ciudad y a los privilegios y apetencias de los propios regidores. Estas peticiones solicitaban al monarca:

- Que guardase la costumbre inmemorial que tenía Segovia para *"helegir los regimientos quando vacavan o por renunçiaçión y los escrivanos por previllegio e costunbre"*, de la que ahora había sido despojada;

- *"Otrosý que por quanto a cabsa de dar poco salario a los rexidores quando van a los negoçios de la çibdad o a visitar los términos y Tierra de la dicha çibdad no se provee en los negoçios como conviene al bien de la çibdad, que les den facultad para que los puedan creçer fasta en una quantía moderada, segund la calidad de sus personas"*;

- *"Otrosý que su majestad dé liçençia e facultad a los regidores de la dicha çibdad para que puedan usar de las preminençias e derechos que por razón de sus ofiçios antiguamente solían tener e usar, e llevar los derechos que acostunbravan llevar"*;

---

[33] Efectivamente, sabemos que don Juan de Ayala volvió a ejercer como corregidor de Segovia una vez acabaron las Comunidades. En ARChVa, RR.EE, caja 370, nº 12, fol. 14v. Poder fechado el 20 de mayo de 1524.

- Que perdonase al regidor Francisco de Contreras de la pena en que fue condenado por "*el caso que acontençió en esta çibdad quando el alboroto del domingo de la Trinidad sobre que vino el alcall-de Ronquillo*"[34], ya que estaba probado que este regidor "*no hirió ni mató a nadie, y en rebeldía por ausente fue condenado*".

La instrucción para los dos procuradores insistía además en que debían negociar los asuntos "*muy enteramente por todas las maneras que pudieren*"; que no podían "*entender en otra cosa particular de negoçios particulares della ni de su Tierra, aunque digan que lo quieren hazer en sus nonbres o por sí*", y que, en lo tocante a los asuntos generales de la Corona, entendiesen "*conforme a los poderes con los otros procuradores del reyno*"[35].

Ante este panorama, el corregidor se negó a admitir esta instrucción y a adjuntarla al poder de los procuradores. Además, para intentar reconducir la actitud obstinada de los siete regidores díscolos, el corregidor resolvió privarles de su oficio y enviarles a comparecer a la corte[36], pero después sobreseyó el asunto "*porque los vido alterados y que començavan a revocar el poder*"[37].

La situación en el regimiento debía estar al borde del colapso. Así que el corregidor, que quería evitar conflictos mayores y que los incidentes se propagasen por otras ciudades[38], finalmente cedió y autorizó a que el poder fuese acompañado de la instrucción "*pues no traía condición en lo del serviçio*",[39] es decir, no era vinculante en lo relativo a la votación del servicio, y solo instaba a los procuradores a que expusiesen los

[34] No he podido encontrar ninguna información relativa a este incidente, si bien debió producirse en el primer lustro del siglo XVI cuando Rodrigo Ronquillo ejerció de alcalde en Segovia.

[35] AGS, PTR, 69-58, fol. 591. Fechado en 1520.

[36] El corregidor "*mandó a los que otorgaron el poder condiçional que dentro de cierto tienpo se presentasen en la corte de su magestad y no saliesen della sin su real mandado, so pena de perdimiento de los ofiçios, mandándolos que no usasen dende luego dellos*". AGS, PTR, 69-58, fols. 593r y 593v.

[37] AGS, PTR, 69-58, fol. 593v.

[38] "*Y porque en este tienpo no se causase alguna inobediençia en aquella çibdad de que otras tomaran atrevimiento con que su cesárea magestad fuera deservido*". En AGS, PTR, 69-58, fol. 593v.

[39] AGS, PTR, 69-58, fol. 594r.

capítulos y las demandas de la ciudad ante el rey. Esta cuestión estuvo en el centro de las miradas del concejo de Segovia cuando comenzaron las sesiones de las Cortes[40].

No interesa ahora detenerse en el ritual de apertura de las Cortes, que es suficientemente conocido[41], sino en lo acontecido durante la votación del servicio durante la primera sesión, el día 1 de abril de 1520. Ante el desconcierto general producido por el orden de la votación, los procuradores de León habían suplicado

> *que no se entienda en cosa de las dichas Cortes hasta que se mande ver e se vean las dichas ynstruçiones e capítulos que los dichos procuradores tienen*[42].

Ese mismo argumento fue empleado por los procuradores de Córdoba, por lo que el Gran Canciller Mercurino Gattinara conminó al resto de procuradores a responder concretamente sobre su parecer acerca de la aprobación del servicio. Los procuradores de Segovia, siguiendo la línea mantenida por el resto de procuradores, respondieron *"que se conformaban cerca de lo suso dicho con lo que había dicho la ciudad de León"*[43]. El Gran Canciller tomó nota del parecer de los procuradores para dar cuenta al monarca y suspendió la sesión de la mañana.

La sesión de la tarde del mismo día 1 de abril se abrió con el requerimiento de la Corona para que los procuradores

> *hablasen primero en lo que tocaba al dicho servicio, porque S.M. les ofrecía e prometía que fecho todo esto, antes que se partiese destos Reynos, mandaría ver, e proveer, e despachar lo que les había ofrescido y prometido*[44].

---

[40] Joseph PÉREZ, *La revolución de las Comunidades de Castilla (1520-1521)*, Madrid 1999, (1ª ed. 1977), pp. 153-155.

[41] Véanse las actas de sesiones completas en *Cortes, Op. cit.* [n. 27], pp. 285-334.

[42] *Ibídem*, pp. 300-301.

[43] *Ibídem*, p. 303.

[44] *Ibídem*, p. 304.

Con esa promesa y con una buena dosis de presiones a los procuradores por parte de los grandes personajes de la corte, los diputados asistentes fueron modificando paulatinamente su voto a favor del servicio, "unos con atribuciones para ello, otros por cuenta propia, y muchos convenientemente convencidos por abundantes razones económicas"[45]. Así que los dos diputados por Segovia otorgaron su voto a favor del servicio durante la tarde de la primera sesión

> *porque así les fue mandado por su ciudad, y que suplican a S.M.*
> *que cunpla lo que ayer les prometió, y que esto hacen creyendo que*
> *S.M. proveerá los capítulos del Reyno e de la ciudad*[46].

Consecuentemente, ambos procuradores fueron recompensados con generosidad por su voto afirmativo[47]. A Rodrigo de Tordesillas se le concedieron 300 ducados (el equivalente a 112.500 maravedíes) y a Juan Vázquez del Espinar 50.000 maravedíes[48]. Además, se autorizó a ambos a traspasar su oficio de regidor de Segovia, lo que sin duda suponía un suculento premio para agradecer su fidelidad.

[45] Eduardo RUIZ AYÚCAR, *El Alcalde Ronquillo. Su época. Su falsa leyenda negra*, Ávila 1997 (1ª ed. 1958), p. 75. En la misma línea, Maldonado recogía que "*la mayor parte de los procuradores, ya porque se les había ofrecido una gran recompensa si este tributo precario a favor del rey se decretaba públicamente en las cortes, ya porque les parecía justo y santo, convivieron públicamente en que no se negase entonces a Carlos nada de lo que en otra ocasión se hubiese concedido a los reyes*". En Juan MALDONADO, *El movimiento de España, o sea, historia de la revolución conocida con el nombre de las Comunidades de Castilla*, edición de Valentina Fernández Vargas, Madrid 1975, p. 71.

[46] *Cortes, Op. cit.* [n. 27], p. 305. La respuesta dada por la Corona a las instrucciones de los procuradores de las ciudades con representación fue vaga y se dilató en el tiempo.

[47] "Siempre hubo un cierto número de incondicionales a la Corona entre los regidores —sobre todo entre los de origen caballeresco— pero como más influyó la Corona en la intención de voto de los procuradores, fue a través de las ayudas de costa y mercedes que daba a aquellos que hubieran sido sumisos a sus directrices e intereses". En MOSÁCULA, *Op. cit.* [n. 8], pp. 326-327.

[48] AGS, Estado, Castilla, leg. 9, fol. 130. Citado en Manuel DANVILA y COLLADO, *Historia crítica y documentada de las Comunidades de Castilla*, Madrid 1897-1899, vol. I, p. 332. Véase también CARRETERO, *Op. cit.* [n. 17], pp. 342-358. Los procuradores en Cortes normalmente recibían, además del salario estipulado por el concejo, otras gratificaciones personales del monarca en forma de dinero contante, un porcentaje de la cantidad recaudada en el servicio de Cortes y otras mercedes de oficios administrativos al servicio de la Corona como corregimientos u otros cargos burocráticos. En MOSÁCULA, *Op. cit.* [n. 8], p. 65.

De forma paralela, la ciudad de Segovia había enviado como observador al tintorero García del Esquina para que informase sobre los acontecimientos de las Cortes y el sentido del voto de los procuradores. Fue él quien transmitió la noticia de la concesión del servicio mucho antes de que los dos regidores volviesen a Segovia, a la que se unió el rumor que circulaba sobre las nuevas figuras fiscales que pretendía imponer la Corona[49]. Esto acabó de soliviantar a algunos integrantes del regimiento y, por extensión, a las gentes del Común.

El conflicto estalló definitivamente el 29 de mayo de 1520. Ese día el pueblo, convulsionado por esa imaginaria política impositiva de la Corona y harto del constante absentismo de la ciudad del corregidor don Juan de Acuña, acabó por perder la paciencia. Los hechos son bien conocidos: en la sesión anual del Común en la iglesia del Corpus Christi para nombrar a sus oficiales ejecutivos y cargos de representación, el oficial subalterno Hernán López Melón, indignado por las continuas faltas de respeto hacia la autoridad real, tomó la palabra y amenazó a varias personas con graves penas si persistían en su crítica hacia el corregidor y sus oficiales. La turba, que ya ardía por la imposición del servicio votado en La Coruña, llegó al límite de la excitación y se abalanzó sobre López Melón. El subalterno fue linchado y colgado boca abajo en un lugar llamado Cruz del Mercado, con *"una horca de la madera que allí hay siempre del pinar de Valsaín"*. Uno de los colaboradores de Melón que por allí pasaba, llamado Roque Portal, increpó a la muchedumbre por el crimen que acababan de cometer. Colmenares dice que entonces el populacho, enfurecido, se abalanzó hacia Portal y que, al grito de *"¡Muera, muera!"*, le aplicó el mismo castigo que a Melón.

Al día siguiente, el 30 de mayo, los dos procuradores enviados a las Cortes de Santiago-La Coruña debían dar cuenta de su votación a favor del servicio[50]. El regimiento se encontraba reunido en la iglesia de

[49] La lista pormenorizada de nuevas tasas que supuestamente pretendían imponerse, en MALDONADO, *Op. cit.* [n. 45], pp. 238-239, nota 5ª.

[50] El cronista Pedro Mexía, contemporáneo a los hechos, recogió que *"en muchas ciudades habían concebido tan grande odio contra los procuradores de cortes que otorgaron el servicio, juntándose con ello las mentiras y fama de cosas que decían haber otorgado, que en las más de ellas, luego que los procuradores llegaban, hacían contra ellos*

San Miguel, que a la sazón se encontraba en el centro de la actual Plaza Mayor de la ciudad. Juan Vázquez del Espinar estuvo bien avisado y no asistió a la reunión del concejo, anticipándose a la reacción de la multitud. Rodrigo de Tordesillas, en cambio, se presentó a la cita a pesar de haber sido advertido en varias ocasiones de que no debía hacerlo, aún con riesgo de su propia vida[51]. Tordesillas intentó alzar la voz para explicar el sentido de su voto pero la multitud, agolpada en la puerta de la iglesia y a cuyos representantes no se permitía asistir a la reunión, se negó a escucharle y rompió en pedazos el cuaderno que contenía la justificación de su voto. Entonces algunos exaltados prendieron a Rodrigo de Tordesillas, lo arrastraron por las calles y lo colgaron junto a los dos corchetes asesinados el día anterior[52].

La gravedad de estos incidentes exigía que el regimiento, encargado del mantenimiento del orden público en la ciudad, respondiese de manera contundente. Pero, sorprendentemente, las medidas tomadas por el regimiento fueron inexistentes. Ni siquiera consta que se iniciase una investigación para señalar a los instigadores y ejecutores de ambos asesinatos. Es evidente que, en ese momento, el regimiento se encontraba notablemente polarizado, a lo que se unía la ausencia del corregidor y la pasividad de los caballeros de la ciudad, cuya relación con el regimiento estaba muy deteriorada al estar excluidos del proceso de elección de procuradores de Cortes[53].

Estos hechos consumados, unidos al descontrol que parecía existir en Segovia y a la inacción del regimiento, obligaron a intervenir al cardenal Adriano de Utrecht y al Consejo Real. Sin embargo, entre ellos también existían desavenencias sobre la forma de proceder. El regente

---

atrevimientos e insultos nunca pensados". En *Relación de las Comunidades de Castilla*, edición de Miguel Ángel MUÑOZ MOYA y MONTRAVETA, Barcelona 1985, p. 41.

[51] Véase, por ejemplo, el relato de Garci RUIZ DE CASTRO, *Relación de la primera y segunda población de Segovia*, transcripción y notas de José Antonio Ruiz Hernando, Segovia 1988, capítulo 9, p. 17.

[52] El cardenal Adriano y el Consejo escribieron a Carlos I el 12 de septiembre de 1520 diciéndole que "*la ciudad de Segovia, a un regidor que fue procurador de Cortes de La Coruña, el día que entró en la ciudad le pusieron en la horca; y esto no porque él había a ellos ofendido, sino porque otorgó a V.M. el servicio*". Citado en RUIZ, *Op. cit.* [n. 45], pp. 102-103.

[53] SÁNCHEZ, *Op. cit.* [n. 6], pp. 212-215.

abogaba por la solución pacífica del conflicto por la vía política. Pero don Antonio de Rojas, presidente del Consejo Real, era más partidario de la vía ejecutiva y enérgica, que finalmente fue la opción elegida. Así, la investigación sobre lo sucedido en Segovia fue encargada a Rodrigo Ronquillo, alcalde de Casa y Corte, el día 10 de junio de 1520.

Ronquillo era un viejo conocido en la ciudad. A principios del siglo ya había sido nombrado temporalmente alcalde de Segovia[54] y, desde su llegada a la ciudad, el alcalde dio "muestras de un carácter rígido y severo, de una inflexibilidad inusitada en la aplicación de la ley y de una decisión incontenible en su cumplimiento, hecho por el cual fue mal mirado por los segovianos"[55].

En esta ocasión el trabajo del alcalde se desarrolló en circunstancias más desfavorables porque los segovianos, que temían una desproporcionada respuesta del Cardenal y el Consejo por el comportamiento del puñado de pelaires y tejedores que habían provocado el alboroto[56], habían solicitado la ayuda militar de Toledo, Madrid y otras ciudades. Así que lo que comenzó siendo una investigación judicial acabó transformándose en una expedición de castigo contra Segovia[57]. La misión de Ronquillo era entrar en la ciudad y ocuparla a toda costa, circunstancia que el Consejo consideraba necesaria para restablecer la autoridad real, castigar la rebeldía y escarmentar a los demás rebeldes[58]. Pero los hombres de Ronquillo fueron repelidos y el alcalde tuvo que establecer su centro de operaciones en Santa María la Real de Nieva, desde donde hostigó a la ciudad y dificultó su aprovisionamiento. El resultado de todo ello fue que la ciudad se levantó, se configuró en "Comunidad"

---

[54] Su actividad judicial puede seguirse en los pleitos conservados en AGS, CRC, 60, 1, donde sentenció contra Pedro Arias Dávila por haber roto los caños de agua de la ciudad; y en ARChVa, RR.EE., caja 194, número 17, contra Juan Crespo, vecino de Segovia, por tala indebida de pinos en Valsaín contraviniendo las Ordenanzas de Segovia. Ambos pleitos se siguieron en 1503 y 1504, respectivamente.

[55] Ruiz, *Op. cit.* [n. 45], p. 23.

[56] Así lo refirió la propia ciudad de Segovia en carta enviada a Toledo y a otros lugares el día 29 de julio por la que se excusaban por los crímenes. Véase Danvila, *Op. cit.* [n. 48], vol. I, p. 408. El cronista Sandoval califica a estos pelaires como "hombres forajidos extranjeros". En Fray Prudencio de Sandoval, *Historia de la vida y hechos del emperador Carlos V*, Madrid 1955, vol. I, capítulo XXXIII, p. 223.

[57] Pérez, *Op. cit.* [n. 40], p. 175.

[58] Ruiz, *Op. cit.* [n. 45], p. 82.

definitivamente y designó como su Capitán General al regidor Juan Bravo de Mendoza. El resto de la historia es bien conocida.

EL REGIMIENTO DE SEGOVIA Y LAS COMUNIDADES

Segovia se encontraba al borde de la guerra contra Ronquillo[59]. En la ciudad y en los arrabales se fortificaban las casas y los vecinos se preparaban para la defensa más tenaz[60] ya que, según la famosa carta de finales de agosto enviada por la ciudad a Medina del Campo después del incendio de esta villa, se tenía el solemne propósito de *"que pues Medina se perdió por Segovia, o de Segovia no quedaría memoria o Segovia vengaría la injuria a Medina"*[61].

El regimiento de la ciudad debía encontrarse visiblemente dividido entre regidores disidentes y regidores leales a la Corona y a sus representantes. Pero tampoco podemos llevarnos a engaño. Que el regimiento de Segovia no mantuviese una actitud monolítica no quiere decir que las posiciones de los regidores estuviesen perfectamente definidas. Más bien debe decirse que la actitud y participación de los regidores en las Comunidades presentaron, como en tantos otros lugares, una miríada de matices que estaban directamente relacionados con sus intereses personales. Después de todo, ya se ha insistido en que las Comunidades no fueron una guerra entre dos partes absolutamente definidas, sino que fueron un estado de conmoción general en el que las posturas individuales iniciales de muchos individuos evolucionaron a lo largo del conflicto y en el que aparecieron numerosas tensiones internas dentro de los dos grandes bloques[62].

En cualquier caso, la dinámica de los acontecimientos hizo que los regidores tuvieran que decidir de forma urgente si apoyaban los intereses

---

[59] Lo recuerda Sandoval, *Op. cit.* [n. 56], vol. I, capítulo XLIV, p. 239.

[60] Danvila, *Op. cit.* [n. 48], vol. II, p. 595.

[61] *Ibídem*, vol. I, p. 518.

[62] David Alonso García, "Debate historiográfico: las Comunidades de Castilla en el siglo XXI", *Tiempos Modernos: Revista Electrónica de Historia Moderna* 19, 2009, pp. 2-4; que sigue a Fernando Martínez Gil, "Las Comunidades 500 años después: algunas reflexiones", en Miguel Fernando Gómez Vozmediano (coord.), *Castilla en llamas: La Mancha comunera*, Ciudad Real 1998, p. 9.

de la Corona o los del Común si, en el mejor de los casos, no querían verse relegados de sus posiciones de poder y privilegio. De hecho, una parte de los motivos revolucionarios del Común era precisamente la voluntad de mayores cuotas de participación en las esferas de poder urbano[63]. Así que los regidores más resueltos se apresuraron a abanderar la causa comunera desde sus inicios quizá más como una forma de conservar sus atribuciones que por una convicción profunda en sus planteamientos[64].

La asfixiante presión popular de los insurgentes provocó que los regidores leales a la Corona abandonasen la institución y escaparan para no ser liquidados como Rodrigo de Tordesillas. El cronista Maldonado señaló que, tras el linchamiento, *"el corregidor y regidores de la ciudad, atemorizados, huyeron y nombraron otros en su lugar"*[65]. Los regidores rebeldes, en cambio, permanecieron en la ciudad.

Lo que es evidente es que el regimiento tradicional quedó profundamente modificado a lo largo del mes de junio de 1520. La insurrección de los pecheros por un lado y la lucha de los linajes del regimiento por el otro, aunque dos movimientos antagónicos en sí mismos, lograron converger en un solo bando "que se identificaba automáticamente con la *comunidad* urbana y rural en su conjunto"[66].

Algunos autores han apuntado que el regimiento tradicional fue suprimido y sustituido por una institución de nuevo cuño llamada Consulta compuesta por comerciantes y artesanos procedentes del Común de los pecheros, por algunos clérigos contumaces y por antiguos regidores que se integraron en ella a título meramente personal[67]. Sin em-

---

[63] SÁNCHEZ, *Op. cit.* [n. 6], p. 216.

[64] Ya se ha señalado la paradoja de que los regidores rebeldes, pensando que en el futuro habrían de tener más influencia en el ámbito cortesano y mayor grado de participación en las instancias centrales de gobierno y administración del reino, tuvieron que encabezar un movimiento que, a la postre, también supondría la implantación de medidas de democratización en el régimen de gobierno local que iban en detrimento del poder exclusivo del regimiento. En Máximo DIAGO HERNANDO, "Transformaciones en las instituciones de gobierno local de las ciudades castellanas durante la revuelta comunera (1520-1521)", en *Hispania* 63/2, 2003, pp. 625-627.

[65] MALDONADO, *Op. cit.* [n. 45], p. 84.

[66] SÁNCHEZ, *Op. cit.* [n. 6], p. 218.

[67] El propio monarca, en una instrucción a los gobernadores del reino, escribía: *"Porque somos informados que de causa de los movimientos de las Comunidades, en algunas de las ciudades alteradas no se hacen ayuntamientos de regidores, y en otras la mayor parte de ellos andan ausentes, y que los que están presentes no tienen libertad,*

bargo, la información existente sobre esta Consulta es escasa y no permite un análisis de su funcionamiento interno, aunque debió ocuparse del gobierno general de la Comunidad, de designar a los representantes de la ciudad ante la Junta central comunera; del nombramiento de los capitanes de la milicia concejil, del reclutamiento de los soldados y de la recaudación de impuestos para la financiación de la guerra[68].

Interesa más, en esta ocasión, destacar la actividad de los regidores durante los años 1519 a 1521. La documentación de archivo y la bibliografía permiten elaborar un *"dramatis personae"* de los regidores segovianos que simpatizaron o militaron en cada uno de los bloques en conflicto. El objetivo de esta pequeña compilación no es biografiar a los regidores segovianos[69], sino reflejar la disparidad de criterios y actitudes de todos ellos durante los meses de insurrección armada. Las motivaciones personales que tuvo cada regidor para implicarse o no en la Comunidad son precisamente eso, personales, y por ello son difíciles de detectar. Con todo, la nómina de regidores y sus afinidades durante las alteraciones comuneras queda como sigue:

POSICIONAMIENTO DE LOS REGIDORES
DEL CONCEJO DE SEGOVIA ENTRE 1519 Y 1521

REGIDORES COMUNEROS	REGIDORES INDEFINIDOS	REGIDORES REALISTAS
Juan Bravo de Mendoza	Diego de Barros	Rodrigo de Tordesillas
Íñigo López Coronel	Francisco de Avendaño	Juan Vázquez del Espinar
Juan de Solier	Pedro de la Hoz	Licenciado del Espinar
Antonio de Mesa	Francisco Arias	Gonzalo del Río
Diego de Heredia	Francisco de Contreras	Antonio de la Hoz
Diego de Peralta	Diego de Herrera	
	Diego López Samaniego	
	Gómez Hernández de Heredia	
	Antonio Jiménez	
	Juan de Contreras	

Fuente: Elaboración propia

ni hacen más de lo que por las dichas les es mandado y ordenado". En MALDONADO, *Op. cit.* [n. 45], p. 251.

[68] SÁNCHEZ, *Op. cit.* [n. 6], p. 219. El autor no cita la procedencia de esta información.

[69] Carlos DE LECEA Y GARCÍA, *Relación histórica de los principales comuneros segovianos*, Segovia 1906. En esta obra, el autor recopiló información relativa a varios regidores comuneros.

Los regidores que más se comprometieron con la causa comunera fueron Juan Bravo de Mendoza, su suegro Íñigo López Coronel y Juan de Solier. De Juan Bravo se han escrito ya tantas páginas que no tiene sentido repetirse salvo en lo imprescindible[70]. El mordaz fray Antonio de Guevara le hacía comunero recalcitrante porque en realidad codiciaba el condado de Chinchón[71], pero no hay fundamentos que certifiquen este aserto. Íñigo López Coronel fue regidor de Segovia hasta el mes de agosto de 1519, momento en que traspasó el oficio a Juan Bravo por el casamiento de este con su hija[72]. Aunque no era miembro del concejo en el momento de las Comunidades, su figura es interesante porque refleja los lazos familiares y clientelares que llevaron a suegro y yerno a participar unidos en el conflicto. Por último, Juan de Solier fue procurador de Segovia en la Santa Junta[73] y, casualmente, era pariente del regidor Gonzalo de Tordesillas. Sin embargo, ni siquiera la intercesión de su sobrino Gonzalo de Tordesillas le libró de su ejecución en la plaza mayor de Medina del Campo en 1522.

Además del papel desempeñado por Juan Bravo, Íñigo López Coronel y Juan de Solier, hubo otros tres regidores que participaron en la dirección de tropas y en otras cuestiones militares. Así, los regidores

---

[70] No hay trabajo sobre las Comunidades que no dedique unas palabras a Juan Bravo de Mendoza. Sin embargo, los principales trabajos siguen siendo el de Luis Felipe de PEÑALOSA, "Juan Bravo y la familia Coronel", *Estudios Segovianos* 1, 1949, pp. 73-109; y el de Luis FERNÁNDEZ MARTÍN, *Juan Bravo*, Segovia 1981. Recientemente los he complementado en Efrén DE LA PEÑA BARROSO, "La 'comunidad' de Segovia y la familia Coronel", en István SZÁSZDI LEÓN-BORJA y María Jesús GALENDE RUIZ (eds.), *Carlos V. Conversos y Comuneros. Liber Amicorum Joseph Pérez*, Centro Estudios Camino de Santiago - Sahagún, 2015, pp. 51-70; y en Efrén DE LA PEÑA BARROSO, "Doña María Coronel, viuda del capitán segoviano Juan Bravo", en István SZÁSZDI LEÓN-BORJA y María Jesús GALENDE RUIZ (coords.), *Mujeres en armas: En recuerdo de María Pacheco y de las mujeres comuneras*, Centro de Estudios del Camino de Santiago - Sahagún, 2020, pp. 343-358.

[71] "*Ramir Núñez y Juan Bravo ya se dexan llamar señoría: el Juan Bravo, porque espera ser conde de Chinchón, y el Ramir Núñez, conde de Luna*". En Fray Antonio de GUEVARA, *Epístolas familiares*, epístola 48. Consultado en línea: https://www.biblioteca.org.ar/libros/131733.pdf

[72] Una transcripción de las capitulaciones en DE LA PEÑA, *Op. cit.* [n. 70], 2020, pp. 343-358.

[73] Se ha hecho hincapié en el carácter ciertamente continuista de la Santa Junta de Ávila puesto que muchos de los procuradores designados por las ciudades rebeldes habían sido procuradores de Cortes en las convocatorias de comienzos del siglo XVI. Véase DIAGO, *Op. cit.* [n. 16], p. 632.

Antonio de Mesa y Diego de Heredia, señor de los Otones, estuvieron al frente de las escuadras segovianas que a comienzos de noviembre de 1520 fueron enviadas a tomar y derrocar las fortalezas de Chinchón y Odón, propiedad del conde de Chinchón, como castigo a su negativa a rendir el Alcázar de Segovia. Del mismo modo, el regidor Diego de Peralta, fue designado capitán de la guarnición permanente comunera que defendía la ciudad de Segovia. Este regidor debía tener una fuerte animadversión hacia el conde de Chinchón al menos desde el año 1506 cuando, siendo partidario de don Juan Manuel, se enfrentó a los hijos de don Andrés Cabrera por la tenencia del Alcázar y el dominio efectivo sobre la ciudad[74].

Pero en el regimiento de Segovia también existió un grupo heterogéneo de regidores que mantuvo posturas de indefinición ante los acontecimientos. Algunos de ellos obedecieron las órdenes y resoluciones de la Junta revolucionaria durante los primeros compases de la insurrección pero luego se distanciaron de los rebeldes. Otros regidores, en cambio, mantuvieron un posicionamiento ambiguo ante la Comunidad sin que sepamos aún si esto respondió a una estrategia calculada para mantenerse en una neutralidad que, al cabo, les colocó en una situación peligrosa a medio camino entre la obediencia y la disidencia.

La actitud timorata de estos regidores y su compromiso parcial con la Comunidad está reflejada en un pleito movido por el mayordomo de Juan Rodríguez de Fonseca, obispo de Burgos, contra el concejo de Segovia por el saqueo de diez mil fanegas de cereal de la abadía de Párraces, en Bercial (Segovia). El obispo, que poseía la jurisdicción sobre la abadía, y su mayordomo argumentaban que durante los meses de septiembre y octubre de 1520 *"le avían sido fechos muchos daños e robos por mandado de los alcaldes e regidores e diputados de la Junta de la dicha çibdad de Segovia"*[75], recalcando la responsabilidad de los oficiales municipales en el saqueo.

---

[74] Para una completa explicación de estos acontecimientos, véase Rafael Domínguez Casas, *El alcaide don Juan Manuel, capitán, embajador y consejero real e imperial (El Alcázar de Segovia en las crisis de fines del siglo XV y comienzos del siglo XVI)*, Segovia 2010, pp. 25-40.

[75] ARChVa, RR.EE., caja 363, número 42, fol. 1v. Fechada el 30 de septiembre de 1523.

Los regidores encausados, que eran Francisco Arias, Francisco de Avendaño, Francisco de Contreras, Diego de Herrera, Pedro de la Hoz y Diego López Samaniego alegaron que la confiscación de cereal se había ordenado con la finalidad de abastecer a la población de la ciudad y con la promesa de que *"bolverá el dicho trigo al tienpo e segund e como la çibdad mandare"*[76]. Sin embargo otros acusados en el pleito, de origen más humilde, informaron que habían tomado el cereal de la abadía

> *seyendo apremiados por los susodichos e por muy justo temor e miedo que cayera en qualesquier constantísimos varones, porque a los que no cumplían lo que ellos mandaban los mataban e robaban e saqueaban e derribaban las casas*[77].

La sentencia judicial excluyó a todos estos regidores de cualquier responsabilidad[78], acaso porque se separaron pronto de los rebeldes y no volvieron a tomar parte activa en la Comunidad o porque, temerosos de ser castigados, ellos mismos eliminaron la documentación municipal que pudiese inculparles. Solo uno de estos regidores volvió a cumplir un mandato de la Junta comunera de Segovia: Pedro de la Hoz fue enviado por la ciudad a negociar con una tropa armada que espontáneamente decidió tomar la villa de Pedraza, propiedad del Condestable, en respuesta a los pleitos que la comunidad de Villa y Tierra de Segovia seguía con su concejo sobre el aprovechamiento de términos y aguas comunes[79]. Esta misión, como es obvio, debió reportar a este regidor más beneficio que perjuicio cuando terminó el conflicto y se castigó a los implicados.

[76] ARChVa, RR.EE., caja 363, número 42, fol. 5r. Mandamiento para entregar 60 fanegas de cereal fechado el 28 de septiembre de 1520.

[77] ARChVa, RR.EE., caja 363, número 42, fol. 12r.

[78] *"Otrosý por quanto ay otras personas culpantes en este proceso, así de los que dieron los dichos mandamientos como de los que fueron al dicho monesterio, que con ellos no se hizo proçeso"*. En ARChVa, RR.EE., caja 363, número 42, fol. 11v.

[79] Véanse las ejecutorias de esos pleitos en ARChVa, RR.EE., caja 83, número 26 (fechada el 30 de mayo de 1495); y, en la misma línea, ARChVa, RR.EE., caja 238, número 16 (fechada el 27 de julio de 1509).

Otro regidor poco identificado con los rebeldes fue Francisco de Avendaño y de la Lama, que estaba casado con una nieta del bachiller Alonso de Guadalajara, procurador por Segovia en la Santa Junta comunera. Parece que este regidor evitó el saqueo de las casas del escribano Miguel Muñoz, acusado de enviar a los virreyes informaciones secretas sobre varios comuneros.

También se conoce el papel jugado por el regidor Diego de Barros, hermano del bachiller Alonso de Guadalajara[80]. Diego de Barros estaba casado con María de Bracamonte[81], hija de Francisco de la Serna, mercader y regidor de Valladolid, procurador por esa ciudad en las Cortes de Santiago y ferviente defensor de la causa imperial. Se sabe que Diego de Barros consiguió que la Junta comunera de Segovia intercediese ante la de Valladolid para que se tuviese clemencia con su suegro alegando que *"en la vitoria, la mayor gloria es el perdonar"*[82]. Por lo demás, debió mantenerse al margen de los acontecimientos a pesar del importante papel desempeñado por su hermano en la Santa Junta.

No he encontrado noticias sobre la implicación en el conflicto de los regidores Gómez Hernández de Heredia y Antonio Jiménez, aparte de haber firmado el poder condicionado dado a los procuradores de Cortes de Santiago-La Coruña. Todo apunta a que ambos, como muchos otros, debieron mantenerse en una posición expectante ante los acontecimientos. Tampoco he hallado noticias sobre Juan de Contreras sino las que le implicaban en el saqueo de ciertas villas y propiedades del conde de Benavente[83].

Un tercer y último grupo de regidores del concejo de Segovia mantuvo su fidelidad a la Corona y, por supuesto, no participó de ninguna de las actuaciones ni decisiones comuneras. La presión ejercida por los regidores pro-comuneros, sumada a la agitación del Común y a la violencia desatada en la ciudad desde los asesinatos de Rodrigo de Tordesillas,

---

[80] El parentesco, en ARChVa, PL. CIVILES, PÉREZ ALONSO (F), caja 438,5. Fechado entre 1546 y 1547.

[81] Árbol genealógico con la descendencia de este matrimonio en Archivo Histórico de la Nobleza [= AHNob], TORENO, C.2, D.24, sin fecha.

[82] AGS, PTR 3, leg. 44. fol. 207. Fechada en Segovia el 6 de septiembre de 1520.

[83] ARChVa, PL. CIVILES, ZARANDONA Y WALLS (OLV), cajas 1405,1/1407,1. Fechado entre 1529 y 1537.

López Melón, y Roque Portal, provocó que los regidores realistas abandonasen la ciudad con rapidez y buscasen protección en otros lugares.

Ya se ha mencionado el trágico destino del regidor Rodrigo de Tordesillas, linchado y asesinado a su regreso de las Cortes de Santiago. Y también se sabe que Juan Vázquez del Espinar, el otro procurador, ni siquiera llegó a Segovia sino que se refugió en sus casas de El Espinar[84]. Sin embargo, no pudo evitar que las escuadras segovianas capitaneadas por los regidores Diego de Heredia y Antonio de Mesa se detuviesen en aquella villa y pusiesen fuego a sus casas cuando se dirigían a someter los estados del conde de Chinchón.

Regidor realista fue también el licenciado Andrés López del Espinar, a pesar de haber sido uno de los firmantes del poder condicionado para los procuradores de Cortes. Cuando acabaron las Comunidades, este regidor alegó que había persuadido al conde de Chinchón para que los comuneros no le convenciesen *"a que saliese por la çibdad a ser su capitán y a que tomase la defensa de su cabsa"*[85]. Además, el licenciado alegó que había ayudado al abastecimiento del Alcázar durante los cinco meses que estuvo dentro del mismo[86].

El último regidor realista del que tenemos constancia fue Gonzalo del Río. Se sabe que embarcó con el emperador en La Coruña nada más acabar las Cortes de 1520 y que le acompañó a Alemania, donde

[84] Los dos procuradores, que volvían a la sazón de La Coruña, supieron de las muertes de López Melón y de Roque Portal en Santa María de Nieva. Parece que Juan Vázquez propuso a Rodrigo de Tordesillas que se refugiasen en El Espinar, donde el primero tenía casa y familia. Pero Tordesillas no quiso aceptar el ofrecimiento y continuó hasta Segovia. En DANVILA, *Op. cit.* [n. 48], vol. I, pp. 343-344.

[85] AGS, PTR, leg. 1, doc. 98, nº 442, fol. 524r. Memorial del licenciado del Espinar fechado en algún momento del año 1521. Ciertamente, parece que este memorial se redactó con la intención de que el rey premiase al interesado por su comportamiento. El conflicto existente entre el conde y la ciudad desde que la reina Isabel engrandeciese a don Andrés Cabrera y a Beatriz de Bobadilla a expensas de la Ciudad y Tierra de Segovia, hizo que el conde residiese más tiempo en sus estados de Chinchón que en la ciudad de Segovia. Precisamente, el levantamiento comunero le sorprendió en sus estados patrimoniales

[86] En represalia a su contribución al avituallamiento del Alcázar, el regidor aseguraba que los comuneros le habían derrocado unas casas que tenía en la calle del Puerco. Pero ni consta que los comuneros derribasen casas de particulares en la ciudad de Segovia; ni el conde de Chinchón se encontraba en Segovia en el momento de los altercados, pues estaba con el Condestable; ni tampoco ayudó al abastecimiento de la fortaleza durante cinco meses, ya que el cerco del Alcázar fue tan estrecho que apenas llegaron provisiones para sus defensores. En LECEA, *Op. cit.* [n. 69], pp. 96-97, nota 1.

permaneció durante todo el tiempo que duraron las Comunidades y aún hasta mucho después[87].

LA REPRESIÓN DE LOS REGIDORES COMUNEROS

La derrota comunera en la batalla de Villalar y la ejecución de sus líderes militares dejó un evidente vacío de poder en las filas de los insurrectos. En Segovia, la desarticulación del movimiento fue casi inmediata, ya que cualquier rastro de rebeldía se esfumó en las semanas posteriores a la decapitación de Juan Bravo de Mendoza el 24 de abril de 1521.

Todo apunta a que, desde esa fecha, el gobierno de la ciudad de Segovia volvió a su configuración original de corregimiento y regimiento, aunque la escasa documentación conservada no permite conocer más detalles de ese proceso. De la información existente se deduce que la Junta comunera local se disolvió a comienzos del mes de mayo. La ciudad solicitó el perdón real el día 12 del mismo mes y se restableció el corregimiento bajo una curiosa circunstancia: el corregidor don Juan de Acuña, representante del poder real en la ciudad, dilató su reincorporación al cargo porque le parecía *"que no anda el mundo para desear estar en cargos de justicia"*[88]. Sin embargo el licenciado Sebastián de Peralta, oidor de la Chancillería de Valladolid y que había llegado a Segovia en calidad de observador, asumió voluntariamente las funciones de corregidor para evitar nuevos desórdenes[89]. Este simple acontecimiento, que enmascaraba la toma del poder por parte de un exacerbado realista, evidenció que se acercaba el tiempo del ajuste de cuentas. Y así, mientras los regidores más comprometidos con la causa comunera decidieron huir de la ciudad, como fue el caso de Íñigo López Coronel, otros se quedaron en Segovia y se mantuvieron a la expectativa.

[87] *Ibídem*, pp. 92-93. Este regidor ya había marchado a Flandes en los años 1507-1508 para estar junto al joven Carlos cuando Fernando de Aragón volvió como gobernador del reino de Castilla a la muerte del archiduque Felipe de Borgoña. En Hayward KENISTON (ed.), *Memorias de Sancho Cota*, Cambridge 1964, pp. 41-42.

[88] Carta de don Juan de Acuña al arzobispo de Granada. En AGS, Estado, leg. 5, fol. 124. Fechada el 7 de mayo de 1521. Citado por PÉREZ, *Op. cit.* [n. 40], p. 567.

[89] Carta del licenciado Peralta al cardenal Adriano. AGS, PTR, leg. 2, fol. 117. Fechada el 8 de mayo [de 1521]. Citado por PÉREZ, *Op. cit.* [n. 40], p. 567.

345

El oficio de regidor solo podía perderse por delitos y crímenes de herejía, crímenes de lesa majestad o por la práctica del pecado nefando. Como es bien sabido, los comuneros incurrieron en crimen de lesa majestad al haber atentado contra la propia institución monárquica. El emperador había sido suficientemente claro en su instrucción a los gobernadores del reino al recalcarles que tanto los procuradores de las ciudades rebeldes como los regidores contumaces debían ser declarados inhábiles y perder para siempre su voz y voto en cortes,

> so pena de la vida e de perdimiento e de confiscación de sus bienes, aunque sean de mayorazgo, y de sus oficios, y de inhabilitación perpetua ellos y sus descendientes para no poder ni haber en los dichos nuestros reinos y señoríos los oficios ni beneficios ni otros oficios ni cargos algunos que de honra sean[90].

Bajo esa premisa, el Perdón General otorgado por el monarca el 28 de octubre de 1522 exceptuó a casi 300 individuos[91], entre los que se encontraban los regidores Juan Bravo de Mendoza, Íñigo López Coronel, Juan de Solier, Diego de Peralta y Antonio de Mesa. El regidor Diego de Heredia que, como hemos visto, participó activamente en favor de la comunidad, no aparecía en la lista de exceptuados acaso por ser titular de un señorío o por tener poderosas influencias que le libraron del castigo.

El más perjudicado de todos ellos fue Juan Bravo de Mendoza, que pagó con su vida su implicación en la Comunidad. Juan Bravo fue apresado en la batalla de Villalar el 23 de abril de 1521 y decapitado un día después. Su viuda, doña María Coronel, hija de Íñigo López Coronel, fue quien soportó las consecuencias de desacato de su difunto esposo[92]. En primer lugar, porque tuvo que asistir a los desagradables incidentes provocados por Gonzalo de Herrera[93] y su yerno Juan de

[90] Maldonado, *Op. cit.* [n. 45], p. 253.
[91] La lista del Perdón General de 28 de octubre de 1522 puede verse, entre otros lugares, en *Ibídem*, pp. 292-295.
[92] Ya he tratado este aspecto en anteriores publicaciones. Véase De La Peña, *Op. cit.* [n. 70], 2015, pp. 51-70; y 2020, pp. 343-358.
[93] Gonzalo de Herrera era un rico comerciante de Segovia que llegó a ser regidor de la

Vozmediano[94] durante la procesión que llevaba el cadáver de su marido al convento de Santa Cruz[95].

Después, los bienes del regidor sufrieron la depredación de sus hermanastros Francisco y Luis, hijos del segundo matrimonio de doña María de Mendoza, su madre, con Antonio García Sarmiento, vecino de Burgos y cortesano de la Casa Real. Francisco Sarmiento aceptó el encargo de ejecutar los bienes que quedaron del capitán segoviano, mientras que Luis Sarmiento solicitó en pago de sus servicios a la Corona que le fuese condonada una deuda de 50.000 maravedíes que debía a Juan Bravo. Pero aún hubo más, porque su padrastro Antonio García Sarmiento se atrevió incluso a solicitar al emperador el oficio de regidor perpetuo de Segovia que había ocupado Juan Bravo de Mendoza[96].

La ejecución de los bienes de Juan Bravo no estuvo exenta de problemas. Uno de ellos se produjo por un préstamo que el difunto había hecho al regidor Gonzalo del Río para que este sufragase el viaje y la estancia en Alemania junto a Carlos I. A cambio, Gonzalo del Río le había dejado en prenda tapices y joyas de gran valor[97]. Después de la

ciudad. Casó con Isabel de Barros y tuvieron varios hijos. Uno de ellos fue Diego de Barros, que también accedió al regimiento de Segovia y que fue un resuelto comunero. La familia vivía en la parroquia de San Martín en unas casas que lindaban con las de Francisco de Tordesillas. Véase el trabajo de Concepción ABAD CASTRO y María Luisa MARTÍN ANSÓN, *La capilla de los Herrera en la iglesia de San Martín de Segovia*, Segovia 2009.

[94] Juan de Vozmediano, tesorero de la Corona, estaba casado con Juana de Herrera, hija de Gonzalo de Herrera. Véase *Ibídem*, p. 62, nota 44. Se sabe que tenía unas casas en la plaza de San Miguel que estaban junto a las del bachiller Alonso de Guadalajara, pero las vendió en cierto momento. José Antonio RUIZ HERNANDO, *Historia del urbanismo en la ciudad de Segovia del siglo XII al XIX,* Segovia 1982, vol. II, p. 229. Citado en Guadalupe DE MARCELO RODAO, *El cerco del Alcázar de Segovia, 1520-1521. Nuño de Portillo y la defensa de la catedral*, Segovia 2019, p. 25.

[95] LECEA, *Op. cit.* [n. 69], pp. 41-42. El propio Juan de Vozmediano llegó a escribir a los virreyes solicitando el destierro de María Coronel y de varios de sus criados, *"porque es verdad que estando aquí estos y con el afición que algunos menudos les queda con él, cada día podrían inventar cosas nuevas como las del domingo pasado"*, en referencia a los altercados ocurridos durante el entierro de Juan Bravo. En *Ibídem*, pp. 81-82. Más detalles sobre el incidente, que tuvo lugar un domingo, el 2 o el 9 de junio de 1521, en PÉREZ, *Op. cit.* [n. 40], pp. 568-569.

[96] DANVILA, *Op. cit.* [n. 48], vol. V, p. 297.

[97] La procedencia de la deuda de Gonzalo del Río con Juan Bravo la sugirió LECEA, *Op. cit.* [n. 69], p. 144, nota 1.

derrota de Villalar, doña María de Cepeda, mujer de Gonzalo del Río, intentó evitar que Francisco Sarmiento se apoderase de estos bienes. Para ello, solicitó a los virreyes que los bienes de su esposo fuesen depositados en personas abonadas hasta que Gonzalo del Río regresase de Alemania y pudiese saldar la deuda para recobrarlos.

El duro castigo que cayó sobre Íñigo López Coronel estuvo motivado por varios factores. Primero estaba su parentesco con Juan Bravo, que debió pesar de forma negativa aunque poco cuantificable. Después se encontraban las cantidades económicas que López Coronel había entregado de su propio peculio a la Comunidad de Segovia. Por último, también pesaron las sospechas de que los intelectuales Luis y Antonio Coronel, sobrinos del regidor y estantes en diferentes ciudades europeas, facilitaban a su tío información anticipada sobre los planes del monarca. De ahí que el cardenal Adriano de Utrecht enviase al rey una carta el 30 de enero de 1521 en la que solicitaba que ordenase al Maestro de las Postas que revisase la información de todas las cartas que los sobrinos enviaran a su tío desde esa fecha en adelante[98].

En cualquier caso, Íñigo López Coronel debió huir de Segovia al poco de conocerse la derrota comunera en Villalar y el triste destino de su yerno y de los otros capitanes decapitados. El regidor se refugió en la ciudad sevillana de Osuna, propiedad de los señores de Ureña, seguramente buscando el amparo del antiguo Capitán General comunero don Pedro Girón. Allí otorgó testamento el 29 de marzo de 1522 y murió pocos días después[99]. Como castigo a su apoyo a la Comunidad el regidor sufrió la confiscación de todos sus bienes, rentas, juros y hasta de varios de sus esclavos. Sin embargo, su infatigable heredera María Coronel consiguió recuperar la mayor parte de los bienes entre 1522 y 1527.[100]

El regidor Juan de Solier, procurador de la ciudad de Segovia en la Junta comunera de Ávila y Tordesillas, sufrió la confiscación de todo su patrimonio desde el primer momento de la represión. Con la lle-

[98] *Ibídem*, pp. 87-88.

[99] AHNob, Vivero, c.17, doc. 5. Véase Efrén De La Peña Barroso, "Devoción y religiosidad de un linaje judeoconverso: la familia Coronel", en *Hispania Sacra* 65, extra 2, 2013, pp. 65-67.

[100] Para más información, véase De La Peña, *Op. cit.* [n. 70], 2015, pp. 51-70.

gada de los gobernadores a Segovia el 9 de mayo de 1520 el sobrino de este regidor, que no era otro sino Gonzalo de Tordesillas, hijo del regidor asesinado Rodrigo de Tordesillas, suplicó a los virreyes que liberasen a su tío de la prisión en la que se encontraba y que no le causasen más daños, ya que ahora ejercía de padre para él y sus hermanos en ausencia de su propio progenitor. Conmovidos, los gobernadores no dudaron en levantar temporalmente el castigo a Juan de Solier, que regresó a Segovia gracias a la fianza por su persona dada por Hernando de Silva[101].

De forma paralela, todo el patrimonio de Juan de Solier, valorado en unos 4.500 ducados[102], fue confiscado. Su regimiento fue reclamado por don Hernando de Sandoval[103] y su salario como caballero de acostamiento fue secuestrado, por lo que tuvo que sobrevivir con las ayudas proporcionadas por sus parientes y allegados. Su lamentable situación le llevó incluso a escribir al emperador para exponerle *"que él padescía mucha necesidad"*[104]. Pero Carlos, lejos de mostrar clemencia, ordenó en marzo de 1522 su inmediato retorno a prisión con encargo expreso al Consejo *"de hacer justicia en su causa"*[105]. Así, fue detenido, conducido a la villa de Medina del Campo y recluido en el castillo de la Mota, junto a otros doce procuradores de la Junta que habían sido capturados en Tordesillas en diciembre de 1521. Allí quedó a la espera de que el monarca determinase su destino.

Apenas un mes después del desembarco del emperador en Santander, Carlos ordenó al alcalde Sancho Díaz de Leguizamo el 14 de agosto de 1522 que fuese a Medina, llevase a siete de estos procuradores a la cárcel pública de Medina y ejecutase su castigo. El alcalde cumplió la orden, sacó a los procuradores de la prisión sobre unos asnos con una soga en la garganta, los llevó a la plaza mayor de la villa y allí fueron degollados[106]. Juan de Solier se encontraba entre aquellos infelices.

[101] Pérez, *Op. cit.* [n. 40], p. 577.

[102] La estimación en Danvila, *Op. cit.* [n. 48], vol. V, pp. 311-312.

[103] *Ibídem*, vol. V, p. 297.

[104] Lecea, *Op. cit.* [n. 69], p. 161.

[105] *Ídem.*

[106] Maldonado, *Op. cit.* [n. 45], p. 285.

Pero la represión sobre Solier no acabó con su ejecución. Como se ha dicho, su patrimonio fue confiscado y vendido al mejor postor. Sus bienes fueron tasados juntamente con los de Francisco de Mercado, comunero de Medina del Campo, y ascendieron a un total de 489.000 maravedíes. La adquisición fue hecha por Luis de Lizaraso, secretario de Cámara del emperador, en agosto de 1523[107] sin que nadie moviese pleito alguno sobre la confiscación y venta de sus bienes[108].

El regidor Diego de Peralta también sufrió el secuestro de sus bienes. Su tío el licenciado Sebastián de Peralta, oidor de la Chancillería de Valladolid, que pudo haber intercedido por su sobrino en agradecimiento a la protección que el regidor había dispensado a su casa y hacienda durante las Comunidades, no prestó auxilio a su sobrino para librarle del destierro ni del embargo de sus bienes. Aún más, incluso llegó a solicitar para sí mismo el oficio de regidor de su sobrino. Y no solo eso, sino que en su testamento privó a sus sobrinos Diego y Francisco de Peralta de la herencia de todos sus bienes, que les habrían correspondido por ser sus más próximos herederos, acusándoles de deslealtad y de tener ascendencia judía[109]. Pese a todo, el emperador indultó a Diego de Peralta en el año 1525, aunque la fractura familiar entre el regidor y su tío no llegó a cerrarse jamás.

El regidor Diego de Heredia corrió mejor suerte. El propio Juan de Vozmediano informó a los virreyes de que este regidor había sido una de las personas que más y mejor trabajaron en la pacificación de la ciudad. Tal vez por eso, o por gozar de la protección de algún otro personaje, no recibió castigo alguno y fue totalmente indultado en el año 1525[110].

---

[107] LECEA, *Op. cit.* [n. 69], p. 163.

[108] Antonia de Solier, hija de Juan de Solier, contrajo matrimonio en 1533 con Nuño de Portillo, capitán realista que defendió la catedral de los ataques comuneros que pretendían ocupar el templo para poder atacar el alcázar con más facilidad. En DE MARCELO, *Op. cit.* [n. 94], p. 76.

[109] El licenciado Peralta argumentaba que la abuela de sus sobrinos era hija del doctor Burgos, un judaizante de Valladolid. En LECEA, *Op. cit.* [n. 69], pp. 127-128. Más información en Carlos DE LECEA Y GARCÍA, *El licenciado Sebastián de Peralta. Bosquejo histórico-biográfico*, Segovia 1893.

[110] De Diego de Heredia se cuenta que, después de la derrota de Villalar, se celebró un concierto entre los gobernadores, representados por Gonzalo de Herrera y su yerno Juan de Vozmediano, de una parte, y los comuneros derrotados, representados por los

En cambio el regidor Antonio de Mesa, otro de los exceptuados del Perdón de octubre de 1522 otorgado por el emperador, solo sufrió el embargo de su oficio sin que se incoase más proceso contra él[111].

EPÍLOGO: EL REGIMIENTO DE SEGOVIA DESPUÉS DE LAS COMUNIDADES

Después de la derrota de Villalar, y una vez que los regidores contumaces fueron desprovistos de su regimiento, se constata la presencia en el concejo de algunos regidores anteriores a la etapa revolucionaria y de otros que se incorporaron a la institución por sustitución o vacación de los anteriores titulares del oficio. Los pocos datos de los que se dispone permiten dibujar un panorama ciertamente interesante en el caso de ciertos regidores, salvando la homonimia de algunos de ellos.

Comencemos con los regidores que fueron exceptuados del perdón de la Corona. Como se ha dicho, Juan Bravo de Mendoza y Juan de Solier habían sido ejecutados en 1521 y 1522, respectivamente; Íñigo López Coronel se había exiliado en Osuna (Sevilla) y también falleció en 1522; y Antonio de Mesa fue despojado del oficio de regidor de manera permanente. Diego de Peralta y Diego de Heredia fueron indultados en 1525, aunque el primero no volvió a ejercer el oficio. Diego de Heredia, en cambio, todavía figuraba como regidor en el año 1542, fecha en que fue sustituido por su hijo Juan de Heredia.

Los regidores que no mostraron una adhesión total a la Comunidad y que mantuvieron una actitud ciertamente timorata ante los

---

regidores Diego de Heredia y Francisco de Avendaño, entre otras personas, de la otra. Parece que en ese encuentro, celebrado en la propia casa del corregidor de Segovia, se establecieron las bases para la pacificación de la ciudad. Sin embargo, don Fernando de Cabrera y Bobadilla, conde de Chinchón, que no asistió a esa reunión, pidió que volviese a convocarse para poder asistir a ella y demandar los daños que habían sido causados en sus estados. A su llegada el regidor Diego de Heredia no le dio el tratamiento de Su Señoría que el conde merecía por su calidad, sino simplemente el de Su Merced, cortesía amistosa y familiar establecida entre titulados y caballeros, ya que Diego de Heredia era también señor de Otones. El conde, airado principalmente por la invasión de sus estados que había dirigido el propio Diego de Heredia, le acusó de descortesía, pero el de Otones se mantuvo firme en el empleo de ese tratamiento. Parece que el corregidor tuvo que sosegar a ambos *"antes de que de allí saliesen, y otro día se tornaron a juntar para que no quedasen coxquillas entre aquellos caballeros"*. En LECEA, *Op. cit.* [n. 69], pp. 80-81.

[111] DANVILA, *Op. cit.* [n. 48], vol. V, p. 281.

acontecimientos conservaron sus oficios en el regimiento sin mayores problemas. Por ejemplo, Diego de Barros mantuvo en el oficio hasta aproximadamente el año 1545, cuando lo traspasó a su hijo Alonso de Barros[112]. Y Francisco de Avendaño también continuó como regidor del concejo hasta el año 1558, en que fue sustituido por Gabriel Fernández de la Lama. Además, parece que también sirvió a las órdenes del emperador en las campañas de Italia, Alemania y Argel, servicios por los que después fue recompensado con los corregimientos de Molina, Atienza y Badajoz[113]. El resto de regidores neutrales o realistas como Pedro de la Hoz[114], Gonzalo del Río[115], Francisco Arias[116], el licenciado del Espinar[117] y un Samaniego[118] que seguramente fuese Diego López Samaniego, permanecieron en el oficio sin que se tenga constancia de cuándo lo abandonaron.

Las nuevas incorporaciones al regimiento fueron las de Antonio de la Hoz[119] y Gonzalo de Tordesillas[120], ambos en el año 1520; y las del comendador Pedro Gómez de Porras[121], Antonio de la Lama[122], Juan

---

[112] La cuantiosa herencia dejada por el regidor Diego de Barros generó varios pleitos. Pueden verse en ARChVa, RR.EE, C. 608,19, fechada el 10 de junio de 1545; y ARChVa, RR.EE, C. 621,22, fechada el 5 de febrero de 1546.

[113] LECEA, *Op. cit.* [n. 69], p. 83.

[114] Aparece en un pleito sobre ciertas deudas contraídas precisamente por Íñigo López Coronel en ARChVa, RR.EE., c. 402, nº 49. Fechado el 19 de octubre de 1527.

[115] Aparece en un pleito sobre deudas en ARChVa, RR.EE., c. 403, nº 78. Fechado el 17 de diciembre de 1527.

[116] ARChVa, RR.EE, caja 370, nº 12, fol. 14v. Poder fechado en Segovia el 20 de mayo de 1524.

[117] ARChVa, RR.EE, caja 370, nº 12, fol. 14v. Poder fechado en Segovia el 20 de mayo de 1524.

[118] ARChVa, RR.EE, caja 370, nº 12, fol. 14v. Poder fechado en Segovia el 20 de mayo de 1524.

[119] En AHNob, Luque, c.320, d.7: Real cédula de Carlos I por la que ordena a Luis de Córdoba que entregue a Antonio de la Hoz, regidor de Segovia, y a Alonso de Sandoval, la cantidad de 4.500 moriscos procedentes de Granada. Fechado en 1520.

[120] Recibió el oficio en 1520 por vacación de Rodrigo de Tordesillas, su padre. En DANVILA, *Op. cit.* [n. 48], vol. I, p. 344, nota 2.

[121] Aparece en un pleito contra Sebastián de Peralta sobre el cierre del cauce de un molino sobre el río Eresma en ARChVa, RR.EE., caja 366, 7. Fechado el 23 de diciembre de 1523.

[122] En AGS, CRC,11,11. Fechado en 1524.

del Castillo[123], Juan de Contreras[124], Antonio de Malpaso[125], Antonio Ximénez de Zuazo[126] y un tal Olivares[127], que debieron acceder al oficio entre los años 1521 y 1524. En cualquier caso, estos regidores no ejercieron su cargo durante las alteraciones comuneras y exceden de nuestro estudio.

De todos modos, el hecho más curioso ocurrido en el regimiento de Segovia a lo largo de los siglos XVI y XVII fue la incorporación a la institución de personas con apellidos que coinciden no ya con los de regidores realistas, sino también con los de algunos antiguos comuneros. Así, encontramos a un Diego de Solier del Río como regidor en 1541 y hasta un Gonzalo Bravo de Mendoza en 1594[128]. Otros apellidos de regidores comuneros, como Peralta, también aparecen enlazados y vinculados a otros ilustres apellidos de la ciudad[129], aunque esta familia tuvo distintas ramas y aún debe dilucidarse cuál de ellas mantuvo el regimiento.

Pero aún más insólito fue el hecho de que María Coronel, hija del antiguo regidor Íñigo López Coronel y mujer del regidor y capitán comunero Juan Bravo de Mendoza, contrajese matrimonio en terceras nupcias hacia el año 1548 con el regidor Gonzalo de Tordesillas[130], hijo y heredero del regidor Rodrigo de Tordesillas, de tan funesto recuerdo en Segovia. Esta alianza matrimonial, por otro lado, terminó de cerrar el círculo de la historia de la familia Coronel: de casar en primeras nupcias con un regidor comunero y líder de la Comunidad de Segovia

---

[123] ARChVa, RR.EE, caja 370, nº 12, fol. 14v. Poder fechado en Segovia el 20 de mayo de 1524.

[124] ARChVa, RR.EE, caja 370, nº 12, fol. 14v. Poder fechado en Segovia el 20 de mayo de 1524.

[125] ARChVa, RR.EE, caja 370, nº 12, fol. 14v. Poder fechado en Segovia el 20 de mayo de 1524.

[126] ARChVa, RR.EE, caja 370, nº 12, fol. 14v. Poder fechado en Segovia el 20 de mayo de 1524.

[127] ARChVa, RR.EE, caja 370, nº 12, fol. 14v. Poder fechado en Segovia el 20 de mayo de 1524.

[128] Más información sobre este último en MOSÁCULA, *Op. cit.* [n. 8], p. 211.

[129] Véase la completa lista de regidores en *Ibídem*, pp. 350-379.

[130] En Archivo Histórico-Provincial de Segovia [=AHPSg], Protocolo 73, folio 413r. Fechado el 20 de agosto de 1548. Agradezco esta información al profesor José Ubaldo Bernardos Sanz.

a casar en última instancia con el hijo de un regidor realista asesinado por la multitud enfervorecida de Segovia.

De los ejemplos anteriores se concluye que la represión de la Corona a la oligarquía municipal comunera de Segovia, una vez castigados los regidores más recalcitrantes, entró en una fase de moderación en la que se permitió que los descendientes de antiguos comuneros pudiesen ocupar un asiento en el regimiento de la ciudad y siguiesen gozando de las preeminencias del oficio.

CONCLUSIONES

El desencadenamiento de la revuelta comunera generó a corto plazo una enorme transformación en el funcionamiento de los órganos de gobierno de las ciudades que participaron en ella. Como ya ha sido señalado, era imprescindible que para que los comuneros consiguiesen sus objetivos antes debían controlar el régimen municipal castellano y más específicamente el regimiento[131]. En este sentido, el período de inestabilidad que se abrió desde las Cortes de Santiago de 1520 fue aprovechado por los sectores del Común para alcanzar en poco tiempo el objetivo por el que habían luchado desde finales del siglo XV: derribar el régimen de gobierno oligárquico municipal y sustituirlo por otro basado en la renovación periódica de sus oficiales y que permitiese la participación de un espectro social mucho más amplio[132].

Hemos visto que en la ciudad de Segovia se produjo la supresión *de facto* del regimiento como institución de gobierno urbano al poco tiempo de iniciarse los incidentes comuneros. El regimiento fue sustituido por otra institución de nuevo cuño en la que el poder ejecutivo fue compartido entre los regidores leales a la Comunidad, algunas personalidades eclesiásticas y otros elementos procedentes del Común de los pecheros.

Este nuevo órgano, que merece una investigación propia, abrió la puerta a la participación de representantes de toda la comunidad ur-

---

[131] Agustín BERMÚDEZ AZNAR, "La intervención comunera en el regimiento castellano", en István SZÁSZDI LEÓN-BORJA (coord.), *Iglesia, eclesiásticos y la revolución comunera*, Valladolid 2018, p. 24.

[132] DIAGO, *Op. cit.* [n. 64], p. 638 y pp. 647-651.

bana en el gobierno de la ciudad de Segovia y su Tierra. Los regidores rebeldes fueron pronto sustituidos por elementos más radicales procedentes del Común, a excepción del regidor Juan de Solier, que fue designado procurador por Segovia en la Santa Junta. El resto de regidores que quedaron activos se ocuparon principalmente de cuestiones militares, como ocurrió con Juan Bravo, Antonio de Mesa, Diego de Heredia y Diego de Peralta.

Uno de los grandes interrogantes que todavía plantea el movimiento comunero es el de saber por qué hubo regidores que apoyaron las reivindicaciones de la Comunidad cuando esta atentaba directamente contra la configuración del propio regimiento, sus intereses y sus bases de poder. Todo indica que, a pesar de que los regidores rebeldes tenían plena conciencia de pertenecer a un grupo oligárquico determinado, participaron en la Comunidad movidos por una mera ambición personal que debió ser superior al riesgo que corrían de perder su vida y hacienda. En cualquier caso, estos anhelos debieron significar mucho más que el afán por recuperar la influencia perdida en el ámbito cortesano o el deseo de asegurar mayor grado de participación en la toma de decisiones en el gobierno y administración del reino para las oligarquías de las ciudades con voto en Cortes[133].

Además de eso, se han señalado algunos de los numerosos lazos sanguíneos, familiares o matrimoniales que vincularon a distintos regidores entre sí, ya fuese directamente o por vía de otros familiares o descendientes. Como también se ha apuntado, estos estrechos vínculos no determinaron por sí solos la vinculación o el rechazo al programa comunero de cada regidor, pero lo que es evidente es que a medio plazo jugaron un importante papel durante el ajuste de cuentas de la Corona.

De todas formas, los logros conseguidos por la Comunidad local de Segovia en materia de participación en el gobierno urbano del Común de los pecheros se vieron rápidamente anulados en las semanas posteriores a la derrota de Villalar. La Corona depuró a los regidores díscolos, los sustituyó por otros individuos considerados más afines y, en fin, devolvió al regimiento su configuración tradicional. Sin embargo,

[133] *Ibídem*, p. 626.

como hemos visto, en Segovia se dio la circunstancia de que los apellidos de varios regidores rebeldes volvieron paulatinamente a figurar entre los miembros de la institución, de donde se desprende que desde la segunda mitad del siglo XVI los descendientes de los antiguos regidores comuneros fueron rehabilitados para ejercer el oficio.

En definitiva, la derrota comunera truncó las aspiraciones del Común de participar en el gobierno municipal a corto y medio plazo. La oligarquía urbana proveniente de la nobleza continuó ostentando el poder político de la ciudad relegando a mercaderes y hombres de negocios en general a una posición política marginal. Esta burguesía acabó por comprender que no podía acceder al gobierno urbano desde planteamientos armados y desde entonces intentó, cuando pudo, emplear todo su patrimonio económico para conseguir su integración en ese estamento privilegiado[134]. Sin duda alguna, ese fue el mayor freno para el desarrollo de una burguesía poderosa como clase social, al menos, hasta el siglo XIX.

APÉNDICE I

REGIDORES DEL CONCEJO DE SEGOVIA EN EL AÑO 1515

7 de mayo de 1515. Segovia
Carta de poder del concejo de Segovia para que Diego López de Samaniego y Alonso de Miranda, regidores, asistan a las Cortes de Burgos de 1515.
AGS, PTR, leg. 69, doc. 49-11, fol. 495r.

Del linaje de don Día Sánchez:

1. Don Hernando de Bobadilla
2. Juan de Contreras
3. Gómez Fernández de Heredia
4. Diego de Heredia
5. Antonio Jiménez

[134] *Ibídem*, p. 655.

6. [Diego López de] Samaniego
7. Antonio de Mesa
8. Juan Pérez Coronel
9. Juan de Solier
10. Juan Vázquez

Del linaje de Fernán García:

11. Francisco Arias
12. Francisco de Avendaño
13. Diego de Barrios
14. Francisco de Contreras
15. Frutos de Fonseca
16. Diego de Herrera
17. Alonso de Miranda
18. Rodrigo de Peñalosa
19. Gonzalo del Río
20. Rodrigo de Tordesillas

APÉNDICE II

REGIDORES DEL CONCEJO DE SEGOVIA EN EL AÑO 1520

1520. Segovia

Regidores del concejo de Segovia que firmaron el poder condicionado a los procuradores que debían asistir a las Cortes de Santiago-La Coruña de 1520.

AGS, PTR, 69-58, fol. 592

1. Juan de Solier
2. Gómez Hernández de Heredia
3. Antonio Jiménez
4. Juan Bravo de Mendoza
5. Licenciado [Andrés López] del Espinar
6. Diego de Barros

7. Francisco de Avendaño

APÉNDICE III

REGIDORES DEL CONCEJO DE SEGOVIA EN EL AÑO 1524

20 de mayo de 1524. Segovia

Regidores del concejo de Segovia que firmaron el poder en el pleito mantenido con el concejo de Coca (Segovia) sobre exención de pago del portazgo.

ARChVa, RR.EE., caja 370, n° 12, fols. 14v-15r.

1. Juan del Castillo
2. Olivares
3. Juan de Contreras
4. [Diego López] Samaniego
5. Antonio Ximénez
6. Francisco Arias
7. Licenciado [Andrés López] del Espinar
8. Diego de Barros
9. Antonio de Malpaso
10. Gonzalo de Tordesillas

LA REVOLUCIÓN COMUNERA EN LOS PEQUEÑOS NÚCLEOS URBANOS: EL EJEMPLO DE LA VILLA DE ARANDA DE DUERO

Jesús G. Peribáñez Otero

Universidad de Alicante

> *"Crese que Valladolid tanvien dará gente y por sacalle mas se van por alli el Cardenal y el Condestable y el Almirante. Y por aca, por Aranda, va toda la otra gente y artillería, mas toda o la mas va muy descontenta porque con todas las diligençias que el licenciado Vargas a hecho no se tiene lo que sera menester para pagalla.*
>
> *Y como a V. M. he escripto otras vezes la mayor necesidad de aca después que esto que anda se a començado es la que ay de dineros, por esto de qualquier parte que V. M. los pudiere aver procure de avellos. Y sobre todo suplico a V. M. que venga para el tiempo que a ofrecido que en ninguna otra cosa esta el bien y remedio destos Reynos sino en ser breve la bienaventurada venida de V. M."*
>
> Carta de don Pedro Fernández de Velasco a Carlos I[1].

El texto que abre este trabajo es bastante ilustrativo de la situación de Castilla en la primavera de 1521. La experiencia comunera había fracasado y sus protagonistas, entre los que se encontraban los habitantes de la villa de Aranda, estaban temerosos ante el presumible castigo, máxime cuando unas tropas victoriosas, pero descontentas por no haber recibido su paga, se aproximaban camino de otra guerra. A continuación, trataremos de abordar el fenómeno comunero en un núcleo urbano de tamaño medio donde, a pesar del escaso interés que ha suscitado hasta ahora, los vecinos participaron de manera masiva del movimiento revolucionario como lo prueba los 15 exceptuados del Perdón General del 1 de noviembre de 1521 y las decenas de vecinos desterrados.

El título de esta comunicación ya adelanta unos presupuestos que parece necesario explicar brevemente. Por una parte, nuestro estudio

---

[1] Segovia, 25 de mayo de 1521, Archivo General de Simancas (AGS), Patronato Real (PR), leg. 1, doc. 106, fols. 56 y 57.

apuesta por identificar el movimiento comunero como una revolución, entendiendo como tal un cambio significativo y rápido, que se proyecta sobre una gran parte de la población de un espacio amplio y en el que se aprecia cierto grado de violencia. Este concepto de revolución debería tener como resultado una nueva realidad significativamente diferente de la preexistente. No obstante, no debemos olvidar que la experiencia comunera fracasó y, aunque algunas propuestas fueron aceptadas, su capacidad transformadora se vio muy limitada.

Evidentemente, esta apreciación inicial no se puede realizar a partir de un estudio local como el que se plantea aquí. Es necesario, por lo tanto, tener en cuenta la experiencia comunera de la villa de Aranda dentro del contexto urbano castellano. Los comuneros arandinos se sumaron al movimiento que conmocionó a prácticamente la totalidad de la Corona de Castilla y que, si bien tuvo una gran incidencia en las tierras de la Cuenca del Duero, también formaba parte de un extenso fenómeno del que participaron otros espacios europeos[2].

1. Las causas del conflicto

Las diferentes aproximaciones que se han hecho al estudio del movimiento comunero arandino han señalado entre las causas algunos de los referentes clásicos: la presión fiscal, el rechazo a lo foráneo, la frustración nobiliaria o una tradicional fidelidad de las gentes de Aranda a don Fernando en el contexto de las crisis dinásticas. Es evidente que la búsqueda de estas causas en el ámbito exclusivo de la villa arandina limita en exceso la comprensión de un proceso bastante más complejo. Si abrimos el marco de referencia al contexto castellano podemos identificar dos tipos de causas en la configuración del movimiento comunero. Por una parte, hubo una serie de situaciones coyunturales que generaron momentos de tensión más o menos notables, pero que fueron meros episodios puntuales dentro de un contexto estructural que se configuró a lo largo de toda la Baja Edad Media. Entre las pri-

---

[2] Manuel Rivero Rodríguez, "Signos, crisis e incertidumbre: Sicilia como preámbulo de las Comunidades (1517-1521), en Carlos J. de Carlos Morales y Natalia González Heras, *Las Comunidades de Castilla: Corte, poder y conflicto (1516-1525)*. Madrid, 2020, pp. 281-300.

meras situaríamos los problemas sucesorios, la respuesta antifiscal, la dicotomía entre industriales y exportadores o los supuestos matices nacionalistas. Más significativas nos parecen las dinámicas estructurales como la injerencia nobiliaria, el marcado proceso de señorialización del territorio castellano y la conflictividad urbana. Obviamente, ambos tipos son complementarios e interdependientes, pero su desarrollo en el tiempo y significación en el conflicto no son simétricos.

Entre las causas coyunturales destaca por su arraigo en la tradición historiográfica el planteamiento antifiscal, que a menudo se reduce al rechazo de la solicitud de nuevos servicios ante las Cortes. No obstante, encontramos otros análisis más profundos e interesantes como el planteado por el profesor Carretero Zamora que califica la insurrección como la reacción ante el intento de imponer el modelo fiscal borgoñón que rompía con el pacto político fiscal pergeñado en las décadas anteriores. Señala, asimismo, el interés de las oligarquías urbanas en el negocio fiscal vinculado a los encabezamientos de alcabalas y cómo canalizan su rechazo a la reforma a través del movimiento comunero. Aun compartiendo los principales argumentos de esta interpretación, el desarrollo del conflicto en Aranda cuestiona en parte esta conclusión pues el protagonista del negocio fiscal en la villa, Pedro de Santa Cruz, fue uno de los principales partidarios del bando realista en la localidad[3].

Otras causas que se han apuntado aluden a aspectos socioeconómicos como el desequilibrio entre el sector productivo textil y el comercio exterior, o la sucesión de malas cosechas en los primeros años del siglo XVI[4]. De igual manera, se ha señalado un componente antiextranjero o nacionalista amparado en el descontento que generó la concesión de los principales oficios y sus rentas a los miembros de la corte flamenca. En la historiografía tradicional arandina este nacionalismo se trata de

---

[3] Juan Manuel Carretero Zamora, *Gobernar es gastar. El servicio de las Cortes de Castilla y la deuda de la Monarquía Hispánica (1516-1556).* Madrid, 2016; "Los comuneros ante la hacienda y la deuda del emperador Carlos V: los fundamentos estructurales de la protesta", *Estudis. Revista de Historia Moderna.* 44 (2018), pp. 9-36; y "Los arrendadores de la Hacienda de Castilla a comienzos del siglo XVI (1517-1525)", *Studia, historica Historia Moderna.*, 21, 1999, pp. 153-190.

[4] Joseph Pérez, *Los Comuneros.* Madrid, 2001.

justificar por las numerosas estancias del Infante Fernando en la villa y su hipotética identificación como alternativa "castellana" al dominio de su hermano[5]. Al hilo de esta última apreciación, a menudo se apunta la cuestión sucesoria como otra de las causas del conflicto, pero recordemos que los problemas sucesorios de la corona castellana fueron una constante desde finales del XV. Sin lugar a dudas, todas estas situaciones tuvieron un papel relevante en el estallido del movimiento comunero, aunque parecen insuficientes para explicar su complejidad.

En el contexto de la crisis sucesoria encontramos una de las causas estructurales o profundas del conflicto comunero. La inestabilidad asociada a la sucesión se convirtió en la ventana de oportunidad que utilizaron los linajes de la aristocracia castellana para medrar, potenciar su capacidad de injerencia política y aumentar sus patrimonios al amparo de la relación que establecieron los nuevos monarcas, netamente diferente a la dinámica anterior[6].

La capacidad de la nobleza castellana para ejercer el control sobre la monarquía fue una constante a lo largo de toda la Baja Edad Media. Baste mencionar el conflicto fratricida que permitió la llegada al poder de la dinastía Trastámara en la segunda mitad del siglo XIV o los conflictos civiles del reinado de Juan II que tuvieron su epígono en la guerra de sucesión y el posterior conflicto con Portugal en los que se hizo con el poder Isabel I. En el ámbito ribereño destacó especialmente la disputa por el control de la villa de Aranda entre don Diego de Rojas, futuro marqués de Denia y partidario de doña Isabel, y el hijo del conde de Miranda[7]. A lo largo de este extenso periodo de inestabilidad las diferentes facciones nobiliarias utilizaron las posiciones comprometidas de los reyes o las aspiraciones de los usurpadores para consolidar su capacidad de decisión, su influencia sobre los monarcas

[5] Pedro SANZ ABAD, *Historia de Aranda de Duero.* Burgos, 1975, p. 158.

[6] Paulina LÓPEZ PITA, "Nobleza y monarquía en el Tránsito a la Edad Moderna. Títulos y Grandes en el movimiento comunero", en M. Concepción QUINTANILLA RASO (coord.) *Títulos, grandes del reino y grandeza en la sociedad política: Fundamentos en la Castilla medieval.* Madrid, 2006, pp. 163-213; y M. Concepción QUINTANILLA RASO, "Élites de poder, redes nobiliarias y monarquía en la Castilla de fines de la Edad Media", *Anuario de Estudios Medievales.* 37/2 (2007), pp. 957-981.

[7] Jesús G. PERIBÁÑEZ OTERO, *Villas, villanos y señores en el tránsito hacia la Modernidad.* Valladolid, 2016, p. 169 y ss.

y, sobre todo, ampliar sus bases territoriales, principal cimiento de su posición sociopolítica.

A la muerte de la reina Isabel la aristocracia recurrió de nuevo a la vieja estrategia a través de los pactos nobiliarios que culminaron con la definición de dos bloques antagónicos: fernandinos y felipistas[8]. Entre los segundos se encontraba el joven conde de Miranda, unido al clan de los Velasco por lazos de sangre. Como agradecimiento a su apoyo político y económico Felipe I le concedió el dominio sobre Hoyales y La Ventosilla, en lo que parece más bien una compraventa o garantía de préstamo. Ambas posesiones fueron previamente compradas por la reina Isabel, posiblemente para incrementar la presencia real en este territorio. La villa de Aranda, único realengo en la comarca, vio la oportunidad de incorporar ambas a su Tierra, pero la iniciativa del Archiduque truncó esta posibilidad. No obstante, la muerte de don Felipe frustró las expectativas del conde pues ambos lugares tornaron al domino real y el préstamo fue devuelto[9].

Sin la protección del archiduque la corte flamenca tuvo que abandonar el reino con prisas y varios de sus partidarios castellanos corrieron la misma suerte. Entre ellos se encontraba don Juan de Zúñiga, hermano del conde de Miranda[10].

De nuevo en 1516 la situación se complicó con el fallecimiento del Gobernador. Rápidamente los bandos aristocráticos hicieron patentes sus posiciones en menoscabo de la figura del regente Jiménez Cisneros[11]. Los antiguos felipistas se aprestaron a manifestar su fidelidad a la

[8] Quintanilla Raso, "Élites de poder…, p. 973.

[9] *Biblioteca de la Real Academia de la Historia*, Salazar y Castro, M-59, fol. 63: *…mi mandado y voluntad es que don Francisco de Zúñiga y Avellaneda, conde de Miranda, del mi Consejo, tenga las dichas fortalezas y lugares…* En las libranzas de las alcabalas de la villa de Aranda de 1516 se establecía la devolución de 400.000 maravedíes del total … *que sus altezas le mandaron librar por los lugares de Hoyales, Fuentelisendo y La Ventosilla, los cuales se averiguó que le había dado al rey don Felipe, que en Santa Gloria haya, por los dichos lugares al tiempo que le hizo merced dellos e despues se tornaron a restituir* (AGS, Contaduría Mayor de Cuentas (CMC), leg. 41, doc. 13).

[10] José Martínez Millán, "La evolución de la corte castellana durante la segunda regencia de Fernando (1507-1516)", en *La Corte de Carlos V,* José Martínez Millán y Carlos de Carlos Morales (coord.), Madrid, 2000, Vol. I, pp. 110-111; e ídem. *Felipe II (1527-1598). La configuración de la monarquía hispánica.* Valladolid, 1998, pp. 25-26.

[11] José García Oro, "Cisneros y la Castilla precomunera", en István Szászdi León-Borja y Dámaso J. Vicente Blasco *Cuando el mal gobierno sublevó a un pueblo.*

casa de Borgoña y a solicitar las correspondientes compensaciones del nuevo rey. Entre las más modestas desataca la merced del alguacilazgo de la villa de Aranda a don Juan de Zúñiga, hermano del conde de Miranda. Este oficio tenía un valor insignificante en Flandes, pero en el contexto de la comarca ribereña se convirtió en una pieza fundamental en la consolidación de la posición del conde de Miranda y, a la vez, significó una clara injerencia en la autonomía del Concejo arandino[12]. Así lo reflejó el informe que realizó el Consejo Real y que recomendaba al rey que gratificara de otra forma a Juan de Zúñiga. Para los asesores reales el oficio generaba escaso beneficio (15.000 maravedíes anuales), pero el perjuicio que podía causar a la Corona era grande pues la villa de Aranda era el único lugar de realengo en la comarca y estaba rodeado por las tierras del conde[13].

En este contexto, el infante Fernando podría ser una amenaza si fuera utilizado por la aristocracia para canalizar la oposición al hermano extranjero. Precisamente cuando la corte del infante estaba en la villa de Aranda junto a Cisneros, el rey ordenó que se sustituyera a algunos miembros del sequito de su hermano por otros de mayor confianza[14]. La segunda parte de esta estrategia tuvo lugar dos años después cuando Carlos se despidió de su hermano en Aranda y lo envió a Flandes[15].

Por último, no es de extrañar que un amplio sector de la aristocracia castellana se sintiera claramente decepcionada y amenazados sus intereses por la potencia de la corte borgoñona que acompañaba al monarca y que copó sin ambages los principales oficios y prebendas del reino. Esta situación truncaba el pacto tácito planteado por los Reyes

1521-2021: 500 años de la revolución comunera. Valladolid, 2021, pp. 55-106.

[12] Otorgada el 27 de noviembre de 1516, AGS, Registro General del Sello (RGS), 151611, s. f.; y Máximo DIAGO HERNANDO, "Cambios políticos e institucionales en Aranda de Duero desde el acceso al trono de los Reyes Católicos hasta la Revuelta Comunera", *Edad Media. Revista de Historia*, 9 (2008), pp. 299-342.

[13] AGS, Cámara de Castilla (CC) DIVERSOS, leg. 41, doc. 35.

[14] Friederich EDELMAYER y Alfredo ALVAR EZQUERRA, *Fernando I (1503-1564): socialización, vida privada y actividad pública de un Emperador del Renacimiento*. Madrid, 2004, p. 32; y Teófanes EGIDO LÓPEZ. (Coord.), *Fernando I. Un infante español Emperador*. Valladolid, 2004.

[15] Carlos DE CARLOS MORALES., "La llegada de Carlos I y la división de la Casa de Castilla", en *La Corte de Carlos V*. José MARTÍNEZ MILLÁN y Carlos DE CARLOS MORALES (coord.), Madrid, 2000, vol. I, pp. 170-171.

Católicos en el que la nobleza aceptaba la superioridad de la Corona a cambio del reconocimiento de la supremacía social de la aristocracia y su participación en el poder regio[16]. Ante esta situación se entiende la indiferencia o incluso simpatía de algunos sectores de la aristocracia con el movimiento comunero en los compases iniciales del conflicto como ya señaló Joseph Pérez en su momento[17].

Estrechamente relacionado con la injerencia de la aristocracia se encuentra otra de las causas estructurales del movimiento comunero: el creciente proceso de señorialización que experimentó Castilla en la Baja Edad Media. Este proceso supuso la definición y consolidación de una importante red de dominios territoriales nobiliarios que se extendió más allá de sus competencias jurisdiccionales, condicionando la dinámica política, social y económica de buena parte del espacio castellano[18].

La comarca arandina no fue ajena a esta dinámica. Ya desde finales del siglo XIV la familia Avellaneda consiguió ampliar su solar en tierras ribereñas tras su apoyo a Enrique II. Más adelante fue don Juan, infante de Aragón y rey de Navarra, el que controló el territorio con su dominio sobre Peñafiel y Aranda. Durante la inestabilidad final de Enrique IV fueron los Girón en Gumiel de Izán, los Mendoza en Coruña del Conde, de la Cueva en Roa o los Sandoval y Rojas en Gumiel del Mercado y Lerma los que incrementaron su presencia y poder en tierras ribereñas.

El máximo exponente de este proceso señorializador estuvo protagonizado por la familia Zúñiga y Avellaneda, condes de Miranda. En apenas unas décadas su dominio señorial se asentó, incrementó y consolidó recurriendo sistemáticamente al conflicto con todos los agentes presentes en ese territorio: presionó sobre realengos y behetrías

---

[16] Miguel Ángel LADERO QUESADA, "Castilla a comienzos del siglo XVI: sociedad y poder", en Fernando GIL MARTÍNEZ (edit.), *En torno a las comunidades de Castilla.* Toledo, 2002, pp. 27-44.

[17] Joseph PÉREZ, *La Revolución de las Comunidades de Castilla (1520-1521).* Madrid, 1977 (ed. 1999), p. 118.

[18] José María MONSALVO ANTÓN, "Arraigo territorial de las grandes casas señoriales (infantes de Aragón, Alba, Estúñiga y Alburquerque) en la cuenca suroccidental del Duero en el contexto de la pugna "nobleza-monarquía". *Anales de la Universidad de Alicante. H. Medieval*, 19 (2015-2016), pp. 99-152.

y acosó a sus iguales, fueran nobles o instituciones eclesiásticas. Todo ello concluyó con el afianzamiento de una posición preeminente en el contexto comarcal, consolidando su dominio señorial e imponiendo su influencia sobre aquellos espacios que mantenían su autonomía. En definitiva, su poder se extendió a través de sus iniciativas y de sus redes clientelares por aquellos territorios que, aun no siendo de su jurisdicción —realengo, abadengos y behetrías—, cayeron bajo su influencia[19]. Sirva como ejemplos la adquisición de los lugares de Hoyales y Fuentelisendo, el asalto del monasterio de Santa María de la Vid por las gentes del Conde o la entente firmada con el abad Roberto de San Pedro de Gumiel a propósito de la jurisdicción de Milagros[20]. El último episodio fue el nombramiento de don Juan de Zúñiga como alguacil de Aranda en 1516 que inició un largo pleito contra el Concejo arandino y concluyó en los momentos previos al movimiento comunero. La presión del conde sobre la villa se focalizó también sobre los regidores y oficiales del concejo que mantenían lazos clientelares con el linaje Zúñiga[21]. Se reprodujo en el espacio arandino la misma situación que en otros núcleos urbanos con protagonismo comunero como ejemplifica el enfrentamiento entre la villa de Valladolid y los condes de Benavente[22].

La última de las causas estructurales que explica el movimiento comunero es la conflictividad urbana. La abundante historiografía sobre este fenómeno ha permitido identificar diferentes ámbitos de enfrentamiento. Uno de ellos tipifica las disputas que tuvieron como protagonistas a los diferentes grupos o bandos dentro de la clase dominante urbana[23]. La vinculación entre estos enfrentamientos y el conflicto co-

---

[19] En 1515 el prior de La Vid advirtió a la Reina del peligro de conceder al hermano del conde de Miranda la posesión de La Vid, pues con ello ...*tenía cercada a la redonda a la vuestra villa de Aranda"* (AGS, CC PUEBLOS, leg. 17, fol. 467).

[20] PERIBÁÑEZ OTERO, *Villas, villanos...*, pp. 206 y ss.

[21] En las vísperas del estallido comunero el alcalde de la Hermandad denunció que el alguacil de la villa había dejado en libertad a un vasallo del conde de Miranda *por ser favorable al dicho conde* (AGS, RGS, 1520-07, s.f.).

[22] Beatriz MAJO TOMÉ, "Valladolid y Tierra de Campos. El carácter antiseñorial de la revolución comunera", en Carlos J. DE CARLOS MORALES y Natalia GONZÁLEZ HERAS (dir.), *Las Comunidades de Castilla: Corte, poder y conflicto (1516-1525)*. Madrid, 2020, pp. 301-327.

[23] María ASENJO GONZÁLEZ, "Acerca de los linajes urbanos y su conflictividad en las

munero puede apreciarse perfectamente en las ciudades de Salamanca o Soria[24]. Este tipo de conflictos apenas tuvo relevancia en la villa de Aranda, donde fueron frecuentes las disputas entre miembros de los diferentes linajes, pero con el estallido comunero las parcialidades del patriciado pasaron a un segundo plano[25].

El caso arandino es mucho más rico en detalles en lo que concierne a la conflictividad entre la oligarquía y la Comunidad, apreciándose una amplia gradación de violencia que evidencia la tensión subyacente entre los dos grupos desde las últimas décadas del Cuatrocientos. La Comunidad aglutinaba a los pecheros de la villa, pero entre ellos identificamos un grupo destacado que asumieron la representatividad del colectivo. Esta élite del común estableció las directrices del conjunto y ejerció como Procuradores de la Comunidad, único oficio vetado al patriciado[26]. La oligarquía local estaba compuesta por un nutrido grupo de caballeros, labradores pudientes y adinerados financieros que monopolizaban los oficios del concejo.

Entre los muchos desencuentros cabe destacar el que se produjo en 1503 cuando se planteó derribar las casas en las que se encontraba una de las principales bodegas de la villa, propiedad de uno de los líderes de la Comunidad. La medida se tomaba para generar un acceso directo desde la Plaza de Santa María a Barrionuevo, espacio en el que vivía y tenía sus negocios una buena parte de la oligarquía. El argumento de los promotores de la reforma urbanística fue el *noblesçimiento de la*

ciudades castellanas a fines de la Edad Media", en *Clio y Crimen.* 6, 2009, pp. 52-84.

[24] Manuel Santos Burgaleta, "Poderes urbanos y comunidades de Castilla: la Junta de Salamanca a través de sus actas de sesiones (agosto de 1520-abril de 1521)", *Salamanca. Revista de Estudios*, 48 (2002), pp. 357-441; y Máximo Diago Hernando, "Los precedentes del movimiento comunero en la ciudad de Soria", en José Hinojosa Montalvo y Jesús Pradells Nadal (edit.) *1490: en el umbral de la Modernidad.* Valencia, 1994, vol. II, pp. 797-805.

[25] En 1520 el regidor Bernardino del Valle tuvo un grave altercado con un criado del Conde de Miranda. No obstante, ambos cerraron filas en el bando realista y participaron de manera decisiva en las operaciones militares (Máximo Diago Hernando, "Hidalgos y pecheros en la lucha por el ejercicio del poder en Aranda de Duero durante el periodo bajomedieval", *Biblioteca 25. Estudio e Investigación.* (2010), pp. 109-126; y AGS, RGS, 1521-01, s. f.).

[26] M. Isabel del Val Valdivieso, "Oligarquía versus Común. Consecuencias sociopolíticas del triunfo del regimiento en las ciudades castellanas", en *Medievalismo: Boletín de la Sociedad Española de Estudios Medievales.* 4, 1994, pp. 41-58.

dicha villa e pro universal della[27]. La posición social de los solicitantes y el apoyo del corregidor consiguieron que finalmente las casas se derribasen y los propietarios de las bodegas perdieran uno de los principales puntos de venta de vino. La promoción del Barrionuevo continuó en 1517 cuando sus pudientes vecinos, en colaboración con el recién asentado convento de San Francisco, consiguieron la apertura de una nueva puerta en la muralla arandina que suponía una clara mejora para sus haciendas y la comunicación directa entre el establecimiento religioso y el centro de la villa. Paralelamente, ambos grupos animaban la tensión en las sesiones del Concejo donde los representantes del Común denunciaban las corruptelas y parcialidades de las autoridades municipales. Estos ejemplos permiten apreciar la conflictividad contina que culminó con la destitución de los regidores perpetuos *a boz de comunidad* en septiembre de 1520 y el consiguiente protagonismo que tuvo la élite del Común en el gobierno comunero[28].

2. El desarrollo de la revolución en la villa de Aranda

Entre el verano de 1520 y el mes de mayo de 1521 la villa de Aranda de Duero fue protagonista de uno de los capítulos más controvertidos de la historiografía castellana. Hasta hace poco la participación de la capital de la Ribera en el conflicto comunero apenas había recibido atención por parte de la historiografía del conflicto[29]. Lo cierto es que el comportamiento de la villa a lo largo del enfrentamiento fue bastante errático e incluso contradictorio, circunstancia que en cierta medida hacía difícil su incorporación a los trabajos generales. Ese problema no

---

[27] Jesús G. Peribáñez Otero, *1503. La villa de Aranda de Duero y su comarca en los inicios de la Modernidad.* Aranda de Duero, 2014, pp. 163 y 287.

[28] Peribáñez Otero, *Villas, villanos…*, 275 y ss.

[29] La primera aproximación de la historiografía local fue la obra de Silverio Velasco Pérez que dedica un capítulo entero a las Comunidades de Castilla (*Aranda. Memorias de mi Villa y mi Parroquia*, Madrid, 1925 (ed. 1985), capítulo XXI, pp. 146-154). Esta obra se basa exclusivamente en la monumental recopilación de Manuel Dánvila Collado, *Historia Crítica y documentada de las Comunidades de Castilla.* Madrid, 1897-1900. También Pedro Sanz Abad aborda este conflicto en un capítulo específico (*Historia de Aranda…*, capítulo XXIII, pp. 157-163); Más exhaustivos son los trabajos ya citados de Diago Hernando. En 2011 publicamos una primera aproximación que anticipó la tesis doctoral que se publicó en 2016. Este trabajo es una síntesis actualizada.

existió a la hora de incluir el papel de la nobleza comarcana, claramente identificada con el bando realista. A continuación, intentaremos integrar en nuestro relato a todos los protagonistas del conflicto en el marco espacial de la comarca arandina, sin perder de vista el contexto global.

2.a. A la sombra de Burgos

En la primavera de 1520 ya se percibía cierta tensión en alguna de las principales ciudades castellanas. En mayo las gentes de Toledo protagonizaron una serie de altercados que tuvieron su continuidad en Segovia, Guadalajara o Ávila.

Esa tensión también se manifestó en Burgos a partir del 10 de junio cuando una serie de revueltas de carácter antifiscal situaron a esta ciudad en el área de influencia del incipiente movimiento comunero. Las clases populares tomaron la iniciativa y ocuparon la fortaleza, arrasaron algunas casas de la oligarquía y expulsaron a las autoridades municipales. Finalmente, estos grupos incontrolados ejecutaron al aposentador real Joffre de Cotannes, como manifestación del rechazo a la usurpación de la fortaleza de Lara que había conseguido en contra de los intereses del concejo burgalés[30]. Una hábil maniobra del Condestable de Castilla permitió que sus tropas aseguraran la plaza, pero no impidieron que las asambleas populares apostaran por los ideales comuneros. No obstante, la Cabeza de Castilla mantuvo sus distancias con los principios de la Santa Junta, situación que en la práctica se plasmó en una posición bastante ambigua de la ciudad.

Las primeras noticias sobre el posicionamiento de Aranda las encontramos en el contexto de este movimiento burgalés. A tenor de la documentación emitida por el cabildo burgalés y el Condestable se concluye que la villa de Arada prestó ayuda a los sublevados burgaleses en los momentos iniciales de la sublevación. Asimismo, en el perdón que el monarca concedió a la ciudad de Burgos y su provincia se hacía expresa mención a los desórdenes cometidos en Aranda tras relatar los que tuvieron lugar en Burgos en junio[31]. Velasco Pérez también recoge

---

[30] Pérez, *La Revolución...*, p. 166.
[31] AGS, PR, leg. 4, doc. 2, transcrito íntegramente por Anselmo Salvá., *Burgos en las*

que la villa envió tres procuradores a Ávila para ponerse a disposición de la Santa Junta. No obstante, hasta el momento no hemos encontrado referencias documentales sobre este aspecto[32]. La situación en la villa debió generar cierta inquietud al Condestable por lo que envió al conde de Miranda para pacificar la villa. Don Francisco cumplió su misión en julio, utilizando para ello su importante red clientelar en la que se encuadraba buena parte de la clase dirigente arandina[33].

2. b. Aranda Comunera

La reconstrucción de los acontecimientos que se sucedieron a continuación es bastante complicada, sobre todo por la eliminación de buena parte de la documentación oficial generada por los insurrectos, como el *Libro de los Oficios del Concejo*. Las actas del gobierno comunero desaparecieron tras el conflicto, seguramente como consecuencia de la represión y en consonancia con lo que ocurrió en otros lugares como Salamanca[34]. No obstante, gracias a otras informaciones y al conocimiento del funcionamiento interno del concejo arandino podemos reconstruir los sucesos que tuvieron lugar desde el verano de 1520.

Todo apunta a que la situación se tensionó de nuevo en los primeros días de septiembre. Debemos tener en cuenta que pocos días antes se había extendido la noticia del incendio de la villa de Medina del Campo el 21 de agosto por las tropas fieles al monarca. No en vano esta circunstancia había provocado la expulsión del Condestable de Burgos y ya conocemos la vinculación arandina con esta ciudad[35]. Por otra

Comunidades de Castilla, Burgos, 1895 (red. 2002), pp.154-161.

[32] DÁNVILA COLLADO, vol. II, p. 398; VELASCO PÉREZ, *Aranda. Memorias...*, pp. 147-148.

[33] Carta en la que el rey agradece los servicios prestados por el conde en Aranda fechada el 21 de julio de 1520 (ARCHIVO DUCAL DE ALBA, MONTIJO, Caja 50, doc.1, obtenido de MARTÍNEZ MILLÁN, "Los consejeros..., Vol. IV, p. 473, notas 3745-3749).

[34] Las declaraciones realizadas por varios encausados en mayo de 1522 señalaban que sus nombramientos como diputados estaban recogidos en este *Libro*. DÁNVILA COLLADO indica que a mediados del siglo XIX en el Ayuntamiento de Aranda se conservaban los libros de actas de los años previos y posteriores a 1520, pero no los de ese año (*Historia crítica...*, vol. II, p. 397). En Salamanca el corregidor repuesto, Juan de Ayala, recibió la orden expresa de eliminar la documentación del gobierno comunero (SANTOS BURGALETA, "Poderes urbanos..., pp. 357 y ss.).

[35] Enrique BERZAL DE LA ROSA, *Los Comuneros: de la realidad al mito.* Madrid, 2008,

parte, también por estas fechas el obispo Acuña se movía por tierras burgalesas camino de Burgos en un desesperado intento de vincular a la indecisa ciudad con el movimiento comunero[36].

En este contexto, suponemos que en Aranda se siguió la tradición y se movilizaron las cuadrillas como siempre hacían ante situaciones importantes[37]. El procedimiento se iniciaba cuando el corregidor convocaba a las cuadrillas por separado: la del Duero en San Llorente, la cuadrilla de Hisilla en la ermita de San Roque, la cuadrilla de Cascajar junto al monasterio de San Francisco y la de San Juan junto a la iglesia del mismo nombre. Seguidamente, los vecinos nombraron a dos diputados y uno o dos procuradores para trasladar el parecer de la cuadrilla a la reunión del Concejo. Es probable que esta asamblea tuviera lugar el 11 de septiembre[38].

El 11 de septiembre de 1520 estalló en Aranda la revolución comunera. El desencadenante fue la retirada de las varas de la justicia al corregidor Juan Manrique de Luna por parte de los diputados de las cuadrillas[39]. A continuación, destituyeron a los regidores perpetuos e impusieron un nuevo gobierno municipal que administrara la villa *a boz de regidor*[40]. Estas medidas están en consonancia con lo ocurrido en otras localidades sublevadas, pero además se tomó la decisión de destituir a los ocho escribanos del número que fueron sustituidos por doce nuevos escribanos, recuperando así el número de oficiales que había en la villa hasta 1480[41].

pp. 81-89.

[36] Antonio GUILARTE, *El obispo Acuña. Historia de un comunero*. Valladolid, 1983, pp. 66-70.

[37] En el pleito de la villa contra don Juan de Zúñiga por el alguacilazgo se describe el proceso de elección de procuradores por las cuadrillas y la posterior reunión del Ayuntamiento (AGS, CONSEJO Y JUNTAS DE HACIENDA, leg, 4, doc. 20).

[38] Alonso de Aranda afirmaba que *...fue puesto por deputado por toda la cuadrilla y justicia y regidores de la villa antes que se alçase la villa como paresçe por el libro de los ofiçiales del ayuntamiento*. (AGS, Consejo Real -CR-, leg. 450, doc. 8). La primera mención a la figura del diputado la encontramos en marzo de 1478 (RGS, 147803, fol. 37; CC MEMORIALES, leg. 121, doc. 236; y Archivo Municipal de Aranda de Duero -AMA-, leg. 43, fol. 25).

[39] AGS, RGS, 152108, s. f. (DIAGO HERNANDO "Cambios políticos...", p. 328).

[40] AGS, RGS, 152101, s. f. (PÉREZ, *La Revolución...*, p. 510).

[41] AGS, RGS, 152108, s. f. (DIAGO HERNANDO "Cambios políticos... p. 332).

La documentación generada por la posterior represión ha permitido reconstruir el organigrama del nuevo gobierno municipal comunero[42]:

- Alcaldes: asumieron las competencias judiciales del corregidor. Retomaron el número y las funciones que ostentaban los alcaldes ordinarios con anterioridad a la reforma de los años 80 del Cuatrocientos[43]. El cargo lo desempeñaron García Ximeno y Sebastián de Sinovas.
- Regidores: este oficio recupera su número, cuatro, y su carácter electivo anual. Compartieron las tareas de gobierno con los diputados nombrados por las cuadrillas. Los cuatro regidores formaban parte de la élite de Comunidad y tenían una posición socioeconómica destacada: Alonso de Moradillo, Pedro Sánchez de Mendoza, García Tomillo y Alonso Jiménez Daza.
- Alguaciles: es el oficial que se encargaba de ejecutar las sentencias y cobrar las multas. Hasta 1520 sólo había uno, pero la Comunidad nombró a dos vecinos para este cometido: Alonso de Aranda el de San Juan, alias el Bermejo, y Francisco de la Plaza.
- Diputados: era una figura de larga tradición entre los representantes del Común y respondía a las exigencias de los vecinos por encontrarse representados en el Concejo. Es significativo que aparecieran citados como *Diputados a boz de regidores*. Diputados y regidores formaban un único cuerpo de oficiales equiparable al Regimiento[44]. Los ocho diputados fueron: Miguel de la Gallega, que además

[42] Casi todos los oficios están identificados en un memorial sin fechar de un espía realista. Se enumeran 42 oficiales y otros 34 vecinos implicados en la revuelta (AGS, PR, leg. 4, doc. 16).

[43] Desde el momento de la implantación del Regimiento en la villa hasta principios de los años 80 del siglo XV el Concejo arandino estaba formado por dos alcaldes, cuatro regidores, un alguacil y un escribano. Los cargos eran electivos y con periodicidad anual. Los Reyes Católicos eliminaron el carácter electivo y los aumentaron a nueve para dar cabida a los representantes de la Comunidad. Los alcaldes aumentaron a tres y los escribanos a dos. (Jesús G. Peribáñez Otero, *Territorio, sociedad y conflictos en el Tránsito hacia la Modernidad*. Tesis doctoral, Universidad de Valladolid, 2013, pp. 317 y ss.).

[44] Diago Hernando, "Cambios políticos...", p. 329. El *Diccionario de la Lengua Española* de la Real Academia Española indica en la octava acepción de la palabra *voz*: Poder, facultad, derecho para hacer alguien, en su nombre, o en el de otro, lo conveniente (22ª Edición).

aparece identificado como Presidente[45], Martín García de Anguix, Alonso de Aranda Tundidor, Miguel Sánchez de la Torre, Miguel García de Fuentelcésped, Sebastián de Gumiel, Miguel Díez del Prado, Bernaldino de Arauzo y Alonso de Halconada[46].

- Escribanos del Concejo: eran los oficiales encargados de validar los acuerdos del Ayuntamiento. Este oficio fue ostentado por dos de los protagonistas más significativos del movimiento comunero: Francisco de Torquemada, que también aparece como Presidente del concejo[47], y el bachiller Ventosilla.

- Capitanes: eran el brazo armado de la Comunidad y responsables de las milicias urbanas. Además de defender la villa de las agresiones externas, fueron comisionados a otros puntos de Castilla como Burgos, Tordesillas o Villalar al mando de entre 200 y 300 soldados. Son un grupo numeroso y destaca su compromiso con la causa a tenor de las penas que les fueron impuestas posteriormente. Fueron capitanes Gaspar de Mansilla, Miguel Daza, Miguel de Alcozar, Sancho de la Peña, Alonso Martínez, Pablo Fresnillo y Juan Sánchez de Quemada. También había subalternos como un lugarteniente o alguacil, Juan de Tubilla, y un correo, Martín de Zárate.

- Procuradores: con esta figura se designaba tanto a los representantes del concejo en cuanto institución como a los representantes de las cuadrillas elegidos directamente por los vecinos. Este oficio aparece continuamente en el concejo arandino antes y después de la existencia de los regidores de la Comunidad. Durante el periodo comunero mantuvieron sus funciones tradicionales centradas en la defensa de los intereses generales del vecindario y la representación del concejo. Desempeñaron este cargo Juan Esteban Mercader, Francisco de la Puerta, Sebastián de Ventosilla y Juan del Rincón, mesonero. Posiblemente también ocupara el oficio de procurador Juan de Alameda, aunque muy pronto renunció a él por desavenencias con el resto de los oficiales comuneros[48].

[45] DÁNVILA COLLADO, *Historia crítica...*, vol. II, p. 398.

[46] AGS, RGS, 152102, s. f.; y DIAGO HERNANDO, "Cambios políticos...", p. 331.

[47] DÁNVILA COLLADO, *Historia crítica...*, vol. II, p. 398.

[48] Ídem, vol. III, pp. 653-654; DIAGO HERNANDO "Cambios políticos...", p. 331; AGS,

• Mayordomo: se encargaba de la gestión económica del concejo, en especial de los recursos fiscales. Fue nombrado para este oficio Miguel Sánchez Hermoso[49].

• Escribanos del Número: no eran estrictamente oficiales del concejo, pero sí que fueron nombrados por las nuevas autoridades comuneras. Los nuevos escribanos fueron: Sancho de la Peña, Francisco de Quemada, Bartolomé del Rincón, Pedro de Pedraza, Santiago de Calahorra, Antonio de Prado, Antonio de Mari Quemada, Rodrigo de Aranda, Juan de Santo Domingo, García Sánchez Calahorra, Pedro Sánchez Guerra y Miguel Sánchez Campillo.

Antes de continuar con el desarrollo de los acontecimientos creemos conveniente analizar quiénes fueron los protagonistas del movimiento comunero en la villa de Aranda. Por una parte, hemos observado que en el seno de la Comunidad se aprecia desde finales del Cuatrocientos cierta estratificación. Entre el colectivo de pecheros identificamos un pequeño grupo que asumió la representatividad del Común, canalizando sus quejas ante las autoridades municipales y la Corona, y monopolizando el oficio de Procurador de la Comunidad. En 1487 un vecino relataba que *vio juntar çiertos hombres, los mas prinçipales de la comunidad,* para solicitar firmas para dirigir una petición a los monarcas y, aunque hubo reticencias de algunos, finalmente se impuso el criterio de *los mas prinçipales*[50].

Esta élite entre los pecheros compartía una serie de rasgos comunes[51]. Casi todos ellos eran pecheros, aunque tenían una posición económica acomodada derivada de su condición de labradores propietarios o por su vinculación al mundo de los negocios, tanto en el campo artesanal, comercial o financiero. En todos ellos destaca la producción y, sobre todo, la venta del vino. Todo apunta a que esta situación económica,

RGS, 1521-02, s. f.; y 1522-10, s. f.; Archivo de la Real Chancillería de Valladolid (ARChV), Registro de Reales Ejecutorias (RRE), caja 361, doc. 8; y AGS, CCM, leg. 141, doc. 206.

[49] AGS, CR, leg. 450, doc. 8.

[50] AGS, CC MEMORIALES, leg. 149, doc. 230.

[51] Jesús G. PERIBÁÑEZ OTERO, "La revolución comunera en Aranda de Duero", *Biblioteca 26. Estudio e Investigación.* (2011), pp. 46-71.

y ciertas inquietudes intelectuales, les permitió dejar de lado ciertos lazos de dependencia con los más poderosos y asumir la tarea de fiscalizar la labor de la oligarquía. No olvidemos que el patriciado no solo monopolizaba el poder municipal, sino que también controlaba los procesos productivos y mercantiles a través de una reglamentación no exenta de parcialidades[52]. Asimismo, se observa entre estos miembros destacados de la Comunidad una densa red de relaciones de parentesco o interdependencia[53]. Por último, ninguno de ellos había formado parte del regimiento con anterioridad al gobierno comunero, aunque sí que habían ejercido en reiteradas ocasiones el oficio de procurador de la Comunidad.

Ahora bien, como ya se ha puesto de manifiesto en otras ciudades en las que triunfó el movimiento comunero, el elemento determinante en su desarrollo fue la participación de la multitud al amparo de la institución que había canalizado sus inquietudes políticas a lo largo de las décadas finales del periodo medieval. En el caso arandino la participación generalizada de las clases populares se aprecia en el elevado número de vecinos que se enumeran en la lista de implicados que los espías realistas hicieron llegar al Condestable y en la prolija documentación de la represión. En la lista aparecen identificados 76 vecinos varones, diferenciándose entre los que ostentaban algún oficio municipal y los colaboradores del movimiento definidos como *desleales e alboratadores* o *grandisymo revolvedor*[54]. En definitiva, el movimiento comunero solo adquirió su dimensión revolucionaria cuando la gran masa social de los pecheros participó en la toma de decisiones a través de su órgano de representatividad: la Comunidad.

En el momento en el que el grupo dirigente de la Comunidad se hizo con el control del concejo se tomaron las primeras decisiones importantes. Su primera actuación fue enviar 2.000 doblas de oro y doscientos soldados a Burgos para participar en los gastos y defensa

[52] Peribáñez Otero, *Villas, villanos…*, pp. 260-271.

[53] Con frecuencia se utiliza el término *primo* para designar este tipo de relación clientelar. Alonso de Aranda… *llama primo a Alonso de Moradillo e Alonso de Moradillo a él pero que non sabe sy son parientes e que cree que non lo son* (AGS, CR, leg. 39, doc. 3).

[54] AGS, PR, leg. 4, doc. 16.

de la capital frente a la posible reacción realista[55]. De la misma manera se determinó mandar gente a Tordesillas *...para la libertad de la Reina nuestra señora*[56]. Seguidamente se optó por reforzar las defensas de la villa, utilizando las rentas reales para *reparos de la cerca y se fiçieron fuertes, comprasen de armas, y faziendo cabas y garitas y comprando muniçion y tiros*. Asimismo, se establecieron los turnos de guardia habituales en tiempos de guerra e, incluso, se construyó una cerca que protegiera los arrabales[57]. En este mismo sentido, se llevaron a cabo varias iniciativas para controlar o mermar la capacidad operativa de los realistas en la comarca ribereña. En concreto, se realizó el embargo de armas e incluso se desterró a alguno de los más señalados realistas y sus familias *...porque hacía la gente para el Rey*[58]. De esta dinámica da cuenta la queja del Condestable el 30 de octubre por las dificultades que encontró el conde de Miranda para reclutar soldados que apoyaran la causa realista en la comarca arandina y las amenazas comuneras de destruir las casas de quienes se alistaran en el ejército de los Gobernadores[59]. Recordemos, en este sentido, que entre los castigos más frecuentes para los acusados de traición estaba el destierro, la pérdida de la consideración de vecino y el derribo de sus casas, castigo que se ejecutó en otras ciudades comuneras como Salamanca, Burgos, Valladolid o Zamora[60].

[55] AGS, CC, MEMORIALES, leg. 140, doc. 68. El 8 de abril el Condestable envió una misiva afirmando *...me pesa mucho de ver la diligencçia que ay se puso para enviar gente a Burgos quando aquí huvo alguna alteraçion y la poca que se pone agora* (PR, leg. 1, doc. 105).

[56] AGS, CR, leg. 450, doc. 8.

[57] El corregidor Juan Manrique de Luna afirmaba que *...en tiempo de su reinado (*el de la Comunidad) *cerraron los arrabales ... lo cercaron todo y pusieron puertas* (AGS, CC MEMORIALES, leg. 141, doc. 98; y CR, leg. 450, doc. 8).

[58] AGS, CMC, leg. 355); y DÁNVILA COLLADO, *Historia crítica...*, vol. II, p. 398.

[59] AGS, CC CÉDULAS, Libro 46, doc. 54 (PÉREZ, *La Revolución...*, p. 435); y PR, leg. 1, doc. 105.

[60] Fernando MARTÍNEZ GIL, "Furia popular. La participación de las multitudes urbanas en las Comunidades de Castilla", *En torno a las comunidades de Castilla*, Fernando MARTÍNEZ GIL (ed.), Toledo, 2002, pp. 309-364; y Rafael H. OLIVA HERRER, "El factor popular durante el conflicto comunero. Para una reevaluación de la Guerra de las Comunidades", en Carlos J. DE CARLOS MORALES y Natalia GONZÁLEZ HERAS, *Las Comunidades de Castilla: Corte, poder y conflicto (1516-1525)*. Madrid, 2020, pp.191-224; y Jesús G. PERIBÁÑEZ OTERO "De Soria a Salamanca: las ciudades comuneras en la cuenca del Duero", *ídem*, pp. 329-351.

Por otra parte, y en contraposición a la supuesta motivación anti-fiscal y a lo sucedido en otros espacios, los gobernantes comuneros no modificaron un ápice de la fiscalidad previa e incluso mantuvieron en sus cargos a los receptores de las rentas reales previos a la revolución. Se siguieron recaudando las rentas reales y las de propios y se percibió *... la sisa que feron para pagar el serviçio a sus altezas.* Utilizaron también los ingresos de las bulas de Cruzada, el terzuelo de Santa María e ingresos extraordinarios derivados del corte de leña del monte de *Allende Aranda*[61].

Otro de los hechos que condicionaron el posicionamiento de la villa de Aranda fue la proximidad de la tropa de los Gelves. Se trataba de 800 soldados experimentados en la campaña argelina que estaban acantonados en las tierras de Sepúlveda[62]: En el otoño de 1520 el conde de Miranda fue comisionado por el Condestable para conseguir sus servicios[63]. De igual manera don Carlos de Arellano, apoyado por don Pedro de Girón, trataba de conseguir que siguieran la causa comunera[64]. Desde Aranda Arellano intentó que la parte de esta tropa que se había alineado con el rey, dirigida por don Francés de Beaumont, se pasase al bando comunero. Ante su negativa, la villa amenazó a Beaumont...*que no pasase adelante de donde estava aposentado syno que se bolvyese y acudiese donde estava la serenisima reyna doña Juana nuestra señora, syno que esta villa le saldria a ynpedir el camino*[65]. Finalmente,

[61] AGS, CR, leg. 450, doc. 8; PR, leg. 1, doc. 22; y Archivo Diocesano de Burgos, LIBRO DE FÁBRICA DE SANTA MARÍA, vol. I, año 1529, s. f.

[62] Fuerza expedicionaria enviada en 1519 para ocupar la isla de Djerba (actual Túnez) a las órdenes de Hugo de Moncada que finalizó con éxito en 1520. Tras la victoria, las tropas desembarcaron en Cartagena en junio de 1520. En su camino hacia el Norte se negaron a sofocar la rebelión comunera en Madrid y levantar el sitio del alcázar madrileño asediado por los rebeldes. En otoño se acantonaron en la tierra de Sepúlveda (PÉREZ, *La Revolución de las comunidades...*, pp. 232-233).

[63] Carta del Condestable al rey el 21 de octubre de 1520: *...el conde de Miranda esta muy bien en lo que debe al servicio de vuestra magestad, yo le envie a su tierra para que travaje de sacar la gente que quedo de los Gelves bolberse luego aquí* (AGS, PR, leg. 1, doc. 105).

[64] Pedro Girón estuvo en octubre en Haza y allí recibió cierta cantidad de dinero que consideraba insuficiente para convencer a la gente de los Gelves (AGS, PR, leg. 2, doc. 14). Consiguió el 28 de octubre que Sepúlveda se sumara a la causa comunera (PÉREZ, *La Revolución...*, pp. 232 y 434).

[65] AGS, PR, leg. 1, doc. 22.

la soldadesca se dividió entre los dos bandos, no tanto por cuestiones ideológicas, sino más bien en función de las garantías que asegurasen su paga.

Seguramente fue la proximidad de esta tropa mercenaria y el acercamiento de Burgos a las posturas realistas lo que explique la primera situación de ambigüedad en el gobierno comunero arandino. En los primeros días de noviembre las tropas de Beaumont atravesaron la comarca arandina e incluso se les facilitó la operación pues...*estovieron posentados dellos en tierra de esta villa y a legua y media della*[66]. Además, el concejo comunero aceptó la petición del Condestable para devolverle ...*çiertas tiendas de campo* que pertenecían al rey. Este acercamiento a la causa realista culminó con el envío de una carta al Condestable, que no conocemos. Esta generó tan buenas sensaciones al gobernador que decidió reenviarla al monarca, instándole a que escribiera a la villa *graciosamente porque desta manera es bien que se restituya lo que esta tan malo contra vuestro servicio y obediencia*. No obstante, el concejo arandino siguió colaborando con la Junta que había enviado a sus receptores a la Ribera para recaudar dinero y conseguir soldados. Desconocemos si lo consiguieron porque rápidamente se activó la red de espías que el Condestables tenía en estas tierras y se ordenó que fueran detenidos[67].

En diciembre la ambigüedad tornó en bandazo a favor de la causa realista. El concejo arandino despachó una carta a Valladolid comunicando ...*que estavan en la provynçia de Burgos e que la cibdad avia respondido y que lo mysmo respondian ellos*[68]. La causa de este cambio radical parece residir en la postura firme de Burgos al lado del rey después de que se aceptaran sus reivindicaciones en octubre y el Condestable volviera a controlar la ciudad en noviembre. De nuevo la posición de la Cabeza de Castilla fue determinante en el posicionamiento arandino[69].

[66] El conde de Miranda estaba de vuelta junto al Condestable el 15 de noviembre con las tropas que había conseguido (AGS, PR, leg. 1, doc. 22 y 105).

[67] Carta del Condestable al rey fechada el 14 de noviembre de 1520: ...*de Aranda me han escripto oy que han ydo alli personas de parte de la Junta con provisiones a cobrar las rentas, luego provey sobre ello conforme a lo de Vitoria y de Santo Domingo* (AGS, PR, leg. 1, doc. 105).

[68] AGS, PR, leg. 3, doc. 104.

[69] PÉREZ, *La Revolución de las comunidades...*, p. 204. El Gobernador justificó la aceptación de los capítulos de Burgos porque ... *quanto mas que de Burgos cuelgan todas*

Es curioso que la carta se emitió el mismo día, 5 de diciembre, que las tropas comuneras fueron derrotadas en Tordesillas, por lo que no creemos que este acontecimiento influyera en la decisión de las autoridades arandinas.

Ahora en el bando realista, la villa recibió dos cartas del monarca a través del Virrey. El 17 de diciembre se redactó el perdón real, en el que tras recordar los *levantamientos e alborotos* producidos en los días pasados en Burgos *y en otros lugares de la provincia e partido de la dicha ciudad, especialmente en la villa de Aranda, ... por la presente perdonamos e remitimos a todos los vecinos y moradores de la dicha ciudad, y por su respeto a los de los otros pueblos de su provincia y partido todas las penas asi civiles como criminales*[70].

De la segunda no contamos más que con alusiones en otros documentos. Posiblemente llegara a finales del mes de diciembre o en los primeros días del año 1521 y en ella el rey reconvenía a los arandinos por *los movimientos acaecidos* y concedía su perdón. La carta fue pregonada en la villa y, según la respuesta de agradecimiento remitida por la villa el 9 de enero, fue muy bien acogida pues *... todos reçibieron mucha consolaçion como era razon; y esta fue señalada merçed de Vuestra Católica Magestad hizo a esta villa en acordarse della, por tanto donde los pequeños hasta los medianos e grandes y los niños de los que maman a una boz e diçentes a una boz clamante dan gracias a Dios*[71]. A modo de justificación las autoridades rebeldes solicitaron al monarca...*pluguiese de la oyr y dar audiençia, y así ...no la echaria tanta culpa por como quiera que nuestra intençion ni el movimiento que ovo no fue de deservir a Vuestra Magestad, mas antes fue endereçado a su real serviçio y para acreçentamiento de este su pueblo.* También argumentaban que las pasadas amenazas a las tropas de Beaumont fueron *...por le amansar al dicho don Carlos de Arellano e por le despedir, no con intención de deservir a Vuestra Magestad*[72].

las montañas y Vizcaya y Guipuzcoa y Alava y Encartaciones y otra ciudades y villas de su provincia y fuera della que estan en su opinion, que si no se hiciera fuera de acabar de perder el Reino (AGS, PR, leg. 1, doc. 105).

[70] AGS, PR, leg. 4, doc. 25.

[71] Conocemos su existencia por alusiones en una carta que envió el concejo al monarca en enero de 1521 (AGS, PR, leg. 1, doc. 22).

[72] AGS, PR, leg. 1, doc. 22.

Con el paso de la villa arandina al bando realista, los Gobernadores se aseguraban el dominio de la Ribera en particular y el sector oriental del Duero en general. La nobleza comarcana controlaba amplios dominios de esta zona: el conde de Miranda dominaba Langa, Peñaranda, Montejo y Haza; el marqués de Denia poseía Gumiel del Mercado y Lerma y la obediencia del conde de Siruela garantizaba la tranquilidad en la Tierra de Roa[73]. Todo ello garantizaba el control de un espacio clave para frenar la expansión comunera en el valle del Duero oriental. No olvidemos que en Peñafiel estaba el cuartel general del capitán comunero Pedro Girón y Gumiel de Izán era señorío de su padre, el conde de Ureña; por su parte don Carlos de Arellano todavía mantenía cierta influencia en tierras sorianas; y la villa de Sepúlveda se había sumado a la Comunidad a finales de octubre. Se trataba pues de un importante avance en la política de contención del Virrey.

Este éxito del Condestable se vio empañado por la tozudez con la que las autoridades arandinas rebeldes se negaban a entregar el gobierno y restablecer en sus oficios al corregidor y regidores. El Gobernador exigió de manera taxativa que los oficiales comuneros se presentaran en Burgos para atender las denuncias de los regidores y escribanos depuestos por la rebelión[74]. El silencio del concejo arandino motivó la respuesta airada del monarca que exhortaba a la villa a restituir la legalidad y amenazó con un castigo ejemplar si no se obedecían sus órdenes[75].

En febrero la Junta de Valladolid buscó de nuevo la colaboración de la villa arandina y sugirió que solicitara la confirmación de sus privilegios al amparo de la política de promoción de las libertades municipales y la defensa del patrimonio real frente a las imposiciones foráneas

---

[73] El 16 de diciembre el conde de Siruela se disculpaba ante el monarca por no haber participado en la batalla de Tordesillas: *...el Condestable me ha escrito muchas vezes que este en esta villa para tener este paso y tierra aparejado al servicio de vuestra alteza para quando menester sea...* (AGS, PR, leg. 3, doc. 47). De la importancia del control de Roa en otra carta del 25 de mayo: *La villa de Roa es cosa muy importante para el tiempo en que estamos y porque aquella estuviese cierta para el servicio de vuestra magestad yo no he consentido que el conde de Syruela saliese della hasta agora* (leg. 1, doc. 105).

[74] AGS, RGS, 152102, s. f. (DIAGO HERNANDO, "Cambios políticos...", p. 330).

[75] Tanto VELASCO PÉREZ (*Aranda. Memorias...*, p. 150) como SANZ ABAD (*Historia de Aranda...*, p. 159) hablan de estas amenazas, pero no hemos conseguido documentarlas.

y los privilegios señoriales[76]. Posiblemente esta posibilidad, a la que se sumaron las amenazas de Burgos y quizá la victoria comunera de Torrelobatón, inclinaron al concejo arandino a dar otro bandazo para colocarse al lado de la Junta desde finales de febrero hasta el final del conflicto.

A partir de ese momento la implicación con la causa comunera fue absoluta. Buena prueba de ello son las facilidades que recibió Alonso de Encinas, receptor de la Junta, en su misión de obtener recurso en la Ribera. Su actividad en la villa se documenta desde los primeros días del mes de marzo de 1521 y su trabajo fue exhaustivo según atestiguan las autoridades arandinas: *...el recebtor nos a ynportunado en tanta manera e nos ha apuntado las çinchas que casy no nos ha dexado resollar para que le diesemos dineros*[77]. Asimismo, se encargó de las incautaciones de los bienes de los realistas arandinos, requisando *...çiertas escripturas e otras cosas e un macho a un criado de Pedro de Santa Cruz, vezino e regidor de Aranda, que estava y esta con los cavalleros e como arrendador que a sydo.* Cierto que a veces lo requisado no era tan rentable, pues el macho *...come mas que vale,* e intentó venderlo *...porque no se acabe de comer del todo*[78].

Con la llegada de la primavera el ambiente bélico se incrementó. Por su parte, los realistas siguieron presionando sobre el concejo arandino. A finales de marzo Burgos solicitó el envío de 200 hombres para participar en el ejército realista que se preparaba para acudir a Tierra de Campos y Valladolid. También el Condestable invitó a la villa a someterse a la obediencia real[79], pero la respuesta fue *...que no tuvyese que haser con ellos porque ellos estavan a servicio del rey y muy prestos para lo que los señores de la Junta les mandasen*[80]. El último intento fue del propio monarca que el 8 de abril envió una cédula exigiendo *...que luego sin dilaçion alguna envieys los dichos dozientos ombres al dicho Condestable, mi gobernador, o la paga dellos por dos*

---

[76] AGS, PR, leg. 4, doc. 54.

[77] Carta de la villa a la Santa Junta el 19 de abril de 1521 (AGS, PR, leg. 1, doc. 22).

[78] AGS, PR, leg. 5, doc. 129.

[79] AGS, PR, leg. 1, doc. 22.

[80] AGS, PR, leg. 2, doc. 14.

meses, lo qual vos mando lo asy agays e cumplays so la pena en que cahen los que en tales tiempos faltan a los mandamientos de sus reyes e señores naturales y de perder esta dicha villa todas las franquezas e libertades que tiene. Esta advertencia real no fue bien recibida tras ser pregonada y algún vecino comentó...*que quemasen la dicha cedula y la hiziesen polvos*[81].

La posición de las autoridades arandinas parecía, ahora sí, bastante clara. Así lo confirma la carta que Girón envió a la Junta en la que señala ...*que un Miguel Daça, que es mucha parte alli en el pueblo, nos enbio a desir como el estava mucho a servicio de vuestra señoría y para lo que a esta vylla tocase muy çierto, e que sy tuvyesemos alguna neçesidad que a la ora vernian mil ombres en nuestro socorro*[82].

La presencia de las tropas del Condestable en el cercano pueblo de Torresandino camino de Valladolid llevó a las autoridades de la Junta a solicitar al concejo arandino que organizara la defensa de la villa ante la posibilidad de un asedio. Por su parte, los oficiales arandinos demandaron ayuda a la Junta el 9 de abril, pues ... *el dicho Condestable se a endinado e asy amenazandonos, ...son salidos de Burgos quatro mill hombres, los quales estavan posentados en el valle de Torresandino; tememonos que es para venir sobre esta villa. Por ende, suplicamos a vuestra señoría, si en algo nos puede afaboreçer, nos socorra porque no sean destruydos los bienes del patrimonio real.*

La Santa Junta respondió el jueves 18 mediante una provisión que ordenaba...*para la defensa desta villa agamos dozientos hombres de guerra, escopeteros e piqueros y para esto nombrasemos un capitan.* En la última carta de los arandinos ya no se observa urgencia pues las tropas del Virrey habían pasado de largo. Los oficiales, no obstante, aseguraron que responderían ...*no dezimos con dozientos hombres, pero con myll sy los oviere menester.* Por si acaso, solicitaron de la Junta dos tiros de artillería y un artillero para la defensa de la villa.

Los últimos días del conflicto se vivieron con especial intensidad en la comarca ribereña. Por una parte, el concejo comunero arandino tuvo noticia de que ... *pasavan çierto metal para hazer çierta artelle-*

[81] AGS, PR, leg. 1, doc. 105 ; leg. 4, docs. 16 y 44.
[82] AGS, PR, leg. 2, doc. 14.

ria, lo qual hera para el duque del Ynfantazgo, y porque esta villa penso que no se servia vuestra señoría, ynvio gente a la traviesa por donde yva desviado desta villa e lo tomo que abra fasta noventa quintales que heran para tiros. Suponemos que el metal tendría su origen en Burgos o Vizcaya y se dirigía hacia las tierras de los Mendoza en Sigüenza o Guadalajara. Lo que no sabemos es el destino de este metal después de ser requisado por las milicias arandinas[83].

También al final del conflicto asistimos al episodio más violento que se vivió en la capital de la Ribera y que acabó con la muerte del procurador de la Comunidad Sebastián de Ventosilla. Pocos días antes de la derrota de Villalar *…el dicho Pedro García (Ortuño), sin tener cabsa justa, trabo question con Sebastian de Ventosilla, … en la Plaça de Santa María de la dicha villa; y en la dicha question por el dicho Pero García e por un Cristobal de Cendrera, su cuñado hermano de su mujer, fueron dadas çiertas cuchilladas* (a Ventosilla) *malamente en la cabeça de las quales murio*[84]. Después del incidente, los agresores se refugiaron en la iglesia de Santa María acogiéndose a sagrado y, *…estando abrazado con una imagen de Nuestra Señora en el altar mayor,* la Justicia de la Comunidad sacó a Ortuño y Cendrera de allí, los encarceló y amenazó con la horca. La violación del espacio sagrado provocó la intervención de los jueces eclesiásticos y una mayor complicación del asunto[85]. Este episodio nos muestra la tensión que se tuvo que vivir en la villa entre los partidarios de uno y otro bando en vísperas de la resolución del conflicto. Los protagonistas de este enfrentamiento mortal estaban muy identificados con cada uno de los bandos. Ventosilla era el procurador general de la Comunidad en el año 1520 y continuó como tal con el gobierno comunero. Ortuño, por su parte, era uno de los escribanos depuestos por la Comunidad e intervino en la posterior represión de forma activa [86].

[83] AGS, PR, leg. 1, doc. 22.

[84] ARChV, RRE, Caja 361, doc. 8.

[85] Dánvila Collado, *Historia crítica…,* Vol. III, pp. 653-654.

[86] Ventosilla fue el procurador de la villa entre los años 1516 y 1518 y desempeñó esta misma función en 1520 cuando acudió ante el Consejo para abordar el encabezamiento de las rentas de la villa (AGS, CC PUEBLOS, leg. 2, doc. 107; CCM, leg. 129, doc. 55; y RGS, 1520-07, s.f.). En el verano de 1521 se realizaron ante Pedro García Ortuño varios

2.c. La represión

La derrota comunera de Villalar el 23 de abril de 1521 puso fin también a la experiencia comunera arandina. De manera inmediata los correos comunicaron la noticia a las autoridades comuneras que, además de la humillación por la derrota, tuvieron que hacer frente a la amenaza que suponía que una parte de la tropa realista se dirigía por el Duero hacia tierras navarras en auxilio del conde de Nájera, desbordado por la reciente invasión francesa[87].

A la amenaza militar se sumó la presión de la ciudad de Burgos que el 27 de abril envió una carta a las autoridades arandinas en la que acusaba de traición a la villa, recriminaba que no hubiera sido fiel a la cabeza de la provincia y amenazaba con enviar un ejército para asediar la villa si no se abonaba ocho mil ducados para pagar los gastos ocasionados a la ciudad[88].

A pesar de la situación, las autoridades arandinas respondieron con orgullo y provocación. Su exposición comenzaba con una crítica a la calidad del escrito burgalés, citando para ello a Avicena y Séneca[89]. A continuación, acusaban a la Cabeza de Castilla de traición por haberse vendido por una serie de prebendas. Finalmente, aceptaban el reto del asedio, aunque advierten que *...os reçibamos con muy buena boluntad y estamos determinados de hazer lo que hazieron los de Jerusalem, que es que quemaron sus byenes para que con mayor ánimo osasen morir en su defensión*[90]. Evidentemente, esta respuesta generó gran animaversión en Burgos que el 11 de mayo reclamó a Carlos I *...que no se tome*

de los inventarios de los bienes secuestrados a los exceptuados (AGS. CMC, leg. 355).

[87] AGS, PR, leg. 1, doc. 106.

[88] Tanto la carta de Burgos como la de Aranda se encuentra en AGS, CC MEMORIALES, leg. 140, doc. 68. La respuesta arandina ha sido publicada en "La Revolución comunera...", pp. 77-78.

[89] La carta de la villa de Aranda comienza así: *Magníficos señores; recibymos la carta de vuestras mercedes y no nos marabyllamos de la deshorden de vuestro escribyr la qual dexamos desplycar por nuestra onestydad, que como dize el Abyçena: quando la cabeça duele, los miembros no tyenen su lyvertad ni el coraçon reçibe alegria; e asymesmo en otra parte dyze Séneca que todo onbre declyna a su natural* (AGS, CC MEMORIALES, leg. 140, doc. 68).

[90] Hace referencia al asedio de Jerusalén por las tropas de Saladino que culminó con la pérdida de la Ciudad Santa para la Cristiandad en 1187.

conçierto con Aranda, sino que de liçençia a la dicha çibdad para que ella los castigue[91].

Afortunadamente para la población arandina, las negociaciones entre comuneros y delegados reales ya se habían establecido en Segovia durante los primeros días de mayo y culminaron rápidamente con un acuerdo recogido en un asiento. El monarca accedía a perdonar a la villa a cambio de dos condiciones. Por una parte, se exceptuaba del perdón a ciertos vecinos que se habían significado como oficiales municipales o capitanes en Villalar[92]. En segundo lugar, la villa se comprometía a aportar 200 hombres de armas para Navarra equipados con 200 coseletes, 300 escopetas, 300 picas y toda la artillería disponible[93].

A partir de este momento el mecanismo de la represión se activó en cascada. El acuerdo se hizo firme el 16 de mayo de 1521 cuando se emitió el Perdón Real que fue pregonado en la villa[94]. No obstante, ya desde el 12 de mayo la villa estaba bajo el control realista, momento en el que comenzó el secuestro de bienes de los implicados. El 16 se ordenó el destierro de los vecinos exceptuados[95]. El 23 de mayo ya se había restablecido la situación previa a septiembre de 1520 con la vuelta del corregidor Juan Manrique de Luna y la restauración de los regidores perpetuos en sus oficios[96].

Los oficiales realistas se encargaron de gestionar los hombres de armas y armamento que debían destinarse a Navarra. El 5 de junio se hizo entrega al segoviano Fernando de Aguilar de varios barriles de pólvora y piedras de azufre, falconetes, escopetas, munición, picas y coseletes. El capitán y regidor arandino Bernaldino del Valle fue comisionado para trasladar a Navarra a 100 soldados con su correspondiente armamento. Esta gran cantidad de pertrechos militares que se

[91] Las peticiones fueron bastante ambiciosas, destacando el traslado de la Chancillería de Valladolid y las ferias de Medina del Campo a Burgos (AGS, PR, leg. 4, doc. 30).

[92] AGS, PR, leg. 3, doc. 141; y CMC, leg. 355.

[93] El asiento ha sido reconstruido a través de otros documentos: AGS, CMC, leg. 385; PR, leg. 3, doc. 141; y AMA, leg. 43, doc. 42.

[94] AGS, CMC, leg. 355.

[95] DÁNVILA COLLADO, *Historia crítica...,* Vol. IV, pp. 52 y 110.

[96] AGS, CMC, leg. 355. DIAGO HERNANDO señala que la vuelta del corregidor se produjo el día 25 según consta en un documento del Registro General del Sello ("Cambios políticos...", pp. 328-329).

requisaron en la villa en apenas quince días son buena muestra de los preparativos de las autoridades comuneras para frenar el posible asedio de los realistas[97]. Este compromiso militar todavía se mantenía en febrero de 1522 cuando Carlos I solicitó al concejo desde Bruselas que tuviera preparados los caballeros e infantería necesarios para dar cobertura a su regreso a Castilla[98]. De igual manera se aportaron mulas para el traslado de artillería y el conde de Siruela dispuso de 50 raudenses para ponerse a disposición del ejército de los Gobernadores[99].

Tras la capitulación formal se dio paso a una intensa represión, en ocasiones, con un marcado matiz de venganza y ajuste de cuentas[100]. La primera medida que tomó el concejo restituido fue el embargo de todos los bienes de los comuneros más señalados[101]. Estos bienes fueron secuestrados directamente por algunos de los realistas más significados con la causa como don Martín y don Juan de Acuña, Bernardino y Pedro de Avellaneda, Íñigo de Zúñiga o el escribano Alonso de Huete. Esta confiscación se hizo sin rendir cuentas al concejo o a la Corona, como se reconoce en el informe enviado al monarca:

> De las hasiendas desta villa (Aranda) no ay çierta relación a causa
> de embaraços que uvo allí con vnos cavalleros que alli biven que
> antes tenyan secrestados los bienes de los exceptuados por provision
> de los governadores y han tomado y gastado de la hazienda y no han
> querido dar quenta. Y el uno es corregidor de Madrid, don Martín
> de Acuña, y otro de Avellaneda que estan en Pamplona. Converna

[97] AMA, leg. 43, doc. 42. El inventario de lo entregado a Aguilar es muy prolijo en detalles: un tonel de piedra azufre de 10 arrobas; otro tonel de piedra azufre de 11 arrobas; un tonel de pólvora de tiros gruesos de falconetes de cinco arrobas; otro tonel de pólvora de 6 arrobas; 6 servidores de tiros falconetes; un tiro falconete con carretón; más 4 tiros falconetes con sus cureñas; un tacón en una cureña; 80 pelotas de hierro de los dichos tiros; 35 coseletes; 51 escopetas; y 160 picas. El capitán del Valle se llevó los 100 hombres armados con 50 escopetas, 50 picas, 50 fiascos y 100 coseletes.

[98] AMA, leg. 43, doc. 45.

[99] AGS, CC MEMORIALES, leg. 153, doc. 176; y PR, leg. 1, doc. 105.

[100] Ramón SÁNCHEZ GONZÁLEZ, "Ajustes de cuentas tras la derrota de Villalar (1521). Reparaciones y Mercedes", en István SZÁZDI LEÓN-BORJA y Rámón SÁNCHEZ GONZÁLEZ (ed.) Comercio, Rentas y Globalización en la Guerra de las Comunidades, Valladolid, 2020, pp. 15-69.

[101] DÁNVILA COLLADO, Historia crítica..., Vol. IV, p. 110.

que su Magestad cometa a una persona que vaya alli y haga justicia.
Dizese que pueden valer las dichas haziendas a vender XII V ds
(12.000 ducados) [102].

Estos vecinos realistas actuaban como depositarios de los bienes confiscados por la Corona, aunque en realidad dispusieron de ellos a su antojo[103]. Ante esta situación, en mayo de 1523 el monarca se vio obligado a conceder a los depositarios una merced de 500 ducados para justificar los bienes usurpados a la Corona que constataron los factores reales cuando contabilizaron los bienes de los exceptuados[104].

Como ocurrió en otras ciudades comuneras, algunos de los denunciados se enrolaron en el ejército realista para así ganarse el perdón. Entre ellos encontramos al capitán Sancho de la Peña que, tras la derrota de Villalar, buscó refugio en Toledo, pero acabó formando parte del ejército del Prior de San Juan que cercaba la ciudad. En octubre presentó ante los Gobernadores una carta del Prior en la que, entre otras cosas, solicitaba el perdón del arandino exceptuado[105]. Otros, aunque se alistaron, pronto desertaron, como hicieron muchos en sus destinos navarros[106].

Otra de las penas habituales fue el destierro. El 16 de mayo se ordenó el destierro de 30 vecinos, además de los 15 exceptuados del perdón general[107]. No obstante, el destierro de los arandinos fue bastante relajado. El corregidor se vio incapaz de impedir que los desterrados se pasearan libremente por las calles de la villa y temía que influyeran

[102] AGS, PR, leg. 3, doc. 139.

[103] Pedro Martínez de Avellaneda fue el depositario de la gran fortuna de Alonso de Aranda; don Martín de Acuña dispuso de la hacienda de Bernaldino de Arauzo; Íñigo de Zúñiga se ocupó de los bienes del capitán Miguel de la Gallega; Bernardo de Avellaneda se hizo cargo del importante negocio de Gaspar de Mansilla; don Juan de Acuña gestionó los bienes de Pedro Sánchez de Mendoza; y Alonso de Huete se encargó del importante patrimonio de Alonso de Moradillo (AGS, CMC, leg. 355).

[104] El 20 de mayo de 1523 desde Valladolid se expidió una cédula real por la que se concedía la merced de 500 ducados de oro a don Juan de Acuña, Bernardo de Avellaneda, don Martín de Acuña, Pedro Sanz de Avellaneda, Diego de Puelles y Martín de Torquemada ...*que ellos confesaron averse aprovechado de los bienes de çiertos eçebtados de Aranda* (AGS, CMC, leg. 355).

[105] AGS, PR, leg. 3, doc. 92.

[106] AGS, CC MEMORIALES, leg. 141, doc. 98.

[107] DÁNVILA COLLADO, *Historia crítica...*, Vol. IV, p. 110; AGS, PR, leg. 3, doc. 141; y leg. 4, doc. 16.

negativamente sobre el resto de vecinos[108]. Muchos de estos desterrados se instalaron en los arrabales de la villa, en sus fincas o en las aldeas de la tierra arandina. Incluso algunos fueron acogidos en el monasterio de San Francisco o en la ermita de la Virgen de las Viñas[109]. Otros optaron por solicitar un aplazamiento de la condena para poder mostrar su inocencia y, finalmente, algunos se acogieron al procedimiento del pago de multas de composición para poner fin a su responsabilidad penal[110].

En el aspecto económico la situación fue mucho más estricta. En mayo se fiscalizaron las cuentas de las rentas reales y de los bienes de propios de la villa. Las nuevas autoridades estimaron que los oficiales comuneros habían malgastado 310.812 maravedíes y medio de las rentas reales y 298.064 y medio de los propios. Poco después Juan Esteban Mercader devolvió 42.000 de las rentas reales y 30.000 de los propios. Finalmente, se condenó a ciertos comuneros a pagar 536.877 maravedíes. Esta deuda se cobró a través de la ejecución de sus bienes y la consiguiente subasta pública que se realizó en agosto[111]. En esta subasta algunos realistas utilizaron su posición para hacerse con los bienes más apreciados por un precio por debajo de su valor de mercado: Rodrigo de Durango, alcaide de Gumiel del Mercado y regidor arandino, pagó 35.000 maravedíes por unas viñas y fincas de Bernaldino de Arauzo tasadas en 60.000; el regidor Gaspar de Santa Cruz consiguió por menos de la mitad de su tasación, 104.000 maravedíes, una inmensa viña de 18 hectáreas propiedad de García Ximeno; también el prior de Roa y el escribano Alonso de Huete adquirieron unas casas de Sebastián de Sinovas y unas tierras que pertenecían a Pedro Sánchez de Mendoza, respectivamente, por

[108] El secretario escribió por la parte posterior de la carta que esta situación era representativa de lo que sucedía en el resto del reino, por lo que recomendaba al presidente del Consejo que proveyera lo necesario para solucionarlo (AGS, CC MEMORIALES, leg. 141, doc. 98).

[109] Pérez, *La Revolución...*, p. 579; AGS, CC MEMORIALES, leg. 141, doc. 98; CMC, leg. 355.

[110] Ricardo M. Mata y Martín, "La justicia penal en el levantamiento comunero de Castilla. Las ejecuciones de Villalar y otros episodios", en *Anuario del Derecho Penal y Ciencias Penales*, Vol. LXXIII, 2020, pp. 91-138.

[111] AGS, CR, leg. 450, doc. 8. Pérez indica que el monto de las rentas reales ascendía a 283.500 maravedíes y no hace referencia a las rentas de propios (*La Revolución...*, p. 651).

un precio inferior al marcado en la tasación. El abuso más señalado fue el del bachiller Borja que pagó 10.000 maravedíes por una viña de más de seis hectáreas propiedad de Miguel de la Gallega valorada en 30.000 y además compró por 35.000 maravedíes tres pares de casas en la calle de la Miel valoradas en 80.000 que eran de Alonso de Moradillo. Ante esta situación, tanto los multados como el Fisco presentaron una denuncia que se resolvió en primera instancia a favor de los demandantes, aunque fue apelada y la resolución final llegó algunos años después[112]. Al igual que ocurrió en otras ciudades castellanas[113], los exceptuados fueron objeto de varios abusos, entre los que destacaron la enajenación de bienes dotales o la obligación de pagar más tasas de las que estipulaba la normativa municipal[114]. Además del destierro y la confiscación de sus bienes, los exceptuados tuvieron que hacer frente al comienzo de sus respectivos procesos judiciales desde principios del año de 1522 [115].

Pese a la dura represión, todo apunta a que el "espíritu" de la Comunidad se mantuvo en la memoria colectiva arandina[116]. En agosto de 1522 el bachiller Velasco denunciaba que los procuradores elegidos para ese año, Alonso Daza y Juan de Alameda, habían participado activamente en la revuelta comunera. Daza fue uno de los regidores del gobierno comunero y, aunque aparece en el listado delator, su nombre fue tachado y tan solo tuvo que pagar una multa por el uso indebido

---

[112] AGS, CMC, leg. 355). La viuda de Bernaldino de Arauzo, Catalina de Quemada, seguía pleiteando ante la Chancillería en 1527 (ARChV, RRE, Caja 401, doc. 32). Alonso de Moradillo hizo lo propio con el bachiller Borja en el mismo lugar entre 1523 y 1527 (PLEITOS CIVILES, FERNANDO ALONSO (F), Caja 161, doc. 1).

[113] Efrén DE LA PEÑA BARROSO, "Las reclamaciones de dote y arras de las mujeres de los comuneros de Segovia", en István SZÁZDI LEÓN-BORJA y Ramón SÁNCHEZ GONZÁLEZ (ed.) *Comercio, Rentas y Globalización en la Guerra de las Comunidades*, Valladolid, 2020, pp. 107-144.

[114] En el proceso seguido ante el Consejo Real entre los exceptuados y el escribano Alonso de Huete entre 1522 y 1524 se concluyó que el escribano cobró una cantidad abusiva en concepto de derechos. Era costumbre en la villa que en las ejecuciones de bienes se aplicara un máximo de 150 maravedíes. En la subasta de los exceptuados Huete cobró un 10% del total (AGS, CR, leg. 450, doc. 8).

[115] Los primeros en ser llamados a declarar fueron Sebastián de Sinovas, Sancho de la Peña y Miguel de Alcocer el 17 de enero de 1522 (PÉREZ, *La Revolución...*, p. 583).

[116] Algo similar ocurrió en otras ciudades de pasado comunero como Ávila, Valladolid o Murcia (Ídem, pp. 584 y ss.).

de las rentas reales y concejiles[117]. Alameda fue propuesto por la Comunidad como procurador, pero no aceptó el cargo, circunstancia que le acarreó problemas con los comuneros[118]. En 1535 volvió a repetir como procurador Alameda y le acompañó Francisco de Torquemada, escribano del Concejo en el gobierno comunero[119]. El realista Pedro García Ortuño mostraba su incomodidad ante las ofensas que le causaba María García, viuda del comunero Sebastián de Ventosilla, que

...por las otras partes de las calles de la dicha villa, y la iglesia de Santa María, e en otras partes e logares de la dicha villa ..., muchas vezes dijo en publico que el era un traydor e que el avia vendido la villa por dos rreales, y a sus hijos los llamavan hijos del traidor[120].

3. Conclusiones y significado

Como ya hemos señalado en otros trabajos, el fracaso de la experiencia comunera comportó tres importantes consecuencias a nivel general que, como no puede ser de otra manera, también se reproducen en el caso arandino[121].

En primer lugar, el triunfo anticomunero implicó el fracaso de la vía revolucionaria como mecanismo de acceso al ejercicio del poder por parte del grupo dirigente de la Comunidad arandina que pretendía salir de la marginación política optando, no tanto por la violencia, como por la quiebra del modelo anterior. Si bien es cierto que en la propuesta comunera se utilizaron argumentos que retomaban elementos del pasado y se insistía sistemáticamente en la idea de recuperación de las libertades y privilegios, no es menos cierto que este recurso al pasado es un fenómeno muy habitual para tratar de dar legitimidad a cualquier nueva propuesta como ya señaló en su momento Joseph Pérez[122]. En este sentido, creemos que la apuesta revolucionaria de los

[117] AGS, PR, leg. 4, doc. 16; y CR, leg. 450, doc. 8.
[118] AGS, CC MEMORIALES, leg. 141, doc. 206; Diago Hernando "Cambios políticos...", p. 337; y RGS, 152208, s. f.
[119] Velasco Pérez, *Aranda. Memorias...*, p. 171.
[120] ARChV, RRE, Caja 361, doc. 8.
[121] Peribáñez Otero "De Soria a Salamanca... pp. 349 y ss.
[122] "Los comuneros en 1976", prólogo a la reedición de *La Revolución de las Comu-*

comuneros adquirió matices innovadores como el establecimiento de una nueva relación entre rey y reino, a nivel general, y la participación efectiva de la Comunidad en la toma de decisiones en el plano local y, en particular, en la villa de Aranda. El éxito de la iniciativa comunera hubiera supuesto la ruptura con una tendencia secular (acumulación de poder por parte del rey, nobleza y oligarquías locales) y proponía, no sin ciertos componentes idealizados, una nueva relación en la que primaba la colaboración y participación frente a la subordinación y monopolio. La revolución comunera se define, por lo tanto, como una iniciativa innovadora frente aquellas interpretaciones historiográficas que lo califican como un movimiento restaurador[123].

En la villa de Aranda el fracaso comunero implicó la pérdida total de su escasa autonomía municipal. Se asiste, por lo tanto, a la consolidación del poder centralizador de la Corona mediante la restauración del corregimiento que contó con la complicidad y colaboración del patriciado urbano. En consecuencia, la oligarquía local afianzó su posición de dominio social y político sobre la Comunidad. Esta situación consolidó el monopolio de esta oligarquía sobre el ejercicio del poder político y potenció la patrimonialización de los cargos públicos en unas clientelas integradas por miembros de la hidalguía local y grupos familiares vinculados a los negocios financieros.

En el ámbito comarcal la resolución del conflicto consolidó la posición de la nobleza. La victoria sobre la propuesta comunera fue el colofón que permitió consolidar el proceso de señorialización del reino que se venía gestando desde los años centrales del siglo XV y que se intensificó a lo largo de las primeras décadas del Quinientos. Este proceso permitió la definición de una densa red de dominios territoriales nobiliarios que extendió su influencia y poder más allá de sus competencias jurisdiccionales. La amenaza del movimiento comunero potenció la unión de intereses entre monarca y aristocracia, pero además rehabilitó la vieja estrategia de *favor por servicio* que ya habían

nidades…

[123] Ángel RIVERA RODRÍGUEZ, "El proyecto político de los comuneros", en Carlos J. DE CARLOS MORALES y Natalia GONZÁLEZ HERAS, *Las Comunidades de Castilla: Corte, poder y conflicto (1516-1525)*. Madrid, 2020, pp. 225-246.

puesto en marcha algunos monarcas anteriormente. La lealtad de la aristocracia fue recompensada con la recuperación de su posición en la corte, ciertamente modesta, y la participación en el reparto de la riqueza del reino.

En la comarca ribereña contamos con un excelente ejemplo de esta situación en los condes de Miranda, linaje menor de la casa de Zúñiga y emparentados con los Velasco. Don Francisco de Zúñiga y Avellaneda se labró a lo largo del conflicto una exitosa carrera militar a la sombra de su tío el Condestable de Castilla. Su participación en la contienda civil fue muy activa y, justo después, se convirtió en el brazo ejecutor del monarca en el escenario navarro, actuando como su virrey. Todos estos buenos servicios fueron gratificados con la incorporación de la casa de Miranda a la esfera de confianza del Emperador. El conde formó parte de sus Consejos, fue gratificado con el Toisón de Oro y obtuvo numerosas dádivas. De igual manera, los hermanos del conde participaron de esta dinámica: el Cardenal don Íñigo López de Mendoza fue embajador imperial en Italia e Inglaterra; y don Juan de Zúñiga fue nombrado tutor y consejero privado del príncipe Felipe. Esta situación privilegiada al amparo de la Corona permitió, asimismo, que el linaje Zúñiga Avellaneda consolidara su posición hegemónica en la comarca ribereña ampliando sus bases patrimoniales y su influencia sobre el territorio. Esta posición dominante también utilizó otros lenguajes más sutiles y, así, los sucesivos condes cambiaron las fortalezas militares por magníficos palacios renacentistas y espléndidos panteones familiares que jalonaron el paisaje ribereño como podemos observar en la villa de Peñaranda, capital de sus estados, y en los monasterios de Santa María de La Vid o el Domus Dei de La Aguilera[124].

Ya hace algún tiempo, el profesor Alonso García señalaba que "no hubo una Comunidad, sino muchos movimientos dentro de las Comunidades", conclusión con la que estamos plenamente de acuerdo[125]. En este sentido, es posible identificar los intereses de aquellos comu-

---

[124] Peribáñez Otero, *Villas, villanos…*, pp. 118-128; y "De lo necesario para lo bello: mercado e impuestos en la sociedad medieval ribereña", en *Biblioteca 35. Estudio e Investigación.* 2020, pp. 251-272.

[125] David Alonso García, "Debate historiográfico: las Comunidades de Castilla en el siglo XXI", *Tiempos Modernos.* 19 (2009/2), pp. 1-10.

neros pertenecientes a las clases superiores que pretendían reafirmar su posición social aspirando a una revisión de la relación con la Corona. En su planteamiento primó el propio interés, el papel de las Cortes o aspectos económico-fiscales. Por otra parte, la gran masa social de los pecheros, encabezada por la élite del común, se sumó al movimiento comunero para conseguir el protagonismo político y la capacidad de decidir que habían perseguido durante las décadas anteriores y que hasta entonces fue eficazmente reconducidos por la oligarquía local, con el apoyo de la Corona y la aristocracia. En este segundo movimiento se encuadró la experiencia comunera arandina.

En definitiva, el movimiento comunero pretendió que su iniciativa fuera un punto de inflexión en la dinámica interna de la Corona de Castilla. A nivel general, la propuesta comunera apostaba por romper con la dinámica centralizadora del poder real, el proceso de señorialización de la aristocracia, así como el monopolio y patrimonialización del poder municipal por parte de las clases dominantes. Los comuneros arandinos trataron de participar de estas pretensiones en su ámbito próximo: el concejo arandino y el territorio ribereño. No obstante, el fracaso de la insurrección supuso la consolidación de la misma dinámica que pretendía transformar y dio paso a la consolidación de un modelo evolucionado y enriquecido con el proyecto borgoñón.

DON ANTONIO DE ZÚÑIGA Y GUZMÁN, PRIOR DE LA ORDEN DE SAN JUAN DE JERUSALÉN. UN LEAL DEFENSOR DE LA CAUSA IMPERIAL EN LA GUERRA DE LAS COMUNIDADES DE CASTILLA

Ramón Sánchez González
Universidad de Castilla-La Mancha

El estallido comunero supuso, entre otras muchas cosas, una ruptura del orden social, con repercusión en todas las esferas sociales. La nobleza no quedó inmune en el proceso de fractura. En una primera etapa, es preciso subrayarlo, mostró una fisura mucho más pronunciada que en fases posteriores. El apoyo concedido por determinados aristócratas a la causa fue perdiendo entusiasmo al socaire de los acontecimientos[1]. El panorama dibujado con la llegada del joven Carlos no gustaba y sembraba muchas dudas sobre el papel asignado con el asentamiento del nuevo monarca; molestaba la injusta marginación, a su modo de entender, en la que el rey les había colocado; sentían disgusto por el reparto de mercedes y prebendas al séquito flamenco de Carlos en un ostensible desprecio hacia las tradiciones y las costumbres inveteradas del reino. No obstante, estas circunstancias negativas, aunque propiciaron un alejamiento del estado nobiliario de la Corona se fueron limando, trasladadas a un segundo plano, con el discurrir de los hechos. Ciertos sucesos ocurridos en varios territorios y la actitud mostrada por los sectores más radicalizados del movimiento, con un claro sesgo antiseñorial, desataron el temor, en algunos casos auténtico pánico, y un brusco cambio de actitud en un intento de asegurar sus haciendas, preeminencias sociales, económicas y jurisdiccionales. Las reivindicaciones estamentales ante el proceder regio quedaban orilladas ante la urgencia de asegurar sus posesiones propias y la mejor forma de hacerlo era concediendo todo el auxilio posible al soberano con

---

[1] Manuel Azaña sintetizó en una frase la actitud de los grandes y caballeros "les importaba que el César venciese, que no venciese demasiado, y que no venciese enseguida". Más adelante apostilla "No guerreaban contra la comunidad por defender la política europea e innovadora de don Carlos, sino por mejorar su interés de casta", Manuel AZAÑA, *Comuneros contra el rey*, Madrid, 2021, pp. 87 y 89.

el fin de poner punto final al conflicto y recobrar la normalidad previa a las alteraciones. Ya habría tiempo después de exigencias y requerimientos si fuera necesario; ahora unidad frente al enemigo común y la derrota del contrario como anhelo.

Hubo en el seno de la grandeza, títulos que, desde el primer momento, estuvieron al lado del Habsburgo, unos porque formaban parte del reducido grupo incrustado en el contingente borgoñón partícipes de los beneficios y repartos, y otros, simplemente por considerar su deber mantenerse fieles al legítimo heredero y estar a salvo de tensiones particulares de carácter territorial y señorial. Entre estos últimos se encontraba el linaje de los Zúñiga, considerado conspicuo defensor comprometido con la causa imperial, y entre sus egregios miembros Antonio de Zúñiga y Guzmán, Gran Prior de la orden de san Juan de Jerusalén.

Se trata de una figura cuyas referencias puntuales en cualquier estudio o investigación relativos a la revuelta son constantes. No en vano se convirtió por expreso deseo del emperador y por méritos propios, ganados con sus actuaciones en los campos de batalla, en uno de los protagonistas de la lucha en la submeseta meridional. Situado casi siempre en contextos circunstanciales, hechos de armas relevantes, intervenciones esporádicas de visible realce, adolece de un estudio de conjunto, monográfico en cierto sentido.

Sin duda alguna, el timbre de honor lo alcanzó al calor de las Comunidades y su nombre quedó marcado para la posteridad merced a esos episodios específicos. Empero, resulta complicado seguir el hilo de su proceder anterior. Oscurecida su figura por la primogenitura del hermano mayor, don Álvaro, en cuya persona, en virtud del mayorazgo, recaería la sucesión de la casa de Zúñiga, el rastro documental es difícil de encontrar. Más fácil es conocer su andanza posterior al movimiento comunero, al tratarse ya de un noble distinguido con un pasado lustroso del que vanagloriarse, encumbrado a altas magistraturas de la monarquía Habsburgo. Sin embargo, la muerte, prematura, inoportuna —siempre lo es— cercenó un itinerario que se prometía brillante.

Con el presente estudio se procura sintetizar la proyección militar, particular, nobiliaria de don Antonio de Zúñiga durante la etapa correspondiente al enfrentamiento de las Comunidades, precedida de una información preliminar centrada en la estirpe y en los años previos y cerrada con el epílogo del desempeño del oficio de virrey en Cataluña. Además de sistematizar la trayectoria jalonada de éxitos e incertidumbres, se pretende cubrir, en la medida de lo posible a tenor de la documentación encontrada, una laguna historiográfica o cuando menos completar la información.

1. LA CASA DE ZÚÑIGA

Considerada una de las casas aristocráticas de mayor prosapia y abolengo en Castilla[2]. De origen navarro (merindad de Estella) —Iñiga, Stuñiga, Estúñiga— poco a poco, bajo la égida de la dinastía Trastámara fue consolidando su posición hasta conseguir don Álvaro de Zúñiga y Guzmán, I duque de Béjar y I duque de Plasencia la Grandeza en 1480, de manos de los Reyes Católicos, amén de otra serie de nominaciones.

Sus antecesores, a lo largo de los siglos XIV y XV, supieron aprovechar la proximidad al rey para ir, progresivamente, acaparando diferentes nombramientos y oficios. Diego de Estúñiga[3] recibió las alcaidías de castillos (Burgos, Peñafiel, 1390-1391), mercedes de villas (Burguillos, Béjar, 1394-1396), Justicia mayor. El favor regio se vio incrementado por la ayuda militar prestada en las guerras contra los musulmanes y la intervención en acciones de pacificación de territorios (Sevilla). Su hijo Pedro también sirvió con las armas, logrando engrandecer su linaje con nuevos títulos (conde de Ledesma y de Palencia) y con una alianza matrimonial ventajosa con los Guzmán. Se sumaron más nombramientos, alcalde mayor de Sevilla, y concesiones (la villa de Trujillo con la designación de condado, muy contestada por los trujillenses reacios a aceptar la condición de vasallos).

---

[2] Referencias a la progenie en María VICENS HUALDE, "De caballeros a cortesanos: evolución del linaje de los Zúñiga hasta el I marqués de Villamanrique", *Historia y Genealogía*, 7, 2017, pp. 65-87. Exponemos algunas de sus ideas. Véase también Dolores Carmen MORALES MUÑIZ, "Álvaro de Zúñiga y Guzmán", *Diccionario Biográfico RAH*, Madrid, 2009.

[3] Gloria LORA SERRANO, "Nobleza y monarquía bajo los primeros Trastámaras: el ascenso de Diego López de Estúñiga", *Ifigea*, III-IV, 1986-1987, pp. 73-108.

Probablemente fue en don Álvaro de Zúñiga y Guzmán (1410-1488) donde convergieron todos los resortes de poder (tierras, dignidades, mercedes, oficios) entrelazados con el correr de los años y con un denominador común, el servicio al monarca, manantial de todos los beneficios. Activo participante en la convulsa etapa de los reinados de Juan II y Enrique IV, intensificadas las incertidumbres con la sucesión a la Corona de Castilla y el enfrentamiento con los partidarios de Juana la Beltraneja, consiguió, siempre respaldando al soberano, mantenerse en la cúspide de la aristocracia, gozar de la protección y el reconocimiento regio, aumentar el número de cargos —Alguacil Mayor, Justicia Mayor de Castilla— y ampliar sus dominios (concesión de Arévalo, con el tratamiento de duque, también rechazado por sus habitantes contrarios a reconocer su carácter jurisdiccional[4]). Don Álvaro dio muestras de una gran sensibilidad cultural, con independencia de su faceta militar, ejerciendo una labor de mecenazgo con la fundación del monasterio convento de san Vicente Ferrer, de la Orden de Predicadores, en Plasencia[5] y preocupándose por dar una esmerada educación a su extensa prole —diez hijos fruto de dos matrimonios—. Precisamente uno de sus vástagos, Juan de Zúñiga y Pimentel, Maestre de la orden de Santiago y luego, arzobispo de Sevilla, siguiendo su estela creó una corte literaria de eminentes literatos (Nebrija, entre otros) al modo de los humanistas italianos, asentada entre Gata, Villanueva y Zalamea de la Serena[6].

Le sucedería en el título su nieto homónimo, Álvaro de Zúñiga (1460-1531) con quien durante los reinados de Isabel y Fernando y de Carlos I alcanzaría la Casa el máximo prestigio e influencia. Ini-

[4] Gloria LORA SERRANO, "El ducado de Arévalo (1469-1480): un conflicto señorial en tierras abulenses a fines de la Edad Media", *Historia. Instituciones. Documentos*, 25, 1998, pp. 369-394.

[5] José SENDÍN BLÁZQUEZ, "Convento e iglesia de Santo Domingo. Los dominicos en Plasencia", *Alcántara, Revista del Seminario de Estudios Cacereños*, 64, 2006, pp. 95-123. Anexo al palacio del duque —actual Palacio del marqués de Mirabel— fue un destacado centro de estudios dominico, vinculado a Salamanca, especializado en Teología, Doctrina y Arte. Crescencio PALOMO IGLESIAS, "Los dominicos y su labor universitaria en Plasencia. Convento de San Vicente Ferrer", *Archivo Dominicano*, 25, 2004, pp. 21-35.

[6] Fernando VILLASEÑOR SEBASTIÁN, "La corte literaria de Juan de Zúñiga y Pimentel (Plasencia, 1459-Guadalupe, 1504)", *Anales de Historia del Arte*, 23/II, 2013, pp. 581-594.

cialmente se vio obligado a hacer frente a la impugnación a la sucesión por parte de miembros de su familia, pero solventado el problema se dedicó en cuerpo y alma a servir al rey y a engrandecer su estirpe. Desempeñó un activo papel en la conquista de Granada, en las campañas libradas en la década de 1482-1492 en Ronda, Vélez-Málaga, Baza, Guadix, Almería y en la toma de la ciudad de Granada; su nombre figura ente los firmantes de la escritura de capitulación del mandatario nazarí Boabdil. Poco a poco el patrimonio territorial de los Zúñiga se fue consolidando en tierras andaluzas, extremeñas y castellanas.

A la muerte de Isabel I y las tensiones surgidas entre su yerno Felipe de Habsburgo y su marido Fernando de Aragón, Zúñiga se mostró claro partidario del borgoñón, esposo de Juana de Castilla. El mismo apoyo incondicional dispensó a Carlos I cuando arribó a España y durante el conflicto comunero, quien supo recompensarle con el nombramiento de consejero de Estado[7] y la concesión del Toisón de Oro. Pruebas del afecto del soberano fueron su presencia en la comitiva desplazada a la frontera portuguesa en 1524 con el fin de acompañar a Catalina, hermana de Carlos I, para casarse con Juan III de Portugal y, tiempo después, la integración en el sequito organizado para recibir a Isabel, cuando vino al reino a desposarse con Carlos. Igualmente es significativo de la estima el hecho de oficiar de padrino en el bautizo del príncipe Felipe en la iglesia conventual de San Pablo de Valladolid en 1527.

El prior don Antonio de Zúñiga (c.1480-1524) era hermano del II duque de Béjar y de Plasencia. Pocos datos, por no decir ninguno, se disponen de su infancia y juventud, más allá de su lugar de nacimiento, Plasencia (Cáceres), en una fecha incierta[8], y de anotar su nombramiento, siendo jovencillo, de contino en la Casa Real en 1506. Sin duda, la autoridad, el prestigio, la supremacía de su hermano y la

[7] Santiago FERNÁNDEZ CONTI, "Zúñiga y Guzmán, Álvaro", en José MARTÍNEZ MILLÁN (dir.), *La Corte de Carlos V, III. Los Consejos y los consejeros de Carlos V,* Madrid, 2000, pp. 481-484.

[8] En la declaración realizada en Valladolid el 2 de diciembre de 1522, en calidad de testigo dentro del proceso contra el comendador santiaguista Juan de Gaitán, exceptuado en el perdón general promulgado por Carlos V, se indica "es de edad de más de cuarenta años". María del Carmen VAQUERO SERRANO (dir.), *El proceso contra Juan Gaitán*, Toledo, 2001, p. 38.

influencia en las esferas de poder alrededor de la Corte itinerante del soberano serían aprovechadas al máximo. A este respecto cabe mencionar la presencia de ambos en Valladolid en febrero de 1516, asistiendo a unas justas, junto a lo más granado de la aristocracia y del episcopado, organizadas al hilo del juramento por rey de Castilla de Carlos I efectuado por las Cortes castellanas en la iglesia de san Pablo[9]. También, en labores diplomáticos, se encontraba en Montpellier en 1519 formando parte del séquito del canciller Mercurino Gattinara en la reunión mantenida con el Gran Maestre Boissy, representante de Francisco I de Francia, para intentar alcanzar un acuerdo sobre las pretensiones galas en Nápoles y Navarra[10].

1.1. Disputas por la titularidad del Priorato de San Juan de Jerusalén

En los últimos años de la centuria del Cuatrocientos, Isabel y Fernando habían llevado a término una política de absorción de las poderosas órdenes militares de Calatrava (1489), Santiago (1493) y Alcántara (1494) bajo su dominio directo, merced a la incorporación de los maestrazgos. No lo habían conseguido con la orden sanjuanista de Malta, probablemente por su carácter internacional[11].

En consideración de las rentas, dignidad y rango social, el priorato era muy goloso y apetecido por los solares ilustres y, en consecuencia, a lo largo del tiempo, desde el Medioevo (siglo XIII), se fueron sucediendo las disputas por su posesión. Carlos Barquero pone en relación este súbito interés de las grandes casas aristocráticas con la mencionada incorporación de los maestrazgos a la Corona, al quedar el de San Juan por única prebenda susceptible de ser ocupado por algún miembro: "su importancia como plataforma de poder y rentas de

[9] Beatriz MAJÓ TOMÉ, *Valladolid comunera. Sociedad y conflictos en Valladolid en el tránsito de la Edad Media a la Moderna.* Valladolid, 2017, p. 46.

[10] Manuel FERNÁNDEZ ÁLVAREZ, *La España de Carlos V*, en Ramón MENÉNDEZ Y PIDAL (dir.), *Historia de España*, Madrid, 1979, Tomo XX, p. 183.

[11] Una visión de conjunto en Jonathan RILEY-SMITH, *Hospitallers: The History of the Order of St. John*, London, The Hambledon Press, 1999. De ámbito geográfico más concreto Marcial MORALES SÁNCHEZ-TEMBLEQUE, *La orden de San Juan de Jerusalén. Los prioratos de San Juan en La Mancha (siglos XVI y XVII)*, Tesis doctoral leída en la Universidad de Castilla-La Mancha, 2016.

cierto valor para los segundones de la alta nobleza debió acrecentarse al cerrarse la vía de los maestrazgos"[12].

La Casa ducal de Béjar llevaba tiempo en su disfrute con Álvaro de Zúñiga, hijo segundón del duque. Pero el rey Fernando se convertiría, con el arranque del siglo XVI, en el principal valedor de la Casa de Alba. En 1501 pidió a la corte pontificia la reserva del priorato, cuando quedara vacante, para Enrique de Toledo, hermano de Alba, si bien ya con anterioridad, en su afán de promocionar al linaje había solicitado la encomienda de Chipre, una de las más ricas, para el mismo candidato. Tres años después escribiría al maestre de Rodas con idénticas pretensiones. Al morir Enrique el aspirante será Diego de Toledo, hijo del duque.

En este contexto, cuando se produce el fallecimiento del Gran Prior Álvaro de Estúñiga o de Zúñiga, en 1512 se desencadenan los acontecimientos y se endurece el conflicto. De inmediato el de Béjar reconoce Prior a su hermano Antonio de Zúñiga, contando además con el respaldo del papa Julio II. La otra familia interesada en la posesión consigue del embajador de la orden hospitalaria en 1513 la designación, por un tiempo de una década, de Diego Álvarez de Toledo. Muy activo se muestra Fernando el Católico quien para gratificar al de Alba por sus servicios emprende en 1514 una serie de actuaciones diplomáticas ante el Sumo Pontífice y ante el Gran Maestre de Rodas. En dos cartas escritas a León X en la primera mitad del año expone diferentes argumentos a favor de su candidato y en descrédito del contrario: reclama la nulidad de la provisión por no haberse respetado la regalía del patronato real, ponía en tela de juicio la fidelidad de los Zúñiga a la Corona, al considerarlos aliados de Francia y apostilla finalmente sus explicaciones con la denuncia del procedimiento utilizado mediante el abono de una cantidad de dinero para conseguir la bula de nombramiento aprovechando la modalidad de resignación de su tío don Álvaro. Con similares juicios de valor se dirigió al maestre de Rodas demandando la asignación del cargo a don Diego. Así se hizo desde la

---

[12] Carlos Barquero Goñi, "Disputas por el priorato del Hospital en Castilla durante los siglos XVI Y XVII", *Hispania*, LVIII/2, 199, 1998, pp. 537-557, más en concreto 551-556 [554]. Algunos detalles de los expuestos están extraídos de estas páginas. Del mismo autor *Los hospitalarios en la España de los Reyes Católicos*, Gijón, 2006.

isla mediterránea siendo atendida favorablemente la reclamación dado el malestar del maestre con el Pontífice romano por haber resuelto la elección sin contar con su aprobación y sin ni siquiera consultarle. Ante esta situación don Antonio queda destituido hasta 1516 cuando fallece el soberano aragonés.

Al acceder al trono Carlos, en vida todavía el Cardenal-Gobernador Cisneros, los Zúñiga acuden en súplica de restitución, siendo concedida por el monarca en Bruselas y sancionada por el pontífice en Roma instando a su devolución. Lógicamente los de Alba no permanecen de brazos cruzados y acuden a la reina Juana[13] y al mismo rey su hijo, poniendo en un brete al joven soberano, colocado contra su voluntad entre dos fuegos.

El duque de Alba, de forma complementaria a la utilización de escritos e influencias, intentó conseguir por el empuje de las armas el priorato y emprende una serie de actuaciones enviando tropas a Alcázar y Consuegra para reforzar las milicias populares formadas por su hijo y enfrentarse a las realistas. Consecuencia de estos choques el de Alba entregó el territorio en litigio y el cardenal Cisneros, más inclinado por los Zúñiga, prohibió a Diego de Toledo reunir a los caballeros de la orden, asumiendo personalmente la autoridad.

Carlos I tras fallecer el regente Jiménez de Cisneros envió varias misivas a ciudades y villas y a distintos nobles en un esfuerzo por lograr una solución satisfactoria a ambas partes, con la finalidad de dar carpetazo al problema y restañar las heridas de dos poderosos linajes cuyo concurso resultaba necesario de tener a su lado de forma incondicional. En una decisión salomónica, probablemente para no enemistarse con sendas estirpes aristocráticas, de las más principales del reino, y apaciguar las disensiones, decidió en 1519 dictar una resolución o sentencia arbitral en virtud de la cual dividía el Priorato de Castilla y León. Con el título de Prior de la Provincia de León Diego Álvarez de Toledo recibiría las encomiendas sanjuanistas ubicadas en las diócesis de Zamora, Salamanca, Plasencia y Burgos, más las correspondientes a la de Sevilla. Por su parte, Antonio de Zúñiga con la credencial de Prior de Castilla,

---

[13] Bethany ARAM, *La reina Juana: gobierno, piedad y dinastía*, Madrid, 2001; Manuel FERNÁNDEZ ÁLVAREZ, *Juana la Loca: la cautiva de Tordesillas*, Madrid, 2000.

se haría cargo de las correspondientes a los reinos de Toledo, Murcia y Galicia, y las de la provincia de Campos. Trasladada la disposición al Campo de San Juan la distribución se hizo otorgando a don Diego las villas de Argamasilla, Quero, Tembleque, Villafranca y Alcázar convertida esta última en sede y a don Antonio el resto de las poblaciones, es decir, Consuegra, Madridejos, Camuñas, Urda, Turleque, Tembleque, Villacañas, Herencia, Villarta y Arenas con cabeza en el castillo de Consuegra. En la concordia se establecía una vigencia mientras viviera don Diego, pero realmente continuó en sus hermanos. León X confirmó la sentencia ese mismo año de 1519 y absolvió a los litigantes de las penas y censuras en que hubieran podido incurrir; en 1531 el maestre de la orden sancionaría la división. Décadas después, "por el grande perjuicio que de la división se seguía, se juntó el Consejo pleno en Malta a 9 de enero de 1566 para volverlos a unir en una sola cabeza… desde entonces quedó por costumbre que el nuevo Gran Prior tome posesión en las dos capitales Consuegra y Alcázar de San Juan"[14].

2. Campañas militares durante el conflicto comunero

Antonio de Zúñiga en 1520 tenía la intención de marchar a Flandes, obedeciendo una orden cursada por el soberano. A finales de septiembre, en Consuegra escribe una carta a los gobernadores, portada en mano por dos servidores, donde alertaba de las inquietudes reinantes:

> las cuales son tan nuevas que jamás otras semejantes fueron vistas de nuestros pasados, ni fueron oídas de nosotros sus sucesores, porque veo el Reino revuelto y gran desacato en la justicia, y que ninguno puede estar seguro en su casa y sobre todo es lo peor que á ninguna cosa se pone remedio[15].

Realmente el panorama descrito está cargado de tintes sombríos y, aún peor, de comportamientos desconocidos: revueltas generalizadas, in-

---

[14] Pedro Guerrero Ventas, *El Gran Priorato de Castilla y León de la Orden de San Juan de Jerusalén en el Campo de la Mancha*, Toledo, 1969 pp. 190-195 [194].

[15] Alonso de Santa Cruz, *Crónica del Emperador Carlos V*, Madrid, 1920, p. 447-448.

seguridad, desobediencia a las leyes y falta de firmeza por parte de las autoridades para poner coto a los males reinantes.

Les pone al día de las alteraciones de la capital toledana, los levantamientos en Ocaña bajo la autoridad de los Osorio y las aspiraciones de Padilla para ocupar el maestrazgo de Santiago ofrecido desde Uclés. La misiva iba precedida de una consideración digna de traer a la memoria: la convulsa situación tenía una explicación clave "nuestros pecados nos han traído a tales tiempos"[16].

Una serie de afirmaciones nos permite vislumbrar su personalidad, sus ideales y su pasado. Se ofrece para combatir al enemigo y sugiere la conducta a seguir por los leales al monarca, basada en la unidad

> Yo juro á ley de caballero y al santo hábito de San Juan, de que estoy vestido, que no tengo en tanto lo hecho cuanto temo lo que se ha de hacer; porque veo, señores, que las cosas de la comunidad van muy adelante y las del servicio del Rey nuestro señor queda mucho atrás, y considero que la Junta está muy junta y en nosotros no hay ninguna concordia. A mi parecer en cosas tan peligrosas deberíamos todos los caballeros posponer y olvidar todas las competencias y enojos, y después juntarnos y ser á una contra estos comuneros.

Es tiempo de unión, de adhesión no de discordias internas partidistas y debilitadoras de su fuerza. Ante la perspectiva existente, no duda en posponer su viaje para defender el reino "no me ocupo sino en trocar mulas por caballos, sedas por corazas, brocados por coseletes, tapicería por artillería, plata por pólvora, y finalmente me hago pobre de joyas por hacerme rico de armas". Más directamente añade

> Yo soy un pobre caballero y en los tiempos pasados no he sido menos ni aun más dichoso que otro, pero paréceme que vuestras muy ilustres señorías deberían criar un caballero en este

---

[16] Sobre este aspecto y la dimensión demoniaca del movimiento comunero resulta imprescindible Claudio César RIZZUTO, *La revuelta de las comunidades de Castilla en el Reino de Dios: profecía, heterogeneidad religiosa y reforma eclesiástica, 1520-1521*, Salamanca, 2021.

Reino de Toledo, que tuviese en mucho el servicio de Dios y el bien del Reino y en muy poco el interés de su hacienda y el peligro de su persona, debajo del cual yo prometo de militar y perder la vida.

En un tono humilde, cargado de la retórica al uso, pone su vida a mayor gloria real y se postula para aceptar altas responsabilidades, quizás porque a sus oídos habían llegado noticias de las propuestas de nombramientos próximas a darse a conocer.

En el entorno de Toledo[17], con el eje del río Tajo como elemento de división, el rey en enero de 1521 realizó dos nominaciones de Capitanes Generales de las tropas realistas. La zona de "aquende el Tajo" quedó adjudicada a don Juan de Ribera, señor de Montemayor, regidor de Toledo, amén de numerosos cargos[18]; la de "allende el Tajo" fue para el hospitalario don Antonio de Zúñiga, cuyo fervor anticomunero queda patente en la mencionada epístola.

La mayor actividad bélica en el territorio de la meseta sur tendría lugar a lo largo de 1521. Podrían determinarse dos etapas, una, con el obispo de Zamora de caudillo militar a batir, en torno a la primavera y verano de 1521, antes e inmediata —incluso coincidente en algún caso— con la decisiva batalla de Villalar (23 de abril de 1521) y otra a partir de la hostilidad bélica desatada por el país galo en la zona septentrional peninsular (invasión francesa de Navarra[19], sitio de Logroño[20], conquista

---

[17] Para una visión de Toledo, cabe mencionar a Fernando MARTÍNEZ GIL, *La ciudad inquieta. Toledo comunera, 1520-1522*, Toledo, 1993 (a pesar de rondar las tres décadas de su publicación, sigue siendo una referencia útil) y Juan Manuel MAGÁN GARCÍA, "Toledo, norte y espejo de la revuelta comunera", en Miguel F. GÓMEZ VOZMEDIANO (coord.), *Castilla en llamas. La Mancha comunera*, Ciudad Real, 2008, pp. 143-168.

[18] Ramón SÁNCHEZ GONZÁLEZ, "Juan de Ribera, las Comunidades de Castilla y los pleitos de sus sucesores en el marquesado de Montemayor en el siglo XVI", *Chronica Nova*, 45, 2019, pp. 337-376.

[19] Peio J. MONTEANO, *De Noáin a Amaiur (1521-1522): El año que decidió el futuro de Navarra*, Pamplona, 2012.

[20] Fernando ALVIA DE CASTRO, *Memorial y discurso político por la muy noble, y muy leal ciudad de Logroño*, Lisboa, Lorenzo Craesbek, 1633. Este acontecimiento supuso un timbre de gloria para los logroñeses, glosado en la obra citada. Francisco Javier GÓMEZ, *El sitio de Logroño en 1521: reseña histórica relativa al hecho de armas ocurrido en dicha época*, Logroño, 1990. Diego TÉLLEZ ALARCIA (coord.) *El cerco de Logroño de 1521: mitos y realidad*, Logroño, 2021.

de Hondarribia...[21]). La consecuencia inmediata de la entrada en escena del país vecino fue la concentración de unidades militares en el norte, dejando todo el protagonismo en la zona meridional de la meseta al prior de San Juan y sus huestes y otorgando a la resistencia promovida por María Pacheco, convertida en el alma de la revuelta, una pujanza que, quizás, si no se hubieran visto impelidos a diversificar las fuerzas militares, se hubiera zanjado el asunto con mayor rapidez y contundencia.

2.1. La formación del ejército y problemas derivados

El contingente se fue nutriendo de aportaciones de soldados procedentes de zonas diversas, algunas alejadas del territorio sanjuanista, con un nexo común, el apoyo a los ejércitos imperiales. Unas veces estaban formados por nobles o miembros principales de localidades distintas, otras, reclutamientos más o menos voluntarios o reubicación de grupos destinados a empresas concretas. Así sucedió al incorporar milicias, bajo el mando del capitán Francisco de Rebolledo, desembarcados en el puerto de Cartagena tras formar parte de la flota de don Hugo de Moncada enviada para intentar tomar los Gelves[22]. Forzoso es decir que detrás de estas movilizaciones, no había bellos ideales por parte del común de quienes empuñabas las armas, sino intenciones más aviesas[23] o simplemente el impulso de sentirse obligado por vasallaje. Juan Maldonado apunta en relación con el reclutamiento en ambos bandos que la mayoría se alistaba

[21] César M. FERNÁNDEZ ANTUÑA, "La conquista de Hondarribia por los franceses en 1521 y el proceso a Diego de Vera", *Vasconia*, 32, 2002, pp. 321-368.

[22] José Miranda señala un reparto de esa milicia en ambas parcialidades, comuneras e imperiales. José MIRANDA CALVO, *Reflexiones militares sobre las Comunidades de Castilla*, Toledo, 1984, p. 23. Esta obra resulta imprescindible para un detallado conocimiento del análisis militar de la guerra y de las operaciones militares.

[23] Los soldados incorporados de la expedición de Gelves "andrajosos, necesitados, irritados porque los habían despachado sin concluirles de dar sus pagas, recibieron como un bien los rumores de que España ardía en guerra civil, enfureciéndose los plebeyos contra la nobleza y los lugartenientes reales, y los nobles precipitándose contra el pueblo por defender sus intereses y el reino. Por lo que habiendo concebido grandes esperanzas de que por los saqueos de las ciudades podrían enriquecerse en su patria, casi todos á un tiempo se hicieron á la vela para España". Juan MALDONADO, *El movimiento de España o sea Historia de la revolución conocida con el nombre de las Comunidades de Castilla*, Madrid, 1840, p. 180.

con la esperanza de alejar su pobreza y apagar el hambre con los saqueos.[24]

En más de una ocasión Cuenca prestó ayuda al ejército de Antonio de Zúñiga, en forma de soldados, artillería o dinero; de forma recíproca en momentos concretos, 14 de febrero de 1521, fue el Ayuntamiento conquense quien requirió por carta al prior para que desviara gentes de armas establecidas en Toledo con la finalidad de pacificar la zona, más en concreto el marquesado de Moya necesitado de auxilio a la vecindad[25]. El corregidor de Chinchilla se puso al frente de cuatrocientos hombres de a pie y cincuenta lanzas[26]. De Ciudad Real, en septiembre de 1521 un centenar de cuadrilleros, bien pertrechados de equipamiento bélico salieron para agregarse a los destacamentos[27]. Hay constancia de localidades manchegas coadyuvando al fortalecimiento del ejército realista. En Campo de Criptana, se señala en las *Relaciones topográficas de Felipe II* su lealtad y aportación:

> Lo que hay memoria en esta villa [de] muchos que lo vieron es que desde el año de diez y nueve, veinte y veinte y uno estuvo esta villa en servicio de Su Majestad; sirvió en todas las guerras de las Comunidades con una compañía de infantería de más de cien soldados a su costa con su capitán y alférez en las batallas del Romeral, Ocaña, Dos Barrios y Toledo; era general del campo el prior don Antonio de Zúñiga y general de caballería don Hernando de Rojas, comendador de esta villa[28].

[24] MALDONADO, p. 195

[25] Se han señalado 300 hombres, 10 carros de artillería y 1.800.000 mrs. Máximo DIAGO HERNANDO, "El conflicto de las Comunidades en Cuenca (1520-1522)", *Chronica Nova*, 29, 2002, pp. 27-62 [p.55, nota 46 y 56]. Igualmente puede consultarse Rodrigo de LUZ LAMARCA, *Los obispos Luis y Antonio de Acuña: Cuenca en la guerra de las Comunidades (1520-1521)*, Madrid, 2001.

[26] Archivo General de Simancas (AGS), Cámara, leg. 139, f. 237; Manuel DANVILA Y COLLADO, *Historia crítica y documentada de las Comunidades de Castilla*, Madrid, 1897, T. IV, p. 438.

[27] Miguel Fernando GÓMEZ VOZMEDIANO, "La revuelta de las Comunidades en la Mancha (1519-1531)", *Chronica Nova*, 23, 1996, 135-169 [156-157]

[28] Francisco Javier CAMPOS Y FERNÁNDEZ DE SEVILLA, *Los pueblos de Ciudad Real en las Relaciones Topográficas de Felipe II*, Ciudad Real, 2009, pp. 308-309.

Vinieron incluso de lugares más alejados, de Andalucía *"don Diego de Carvajal, señor de Jódar, caballero muy principal y esforzado de la ciudad de Baeza, y don Alonso. su hermano, con buena copia de gente de á caballo de deudos y criados suyos, con que hicieron señaladas cosas"*[29]; "D. Pedro Manrique, Corregidor de Jerez de la Frontera, con 800 soldados andaluces, todos mancebos y bien armados"[30]; el capitán Bartolomé Muñoz de Alcántara, cuando se empezó a formar el ejército sanjuanista llevó de Lucena trescientos hombres escopeteros y ballesteros, permaneciendo a sus órdenes mientras duró la pugna[31]. Otros socorros recibidos vinieron de Sevilla con don Pedro de Guzmán, hermano del duque de Medina Sidonia y sobrino de Zúñiga, *"con mil hombres de á pié y cien jinetes y alguna artillería de campo, y sirvió muy esforzadamente en esta guerra, aunque era de tan poca edad, que no había diez y nueve años cumplidos"*[32].

Es preciso salir al paso y no perder de vista el incremento, al socaire de los acontecimientos, de soldados, bastimentos y dinero a lo largo del conflicto. A modo de muestra, con fecha 16 de marzo de 1521, el Almirante de Castilla informa de haber proveído al ejército asentado en este territorio con cuatro mil infantes, cuatrocientas lanzas y todo monta 22.000 ducados[33].

No solo se trataba de hombres, también de muchos recursos y pertrechos. Con demasiada frecuencia, a tenor del sentir de los afectados, se hicieron requisas imprescindibles e inexcusables ya fuera de provisiones, cabalgaduras para el sostenimiento del ejército e incluso de dinero contante y sonante. La entrega en concepto de préstamos, de grado o por fuerza, fue muy usual. El ocañense Pedro Osorio se

---

[29] Pedro MEXÍA, *Relación de las Comunidades de Castilla*, Muñoz, Moya y Montraveta (eds.) Barcelona, 1985, p. 157.

[30] SANTA CRUZ, *ob. cit.* [n. 15], p. 476

[31] AGS, Cámara, leg. 444, f. 56; DANVILA, *ob. cit.* [25], IV, p. 645.

[32] MEXÍA, *ob. cit.* [n. 28] p. 161. Pedro de Guzmán era hijo de doña Leonor de Zúñiga, hermana de don Antonio.

[33] AGS, Comunidades de Castilla, leg. 5, f. 341, DANVILA, *ob. cit.* [25], III, p. 418. Los Gobernadores instarán al marqués de Villena y al duque del Infantado a prestar socorro al ejército sanjuanista: "luego se muestre lo más poderosamente que pueda en favor del prior y le de toda la ayuda que aya menester" AGS, *Cédulas,* lib. LII, f. 84; DANVILA, *ob. cit.* [25], III, p. 572.

vio forzado a conceder mil ducados al prior para sostenimiento de las tropas[34] y Francisco de Rojas, señor de Layos, antiguo embajador en Roma de los Reyes Católicos, cinco millones de maravedís para ayuda de guerra, en concreto *"sostener el cerco sobre la cibdad de Toledo"*[35]. A decir verdad, la bolsa de don Francisco se agitó demasiadas veces y no, precisamente, por gusto. Además de la importante cuantía asignada al sanjuanista, también se vio empujado a prestar tres mil ducados para las operaciones desatadas en Fuenterrabía, en la lucha con los franceses. Por estas razones y algunas más expuestas en una carta fechada en Layos a 3 de octubre de 1522 dirigida al emperador, se comprende el tono lastimero de la misiva, las humillaciones sufridas por la "malvada seta de la comunidad" y el trasfondo, más o menos oculto, o más o menos explícito, de esperar alguna compensación y, principalmente, el reconocimiento por "muy verdadero y muy leal siervo" demostrado anteriormente con sus padres y abuelos.

> *Yo quedé muy gastado de los rrobos de muchas cantidad de dinero y hacienda que me rrobaron los de la ynfernal seta de la comunidad de Toledo //demás de aver me tomado toda mi rrenta y destruido mis casas y heredamientos y quemado y destruido mis molinos y la varca de açeca y los molinos del arenal y aver me hecho hazer grandísimos gastos estra ordinarios en aver me tenido siempre guarnición de mucha gente y de muchos espingarderos y artillería en está mi casa de layos defendiéndola y a mí persona en serviçio de vra. magt. como plugo a dios que la defendí con grandísimos trabajos y peligros estando siempre sitiado de la malvada seta de la comunidad, velandome y rrondándome de noche y de día*[36].

---

[34] AGS, Escribanía Mayor de Rentas, leg. 89, exp. 63.

[35] Este mismo noble se vio impelido a otorgar un préstamo al obispo Acuña de 1.500 en septiembre de 1521, con lo cual su dinero sufragaba a ambos contendientes. AGS Contaduría Mayor de Cuentas, Primera época, leg. 358, s/f. Noticias del personaje y sus actuaciones en las Comunidades en Paulina LÓPEZ PITA, "Las Comunidades frente a Francisco de Rojas", *En la España Medieval*, 8, 1986, pp. 591-602; "Significado del movimiento comunero frente a Francisco de Rojas, embajador de los Reyes Católicos y señor de Layos", *Toletum Anexos*, extra-3, 2020, pp. 17-36.

[36] AGS, Comunidades de Castilla, Patronato Real, leg, 3, doc. 25.

Todas estas aportaciones, o su inmensa mayoría, finalizado el conflicto, darían origen a devoluciones, reclamaciones y pleitos[37]. Curioso a este respecto fue la querella[38] litigada durante dos años, entre 1523 y 1525, por una vecina de Ocaña, de nombre Leonor de Hervás y Francisco Díaz Casero, de Dosbarrios, a cuenta de la propiedad y alquiler de una pareja de mulas. La demanda venía de antes y guardaba relación con préstamos concedidos al calor de la guerra. Los rebeldes habían sustraído a Leonor una carreta con dos mulas, cargada de harina (destinada probablemente para suministro de sus hombres) y en compensación el mandatario realista le había dado dos mulas propiedad de Francisco. Pacificado el reino, el lugareño pajarero (gentilicio del pueblo) reclama sus bestias, más la renta correspondiente al arriendo del tiempo de uso de las acémilas. La disputa legal se intenta sustanciar ante el Consejo de Órdenes Militares. Entre los innumerables testigos comparecientes figura el mismo don Antonio, a la sazón desempeñando en Cataluña el cargo de virrey, quien envía dos misivas exponiendo su versión de los hechos y deseando dejar claro, sin circunloquios o medias palabras, su punto de vista y su posición.

Más que la resolución de las diferencias en torno a la causa de la querella resulta más interesante la noticia de ciertos comentarios sobre la guerra aportador por Zúñiga. Impreciso en detalles concreto, recuerda haber sucedido estando en Ocaña, reducida la villa al servicio real, tratarse de una mujer viuda, cuyo nombre no recuerda, a quien le fueron arrebatadas las bestias, el carro y la harina por gentes de los pueblos sublevados. Menciona escaramuzas posteriores por Yepes y Dosbarrios y la orden de incautarse dos mulas para entregarlas a la mujer justificando la aprehensión por motivos de guerra *"las quales mulas, torno a dezir, que fueron avidas y tomadas en buena guerra"*. Concepto el último muy útil para explicar demasiadas conductas irregulares.

En definitiva, dejando al margen estos detalles, con un ejército consi-

---

[37] Ramón Sánchez González, "Ajustes de cuentas tras la derrota de Villalar (1521). Reparaciones y mercedes", en Istprocess Szászdi León-Borja y Ramón Sánchez González (eds.), *Comercio, rentas y globalización en la Guerra de las Comunidades*, 2021, pp. 15-69.

[38] Archivo Histórico Nacional (AHN), Órdenes Militares. Archivo Histórico Toledo, exp. 15233.

derable, abundante artillería y munición, el prior pronto despliega una intensa actividad con expeditas jornadas sometiendo distintos lugares y apoderándose de vituallas de los maestrazgos. La alarma cunde entre los comuneros quienes se dirigen a la Junta establecida en Valladolid, demandando una actuación contundente contra él "como carne podrida es necesario que se corte antes que cause pasmo en la carne sana"[39].

2.2. Relato de los cronistas y mirada a los archivos

Casi todos los cronistas del emperador o de épocas algo posteriores, recogen información concerniente a los acaecimientos protagonizados por Antonio Zúñiga. Cierto es, y no se debe dejar de lado, la parcialidad de esta "historiografía oficial", con silencios clamorosos, pasar de puntillas ciertos episodios o sencillamente olvidarlos como si no hubieran sucedido[40]. Con esta rica información, más la extraída, principalmente, del Archivo General de Simancas, y fuentes complementarias[41], se puede reconstruir con bastante fidelidad y detalle

[39] SANTA CRUZ, *ob. cit.* [n. 15], p. 451.

[40] Sin ánimo de exhaustividad pueden mencionarse varias referencias bibliográficas. Con carácter general Richard L. KAGAN, *Los Cronistas y la Corona*, Madrid, 2010. También "Carlos V a través de sus cronistas: el momento comunero", en Fernando MARTÍNEZ GIL (coord.), *En torno a las Comunidades de Castilla*, Cuenca, 2002, pp. 147-157; David Roberto TORRES SANZ, "Las Comunidades de Castilla en la opinión de los contemporáneos", en István SZÁSZDI LEÓN-BORJA y María Jesús GALENDE RUIZ (eds.), *Imperio y Tiranía. La dimensión europea de las Comunidades de Castilla*, Valladolid, 2013, pp. 17-33. Para Juan Ginés de Sepúlveda a Alexandra MERLE, "Autocensura en torno a la dimensión política de las Comunidades de Castilla", *Manuscrits. Revista d'Història Moderna* 35, 2017, pp. 19-40; Remedios MORÁN MARTÍN, "Entre líneas: la historia de Carlos V de Juan Ginés de Sepúlveda y su visión sobre las Comunidades de Castilla", en István SZÁSZDI LEÓN-BORJA y María Jesús GALENDE RUIZ (eds.), *Imperio y Tiranía. La dimensión europea de las Comunidades de Castilla*, Valladolid, 2013, pp. 437-453; Santiago MUÑOZ MACHADO, *Sepúlveda, cronista del Emperador*, Barcelona, 2012; Baltasar CUART MONER, "Juan Ginés de Sepúlveda, cronista del Emperador", en José MARTÍNEZ MILLÁN (coord.), *Carlos V y la quiebra del humanismo político en Europa (1530-1558)*, vol. 3. Madrid, 2001, pp. 341-368. Para Antonio de Guevara, Francisco MÁRQUEZ VILLANUEVA, "Las Comunidades y su reflejo en la obra de Guevara", en *V Simposio Toledo renacentista*, Toledo, 1980, T.II, pp. 171-208 y *"Nuevas de corte.* Fray Antonio de Guevara, periodista de Carlos V", en José MARTÍNEZ MILLÁN (coord.), *Carlos V y la quiebra del humanismo político en Europa (1530-1558)*, vol. 2. Madrid, 2001, pp. 13-28.

[41] Ciertos pleitos sustanciados en la Real Chancillería de Valladolid aportan información tangencial sobre estos sucesos. También se ha extraído información del Archivo de la Nobleza de Toledo. Igualmente, el papel de los Zúñiga en el conflicto es narrado por fray Alonso FERNÁNDEZ, *Historia y anales de la ciudad y Obispado de Plasencia*,

las peripecias de armas más importantes realizadas por el prior y sus huestes.

En el mes de febrero, los regidores y jurados de Toledo empiezan a tomar iniciativas al tener conocimiento de los movimientos de Zúñiga. Juan Carrillo, siguiendo un mandato municipal escribe a Talavera pidiendo un contingente de hombres para luchar[42]. Días después, el 26, se da lectura a las instrucciones y requerimientos dados a Gonzalo Gaitán, a la sazón capitán de las tropas desplazadas al priorazgo[43].

No obstante, la actividad bélica en el reino de Toledo cuando adquiere mayor intensidad es a raíz del desplazamiento del obispo de Zamora, don Antonio de Acuña —"padre y señor de la patria" en palabras de Maldonado[44]—, fuera de Castilla la Vieja. Todos los estudiosos, de ayer y de hoy, vienen a coincidir en señalar el motivo fundamental de su llegada al centro peninsular no su ardor comunero, sino su aspiración, o para ser más preciso, su ambición por ocupar la Silla Primada vacante desde los primeros días de enero al fallecer el arzobispo Guillermo de Croy, quien, para enojo e indignación de los castellanos y en particular el clero toledano, nunca llegó a tocar suelo español. El deseo de hacer frente a los hombres de armas sanjuanistas y oponerles resistencia fue más bien el pretexto. Con todo, reducir la cuestión del metropolitano a una ambición particular sería quedarnos con una visión sesgada e incompleta de la realidad. Sin desdeñar esas aspiraciones, para las autoridades populares controlar el arzobispado, en la medida de lo posible, intervenir en el nombramiento de su titular, era controlar sus cuantiosas rentas; burlar el paso a sus enemigos era debilitar al contrario y fortalecer a los propios. En definitiva, estando la sede vacante, en la pugna por la elección de quien la regentara había mucho en juego[45].

Madrid, Juan González, 1627, pp. 182-185 (el prior p. 184).

[42] La participación de la ciudad de la Cerámica en el conflicto comunero puede verse en John B. OWENS, *"By my Absolute Royal Authority": Justice and the Castilian Commonwealth at the beginning of the Fist Global Age*, Rochester, 2005, pp. 91-99.

[43] Archivo de la Real Chancillería de Valladolid (ARCHV), Pleitos Civiles, Lapuerta (F), Caja 294,1, sf.

[44] MALDONADO, *ob. cit.* [n. 23], p. 239

[45] Véase en el interesante artículo de Claudio César RIZZUTO, "Controversias eclesiológicas y eclesiásticas alrededor del arzobispado de Toledo durante la revuelta de las Comunidades de Castilla (1520-1521)", *e-Spania*, 36, 2020 [En línea].

Sin despojarse del báculo, la mitra y el anillo episcopal se había convertido en caudillo de la rebelión enarbolando la enseña y los ideales comuneros. Arrastrado por su aureola de cabecilla encontró entusiastas acogidas en muchos de los lugares por donde transcurrió su itinerario. En Torrelaguna —patria chica del cardenal Cisneros—, Talamanca, la propia villa de Alcalá de Henares, halló por doquier una muchedumbre de toda laya y condición enfervorizada con su presencia, prorrumpiendo en vítores y vivas —¡biba la Comunidad y mueran los traidores![46]— aclamándole como prelado de Toledo y capitán general de las filas alzadas contra el mal gobierno[47]. Gentes sencillas del pueblo menudo (campesinos, artesanos), estudiantes, colegiales, maestros de la universidad complutense, hidalgos y caballeros, quedaban sojuzgados por el magnetismo personal del clérigo guerrero Acuña. En la ciudad del Henares permaneció varios días, pese a la reticencia inicial de los "principales", "buenos", "hombres de bien" quienes arrastrados por la multitud terminaron poniéndose a la cabeza en el séquito de recibimiento. Su presencia fue determinante en la movilización popular y en la radicalización del movimiento[48]. Obviamente para los realistas se convirtió en un auténtico quebradero de cabeza: *el obispo de Zamora nos ha puesto en muchas revueltas[49] toda la tierra; a se hecho prober de gobernador del arzobispado de Toledo*[50].

[46] La consigna de matar a los traidores se repetía en todas las revueltas y algaradas populares. Angus MACKAY y Geraldine MCKENDRICK, "La semiología y los ritos de la violencia: Sociedad y poder en la corona de Castilla, *En la España Medieval*, 11, 1988, pp. 153-165 [162].

[47] Ángel CARRASCO TEZANOS, *A voz de Comunidad. La rebelión comunera en Alcalá de Henares: 1520-1521*, Madrid, 2016, pp. 46 y 50.

[48] Sobre este caudillo véase, entre otros, Alfonso M. GUILARTE, *El obispo Acuña. Historia de un comunero*, Valladolid, 1979; José de CASTRO LORENZO, *Don Antonio de Acuña y su época*, Valladolid, 2007; RIZZUTO, *art. cit.* [n. 44]; Miguel GÓMEZ VOZMEDIANO, "El obispo Acuña: remediador de pobres y esquilmador de poderosos", en István SZÁSZDI LEÓN-BORJA y Ramón SÁNCHEZ GONZÁLEZ (eds.), *Comercio, rentas y globalización en la Guerra de las Comunidades*, 2021, pp. 145-181.

[49] Existía una graduación, en función de la gravedad de los incidentes. Sobre esta semántica (alteración, revuelta, levantamiento, sublevación, motín, tumulto, rebelión, sedición…) véase Rafael BENÍTEZ SÁNCHEZ-BLANCO, "Revueltas y rebeliones en la España moderna", en Juan Luis CASTELLANO y Miguel Luis LÓPEZ-GUADALUPE MUÑOZ (eds.) *Actas de la XI Reunión Científica de la Fundación Española de Historia Moderna*, Granada, Universidad de Granada, 2012, pp. 159-178. Un cuadro con las definiciones en pp. 176-177.

[50] Archivo Histórico de la Nobleza (AHNOB), Osuna, C.1635, D. 203.

2.2.1 Ocaña

La primera intervención puede situarse en Ocaña. Esta villa perteneciente a la orden de Santiago se había levantado contra el rey, empeñada en hostigar a pueblos vecinos a voz de comunidad, creando agravios y haciendo alarde de poderío. En sesión municipal del 8 de marzo de 1521 los regidores decidieron destituir al Gobernador y al Alcalde Mayor siendo las cabezas visibles de los "revolvedores" Juan Osorio, comendador de Dosbarrios (castigado con la pérdida de la encomienda al terminar la revuelta) y Francisco de Osorio, este último erigido en Gobernador de los territorios santiaguistas. El vigor demostrador en su desafío a los "tiranos" queda patente en la requisa de granos, ganado, rentas de la orden y hasta la extracción de bienes pertenecientes a iglesias y conventos, sin menospreciar las graves amenazas de muerte a los opositores.

Desde su villa y castillo de Consuegra, Antonio de Zúñiga una vez organizado un ejército de servidores leales al monarca, con el fin de reducir a Ocaña, y quizás más importante, extirpar la propagación y extensión a localidades próximas, salió en dirección a Tembleque, al encuentro en compañía de dos capitanes —Aguirre y Pacheco— preparados con seiscientos soldados "diestros en la guerra" y con unos caballeros huidos de Ocaña concertados con parientes y amigos del interior para apoderarse de la villa. Se estableció en Corral de Almaguer[51]. Para intentar sofocar esta insurrección emprende una acción y envía a tres sobrinos suyos al mando de unas tropas con artillería para tomarla y rendirla. Conocida por los comuneros, Acuña orientará su ruta hacia Ocaña para prestarle su apoyo y enterados en Toledo mandaron un grupo de socorro de igual número para defenderla bajo el mando de Gonzalo Gaeta. También acudieron para su salvaguardia vecinos de Chinchón, Yepes, Madrid, Illescas, Segovia y lugares de su tierra y de diversas partes. Prevenidos los ocañeros defendieron la entrada y, después de una larga lucha con escopetas y ballestas, los imperiales se vieron obligados a abandonar la plaza sin conseguir su objetivo. Entre las peripecias ocurridas está la captura de una bandera a un alférez.

[51] Un relato basado prioritariamente en las *Relaciones de Felipe II* en Rufino ROJO GARCÍA-LAJARA, *Historia de la muy noble y leal villa de Corral de Almaguer*, Corral de Almaguer, 1991, pp. 189-197.

Sin resolverse definitivamente la situación, tras unos incidentes guerreros de resultado incierto los jefes de ambas parcialidades, obispo y prior optaron por abandonar el escenario bélico y posponer la solución pendiente para mejor momento. Un tiempo después, visto el cariz de los acontecimientos, el acecho de los sanjuanistas, en el interior de Ocaña hombres principales "traían sus tratos para se le entregar" y terminaron concertándose con el enemigo, hasta alcanzar un perdón y volver al servicio del rey recibiendo a Zúñiga "con cruces y gran demostración de humildad". Sucedía todo esto al finalizar el mes de marzo.

2.2.2. Batalla de El Romeral

Probablemente una de las expediciones militares más intensas con profunda huella en la memoria de los vecinos, cuyo resultado fue objeto de manipulación y utilizado por las fuerzas populares a modo de baza propagandística[52]. Del fragor del combate da testimonio el hecho de las heridas recibidas por sendos líderes Acuña y Zúñiga, amén del número de muertos y heridos diseminados por el campo de batalla. El desencadenante guarda relación con la situación vivida en Ocaña. El prior instalado en Corral de Almaguer recibió la visita del guardián del monasterio de San Juan de los Reyes de Toledo con la intención, siguiendo instrucciones de la comunidad, de procurar alguna concordia. Resultado de las conversaciones el 4 de marzo se acordó una interrupción, marcada por el loable fin de encontrar algún camino para conseguir la paz y el sosiego. Lamentablemente, las buenas intenciones se vieron frustradas con la presencia del obispo de Zamora, clérigo de rompe y rasga, convertido en la cabeza visible de todos los levantados. Rota la suspensión, Zúñiga salió al campo dispuesto a reducir a la obediencia Ocaña con *"seis mil hombres de á pie y de á caballo"*[53], ya fuera

---

[52] Tocante a este aspecto resulta muy recomendable la consulta de los trabajos de Mercedes Fernández Valladares, "La revuelta comunera a través de la imprenta: armas de tinta y papel. Testimonios y repercusiones de su difusión editorial", en Pedro Manuel Cátedra García (dir.), María Eugenia Díaz Tena (ed. lit.), *Géneros editoriales y relaciones de sucesos en la Edad Moderna*, Salamanca, 2013, pp. 147-178. También "La revolución de las Comunidades en las imprentas de Castilla" en Mercedes Fernández Valladares y Alexandra Merle, *Impresos comuneros: propaganda y legitimación política al fragor de las prensas*, Salamanca, 2021, pp. 15-48.

[53] Mexía, *ob. cit.* [n. 28], p. 157.

por la presión militar o por medios más sutiles. Por su parte, el prelado zamorano también con un considerable contingente de soldados estaba decidido a dejar hablar a las armas. Estando en las proximidades de El Romeral, la intervención de unos religiosos allanó el camino de una suspensión temporal pactada, incumplida por un capitán sanjuanista y desencadenando las hostilidades. No obstante, como si de auténticos caballeros se tratara, el belicoso mitrado retó al sanjuanista para evitar un derramamiento de sangre estéril.

> *Acuña, colocados los reales, y con el parecer del capitán de Toledo y de los demás, envió un trompeta que dijese á Zúñiga: que si tenía un valor digno de su propósito viniese á las manos, y trabada la batalla sufriese la suerte de la guerra. ¿Para qué hemos de causar tantas incomodidades á los ciudadanos y amigos cuando en una hora se puede poner en claro qué causa es mas grata á Dios, y á cuál de los dos partidos asiste mas valor?*[54]

La propuesta al igual que el ultimátum formulado anteriormente de aceptar la ofensiva o retirarse de la provincia, *"causaron risa y desprecio á Zúñiga"*.

Se produce un repliegue de éste hacia Tembleque y del prelado en dirección a La Guardia, donde había una guarnición cuyos habitantes "eran muy de corazón comuneros", negándose a alojar en una ocasión a capitanes imperiales e incluso, en una muestra de fervor popular, ante la inminente llegada optaron por prender fuego a casas de campo[55].

Finalmente resultó ineludible el choque entre acusaciones de traición a la interrupción pactada, excusas y justificaciones de no haber dado orden de romperla. Se trata de un enfrentamiento remembrado con detalle por varios cronistas. Pedro Mártir de Anglería en carta dirigida al Gran Canciller fechada a 20 de abril de 1521 escribe:

---

[54] Maldonado, *ob. cit.* [n. 23], p. 232.

[55] Antonio de Zúñiga requisó entre el vecindario "400 escopetas y 300 coseletes, 100 picas, 120 ballestas", Alonso de Santa Cruz, *ob. cit.* [n. 15], p. 453.

Hai en la Provincia de Toledo un lugar llamado Romeral. Se jun-
taron en su campo Antonio Zúñiga, a quién hicisteis Prior de San
Juan, y el obispo de Zamora, aquel contra los toledanos y éste en
su favor, el qual dejando esta Provincia marchó allá con espe-
ranza de aquel Arzobispado, según dicen. Fue vencido el Obispo
por el Prior, aunque, según aquel, a traición, pues en aquel día
habían pactado treguas. El Prior confiesa que los soldados sin or-
den suya acometieron a la retaguardia del Obispo. Era perdido
enteramente al reino de Toledo si el Prior no hubiera tomado las
armas contra los toledanos.

No desaprovecha la ocasión para mancillar la imagen del dignatario de
la diócesis zamorana.

Este Obispo anda vagueando como un fanático sin saber lo que
quiere, y sin que le haya movido injuria alguna de parte del Rey y
le ha traído a la rabia contra la facción contraria el odio contra el
Conde de Albaliste que le arrojó de Zamora[56].

Por su parte, Pedro Mexía hace el siguiente relato:

y de tal manera se trabaron y cebaron, queriendo cada uno fa-
vorecer su parte , que el Obispo hubo de volver, y rompiendo los
unos escuadrones con los otros, se comenzó la batalla, contra la
voluntad del Prior, la cual fue bien porfiada por ambas partes, en
que murieron y fueron heridos muchos; pero al cabo, siendo ven-
cidos los del Obispo, comenzó á huir el capitán y gente de Ocaña;
y siguiendo la victoria la gente del Prior, sobrevino la noche, la
cual fue causa que no la tuviesen del todo entera, aunque hicieron
mucho daño en los enemigos[57].

---

[56] Pedro Mártir De Anglería, *Cartas de Pedro Mártir sobre las comunidades*, tradu-
cidas por el P. José de la Canal, publicadas por el Conde de Atarés, Real Monasterio de
El Escorial, 1945, pp. 77-88.

[57] Mexía, *ob. cit.* [n. 28], p. 158.

Alonso de Santa Cruz también recoge este señalado encuentro:

> *se comenzó entre ellos una peligrosa batalla, en la cual cada parte*
> *hacía todo lo que podía, y como era la primera vez que el Prior y*
> *él se veían en campo cada uno de ellos peleaba animosamente por*
> *vencer al otro, pero al fin el Obispo fue roto y vencido y el Prior*
> *D. Antonio quedó aquel día vencedor en el campo, aunque por ser*
> *la noche obscura no quiso que se siguiese la victoria. Quedó por*
> *aquellos campos harta gente muerta y mucha artillería perdida*[58].

Juan Maldonado, quien no oculta sus simpatías por el clérigo de la ciudad del Duero, narra el acuerdo de una suspensión tras avistarse los ejércitos, rota por los imperiales. Pone en boca de Zúñiga una agresiva arenga para exonerarse de responsabilidad en la ruptura del pacto y cargando las tintas sobre las iniquidades de los sublevados; igualmente incluye una exhortación de Acuña a los suyos ante el acto de traición. Restablecido el orden, el eclesiástico guerrero junto a un capitán se ponen en la vanguardia y los refuerzos llegados de Madrid se colocan detrás. Sorprendidas las fuerzas realistas hicieron frente, si bien pronto se dieron a la fuga al no poder resistir el ímpetu de los populares. El mandatario de la orden vuelve al combate "y se hace más sangriento, caen muchísimos de ambas partes" pero concluye la pelea al caer la noche. Se extienden rumores falsos atribuyendo indistintamente la victoria, "pero es demasiado claro para que se pueda poner en duda que al fin murieron muchos de los de Zúñiga, y que Acuña con sus ardides quedó dueño del campo para recoger los despojos"[59].

Aparece aquí un elemento discordante en punto a las versiones anteriores: adjudicar la victoria a las filas comuneras comandadas por el jerarca guerrero. A decir verdad, las informaciones adolecen de ser interesadas y no siempre se ajustaban a la realidad de las acciones. Las noticias enviadas al emperador por Zúñiga o por algún "mandado" o mensajero resultan hiperbólicas. Del enfrentamiento —probablemente referido a este episodio de El Romeral— se señalan, amén de la

---

[58] Santa Cruz, *ob. cit.* [n. 15], p. 454.
[59] Maldonado, *ob. cit.* [n. 23], pp. 237-238.

derrota, *"que de su parte murieron seyscientos o setecientos hombres y a mas destos fueron heridos cerca de seyscientos, y que de la gente del Prior no hovo sino veynte o veinticinco muertos"*; se puntualiza también un detalle del clérigo *"fue herido de escopeta y de pica"*[60].

Ilustrativa, al basarse en el recuerdo conservado en el tiempo por quienes lo vivieron o transmitieron oralmente a sus descendientes lo acaecido en esa jornada es la información procedente de las *Relaciones de Felipe II*. Se recogen varios testimonios de las alteraciones, siendo especialmente prolijas y minuciosas las correspondientes a la propia villa, evidentemente, y de las más o menos próximas, en concreto Villanueva de Alcardete.

El lance de armas acaeció el 12 de marzo de 1521, para más señas festividad de san Gregorio Papa. El mitrado y sus huestes, asentados en Tembleque salieron de la villa y pasaron por Romeral en dirección a la localidad de Lillo. A la altura de los cerros conocidos con el nombre de Las Atalayuelas, término y jurisdicción del Romeral, atisbaron las fuerzas sanjuanistas teniendo lugar unas escaramuzas sin mayor importancia. Ambos dirigentes, acordaron paralizar los ataques, retirándose uno a Lillo y el otro a La Guardia. La iniciativa de un capitán realista, tomada por libre sin contar con su superior dio al traste con el pacto:

> no teniendo por bien las dichas treguas, alzó un pan en una pica y se amotinaron y dieron sobre la retaguardia del agente del dicho obispo de Zamora; y se retrabaron de ambas partes, de manera que murieron en la dicha refriega y batalla 57 hombres, que se hallaron caídos y muertos en un ramblizo y barranco que las aguas de las lluvias habían hecho; los cuales se enterraron en esta villa de El Romeral en el cementerio de la Iglesia de dicha villa; sin otros muchos que fueron heridos, que fueron más de 200; y que a cabo de algunos días dicen haber muerto algunos de los heridos[61].

[60] AGS, Comunidades de Castilla, leg, 5, f. 393; DANVILA, *ob. cit.* [25], III, p. 428.

[61] Carmelo VIÑAS y Ramón PAZ, *Relaciones de los pueblos de España ordenadas por Felipe II. Reino de Toledo*, Madrid, 1963, vol. II, p. 359.

El relato de los vecinos —"lo cual es cierto y pasó así sin duda"— sostiene que, transcurrido aproximadamente un año, se asentaron en el pueblo siete compañías de soldados populares

> donde hicieron mucho daño, molestia y extorsión a los vecinos de la dicha villa, porque les cogían sus haciendas sin ser señores de ellas, y les robaron y llevaron sus ganados y haciendas sin se lo poder resistir, por ser pueblo pequeño y sin cercar; y la otra gente de guerra, comuneros muchos, y la justicia y gente de la villa de La Guardia, cuya aldea a la sazón era esta villa del Romeral, vinieron a echar del dicho Romeral los dichos comuneros con armas y banderas; y sabido por los dichos comuneros, tocaron alarma, y todas siete compañías tomaron por reparo la Iglesia de esta villa y dejaron en ella guarda, y las demás salieron al campo con sus pífanos y atambores contra la dicha justicia hay gente de la villa de La Guardia.

La memoria, evidentemente, les juega una mala pasada. Un año después del combate en El Romeral, no quedaba prácticamente ningún rescoldo, máxime cuando la huida de María Pacheco el 3 de febrero de 1521 puso punto final al enfrentamiento. Probablemente la versión quejumbrosa guarde relación con el deseo de fortalecer la idea de lealtad a la Corona con vistas a la obtención de futuras prebendas.

Se indica así mismo le detención por los sublevados de varios hombres, traídos presos a Romeral, "despojando a algunos de ellos", y trasladados al día siguiente a Santa Cruz de la Zarza. En esa población fueron cercados por el licenciado Íñigo López de Cañizares, Gobernador de la provincia de Castilla en el partido de Ocaña, cuya localidad aquietó y consiguió devolver a la obediencia regia. Allí "prendió muchos de ellos y les ganó muchos despojos; y ahorcó e hizo justicia de muchos de ellos, y otros se le huyeron" consiguiendo desbaratar las compañías enemigas y poner en libertad a los apresados.

Villanueva de Alcardete, recuerda a vecinos principales, aventurando sus vidas y haciendas por ser leales al rey, quienes organizaron a su costa una milicia y con el capitán Narciso Fernández Celemín al frente se unieron a las fuerzas imperiales librando batalla al obispo zamorano "adonde le vencieron y desbarataron cerca del Romeral... y salieron heridos algunos vecinos"[62].

Tras la contienda de El Romeral Acuña se hizo fuerte en Lillo. Al saber la intención de cercarle marchó a Dosbarrios, dejando allí una guarnición de dos mil hombres, pero ante la falta de seguridad para su persona terminó en Ocaña. El prior en La Guardia recibió refuerzos de soldados y equipos y atacó Dosbarrios; al cabo de cuatro horas de lucha registrándose cuantiosos muertos y heridos de ambos bandos, las tropas se retiraron sin doblegar al enemigo. Sabedor de los socorros llegados al rival, don Antonio abandona Ocaña y va a Yepes. Cercada y atacada, los imperiales con el auxilio de lanceros y escopeteros les quitaron los bastimentos y destrozaron unos molinos. A esta localidad, pese a la necesidad de gente de armas, envían refuerzos desde Toledo incluida artillería.[63] A ciencia cierta fueron unos meses agitados los vividos en la zona. Diego López de Ayala[64], vicario y canónigo de Toledo envío una carta mensajera al prior expresando su zozobra:

> *ya vuestra señoría sabe como me retruxe aeste castillo de mora*
> *por me apartar d'los desafforados bullicios d' algunos pueblos y*
> *personas que más verdaderamente ya sean buelto brutos y en fe-*
> *rocidad de leones o basiliscos en quien parece que influie otra vez*
> *la costelación d' que san Augustín*[65] *y algunos historiadores hazen*
> *mención quando los animales domésticos se salieron alos campos y*
> *se tornaron feroces*[66].

---

[62] *Ibidem*, vol. III, p. 734.

[63] AHNOB, Osuna, C.1635, D. 203.

[64] Clérigo de pujante protagonismo durante la regencia de Cisneros quien lo envió a Flandes. Durante las alteraciones comuneras fue expulsado de la ciudad, junto a otros miembros del cabildo, y se vio obligado a refugiarse en la villa de Ajofrín. Jugó un activo papel en la vida cultural de la época. Más información en Jonathan Paul O'CONNER, *Diego López de Ayala and the Intellectual Contours of Sixteenth-century Toledo*, Chapel Hill, 2011.

[65] Luis Miguel de VICENTE GARCÍA, "San Agustín, san Gregorio y san Isidoro ante el problema de las estrellas: fundamentos para el rechazo frontal de la astrología", *Revista Española de Filosofía Medieval*, 8, 2001, pp. 187-203.

[66] Mercedes FERNÁNDEZ VALLADARES, "Repertorio bibliográfico descriptivo de impresos comuneros", en Mercedes FERNÁNDEZ VALLADARES y Alexandra MERLE, *Impresos*

Además de la alarma ante los sucesos vividos, el clérigo desliza cuestiones más delicadas concernientes a la astrología y probablemente se deje llevar por tintes proféticos[67].

2.2.3. Suceso de Mora. Incendio de la Iglesia

Casi todos los cronistas se recrean en la narración del dramático episodio —"caso horrible", dice Anglería; "la más lastimera y desastrada que pudo pasar" para Mexía— ocurrido en la villa de Mora. No parece preciso abundar en los detalles pues ha sido ya estudiado concienzudamente[68]. Dejemos constancia de forma sumaria de la gravedad del suceso, cuando mujeres, niños, ancianos y soldados comuneros terminaron refugiándose en el templo parroquial con armamento y pólvora y un fuego, fortuito o intencionado —aquí

comuneros: propaganda y legitimación política al fragor de las prensas, Salamanca, 2021, pp. 81-108 [97] En esta misma obra puede leerse Alexandra MERLE, "Estrategias de comunicación y cultura política en los impresos comuneros", pp. 49-79.

[67] Para estas cuestiones resulta muy oportuna la lectura de RIZZUTO, ob. cit. [n. 16], pp. 255-288.

[68] Aplicar la consabida frase de "ríos de tinta se han vertido" sobre este acontecimiento, podría resultar exagerado, pero en realidad no lo es tanto. Sin duda, el dramatismo de lo vivido, las pasiones desatadas al calor del terrible desenlace propiciaron el eco encontrado en la casi totalidad de los historiadores, más o menos coetáneos, en la historiografía posterior y en la más reciente en autores contemporáneos. Es revelador que, en la obra de Jacobo FONTANO, De bello Rhodio, Roma, 1524, se mencione Mora, junto a Simancas y Villalar al aludir a destrucciones. Citado por Pedro M. CÁTEDRA, "Texto, historia y ficción en torno a las Comunidades", en Comuneros: 500 años, Valladolid, 2021, pp. 53-81 [76] Entre los historiadores recientes cabe mencionar a los hermanos Alejandro y Rafael FERNÁNDEZ POMBO, Mora en la guerra de las Comunidades, Madrid, 1979 y a Hilario RODRÍGUEZ DE GRACIA, quien hasta en cuatro ocasiones ha abordado el asunto: El Condado de Mora: (apuntes de su historia, 1180-1812), Mora, 1987, pp. 29-33; El Señorío de Mora: de la Orden de Santiago a los Rojas toledanos, Toledo, 1990, pp. 58-66; "El incendio de la iglesia de Mora y sus consecuencias (1521)", Toletum Anexos, extra 3, 2020, pp. 37-64; Mora, 23 de abril de 1521, Mora de Toledo, 2021. Existe además un drama histórico escrito por Guillermo Fernández Rodríguez-Escalona titulado Los comuneros de Mora (Pliego de cordel) (1988) con un acertado estudio introductorio, resultando especialmente útil el apartado titulado "La rebelión de Mora: cinco siglos de historia y literatura". La localidad arrastrada por la fiebre conmemorativa de las Comunidades ha organizado en 2021 una amplia serie de actividades en torno al episodio: ofrenda floral, "La Noche en llamas" presentación del libro, conferencias, viaje por tierras castellanas escenarios de los hechos principales, "concierto comunero"… en una loable muestra de imaginación y con un objetivo definido," promover y poner en valor nuestra historia, cultura y patrimonio, para que redunde en la potenciación del turismo entorno [sic] a este hecho histórico" a tenor de lo señalado en su página web titulada "Comuneros de Mora".

radica una de las claves interpretativas— desencadenó un voraz incendio con innumerables víctimas —tres mil o cinco mil, según autores coetáneos[69]— desatando las iras de los populares, provocando indignación y, arrastrados por la cólera un deseo de venganza cuya expresión más directa fue el ataque al castillo del Águila y a Villaseca de la Sagra[70], pertenecientes al señorío de Juan de Ribera, capitán general de los realistas. La responsabilidad última es atribuida arbitrariamente. Para unos imputada a la tozudez, obstinación, deslealtad, traición, provocación, imprudencia de los radicales desoyendo las propuestas de pacificación, para los otros a la inquina, ferocidad, "ambición del robo"[71] de los imperiales.

El prior con el fin de ponerse a cubierto de críticas sí quiso dejar bien sentado su total inocencia en una carta escrita a los gobernadores exculpándose:

y en el triste caso que aconteció cuando se quemaron las 3.000 ánimas en la iglesia de Mora, yo juro por Dios vivo que ni lo mandé hacer ni mis Capitanes quisieran quemar aquella iglesia, sino que aquellos pobres hombres, como eran tan de corazón comuneros,

[69] Alcocer habla unas veces de 50 personas y otras de 300, Mexía, Maldonado, Santa Cruz dan tres mil, Gines de Sepúlveda cuatro mil, Anglería cinco mil. Casi con total seguridad, ambas cifras son falsas no solo por el redondeo sino por la población de la villa santiaguista. Quizás sea oportuno aclarar la desconfianza hacia todas las cuantificaciones aportadas respecto a soldados, caídos en combate, heridos o prisioneros. No debe perderse el efecto propagandístico buscado en la información, pero, además, hay ocasiones donde la incoherencia es palmaria. A título de muestra de la poca fiabilidad de las cifras, sirva la correspondencia enviada al emperador por Antonio de Zúñiga dando cuenta de un enfrentamiento. El 16 de octubre de 1521 indica "más de cuatro mil hombres" salidos de Toledo y más de quinientos muertos; dos días después escribe nueva misiva al mismo destinatario y, entre la información facilitada, vuelve a referir esta escaramuza; ahora señala que salieron tres mil, es decir, rebaja en más de mil la cantidad, e igualmente varían los muertos, de más de 500 pasa a 350. El mismo día el arzobispo de Bari remite una nota con noticias de la pugna. Además de ensalzar la conducta del capitán general, apunta "entre muertos y presos fueron mas de seiscientos y heridos mucho numero". En realidad, lo de menos es la exactitud, lo importante es trasladar al monarca el mérito de su esfuerzo. AGS, PR Comunidades de Castilla, leg. 3, ff. 101 y 103; DANVILA, *ob. cit.* [25], IV, pp. 556 y 559.

[70] Difieren los cronistas sobre si fue antes, después o simultáneamente a lo ocurrido en Mora. Véase Ramón SÁNCHEZ GONZÁLEZ, "La guerra de las Comunidades en la Sagra", *Historia 16*, 195, 1992, pp. 52-58.

[71] Son palabras de Juan Maldonado de clara antipatía por las tropas de Zúñiga "recurrieron a medios inhumanos". Maldonado da cuenta de los hechos en pp. 241-242.

*hicieron de la iglesia fortaleza y sembraron la barbacana de pól-
vora, y pensando quitar á los nuestros la vida dieron á sí mismos
muy cruda muerte*[72].

Al hilo de la desgracia ocurrida en Mora, Manuel Danvila hizo unas
sensatas reflexiones sobre las guerras civiles:

> *Las guerras, y mucho más las civiles, tienen su triste cortejo de
> crímenes y de horrores, y la mejor manera de evitarlos es no pro-
> vocarlas sin razón y ajustarse a las reglas que la humanidad tiene
> proclamadas; pero en el siglo XVI, donde todos los medios de
> destrucción se consideraban lícitos, no se podía esperar más que
> guerra bárbara y sin piedad, que es la que hacía una y otra par-
> cialidad. Por eso es tan hermoso alcanzar y mantener la paz entre
> las naciones, y más aún entre los hermanos*[73].

2.2.4. Acciones y escaramuzas esporádicas

En la primavera de 1521 y comienzos del verano, hasta el establecimiento del asedio a la urbe del Tajo, en la jurisdicción bajo el mando del capitán general Antonio de Zúñiga, es decir, en la zona sur del
río se sucede toda una serie de acciones marcadas por el signo de la
guerra. Ambos contendientes agrupan fuerzas. El primero de abril la
Congregación de Toledo envía un mensajero con un correo, firmado
por el escribano mayor y con el sello de la ciudad, a la Comunidad de
Montiel dando cuenta de la acumulación de gentes armadas procedentes de diversas zonas en las filas del prior y de la conveniencia de unir
las suyas con las de Toledo y sus seguidores[74]. Por su parte, los de la
orden envían una carta[75] a Yébenes de San Juan exponiendo algunos
extremos y recabando la lealtad al rey y la nula colaboración con los
levantados. Alvaro de Zúñiga, familiar del prior es quien redacta la

---

[72] SANTA CRUZ, *ob. cit.* [n. 15], p. 462. Este autor lamenta el trágico final de tantos mo-
rachos "los desdichados ni eran moros ni judíos para que los quemasen vivos", p. 475.

[73] DANVILA, *ob. cit.* [25], III, p. 669.

[74] AGS, Patronato Real, leg. 3, exp. 5, ff. 257r-v.

[75] Archivo Municipal de Toledo (AMT), Caja 297 s/n. (Consuegra 17 de abril).

misiva. Comienza recordando su pertenencia a la orden sanjuanista y la obligación de seguir sus directrices *"como es lo uno la yglesya y lo otro de San Juan, porque siendo como son de Horden lo que yçiesen sus cabeças avien ellos de hacer"*. Pocas líneas después insta a no dejarse engañar por quienes so color de defender al pueblo velan por sus intereses personales:

> *huyr de alborotos y de dar gente y de cesar toda la contratación con aquellos que an querido rebolver y alborotar estos Reynos por sus propios intereses, lo que está muy notorio, porque si lo ovieran fecho por el bien común como ellos dicen y ponen por delantera no avien de aver avido en estos Reynos sisas ny repartymyento de dineros ni ayen de sacar gente de los pueblos.*

Finalmente recomiendan continuar en su tradicional actitud de fidelidad:

> *querays estar en paz y en sosyego y en servicio de sus majestades como leales vasallos, pues siempre los fuystes y para que esto se conozca es menester que ni con gente ni bastimentos ni otras cosas querays favorecer las malas y falsas // opiniones de aquellos que hen Toledo contra el servicio de sus majestades se levantaron.*

Probablemente mensajes similares se remitirían a todas las villas y lugares pertenecientes al priorato. Cuando todavía la suerte final de la lucha estaba sin decidir, convenía asegurarse fidelidades y evitar trasvases de soldados de un bando, al contrario.

En realidad, más que auténticas batallas se trataba de ocasionales encontronazos en forma de escaramuzas, provocadas en muchos casos por pugnas en el aprovisionamiento y la adquisición de provisiones y ganados para socorrer a las poblaciones, en particular a la capital. La villa de Orgaz sublevada contra su señor fue atacada y gracias a la llegada de socorros se desbarató la arremetida haciéndose con varios carruajes de suministros. Algo parecido ocurrió en El Alemán, paraje cercano a Burguillos, escenario de un choque entre populares y realistas saldados con la apropiación por parte de los últimos de unas mulas cargadas de trigo, amén de matar y prender a varios enemigos.

En la forma de operar era habitual dejar guarniciones en terrenos estratégicos a partir de distintos puntos de vista tácticos, estableciéndolas en Ajofrín, Almonacid, trasladándolas según las necesidades a lugares "calientes", como fue en su momento Yepes para soslayar una nueva rebelión. Precisamente en agosto —mes bastante intenso en confrontaciones de seguidores de la Comunidad y sus opuestos— hubo un par de colisiones en Almonacid, su castillo y alrededores. Dejando de lado las cifras, poco fiables, Alonso de Santa Cruz se hace eco de lo ocurrido[76]. El primero de agosto salió de Toledo un considerable número de hombres —entre ellos el hermano menor de Juan de Padilla, Pedro López de Padilla, el Mozo— de pie, con lanzas, medias culebrinas y un cañón grueso hacia la fortaleza almonacideña con el propósito de saquearla y derrotar a sus ocupantes. Avisado el prior envió varias compañías con sus respectivos capitanes y caballeros. Desde Yepes[77], un contingente, incrementado al sumarse un grupo asentado en Ocaña, partió el 4 para batirse al enemigo. A la vista de la importancia de la fuerza imperial, los toledanos optaron por eludir el enfrentamiento y retornaron al interior de la ciudad, circunstancia aprovechada por el adversario para tomar carruajes y prender a algunos de los huidos. Dos semanas después, Diego de Carvajal[78] al frente de la guarnición, llevado por la falta de espacio en el castillo optó por "salir a dormir" a Mascaraque, aldea muy próxima, dando pie a los toledanos para, aprovechando el efecto sorpresa, dar un golpe de mano y prender a sesenta soldados, incluido el capitán. En esta campaña tuvo mucho protagonismo Bernardino de Valbuena[79], nombrado pocos días antes

---

[76] Santa Cruz, *ob. cit.* [n. 15], p. 476.

[77] En esta localidad, el prior redactó un par de memoriales (9 de julio y 6 de agosto de 1521) remitidos al cardenal de Tortosa recabando "se le provea" acerca de las decisiones a adoptar. AGS, Comunidades de Castilla, Patronato Real, leg. 3, doc. 92.

[78] Vino desde la villa de Madrid al frente de un contingente de gente de armas en auxilio de Juan de Ribera, combatiente en este lugar. Máximo Diago Hernando, "Realistas y comuneros en Madrid en los años 1520 y 1521. Introducción al estudio de su perfil sociopolítico", *Anales del Instituto de Estudios Madrileños*, 45, 2005, pp. 35-94.

[79] Se mantuvo en Toledo durante seis meses, librada la batalla de Villalar hasta la capitulación de Toledo a últimos de octubre de 1521 y desplegó una intensa actividad bé-

coronel por imposición de María Pacheco y exponente de la facción más radical.

Antonio de Zúñiga intervino también en el lado norte del río Tajo, comandado por el capitán general Juan de Ribera, pero siempre a requerimiento de ayuda y colaboración, no por iniciativa propia. La potencia de su ejército resultó disuasoria numerosas veces al provocar la huida de los comuneros. En este sentido cabe mencionar su participación en Illescas, Canales, prestando apoyo a don Fernando de Cabrera y de Bobadilla, conde de Chinchón en su empresa de recuperar sus villas de Chinchón, Odón y tierras en los sexmos de Valdemoro y Casarrubios, tomadas por sus vecinos armados quienes le habían usurpado la jurisdicción[80]..., y sobre todo en el violento choque de Olías.

Se desarrolló el 17 de agosto, y en palabras de Pedro Alcocer fue, junto al de El Romeral uno de "los más señalados encuentros que en este tiempo entre los unos y los otros hubo". Se dio una concentración de hombres —se citas varios millares— y piezas de artillería. Por parte de los imperiales se congregaron los hombres de Juan de Ribera, los soldados llegados de Orgaz, más los ubicados en la Sisla. El éxito sonrió al ejército realista y de creer —mejor no al pie de la letra— a Alonso de Santa Cruz "les tomó seis piezas y siete banderas y les mató tres Capitanes y cinco Alféreces y quedaron en el campo más de 400 muertos y todos los otros fueron presos y heridos"[81]. Similares dudas

---

lica, documentándose su presencia también en Olías, Yepes, Almonacid o Nambroca. Tomás LÓPEZ MUÑOZ, "Bernardino de Valbuena: El líder comunero de Villalpando", *Stvdia Zamorensia*, Segunda Etapa, Vol. VIII, 2008, pp. 45-65 [sus acciones en Toledo, pp. 55-57]; *Proceso contra Bernardino de Valbuena, el comunero de Villalpando*, Salamanca, 2019. Agitador vehemente dio muestras de un carácter violento, incluso cruel, y de un comportamiento inestable.

[80] DANVILA, *ob. cit.* [25], III, p. 657.

[81] SANTA CRUZ, *ob. cit.* [n. 15], p. 478. Sufrió una herida en el rostro el insigne poeta Garcilaso de la Vega, alistado en el bando contrario al de su hermano Pedro Laso de la Vega, circunstancia, lamentablemente, corriente en las contiendas civiles. María del Carmen VAQUERO SERRANO, *Garcilaso. Poeta del amor, caballero de la guerra*, Madrid, 2002, p. 82. Posteriormente se ha editado *Garcilaso, príncipe de poetas. Una biografía*, Madrid, 2013. El enfrentamiento fraterno no fue, ni mucho menos, un caso excepcional. Sin ir más lejos, Gutierre López de Padilla (Padilla el Malo, para los comuneros), hijo de Pero López de Padilla, y hermano de Juan de Padilla, luchó bajo las órdenes del prior durante diez meses para allanar Toledo, según manifiesta en un correo enviado al rey desde Toledo el 1 de diciembre de 1521. AGS, Estado, Castilla, leg. 8.°, f. 147; DANVILA, *ob. cit.* [25], IV, p. 675. El benjamín de la casa, homónimo

de exactitud se plantean en la carta girada por Zúñiga a Carlos V en octubre de 1521 evocando aquel lance:

> *se encontraron con los toledanos en un lugar que se dize olias y siendo los de toledo mas de mill e quinientos honbres que llevavan mucha provisión a toledo los de V. Mg. les acometieron tal manera que fueron desbaratados los de toledo y ganáronles los de V. Mg. cinco banderas y cinco tiros de Artillería de campo y les mataron y prendieron mas de mill hombres y los que escaparon fueron desnudos a toledo*[82].

Días después de la contienda de Olías se produjo nuevo enfrentamiento en Illescas, contra los soldados de Juan de Ribera y su hijo Hernando de Silva, con intención de darles muerte y saquear la villa. El prior acudió en su auxilio, cruzando el río una importante fuerza armada. Repitiendo conducta, más temerosos los toledanos emprendieron el regreso aprovechando para causar daños en Villaseca, Mocejón y Velilla. Aquí tuvo lugar "una muy brava batalla que duró más de una hora, de manera que de los unos y de los otros hubo muchos muertos y heridos"[83]. En la última semana de agosto, ante la carencia de bastimentos, doña María Pacheco y sus seguidores optaron por atacar la fortaleza de Canales defendida por Pedro Núñez de Herrera. Se enviaron soldados, piezas de artillería y lanceros y a lo largo de casi un día completo se dieron tres refriegas de resultado precario con graves daños para sendos contendientes, volviendo los de Toledo "muy afrentados".

2.2.5. Cerco y asedio de Toledo

Es cosa cierta y averiguada que la metrópoli Imperial —conservaría su título después de la rebelión— cuna de la revuelta, "foco de todos los males", al decir de Pedro Mártir de Anglería, "fundamento y prin-

---

de su padre, se ha mencionado, aparece en las huestes toledanas atacantes del castillo almonacileño.

[82] AGS, PR Comunidades de Castilla, leg. 3, f. 101; DANVILA, *ob. cit.* [25], IV, p. 556.

[83] *Ibidem*

cipio" de las alteraciones para al cardenal Adriano[84], se convirtió, consumada la derrota de Villalar y la ejecución de Padilla, Bravo y Maldonado, es decir, descabezado el movimiento, en el último bastión. María Pacheco, viuda del caudillo mantuvo con tenacidad encendida la llama comunera, muy a pesar de los virreyes designados por Carlos I. Su inquebrantable tesón, su incluso obstinación era vista con preocupación y disgusto por los seguidores del emperador ausente y así lo testimonian en la correspondencia y las crónicas. Pedro Mexía explicaba su firmeza con varios argumentos:

> *endurecida más con la muerte del marido, como estaba apoderada del alcázar y de las puertas, procuraba echar fuera de la ciudad á todos los que le eran sospechosos; y teniendo cerca de sí hombres traviesos y facinerosos, y amigos de guerras y bullicios, estaba hecha señora y tirana de aquella ciudad; de manera que aunque se asentó tregua por ciertos días con el Prior, que les hacía guerra, para tratar de reducirse al servicio del Rey, no se puso asentar cosa[85].*

La "simpatía" de Mexía por la viuda de Padilla y sus simpatizantes es palmaria: tirana, vengativa, hombres traviesos y facinerosos… Después de la marcha a Castilla la Vieja del obispo de Zamora en los comienzos de mayo, doña María "aquella valiente y emprendedora mujer", según Juan Maldonado[86], asume la dirección única de la revuelta. La retirada del belicoso prelado es recibida con alivio[87].

---

[84] Información sobre este prelado, gobernador del reino y futuro papa, en Leandro MARTÍNEZ PEÑAS, *Las cartas de Adriano. La guerra de las comunidades a través de la correspondencia del Cardenal-Gobernador*, Madrid, 2010; Raymond FAGEL, "Adriano de Utrecht y la rebelión de las Comunidades de Castilla", en István SZÁSZDI LEÓN-BORJA y María Jesús GALENDE RUIZ (eds.), *Imperio y Tiranía. La dimensión europea de las Comunidades de Castilla*, Valladolid, 2013, pp. 259-275.

[85] MEXÍA, *ob. cit.* [n. 28], p. 171.

[86] Ramón SÁNCHEZ GONZÁLEZ, "María de Pacheco: entre el mito y la realidad", en István SZÁSZDI LEÓN-BORJA y María Jesús GALENDE RUIZ (coords.), *Mujeres en armas. En recuerdo de María Pacheco y de las mujeres comuneras*, Valladolid, 2020, pp. 211-236. Una biografía histórica en Fernando MARTÍNEZ GIL, *María Pacheco (1497-1531)*, Ciudad Real, 2005.

[87] "Tengo temor que nos ha de poner en necesidad a la gente", manifiesta un seguidor

Una cadena de enfrentamientos de intensidad dispar se fue sucediendo durante la estación primaveral —se acaba de recordar—, pero llegado un momento concreto Antonio de Zúñiga y los gobernadores adquirieron el convencimiento de la necesidad imperiosa de sofocar a los levantiscos toledanos para poner fin a la insurrección. Es entonces cuando a finales de julio, decidido a arriesgar el todo por el todo, el mandatario sanjuanista reconocerá el terreno y durante tres largos meses se llevará a cabo el sitio de la capital.

El mando imperial concentrará lanzas de caballeros y picas de peones de infantería al sur del Tajo en una zona próxima al monasterio jerónimo de La Sisla[88], estableciendo unas fortificaciones (probablemente en el castillo de San Servando, la Peña del Rey Moro) contando, en la margen derecha del río con el auxilio de don Juan de Ribera, cerca del entorno del hospital de san Lázaro, en el camino real de Madrid. Para sumarse a la campaña mandó llamar a los hombres principales y ciudadanos ausentes y expulsados y en previsión de circunstancias excepcionales dejó guarniciones en lugares próximos por si se veía necesitado de echar mano de ellas. Incluso pretendió alistar "e les manda que vayan a punto de guerra a la seguir contra esta çibdad" gentes de los Montes de Toledo, territorio del señorío municipal, desatando la alarma entre los defensores y obligando a la congregación reunida el 31 de agosto de 1521 a tomar una medida con toda diligencia.

> *e que la çibdad está en servicio de sus majestades, que pues el Prior quiere faser fuerça e violencia que para la resistir es menester que los vasallos e vesynos de la dicha Tierra e Propios e Montes de Toledo vengan todas las personas de sesenta años abaxo e quince arriba a punto de guerra, con todas las armas que pudieren, para favoresçer la dicha çibdad e ser en su ayuda e defensa fasta tanto que sus majestades den, provean, e que lo cumplan luego e syn dilaçión ninguna e se vengan a Toledo e traygan todos los bastimentos que pudieren traer de comer, e leña, e carbón, e otras*

de la causa imperial. AHNOB, Osuna, C.1635, D. 203.

[88] José Antonio Ruiz Hernando, *Los monasterios jerónimos españoles*, Segovia, 1997.

cosas, e que en la çibdad les darán casas e posadas de balde a ellos
e a todos los que vinieren con ellos con sus faziendas e mujeres e
fijos syn les llevar alquileres[89].

Tomada esta resolución con el propósito de asestar el golpe definitivo, concentró compañías procedentes de Castilla, Campo de Montiel, Ciudad Real, los maestrazgos y de su priorazgo de San Juan[90].

Decididos a meter en cintura a los encerrados tras las murallas la táctica utilizada consistió en hostigarlos permanentemente, batir las defensas con artillería[91] "derribando algunos edificios" (entre los perjudicados por los daños, los tejados del alcázar) y controlar los suministros, convertidos en pieza codiciada y siempre procurando quitárselos al enemigo, dando motivo a continuas correrías *"en que recevian asaz daños, de manera que la guerra era entre ellos más brava y cruel que entre mortales enemigos"*[92]. Los golpes de mano, los choques de infantería y caballería, más o menos violentos, entre sitiados y sitiadores, las refriegas en los puentes de Alcántara y San Martín se suceden ininterrumpidamente sin lograr doblegar al contrario.

Los días transcurren monótonos alterados con salidas ocasionales de los asediados en busca de provisionamientos y, de paso, intentar socavar los baluartes realistas y provocar daños. A lo largo del mes de septiembre la Congregación toledana en diferentes convocatorias aborda asuntos relacionados con el asedio. El día 11 pone de relieve la necesidad de pagar a los forasteros alistados en el ejército para conjurar su marcha ante las inquietantes noticias.

[89] ARCHV, Pleitos Civiles, Lapuerta (F), Caja 295, exp. 1, sf.- 45r.

[90] Si bien, ya se conoce la cautela necesaria sobre las cifras, Alonso de Santa Cruz señala "600 lanzas y 5.000 soldados y 30 piezas de artillería y más dos cañones de batería". SANTA CRUZ, *ob. cit.* [n. 15], p. 482.

[91] Para conocer la importancia de este tipo de armas Germán DUEÑAS, "El armamento en la Guerra de las Comunidades", en *Comuneros: 500 años*, Valladolid, 2021, pp. 107-122.

[92] Alcocer diferencia la indumentaria de los contendientes: las tropas imperiales llevaban para identificarse una cruz blanca y las comuneras una cruz roja. Los labradores, en sus vestimentas se colocaban indiscriminadamente unas u otras según les interesara para burlar la prohibición de abastecimiento, Pedro de ALCOCER, *Relación de algunas cosas que pasaron en estos reynos, desde que murió la reina Católica doña Isabel hasta que se acabaron las Comunidades en la ciudad de Toledo*, Sevilla, 1872, p. 71.

e se tiene por nueva çierta que el Prior [de San Juan] viene açia la
çibdad, e porque es menester que çibdad resista qualquier fuerça
que se quiera faser, en tanto que sus majestades proveen, pues los
que guerrean a Toledo no ha querido mostrar ni muestran pode-
res de sus majestades syno que por fuerça quiere tomar la dicha
çibdad, estando como syempre ha estado e está en servicio de sus
majestades[93]*.*

El 21 reunidos en la calle acuciados por el cerco, las baterías, el robo de
víveres, apremian en las necesidades de defensa y búsqueda de abas-
tecimientos:

Platicose que el prior de Sant Juan e los otros contrarios usando de
su voluntad de tiranía, en deserviçio de Dios e de sus majestades
e grand daño desta çibdad e república e comunidad della, tiene
puesto çerco a Toledo en çiertas partes e la combate de batería,
e quitando los bastimentos e prendiendo e robando e matando las
gentes de Toledo, e los que a ella vienen, a lo que se requiere de-
fensa.

Resulta esclarecedor el alegato de lealtad a doña Juana de Castilla, legítima reina, a su hijo Carlos y su interés último de velar por el bien
común

e para lo que toca a la guarda de la çibdad e la república para sus
majestades de la Reyna e Rey nuestros señores, para su servicio
e para esperar a lo que fueren servidos de enviar a mandar como
porque dexando de faser la defensa de más del daño que subçede-
ría, general e particular, non usaría de la lealtad que debe, antes
sería desleal[94]*.*

A finales de esa semana se plantea la conveniencia de nombrar diputados para entender en las cosas de la guerra.

[93] ARCHV, Pleitos Civiles, Lapuerta (F), Caja 295, exp. 1, f. 54v.
[94] ARCHV, Pleitos Civiles, Lapuerta (F), Caja 295, exp. 1, f. 56v.

Probablemente la pugna más fuerte en este sentido sea la ocurrida el 16 de octubre de 1521. Varias reseñas aluden a ella[95], si bien la más extensa es la expresada por Antonio de Zúñiga en carta enviada al monarca. El incidente ocurrió en las proximidades del puente de Alcántara, cuando los moradores de Toledo querían meter una cantidad importante de ganado para su abastecimiento.

> *yo cavalgue con toda la gente de cavallo y sali al camino por do la trayan y adelantóse el Señor Adelantado de Cazorla con alguna gente de cavallo y quitosela y veniendo que nos veníamos con la cabalgada salieron de toledo mas de quatro mill hombres y pusieronsenos en el camino por do veníamos con la cabalgada yo prouehi en enbiar con mucha furia que saliese nuestra infantería la via que nosotros veníamos. Quiso dios que con harto menos gente que ellos los ronpimos y de tal manera que de muertos y heridos ay grandissimo numero dízenme que los muertos son mas de quinientos mas agora es tan rreciente la cosa que la certeza no se sabe llevárnoslos a lançadas hasta meterlos por la puente de Alcántara la Vitoria a sydo muy mayor que aqui dezir puedo[96].*

El discurrir ordinario suscitó ciertas incertidumbres con alteraciones muy preocupantes. Así sucedió con un amotinamiento entre las huestes imperiales por no cobrar sus soldadas, dispuestas a cambiar de bando y pasarse a las de María Pacheco, dotadas de mejores recursos. Zúñiga logró apaciguarlos prometiendo abonarles presto lo debido. De todos modos, la situación en el interior no era muy complaciente y los ánimos no estaban precisamente apaciguados. De creer a Juan Maldonado:

[95] Entre las más destacadas Francisco de PISA, *Descripción de la Imperial ciudad de Toledo*, Toledo, Diego Rodríguez, 1617, f. 248.

[96] AGS, Comunidades de Castilla, leg. 3. f. 408; DANVILA, *ob. cit.* [25], IV, pp. 554-555. Más noticias en ALCOCER, *ob. cit.* [n. 88], p. 207, no obstante, con cambios en el relato al fijar el motivo de la incursión fuera del recinto la toma de la zona ocupada por el prior originándose una acción sumamente violenta "y mataron de los de acá infinitos, y prendieron, en que entre muchos presos, heridos y muertos fueron más de mil y doscientos hombres". Igualmente, escribe de una cabalgada bajo el grito de ¡victoria, victoria!, originando temor, huida y la muerte de "muchos que fueron grandes comuneros y alborotadores"; más tarde cercaron el monasterio y "se habían metido á robar hasta seiscientos hombres".

encendiéndose dentro alborotos civiles, siendo mas cruel la guerra
interior que la que se hacia fuera, y atreviéndose ya muchísimos
á ir de barrio en barrio y de puerta en puerta solicitando á la ple-
be, prometiéndole la impunidad, y amenazándola por el contrario
con terribles tormentos y con la confiscación de los bienes[97].

Mayor incidencia en la continuidad del conflicto para unos y en la urgente resolución para los contrarios tuvo la invasión francesa en el norte peninsular. El imprevisto escenario bélico con la obligada diversificación de fuerzas realistas dio alas a María Pacheco, quien mantuvo correspondencia con las autoridades del país vecino. El 13 de junio de 1521 el general francés Asparros envía una carta desde Pamplona al rey francés Francisco I para informarle, entre otros pormenores, de sus gestiones: "También escribí a la esposa de Juan de Padilla que está en Toledo, la cual tiene ganas de vengar la muerte de su marido". Días después, el 23 de junio, recibe contestación de la viuda desde la ciudad del Tajo indicándole tres circunstancias: evitar el pacto con los españoles sin tener presente su situación, da consejos de carácter estratégico y pide "dinero para levar gente". Igualmente se conoce otra carta remitida en este caso al señor D'Estissac, gobernador de la Guyena, residente en Bayona quién le anuncia el envío a Toledo de "gentes de armas y lansquenetes"[98].

El nuevo contexto dibujado insufló esperanzas en conseguir un cambio de rumbo más favorable a su causa; "doña María y sus valedores se ensoberbecieron de nuevo, y duró lo de Toledo muchos días, y padeció aquella ciudad por sus durezas grandes daños"[99]. Por el contrario, los gobernadores deseaban a toda costa cerrar este frente para llevarse el ejército a socorrer Navarra y las tierras vascas y también para poner fin a los cuantiosos gastos originados por los dos Capitanes Generales de Toledo, Zúñiga y Ribera, derivados del ejercicio de su cargo no por

---

[97] MALDONADO, *ob. cit.* [n. 23], p. 275.

[98] Diego TÉLLEZ ALARNA, "Los comuneros y la alianza francesa según las cartas del general Asparros y de Monsieur D'Estissac", en Salvador Rus Rufino y Eduardo Fernández García coord., *El tiempo de la libertad. Historia política y memoria de las Comunidades en su V Centenario*. Madrid, Tecnos, 2022, pp. 823- 834 [828, 830].

[99] MEXÍA, *ob. cit.* [n. 28], p. 171.

ser tenidos por manirrotos. La búsqueda de una concordia, incluso una tregua —con el riesgo de ser considerada un signo de debilidad— se invocan al considerarlas soluciones de emergencia, aunque la parte contraria no parece estar por la labor mostrándose pertinaz en su rebelión:

> lo de toledo está peor que nunca porque con ver a los franceses en la parte que están por daño que se les haze ni quieren trato ni oyrlo hasta agora y como vieron que yvan los gouernadores camino de alla y han parado están muy mas soberbios"[100].

explica Diego Hurtado, enviado por el emperador para seguir el desarrollo de los acontecimientos.

En este contexto debe situarse la llegada de don Esteban Gabriel Merino, arzobispo de Bari[101] y su entrevista con Zúñiga para tratar de dilucidar dos asuntos, la pacificación de Toledo, pese a la obstinación de sus habitantes, y el requerimiento de los virreyes a acudir con sus tropas a la defensa de Fuenterrabía. Reunidos en Burguillos, localidad próxima, con sus capitanes y caballeros principales decidieron permanecer allí para zanjar de una vez por todas la pugna, cerrar definitivamente la conflagración y, principalmente, porque *"en la guerra de Toledo iba el bien ó el mal de todo el Reino"* con el riesgo de un reverdecimiento de la causa y una vuelta al alzamiento de toda Castilla.

Esta honda preocupación era compartida por el cardenal Adriano en una misiva despachada al emperador desde Logroño el 14 de agosto de 1521:

> quanto a lo tercero de toledo no conviene deshazer la gente que está con el Prior don Antonio antes de fecha la concordia con los de toledo porque muy fácilmente podrían ser induzidos los pueblos a nuevos alborotos por los de aquella Ciudat pues que para ello

---

[100] AGS, Estado, Castilla, leg. 9, f. 3; DANVILA, *ob. cit.* [25], IV, p. 477. (Burgos 18 de septiembre de 1521)

[101] Manuel CABALLERO VENZALÁ, "El Cardenal Esteban Gabriel Merino, Arzobispo de Bari y Obispo de Jaén", en *Boletín del Instituto de Estudios Giennenses*, 44 y 45, 1965, pp. 21-100 y 9-65 respectivamente.

no falta ni industria ni malicia y ellos hayan sido fundamiento y principio de alborotarse todo el Reyno[102].

Queda patente el temor al poder de la Comunidad toledana, a su capacidad de liderazgo y de movilización de las masas, en especial de las personas del común.

2.3. En búsqueda de la paz

Al tiempo que se mantienen enfrentamientos armados de mayor o menor virulencia, en un clima permanente de hostilidad, si bien los choques se producían de modo esporádico en el tiempo y en diversos escenarios, no se desechan los ensayos de buscar una salida dialogada. En este sentido merecen subrayarse varias tentativas de concordia a lo largo de 1521, los más importantes los correspondientes a marzo y a octubre, ambos con un denominador común, su fracaso, al caer en saco roto las propuestas.

Antes de enzarzarse en las más encarnizadas batallas entre realistas y populares, en los primeros días de marzo de 1521, mantienen una reunión el padre guardián del monasterio de San Juan de los Reyes de la capital toledana con el mandatario de la orden, Zúñiga, para intentar llegar a un arreglo o conformidad, evitar derramamiento de sangre estéril, cortar el cortejo de crímenes y las calamidades propias de un estado de guerra civil[103]. Con fecha 5 de marzo desde Corral de Almaguer Antonio de Zúñiga redacta una carta a las autoridades toledanas donde se recogen los puntos esenciales de las conversaciones[104].

Comienza con un exordio acerca de las motivaciones de su conducta y de la gente bajo sus órdenes, dejando patente el propósito último de

[102] AGS, *Comunidades de Castilla,* leg. 5, f. 408; DANVILA, *ob. cit.* [25], IV, pp. 377-378.

[103] Recoge la noticia Prudencio de SANDOVAL, *Historia de la vida y hechos del emperador Carlos V,* Edición y estudio preliminar de Carlos Seco Serrano, Madrid, 1955, cap. XLVII, p. 578.

[104] La información procede de un manuscrito (número 437) existente en la Biblioteca Nacional compuesto de dos documentos titulados "Tratados que pasaron entre el Prior de San Juan y Toledo a 4 de marzo de 1521" y "Contestación que dio la ciudad de Toledo a los Capítulos que le remitió el Prior de San Juan", y recogidos por DANVILA, *ob. cit.* [25], III, pp. 513-517. También se reproducen en la *Relación del discurso de las Comunidades* (edición de Ana Díaz Medina), Junta de Castilla y León, 2003, pp. 280-284.

lograr la paz y ayudar a quienes la buscan. Si con ese fin Toledo necesita sus soldados los pondrá a su disposición. Menciona la inestabilidad de Ocaña y la necesidad de cooperar a su pacificación con el fin de impedir una extensión de las alteraciones a los pueblos vecinos.

De vital trascendencia se estima la imperiosa necesidad de que la urbe del Tajo acepte y contribuya en todos los lugares y fortalezas del reino de Toledo, sin distinción de tierras de señorío, arzobispales, maestrazgos o prioratos, para "que estén y permanezcan en toda paz, y sosiego, y en el estado que ahora están cada Pueblo sin que en ellos haia novedad" y no preste auxilio a quienes quieran alborotarse.

Junto a estas dos grandes ideas añade un par de condiciones mucho más concretas: vuelta a la obediencia de los vasallos de la villa de Orgaz a su señor y puesta en libertad en Ocaña de un freire del hábito de Santiago preso. A modo de gesto de buena voluntad y hasta obtener respuesta a la misiva se compromete a una tregua de seis días, si bien mientras tanto, pese a no decirlo, se afilan las espadas y las picas.

Utilizando el mismo conducto, el fraile guardián de la orden de san Francisco, la contestación de la ciudad Imperial a los capítulos, no se hizo esperar mucho, aunque en algunos términos puede considerarse bastante evasiva:

> Da seguridad de no propiciar ninguna algarada tocante a las tierras y vasallos de la orden de san Juan, y si, pese a todo, se produjera, les negará favor y ayuda. En lo concerniente al resto de poblaciones de la archidiócesis o señoríos, su voluntad es clara, "estén en su libertad que no favorezera para que ningún Pueblo sea hecho Comunidad contra su voluntad, asi los que aora son como los que de aqui adelante fueren". En lógica correspondencia con su proceder de inhibirse en las decisiones de los pueblos, reclama del rival idéntico comportamiento. Por lo respectivo a las fortalezas habidas en el reino de Toledo no se les hará ningún daño material y menos aún a las personas asentadas en ellas. El resto de las cuestiones las despachan sin implicarse, eludiendo compromisos con banales justificaciones. No tienen ningún tipo de jurisdicción sobre Ocaña, por

ende, no pueden entrometerse, más allá de poner en juego sus buenos oficios por los lazos de amistad existentes entre ambas poblaciones. Igual sucede con el sacerdote santiaguista encarcelado, al carecer de autoridad. También parece templar gaitas al dar solución al conflicto de Orgaz con su titular don Álvaro Pérez de Guzmán, al limitarse a señalar la existencia de unos capítulos formulados con cuya aceptación pronto se resolverán los problemas entre señor y vasallos.

El 2 de abril de 1521 se reunió el Ayuntamiento con la intención de oír al guardián de san Juan de los Reyes. Se leyó una nota de los obispos auxiliares de Toledo, Castillo y Campo, y del prior del monasterio dominico de san Pedro Mártir, dirigida al padre franciscano *"por la qual dicen que el Prior no quiere otorgar los capítulos de la paz a cabsa de la entrada del señor obispo de Zamora a esta cibdad"*[105]. Es decir, la aparición en escena de Acuña parece dar al traste con las negociaciones. Pese a ello, el fraile exhorta a escribir a los prelados y religiosos buscando su intercesión ante Zúñiga para llegar a alguna concordia.

No se ha hallado ningún documento complementario a este intercambio de proposiciones, pero el desenlace inmediato de los acontecimientos con luchas armadas frecuentes deja bien a las claras que todo se quedó en agua de borrajas, en papel mojado.

Se debieron producir al menos tres tentativas más para alcanzar la paz. Una, mediado mayo, de la mano del marqués de Villena en su esfuerzo por apaciguar la vecindad:

> *aqui ha ávido ayer y oy muy grandísimo alboroto de lo que los Capitanes del prior hazen ques robar los asnos que vienen con cal y saquear casas de aldeas y otras cosas desta calidad que ynportan poco al seruicio de su magesta y al fin que todos deseamos, y hazen grandísimo ynconviniente y yndinacion*[106].

Se queja del entorpecimiento de su papel de intermediación con la

[105] ARCHV, Pleitos Civiles, Lapuerta (F), Caja 294,1, sf.
[106] AGS, Cámara, leg. 140, f. 142; Danvila, *ob. cit.* [25], IV, p. 79.

existencia de los hechos mencionados, siendo recriminado por los toledanos. Insta a una orden de interrupción en el hostigamiento *"que cese en los males desta manera que parescer quel Rey no quiere sus vasallos con buena voluntad reduzidos syno con sangre ganados"*. Indica la pertinencia de llevarse soldados de infantería y de caballería de Toledo para defender Navarra, algo muy provechoso para la tranquilidad de aquí y la derrota de los franceses.

La segunda tentativa, promovida por las autoridades comuneras toledanas, los impulsores no pararon en mientes a la hora de exigir, hasta el punto de escribir el cardenal Adriano en carta dirigida al emperador fechada en Segovia (23 de mayo de 1521):

> *Toledo ha embiado acá sus procuradores con muchos capítulos y cierto aquella ciudat pide tantas cosas, que yo temo que no nos podremos concertar y pienso que ahunque ella huuiesse ganado la victoria por V. Al. que no le pediría ni suplicaría más cosas*[107].

La última tendría lugar a primeros de junio con el resultado acostumbrado. En un intento de suspender la guerra se transmiten propuestas elaboradas por los toledanos, relativas a perdones, oficios, alcabalas a los gobernadores quienes a su vez redactan un memorial de varios capítulos sin llegar alcanzar ninguna concordia entre las partes enfrentadas[108].

Transcurridos varios meses sin resolverse definitivamente la contienda, a partir de distintos sectores, agotada la paciencia, cansados de la continua inestabilidad, zozobra permanente y acciones de fuerza de intensidad variable, una vez más, se anhela llegar a una solución pactada. Además de estas consideraciones Toledo, se sentía sola, abandonada por el resto de las capitales y los gobernadores deseaban terminar a todo trance la pugna en el último núcleo de resistencia en Castilla, para desplazar ese ejército a la frontera con Francia. Desde mediados de septiembre se encuentra en Toledo el arzobispo de Bari para procurar llegar a un acuerdo y allanar el camino, urgiendo la ne-

---

[107] AGS, Comunidades de Castilla, leg. 5, f. 401.

[108] VAQUERO, *ob. cit.* [n. 8], pp. 493-496.

cesidad de conceder poderes al defensor de la causa realista para negociar y la conveniencia de contar con la presencia de algún dignatario de
los tres designados por el emperador. Preocupa, asimismo, en relación
con el ejército, el naciente malestar al no recibir su soldada, el peligro
de cambiar de bando y el abandono de algunos por la adversa meteo-
rología (frío, agua). Dos son, especialmente, las graves amenazas si se
dilata la solución y entra el invierno: se dificulta la presión sobre Toledo y se incrementan mucho los gastos.

En el interior de las murallas gentes principales, en concreto Juan Gaitán, varón de linaje con ansias de paz, parece haber desempeñado un
activo papel, en connivencia con Zúñiga, en aras de alcanzar la pacificación. De tomar por ciertas las afirmaciones vertidas en el extenso proceso incoado contra el caballero de la orden de Santiago, Gaitán cruzó
varios mensajes con don Antonio intentando recobrar la tranquilidad y
poner fin a las alteraciones, arriesgando su propia vida. En su descargo
aporta la contribución para que Toledo quedara "llana y reducida" al
servicio real. También aduce haber seguido instrucciones del capitán
sanjuanista de permanecer en la urbe y no salir "pues no había allí otro
hombre principal que tuviese tan buen deseo de la paz como él"[109].

Entre el resonar del estrépito de las armas y las salmodias sagradas
de los venerables frailes jerónimos, en los últimos días de octubre de
1521, concretamente el día 25, tienen lugar una reunión en el monasterio de la Sisla, ubicado en un paraje próximo. Con la intermediación
de Gabriel Merino, metropolitano de Bari y obispo de León, se dan
cita el prior de San Juan con una representación de las autoridades municipales, en concreto, los procuradores y diputados de Toledo Rafael
de Vargas (Iglesia de Santa María Magdalena), Antonio de Comontes[110] (San Andrés) y Clemente Sánchez (San Lorenzo). Don Antonio

---

[109] VAQUERO, *ob. cit.* [n. 8], pp. 63 y 65.

[110] Pintor genovés colaborador de Juan de Borgoña en la catedral primada, trabajó
para Francisco de Rojas en la confección del retablo de su capilla de la iglesia de san
Andrés, y se le atribuyen las tablas del retablo del hospital de Santa Cruz. Referencias
en Almudena SÁNCHEZ-PALENCIA MANCEBO, "Pintores del siglo XV y primera mitad
del XVI en la catedral toledana. La capilla de San Blas", *Anales Toledanos*, 25, 1988,
57-80; Jesús F. PASCUAL MOLINA e Irune FIZ FUERTES, "Don Francisco de Rojas, embajador de los Reyes Católicos, y sus empresas artísticas: a propósito de una traza de
Juan de Borgoña y Antonio de Comontes", *BSAA Arte*, 81, 2015, 59-78; Isabel MATEO

actúa por virtud de los poderes de los reyes, de los gobernadores y del Consejo. Había recibido unos capítulos basados en lo convenido en Ajofrín, bajo el patrocinio del marqués de Villena en primavera, reiteradamente pospuesto. Ahora se plantea una concordia, magnánima en términos generales, cuyas disposiciones esenciales se concretaron en los siguientes puntos:[111]

Comienza, con una proclamación del capitán general realista relativa a la ciudad *"por leal e le confirmamos el renombre de muy noble é muy leal para agora e para siempre jamás"* en atención a los muchos auxilios, pasados y presentes, de sus vecinos prestados a la Corona. No deja de resultar llamativo y paradójico principiar la reunión con una declaración de lealtad de quien se muestra obstinado en la resistencia, contumaz en no poner fin al conflicto, nacido en su seno. Quizás, se pretendía mostrar una predisposición para alcanzar un acuerdo, remembrando las continuas asistencias a la Corona a lo largo de los siglos.

La idea fundamental es la concesión de un perdón general[112] con la pretensión de pacificar a los toledanos *"e por quitar para agora é para siempre jamás toda dubda é diferencia, é levantamientos, é guerras é daños generales é particulares"*. Se aprovecha para enunciar las innumerables conductas delictivas objeto de la clemencia regia: quitar y poner justicias, toma del Alcázar, puertas y puentes y atacar a quienes eran sus alcaides y guardas, nombramientos a su antojo expulsando a gentes fieles al soberano, destrucciones de casas, edificios, fortalezas, tanto en la capital como fuera de ella, quema de lugares, robos y daños,

GÓMEZ y Amelia LÓPEZ-YARTO, *Pintura toledana de la segunda mitad del siglo XVI*, Madrid, 2003, 146-168.

[111] Se reproduce íntegramente en la *Colección de documentos inéditos para la historia de España*, por Martín Fernández Navarrete, Miguel Salvá y Pedro Sainz de Baranda, Madrid, Imprenta de la viuda de Calero, 1842 Tomo 1, pp. 313-332. También en AGS, Comunidades de Castilla, Patronato Real, leg. 3, doc. 154; DANVILA, *ob. cit.* [25], IV, pp. 573-585.

[112] Sería concedido poco tiempo después por Carlos V en Valladolid. En la decisión influyó su antiguo mentor y gobernador Adriano insistiendo en la conveniencia de otorgarlo a los rebeldes. "La justificación del perdón es, en suma, un rasgo inequívoco de su específico entendimiento del conflicto", Alex CORONA ENCINAS, *"Por no ser yo natural de estos reinos*: el levantamiento de las Comunidades en el pensamiento político de Adriano de Utrecht", en Salvador Rus Rufino y Eduardo Fernández García coord., *El tiempo de la libertad. Historia política y memoria de las Comunidades en su V Centenario.* Madrid, Tecnos, 2022, pp. 166-176 [174].

injurias y persecución, uso de oficios y jurisdicción careciendo de la autoridad pertinente, anulación de repartimientos de dinero, modificaciones de los impuestos, incitación a la rebelión de forma público o en secreto... *"todo lo anulamos é damos por ninguno é de ningund efeto, valor"*.

Sin un propósito claro de represalia, pero sí de resarcimiento para quienes han padecido las consecuencias de las conmociones y sufridos importantes daños se considera justo satisfacer a los individuos afectados unas indemnizaciones, pero para excusar infinitos pleitos *"en cuanto á lo que toca el perjuicio, é daño, é interese é bienes de las personas que han sido danificadas"* lo posponen a la vuelta del emperador al reino de Castilla y al nombramiento de un procurador escogido por las autoridades municipales para dirimir quién debe afrontar el pago, si la urbe o el monarca, en cualquier caso debe ser "conforme a los juzgado".

Más espléndido se muestra el prior con los repartimientos hechos por mandato de las autoridades levantadas, la apropiación de maravedís procedentes de rentas de sus majestades, de alcabalas, cruzadas[113], redención de cautivos, sisas, etcétera, al ofrecer absolverlos, anulando, por tanto, la obligación de restituirlos. No obstante, se precisa la revocación de esas disposiciones y la devolución a sus legítimos dueños por parte de quienes estén en posesión de dinero, bienes muebles o raíces sustraídos indebidamente.

Pese a los quebraderos de cabeza provocados al ejército imperial, se exime de sanción a los vecinos de Mora y a los comarcanos "porque están ya en servicio del Rey".

Probablemente para doblegar la voluntad de María de Pacheco se hacen varias concesiones familiares. Respecto a Juan de Padilla[114] "que haya gloria" se concede a su hijo sus oficios y hacienda, además, si tiene embargo sobre los bienes se alzan y podrá recibir cualquier

---

[113] Sobre la bula de cruzada y su utilización en las Comunidades, por parte de ambos bandos contendientes, véase José Joaquín JEREZ, *Pensamiento político y reforma institucional durante la guerra de las Comunidades de Castilla (1520 1521)*, Madrid, 2007, pp. 537-542 y RIZZUTO, *ob. cit.* [n. 16], pp. 124-134.

[114] Fernando MARTÍNEZ GIL, *Juan de Padilla: biografía e historia de un mito español*, Madrid, 2020.

herencia. Por lo que atañe a la honra del comunero ajusticiado en Villalar, si su viuda, quiere pedir justicia ante el soberano se le ha de dar juez competente y Antonio de Zúñiga se compromete bajo juramento "de favorecer y ayudar a la dicha doña María para que alcance cumplimiento de Justicia". También intercederá en el traslado a su ciudad del cuerpo del caudillo toledano para ser sepultado donde la familia crea oportuno en el plazo de cuatro meses después de la pacificación de Toledo y del nombramiento de corregidor.

Tocante a los clérigos y legos favorecedores de la comunidad se les absuelve de cualquier exceso cometido. Abundando en más detalles, se perdona a quienes entraron en la Santa Iglesia, en templos, monasterios, hospitales o cualquier lugar eclesiástico o cometieron algún daño, ofensas, prisiones, destierros, tomaron rentas arzobispales, campanas de Iglesia, sumas de dinero, oro, plata o armas.

Son confirmados a Toledo todos los privilegios, libertades y franquicias, buenos usos y costumbres secularmente adquiridos. Las alcabalas y el deseo de figurar libre del pago, se deja hasta la incorporación del corregidor y la normalización ciudadana; mientras tanto se mantiene idéntica situación. Los tres diputados reclaman el cumplimiento de la sentencia ganada a su favor sobre la tierra de Toledo en posesión del conde de Belalcázar[115]. Urgen en el cumplimiento y ejecución con el fin de cobrar, tomar posesión de lo dictaminado en el fallo judicial y sortear sin dilación más gastos y pleitos. El capitán general sanjuanista, utilizando una fórmula reiterada, indica:

> a esto nos el dicho prior decimos que prometemos de trabajar con toda instancia é a buena fe é suplicar así á sus Majestades como á los señores Gobernadores é á los señores del su muy alto Consejo Real é donde más convenga que se haga justicia con toda brevedad.

[115] Se trata de una disputa arrastrada tiempo atrás, en la centuria anterior sobre las dehesas de Esteva y Ríos Fríos. Véase Jack B. OWENS, *Despotism, Absolutism and the Law in Renaissance Spain: Toledo versus the coants of Belalcázar (1445-1574)*, Michigan, 1972; "El largo pleito entre Toledo y el Conde de Belalcázar: la investigación histórica en el Archivo Municipal de Toledo y la aplicación del concepto de "Poderío Real Absoluto"", *Archivo Secreto*, 3, 2006, pp. 18-31.

De modo similar, se solicita el mantenimiento de los capítulos concedidos anteriormente por los representantes del emperador y grandes del reino, de tal suerte que desde el prior hasta el corregidor y las justicias estén obligados a guardarlos y a no conocer en los excesos pasados ni ellos ni otras personas.

La gobernación municipal, pasada y futura, es objeto de atención. El corregidor, los alcaldes —mayor y de las alzadas— serán escogidos exclusivamente por los reyes o por los virreyes sin la intervención de más dignatarios. Organizada la capital al calor de los movimientos en congregación de diputados anuales de las parroquias y elección de procuradores, se dispone el envío, dentro de tres meses después de la llegada del representante regio en el municipio, de una información elaborada a costa de la ciudad para suplicar al emperador cuestiones estimadas necesarias e importantes. Una táctica de dilación se aprecia igualmente con las rentas sustraídas por la comunidad —almotacenazgo, correage, peso, coto, derechos de pan e imposiciones procedentes de las carnes sacrificadas para el consumo— al requerir su inmovilización, pago o arrendamiento hasta la venida de su majestad a Toledo, cuando sea informado y provea, a su buen criterio, lo mejor para el bien de la República.

Se atisba en algunas de las intervenciones de los procuradores de la comunidad el convencimiento de que, pese al perdón concedido, la luna de miel va a durar poco, no se va a hacer tabla rasa de lo acontecido e irremediablemente se verán impelidos a afrontar determinadas responsabilidades. Efectivamente, late la preocupación de los vecinos con antecedentes en el desempeño de cargos y la sospecha de una justicia parcial, al presumirla más favorable a los ausentes cuando retornen. Para evitarlo creen necesario proveer un juez, nombrado por la congregación, acompañando a la justicia real con el fin de conocer conjuntamente las causas. A esto Antonio de Zúñiga reconoce carecer de poder para decidirlo, si bien deja patente su clara intención de no agraviar a nadie.

En los convulsos meses vividos, muchos moradores han gastado y perdidos importantes sumas de dinero, tratos, mercaderías, heredades, casas, viñas, esquilmos y tienen muchas necesidades por cuya causa no pueden pagar las deudas contraídas derivadas de rentas, tributos, alquileres o por otros conceptos. Recaban una demora en el plazo convenido para poder satisfacerlas más adelante y soslayar el "aprieto" de los acreedores.

Preocupa la situación de los toledanos ausentes, huidos, —desterrados o por voluntad propia— en particular, inquieta su vuelta y la posibilidad de dar causa a posibles alteraciones. En una actitud cautelosa acuerdan esperar a la entrada del corregidor con los regidores para establecer un plazo de ocho días destinado al retorno de quienes lo deseen, excepto los sujetos señalados por el representante real negándoles cautelarmente su presencia *"por el bien é paz é sosiego de la dicha cibdad é por evitar escándalos"* a la espera de la información trasladada a los soberanos y la posterior provisión dictaminada.

Completan las capitulaciones una serie de cuestiones más puntuales: entrega de las puertas, puentes y alcázar a naturales y vecinos no sospechosos, impelidas a hacer pleito homenaje a sus majestades; promesa del prior de devolver toda la artillería incautada; compromiso a trabajar en relación con las demandas de los alguaciles relativas a ser obligados a satisfacer renta por las varas dadas; excesivos honorarios de los escribanos del crimen en perjuicio del pueblo. A este respecto exige la disposición mediante notarios públicos, de no llevar derechos salvo "que sean conforme a las leyes y ordenanzas del Reino".

Con la esperanza de ver aceptada la concordia por las parroquias cada una a campana tañida[116], el compromiso a recibir el corregidor y las justicias designados por los reyes y los gobernadores, acoger a los ausentes conforme a la capitulación y entregar el alcázar las puertas y los puentes a las personas escogidas, termina el documento con una prolija relación de testigos procedentes de distintos estamentos sociales[117].

---

[116] Un traslado de la escritura de aprobación y ratificación de los capítulos por parte de los parroquianos de san Salvador puede leerse Vaquero, *ob. cit.* [n. 8], p. 81. Figura por fecha el 20 de octubre de 1521, aunque debe tratarse de un error al ser posterior, días después.

[117] Se mencionan a don Alvar Pérez de Guzmán conde de Orgaz alguacil mayor de Sevilla, don García de Villarroel adelantado de Cazorla, don Álvaro de Zúñiga, Diego López de Ávalos, don Diego Carrillo hijo de Gámez Carrillo, Diego López de Ayala comendador de Mora, Diego López de Ayala vicario y canónigo, Blas Caballero y Rodrigo de Acevedo canónigos, el doctor Pedro Díaz alcalde del ejército y los licen-

Concertada la paz el 25 de octubre, al día siguiente sábado se pregonó por las calles y plazas y se organizó una procesión con *Te Deum laudamus*; el 31 pacificada la capital hizo su entrada con los sitiadores el arzobispo de Bari.

Aparentemente se ponía punto final, mas no fue así. No cuajó la propuesta, tal vez la caída de Fuenterrabía semanas antes en manos francesas, con el subsiguiente debilitamiento interno, alentó a la resistencia. Pese a los esfuerzos —posteriormente los virreyes formularon severas censuras al prior por su excesiva generosidad— al cabo la concordia de capitulación se quedaría en papel mojado, pues no se consiguió la ansiada pacificación, alargándose durante unos meses la hostilidad hasta su resolución final, fruto entonces —se verá más adelante— de una derrota no de una negociación. Probablemente toda la responsabilidad del fracaso no deba imputarse a doña María Pacheco, y es más que probable, radique en razones derivadas de las reticencias formuladas por el cardenal de Tortosa, el Almirante de Castilla y el Condestable, ante las concesiones de Zúñiga en la firma de la concordia. Admiten la urgencia por lograr la paz, sentirse atados de pies y manos por los desaires franceses en el momento del diálogo, reconocen la concesión de plenos poderes al mandatario realista, pero después de conseguida se critica haberla alcanzado *"con condiciones poco honestas a V. M. y a su real preheminencia… y assi cierto hauemos otorgado capítulos muy exhorbitantes"*[118] y disgusta la pródiga largueza del dignatario de la orden *"los quales paresçieron a los gobernadores de Su Magestat dañosos y no convenientes"*[119]. Rehusar a confirmarlas —el monarca las ratificará meses después— abiertamente alimentaría la posibilidad de recaer en una nueva rebelión, pero, a la vista del rumbo favorable del

ciados Juan de Hormaza de Verá, Alonso Pérez de Úbeda, Alonso de Palma vecinos de la ciudad y Hernando Dalva secretario del prior "é otras muchas personas que ende fueron presentes á la dicha otorgación" (p. 332). Rodrigo de Acevedo fue uno de los miembros del cabildo catedralicio más ferviente partidario de la comunidad y quedaría exceptuado del perdón concedido más tarde por el emperador. Ramón SÁNCHEZ GONZÁLEZ, "Los clérigos toledanos y las Comunidades de Castilla", en István SZÁSZDI LEÓN-BORJA (eds.), *Iglesia, eclesiásticos y la revolución comunera*, Valladolid, 2018, pp. 223-265.

[118] AGS, P. R., Comunidades de Castilla, leg. 5, ff. 429 y 430; DANVILA, *ob. cit.* [25], IV, p. 678.

[119] AGS, P. R., Comunidades de Castilla, leg. 5, f. 259r. (Toledo 7 de abril de 1522).

enfrentamiento armado con el reino galo, se dan instrucciones reservadas a Zúñiga *"deve de procurar por todas las vias y maneras que pueda de adelgazar la negociación por manera que la autoridad de su mj. se guarde".* Por otro lado, el retorno de ciertos nobles y su actitud altanera, provocativa por momentos con palabras imprudentes e injuriosas, no contribuyó a sosegar los espíritus.

Incidencia directa sí obró el proceso de pacificación sobre las tropas imperiales diseminadas por territorios limítrofes, aunque no bien aceptadas por las autoridades, recelosas siempre de su conducta imprudente y perturbadora para la población[120].

Toledo durante los meses comprendidos entre finales de 1521 hasta el 3 de febrero de 1522 vive una calma tensa. Oficialmente ha estallado la paz, la villa está "allanada y sosegada" pero, en el fondo, sigue existiendo una tensión latente, desencadenada en ocasiones en incidentes de diverso grado, elevando la temperatura del conflicto. El regreso de vecinos huidos, destacados servidores de la Corona en el bando imperial, y su conducta, a veces un tanto arrogante, cuando no instigadora, genera malestar, prevención y suspicacia en determinadas capas sociales. Los protagonistas de las alteraciones, en su fuero interno, se sentían actores de significativas libertades ciudadanas conquistadas. No ocultaban cierta altanería, propiciada quizás por el clima de convivencia de meses pasados caracterizados por una mayor libertad de expresión y sabedores, en última instancia, de sentirse protegidos por la viuda de Juan de Padilla. El poder de la dama aristocrática, más en la sombra, seguía siendo considerable. Así lo acredita el hecho apuntado por Pedro de Alcocer de las continuas idas y venidas del doctor Juan Zumel[121], encargado de restablecer el orden sin miramientos, ejerciendo de intermediario entre don Antonio y doña María, "y estas ydas y venidas duraron ansí de esta manera casi tres meses sin tomar ninguna conclusión". En definitiva, tiene lugar una coexistencia, más que una convivencia y en este estado van corriendo los días, cayendo del calendario monótonamente uno tras otro.

---

[120] Los regidores de Madrid, mediado noviembre, escriben al sanjuanista quejándose de los daños causados en la villa y lugares comarcanos rogando que los aposente en sitios alejados. DANVILA, *ob. cit.* [25], IV, p. 650.

[121] Domingo HERGUETA Y MARTÍN, *Noticias históricas del doctor Zumel*, Burgos, 1923.

La ansiada quietud urbana avanza a pequeños pasos, a un ritmo lento. Las últimas desavenencias aparecen con la llegada del nuevo año. Un acontecimiento jubiloso, la elección de pontífice en los primeros días de enero en sustitución del fallecido León X, en la figura del cardenal Adriano de Utrecht, uno de los gobernadores puestos por Carlos V, fue recibida en Toledo con el regocijo acostumbrado, celebrándose las consabidas muestras de alegría con redoble de campanas, luminarias, procesiones y algarabía popular por todo el tejido urbano. Sin embargo, sin poderse esclarecer con precisión las causas, o al menos, sin haber concordancia en las explicaciones, se fue desencadenando un enconamiento con altercados. Provocaciones, ingenuas afirmaciones según algunos, simples bravatas, flagrantes desafíos para otros, los ánimos se enardecieron, las parcialidades, todavía vigentes, tomaron cuerpo y no solo se terminó llegando a las manos, sino a una medida muy contundente y rotunda, a saber, el ahorcamiento de un vecino, acusado de traidor.

El punto álgido de la tensión se alcanzó el 3 de febrero, conmemoración de san Blas para más señas, precedido de las agitaciones y algaradas del día anterior, festividad de la Candelaria. En la "Relación de las Comunidades" escrita por Juan de Chaves Arcayos[122], reproducida por Pedro de Alcocer, se dan detalles de los sucesos. Los pone en relación, a modo de antecedentes, con las celebraciones por la proclamación del papa, y más directamente con la publicación definitiva de la concordia otorgada por el soberano a partir de la firmada en octubre y objeto posterior de modificaciones. El señalado día de san Blas, "se avia de apregonar públicamente la dicha confirmación de su Magestad, y que ya el Prior y el Arzobispo de Bari no querian innovar cosa alguna de las que estaban asentadas"[123]. La víspera, fiesta de La Candelaria, se produjeron unos lances por la noche al grito de ¡Padilla! ¡Comunidad! provocando la intervención de la justicia con gente armada deteniendo a quien creía responsable principal y castigado a

---

[122] Información relativa a este clérigo estrechamente vinculado a la catedral de Toledo y su obra escrita, véase Ángel FERNÁNDEZ COLLADO, Alfredo RODRÍGUEZ GONZÁLEZ e Isidoro CASTAÑEDA TORDERA, *Anales del Racionero Arcayos. Notas históricas sobre la Catedral y Toledo 1593-1623*, Toledo, 2015.

[123] ALCOCER, *ob. cit.* [n. 88], p. 79.

ser ahorcado. Esta decisión enalteció a los seguidores de doña María, dispuestos a arrebatar al sentenciado a las autoridades con la fuerza de las espadas y otros pertrechos, librándose una auténtica batalla campal a lo largo de la noche con varios heridos. Así las cosas, al constatar la firmeza de la justicia, el desastre en ciernes para ella y sus partidarios, la convicción de enfrentarse ya a una causa perdida optó por emprender la huida, saliendo por la puerta del Cambrón, dando principio a un largo periplo lleno de incertidumbres y abandonos, incluyendo el de sus propios familiares, probablemente cargado de amargura, hasta terminar entrando en tierras lusas donde sería muy bien recibida y transcurriría el resto de sus días.

Cerrado este episodio, llegó la represión ejercida con mano férrea por el enviado de los gobernadores Juan de Zumel y no parece adecuada —al menos las fuentes consultadas no lo acreditan— la afirmación de Ferrer del Río sobre la virulencia represiva del prior Zúñiga "fue quien tuvo á deleite hacinar cabezas sobre el cadalso de Toledo"[124].

3. TRAYECTORIA POSTERIOR AL SERVICIO DE LA CORONA

Don Antonio de Zúñiga, en calidad de Capitán General en la zona sur del Tajo, había consagrado al servicio del monarca muchas cosas, quizás la más importante, su vida, puesta en peligro en los frecuentes choques contra los parciales del prelado de Zamora y de doña María Pacheco, recibiendo incluso heridas en el fragor de los combates. Lograda la paz y la sumisión de los rebeldes, era el momento de obtener prebendas y beneficios para los capitanes servidores en sus filas —en varias cartas elogia su comportamiento y pide encomiendas secuestradas a los traidores del rey— y, por supuesto, para él mismo, si bien siempre era mejor cursar las solicitudes mediante un tercero, aunque

---

[124] Antonio FERRER DEL RÍO, *Decadencia de España. Historia del levantamiento de las Comunidades de Castilla. 1520-1521*, Madrid, 1850, p. 288. Subraya esta opinión en contraste con la conducta de la mayoría de los próceres decididos a ser generosos y "no de llevarlo todo a fuego y sangre". El historiador madrileño demuestra una especial inquina, sin que los datos refrenden sus descalificadoras opiniones. De "cobarde... y traidor a la manera del tigre" le tilda al escribir sobre la batalla de El Romeral e igualmente le acusa "de engañar a los toledanos con su hipócrita mansedumbre" y más tarde "de obrar como tirano". (pp. 220 y 285 respectivamente)

fuera muy próximo por parentesco. En efecto, así sucedió con su hermano el duque de Béjar quien no dudó en suplicar del emperador nada menos que el arzobispado de Toledo "que merecía por su edad, ciencia y saber". Justifica su propuesta con un par de argumentos:

> *No ay nadie en el reino a quien más justamente se deve dar qes al prior, lo uno por los servicios que ha hecho y haze, y lo otro porquel prior tiene muy onrrada persona y muy suficiente y abile para tal dinydad como es el arzobispado de Toledo, y lo otro porque tiene el priorazgo de San Juan que puede su Alteza dallo al duque dalva y de esta manera podrá su majestad satisfazer al prior y al duque dalva y demás de esto todo el reino y quantos grandes y caballeros ay en él les parecerá muy bien por las razones ya dichas[125].*

No solo manifiesta los méritos (prestaciones y habilidad), también se permite sugerir al emperador el reparto a ilustres casas (Alba). Claro que la mitra toledana era una pieza muy golosa y codiciada y junto al miembro del linaje de Béjar-Plasencia, se encontraban varios candidatos más procedentes de la grandeza, a saber, los hijos del Condestable y del Almirante, entre distintos aspirantes[126].

Los elogios hacia su labor militar le llueven por doquier. A veces proceden de su entorno familiar, visiblemente interesados en ensalzar sus cualidades, pero igual de cierto es recordar el éxito final en la empresa bélica. El noble sanjuanista, comandante del ejército, desde la zona meridional del Tajo unido a Juan de Ribera por el norte ejercieron una pinza sobre la ciudad amurallada de Toledo hasta conseguir doblegar su resistencia. Efectivamente, las aprobaciones al proceder de don Antonio de Zúñiga llegan al rey y a los gobernadores, procedentes de distintos interlocutores. Francisco de Mendoza, administrador de la archidiócesis, en carta escrita a Xebres fechada en Guadalajara el 12 marzo de 1521 indica "El prior de San juan lo haze muy bien, y en la guardia tiene aposentada gente de guerra que ha aprovechado mucho

---

[125] AGS, Comunidades de Castilla, Patronato Real, leg. 3, doc. 148.

[126] Josep PÉREZ, *La revolución de las Comunidades de Castilla (1520-1521)*, Madrid, 1977, p. 648.

para la seguridad de la fortaleza"; más adelante pondera su esfuerzo y subraya "a seruido y sirue muy bien a v. m."[127]. Muchas veces de la mano de las alabanzas vienen peticiones. En esta ocasión dinero para pagar a las tropas; en otras soldados. Así hace el duque de Béjar, en mensaje redactado en Burgos en 11 de julio de 1521 dirigido al cardenal Adriano aprovechando para encarecer la gestión militar:

El Prior de San Juan, mi hermano, ha dado y da buen recado en las cosas de Toledo. Debe V. S. proveelle de las cosas que conviene por que él dará buen fin de aquello que tiene entre manos y para allá no es menester que otro vaya, pues el Prior lo ha comenzado y puesto en tan buen estado que él lo acabará y es razón que goce de la victorya y de la gloria de ella: alguna gente de pie bien seria envialle que fuese buena y alguna gente de caballo[128]

Todos estos éxitos dan prestigio y reputación a Zúñiga ante los dirigentes, quienes no dudan en incrementar su poder y ratificar sus actuaciones y decisiones:

confirmamos todo lo que habéis ordenado y damos por bueno todo lo que habéis mandado, porque es justo que, pues vos, señor, ganasteis de nuevo la tierra, se ordene á vuestra voluntad la justicia[129].

No obstante, sus demandas no siempre son atendidas conforme a sus deseos, incluso cuando se trata de asuntos de índole más particular que de gobierno. Intercedió sin éxito por el religioso sanjuanista, comendador Alcaraz, preso en Tordesillas, para su puesta en libertad elaborando un memorial aduciendo razones de edad, salud y necesidad de averiguar y liquidar unas cuentas; la petición fue denegada al considerarlo un procurador de la Junta, por tanto, exento de cualquier tipo de perdón[130].

[127] AGS, Comunidades de Castilla, leg, 4, ff. 140-141; Danvila, *ob. cit.* [25], III, p. 538.
[128] AGS, Comunidades de Castilla, leg. 5.°, f. 116; Danvila, *ob. cit.* [25], IV, p. 309.
[129] Santa Cruz, *ob. cit.* [n. 15], p. 479.
[130] AGS, Cámara, leg. 440, fol. 486; Danvila, *ob. cit.* [25], IV, p. 230.

Autores contemporáneos tampoco escatiman palabras de encomio a su conducta rozando la hipérbole. Antonio de Guevara, dando muestras de su erudición, se extiende en sus lisonjas. Después de una larga retórica acerca de la misión del sacerdote, del labrador y del caballero, en tiempos de alteraciones, escribe "Que sepáis allá que sabemos acá todo lo que en vuestro exército hacéis y aún todo lo que decís, y no os debe pesar dello, pues todos loan vuestra cordura y engrandescen vuestra fortuna". Tras relatar hazañas de numerosos militares atenienses, los equipara con él "para que, sepan todos los presentes y venga a noticia de todos los absentes que entre estos tan ilustres varones puede ser contado Vuestra Ilustre Señoría"… A continuación, se hace eco de una valerosa acción llevada con arrojo y valentía:

> *Acá hemos sabido en como los del real de Toledo salieron a quita-*
> *ros una gruesa cabalgada que llevavades a vuestro real, y muchos*
> *de los vuestros, no sólo començaron a huir, más aún os aconseja-*
> *ban que huyésedes, y vos, Señor, como hombre animoso y capitán*
> *diestro, os metistes en los enemigos diciendo: "¡Aquí, caballeros;*
> *aquí vergüença, vergüença; vitoria, vitoria! Que, si hoy vence-*
> *mos, alcançamos lo que queremos, y si morimos cumplimos con lo*
> *que debemos!". Oh palabras dignas de notar, y muy dignas de en*
> *vuestro sepulchro se esculpir*[131].

Siguen las reminiscencias a la antigüedad y al mundo clásico, para concluir comparándole con Macabeo entre los hebreos y con Viriato en los hispanos. Ante la petición de Zúñiga de guardar memoria en las crónicas de sus actos, finaliza con una comparación a la guerra de Troya "si vuestra lanza fuere cual fué la de Achiles, mi pluma será cual fué la de Homero".

No menos halagüeño se muestra Francesillo de Zúñiga, cronista y bufón de Carlos de Habsburgo, criado del duque de Béjar, don Álva-

---

[131] Antonio DE GUEVARA, *Epístolas familiares*, Madrid, 1541, libro I, carta 7 "Letras para don Antonio de Çúñiga, prior de Sant Juan, en la cual se le dice que, aunque haya en un caballero que reprehender, no ha de haber que afear". Medina de Rioseco, 18 de febrero de 1522.

ro de Zúñiga —no se pierda de vista el detalle— al narrar diferentes episodios comuneros y la rendición de Toledo en febrero de 1522, empresa en la que parece ser, estuvo presente, así como en la batalla de Villalar. Su visión es la de un declarado imperial sin mostrar el mínimo atisbo de simpatía por los sublevados:

> *y porque sería largo de escrevir, se pasará adelante contando de las grandes hazañas y maravillas que don Antonio de Çúñiga, prior de S. Juan, hizo en serviçio de Dios y de este emperador*[132].

En una relación de personajes identificados con animales concretos, don Antonio es una "garça demorada en el río de Duratón".

En un manuscrito del siglo XVIII se insiste en la misma línea de fidelidad y prudencia. Durante el conflicto, antes del definitivo combate de Villalar, el emperador en Worms escribió una epístola el 7 de marzo de 1521 reconociendo la quietud y lealtad mostrada por el prior y por el territorio sanjuanista:

> *Concejos justicias, Regidores, Cavalleros, Escuderos, Oficiales y omes buenos de las Villas y lugares de la Vaylía de Alcázar de Consuegra, que es de la Orden de San Juan por el Prior D. Antonio de Zúñiga, me ha expuesto la paz y sosiego en que habéis estado y estáis después de mi partida desos Reinos y la voluntad con que nos habéis servido y servís en todo lo que iem confesado lo cual vos agradezco y tengo en fe.*

A renglón seguido, les insta a seguir la misma conducta y expone el deseo de obediencia a los mandatarios designados:

> *de vuestra antigua lealtad y fidelidad y yo lo esperaba y así vos ruego y encargo lo continuáis durante mi brebe absencia desos Reynos y en todo y guardéis y cumpláis lo que nuestros viso reyes y Gobernadores desos Reynos de mi parte os embiare a mandar*

---

[132] Francesillo DE ZÚÑIGA, *Crónica burlesca del emperador Carlos V*, edición de José Antonio Sánchez Paso, Salamanca, 1989, pp. 75-76.

que de todo ello tengo iteren memoria para la remuneración como
vuestros servicios y lealtad merece[133].

La inquebrantable adhesión demostrada en el ejercicio de las armas
dio sus frutos y si la obtención de la archidiócesis primada quedó en el
olvido, se hizo acreedora de una preciada justa recompensa. En 1523
el emperador Carlos le nombró virrey de Cataluña[134] y en una carta
fechada en Valladolid a 20 de julio, escribe:

> *Dipputados: por los movimientos que franceses hazen en essas*
> *fronteras ha convenido embiar ahí con gente por nuestro Capitán*
> *general al Rdo. Prior Don Anthonio destuniga nuestro pariente y*
> *para mayor auctoridad encomendarle también el cargo de nuestro*
> *lugar tiniente general en essos Principado y condados, por el cual*
> *sabres largamente lo que conviene, encargamos y mandamos vos*
> *que le asistays y obedezcays en todo lo que os requiriere y fuere*
> *necessario de nuestro servicio buena administración de la Justicia,*
> *bien público, defensión y reposo de la tierra, como de vosotros lo*
> *speramos y lo acostumbrays de hacer: que ya veys quan acepto y*
> *singular servicio nos haceys en ello[135].*

Breve, por no decir efímera, fue su estancia en tierras catalanas desempeñando el oficio de tan alta responsabilidad y prestigio pues en

---

[133] Domingo AGUIRRE, *El Gran Priorato de la Orden de San Juan de Jerusalén en Consuegra, en 1769*, Toledo, 1973, p. 152. No todo fueron opiniones gratas. En la centuria del XIX Modesto Lafuente al hilo de la responsabilidad atribuida al prior en el incendio de la iglesia de Mora escribe "revela harto tristemente toda la negrura de alma de este caudillo de los imperiales". Cierto es que su visión está muy contaminada por la historiografía decimonónica en su afán de utilizar el movimiento comunero como bandera de la libertad y de fustigar con aspereza a todos los enemigos. Modesto LAFUENTE, *Historia general de España*, Barcelona, 1888, tomo octavo, p. 107.

[134] Otro miembro de su linaje, el conde de Miranda, igualmente por fidelidad al rey durante el conflicto recibió en recompensa el cargo de virrey de Navarra y mayordomo de la emperatriz Isabel. Sobre su participación en la guerra véase Diego PACHECO LANDERO, "Dos visiones sobre la alta nobleza en las comunidades. Los condes de Miranda y Urueña ante la *rueda de las navajas*", en Salvador Rus Rufino y Eduardo Fernández García coord., *El tiempo de la libertad. Historia política y memoria de las Comunidades en su V Centenario*. Madrid, Tecnos, 2022, pp. 188-199 [198].

[135] Archivo de la Corona de Aragón (ACA), Generalitat, Serie V, 239, 72.

el otoño de 1524[136] fallece, tal cabe deducir de una misiva escrita por el soberano, en el Pardo el 16 de noviembre de 1524, a los diputados acusando recibo de la noticia de la muerte de don Antonio[137].

Su presencia en suelo del principado se sitúa en el contexto de una fuerte castellanización del cargo a manos de la nobleza del interior[138]. Las actuaciones más relevantes señaladas[139] han sido la amenaza otomana en el litoral levantino, ensoberbecidos por el éxito de la conquista de Rodas[140] en 1522, un hecho especialmente doloroso para la orden hospitalaria sanjuanista, expulsada de la isla y obligada a vagar por diferentes territorios hasta su asentamiento en Malta (1530) por concesión del César Carlos[141]. Las continuas incursiones de los piratas dañaban especialmente el comercio del Mediterráneo, una de las principales actividades económicas y, por ende, fuente de ingresos de los habitantes del principado. La hostilidad de Francia y su animadversión contra el monarca Habsburgo supuso un delicado frente bélico a afrontar. Construcción y reparaciones de fortificaciones fueron una de las iniciativas promovidas en su política defensiva.

En el terreno social se encontró con el problema tradicional, de origen medieval enquistado en el tiempo, del bandolerismo rural y sus deriva-

[136] Con fecha 5 de octubre desde Barcelona emite una certificación (signada con grafía firme) para Pere Juan, secretario de Su Majestad, donde se denomina Prior de Castilla —no de San Juan— y Lugarteniente y Capitán General en el Principado de Cataluña y condados de Roselló y Cerdeña. AHNOB, Torrelaguna, C.13, D.63.

[137] ACA, Generalitat, Serie V, 239, 80. Mariela FARGAS PEÑARROCHA en la biografía de Antonio de Zúñiga del *Diccionario Biográfico Español* de la Real Academia de la Historia, menciona por fecha del óbito Gerona 3 de noviembre de 1525, es decir, un año después.

[138] Rogelio PÉREZ BUSTAMANTE, "Virreialitzatio i castellanitzacio de la lloctinència del Principat de Catalunya (segles XVI i XVII)", *Pedralbes: Revista d'historia moderna*, 13,1, 1993, 75-94.

[139] Véase Joan REGLÀ I CAMPISTOL, *Els virreis de Catalunya: els segles XVI i XVII*, Barcelona, 1961; Jesús LALINDE ABADÍA, *La institución virreinal en Cataluña, 1471-1716*, Barcelona, 1964.

[140] Eric BROCHMAN, *Los dos asedios de Rodas, 1480-1522*, Londres 1969; Nicolas VATIN, *Rhodes et l'Ordre de Saint-Jean-de-Jérusalem*, París, 2000; con carácter general Miguel Ángel de BUNES IBARRA, *El imperio otomano (1451-1807)*, Madrid, 2015.

[141] Marcial MORALES SÁNCHEZ-TEMBLEQUE, "El Gran Priorato de Castilla y León y su relación con Malta: el vínculo jurisdiccional (siglos XVI y XVII)" en Daniel MUÑOZ NAVARRO, Francisco Javier IBÁÑEZ CASTELLÓN, Carmel VASALLO BORG (coords.), *España, Malta y el Mediterráneo. Las relaciones hispano-maltesas durante la Edad Moderna*, Malta, 2016, pp. 7-38.

ciones en la formación de bandos enfrentados[142], con sus consiguientes redes clientelares, dando como resultado no solo una instabilidad en la convivencia sino también una honda repercusión sobre las instituciones. Igualmente halló una complicación en los brotes de insurrección popular, de matiz antiseñorial, con ciertas reminiscencias de las Germanías valencianas, cuyo espíritu se había contagiado a la Corona de Aragón. La administración de justicia en el reino, entendía Zúñiga, se encontraba en muy mal estado y urgía recobrar el buen orden.

Fallecido don Antonio de Zúñiga, prior de la orden de san Juan de Jerusalén, virrey de Cataluña, dejó atrás todo un pasado de empleos y ocupaciones en las armas y en la administración, siempre al servicio de la Corona y de su Cesárea Majestad Carlos V. Sin embargo, curiosamente, con su desaparición, la memoria de sus actuaciones no encontró el reposo y la consolidación de la reputación, ganada a fuerza de sacrificio y entrega, propios de quien abandona este mundo y cruza a la otra orilla. Lamentablemente su recuerdo se vio enturbiado por toda una serie de reclamaciones de tipología y procedencia dispar, afrontadas por los herederos de su patrimonio. Difíciles de solucionar y de llegar a un acuerdo entre las partes litigantes, terminaron sustanciándose ante el más alto tribunal de justicia, es decir, la Real Chancillería de Valladolid en la década de 1530.

Algunas corresponden a demandas de vecinos sanjuanistas. En 1537 las villas de Alcázar, Consuegra, Madridejos y Tembleque reclaman a los sucesores importes de dinero por el pago de herbajes[143]; en igual fecha Alonso de Montoya y María de Mendoza, hijos de Bernardo Montoya, afincados en Alcázar de San Juan exigen treinta ducados de oro de salarios debidos a su progenitor[144]. También las hay de lugares más alejados, de Salamanca. Alonso de la Zarza, vecino de Béjar, pide

---

[142] Ricardo García Cárcel, "El bandolerismo catalán en el siglo XVI", en Juan Antonio Martínez Comeche (ed.), *Le bandit et son image au Siècle d'Or*, Madrid, 1991, pp. 43-54; Xavier Torres i Sans, "Les bandositats de "nyerros" i"cadells": bandolerisme català o "feudalisme bastard"?", *Pedralbes* 18/1, 1998, pp. 227-242. Para los interesados en esta temática, una visión global para España, muy recomendable, en Enrique Martínez Ruiz, *El bandolerismo español*, Madrid, 2020.

[143] AGS, Consejo Real de Castilla, 131, 2.

[144] ARCHV, Pleitos Civiles, Pérez Alonso (F), Caja 988,1. Contiene ejecutoria en Registro de Ejecutorias, Caja 510, 20 (Años 1537-1538).

56.000 maravedís, cantidad correspondiente a siete años en el oficio de criado[145]. Idéntica situación plantea el también sirviente Alonso de Pisa, asentado en Toledo a quien le deben tres mil maravedís de estipendio[146]. Catalina Guiral, en nombre de su fallecido hijo Antonio Guiral, en condición de madre y heredera, desde Ciudad Rodrigo, pleitea respecto a treinta ducados de oro correspondientes a su hijo exigiendo a Luis Tristán y Juan Merino, ambos de Valladolid, defensores de los bienes del difunto, su abono[147].

Ciertos recursos se refieren a situaciones alejadas en el tiempo. Diego de Solier, alcalde de la fortaleza de Curiel de Duero (Valladolid) requiere las pagas correspondientes al tiempo dedicado a ocuparse en el pleito por la titularidad del priorato sanjuanista mantenido entre Diego de Toledo y Antonio de Zúñiga hace más de dos décadas.[148] Similar situación se produjo con Gaspar de Párraga, de Alcázar de san Juan al solicitar las sumas correspondientes a la época de servicio de contino y alcaide de la fortaleza de Peñarroya[149].

Más delicada, por lo delictivo de la conducta, de ser cierta, es la queja interpuesta por Inés Muñoz, avecindada en Béjar, al pedir el pago por los daños causados por el fallecido ascendiente del linaje Zúñiga por estupro[150].

No paran aquí las acusaciones. Íñigo de Ayala, avecindado en Toledo requiere la deuda contraída por no haberle abonado su remuneración de contino[151]. Un segoviano, Juan de Ribera, también pretende cuatro mil maravedís por su ocupación de paje, más diez ducados dejados en el testamento[152].

En síntesis, se trata de deudas contraídas en vida de don Antonio de Zúñiga, quien probablemente por olvido o, tal vez, por negligencia, pues no se trata de elevadas cantidades, dejó sin satisfacer. Pasado un

[145] *Ibidem*, Caja 1674,5 (Años 1535-1536).
[146] *Ibidem*, Caja 3789,7 (Años 1536-1537).
[147] *Ibidem*, Caja 985,7 (Años 1537-1539).
[148] *Ibidem*, Caja 910,3 (Años 1534-1537).
[149] *Ibidem*, Caja 808,3 (Años 1536-1538).
[150] *Ibidem*, Caja 1079,6 (Años 1535-1536).
[151] *Ibidem*, Caja 330,6 (Años 1535-1537).
[152] *Ibidem*, Caja 97,4 (Años 1537-1538).

tiempo prudencial posterior al fallecimiento los perjudicados se sienten impelidos a reclamar ante los tribunales, por lo general —se ha expuesto—, salarios impagados por oficios desempeñados.

4. CONCLUSIONES

El prior de la orden de san Juan, don Antonio de Zúñiga, vástago de ilustre cuna, segundón de una de las familias de mayor arraigo entre la aristocracia castellana consolidada en la azarosa y efervescente centuria del Cuatrocientos supo sacar el máximo partido a su posición y a su estirpe. Su hermano don Álvaro de Zúñiga y Guzmán, titular de la Casa de Béjar, en virtud del mayorazgo, ocupó la jefatura del ducado de Plasencia y Béjar y como cabeza visible, en cumplimiento de su misión, veló por la conservación de la casa, el aumento, si fuera posible, merced a enlaces nobiliarios y ansió proteger y contribuir al ascenso social del resto de la parentela. Para conseguirlo no dudo en zigzaguear en un comportamiento marcado por constantes cambios de fidelidad, otorgados al socaire de los acontecimientos, ya fuera a Maximiliano de Austria, en cuya corte se educaba el joven heredero Carlos, a Felipe el Hermoso, o al regente Fernando de Aragón. Lo importante era velar por los intereses particulares asumiendo riesgos propios de adhesiones equivocadas, perdedoras y de los caprichosos vaivenes de la política.

Sin duda alguna, la presencia próxima del duque de Béjar al rey Habsburgo —estaba entre el séquito de recibimiento a su llegada a España, acompañó a Catalina, hermana del soberano, a Portugal para su casamiento, recibió a la emperatriz Isabel en la frontera luso-hispana—, su posición en la Corte, el desempeño del cargo de consejero de Estado, constituyen un cúmulo de circunstancias, todas ellas muy propicias para favorecer la trayectoria y el futuro de su hermano Antonio.

Un primer jalón importante tuvo lugar al obtener, en dura pugna con la poderosa Casa de Alba, el priorazgo de la orden sanjuanista, pero la guerra de las Comunidades le brindaría la oportunidad de oro para consolidar su posición entre la aristocracia, en particular a partir del nombramiento, en los primeros días de 1521, de capitán general de "allende el Tajo" quedando bajo su mando todas las tropas encargadas de defender la causa imperial en la zona meridional.

En torno de su figura y su autoridad se fue congregando un nutrido contingente de soldados, pertrechos y material pesado de artillería. Gentes de armas, hombres de a pie, caballeros, escopeteros, ballesteros, procedentes de términos diversos bajo la tutela de capitanes asignados *ex profeso* por localidades o fuerzas organizadas por regidores o miembros de la nobleza, engrosaron un ejército con el anhelo de lograr el dominio de las fuerzas imperiales frente a las rebeldes.

Su actividad militar —se ha dejado escrito más atrás—, fue intensa durante 1521, prolongada hasta febrero de 1522 con el epígono toledano protagonizado por María Pacheco, quien mantuvo ardiendo la llama de la esperanza hasta el último momento junto a sus más fieles seguidores. Alrededor de su liderazgo se produjeron los principales enfrentamientos bélicos, más o menos sonados. En la mayoría de las ocasiones se dirimieron en el territorio sanjuanista y en las inmediaciones de la urbe del Tajo, con motivo de su firme defensa, pero también colaboraron en campañas del otro lado del río, en la Sagra, auxiliando a don Juan de Ribera, resultando en más de una ocasión su sola presencia disuasoria para poner pies en polvorosa —según dicen la mayoría de los cronistas— a las milicias populares.

Durante los meses de duración del estallido comunero, don Antonio, mantuvo frecuente correspondencia con los virreyes designados por Carlos I e incluso directamente con el monarca. Mensajes de información acerca de las novedades surgidas, de los combates acecidos, de la necesidad de incrementar recursos —dinero en especial— para atender las urgencias de la guerra y evitar amotinamientos o fugas de soldados al enemigo, cambiando de bando. Aprovecha para deslizar entre las explicaciones relatos de sus éxitos personales, su notoria fidelidad a la Corona, su vida en riesgo permanente en las continuas operaciones y choques armados…, reseñas, en suma, escritas con toda intencionalidad, convenientes para dejar constancia y servir, más adelante, de recordatorio al soberano cuando llegara el momento, una vez pacificado el reino, de otorgar mercedes y recompensas a quienes habían puesto vida y hacienda al servicio del emperador.

No hay motivos para poner en tela de juicio la lealtad de su actuación, si bien las vacilaciones concernientes a determinados episodios concretos pueden albergar distintas interpretaciones. Ante la llamada de socorro de los gobernadores para enviar sus unidades a la defensa contra la invasión francesa en Navarra y lugares circunvecinos y su mensaje de preferir seguir teniéndolas acantonadas en las proximidades de la ciudad para continuar el asedio puede verse una acertada estrategia militar y política o un intento de no perder el protagonismo desempeñado en aras a su posible rentabilización con posterioridad a la conclusión del alzamiento. Preciso, es decir, que en la lucha contra los galos también podría adquirir prestigio y relevancia, pero su papel dirigente quedaba más en la sombra ante autoridades superiores. Más allá de disquisiciones, el hecho innegable fue el acierto de su decisión de perseverar en Toledo.

El conflicto de las Comunidades terminó, la pista del prior de Toledo se pierde durante unos meses en los relatos y en la documentación, apareciendo en 1523 con el rutilante nombramiento de virrey de Cataluña otorgado por el emperador Carlos. Justo premio por su entrega a la causa imperial, lo disfrutó poco tiempo pues fallece —"dejó la vida en perpetuo silencio", tomando prestada una frase de Cervantes— en noviembre de 1524. En ese largo año de gobierno en el Principado se vio impelido a hacer frente a una serie de problemas, unos enquistados en la sociedad —el bandolerismo— otros coyunturales al hilo del correr del tiempo y de los hechos acaecidos en el Mediterráneo. Con todo, su papel predominante, la razón primordial por la cual los estudiosos de la historia se han ocupado de su figura, el motivo de que su nombre, en palabras puestas en boca del Lazarillo de Tormes, "no se entierre en la sepultura del olvido" y la sombra del personaje se haya agrandado es por la participación en la guerra de las Comunidades de Castilla.

El movimiento comunero en el movimiento liberal

QUIEBRA INSTITUCIONAL, UTOPÍA Y MITO. EL ECO DE LAS COMUNIDADES DE CASTILLA EN EL PRIMER LIBERALISMO DEL SIGLO XIX. EVOCANDO CENTENARIOS (1521-1821)

Remedios Morán Martín
Universidad Nacional de Educación a Distancia

"Estos capítulos enviaron á Flandes los de la junta para que se diesen al emperador (…) En las comunidades del reino fueron estos capítulos loados y tenidos por santos: y que si se hiciese lo que en ellos se ordenaba, seria este el reino más rico y bienaventurado del mundo.

Que el emperador seria cruel sino los confirmase. Que los de la junta merecían una corona. Y nombre eterno por cosas tan bien ordenadas y trabajadas."

Fr. Prudencio de Sandoval, *Historia del emperador Carlos V*

1. Planteamiento

Con las palabras que he citado como preámbulo de estas páginas, Prudencio de Sandoval ya cataloGaba de "santos" a los capítulos de la Junta de Tordesillas de 1520, presentados a Carlos V; como bien decía Juan Manuel Carretero, la derrota del programa comunero lo convirtió en utopía[1], y de la utopía se pasa al mito. Y este es el sentido que voy a intentar desarrollar en estas páginas.

---

* PID2021-124531NB-I00. «El estado de Partidos: raíces intelectuales, rupturas y respuestas jurídicas en el marco europeo», Programa Estatal para Impulsar la Investigación Científico-Técnica y su Transferencia, del Plan Estatal de Investigación Científica, Técnica y de Innovación 2021-2023.

[1] Este trabajo se inserta en el marco del Proyecto de Investigación DER2017-84733-R, Agencia Estatal de Investigación: "Partidos políticos: origen, función y revisión de su estatuto constitucional"

También están recogidas por Juan M. CARRETERO ZAMORA, "Las Cortes en el programa comunero: ¿Reforma institucional o propaganda revolucionaria?", en Fernando MARTÍNEZ GIL (Coord.), *En torno a las Comunidades de Castilla, Actas del Congreso Internacional, Poder, conflicto y revuelta en la España de Carlos I,* Universidad de Castilla-La Mancha, Cuenca, 2002, p. 278.

Además de las monografías clásicas sobre el tema de Joseph Pérez, Maravall, Gutiérrez Nieto, etc., se ha escrito mucho sobre Comunidades de Castilla desde hace doce años que bajo la dirección de István Szászdi se inició esta serie de Congresos sobre Comunidades, con el desarrollo de diferentes temas específicos en cada uno de ellos; también recientemente sobre el tema que ahora abordo, especialmente el trabajo de Manuel Alonso Moreno y de José Martínez Millán, que coinciden en parte del desarrollo, si bien procedemos de áreas y enfoques diferentes, lo que necesariamente se debe reflejar en nuestros análisis sobre un mismo tema, siempre complementarios.

Creo que se debe partir de varios elementos básicos: un intento de quiebra institucional y una derrota: los capítulos de Tordesillas y Ávila de 1520 y la derrota de Villalar, la conversión en utopía de lo que pudo ser la sociedad castellana desde este momento y la elaboración del mito de la libertad perdida, de elaboración académica y doctrinal ya más tardía.

Seguiré, por tanto, la reflexión sobre esta trayectoria, centrándome en la idea que se transmite de la gesta comunera y de sus reivindicaciones, como imaginario colectivo, buscando el hilo conductor del mismo hasta su pleno desarrollo en el siglo XIX, precisamente en el Trienio Liberal, coincidiendo el quinto centenario de las Comunidades con el bicentenario del Trienio.

1.1. Quiebra institucional de la Junta de Tordesillas de 1520. Planteamiento historiográfico

El hilo de mi argumentación se va a basar en el siglo XIX, no obstante, es importante centrar el tema a la luz de la consideración de la historiografía del siglo XX, que en gran medida parte del siglo anterior.

La interpretación hecha por diferentes autores actuales coincide en considerar a los capítulos de 1520 como rupturistas:

Para Maravall, la diferencia con otros movimientos subversivos es que asumen la representación del Reino, negando legitimación a la actuación del rey y sus delegados, para no reconocerla sino a la Junta nacida de la voluntad revolucionaria del Reino[2].

[2] José Antonio MARAVALL, *Las comunidades de Castilla. Una primera revolución mo-*

Joseph Pérez, se adhiere a la teoría de Maravall, como movimiento revolucionario, así como a lo desarrollado por González Alonso, y considera que aunque hay un aparente respeto al rey, porque la Junta pide la ratificación real, es la práctica la que se revela revolucionaria, en la "forma de pedir", que intentan obligar al rey a aceptar su propuesta, que, realmente, consideran que el rey debe conformarse con las propuestas de la Junta, imponiéndole la reorganización del reino, por lo que "la teoría puede considerarse como aparentemente respetuosa de la tradición, pero la práctica tiene un carácter marcadamente revolucionario, ya que implica la subordinación del rey al reino. La tradición encubre la revolución"[3].

Un planteamiento diferente es el elaborado por Juan Ignacio Gutiérrez Nieto, que fundamenta las Comunidades en como un movimiento antiseñorial, como ya el mismo título de su obra indica, pero si bien este es el hilo conductor de su obra, no obvia el intento de ruptura institucional que los comuneros pretenden, considerando que nobleza y comuneros tienen intereses comunes, que al final supondrían la limitación del poder real, si bien los planteamientos de ambos son irreconciliables[4].

Para Benjamín González Alonso, por el contrario, "las Comunidades (…) no fueron, si atendemos a este aspecto, un movimiento dotado de programa original y radicalmente innovador, diferente a los formulados con anterioridad en coyunturas asimilables. Estimo, por el contrario, que los comuneros se mantuvieron dentro de las coordenadas habituales en la pugna de los estamentos con la monarquía de

derna, Alianza Editorial, 1981, 3ª ed., especialmente el cap. 3, para la cita p. 113 (cito por esta edición, puesto que completa en dos capítulos a la primera ed., Revista de Occidente, Madrid, 1963).

[3] Joseph PÉREZ, *La revolución de las Comunidades de Castilla (1520-1521)*, Siglo XXI, Madrid, 1977, 2ª ed., pp. 2-6 (cito por esta edición). Plantea el tema ya en las páginas previas a esta edición, tituladas "Los comuneros en 1976", como preliminar a la edición, donde señala que el libro se terminó de elaborar en 1969 (la primera ed. francesa es de 1970), si bien arranca de su artículo: "Pour une nouvelle interprétation des Comunidades de Castille", en *Bulletin Hispanique*, LXV, 1963, pp. 238-283; en la segunda edición de su libro se adhiere también a Gutiérrez Nieto, de las Comunidades como movimiento antiseñorial, sin cambiar su planteamiento global de las diferentes causas que las motivaron.

[4] Juan Ignacio GUTIÉRREZ NIETO, *Las comunidades como movimiento antiseñorial*, Ed. Planeta, Barcelona, 1973, especialmente pp. 291 y ss.

tendencia absolutista. Por decirlo de otro modo: llegaron más lejos en el terreno de los hechos que en el de los principios"[5].

Juan Manuel Carretero subraya que es "en los capítulos u ordenanzas redactados por la Junta de Tordesillas en otoño de 1520, donde entre otros muchos aspectos aparece definido el ideal de una nueva asamblea representativa para Castilla claramente rupturista con la vigente de ese momento", hecho que pudieron acometer los comuneros en contraposición a que "se encontraron ante la realidad de una asamblea representativa perfectamente estructurada y consolidada en función de las necesidades políticas e institucionales de una monarquía imbuida en los ideales del Absolutismo"[6].

José Belmonte Díaz, también considera revolucionaria a las Comunidades "por cuanto intentó cambiar por la fuerza —al ser desoída la razón reiteradamente invocada— un estado de cosas e imprimir nuevas directrices sobre el gobierno, la administración de los reinos, y afectó, incluso al a misma independencia de las Cortes"[7], "con una singular faceta: la de pretender hacer al pueblo depositario de la soberanía"[8]; considera que los Capítulos o leyes generales elaborados en Ávila y enviados al rey desde Tordesillas, son "un documento de marcado carácter y sentido preconstitucional"[9].

En la misma línea, Ramón Peralta argumenta que "la revolución castellana adquirió el carácter de una 'democracia de juntas' con la participación colectiva de vecinos de las ciudades: reuniones de barrio, actividad política en las parroquias, juntas locales y junta de comuni-

[5] Benjamín González Alonso, "Consideraciones en torno al 'Proyecto de Ley perpetua' de las Comunidades de Castilla", en *V Simposio Toledo Renacentista (Toledo, 24-26 abril 1975)*, Publicaciones del Centro Universitario de Toledo – Universidad Complutense, Madrid, 1980, pp. 121-143, la cita p. 143.

[6] Juan M. Carretero Zamora, "Las Cortes en el programa comunero: ¿reforma institucional o propuesta revolucionaria?", *o. c.*, p. 325-236, en esta última página, nota 6, hace remisión a su trabajo "La consolidación de un modelo representativo: las Cortes de Castilla en época de los Reyes Católicos", en *Isabel la Católica y la política*, ponencias presentadas al I Simposio sobre el reinado de Isabel La Católica, celebrado en las ciudades de Valladolid y México en el otoño de 2000, Valladolid, 2001, pp. 259-293.

[7] José Belmonte Díaz, *Los comuneros de la Santa Junta. La "Constitución de Ávila"*, Caja de Ahorros de Ávila, 1986, p. 12.

[8] *Ibid.*, p. 13.

[9] *Ibid.*, p. 115.

dad, ayuntamientos públicos y, por encima de todo, expresando la última palabra, las 'Cortes y Junta General', cuyas decisiones estuvieron siempre determinadas por la racionalidad jurídico-política —y nunca por la demagogia— de letrados, juristas y teólogos. Es una revolución porque se proclama la soberanía del reino, diríamos hoy día, de manera que el rey, la cabeza del mismo, resulta excluido en el proceso constituyente del nuevo orden político del reino. Es una manifestación máxima de aquel principio político según el cual la soberanía reside en la Comunidad"[10].

Desde mi punto de vista, tanto José Belmonte como de modo especial Ramón Peralta, procediendo del área de Derecho constitucional, utilizan una conceptualización muy ajena a los principios jurídicos, ni siquiera políticos, del siglo XVI.

Para Rafael Ramis, las formulaciones que recoge de diferentes autores contienen ideas acertadas, pero recuerda, sin embargo, que debe distinguirse la actividad de la Junta como órgano representativo y como órgano de gobierno. Sin duda alguna, por su actividad revolucionaria, y su desacato a la autoridad del regente, los comuneros reunidos en la Junta traspasaron claramente los umbrales de lo exigido para el "Reino" y desafiaron al Rey. La actitud de los procuradores reunidos en Ávila y luego en Tordesillas era provocadora, aunque una lectura atenta de los "Capítulos del Reino", de la célebre "Ley Perpetua de Ávila", muestra que los procuradores no quisieron excederse jurídicamente de su papel de "Reino", y, sumándose a la postura de Maravall, considera que se trataba de un contrapoder al Rey, que le suplía en caso de interregno y en circunstancias excepcionales, en definitiva, no cree que la Ley perpetua sea un proyecto de "Constitución", sino una forma de enfrentamiento al rey por parte de las ciudades ante las irregularidades del monarca[11].

La reciente obra de Mercedes Fernández sobre *Impresos comuneros*, nos acerca no solo a la base ideológica que tenían los comuneros, sino

---

[10] Ramón PERALTA, *La Ley perpetua de la Junta de Ávila (1520). Fundamentos de la democracia castellana*, Ed. Actas, Madrid, 2010, p. 71.

[11] Rafael RAMIS BARCELÓ, "La génesis de la Ley Perpetua de Ávila (1520)", en *Revista de Occidente*, monográfico *El levantamiento comunero. Quinientos años después*, n. 479, abril 2021, pp. 53-64.

a la difusión de las ideas desde lo verbal a lo impreso, según los textos impresos que generaron los comuneros y las cartas del rey, especialmente el uso de la imprenta para la propagación de los Capítulos de Tordesillas, que se convierte en muy reveladora de una nueva interpretación de los hechos, en cuanto ruptura institucional, porque suponía la difusión de los planteamientos comuneros, incluido el mismo perdón real "como revolvedora de opiniones y voluntades"[12]; por lo tanto, precisamente su estudio es de enorme interés para el tema que intento desarrollar.

Se podrían recoger muchos más planteamientos, pero lo expuesto es la muestra más significativa de los más relevantes a lo largo del último tercio del siglo XX y primeras décadas del actual, de la que puede concluirse que la interpretación hecha por diferentes los autores actuales coincide en considerar esta quiebra institucional, si bien con diferencias, entre los que se acercan más a los aspectos jurídicos, que presentan las mayores divergencias o a los históricos, que hablan más de revolución.

Considero que jurídicamente sí hay un intento de quiebra institucional, lo que supone una revolución, porque: en primer lugar, la Junta no se convoca por el rey, ni por Dª Juana, aunque se haga en nombre de esta; en segundo lugar, porque no fueron convocados según el orden institucional seguido en dichas convocatorias, por el rey y con un orden de las cuestiones a tratar, así como con la solicitud de que se llevaran "poderes bastantes", y, en tercer lugar, porque la división de facultades que pretende atribuyendo unas al rey y otras al reino, no estaban contempladas en las Cortes castellano-leonesas, que, realmente, no tenían un "reglamento" de actuación, sino una práctica, que se aprecia muy bien cuando, poco después del momento que estamos analizando, tenemos Actas de Cortes y no solo Ordenamientos, en las que se ve la sucesión de actos que se habían ido consolidando por la práctica[13].

[12] Mercedes Fernández Valladares y Alexandra Merle, *Impresos comuneros*, Universidad de Salamanca, 2021.

[13] Principalmente desde las Cortes de Santiago y la Coruña de 1520, *Vid., Cortes de León y Castilla*, publicadas por la Real Academia de la Historia, Establecimiento tipográfico de los sucesores de Rivanedeyra, Madrid, tomo V, 1882, pp. 285 y ss.

Este mismo desacato a la autoridad real, en un momento en el que Carlos V se situaba en la cúspide de la jerarquía europea al ser elegido emperador, hizo que la derrota de Villalar por las tropas reales produjera la creación de un imaginario popular que traspasó los límites del momento. Sin embargo, en este imaginario popular, creo que deben diferenciarse dos niveles: el popular, que lucha en el bando comunero por una mejora de su situación socioeconómica, fundamentalmente, sin otras implicaciones jurídicas ni políticas y, especialmente después de la derrota de Villalar, donde a pesar del perdón real, se van a sentir tachados en su actividad diaria, de modo que hay una ocultación sistemática de su posicionamiento. Por otro lado, el de las clases privilegiadas, en sentido amplio, nobleza, clero y especialmente intelectuales, que cada uno por sus propios intereses elaboran una utopía o distopía, según el caso, que es la que va a trascender, porque son ellos los que tienen los resortes para componerla y difundirla.

2. ELABORACIÓN DE LA UTOPÍA COMUNERA EN LOS CRONISTAS Y AUTORES COETÁNEOS DE CARLOS V

La transcendencia del movimiento comunero, en su conjunto, tanto la gesta militar de hombres no entrenados ni dedicados a las armas, como los capítulos de Ávila y Tordesillas de 1520, ya fueron vistos de forma clara por los cronistas del momento, que en gran medida fueron los iniciadores de la difusión de la utopía que supuso la propuesta. No obstante, en aquel momento, especialmente tras la derrota de Villalar, era imposible manifestarlo.

Posiblemente por este motivo ni las *Crónicas* ni las *Historias de Carlos V* fueron publicadas en vida del Emperador, ni siquiera en vida de los cronistas[14], a pesar de que, como le dijera al rey su consejero

[14] *La Historia de Carlos V*, de Juan Ginés de Sepúlveda no fue publicada durante la vida del emperador, como tampoco fue publicada ninguna Crónica del reinado del Emperador durante la vida de este, a pesar de que tuvo varios cronistas oficiales, principalmente Juan Ginés de Sepúlveda (desde 1536), Florián de Ocampo (1539), Bernabé del Busto (1546) y Pedro Mexía (desde 1548). También el cosmógrafo Alonso de Santa Cruz confeccionó su Crónica simultáneamente a Sepúlveda, aunque no llegó a terminarla y otros realizaron apuntes o fragmentos: *vid.*, Baltasar CUART MONER, "La historiografía áulica en la primera mitad del siglo XVI: los cronistas del emperador",

Lorenzo Galíndez de Carvajal (hacia 1525), que "la buena fama es el verdadero premio é galardón de los que viven"[15], por lo que la búsqueda de fama, además de resaltar las gestas de los pueblos, era el fin de las crónicas. Por esto, la mayoría de las veces, la posición respecto a las Comunidades está muy mediatizada, como aprecia Fray Prudencio de Sandoval, que considera el tema "peligroso"[16], por lo que aunque relata los acontecimientos de forma minuciosa, sus palabras se deben interpretar siempre escritas con sigilo para no caer en desgracia, y, como otros cronistas, también saben poner en boca de terceras personas palabras que ellos no puede pronunciar de forma directa, de ahí los reiterados entrecomillados de los textos cronísticos.

De modo especial se aprecia el intento de los cronistas de que permanecieran en la memoria los hechos de las Comunidades por el tono general de las crónicas que se alinearon más al bando comunero, sin un posicionamiento explícito, obviamente, como serían las de Juan de Maldonado, Juan Ginés de Sepúlveda y Fr. Prudencio de Sandoval; más afines al emperador son la de Alonso de Santa Cruz y la de Pedro Mexía. Por lo tanto, hago referencia a las primeras, así como a la de Alonso de Santa Cruz, que, si bien no era cronista, era cosmógrafo oficial, por ser quizás la que más ampliamente relata los hechos junto a Fr. Prudencio de Sandoval.

Como ya desarrollé en otros trabajos, el cronistas que más contribuye a la creación de una utopía por el implícito planteamiento de su

en C. CODOÑER y J. A. GONZÁLEZ IGLESIAS (eds.), *Antonio de Nebrija: Edad Media y Renacimiento*, Salamanca, 1994, pp. 41-58. *Id.*, "Juan Ginés de Sepúlveda, cronista del Emperador", en José MARTÍNEZ MILLÁN (coord.), Jesús BRAVO LOZANO, Félix LABRADOR ARROYO (coords.), vol III: *Carlos V y la quiebra del humanismo político en Europa (1530-1558)*, Madrid, 2001, 341-368. De gran interés es la obra de María del Carmen SAEN DE CASAS, *La imagen literaria de Carlos V en sus crónicas castellanas*, The Edwin Press, Ltd., New York, 2009. *Vid.* también, Remedios MORÁN MARTÍN, "Entre líneas: la Historia de Carlos V de Juan Ginés de Sepúlveda y su visión de las Comunidades de Castilla", en István SZÁSZDI LEÓN-BORJA y María Jesús GALENDE RUIZ (Coords.), *Imperio y tiranía: la dimensión europea de las Comunidades de Castilla*, Universidad de Valladolid, 2013, pp. 437-453.

[15] Richard L. KAGAN, *Los cronistas y la Corona. La política de la Historia en España en las edades Media y Moderna*, Centro de estudios Europa Hispánica – Marcial Pons, Madrid, 2010, p. 103.

[16] Sobre la interpretación de las crónicas, *vid.*, Alexandra MERLE, "Autocensura en torno a la dimensión política de las Comunidades de Castilla", en *Manuscrits. Revista d'Història Moderna*, 35, 2017, pp. 19-40.

crónicas es Juan Maldonado[17], cercano a la burguesía adinerada y a la nobleza burgalesa, hará que su pensamiento gire del mismo modo que estos estamentos en Burgos, desde un pensamiento afín a los comuneros a un planteamiento afín a las doctrinas oficiales de su tiempo, vaivenes que se advierten en su amplia obra; más apegado a la interpretación de los hechos son los demás cronistas citados, como veremos.

2.1. Diálogos, sueños y utopía

Las dos obras de Maldonado relacionadas con las Comunidades, *De motu hispaniae* (escrita en latín, no se publicó hasta 1840)[18] y *Sueño* (publicado por primera vez en 1541 y segunda ed. en Lima en 1646)[19], son novedosas en España por su estilo: el primero por ser un diálogo; el segundo, el *Sueño*, género este poco desarrollado en España antes del siglo XVI, si bien evoca el "Sueño de Escipión", de Cicerón[20] (que no debe obviarse forma parte del final de la obra de Cicerón, *La república*), lo

---

[17] Nació entre 1483-1486 y murió en los primeros meses de 1554, Heliodoro GARCÍA GARCÍA, *El pensamiento comunero de Juan Maldonado*, Madrid, 1983, pp. 5-6, cito por esta obra, si bien es un extracto de su Tesis doctoral, *El pensamiento erasmista, comunero, moral y humanístico de Juan Maldonado*, Universidad Complutense de Madrid, Facultad de Filosofía y Ciencias de la Educación, 1983.

[18] Juan MALDONADO, *De motu Hispaniae. El levantamiento de España*, Traducción, notas e introducción de María Ángeles DURÁN RAMOS, Centro de Estudios Constitucionales, Madrid, 1991, cito por esta edición. Existen otras ediciones: la primera que se hizo de la obra es de José Quevedo, *La revolución comunera. El movimiento de España, o sea historia de la revolución conocida con el nombre de las comunidades de Castilla, escrita en latín por el presbítero Juan Maldonado y traducida e ilustrada por el presbítero don José Quevedo, bibliotecario del Escorial*, 1840 (existe nueva edición con introducción de Valentina FERNÁNDEZ VARGAS, Ed. Centro, Madrid, 1975); *El "De motu Hispaniae" de Juan de Maldonado*, estudio y edición crítica de Manuel Martínez Quintana, Editorial Universidad Complutense de Madrid, 1988 (Tesis doctoral, Departamento de Filología clásica, Facultad de Filología, UCM, 2015, está en pdf en el repositorio de la UCM).

[19] Juan MALDONADO, *Sueño*, traducción castellana (Ed. de Miguel Avilés, *Sueños ficticios y lucha ideológica en el Siglo de Oro*, Editora Nacional, Madrid, 1980, pp. 149-178, con estudio introductorio, pp. 107-148. Cito por esta edición).

[20] M. Tulio CICERÓN, *Sobre la república*, introducción, traducción, apéndice y notas de Álvaro D' Ors, Ed. Gredos, Madrid, 1984, puede verse especialmente la introducción donde hace repetidas alusiones al sueño de Escipión, pp. 8, 10-12, 25-28 y en el propio texto ciceroniano, libro VI, pp. 158-171. He utilizado la edición de Cicerón, *Sueño de Escipión*. Texto latino, prólogo y notas por Antonio Magariños, Instituto Antonio de Nebrija, Madrid, 1950, 2ª ed. revisada.

que lo inserta plenamente entre los escritores más avanzados estilísticamente de su momento, permeable a las influencias del Renacimiento italiano y a sus recursos, y considero debe interpretarse esta obra dentro del pensamiento inicial de Maldonado cercano a los comuneros[21].

En este círculo de intelectuales renacentistas, Maldonado en *Somnium* nos da nuevas claves de interpretación de las Comunidades, situándolas en un plano de una posible sociedad ideal, que no pudo ser, utópica, con independencia de otras connotaciones de la obra[22]. Como ya enuncié, *Somnium* contiene dos relatos, el primero de ellos es un relato lunar, en el que se puede intuir una sistemática alusión a lo que podrían haber sido utópicamente las aspiraciones comuneras, en el caso de haber prosperado. Debo confesar que no existe en dicho relato alusión que apoye dicha afirmación, solo son intuiciones que se desprenden tanto del pensamiento inicial de Maldonado, como del estilo literario elegido y su contenido, comparando la realidad y la ficción, porque en la luna contempla una ciudad ideal, con organización perfecta y perfecta armonía, quizás la que hubiera resultado de aunar intenciones comuneras y realistas, donde:

> Honran al rey; su mayor satisfacción es complacerle, pues le deben obediencia. Todos anhelan y aman las mismas cosas. Si uno se mueve, todos le siguen. Si aquél decide levantarse, ninguno se sienta. Les mueven los mismos gustos y coinciden en los mismos deseos. En suma, son las virtudes las que reinan allí y las que dominan lo mismo en los hombres que en las mujeres. No hay envidias ni discordias; allí, finalmente, todos los vicios están descartados y prohibidos[23].

[21] *Vid.*, especialmente Heliodoro García García, *o. c.* José Joaquín Jerez, *Pensamiento político y reforma institucional durante la Guerra de las Comunidades de Castilla (1520-1521)*, Fundación Francisco Elías de Tejada – Marcial Pons, Madrid, 2007, pp. 3537 y *passim* y José Antonio Maravall, *Las Comunidades de Castilla*, *o. c.*, pp. 64-65, cuando relaciona la utilización del concepto de patria y de *patres conscriptis* a los miembros de la Junta comunera, que no puede considerarse solo un recurso estilístico.

[22] Sobre este tema *vid.*, Remedios Morán Martín, "Referencias femeninas en la cronística del siglo XVI. Desvelo de amor en Juan de Maldonado", en *Bajo Palabra*, 22, 2019, 477–500. https://doi.org/10.15366/bp2019.22.026 [fecha de consulta: 05/09/2021]

[23] *Somnium*, p. 163.

El segundo relato se sitúa en un sueño en el Nuevo mundo, en el que también se presenta una sociedad ideal, por lo que no es ajeno el pensamiento de Maldonado a la utopía que, por iniciar el sueño en el Burgos comunero, puede relacionarse.

Por lo tanto, son relatos que van creando en el imaginario culto del momento mundos ideales, que pudieron ser y no han sido, como también lo serán otros relatos utópicos[24], hasta muy recientemente no relacionados con las Comunidades, como *Omnibona*[25], la Ciudad de todos los bienes (c. 1590-1600), que describe el Reino de la Verdad, su capital es *Omnibona* y su rey Prudenciano, que considero debe analizarse en relación con los capítulos de 1520, si bien, al no estar fechada, no puede saberse si exactamente se escribió justo antes de las Comunidades o después, aunque parece que los estudios recientes se inclinan por que el texto se escribió entre 1536 y 1542, siendo, en todo caso, una mezcla de relato utópico y un tratado de educación de príncipes, que se contrapone al gobierno de principios del siglo XVI[26], con lo que encuadra en el tema que aquí se trata.

Analizar esta obra a la luz de las Comunidades es labor enormemente sugerente, que, Mª José Vega aborda desde las primeras líneas de la introducción:

---

[24] Sobre este tema y obra, *vid.*, Miguel AVILÉS FERNÁNDEZ, "Utopías españolas en la Edad Moderna", *Chronica Nova*, 13, 1982, pp. 27-52: https://digibug.ugr.es/handle/10481/26126 [fecha de consulta: 20/09/2021]; *id.*, "Otros cuatro relatos utópicos en la Edad Moderna. Las utopías de J. Maldonado, Omnibona y El Deseado Gobierno", en Jean-Pierre Étienvre (ed.), *Les utopies dans le monde hispanique*, Casa de Velázquez – Universidad Complutense de Madrid, 1990, pp. 109-128.

[25] Hay edición de Ignacio GARCÍA PINILLA, *Omnibona. Utopía del siglo XVI: [(Ms. 9/2218 de la RAH)*, Seminario de Estudios Medievales y Renacentistas - Sociedad de Estudios Medievales y Renacentistas - Instituto de Estudios Medievales y Renacentistas, Salamanca, 2017. Sobre el texto y su autor, *vid.*, Víctor LILLO CASTAÑ, "Un reformista en la corte de los Austrias: sobre el autor de "Omníbona", una utopía castellana anónima del siglo XVI", en *Studia Aurea: Revista de Literatura Española y Teoría Literaria del Renacimiento y Siglo de Oro*, 10, 2016, pp. 105-129: https://dialnet.unirioja.es/ejemplar/446316 [fecha de consulta: 20/09/2021]

[26] Una síntesis del tema en María José VEGA (Ed.), *Omnibona. Utopía, disidencia y reforma en la España del siglo XVI*, Centro de Estudios Políticos y Constitucionales, Madrid, 2018, pp. 21-33. Realmente todos los capítulos de esta obra, redactados por diferentes autores, son muy interesantes. Bibliografía sobre el tema, en la pág. Web. *Omnibona. Una utopía moderna olvidada*: https://blog.uclm.es/proyectoomnut/materiales/bibliografia/ [fecha de consulta: 20/09/2021]

La obra se presenta al lector como una sucesión de diálogos insertos en la narración de un viaje, que tienen lugar primero en los caminos y luego en la capital de un reino imaginario (el Reino de la Verdad) bien ordenado y regido por leyes justísimas. Es este, aunque bajo el manto de la ficción, el testimonio más comprehensivo y audaz de las aspiraciones de reforma católica en la primera mitad del siglo XVI, y un documento crucial para entender cabalmente las críticas al Santo Oficio y la oposición política castellana durante el reinado de Carlos I[27].

De signo muy diferente es la obra de Alonso del Castrillo, que, aunque se trata de un autor que vivió en Burgos y escribió en plenas Comunidades, puesto que se publicó en Burgos en 1521, muy poco antes de Villalar, dice no querer escribir sobre ellas, sino sobre la República[28]. Es significativo para la difusión de los hechos que sea de las pocas obras publicadas en los inicios de la imprenta en España, realmente se considera un incunable. Creo que Alonso del Castrillo hace al mismo tiempo una crítica del mal gobierno en el que se hunde la Corona de León y Castilla con la llegada de Carlos V y una propuesta de buen gobierno, de lo que debe ser, en el sentido clásico del término, la organización de la república, empezando por la casa, la ciudad y el reino, así como los hombres que habitan en la ciudad, ciudadanos, y los deberes que tienen respecto a su rey y el gobierno de este, que deben estar basados en la justicia, tema con el que finaliza la obra[29]. En este sentido, combina el pensamiento de los autores clásicos a los que cita reiteradamente, como la influencia que sobre el gobierno debe tener la religión, tomando como eje *La ciudad de Dios*, de Agustín de Hi-

[27] *Ibid.*, p. 11. Un análisis contrario presenta otra utopía del momento, desde el ángulo de influencia luterana, *vid.*, Ignacio García Pinilla, "Utopía de impronta luterana y católica en la primera mitad del siglo XVI: *Wolfaria* y *Omníbona*", en José Luis Ocasar Ariza y Consolación Baranda Leturio (Dirs.), *Duelos textuales en tiempos de reforma*, Presses universitaires du Midi, Anejos de Criticón, Toulouse, 2020.

[28] Se ubica en Burgos, igual que Juan de Maldonado y parece que tuvieron relación por algunas posibles referencias comunes, *vid.*, Ángel Rivero, cap. "Revolución y restauración en la República de Burgos", en Alonso de Castrillo, *Tratado de la República con otras historias y antigüedades*, Ed. de Ángel Rivero, Centro de Estudios Políticos y Constitucionales, Madrid, 2020, pp. L, 24, *passim*.

[29] Casi en este orden están dispuestos los capítulos de la obra. *Ibid.*

pona[30]; por lo tanto, mantiene en toda la obra una tácita comparación entre lo que debiera ser en cuanto a trabajo, jerarquía y obediencia en la ciudad y reino, de los ciudadanos respecto a su rey, con continuadas comparaciones entre las repúblicas griega y romana y la situación de la Castilla de su tiempo, tácitamente[31]. Casi podríamos decir que esta obra se encuadraría en los primeros atisbos de la literatura arbitrista.

Otras referencias de autores del momento llevan a sus obras la revolución comunera de forma directa o indirecta, como expone Gutiérrez Nieto, en sus excelentes páginas historiográficas, estructuradas según la tendencia de los diferentes autores que cita, a lo largo de los siglos XVI, XVII y XVIII, con escasas referencias en estos dos siglos a las Comunidades[32].

Por el contrario, la elaboración de utopías en torno a la monarquía hispana se desarrolla fuera de nuestras fronteras, como puede ser la obra de Campanella, aunque terminara considerando que la monarquía española no respondió al destino que le estaba asignado[33].

2.2. CRÓNICAS

De naturaleza muy diferente es la obra de Juan Ginés de Sepúlveda[34]. Tradicionalmente se le ha considerado afín al Emperador, sin embargo, su crónica o *Historia de Carlos V* lo desmiente. Fue nombrado cronista oficial del Emperador en 1536, fecha en la que inicia su Historia,

---

[30] Muy completo el estudio preliminar de Ángel RIVERO en Alonso DE CASTRILLO, *Tratado de la República, Op. cit.*, para el tema de las fuentes utilizadas por Castrillo, pp. LIII-CIX.

[31] Sobre la interpretación de este tratado, *vid.*, Pablo Luis ALONSO BAELO, "El Tratado de la República de Alonso de Castrillo. Una reflexión sobre la legitimidad de la acción política", en *Res publica,* 18, 2007, pp. 457-490: https://revistas.um.es/respublica/article/view/61891/59631 [fecha de consulta: 15/11/2021]

[32] Ignacio GUTIÉRREZ NIETO, *Las comunidades como movimiento antiseñorial, o. c.*, pp. 21-49.

[33] Tommaso CAMPANELLA, *La política*, Ed. de Moisés GONZÁLEZ GARCÍA, Alianza Editorial, Madrid, 1991, véase la introducción, especialmente, p. 47.

[34] Sobre la visión de Juan Ginés de Sepúlveda sobre las Comunidades, *vid.*, Remedios MORÁN MARTÍN, "Entre líneas. La Historia de Carlos V de Juan Ginés de Sepúlveda y su visión de las Comunidades de Castilla", en István SZÁSZDI LEÓN-BORJA y María Jesús GALENDE RUIZ (coords.), *Imperio y tiranía: la dimensión europea de las Comunidades de Castilla*, Universidad de Valladolid, 2013, pp. 437-453.

que no fue muy conocida, posiblemente porque a pesar de estar escrita entre 1536 y 1570[35], la primera edición de 1781, en latín, no era de fácil acceso, hasta que en 1995 que se inició la edición bilingüe de las obras de este autor, precisamente con la *Historia de Carlos V*[36]. A partir de este momento, está siendo utilizada y aprecio una línea de discontinuidad entre las afirmaciones anteriores y las que ahora se hacen en torno a Sepúlveda, pasando de ser un cronista "oficialista", exaltador de la figura de Carlos V, a un personaje escéptico respecto al Emperador y su política. Ginés de Sepúlveda centra los libros segundo al cuarto de su *Historia de Carlos V*, en las Comunidades. Esto no impide que él acometiera la redacción también de esta parte y de otras cuyos hechos no presenció, como si de una obra de investigación se tratara, manejando documentación y relatos de personajes que sí estuvieron presentes[37]. Coincido con Baltasar Cuart en que Sepúlveda no quiere hacer una Crónica al uso, de exaltación del Emperador, ni una Historia en el sentido actual del término, sino que trata de hacer una Historia de Carlos V y de los españoles, de modo que utiliza el concepto de *Hispania*, como comprensiva de todos los reinos de la Península Ibérica (incluido Portugal) y el mito de los visigodos como primer momento de unidad política hispana, así como la cohesión interna del concepto de *hispani* como comprensivo de todos los habitantes de este espacio que tenía una historia común y un sentido de unidad, especialmente frente a las agresiones externas[38].

[35] *Cfr.* José SOLÍS DE LOS SANTOS, "Introducción filológica", en *Historia de Carlos V*, vol. XIV, ed. cit. [5]

[36] Juan Ginés de SEPÚLVEDA, *Obras Completas. I. Historia de Carlos V. libros I-V*, Ayuntamiento de Pozoblanco, 1995; *Historia de Carlos V. libros VI-X*, Pozoblanco, 1996; *Historia de Carlos V. libros XI-XV*, Pozoblanco, 2003; *Historia de Carlos V. libros XVI-XX*, Pozoblanco, 2008; *Historia de Carlos V. libros XXI-XXV*, Pozoblanco, 2009 e *Historia de Carlos V. libros XXVI-XXX*, Pozoblanco, 2010. Se va a citar por esta edición, por lo que desde ahora se cita *Historia de Carlos V*, vol. y año.

[37] Baltasar CUART, "Introducción histórica", en Juan Ginés de SEPÚLVEDA, *Historia de Carlos V*: Libros I-V, Excmo. Ayuntamiento de Pozoblanco, 1995, Tomo I, pp. XLVI-XLVII.

[38] Baltasar CUART MONER, "Los Romanos, los Godos y los Reyes Católicos a mediados del siglo XVI: Juan Ginés de Sepúlveda y su "De Rebus Gestis Caroli Quinti Imperatoris et Regis Hispaniae", *Stvdia Historica* 10-11, 1992-1993, pp. 61-88, texto completo en: http://campus.usal.es/~revistas_trabajo/index.php/Studia_Historica/article/view-File/4691/4707 [fecha de consulta: 12 de noviembre de 2021]. *Idem*, "Introducción

Veladamente, va creando un imaginario sobre la grandeza del pueblo sublevado, mediante la utilización de los términos *populares* y *tumultuantes*, entre otros, para la designación del movimiento comunero, siguiendo la tradición clásica romana, con una visión de reivindicación social y política de las Comunidades, incluyendo en el término no solo al pueblo, sino a todos los que se apoyan en este para la reivindicación de intereses[39].

Con esta perspectiva, como ya indiqué, Ginés de Sepúlveda incide en algunas ideas: como primar la unión de los españoles y la cohesión de sus hombres y tierras frente a las agresiones externas, por lo que parece ver a las Comunidades como aglutinante frente a la agresión de extranjeros que llegaron con el Carlos ocupando cargos y oficios; no enfatiza la llegada de Carlos al trono, ni lo califica de nuestro rey, sino que la plantea en tono de polémica, contraponiendo el periodo de paz durante el reinado de los Reyes Católicos a los tumultos en diferentes territorios al inicio del reinado de Carlos I; por el contrario, señala las decisiones poco acertadas del rey al inicio de su reinado; llama la atención la forma de recoger "literalmente", entrecomillando el texto, el discurso de Pedro Laso a los toledanos, que corresponde a la carta que recogen otras crónicas, enviada por los toledanos, es de 7 de noviembre de 1519, desarrollando el tema de forma más amplia que en el resto de los cronistas[40]; por último, Sepúlveda adopta la técnica de poner en boca de otros personajes ideas elaboradas a veces por él, a similitud del sueño, que pretende dejar al autor fuera de responsabilidad, cuando en el fondo está denunciando un intento de ruptura institucional, al imponer la Junta al rey cambios sustantivos en la administración[41].

histórica", *Op. cit.*, pp. XLVIII y. ss.

[39] *Ibid.*, pp. LVI-LVII.

[40] Alonso de SANTA CRUZ, *Crónica del Emperador Carlos V*, publicada por acuerdo de la Real Academia de la Historia, Edición de Ricardo BELTRÁN Y RÓSPIDE y Antonio BLÁZQUEZ Y DELGADO-AGUILERA, Prólogo de Francisco de LAIGLESIA Y AUSER, Imprenta del Patronato de Huérfanos de Intendencia é intervencíu Militares, Madrid, 1920-1925, I, pp. 220-221. Prudencio de SANDOVAL, *Historia del Emperador Carlos V, rey de España*, Est. literario-tipográfico de P. Madoz y L. Sagasti, Madrid, 1846-1847, 9 vols., los tres primeros abarcan el periodo aquí analizado. Cito por estas ediciones.

[41] Más extensamente en Remedios MORÁN MARTÍN, "Entre líneas", *Op. cit.*, pp. 437-453

Finalmente, las crónicas de Alonso de Santa Cruz y Fr. Prudencio de Sandoval, en parte muy similares en cuanto a su redacción.

La *Crónica del Emperador Carlos V*, de Alonso de Santa Cruz, responde a un texto que se no opone al movimiento comunero y con frecuencia está en contra de las actuaciones del emperador, aunque su ideología está muy cercana a este. Fue redactada simultáneamente a la de Sepúlveda, porque parece que estaba confeccionada hacia 1551, aunque no llegó a terminarla y su publicación es tardía[42], posiblemente Alonso de Santa Cruz fuera el único de los cronistas que presenciara las Comunidades.

También tardías son las redacciones de las crónicas de Florián de Ocampo (1539) que no llegó a abarcar el periodo aquí analizado, sino que fue continuada por Fray Prudencio de Sandoval (1606)[43], que desarrolla ampliamente este periodo y que en gran medida se nutre de la crónica de Santa Cruz. Fue escrita después de la muerte del emperador, a principios del siglo XVII, por lo que ya veía los hechos desde una perspectiva histórica y su visión ya estaba *sacralizada*, como un referente en Castilla. Por lo tanto, muestra ya de forma perfecta la visión utópica que se había ido difundiendo en los textos cronísticos, llámense Crónica o Historia, del periodo del emperador, que posiblemente iniciara, en el caso de estos dos cronistas, Fray Antonio de Guevara[44].

A partir de este momento, parece que las Comunidades de Castilla se hunden en un silencio historiográfico y solo permanecen los hechos

[42] Alonso de SANTA CRUZ, *Crónica del Emperador Carlos V*, ed. cit. Sobre las circunstancias de su publicación, *vid.*, el prólogo de Francisco de Laiglesia a esta edición. También, Francisco de LAIGLESIA, "Una crónica inédita", en *Boletín de la Real Academia de la Historia*, 71, 1917, pp. 110-116: http://www.cervantesvirtual.com/obra-visor/boletin-de-la-real-academia-de-la-historia--5/html/ [Fecha de consulta: 9/11/2021]

[43] Fr. Prudencio de SANDOVAL, *Historia del Emperador Carlos V,* ed. cit. Desde ahora cito solo los nombres de los cronistas, tomo y pp., según estas ediciones. Sandoval utiliza tanto fuentes oficiales, como las actas de Cortes y fuentes cronísticas, como Mexía, al que cita en algunas ocasiones y otros.

[44] *Vid.*, Francisco MÁRQUEZ VILLANUEVA, *Menosprecio de Corte y alabanza de aldea (Valladolid, 1539). El tema aúlico en la obra de Fray Antonio de Guevara*, Universidad de Cantabria, 1998, especialmente pp. 55-65 y ss., así como las notas de estas páginas. También *id.*, "Las Comunidades y su reflejo en la obra de Guevara", en *V Simposio Toledo Renacentista: Toledo, 24-26 de abril de 1975*, Universidad Complutense, Centro Universitario de Toledo, 1980, tomo II, pp. 171-208.

vivos en la conciencia popular, con un gran mutismo en los lugares o personas que se afiliaron al bando comunero por la represalia que podía suponer dicha memoria.

El miedo produjo que se ocultaran las familias afines a su ideario por considerarse una mancha en sus trayectorias que las alejarían de puestos y oficios en la administración[45].

3. EL MITO DE LAS COMUNIDADES DEL PERIODO GADITANO AL TRIENIO LIBERAL

3.1. La construcción del mito en el primer constitucionalismo. Francisco Martínez Marina

Es fundamental para la elaboración del mito de las Comunidades y, especialmente la llamada a la libertad, el posicionamiento de los juristas de principios del siglo XIX, fundamentalmente Manuel José Quintana, Francisco Martínez Marina y Francisco Martínez de la Rosa, todos vinculados al mundo de la política, además de su profesión principal como juristas, son historiadores, escritores o clérigo, en el segundo de los casos; todos de ideología liberal, con mayor o menor grado de moderación, especialmente en el caso de Martínez de la Rosa.

El estudio historiográfico de Juan Ignacio Gutiérrez Nieto, al que me he referido anteriormente, sigue siendo el más completo de los realizados, desde el punto de vista que aquí abordo, poniendo ya de relieve la corriente "protoliberal", desarrollada desde mediados del siglo XVIII con las referencias de Juan Amor de Soria, León de Arroyal, José Marchena, Manuel José Quintana, etc., sin que las referencias de estos a las Comunidades fueran suficientes para la elaboración del mito[46]; asimismo, hace relación de las alusiones relacionadas con

---

[45] *Vid.*, José MARTÍNEZ MILLÁN, "Introducción. Las Comunidades de Castilla desde la perspectiva historiográfica de los estudios sobre 'la Corte'", en Carlos Javier DE CARLOS MORALES y Natalia GONZÁLEZ HERAS (dirs.), *Las Comunidades de Castilla: Corte, poder y conflicto (1516-1525)*, Ediciones de la Universidad Autónoma de Madrid – Ediciones Polifemo, Madrid, 2020, pp. 12-13.

[46] Ignacio GUTIÉRREZ NIETO, *Las comunidades como movimiento antiseñorial*, *o. c.*, pp. 49-55.

las Comunidades por Jovellanos, Canga Argüelles, Julián Negrete y otros, tanto en sus obras, como en sesiones de las Cortes constituyentes gaditanas, donde la fecha de Villalar como fin de las libertades castellanas se hizo una referencia obligada, mencionando a Martínez Marina como el inicio del encuadramiento de las Comunidades en el contexto erudito, así como Martínez de la Rosa[47], autor el primero en el que centraré el resto de estas páginas.

Asimismo, el trabajo de Manuel Moreno Alonso[48], que en gran parte retoma José Martínez Millán[49], sintetizan el hilo conductor de los autores que crearon el mito en torno a las Comunidades.

Por lo tanto, sigo el esbozo historiográfico de estos, si bien centrándome más en el aspecto jurídico de la elaboración del mito.

Si bien el poema de Manuel José Quintana "A Juan de Padilla" está fechado en 1797, y posiblemente fue conocido en los círculos literarios y culturales del momento, Quintana posteriormente vuelve sobre este tema en alguna de sus cartas a Lord Holand, dentro de su descripción de la crisis que sufre España, ya en el Trienio Liberal. Asimismo, Martínez de la Rosa, y su tragedia *La viuda de Padilla*, cuya primera representación en Cádiz se data en 1812, su redacción se realizó en el periodo constituyente de Cádiz[50], pero no se publicó hasta 1814. En esta obra, deben valorarse dos aspectos: la elevación a mito, en este caso de la principal mujer que formó parte en la misma, María Pacheco, de la mano de su marido Juan Padilla, pero que mantuvo, más allá de la derrota, la bandera comunera y la conexión histórica que hace el autor entre los dos momentos enormemente difíciles para España, en los que el pueblo se aglutina contra un enemigo[51].

[47] *Ibid.*, pp. 58-62.

[48] Manuel Moreno Alonso, "Del mito al logos en la historiografía liberal. La monarquía hispana en la historia política del siglo XIX", en José Martínez Millán y Carlos Reyero (Coords.), *El siglo de Carlos V y Felipe II. La construcción de los mitos en el siglo XIX*, Sociedad Estatal para la conmemoración de los Centenarios de Felipe II y Carlos V, Madrid, 2000, p. 101

[49] José Martínez Millán, "Introducción. Las Comunidades de Castilla desde la perspectiva historiográfica de los estudios sobre 'la Corte'", *Op. cit.*, pp. 15-33.

[50] Manuel Moreno Alonso, "Del mito al logos en la historiografía liberal. La monarquía hispana en la historia política del siglo XIX", *o. c.*, p. 112. La publicación en 1814 llevaba como apéndice un *Bosquejo histórico de la Guerra de las Comunidades*.

[51] "Cuando emprendí la composición de esta tragedia, por los años 1812, acababa de

Lo que sí parece evidente, es que, desde principios del siglo XIX, como ha analizado Manuel Moreno Alonso, por razones políticas, se realizó una labor de construcción ideológica de la monarquía del siglo XVI, instrumentalizando políticamente, en un intento de pretensión de que el individuo despertara y se convirtiera en ciudadano activo[52].

Pero, desde el punto de vista jurídico, si bien Jovellanos ya había relacionado el pacto rey/reino en el caso de las Comunidades, con alusión indirecta a la soberanía[53], los primeros de los alegatos extensos,

leer las de Alfieri, y estaba tan prendado de su mérito que me las propuse por modelo: componer un drama con una acción sola y única, llevada llanamente a cabo sin episodios, sin confidentes, con pocos monólogos y un corto número de interlocutores; imitar el vigor en los pensamientos, la concisión y energía en el estilo y la viveza del diálogo, que encubren hasta cierto punto, en las obras de aquel célebre autor, la falta de incidentes y la desnudez de sus planes (…). Al haber de elegir el argumento, el deseo de que fuese original y tomado de la historia de mi nación, y quizá más bien las extraordinarias circunstancias en que se hallaba por aquella época la ciudad de Cádiz, en que a la sazón residía, asediada estrechamente por un ejército extranjero y ocupada en plantear reformas domésticas, llamaron naturalmente mi intención e inclinaron mi ánimo a preferir entre varios asuntos el fin de las Comunidades de Castilla. Este argumento presentaba desde luego notables ventajas; aunque contrapesadas con no menores inconvenientes: por una parte el término de una gran contienda, de que va a depender tal vez la suerte de una nación, ofrece de suyo ocasión oportuna de desplegar caracteres enérgicos y violentas pasiones, cual acontece en la crisis de los Estados; sin que admita tampoco duda que la propia magnitud del cuadro contribuye a darle dignidad y nobleza", Francisco MARTÍNEZ DE LA ROSA, *La viuda de Padilla*, *Obras literarias* de D. --, París, Imprenta de Julio Didot, 1827-30, t. III, 1827, pp. 41-161, y cotejada con la edición de Jean SARRAILH, Madrid, Espasa-Calpe, 1954, puede consultarse en Cervantes Virtual: http://www.cervantesvirtual.com/obra-visor/la-viuda-de-padilla-tragedia--0/html/fee776ba-82b1-11df-acc7-002185ce6064_2.html [fecha de consulta: 10 de mayo 2021]

[52] Manuel MORENO ALONSO, "Del mito al logos en la historiografía liberal", *Op. cit.*, p. 101.

[53] "Cuando provocados por la despotica y soez insolencia de los ministros franceses, y, flamencos que tragera consigo el joven Carlos 1º: quando irritados con el desprecio con que fueron tratadas sus reclamaciones en las espureas cortes de la Coruña de 1518 (sic) se vieron forzados á tomar las armas en uso y defensa de ese derecho [se refiere al pacto], entonces, las principales ciudades y villas de Castilla, congregadas por medio de sus representantes en la famosa Junta de Avila despues de señalar los artículos en que sus libertades y las leyes que las protegian fueran quebrantadas enviaron al rey un mensaje cuya sustancia era 'que si separaba de su lado á los malos consegeros autores de aquella infracción y convocadas unas cortes libres confirmase con su real asenso la reparacion de sus agravios, otorgando las peticiones que les presentaban, conformes a las leyes y antiguas costumbres del reyno, que S. M. había jurado cumplir, desde luego depondrian las armas que contra su inclinación se vieron forzados á tomar y serian en adelante egemplo de fidelidad y avediencia á su persona y gobierno' la causa de la nación fue vencida entonces por la intriga y la fuerza; pero su razón no pudo serlo", Gaspar de JOVELLANOS, *Apéndices y Notas a la Memoria de* --, En la Oficina de D. Francisco Cándido Perez Prieto, Coruña, 1811, pp. 194-195.

no meras referencias, basados en criterios jurídicos, antes y después de la Guerra de la Independencia y las Cortes de Cádiz, sin duda se deben a Martínez Marina, primero en su obra *Ensayo histórico-crítico sobre sobre la antigua Legislación* (1808)[54], y principalmente en su obra *Teoría de las Cortes* (discurso leído en la RAH desde 1810 y publicado en 1813)[55].

Bien es sabido cómo Martínez Marina intenta enlazar las Cortes gaditanas con las Cortes históricas, concediéndoles a estas principios representativos; pero no solo a las Cortes, sino también a las Juntas, como el título de su obra indica, por lo que, en el caso de las Comunidades también le atribuye una función representativa, e incluso de soberanía popular, de la que, ciertamente, carecen ambas en el siglo XVI.

La argumentación de Martínez Marina, entresacando los fragmentos fundamentales de su obra, sin ánimo de exhaustividad, son:

En primer lugar, considera el reinado de Carlos V como el de opresión y tiranía, tras el reinado pacífico de los Reyes Católicos. Ya lo expuso en su *Ensayo histórico-crítico sobre la legislación*, y lo reitera en *Teoría de las Cortes*, así en el capítulo sobre la elección de los procuradores de Cortes dice:

> Empero en el siglo XVI señaladamente desde el reinado de don Carlos, el gobierno ministerial trabajó incesantemente en frustrar tan sabias providencias, en eludir la fuerza de las leyes e inutilizar todas las medidas, desvanecer todas las precauciones hasta proceder abiertamente y sin pudor contra todo lo establecido en los anteriores gobiernos en orden á mantener el decoro de los cuerpos municipales y la integridad de sus votantes. Los depositarios de la suprema autoridad para egercerla sin limitación

---

[54] Francisco MARTÍNEZ MARINA, *Ensayo histórico-crítico sobre sobre la antigua Legislación y principales cuerpos legales de los reinos de León y Castilla, especialmente sobre el código de D. Alfonso el sabio*, Madrid, 1808.

[55] *Id., Teoría de las Cortes ó Grandes Juntas Nacionales de los reinos de León y Castilla: monumentos de su constitución política y de la soberania del pueblo con algunas observaciones sobre la lei [sic] fundamental de la monarquia española sancionada por las Cortes Generales y extraordinarias, y promulgada en Cádiz a 19 de marzo de 1812*, Imprenta de D. Fermín Villalpando, Madrid, 1813, 1ª ed. Cito por la Ed. preparada por J. M. PÉREZ-PRENDES, Editora Nacional, Madrid, 1979.

y á su salvo permitieron y aun fomentaron todos los abusos que por su naturaleza se encaminan á aniquilar ó enervar la energía de los ayuntamientos: interrupción de facultades, regidores substitutos, expectativas y aumento inconsiderado de estos oficios; y sobre todo tuvieron la osadía y desvergüenza de comprar los votos de los representantes de la nación provocando su avaricia con el cebo de pensiones vitalicias, honores, empleos y gracias que se multiplicaban á proporción del abatimiento y humillación con que se servia al despotismo, ¿que mucho que la elección de procuradores de cortes se convirtiese en una especulación de comercio y que estos oficios se vendiesen á pública subasta?[56]

Realmente recuerda mucho a las Crónicas aludidas, especialmente a la de Ginés de Sepúlveda y a la Fr. Prudencio de Sandoval, que siguen la misma argumentación en cuanto a la exaltación del reinado de los Reyes católicos y el caos que supone la llegada de Carlos. Martínez Marina subraya, puesto que es su tema, la pérdida de facultades de los Ayuntamientos, con especial incidencia en la elección de los procuradores. Ciertamente, estas prácticas no fueron exclusivas del reinado de Carlos, porque se venían produciendo desde todo el siglo XV y, especialmente el reinado de los Reyes Católicos se caracterizó por las pocas convocatorias de Cortes[57].

En segundo lugar, considera que las diferentes asambleas reunidas históricamente, como Concilios, Curias, Cortes y Juntas, son soberanas porque solo el pueblo tiene representación nacional.

---

[56] Francisco Martínez Marina, *Teoría de las Cortes ó Grandes Juntas Nacionales de los reinos de León y Castilla: monumentos de su constitución política y de la soberania del pueblo con algunas observaciones sobre la lei [sic] fundamental de la monarquia española sancionada por las Cortes Generales y extraordinarias, y promulgada en Cádiz a 19 de marzo de 1812*, Imprenta de D. Fermín Villalpando, Madrid, 1813, 1ª ed. Cito por la Ed. preparada por J. M. Pérez-Prendes, Editora Nacional, Madrid, 1979, I, p. 376.

[57] En total durante el reinado de Isabel la Católica, se convocaron realmente pocas reuniones, en un total de 30 años de reinado (1474-1504): Cortes de Segovia de 1474, donde fueron proclamados como reyes de Castilla los Reyes Católicos; Medina del Campo de 1475; Madrigal de 1476, donde se aprobó la fundación de la Santa Hermandad; Toledo de 1480 y 1489; Toledo de 1498; Ocaña de 1499; Sevilla de 1499 y 1501 y Cortes de Toledo, Madrid y Alcalá de 1502-1503.

83. Tercero. Las grandes juntas del reino conocidas en lo antiguo con el nombre de concilios, en el siglo XII con el de curias y desde Fernando III con el de cortes, y compuestas solamente de eclesiásticos y barones ó de las dos clases de nobleza y clero, recibieron nueva organización y mejoras considerables. El pueblo, porción la mas útil y numerosa de la sociedad civil y á cuyo bien todo debe estar subordinado: el pueblo, cuerpo esencial y el mas respetable de la monarquía, de la cual los otros no son mas que unas dependencias y partes accesorias: el pueblo, que realmente es la nación misma y en quien reside *la autoridad soberana*, fué llamado al augusto congreso, adquirió el derecho de voz y voto en las cortes de que habia estado privado, tuvo parte en las deliberaciones y solo él formaba la *representación nacional*: revolución política que produjo los mas felices resultados y preparó la regeneración de la monarquía. Castilla comenzó en cierta manera á ser nación y á ocupar un lugar mui señalado entre las mas cultas y civilizadas[58].

En dicha argumentación Martínez Marina marca la línea que lo caracteriza en todo su discurso sobre las Cortes:

Está atribuyendo representación en momentos históricos en los que los procuradores llamados a dichas reuniones no la tenían. Bien conocido es el posicionamiento político de Martínez Marina y su afán en considerar que la Constitución gaditana presenta línea de continuidad con las Cortes históricas castellano-leonesas, cuestión que ha sido muy debatida y que, aunque impregnó la historiografía sobre el tema del siglo XIX y muy avanzado el siglo XX, considero que quedó zanjada no solo con la introducción de Pérez-Prendes a esta obra, sino, fundamentalmente con su libro *Cortes de Castilla* (1972), en la que desarrolló claramente la naturaleza jurídica de las Cortes históricas, obedeciendo al deber de consejo, como ya lo habían sido órganos a los que Martínez Marina otorga también representación y funciones legislativas que nunca tuvieron, como Concilios, Curia y Juntas.

[58] Francisco MARTÍNEZ MARINA, *Teoría de las Cortes*, ed. cit., I, p. 99. La cursiva es mía.

Además, está utilizando conceptos que se acuñan muy posterior-mente al siglo XVI como el de soberanía, incluso el de representación porque está asignando conceptos del siglo XVIII y XIX al siglo XVI y anteriores, desde los Concilios visigodos, en su afán de entroncar las Cortes gaditanas con los órganos asesores del monarca anteriores al constitucionalismo.

Y pocos párrafos después, ya alude a las Comunidades y su derrota como la pérdida de libertades de Castilla, considerando esta revuelta como la primera que se opone a la tiranía:

> 85. La primera diligencia fué arrancar de raiz los males enve-jecidos que los pasados siglos de barbarie y de ignorancia, de opresión y de injusticia habían introducido en la sociedad. *Los representantes de las comunidades* emprendieron guerra abierta contra el despotismo aristocrático y contra todos los opresores de la libertad del pueblo, moderaron su osadía, contuvieron el ímpetu de sus ambiciosa é interesadas empresas, mostraron la injusticia de sus pretensiones, la exorbitancia de sus privi-legios, la demasía é ilegitimidad de sus adquisiciones y cuan-to pugnan con el orden social, con la prosperidad del estado y con la libertad de los pueblos. Declamaron con heroica firmeza contra los es caudalosos excesos del clero y de las corporacio-nes eclesiásticas, contra los abusos de su autoridad, contra su conducta inquieta y turbulenta, contra sus usurpaciones mons-truosas, contra la multiplicidad de los frailes, contra sus máxi-mas interesadas y política mundana y supersticiosa.
> Si los padres de la patria no consiguieron desterrar todos los abusos remediaron muchos males é hicieron cuanto se pudo en beneficio de la humanidad. Pedir en aquellos tiempos una re-forma completa y que las cortes triunfasen de los enemigos del bien común sería pedir un imposible[59].

En esta alusión a las Comunidades, debo resaltar su referencia a los representantes de las Comunidades como "padres de la patria", por

[59] *Ibid.*, I, p. 100. La cursiva es mía.

lo que hay una clarísima recreación de estos como iniciadores del concepto de Nación o de Constitución, en el sentido decimonónico o como redactores materiales de una nueva Constitución, lo que claramente es un intento de legitimar una tradición histórica en los inicios del constitucionalismo del siglo XIX.

Ciertamente, desde las élites ciudadanas durante el siglo XV se había siempre intentado identificar Reino con Cortes[60], así como funciones legislativas a las estas a partir de la cláusula "quod omnes tangit", pero realmente desde la monarquía castellano-leonesa nunca se había aceptado y el sentir general de las Cortes lo demuestra, con independencia de que en determinados momentos hubiera ruptura institucional, como en las Cortes de Ocaña de 1469, donde se recoge en el discurso de las ciudades las mismas palabras que posteriormente en 1518 se le repiten a Carlos I en las Cortes de Valladolid de 1518; no obstante, Isabel la católica, digamos, "reconduce", la ruptura que se produjo en Ocaña en 1469, a pesar de que en estas Cortes se trata y se impone, precisamente, su acceso al trono y el control del pedido por las Cortes[61]. No cabe duda de que, históricamente, la tensión en el seno de las Cortes por la concesión del servicio es clara, incluso hay varios momentos en los que no se conceden y en otros en los que no se siguen las premisas reales sobre el monto pedido, pero la solicitud del pedido no es la única cuestión que se debate en Cortes, es la primera en el orden y es importante en cuanto a la repercusión en el pueblo, pero

[60] *Vid.*, Juan M. Carretero Zamora, "La consolidación de un modelo representativo: las Cortes de Castilla en época de los Reyes Católicos", en Julio Valdeón Baruque (ed.), *Isabel la Católica y la Política*, Ed. Ámbito – Instituto de Historia Simancas, Valladolid, 2001, pp. 259-291, concluye, precisamente, con la alusión a las Comunidades: "El modelo de Cortes de los Reyes Católicos erigió un edificio institucional de tal solidez que frente a él la revuelta comunera pudo oponer otro modelo radicalmente opuesto. Porque, en definitiva, los comuneros con su ideal de unas Cortes separadas de la influencia e intervencionismo regios, independientes en la elección de su burocracia y capaces por sí mismas de definir un proyecto político y fiscal no estaban oponiéndose a ese monarca (Carlos I) que, en palabras de Marina, habían cercenado las libertades del reino y de su asamblea representativa; estaban criticando el modelo fijado pocos años antes por los Reyes Católicos", *Ibid.*, p. 291.

[61] Remedios Morán Martín, *"Alteza... merçenario soys*. Intentos de ruptura institucional en las Cortes de León y Castilla", Sous la direction de François Foronda, Jean-Philippe Genet et José Manuel Nieto Soria, *Coups d'État à la fin du Moyen Âge? Aux fondaments du pouvoir politique en Europe occidentarle*, Casa de Velásquez, Madrid, 2005, pp. 93-114.

las Cortes tienen otras funciones, como el juramento a los príncipes herederos (príncipe de Asturias, desde Juan I) y al rey, así como este en las Cortes, en ambos casos como acción legitimadora de la monarquía; pero la función principal de las Cortes es ser órgano asesor del monarca y a partir de esta, el rey legisla *en* las Cortes y *no* con las Cortes[62] (y no solo en ellas, porque fue habitual desde el siglo XV el uso de las pragmáticas reales), fundamentalmente, en materia de organización administrativa del reino y en modificación de la legislación desde arriba, desde la monarquía, que debe asesorarse para modificar el Derecho, dentro de los principios jurídicos propios del Derecho común y en ambos aspectos es donde los principios jurídicos cambian desde el siglo XIII/XVIII al siglo XIX con el periodo constituyente gaditano, que sí produce una verdadera ruptura y es lo que Martínez Marina quiere enlazar, unificar y legitimar.

Fundamenta, en tercer lugar, Martínez Marina que toda reunión basada en la soberanía del pueblo se podía considerar Cortes, poniendo el punto de mira de su argumentación en las Juntas desde 1808, sin presencia del rey, en un capítulo denominado "¿En los interregnos ó cuando el Monarca por impedimento legal, físico ó moral no pudiese ó por malicia no quisiese juntar Cortes, á quien correspondía el derecho y facultad de convocarlas?":

> ¿Pero esta reunión extraordinaria de los representantes dé la nación, estas juntas generales celebradas sin presencia del monarca y sin convocatoria legítima eran propiamente cortes del reino ó merecían este nombre? He aquí otra cuestión de voz suscitada algunas veces por personas de carácter inquieto y turbulento, por genios metafísicos y quisquillosos y por leguleyos altercadores acostumbrados á sembrar dudas y á disputar sobre todo con el fin de retardar la expedición de los negocios y obscurecer la verdad. Para los que la aman basta saber que los brazos del estado, los diputados de los reinos y los procurado-

---

[62] José Manuel Pérez-Prendes, *Cortes de Castilla*, Ed. Ariel, Barcelona, 1974; Juan M. Carretero Zamora, "La consolidación de un modelo representativo", *Op. cit.*, p. 275, principalmente.

res de los concejos reunidos de común acuerdo en junta general representaban toda la nación y tenian el libre egercicio de la soberana autoridad y supremo poderío para acordar y resolver irrevocablemente cuanto les pareciese conducente á la pública prosperidad.

¿Que importa que á estos ayuntamientos se les dé tal ó tal dictado ó el de cortes ó hermandades ó congregaciones ó comunidades? Yo diria que atendiendo al vocablo material *cortes* y á su origen y etimología, bajo de esta consideración no cuadra ni viene bien á algunas de aquellas juntas, puesto que no se celebraron en la corte del rei. ¿Mas quien podrá dudar que á todas ellas conviene la idea representada por aquel nombre, á saber la nación legítimamente congregada?[63]

Realmente, sí es revolucionaria la teoría de Martínez Marina, porque está fundamentando las reuniones revolucionarias, no solo en momentos de interregno, sino cualquier reunión de lo que él llama "la nación legítimamente congregada". Sin embargo, el autor no explica ni la legalidad ni la legitimidad de las reuniones.

Por lo tanto, no puedo sino hacer una crítica a la posición de Martínez Marina respecto a su planteamiento en torno a las Juntas y Cortes, cuestión que ha se ha abordado por la historiografía[64].

Y de nuevo, por último, retoma el tema de las Comunidades, precisamente, cuando habla de la libertad y protección de los procuradores mientras estaban en Cortes, con alusión al detonante final de las mismas: el servicio de 1520:

---

[63] Francisco MARTÍNEZ MARINA, *Teoría de las Cortes*, ed. cit., I, p. 338. Sobre la interpretación de las Cortes de Martínez Marina, procedente de la teoría del conciliarismo, influencia de Domingo Antúñez de Portugal, *vid.* José Manuel PÉREZ-PRENDES, "Introducción", a Francisco Martínez Marina, *Teoría de las Cortes*, ed. cit., pp. 9-51, especialmente pp. 30-47, así como la relectura y revisión que el mismo autor hizo en "El ascua orientada. Sobre la Teoría de las Cortes de Francisco Martínez Marina", en José Manuel PÉREZ-PRENDES MUÑOZ-ARRACO, *Escritos de historia constitucional española*, Edición a cargo de Remedios MORÁN MARTÍN, Fundación Seminarios de Derecho romano "Ursicino Álvarez", Marcial Pons, Madrid, 2017, pp. 99-127.

[64] Juan M. CARRETERO ZAMORA, "Las Cortes en el programa comunero: ¿Reforma institucional o propaganda revolucionaria?", *Op. cit.*

También debió ser nula y de ningún efecto la concesión del servicio otorgado al emperador y rei don Carlos en las cortes de la Coruña de 1520, porque es bien sabido cuanto tuvo que sufrir la integridad y patriotismo de los que osaron negarle: que algunos fueron arrojados ignominiosamente de las cortes, los de Toledo desterrados y casi todos oprimidos y obligados con promesas ó amenazas.

La conservación de este y otros derechos nacionales violados por el despotismo de Carlos V y por la ambición y codicia de sus ministros produjo la revolución conocida con el nombre de *Comunidades*. La junta de gobierno establecida en Tordesillas, para evitar un rompimiento extendió una escritura comprehensiva de varios capítulos para dirigirlos al Emperador, y cuyo otorgamiento hubiera producido la reconciliación y la paz. Uno de ellos fué "que en las cortes los procuradores tengan libertad de se ayuntar y conferir y platicar los unos con los otros libremente cuantas veces quisieren, é que no se les dé presidente que entre con ellos, porque esto es impedirles que no entiendan en lo que toca á sus ciudades y bien de la república de donde son enviados". Esta solicitud fué desatendida. Se enconaron los ánimos: hubo necesidad de usar de la fuerza armada, y con la desgraciada batalla de Villalar se eclipsó la gloria nacional y la libertad castellana[65].

Aquí Martínez Marina se suma a las plumas anteriores que solo habían enunciado el tema de la pérdida de las libertades castellanas con la derrota de Villalar, en este caso, al ser su obra extensa y específica sobre la naturaleza de las Cortes, entroncando las Constitucionales del

[65] Francisco MARTÍNEZ MARINA, *Teoría de las Cortes*, ed. cit., I, pp. 423-424. De nuevo el autor vuelve a las Comunidades en varias ocasiones, ensalzando la época de los Reyes Católicos y rechazando los excesos de Carlos I: "La injusta repulsa de esta solicitud (servicios y otras prestaciones personales en el ejército) produjo la guerra de las comunidades, en la cual divididos los castellanos entre sí mismos peleaban con igual encarnizamiento y corage, unos por la dignidad y libertad del hombre y otros por su abatimiento y esclavitud. En los campos de Villalar se terminaron las pretensiones y se decidió la suerte de los contendores. El fruto de esta infausta y memorable batalla fue el triunfo del despotismo y la pérdida de la libertad nacional. ¡Que escarmiento asi para la presente como para las advenideras generaciones!", *Ibid.*, II, p. 988.

siglo XIX con las históricas, y concretando la ruptura institucional en las de Santiago y La Coruña de 1520, da un giro total a las hasta ese momento alusiones más o menos poéticas y emocionales que habían considerado a Villalar como el hito de la pérdida de las libertades castellanas.

La difusión de la obra de Martínez Marina, tanto en España como en el extranjero, especialmente en Francia, produjo un efecto inmediato, en cuanto a la naturaleza de las Cortes históricas y, en las referencias expuestas sobre las Comunidades considero que es el punto de partida de la configuración del mito de las libertades perdidas de los castellanos y, en consecuencia, la batalla de Villalar como hito, tanto por su difusión como por su fundamentación; por otro lado, coincidió la obra de Martínez Marina con el florecimiento de un sentimiento nacional contra el francés, como aglutinante de los valores nacionales y su exaltación, propia del romanticismo[66]; asimismo, al redactarse en los inicios del constitucionalismo, con la introducción de los nuevos principios jurídicos y de quiebra de la monarquía tradicional, si bien tanto desde los escaños como desde las obras de los intelectuales se intentó siempre considerar el proceso constituyente con entronque en la *constitución histórica*, sin quiebra profunda del pasado.

Por lo tanto, fueron una serie de circunstancias las que contribuyeron a que, desde principios del siglo XIX, el mito de las Comunidades se difundiera no solo en los círculos culturales y políticos del momento, sino en el imaginario popular y, pesar de alusiones anteriores, creo fue Martínez Marina el iniciador del mito comunero de la pérdida de libertades y ocasión perdida de que Castilla encabezara unas Cortes representativas y no solo unas primeras Cortes en el mundo, como lo fueron las de León de 1188.

3.2. La exaltación en el Trienio liberal

En todo caso, fue el periodo constituyente gaditano el núcleo en el que se fraguó el mito, por lo que el eco en la literatura y en el arte, aunó

---

[66] *Vid.* la bibliografía que recoge José Martínez Millán, "Introducción. Las Comunidades de Castilla, *Op. cit.*, pp. 16 y ss.

en las clases altas del primer liberalismo, en la idea de conexión de las Cortes históricas con la constitucionales y los anhelos comuneros con la pérdida de libertades, ahora recuperadas, que tienen su caja de resonancia a partir del Trienio Liberal, en el que se difunden y elaboran estas premisas, que terminan por consolidarse en todo el siglo XIX[67].

No en vano, fueron las Cortes del Trienio las que instaron a la Real Academia de la Historia a la publicación de las Cortes históricas y se iniciaron las labores de recopilación de material, que, finalmente, publicaría al final del siglo Manuel Danvila[68].

Y muy significativo de este proceso son los periódicos que se publican durante el Trienio Liberal. Así, en agosto de 1821, el periódico liberal radical, titulado *El Eco de Padilla*, en cuya hoja divulgativa inicial decía:

> En cuanto a nuestra fe política, no hay que platicar: libertad, libertad, y libertad… y entre la libertad y la muerte no hay medio. Esto va en génios y el nuestro es opuesto á todo lo que tienda á comprimirla. Nada de bulas de composición, falso moderantismo, ni paños calientes. Queremos que los gobernantes manden por la ley, y conforme á la ley, y que los gobernados obedezcan tambien á la ley, y nunca á los caprichos de los depositarios del poder, Los primeros deben mandar sin orgullo, y los segundo obedecer sin bajeza. Este es el espíritu de la Constitucion que hemos jurado, y nosotros. por todos medios hemos de procurar que no se alter[69].

[67] *Vid.*, Enrique Berzal de la Rosa, *Los comuneros. De la realidad al mito*, Ed. Silex, Madrid, 2008, pp. 197-225, con un tratamiento más sobre historiadores y escritores que juristas.

[68] José Manuel Pérez-Prendes, "Marañón y las Comunidades de Castilla. Trazos para una nota", en István Szászdi León-Borja y María Jesús Galende (eds.), *Carlos V. Conversos y Comuneros. Liber amicorum Joseph Pérez*, Valladolid, 2015, pp. 38-40. Manuel Danvila y Collado, *Historia crítica y documentada de las Comunidades de Castilla*, RAH, Est. Tip. De la Viuda e Hijos de M. Tello, Madrid, 1897-1899.

[69] *Prospecto del periódico titulado El eco de Padilla*, Imprenta de D. Antonio Fernández, Madrid, 1821, p. 1. http://bdh.bne.es/bnesearch/CompleteSearch.do?showYearI tems=&field=todos&advanced=false&exact=on&textH=&completeText=&text=El+e co+de+Padilla&languageView=es&pageSize=1&pageSizeAbrv=30&pageNumber=2 [fecha de consulta: 07/10/2021]

El grito de libertad que tanto eco ha tenido como herencia de los comuneros vuelve a ser esgrimido en el Trienio Liberal como bandera de cambio.

En la editorial del primer número, relacionaba las Comunidades con el levantamiento de Riego y el Trienio liberal y decía:

> La obligación sagrada que contrajimos en nuestro prospecto de sostener libertad, y siempre libertad... es la que deseamos justificar. Las promesas no ligan menos porque se hayan hecho en tono festivo. Ni podría de otro modo quedar tranquila nuestra conciencia, aun bajo el concepto solo del titulo respetable con que hemos honrado nuestro papel. El Eco de Padilla, el eco de un héroe, que en tiempos menos ilustrados que el nuestro, y en que el despotismo tenia todas las ventajas á su favor, osó hacerle frente con denuedo hasta que un trágico suceso puso fin á sus días, no quedaría justificado sino respirásemos nosotros el mismo fuego de libertad que aquel abrigaba. Tomamos, pues, sinceramente esta divisa sin pasión, sin espíritu de partido, sin objeta de singularizarnos.
>
> (...)
>
> Rotos estaban los vínculos sociales: la igualdad ante la ley, la libertad civil, y la seguridad personal, eran palabras insignificantes en los tiempos funestos en que los Reyes de España podían sacrificar á su opinion los intereses de la sociedad, sojuzgar las leyes, y hacerlas consistir en su arbitrariedad ó sus caprichos. Era el pueblo entonces victima de la sin razón y dé la injusticia, y miserable juguete de la ambición del poderoso. *Cubra un denso velo el cúmulo de males que ha subido esta nación heroica en el dilatado espacio de tres siglos que han transcurrido desde que pereció la libertad en los campos de Villalar en 21 de abril de 1521, con la derrota de los comuneros de Castilla, hasta que el caudillo Riego tremoló en las Cabezas los pendones de la patria en 1º de enero de 1820*[70]. Pero ya que la tiranía dejó de existir y vivimos guarecidos con la égide de un gobierno sólido, estable,

[70] La cursiva es mía.

legítimo, y el mas adecuado á las leyes de la naturaleza, á los principios de la ciencia social, y á los de la sana moral, preciso es que contribuyamos todos con alampara la conservación de los inmensos bienes que este mismo sistema proporciona.

Se acerca el tiempo de la elección de diputados para las próximas Cortes ordinarias, y es nuestro deber llamar la atención de los pueblos, hacia este importantísimo asunto, para que puedan precaverse de las malas artes de los enemigos de su bien y de la gloria nacional de aquellos, que habiendo pertenecido á las clases que antes eran privilegiadas, y librado su cómoda subsistencia sobre la ruina general, emplearán los inmensos recursos de que aun pueden disponer para influir directamente en la formación de las leyes, y paralizar con sus votos las reformas que el bien público exige. (…)

Maldígasenos si prostituyésemos cobardemente nuestra pluma á favor del poder, tenga el título que quiera; y reconvéngasenos agriamente si faltamos á la profesión de fé política, que con tanta franqueza liemos anunciado. No es este sin embargo el momento de acinar ofertas. Nos remitimos al tiempo y á la imparcialidad severa del público. El *público*, decia una célebre escritora francesa, *es la razón que acaba siempre las disputas y disipa todas las dudas teniendo razón.*

Desde el mismo instante en que una nación recobra su libertad, y con ella el derecho de hacerse sus leyes por medio de los represéntanos que elije, hace dependiente su suerte futura de la buena ó mala elección de estos individuos. Es, pues, indispensable para nuestra felicidad y la de las generaciones venideras, que todos los ciudadanos busquen para sus procuradores en el augusto Congreso nacional, personas libres de miras interesadas, que no hayan vivido de los abusos, y cuya existencia política está identificada con la del estado[71].

Como se aprecia, en este texto, procedente de una pluma radical, sin embargo, es consciente de la importancia de las elecciones y aquí ya

[71] *El eco de Padilla*, n. 1, 1 de agosto de 1821, p. 2.

se matiza la representación y la necesidad de ser conscientes del voto, voto aún censitario, pero al que se apela como fundamental para la elaboración de las leyes.

Pero no solo este periódico, sino otros como *El Zurriagazo*, y también fue muy recurrente la presencia de folletos y periódicos en los que la alusión a los comuneros era evidente: *La vida de Padilla*, *La palabra constitución*, etc.[72].

O, por último, la constitución en 1821 de la sociedad secreta *Confederación de los caballeros comuneros*, escindida de la masonería[73].

El eco de las Comunidades se mantiene durante los años centrales del siglo XIX, ampliándose, con la publicación y reedición de obras[74], la puesta en escena de obras de teatro y su reflejo en la pintura histórica, aspectos que han sido desarrollados por diferentes autores, así como, en palabras de José Joaquín Jerez, las posteriores "correcciones a la interpretación liberal: doctrinalismo y tradicionalistas"[75], que se producen avanzado el siglo XIX y que quedan fuera del tema y cronología en que me he centrado.

4. A MODO DE CONCLUSIÓN

Hace ahora 500 años, el 23 de abril de 1521, tuvo lugar el enfrentamiento en Villalar del que resultó la derrota de los comuneros a manos de las tropas de Carlos I. Por lo que estamos en plena celebración del quinto centenario de la fecha que se convertiría en signo de libertad de Castilla, utopía para la Castilla de inicios de la Edad Moderna y mito para los inicios del constitucionalismo, que de nuevo se retoma

---

[72] *Vid.*, Iris M. ZAVALA, *Masones, comuneros y carbonarios*, Siglo XXI Editores, Bilbao, 1971, pp. 37-92.

[73] Pueden consultarse sus estatutos en la copia digital: https://bvpb.mcu.es/es/consulta/registro.do?id=404068 [fecha de consulta: 01/10/2021]. Una síntesis muy interesante de estos temas en Francisco M. BALADO INSUNZA, "El mito comunero y el liberalismo español al inicio del siglo XIX", en *Revista de Occidente, monográfico El levantamiento comunero. Quinientos años después*, n. 479, abril 2021, pp. 106-120.

[74] Manuel MORENO ALONSO, "Del mito al logos", *Op. cit.*, pp. 109-120. *Vid.* el muy interesante trabajo de Pedro M. CÁTEDRA, "Texto, historia y ficción en torno a las Comunidades", en *Comuneros: 500 años*, Lunwerg Editores – Cortes de Castilla y León, Barcelona, 2021, pp. 52-81.

[75] José Joaquín JEREZ, *Pensamiento político*, *Op. cit.*, pp. 50-80.

después de la actual Constitución para ser elevado el mismo a día de la Comunidad de Castilla y León.

Lo que se celebra es la fecha que logró aglutinar a los castellanos, concepto más amplio que la actual comunidad, frente a una visión de la política, de la geopolítica de su rey, y aunque esa visión fuera europeísta, suponía un elevado coste para el pueblo y un freno socioeconómico, especialmente para Castilla, a lo que se sumaba, como se ha ido analizado en diferentes Congresos y monografías sobre el tema, como la revuelta antiseñorial, la oposición al nombramiento de cargos a extranjeros, el apoyo de judío conversos, una revolución política o la concatenación de todos los elementos en una revolución social contra la monarquía, que hundía sus raíces en la crisis de Castilla tras la muerte de Isabel la Católica, que fue la primera de las teorías por Joseph Pérez, como la primera revolución moderna, realmente comprensiva de todos los argumentos.

Pero, con independencia de los planteamientos historiográficos que se han desarrollado, especialmente a partir del último tercio del siglo XX y el gran despliegue de estos en los últimos años, no hay duda de que, a partir de 1521, con altibajos, según el momento histórico, las Comunidades, en mayúscula, se han convertido en referente de la primera gran revolución Peninsular y de su fracaso a la evocación utópica de los que pudo ser y no fue y de aquí a la elaboración de un mito, que intentó conectar este momento de intento de ruptura institucional con la ruptura institucional efectiva que supuso el constitucionalismo.

Así, a pesar de haber entresacado solo algunos fragmentos, considero claro que Martínez Marina conecta las peticiones de Tordesillas de 1520 con las Cortes de Cádiz y los principios constitucionales de estas, desarrollando que procede de Villalar la pérdida de libertades que ahora, con la Constitución de Cádiz, se recuperan. Y lo hace, como se proponían en Villalar, de forma revolucionaria. De tal manera, que ni siquiera él en su obra y en su actividad política posterior, especialmente durante el Trienio, lleva a la práctica tales premisas, sino que son solo una argumentación, yo diría retórica, alejada de una argumentación jurídica sólida y, a sensu contrario, conservadora, porque, como otros diputados gaditanos, pretendieron no romper lo que se denominó la

Constitución histórica, cuando realmente en Cádiz sí se estaba en un momento de ruptura, acorde a los tiempos, del modo que lo fueron acorde a los suyos las reivindicaciones rupturistas de los Comuneros reunidos en Tordesillas, aunque fueran derrotados.

Además, a las Comunidades, por parte de diferentes autores desde el siglo XVI se les ha dado una dimensión heroica, que las han revestido de la relevancia que tienen y su elevación a referente, por lo que han sido llevadas a la pintura y a la literatura, especialmente durante el romanticismo del siglo XIX, como en los caso de la derrota de Sagunto o del 2 de mayo en Madrid, que Martínez de la Rosa tenía presente cuando escribía su texto sobre María Pacheco, en momentos en los que ya se intentaba en el Parlamento que la contraposición de ideas y de ideales no se llevara al campo de batalla, sino a través de la palabra y de las instituciones, quedaba aún un largo camino por recorrer.

Gran lección de la historia que no quiso oír Carlos I. Eran otros tiempos.

COMUNEROS, MASONES Y CONSPIRADORES EN EL SIGLO XIX ESPAÑOL

Enrique Berzal de la Rosa
Universidad de Valladolid

INTRODUCCIÓN

El relato mitificado sobre la revuelta de las Comunidades de Castilla, sus motivaciones y consecuencias ha cumplido funciones diferentes pero enormemente relevantes a lo largo de la historia; sobre todo en el interesante proceso político de construcción de la nación española, iniciado en 1808. En efecto, la versión mítica de la gesta comunera se encuentra inextricablemente unida al proceso de nacionalización iniciado al compás del arranque revolucionario de la contemporaneidad española, y se halla ligado, a su vez, a la necesidad que tiene el liberalismo de construir o recrear una tradición capaz de generar lealtades y lazos de autoridad, con objeto de paliar el vacío social creado por su propia ideología individualista[1].

La apelación, a tales efectos, al pasado mítico de la nación como estrategia para dotar a esta de precoces rasgos liberales —instrumentos de limitación del poder, respeto de los derechos individuales, participación democrática en los asuntos de gobierno, etc.— requerirá no tanto un falseamiento de dicho pasado cuanto una labor de selección de los eventos considerados más acordes con la nueva identidad liberal que se pretende construir. No cabe duda de que el episodio comunero constituye, a estos efectos, un recurso de gran importancia.

El mito, como señala Ricardo García Cárcel[2], puede ser entendido en un doble sentido: como «personajes, hechos o ideas con valor de referentes colectivos, emocionales o sentimentales, capaces de generar adhesiones globales, de constituirse en espejos de conductas, de despertar añoranzas o advocaciones en el presente»; o, también, como

---

[1] Eric HOBSBAWN y Terence RANGER, *La invención de la tradición*, Barcelona, 2001.

[2] *El sueño de la nación indomable. Los mitos de la guerra de la Independencia*, Madrid, 2007.

«construcciones distorsionadas de la realidad, fruto de manipulaciones políticas y de instrumentalizaciones del más diverso signo». De ahí que los mitos obedezcan siempre a una lógica histórica e ideológica muy concreta. En este caso, nos decantamos por delinear el uso de la revuelta comunera como mito político en su doble finalidad de apoyar, justificar y legitimar una determinada organización política, así como de socavar el desarrollo de otra realidad política contraria o antagónica.

Como hemos señalado en otro lugar[3], los comuneros y su proyecto revolucionario no sólo han sido convertidos en mito, interpretados, manipulados e instrumentalizados en virtud del modelo de recreación de la tradición por parte del régimen, partido político y proyecto nacional de turno, sino que también han ido adquiriendo funciones y contenidos diversos en virtud de los diferentes intereses políticos nacionalizadores que se han sucedido. Así ha ocurrido siempre, desde el Estado nación-liberal en sus vertientes exaltada, moderada, progresista y conservadora hasta el reciente de las Comunidades Autónomas, pasando por la experiencia republicana de 1931 y el modelo autoritario del Franquismo.

En las siguientes líneas nos centraremos en el papel conferido al episodio histórico de las Comunidades de Castilla, convenientemente mitificado, por quienes protagonizaron la construcción del liberalismo en España. Nos centraremos para ello en dos periodos que consideramos clave: el arranque de la contemporaneidad hasta las Cortes de Cádiz, y el Trienio Liberal. Reseñaremos las obras literarias más relevantes y de mayor impacto en su momento, las elaboraciones teóricas de personalidades muy relevantes en el primer liberalismo español, la utilización de la interpretación liberal y romántica de las Comunidades en los discursos de las Cortes y los hitos claves de la Confederación de Caballeros Comuneros.

La historia al servicio de la construcción del Estado-nación liberal

A lo dicho anteriormente debemos añadir el importante papel conferido a la historia en la construcción de la nación española. A este

[3] Enrique Berzal de la Rosa, *Los comuneros. De la realidad al mito*, Madrid, 2008.

respecto, es preciso recordar que el nacimiento de la historia no estuvo tan relacionado con la necesidad de la memoria individual, ni siquiera colectiva, cuanto con la necesidad que las primeras organizaciones políticas, los Imperios y luego los Estados, tenían de enraizarse con la tradición y el pasado.

El proyecto político de construcción de la nación española, a partir de 1808, utilizó la historia como recurso fundamental para llevar a cabo esa recreación de la tradición capaz de lograr la identificación y lealtad de los individuos hacia la nación. La historia, interpretada según el ideario político liberal-nacionalizador, aparece entonces como la gran suministradora de emociones y portadora de una memoria colectiva común.

Historiadores como Sisinio Pérez Garzón, José Álvarez Junco, Ricardo García Cárcel, Enrique Moradiellos o Pedro Carasa[4] han demostrado cómo el proceso destructivo del aparato del Antiguo Régimen y de construcción del Estado, la economía y la sociedad liberales condujeron a los historiadores del siglo XIX a elaborar un discurso legitimador, de modo que también en España, la historia se fraguó como saber nacional y el historiador, a través de la erudición, hizo alarde de objetivismo, de servir a la patria y extraer las verdades más en consonancia con las necesidades de la nación en ciernes.

«Existe al respecto un amplio consenso —señala Pérez Garzón— para afirmar con rotundidad que la historia nace como un saber nacional, como una disciplina estatal y como una escuela de patriotas. Fue una innovación cultural propia de las revoluciones nacionales que desplegaron las correspondientes burguesías europeas en el proceso

[4] Juan Sisinio Pérez Garzón, *La gestión de la memoria. La historia de España al servicio del poder*, Barcelona, 2000; José Álvarez Junco, *Mater dolorosa. La idea de España en el siglo XIX*, Madrid, 2005, y, del mismo, «La construcción de España», en Carlos Reyero y José Martínez Millán (coords.), *El siglo de Carlos V y Felipe II: la construcción de los mitos en el siglo XIX. Congreso Internacional,Valladolid, 3-5 de noviembre de 1999*, Madrid, 2000, pp. 31-48; Ricardo García Cárcel (coord.), *La construcción de las Historias de España*, Madrid, 2004 y, del mismo, *La herencia del pasado. Las memorias históricas de España*, Barcelona, 2011, y «Lecturas de la insurrección. La trayectoria del mito comunero», *La Aventura de la Historia*, 253 (noviembre 2019), pp. 54-59; Enrique Moradiellos, *El oficio de historiador*, Madrid, 1994; Pedro Carasa soto, "La Memoria herida" en Pedro Carasa soto (Ed.), *La Memoria Histórica de Castilla y León. Historiografía castellana de los siglos XIX y XX*. Valladolid, 2002.

de lucha por construir aquel Estado liberal que amparase lo que hoy calificamos como *modernización* económica y política».

En España, este Estado-nación liberal se implantó definitivamente en época de Isabel II, en los años 40 del siglo XIX, bajo la égida del doctrinarismo. Su paradigma cultural conllevaba la españolización de una historia «nacionalizada y estatalizada», pero también, desde luego, el recurso a la historia para crear antecedentes intemporales a las nuevas medidas adoptadas. Los intereses políticos del momento han ido convirtiendo determinados episodios de la historia nacional en mitos y referentes de una identidad cultural común con objeto, como decimos, de lograr la identificación de los ciudadanos con una nación que se pretendía unida y existente desde tiempos inmemoriales. La historia se convirtió así en auténtica escuela de patriotas, en el instrumento encargado de demostrar la unidad y permanencia de la nación española, de transmitir una idea romántica y esencialista de la historia de España como sustancia intemporal.

Asimismo, todos los grupos políticos, desde los liberales doctrinarios hasta los republicano-federales pasando por los tradicionalistas, echaron mano de la historia para retroproyectar el presente hacia remotos siglos del pasado, unos para tratar de demostrar la esencia plural, democrática y federalista de la cultura española desde tiempo inmemorial, otros para hacer lo propio con los ingredientes de catolicismo, monarquía, unidad, centralismo e individualismo que constituían las ideas-fuerza de su ideario político. Y una vez más, el episodio de las Comunidades de Castilla, devenido en mito, ejercerá una función legitimadora de enorme importancia.

Los revolucionarios de Cádiz, sus continuadores del Trienio, los moderados isabelinos, los exaltados y republicano-federalistas del Sexenio, los conservadores de la Restauración, todos ellos, aun abanderando propuestas políticas diferentes —cuando no radicalmente opuestas—, contribuyeron, a su manera, a afianzar el episodio de los comuneros como mito histórico nacional repleto de enseñanzas ejemplarizantes para el presente. Algo similar ocurrió, ya en el siglo XX, durante la Segunda República, el Franquismo y, sobre todo, durante los años de la Transición a la democracia y la configuración de las diferentes Comunidades Autónomas: el episodio histórico de las Comunidades de Castilla cumplió una función política de enorme importancia.

Claro que no sólo el discurso histórico, también la literatura y el arte han contribuido a afianzar el proceso de nacionalización según el ideario político del momento. Y es que, si la construcción de la nación exige la invención de narraciones colectivas capaces de configurar un universo mental compartido, facetas del arte como la pintura de historia académica han estado directamente vinculadas a esa necesidad que tienen los Estados-nación de legitimarse históricamente. El caso de los comuneros, también en la faceta literaria y pictórica, constituye un ejemplo evidente de esa utilización mitológica que venimos apuntando.

LIBERALES, PATRIOTAS Y PRECURSORES DE LAS CORTES DE CÁDIZ

Fue en el contexto de guerra contra el francés, es decir, de gran inflación patriótica, cuando se pergeñó en España el proyecto revolucionario liberal español plasmado en la obra de las Cortes reunidas en 1810 en el teatro de la isla de León, en la localidad gaditana de San Fernando. Este episodio marca no sólo el arranque académico de la Historia Contemporánea española, sino también, como ya sabemos, la partida de nacimiento de España como Estado-nación.

Efectivamente, España como nación política significaba la organización revolucionaria de la sociedad liberal; pero, al mismo tiempo, los hombres de Cádiz sabían que era imprescindible, como soporte histórico de la obra política que estaban poniendo en marcha, una España concebida como nación cultural. De ahí que emplearan la historia como arma de futuro y portadora de argumentos que justificasen históricamente la obra revolucionaria en ciernes. La historia de España, interpretada de manera harto selectiva, se convirtió entonces en un auténtico arsenal de argumentos para legitimar la revolución contra ese pasado feudal que los liberales pretendían derribar, pero también aparece como saber nacional que proporciona lazos de una identidad común, colectiva y nacional, considerada intemporal. Al mismo tiempo, como recuerda Juan Bagur, es preciso reparar en que el liberalismo español, al contrario que el jacobinismo francés, que partía de una «antropología abstracta, defensora de derechos del hombre y del ciudadano que no necesitaban legitimarse en épocas distintas a la presente», se caracterizaba sin embargo por su recurso a un «historicismo nacionalista» que interpreta en clave moderna acontecimientos del pasado[5], sin olvidar, por otro lado, que este recurso a la tradición historicista como fuente de legitimidad le permitía salvar el vértigo que conllevaba la ruptura radical con los fundamentos jurídicos, políticos y sociales del Antiguo Régimen.

En la pugna secular entre liberales y reaccionarios, la historia será empleada como arma patriótica por las dos partes en liza: los primeros desde una perspectiva contractual y patriótica según la cual la nación se organiza soberanamente desde abajo para decidir sobre la prosperidad y las libertades de los ciudadanos, y los segundos desde una óptica esencialista que les permita defender sus privilegios seculares. En ambos casos, sin embargo, primaba una interpretación romántica de la historia de España que dibujaba un pasado ideal preñado bien de libertades democráticas organizadas desde la base concejil, bien de una catolicidad consustancial con la monarquía. En el caso de los liberales, además, este proceder estaría en buena medida condicionado por su debilidad social de partida: el recurso a la tradición española como elemento justificador de su proyecto político constituía, en efecto, un argumento capaz de combatir la crítica antiliberal que los presentaba, no sin efectividad, como extranjerizantes.

De ahí que al episodio de las Comunidades de Castilla, convertido en mito y referente cultural de primer orden, se le asigne una función muy concreta al ser interpretado como manifestación temprana de una lucha por la libertad patriótica yugulada por el despotismo. Como señala Ángel Rivero[6], el mito creado por el liberalismo español en torno

---

[5] Juan BAGUR TALTAVULL: «El significado de los comuneros en el metarrelato histórico del liberalismo español. El caso de Martínez de la Rosa», *Ápeiron. Estudios de filosofía*, 2 (2015): y7SjXguSQqegmF37EPDB_17 - Ápeiron n 2 - Juan Bagur Taltavull - El significado de los comuneros en el metarrelato.pdf

[6] «El mito comunero y la construcción de la identidad nacional en el liberalismo español», dentro de la obra editada por Francisco COLOM, *Relatos de nación. La construcción de las identidades nacionales en el mundo hispánico*, Madrid, 2005, vol. 1, pp. 147-158. Ver también las páginas que dedica José Ignacio GUTIÉRREZ NIETO a esta interpretación

a los comuneros «es básicamente un intento deliberado de invención de la tradición y, por tanto, se corresponde típicamente con el intento liberal de crear una identidad nacional congruente con los principios políticos de la sociedad liberal».

Literatura patriótica

Como es bien sabido, los primeros liberales españoles defendieron la existencia en España de unas leyes fundamentales originarias que el absolutismo de la dinastía de los Habsburgo habría aplastado. Era menester, por tanto, localizar y mostrar públicamente ese momento histórico, antecedente remoto de la ejemplarizante lucha recuperada por los revolucionarios de Cádiz, que marcó la pérdida de las libertades políticas en España. Y ese no era otro, desde luego, que la derrota de Villalar el 23 de abril de 1521, momento del aplastamiento de la rebelión comunera y de la ejecución de sus dirigentes por parte del poder delegado de Carlos V.

De esta forma se levantó el mito comunero, empleado por los revolucionarios de Cádiz para simbolizar la identidad de España como nación política, socavar el absolutismo regio, legitimar las instituciones liberales, intentar inculcar a los españoles los nuevos valores del liberalismo a través del modelo ejemplarizante de los comuneros y, desde luego, establecer un hilo de continuidad entre la labor de estos y la materializada por ellos en las Cortes gaditanas. Para estos liberales, el episodio de las Comunidades de Castilla, como otros procedentes de una Edad Media idealizada, constituía una inestimable fuente de recursos para legitimar el proyecto político de nación que estaban forjando[7].

Convertida así en mito político, la gesta de Padilla, Bravo y Maldonado pasó a ejercer una función nacionalizadora de primer orden, pues simbolizaba no sólo la lucha contra la tiranía, el despotismo y la opresión encarnados en la dinastía austriaca, sino también la legítima

en *Las comunidades como movimiento antiseñorial*, Madrid, 1973, pp. 56-65; y el artículo de Joseph Pérez, «Pour une nouelle interpretation des Comunidades de Castille», *Bulletin Hispanique*, LXV (1963), pp. 238-284.

[7] Antonio Moliner Prada, «La memoria de la Constitución de Cádiz en la España del siglo XIX», *Ler historia*, 62 (2012), pp. 71-86.

rebelión contra el ocupante extranjero: justamente lo que estaban haciendo los hombres de Cádiz en ese momento. Preñada de romanticismo, esta lectura del conflicto presentaba a los comuneros como liberales y patriotas el mismo tiempo, unos virtuosos ciudadanos dispuestos a entregar la vida por el bien común de la nación.

El inicio literario-político de esta mitificación correspondió al poeta Manuel José Quintana, abogado de profesión, hijo de un funcionario del Consejo de Órdenes Militares y funcionario él también de la Cámara de Comercio, hombre entusiasmado con la obra política de las Cortes de Cádiz y gran animador de la ilusión colectiva en torno a la misma. Quintana, en efecto, compuso en 1797 la famosa *Oda a Juan de Padilla*, prohibida por la Inquisición en 1805 y publicada entre sus *Poesías Patrióticas* al iniciarse la sublevación antinapoleónica[8]. La interpretación histórica que aporta esta elegía es más que previsible: la decadencia española comienza con el reinado de Carlos I, pues fue él quien acabó con el poder popular en las Cortes de Castilla. «Tú el único ya fuiste que osó arrastrar con generoso pecho el huracán deshecho del despotismo en nuestra playa triste», señala Quintana en referencia a Juan de Padilla, al que presenta como un revolucionario cuyos ideales de justicia y libertad contra toda tiranía acabarían instaurándose en la Francia revolucionaria.

Dentro de la producción poética de Quintana destaca igualmente «El Panteón del Escorial», una suerte de viaje imaginario del autor a dicho lugar en el que, de manera sorprendente, se encontraba con el ánima en pena del mismo Carlos V, que confesaba: «Yo los desastres / de España comencé y el triste llanto / cuando, expirando en Villalar Padilla, / morir vio en él su libertad Castilla»[9].

Junto a la oda de Manuel María Arjona, *España restaurada en Cádiz* (1814), dedicada precisamente a la figura de Padilla por considerarle un modelo a imitar en la lucha contra el despotismo monárquico,

---

[8] Jesús TORRECILLA, «La historia es un arma cargada de futuro. El mito de los comuneros», *Desperta Ferro*, 50 (2021), pp. 60-63; Daniel Jesús GARCÍA RIOL, «La forja de un mito liberal y castellano: los comuneros de Castilla durante el Trienio Constitucional», en *II congreso de Jóvenes historiadores y geógrafos. Actas*, Madrid, 1993, p. 440.

[9] José ÁLVAREZ JUNCO y Gregorio DE LA FUENTE MONJE, *El relato nacional. Historia de la historia de España*, Madrid, 2017, p. 217.

otro prohombre del primer liberalismo, el granadino Francisco de Paula Martínez de la Rosa, que llegaría a ser presidente del Consejo de Ministros en 1834-1835, estrenó en la sitiada ciudad de Cádiz su obra dramática *La viuda de Padilla*, que seguiría representándose con éxito varias décadas más tarde. Frente a aquella visión conservadora de la pieza *Doña María Pacheco* de Ignacio García-Malo, elaborada en 1788, en la que la viuda de Padilla terminaba muriendo arrepentida y jurando fidelidad a Carlos V, la obra de Martínez de la Rosa nos presenta a una heroica mujer que prefiere suicidarse antes que entregarse a las tropas imperiales. En ella, el autor introdujo, a modo de preámbulo, un *Bosquejo histórico de la guerra de las Comunidades* en el que vertió las ideas-fuerza del primer liberalismo español (de hecho, Martínez de la Rosa fue diputado en Cádiz): catastrófico gobierno de Carlos V, codicia de los flamencos, desesperación castellana ante tal cúmulo de agravios, revuelta justificada por la libertad…:

> Un monarca falto de años y escaso de experiencia, nacido y criado en país extranjero, ignorante de las leyes, de las costumbres y aun de la lengua de la nación que iba a regir; ministros flamencos, malvados y codiciosos, sacando a pública subasta los oficios y cargos, vendiendo las gracias del monarca, oprimiendo a los naturales, y colocando en los principales empleos a gente advenediza, que había entrado en España como en tierra conquistada que iba a ser puesta a saco; sangrada Castilla de sus riquezas, y llevadas a naciones extrañas, no en cambio de comercio, sino como precio de injusticias; alzadas a puja las rentas de la corona y recargadas las contribuciones más onerosas; amagadas las exenciones y libertades de las ciudades más favorecidas; menguados los privilegios de la nobleza, no en pro comunal de los pueblos, sino para quitar también ese freno a la desbocada codicia de los extranjeros; tal era el estado de desorden en que se hallaba el reino, por confesión misma de los historiadores más empeñados en acriminar el levantamiento de los castellanos (…)
> La ausencia del monarca fue la señal del levantamiento general, que se verificó en las principales ciudades casi en el mismo día,

como si para ello se hubiesen concertado. Y era natural que así sucediese; porque siendo comunes los agravios, y habiendo visto desatendidas las justísimas quejas elevadas a oídos del monarca con sumisión y respeto, no pudieron al verle ausentarse reprimir por más tiempo su indignación y enojo.

Alentado por la heroica lucha de los españoles que combatían a las tropas napoleónicas, Martínez de la Rosa entiende que la desunión entre el pueblo y la nobleza, y la subsiguiente entrega de esta a la causa realista —motivada también por la imprevisión y poco tacto político de los comuneros— fueron las causas principales del fracaso de la revolución comunera, hasta el extremo de aventurar que, de haberse entendido ambos segmentos sociales y de haberse llevado a la práctica el ideario político comunero, España hubiera sido pionera en Europa de una monarquía liberal moderada:

> Ya por otra parte empezaban a manifestarse los presagios de su decadencia y ruina en la desunión de la nobleza y del pueblo. Si hubiese habido concierto y hermandad entre ambas clases, y hubieran trabajado de consuno para poner coto al poderío de los reyes, no cabe duda de que lo habrían conseguido; y de que un régimen templado, semejante al que ha hecho libre y feliz a Inglaterra, nos hubiera ahorrado tres siglos de servidumbre y de desdichas. (…)
> La nación española tiene la gloria de haber sido la primera que mostró en Europa tener cabal idea de monarquía templada, en que se contrapesen todas las clases y autoridades del Estado.

Evidentemente, si aquel 23 de abril de 1521 es calificado en la obra como «día funesto a la libertad castellana», la rendición final de Toledo le sirve al autor para elogiar sobremanera a la «heroica» María Pacheco, y contraponer su actitud a la de los crueles enemigos de las libertades. No es de extrañar, por tanto, que su estreno, el 12 de julio de 1812, tan aplaudido por el público gaditano, supusiera un importante revulsivo para seguir luchando en pro del liberalismo español:

Con la ida de esta mujer heroica acabó la guerra de las Comunidades, llevando a tal extremo su encono los que habían triunfado a nombre del rey, que quitaron la vida a algunos de los perdonados, culpándoles de los recientes alborotos; y mandaron derribar las casas de Juan de Padilla, sembrarlas de sal y levantar un padrón de infamia. ¡Tanto puede el odio de los esclavos contra los amantes de la libertad!

Argumentos para la forja del liberalismo en las Cortes de Cádiz

Más interesantes en cuanto que evidencian la utilización política de las Comunidades por parte de los revolucionarios de Cádiz son las referencias que sobre el episodio comunero aparecen en los discursos pronunciados en las Cortes[10]. En ellos, Carlos V y su séquito flamenco encarnan la arbitrariedad, el despotismo y la tiranía, los comuneros aparecen como verdaderos forjadores de la lucha por la libertad, representada sin duda en la mayor fortaleza pretendida para las Cortes, los nobles y eclesiásticos son acusados de haber traicionado esos ideales tan beneméritos, y la obra de ingeniería constitucional pergeñada por las Comunidades anticiparía la materializada en 1810-1812.

De este modo, a la dinastía austriaca —extranjera— se le acusa de abrir un negativo paréntesis en un devenir histórico español que se dibujaba encaminado inevitablemente a la consecución de las libertades políticas modernas. Así podemos verlo en el discurso que el 26 de abril de 1811 pronunció Agustín Argüelles, entonces diputado por Oviedo y ministro de la Gobernación en 1820-21:

> Con todo eso se respetaron los derechos de la Nación con bastante dignidad hasta los funestos tiempos de la dinastía austriaca, época en que todo se cambió entre nosotros. Carlos V, imbuido desde su niñez en los principios y máximas del régimen feudal, nunca pudo llevar en paciencia que la Nación tomase la mano en los negocios públicos; y su carácter despótico

---

[10] Hemos consultado los discursos del Congreso de los Diputados para todos los casos reseñados.

y guerrero, alentado con el exterminio de los Comuneros en la desgraciada batalla de Villalar, corrió sin freno a su deseada dominación. Aproxímense las épocas, cotéjense los monumentos de la historia, las diferentes edades, las crónicas, los cuadernos de Cortes, las compilaciones de fueros y leyes, y leídas con el espíritu de análisis y de filosofía que exige materia tan grave, se verá el golpe mortal con que fue herida en aquella época la libertad española.

Desde entonces comenzó a subrogarse a la fuerza respetable de la procuración en Cortes, la autoridad parcial e intrusa de los Cuerpos judiciales o gubernativos. Desde entonces el Consejo Real, abrazando a un mismo tiempo los negocios contenciosos, administrativos y aun políticos, debilitaba insensiblemente la influencia de la Nación en sus Cortes generales, la cual iba a pasos de gigante caminando a la nada, a que al fin la redujeron los Ministros y consejeros en los tiempos de la dinastía austriaca[11].

Este mismo diputado se encargará, en su intervención del 12 de septiembre de 1811, de denunciar la labor desarrollada por la nobleza y el clero en la contienda, previsible rapapolvo histórico no exento de segundas intenciones, si tenemos en cuenta la obra política de abolición del Antiguo Régimen en la que Argüelles se hallaba inmerso:

> Y cuando sublevadas estas (las ciudades) levantaron los comuneros el pendón, no se ve que aquellos brazos se les uniesen para vindicar y sostener los fueros y libertades de Castilla. La oportunidad no pudo ser mayor para defender esos derechos, que se dice protegían antes las Cortes. Entre los comuneros el noble de más cuenta y nombradía fue Girón, y ese abandonó su causa, desertando del partido que le habla nombrado general.
>
> Y de los eclesiásticos de dignidad no se sabe de otro que abrazase la causa de la libertad, sino el desgraciado Obispo de Zamora, que pagó bien caro su celo patriótico y su amor a su país.

[11] También en Diario de las discusiones y actas de las Cortes, Cadiz, Imprenta Real, 1811, tomo 5, p. 213.

Al contrario, todos los prelados se echaron a la causa de los del Gobierno, y varios eclesiásticos seculares y regulares hicieron los mayores esfuerzos contra los comuneros, como entre otros el religioso Guevara, a quien por sus servicios le premió Carlos V con una mitra. ¿Dónde está, pues, esa protección y esa defensa de los brazos en las Cortes, cuando desperdiciaron la verdadera ocasión de poder ser restablecidos en ellas a defender unos derechos que en esta ocasión aniquilaron?[12]

Su amigo y aliado político, José María Queipo de Llano y Ruiz de Saravia, más conocido como Conde de Toreno, fortaleció este argumento al sostener que los Grandes de España, con su traición a la causa comunera, habían traicionado a la nación misma. Argumento histórico que le venía muy al pelo a quien enseguida se erigió en radical defensor de la abolición de todo lo que sonara a Antiguo Régimen: los señoríos, las pruebas de nobleza para acceder al ejército, el voto de Santiago y el Tribunal de la Inquisición:

La libertad no expiró, como se ha dicho, con las Cortes de 1539, últimas en que hubo estamentos; había ya expirado antes, había expirado en Padilla, destruídose con las comunidades, y acabádose con aquellos valientes, aunque desgraciados, defensores de los derechos de los españoles.

Los comuneros, persuadidos que la unión de los Grandes y el Rey era una de las causas que más contribuían a perder la libertad en Castilla, hicieron petición expresa de que no se permitiese a los Grandes obtener oficio ni empleo en la casa del Rey. Y tan lejos estuvieron los Grandes de sostener la causa de los comuneros, que era la causa de la Nación, que se armaron contra ella y la apagaron. Y así como en Castilla, en Asturias, en Galicia, en Vizcaya se levantó lo más de la tierra en comunidad, en Andalucía, donde tenían más poder los señores, casi toda ella permaneció tranquila, señaladamente Sevilla, por el influjo de la casa del Duque de Medina (…)

[12] Ibidem, tomo 8, p. 276.

En Castilla levántanse los comuneros, y al instante dirigen contra ella [la Inquisición] sus peticiones. Perecen estos mártires de la libertad castellana, y el simulacro de Cortes que entonces todavía existía, se queja de sus abusos, y pide su reforma[13].

El ejemplo histórico de los comuneros como luchadores por la libertad y, muy especialmente, el proyecto político que abanderaban se convirtieron en argumentos de autoridad para determinados diputados de Cádiz empeñados en demostrar una suerte de continuidad histórica entre dicho ideario y las nuevas Cortes que acababan de poner en marcha. Como si las gaditanas fuesen, en efecto, el ansiado trasunto de las proyectadas —y yuguladas por la fuerza— en el programa revolucionario de 1520-1521. Así argumentó, el 22 de junio de 1811, el diputado abulense Francisco de la Serna y Salcedo, oficial retirado del Ministerio de Hacienda y Marina, a la hora de debatir sobre la reversión de derechos y fincas:

> Bien sabido es lo que hizo el Rey Carlos I. Creyó este Monarca que sus derechos, como su poder, no tenían límites; y tratando como rebeldes a los bravos Comuneros, extendió sus estragos hasta las mismas alquerías; tan íntimamente persuadido estaba de que la Nación no iba a repugnar ni uno solo de sus caprichos por contrarios que fuesen al bien público. Lo mismo creían todos los Monarcas españoles.
>
> ¿Y por qué sucedía esto? Porque las Cortes, como formadas sin plan por acaso, y dependientes de la voluntad del Rey, no tenían más carácter que el de un vasallo que le hace sus instancias con respetuoso y humilde memoria! (…) Españoles, ya tenéis ese sol que está luciendo por todo el mundo: este es un Congreso de cuya legalidad no puede dudarse[14].

No es de extrañar, por tanto, que el ejemplo histórico de los comuneros sea invocado por el mismo Martínez Marina en su archicitada obra

---

[13] *Ibidem*, p. 288.
[14] *Ibidem*, volumen 6, p. 402.

Teoría de las Cortes, publicada en 1813[15]. Empeñado en trasladar al siglo XV las nociones liberales de la nación y el ciudadano, Martínez Marina dedica un capítulo a las «Hermandades generales de Castilla», en el que califica a la Junta comunera de «Cortes generales», equipara su obra a la gaditana, dota de legitimidad soberana a los comuneros y lamenta, por desgraciada, la derrota de Villalar[16]:

> La conservación de este y otros derechos nacionales [libertad, protección y seguridad que otorgaban las leyes a los procuradores del reino mientras estaban las Cortes] violados por el despotismo de Carlos V y por la ambición y codicia de sus ministros, produjo la revolución conocida con el nombre de Comunidades (...). Se enconaron los ánimos, y con la desgraciada batalla de Villalar se eclipsó la gloria nacional y la libertad castellana (...)
>
> La desgraciada batalla de Villalar puso término a la gloriosa contienda que tan heroicamente sostuvo el patriotismo y el amor a la libertad contra las ingratas y temerarias empresas del orgullo y la ambición de los príncipes.

Como no podía ser de otra forma, Martínez Marina echa mano del mito comunero para construir esa nueva identidad nacional liberal, cifrando en las Cortes de Cádiz y en «la sabia Constitución de la Monarquía Española» la anhelada satisfacción de esa injusticia cometida en Villalar:

> Restablecidas las antiguas leyes fundamentales de estos reinos holladas o abolidas por el despotismo de tres siglos, y mejoradas

[15] Sobre su interpretación de la historia de España, ver José ÁLVAREZ JUNCO y Gregorio DE LA FUENTE MONJE, *Op. cit.*, pp. 220-224.

[16] Aunque en realidad eran dos: *Discurso sobre el origen de la Monarquía y sobre la naturaleza del Gobierno español. Para servir de introducción a la obra «Teoría de las Cortes»*, Madrid, Collado, 1813; y la *Teoría de las Cortes o grandes juntas nacionales de los Reinos de León y Castilla. Monumentos de su Constitución política y de la soberanía del pueblo. Con algunas observaciones sobre la ley fundamental de la Monarquía española sancionada por las Cortes generales y extraordinarias y promulgada en Cádiz a 19 de marzo de 1812*, Madrid, Fermín Villalpando, 1813, 3 volúmenes.

nuestras antiguas instituciones, y reformados los abusos y declarada solemnemente la soberanía nacional y asegurados los derechos del hombre y del ciudadano, podemos aspirar a la gloria de
que es capaz la nación española, y recuperar el crédito y consideración que ha gozado entre todas las naciones del universo.

Lo cierto es que, a las alturas de 1814, el episodio de las Comunidades
gozaba de enorme popularidad en el imaginario político de los españoles. Tan es así, que incluso el célebre *Manifiesto de los Persas*, documento suscrito por 69 diputados por el que se solicitaba a Fernando
VII la vuelta al trono y la abolición de la legislación de Cádiz, culpaba
al despotismo de Carlos I del estallido de la revuelta comunera:

> Repetimos, Señor, que comenzado el despotismo ministerial
> con la venida del Señor D. Carlos I, principió a padecer la ob-
> servancia de la Constitución que tenía esta monarquía: lo que
> motivó la guerra civil de las comunidades, decayó la autoridad
> de las Cortes, y el vigor de la representación Nacional.

LA APOTEOSIS DEL MITO COMUNERO EN EL TRIENIO LIBERAL

«De Bravo y Padilla
Se siente en Castilla
De nuevo vivir;
Y el eco repite
Que maldito sea
Quien hollarle vea
Sin antes morir».
Estrofa del himno marcial de las milicias madrileñas,
1 de enero de 1823

El 1 de enero de 1820, el teniente coronel Rafael de Riego lideraba un
pronunciamiento militar en la localidad sevillana de Cabezas de San
Juan que ponía punto y final al llamado Sexenio Absolutista (1814-
1820), periodo durante el cual, el monarca Fernando VII había aboli-

do la legislación gaditana tratando de recomponer el edificio político y social del Antiguo Régimen. Comenzaba, de esta forma, el llamado Trienio Liberal (1820-1823), que enseguida restauró la Constitución de Cádiz y procedió a restablecer las autoridades constitucionales.

Divididos los liberales en las facciones doceañistas (moderados) y veinteañistas (exaltados), y amenazado el sistema por la activa desafección del monarca al régimen constitucional, los hombres del Trienio proseguirán la labor de Cádiz en el sentido de proceder a la abolición de los principales fundamentos políticos, sociales y legislativos del Antiguo Régimen: supresión de los mayorazgos, del diezmo y de la Inquisición, desamortización de los bienes de las órdenes religiosas, etc.

Es en este contexto de exaltación liberal-romántica en el que el mito de los comuneros alcanza todo su esplendor[17]. No es casualidad, por tanto, que una de las primeras medidas de las nuevas autoridades fuera derribar aquella columna levantada en 1522 en el solar toledano donde vivieron Juan de Padilla y María Pacheco, cuya misión era recordar los desmanes cometidos por los comuneros. A continuación se sucedió toda una vorágine conmemorativa cuya faceta más visible fue, sin duda, la denominación de múltiples calles y plazas con el nombre de los héroes de Villalar.

Los comuneros, beneméritos de la Patria

La entronización de Padilla, Bravo y Maldonado como mártires excelsos por la libertad y la patria españolas aparece ahora en obras teatrales de corte romántico que dan forma a una suerte de teatro político que, en cierto modo, entronca con el de la Guerra de la Independencia. Así tenemos, por ejemplo, las obras teatrales *La sombra de Padilla*, pieza alegórica en un acto que se estrenó el 11 de octubre de 1820, *Juan de Padilla o los Comuneros*, tragedia en cinco actos estrenada el 9 de julio de 1821 en el coliseo del Príncipe, y *El sepulcro de Padilla*, entre otras[18]. Mismo tono tendrán odas y panfletos como *Padilla entre*

---

[17] Francisco M. Balado Insunza, «El mito comunero y el liberalismo español del siglo XIX», *Revista de Occidente*, 479 (abril 2021), pp. 406-420.

[18] Ana María Freire, *Entre la Ilustración y el romanticismo. La huella de la Guerra de la*

las cadenas, de Cándido Osuna, y *A los ilustres caudillos comuneros D. Juan de Padilla, D. Juan Bravo, D. Francisco Maldonado y D. Antonio de Acuña, obispo de Zamora*, de autor anónimo, ambas de 1822.

Pero fue la rama política del liberalismo exaltado la que más contribuyó a consolidar el mito de los comuneros como atribulados e idealistas luchadores por la libertad, ejemplo histórico a seguir por quienes tan comprometidos estaban en combatir a los partidarios del Antiguo Régimen. Ya en su *Representación a las Cortes* del 13 de julio de 1820, en un escrito presentado junto a Arco-Agüero, Rafael del Riego recordaba que:

> Los soldados españoles, mirados y despreciados hasta entonces como máquinas venales manifestaron que eran hijos de los que en Villalar no pudieron resistir las falanges instruidas que la tiranía dirigió contra ellos, y patriotas como sus padres acudieron pronto a donde resonaba el glorioso eco de patria y Libertad[19].

El mismo Riego no dejó de ser ensalzado por sus correligionarios, pero también por la prensa afín y por literatos del momento, convirtiéndole en una suerte de Padilla redivivo llamado a repetir, pero ahora con éxito, la gesta del capitán comunero en su combate contra la tiranía. Así puede verse, por ejemplo, en la *Oda* que le dedica Félix María Hidalgo y Moreno en los primeros momentos de la sublevación, recordando el momento «en que el héroe de Hespéria/ émulo de la gloria de Padilla/ A la faz de Castilla/ Proclamó libertad. Al noble acento/ Los déspotas de España/ Temblaron consternados»[20]. Esta mitificación en vida del protagonista del levantamiento de 1820, asimilándole a Padilla, sería recurrente en los primeros momentos del Trienio, como demuestra la oda compuesta para conmemorar, en 1821, la apertura de las Cortes:

Independencia en la literatura española, Alicante, 2008, p. 76.

[19] *Diario de las Actas y Discusiones de las Cortes. Legislatura de lso años de 1820 y 1821. Tomo 1*, Madrid, 1820, p. 235. Ver también la tesis doctoral de Víctor SÁNCHEZ MARTÍN, *Rafael del Riego. Símbolo de la revolución liberal*, Universidad de Alicante, 2016, pp. 395-396.

[20] Víctor SÁNCHEZ MARTÍN, op. cit., pp. 413-414.

«La libertad, la encantadora Diosa,/ Que de su activo fuego/ Supo inflamar los españoles pechos./ Aquella que con mano poderosa/ Nos preparaba en Riego/ Un noble defensor de sus derechos;/ Y aquella que en los campos de Castilla/ Proclamaron las huestes de Padilla».

La versión canónica-liberal de esta gesta histórica la expuso en las Cortes, en junio de 1821, con solemnidad y destacado prurito de objetividad, el diputado catalán Antonio Puigblanch, en un extenso documento elaborado como justificación de los homenajes tributados. Como no podía ser de otra forma, la causa de fondo de la rebelión no era otra, según Puigblanch, que la lucha castellana contra una «opresión» cada vez más intolerable, consistente en la entrega de los dineros y cargos de España a extranjeros, motivada por la inexperiencia del monarca y potenciada por su elección como Emperador:

> (…) Los empleos seguían dándose a los flamencos, los cuales los vendían al que mejor se los pagaba, y se conferían también a los mismos las piezas eclesiásticas. Salía por consiguiente para Flandes, a manera de río, el oro y plata de España, engrosando la extracción el mayor producto que daban a los arrendadores las rentas cobradas por su medio.
>
> (…) Este desorden, a que daba lugar la falta de experiencia de un Príncipe joven que se había entregado ciegamente a un privado codicioso, siendo ya entonces insoportable, iba a serlo aún más con su ausencia luego que pasase a Alemania, donde le esperaba la Corona imperial por elección que de su persona hicieron los Príncipes electores. (…)
>
> Carlos V en su partida, que se verificó a pesar de las reclamaciones y del estado de agitación del Reino, dejó por gobernador a su antiguo pedagogo Adriano de Utrech (…) quien oyendo las sugestiones de sus orgullosos y vengativos consejeros, quiso más bien sostener a todo trance las injustas pretensiones de sus paisanos los flamencos, oponiendo un ejército a otro ejército que acceder a las justísimas instancias de los comuneros[21].

[21] «Diario de las Cortes. Sesión Extraordinaria de la noche del 24 de junio de 1821», en

Salvada a toda costa la lealtad de Juan de Padilla —«joven valiente y de carácter bondadoso»— al monarca, pues «fue su objeto y el de sus compañeros en aquella empresa (…) sacar al Rey de la opresión en que lo tenían sus privados, y en manera alguna deservirle», el diputado resaltaba el decisivo componente de modernidad que presentaban las propuestas políticas de los comuneros. Una vez más, estas se le antojaban pioneras en Europa y anteriores, incluso, a las de su idealizada Inglaterra, país en el que Puigblanch, al igual que otros muchos compañeros de militancia liberal exaltada, había permanecido exiliado durante buena parte del mandato absolutista de Fernando VII:

> Ciertamente es digno de admiración, aun después que han progresado tanto las ciencias políticas, un proyecto de reforma cual era éste; siendo tan luminosos y tan elevados los principios de legislación que en él se descubren, que, según confiesa el célebre historiador inglés Roberstson, en Inglaterra, hoy señora de los mares y árbitra casi del mundo por la libertad que ha gozado, tardó más de un siglo en ponerse a aquel nivel.
> Cayó, pues, marchita estando aun en flor la libertad del pueblo castellano bajo la hoz del despotismo, y el nombre de los comuneros ha sido entre nosotros por espacio de tres siglos objeto de calumnia y de execración para el vulgo de los escritores, que ignorantes o venales no han alcanzado a ver más que lo que estaba en su rededor, o han llevado por máxima adular a los poderosos; siendo solamente recordado con entusiasmo y gratitud por un corto número de patriotas ilustrados que lloraban en secreto su ruina, y en ella la de la patria[22].

En el imaginario colectivo de la época tuvo un enorme impacto la utilización política del III Centenario de la batalla de Villalar, el 23 de abril de 1821, ya que, como bien señala José Álvarez Junco, «conllevó la rehabilitación gloriosa de los derrotados trescientos años antes, con

Diario de las actas y discusiones de las Cortes. Legislatura de los años 1820 y 1821, Madrid, Imprenta Nacional, 1821, tomo XXII, p. 2.
[22] *Ibidem*, p. 6.

ceremonias y discursos pomposos a cargo de políticos metidos a historiadores». El promotor de tales actos no fue otro que Juan Martín Díaz, *El Empecinado*, famoso y aguerrido guerrillero vallisoletano que por aquellas fechas ejercía como gobernador militar de Zamora. Desde aquí mandó a todas las ciudades una convocatoria de homenaje a los comuneros que no tiene desperdicio:

> Don Juan de Padilla, Don Francisco Maldonado y Juan Bravo, procuradores de Toledo, Salamanca y Segovia en las Cortes del Reino de 1520, hicieron vivas reclamaciones a la majestad del Rey D. Carlos V (I de España) por sostener los derechos del pueblo castellano. Desoídos, tomaron los pueblos la demanda, y se formó la liga conocida con el nombre de los *Comuneros*. Después de varios acontecimientos, siendo los dichos jefes del ejército de los amantes de la libertad, fueron derrotados en Villalar por el Rey en 23 de abril de 1521, y prisioneros los tres; en el mismo día se les intimó la sentencia de muerte, que fue ejecutada en la mencionada villa.
>
> Su ilustre sombra, oscurecida por el despotismo de trescientos años, clamaba porque se recordase con gloria a todos los españoles. Para este objeto, el 24 del corriente Abril, día de su aniversario, se va a tributarles unas honras fúnebres y erigir un pequeño monumento provisional a su digna memoria. ¿Qué español no arderá en amor patriótico al ver las dignísimas cenizas de los que si vivieran serían el más fuerte antemural de nuestro santo Código? ¿Quién no se estremecería al contemplar la triste suerte de los que la merecían tan distinta? Corred, pues, ciudadanos, a llorar sobre su frío sepulcro, a derramar en él sufragios religiosos y lágrimas de ternura, y a jurar por sus sagrados manes *o muerte o libertad*. Zamora 3 de Abril de 1821[23].

---

[23] «Diario de las Cortes. Sesión del día 13 de abril de 1821», en *Diario de las actas y discusiones de las Cortes. Legislatura de los años 1820 y 1821*, Madrid, Imprenta Nacional, 1821, tomo XVIII, p. 18.

La comisión organizadora, presidida por el coronel comandante de ingenieros de la plaza, Manuel Tena, y con el teniente de infantería de Vitoria, Máximo Reinoso, como secretario, se puso manos a la obra. El primer cometido era, desde luego, hallar el lugar preciso donde fueron sepultados los cuerpos de Padilla, Bravo y Maldonado[24]. Para ello, el mismo *Empecinado* visitó la localidad de Villalar y, siguiendo los consejos del asesor del gobierno, Bernardo Peinados, ordenó efectuar las averiguaciones pertinentes y levantar acta notarial de todo lo que fuese descubierto.

La historia de este suceso es muy curiosa. Dicha acta, levantada en Villalar de los Comuneros el 13 de abril de 1821, da cuenta de los trabajos realizados a tales efectos, presididos por el citado Tena en presencia de una amplísima representación ciudadana: el alcalde José Moya, los regidores Martín Rodríguez y Pedro Díez, el juez de primera instancia Diego Antonio González, los párrocos de las iglesias de San Juan Bautista y Santa María de Villalar, Manuel Vaz y Damián Pérez respectivamente, y otros muchos vecinos de la villa y de zonas limítrofes.

Una vez realizadas las labores de delineación por parte de Manuel Sipos, maestro mayor de las obras de fortificación de la plaza de Zamora, Santiago Jeuto y otros operarios procedieron a excavar en una zona próxima al Rollo de Villalar. Los hallazgos, descritos por Pedro Gavilán, médico de Tordesillas, y Juan Antonio Alonso, cirujano de Villalar, detallan la aparición de dos sepulcros, uno con dos cadáveres y otro, a 15 pies de distancia, con uno solo[25]:

> Se encontraron en el primer sepulcro varios huesos de naturaleza humana, que seguramente tienen mucha antigüedad, como son: parte del fémur, algunas costillas, vértebras y parte de clavículas; notándose dos particularidades en este sepulcro: primera, que no se halló hueso ninguno correspondiente al

[24] Tena y Reinoso confeccionaron el *Expediente militar instructivo formado para la exhumación de los restos de los héroes castellanos Padilla, Bravo y Maldonado y copias de la orden, acta celebrada y decreto de aprobación.*

[25] «Diario de las Cortes. Sesión del día 18 de abril de 1821», en *Diario de las actas y discusiones de las Cortes. Legislatura de los años 1820 y 1821*, Madrid, Imprenta Nacional, 1821, tomo XVI, pp. 8-9.

cráneo: segunda, que la dirección que tenían las dos partes de
terreno más húmedas y más impregnadas de la tierra (…) están
colocadas en una misma línea, lo que demuestra la uniformidad con que fueron puestos los cadáveres, y que aquellas partes
de terreno sin duda correspondían a la situación que ocupaba
el vientre y demás grueso del cuerpo. También se encontraron
y reconocieron los huesos del segundo sepulcro, en el cual además de hallarse de la misma naturaleza, los hubo, aunque bastante fracturados, que pertenecían al cráneo.

Ello dio pie a la celebración de un imponente homenaje el 24 de septiembre de ese mismo año. Los huesos, junto a «trozos de escarpia y
lanza que se hallaron en la picota, y la punta de una espada y un puña-
lete hallados en el campo de la batalla» fueron colocados, con bastante
porción de tierra, en una urna con tres llaves que, una vez cerrada,
fueron entregadas al comisionado, al alcalde de la localidad y al párro-
co de San Juan Bautista. A continuación se tocaron las campanas de
las dos parroquias y la del reloj «con sonido lúgubre», y se dispuso un
catafalco próximo al Rollo, en el lugar llamado el Otero, cubierto de
paños negros, donde se colocó la urna. Una vez celebrada la misa en el
mismo campo de batalla, una procesión fúnebre de muchas cofradías,
escoltadas por los granaderos de Toro, se dirigió a la iglesia de San Juan
Bautista para depositar la urna en un nicho abierto en la pared, sobre el
que se colocó la inscripción: «Padilla, Brabo (sic) y Maldonado depositados en 24 de septiembre de 1821».

Según el brigadier Gregorio Piquero, sucesor del *Empecinado* en el
cargo de gobernador de Zamora y comisionado para tal exhumación, el
gentío presente, visiblemente emocionado, reaccionó ante el hallazgo
con exclamaciones de este tenor: «Ya tenemos a Padilla y a sus compañeros en nuestra presencia; ya se hallan a nuestro frente los defensores
de nuestras libertades; y estos preciosos restos que con tanto cuidado
hemos conservado en medio del despotismo, son la divisa, el pendón
nacional que nos reúne, y bajo cuya dulce memoria, combatiremos por
nuestros legítimos derechos, y por sostener los que corresponden al
Trono, a su imitación».

Sin embargo, los restos hallados sufrieron un curioso peregrinar: al año siguiente, concretamente el 5 de noviembre de 1822, el jefe político de Zamora y la Diputación Provincial acordaron trasladar la urna a la capilla de San Pablo de la catedral zamorana. El traslado se efectuó el día 17. Allí permanecieron hasta que tuvo lugar el derrocamiento del sistema liberal del Trienio de manos del ejército absolutista de los Cien Mil Hijos de San Luis.

Fue entonces cuando los realistas se dirigieron a la Seo, tomaron la urna y la quemaron. Las cenizas, según esa versión, fueron arrojadas al Duero. Ursicino Álvarez, en su *Historia General Civil y Eclesiástica de la Provincia de Zamora*, asegura, en efecto, que «el pueblo se lanzó desordenadamente a la Catedral y extrayendo la urna donde se hallaban los huesos que se creían de los comuneros, los hizo trasladar en un carro de la limpieza al matadero, donde le pusieron fuego». Sin embargo, también sugiere el autor que «los restos no eran auténticos».

Esto último ya lo señaló, años después del evento, el historiador toledano Antonio Martín Gomero, autor de una famosa y monumental *Historia de la ciudad de Toledo* publicada en 1872[26]. Según parece, de las declaraciones del cura de Villalar en 1864 y de las anotaciones contenidas en el archivo parroquial se colige la artimaña: «Los vecinos más influyentes de Villalar, sospechosos de ser del bando realista y temerosos de represalias liberales tuvieron la ocurrencia, al no conocer el lugar preciso del enterramiento, de sacar del osario huesos humanos y soterrarlos en la plaza, junto al rollo, con lo cual las aspiraciones de la comisión zamorana quedarían colmadas».

Sea como fuere, lo cierto es que estos homenajes y ciertas medidas adoptadas en el Trienio afianzaron la imagen mítica de los comuneros de Castilla. Entre estas últimas conviene destacar la declaración de Padilla, Bravo y Maldonado —junto a Juan de Lanuza, Diego de Heredia y Juan de Luna— como beneméritos de la Patria, según decreto de 20 de abril de 1822, que además ordenaba levantar un monumento en Villalar a su memoria, extremo que, sin embargo, no se llevaría a cabo hasta 1889[27]:

[26] También en Félix Calvo, *Villalar en la Historia*, Valladolid, 2007.

[27] «Diario de las Cortes. Sesión Extraordinaria de la noche del 24 de junio de 1821», en

«Artículo 1. Se declara beneméritos de la Patria en grado heroico a los tres caudillos de la guerra de las comunidades de Castilla, Juan de Padilla, Juan Bravo y Francisco Maldonado.

Art. 2. Se pondrán sus nombres en el salón de Cortes, y en una sola lápida al lado derecho del solio, y junto al mismo, por exigirlo así el orden de los tiempos, pero con separación de las de los héroes modernos, y la inscripción será:

JUAN DE PADILLA,
JUAN BRAVO,
FRANCISCO MALDONADO,
DEFENSORES DE LAS LIBERTADES DE CASTILLA

Art. 3. Se erigirá a los tres en Villalar y en el sitio donde fueron decapitados un monumento costeado por la Hacienda pública luego que su estado lo permita. El monumento será de la especie y forma que por regla general decreten las Cortes deba erigirse a héroes de primer orden.

Art. 4. A fin de excusar un nuevo decreto cuando llegue el caso de levantar este monumento, y debiendo ser parte del premio con que se honre la memoria de estos héroes la circunstancia de que las Cortes dicten la inscripción, se dispone ésta desde ahora en los términos siguientes:

"Restablecida con grandes ventajas la libertad de la patria: a los ilustres comuneros Juan de Padilla, Juan Bravo y Francisco Maldonado, aquí decapitados por haberla defendido: mandó erigir este monumento las Cortes generales de la nación española en los años 1820 y 1821, y lo mandaron erigir por unanimidad las de los años 1822 y 1823"».

A petición de los diputados Valentín Solanot, Mariano Villa, Antonio Marcial López, Juan Romero Alpuente, Antonio Puigblanch y Joaquín Lorenzo Villanueva, los nombres de los capitanes comuneros se inscribirían junto al del libertador aragonés Juan de Lanuza.

Diario de las actas y discusiones de las Cortes. Legislatura de los años 1820 y 1821, Madrid, Imprenta Nacional, 1821, tomo XXII, pp. 14-17.

La justificación de dicha medida, expresada por el diputado y militar extremeño Francisco Fernández Golfín, que llegó a ser ministro interino de Guerra en septiembre de 1823, se asentaba sobre el supuesto desconocimiento ciudadano del benemérito ejemplo histórico de los comuneros, en contraste con el retrato, mucho más laureado y famoso, de las glorias imperiales de Carlos V[28]:

> Trescientos años hace que aquellos héroes oprimidos con el peso de la tiranía y despotismo, reputados, como traidores a su Patria, cubiertos con todos los nombres de oprobio y de infamia con que se marca a los mayores facinerosos, yacían casi del todo olvidados, y aun en el día de hoy apenas son conocidos sino de un pequeño número de españoles.
>
> El nombre de los Comuneros, tan ilustre en grandes acciones, que puede ser comparable con cualquiera de los héroes más celebres de la antigüedad, es casi desconocido, repito, de la mayor parte de los españoles, por pertenecer a una época en que los progresos del conquistador Carlos V ocupan más la atención de aquel reinado que las virtudes de aquellos ilustres vencidos.

Los comuneros, argumento de autoridad para los diputados liberales

También en el Congreso se pudo oír la voz de diversos diputados esgrimiendo la gesta ejemplarizante de los comuneros para sacar adelante sus propias propuestas. La derrota de Villalar, en efecto, salió a relucir en diversos discursos como momento fundante de la lucha por la libertad y contra la opresión, proceder heroico que aquellos representantes del Trienio creían estar consolidando. Esta utilización del pasado para legitimar las voluntades políticas del presente no era, en palabras de Agustín Argüelles, secretario del Despacho del Ministerio de Gobernación en octubre de 1820, nada descabellado:

[28] «Diario de las Cortes. Sesión del día 18 de abril de 1821», en *Diario de las actas y discusiones de las Cortes. Legislatura de los años 1820 y 1821*, Madrid, Imprenta Nacional, 1821, tomo XVI, p. 12.

Los tiempos de nuestra historia en que existieron ayuntamientos y reuniones a que pudieran aludir con más acierto los señores preopinantes, son las que hubo en la guerra de los Comuneros. Mas hablando con propiedad, ¿qué hay de común entre una época en que se lucha abiertamente y con las armas en la mano para sostener de una parte el poder absoluto, y de la otra defender la moribunda, o diré mejor, naciente libertad? La perpetua lucha entre los pueblos y los opresores[29].

De ahí que, meses antes, en pleno debate sobre las vinculaciones, suprimidas por Ley de 27 de septiembre de ese mismo año, Martínez de la Rosa no dudara en afirmar:

El despotismo que principió en el siglo XVI y acabó con la libertad española; la inviolabilidad de los diputados atropellada en las Cortes de la Coruña; la derrota de los Comuneros, y la completa destrucción de la libertad castellana; esa es la funesta raíz de todos nuestros males[30].

Su compañero, el diputado por Murcia Juan Palarea y Blanes, que combatió en la guerra de la Independencia y volverá a hacerlo, de inmediato, contra los Cien Mil Hijos de San Luis, también aseguraba que «la verdadera causa (de nuestros males) ha sido la pérdida de nuestra libertad en los campos de Villalar con la muerte de Padilla; es decir, la falta de procuradores de la Nación reunidos en Cortes para que mirasen por sus intereses». El mismo José Canga Argüelles, ministro de Hacienda y autor de una célebre *Memoria sobre el estado de la Hacienda Pública*, se refirió a la debacle de Villalar para defender la contribución directa en octubre de 1820:

---

[29] «Diario de las Cortes. Sesión del día 14 de octubre de 1820», en *Diario de las actas y discusiones de las Cortes. Legislatura de los años 1820 y 1821,* Madrid, Imprenta Nacional, 1821, tomo IX, p. 36.

[30] «Diario de las Cortes. Sesión del día 12 de septiembre de 1820», en *Diario de las actas y discusiones de las Cortes. Legislatura de los años 1820 y 1821*, Madrid, Imprenta Nacional, 1821, tomo V, p. 290.

En unas Cortes celebradas en Castilla por los años de mil trescientos y tantos, pidieron los Procuradores que se impusiese la contribución en proporción a los haberes de cada uno: ¿Qué es esto sino la contribución directa? Mas al fin desapareció este método de tributar, reemplazándole el de las ominosas rentas provinciales, después que al golpe fatal de la cuchilla cayó la noble cabeza de Padilla, y que en los campos de Villalar perecieron las libertades castellanas[31].

Eso por no hablar de las discusiones abiertas un año más tarde en torno al proyecto de nuevo mapa provincial español elaborado por el cartógrafo mallorquín Felipe Bauzá y el ingeniero de canales José Agustín de Larramendi, cuyo objetivo era homogeneizar en lo posible las dimensiones territoriales de las provincias españolas. Como ello conllevaba la desaparición de algunas provincias, la revuelta comunera llegó a ser esgrimida como una suerte de pedigrí histórico por parte de determinados diputados encargados de defender la persistencia de la suya. Así lo vemos en el caso de Ávila, cuyo representante en Cortes, Eugenio Tapia, amigo personal de Manuel José Quintana, a quien dedicó una *Oda*, director de la Imprenta Nacional y autor de una *Historia de la civilización española*, no dudó en sacar a relucir la reunión comunera abulense y advertir que, de llevarse a efecto la supresión de su provincia, «(…) sería el medio de hacer odioso el sistema constitucional a aquellos honrados castellanos, distinguidos desde muy antiguo por su amor a la libertad, pues que Ávila fue donde tuvieron sus juntas los célebres comuneros de Castilla».

Mucho más explícito y rotundo se mostraba el diputado toresano y conocido filántropo local Manuel González Allende a la hora de defender la permanencia, a efectos administrativos, de la provincia de Zamora:

---

[31] «Diario de las Cortes. Sesión del día 8 de octubre de 1820», en *Diario de las actas y discusiones de las Cortes. Legislatura de los años 1820 y 1821*, Madrid, Imprenta Nacional, 1821, tomo VIII, p. 26.

Nuestros representantes de 1520, ¿no asistieron a las célebres Cortes de Santiago, que dieron pábulo y fomento a las comunidades de Castilla? ¿No fueron constantes y uniformes nuestros votos con los de los malhadados Padilla, Bravo y Maldonado, a pesar de que trasladadas las mismas Cortes a la Coruña, muchas ciudades y provincias se separaron de los votos y protestas que habían hecho antes? ¿Pues cómo ahora se nos trata tan mal?, ¿Tampoco merecemos al presente Congreso? ¿Y en qué tiempo, Señor, se trata de extinguir esta antiquísima provincia?[32]

El mito de los comuneros tampoco estuvo ausente cuando, en octubre de 1822, las recién inauguradas Cortes iniciaban sus trabajos con objeto de «adoptar medidas que concluyesen con los facciosos de que estaba infestada España». Y es que, el nuevo gobierno radical, presidido por Evaristo San Miguel, heredaba una situación especialmente conflictiva: la amenaza absolutista, especialmente violenta desde la primavera, contaba con el apoyo de las potencias congregadas en la Santa Alianza y con la ayuda económica de Francia. De hecho, cuando desde este país se adujo que España estaría mejor con un gobierno de corte absolutista, el ministro de Hacienda, José Canga Argüelles, estalló en cólera dialéctica y envió a su colega un duro reproche en la sesión de 9 de octubre de 1822, dirigida precisamente a analizar los «males» que se cernían sobre la patria. El recurso a los comuneros no se hizo esperar:

Diremos al Ministerio francés que España fue feliz con el Gobierno liberal que la dirigió hasta que las desgracias despedazaron nuestros venerables fueros, destrozaron nuestra antigua y libre Constitución, y establecieron la autoridad fuerte y monárquica sobre los cadáveres de Padilla, Bravo y de Lanuza. Le diremos que los aragoneses, los vizcaínos y castellanos fueron felices mientras observaron las leyes sa-

---

[32] «Diario de las Cortes Extraordinarias. Sesión del día 15 de octubre de 1821», en *Diario de las actas y discusiones de las Cortes Extraordinarias de 1822*, Madrid, Imprenta Nacional, 1822, tomo I, p. 22.

bias que les dieron sus mayores, mientras vivieron bajo un Gobierno monárquico moderado; y con el poder absoluto, es decir, con la autoridad fuerte monárquica, perdieron su dignidad, su decoro y su riqueza, llegando al extremo vergonzoso de ser vendidos en el mercado de Bayona como unos esclavos; y finalmente, le diremos, que solo podemos ser felices con la Constitución política proclamada en Cádiz el año de 1812, que encierra el espíritu de nuestras antiguas leyes, asegura nuestras justas libertades, y restablece la Monarquía moderada, que es la originaria de las Españas[33].

Sin embargo, ese mismo mes de octubre, los soberanos de la Santa Alianza, reunidos en el Congreso de Verona, habían decidido la intervención francesa en España. Un ejército de 132.000 hombres (los *Cien Mil Hijos de San Luis*), mandados por el duque de Angulema, atravesó la frontera el 7 de abril de 1823, precedido por partidas absolutistas del llamado *Ejército de la Fe*) y apoyado por todos los realistas que desde tiempo atrás venían protagonizando levantamientos armados. Las Cortes se retiraron a Cádiz pero fueron apresadas en el Trocadero. El decreto de Fernando VII de 1 de octubre de 1823 significaba la vuelta del absolutismo y de la represión contra los liberales. Aun así, el arraigo del mito comunero estaba suficientemente consolidado.

La Confederación de los Caballeros Comuneros,
expresión del liberalismo exaltado

Una clara manifestación de la utilización de la gesta histórica liderada por Padilla, Bravo y Maldonado como referencia para el liberalismo exaltado lo encontramos en la creación de la Confederación de los Caballeros Comuneros, una sociedad secreta nacida de la escisión de la masonería a principios de 1821 (aunque algunos autores, como Marta

---

[33] «Diario de las Cortes Extraordinarias. Sesión del día 9 de octubre de 1822», en *Diario de las actas y discusiones de las Cortes Extraordinarias de 1821*, Madrid, Imprenta Nacional, 1821, tomo II, p. 14.

Ruiz Jiménez, sitúan su creación a finales de 1820)[34]. Basta leer su manifiesto fundacional:

> Bien sabido es que los héroes de Padilla, Bravo y Maldonado perdieron la vida porque tuviese libertad esta heroica nación. Llegó el tiempo de imitar su heroísmo y de vengarlos. Una multitud de hombres denodados y decididos a sostener la libertad de España haciendo ver que no hay más soberano que *el pueblo*, estamos alistados y ligados con juramentos para llevar a efecto tan sagrado objeto[35].

Según Sophie Bustos, «el nacimiento de la comunería está relacionado con dos elementos vinculados entre sí: por una parte, la desprotección del régimen liberal, es decir, la multiplicación de las conspiraciones realistas e infracciones de Constitución —estas últimas cometidas tanto por realistas como por liberales moderados— y, por otra parte, lo que los exaltados percibían como estancamiento del proceso revolucionario desencadenado por el pronunciamiento de Riego. Este último elemento, a su vez, está conectado con la sociedad secreta que, por sus redes, organizó el pronunciamiento y permitió el restablecimiento de la Constitución, la masonería»[36]. El detonante definitivo para la creación de esta sociedad secreta debió de ser, como refiere Ruiz Jiménez, la decisión de Fernando VII, en noviembre de 1820, de nombrar de manera anticonstitucional al general Carvajal capitán general de Castilla la Nueva.

Como señala Díez-Morrás, la clave del éxito de esta sociedad secreta, en cuyo origen también tuvo mucho que ver la necesidad de hacer

---

[34] Nos basamos en las siguientes obras: Iris María ZAVALA, *Masones, comuneros y carbonarios*, Madrid, 1971; Alberto GIL NOVALES, *Las Sociedades patrióticas (1820-1823). Las libertades de expresión y de reunión en el origen de los partidos políticos*, Madrid, 1975; Marta RUIZ JIMÉNEZ, *El liberalismo exaltado. La confederación de comuneros españoles durante el Trienio Liberal*, Madrid, 2007; Sophie BUSTOS, *La nación no es patrimonio de nadie. El liberalismo exaltado en el Madrid del Trienio Liberal (1820-1823). Cortes, gobierno y opinión pública*, tesis doctoral, Universidad Complutense de Madrid, 2017; Francisco Javier DÍEZ-MORRÁS, «Masonería y revolución liberal en España: la Confederación de Comuneros», *Revista de Estudios Históricos de la Masonería Latinoamericana y Caribeña*, vol. 11, 2 (2020), pp. 1-27.

[35] Marta RUIZ JIMÉNEZ, Op. cit., pp. 20-21.

[36] *Op. cit.*, p. 56.

frente a la creciente amenaza realista, fue su buena organización interna, la laxitud a la hora de permitir la entrada de nuevos miembros, la sencillez de sus postulados, la lejanía respecto de posturas extremistas, lo que le permitió entrar con relativa facilidad en las zonas rurales, y el empleo de una mitología y simbología medievalizante que remitía, precisamente, a la Castilla Comunera (torres, alcaides, merindades, procuradores, etc.).

Entre los 28 fundadores de la Confederación, escindidos como decimos de la masonería, figuraban algunos personajes tan relevantes como Francisco López Ballesteros, José María Torrijos, Francisco Serrano, José Manuel Regato, que después se revelaría como agente absolutista, y, sobre todo, Juan Romero Alpuente, líder de la sociedad y autor principal de sus estatutos. Según el propio Romero Alpuente, el fin máximo de la comunería no era otro que defender el sistema constitucional y aplicarlo en toda su extensión:

> La sociedad de comuneros fue establecida en España (…) con sólo el objeto de defender a todo trance y por cuantos medios que fuesen posibles los derechos y libertades de la nación y de los españoles en particular según estaban declarados en la Constitución política de la monarquía reconociendo por base inalterable que la soberanía residía esencialmente en la nación española y por lo mismo pertenecía a ella exclusivamente el derecho de establecer sus leyes fundamentales como literalmente se explicaba en el artículo 3 de la misma Constitución política[37].

Aunque a la hora de contabilizar sus miembros las cifras varían según los autores, suele aceptarse que la sociedad llegó a englobar a cerca de 60.000 en toda España. Contó a su vez con dos periódicos oficiales: *El Eco de Padilla* y *El Zurriago*. El primero, sin duda el más famoso, expresaba en su primer número, publicado el 1 de agosto de 1821, su fe en el ejemplo histórico del capitán comunero toledano:

---

[37] Citado por Sophie Bustos, Op. cit., p. 57.

El Eco de Padilla, el eco de un héroe, que en tiempos menos ilustrados que el nuestro, y en que el despotismo tenía todas las ventajas a su favor, osó hacerle frente con denuedo hasta que un trágico suceso puso fin a sus días, no quedaría justificado si no respirásemos nosotros el mismo fuego de libertad que aquél abrigaba.

Sin embargo, este periódico, editado por Manuel María de Arrieta, Santiago Jonama y José Joaquín de Mora, también fue muy pronto objeto de conflictos y sospechas por parte de los mismos liberales. Y es que, como muy bien demostró en su día Claude Morange[38], la financiación corrió a cargo del legitimista y agente francés François de Caze, lo que, unido a la posterior colaboración con la policía francesa de varios hombres que trabajaron en este periódico, como Jose Joaquín de Mora, Cortavarría, Conti y Carnerero, acreditaría la presencia de agentes dobles y su utilización como medio para desestabilizar al gobierno liberal. Eso explicaría, además, su corta duración, pues desapareció a finales de 1821 para unirse con *La Antorcha Española* y crear *El Independiente*, al que seguiría *El Tribuno* entre marzo y junio de 1822 y *El Patriota Español*. Más radical era, sin duda, *El Zurriago*, creado en septiembre de 1821 y cuya popularidad le llevó a editar más de 6.000 ejemplares. Impulsado por Félix Mejía y Benigno Morales, junto a *La Tercerola* de Atanasio Lescura destacó por sus arremetidas contra los absolutistas y por la dura campaña emprendida en 1822 contra el mismo Fernando VII.

En cuanto a la organización de la sociedad secreta, esta se caracterizaba por una marcada jerarquización en la que dominaba la Asamblea, formada por los procuradores de las correspondientes «merindades», que eran a su vez el siguiente escalón tras las reuniones básicas o «torres». De hecho, la Asamblea, con sede en Madrid, era el máximo

---

[38] Claude MORANGE, «¿Quién financió *El Eco de Padilla* y *El Independiente*?», *Trienio Liberal*, 8 (1986), pp. 3-32; del mismo, «Opinión pública: cara y cruz del concepto en el primer liberalismo español», en Juan Francisco FUENTES y Lluís ROURA (Eds.), *Sociabilidad y liberalismo en la España del siglo XIX. Homenaje a Alberto Gil Novales*, Lleida, 2001, pp. 117-145; y Víctor SÁNCHEZ MARTÍN, «Afrancesados, moderados, exaltados, masones y comuneros: periódicos y periodistas ante el conflicto político en la prensa de Madrid durante el Trienio Liberal (1820-1823)», *El Argonauta español* [En línea], 17 (2020): http://journals.openedition.org/argonauta/4257

órgano de decisión por encima de la junta directiva, pues los cargos de esta tenían un cometido más bien organizativo. Unos cargos directivos cuya denominación remitía, ineludiblemente, al contexto histórico de las Comunidades (Alcaide, Comendador, Teniente Comendador, Tesorero, Secretarios...). Asimismo, se denominaba «Alcázar de la libertad» al lugar de reunión de la Asamblea, mientras que a un nivel más local los comuneros se reunían en los llamados «castillos de la libertad», que contaban incluso con «plazas de armas».

Como señala Fernando Martínez Gil[39], las normas de la sociedad establecían para los aspirantes un ritual impactante. Con los ojos vendados, debían superar un examen moral y realizar un terrible juramento sobre el escudo de «nuestro jefe Padilla» en el que se comprometían a dar muerte a cualquiera que la Sociedad declarase traidor y, en caso de no hacerlo, «entregar su cuello al verdugo, sus restos al fuego y al viento sus cenizas». Después era cubierto con el escudo, al cual apuntaban las espadas de los caballeros, mientras el alcaide (presidente) le advertía:

> El escudo de nuestro jefe Padilla os cubrirá de todos los golpes que la maldad os aseste, si cumplís con los sagrados juramentos que acabáis de hacer; pero si no lo cumplís, todas estas espadas no sólo os abandonarán, sino que os quitarán el escudo para que quedéis al descubierto, y os harán pedazos en justa venganza de tan horrendo crimen.

Acto seguido, el alcaide le calzaba las espuelas y le ceñía la espada, y los demás caballeros le daban la mano. Ya entonces, el aspirante podía sentarse a su lado como un comunero más. En términos generales, la composición de la sociedad secreta se basó en estratos menos elitistas que los de la masonería: militares de rango inferior, clero local, hacendados, jueces, abogados, médicos y algunos labradores, artesanos y jornaleros. Con todo, los requisitos de ingreso contradicen la presunta facilidad con la que, según algunos autores, podían ingresar en

[39] Fernando Martínez Gil, «Juan de Padilla o el mito de la rebeldía», *Estudis: Revista de Historia Moderna*, 44 (2018), pp. 37-58.

la comunería miembros de las capas populares. En efecto, además de tener más de 19 años, se exigía «tener empleo, profesión o renta de que subsistir», aparte de ser adicto al sistema constitucional, aborrecer la tiranía, «ser de buenas costumbres y gozar de reputación de hombre honrado entre sus compatriotas».

Lo cierto es que en términos de influencia política, más allá de las campañas de agitación lanzadas desde sus órganos de prensa, la comunería no tuvo ni de lejos la misma capacidad que la masonería. De hecho, como recuerda Díez-Morrás, en 1822-23 había en las Cortes 52 diputados masones y 21 comuneros. Pero es que, además, la infiltración en la sociedad de agentes gubernamentales y absolutistas, como fueron Regato y Palarea, lastró más aún su capacidad de acción, sin olvidar, por otro lado, la persecución a que fueron sometidos los comuneros por las autoridades del momento.

Aun así, a miembros exaltados de la Confederación se han achacado acciones tan impactantes como el terrible asesinato de Matías Vinuesa, el famoso cura de Tamajón y capellán de honor del rey, que el 29 de enero de 1821 fue detenido por habérsele encontrado pruebas de que organizaba una conspiración realista. Su condena a diez años de presidio causó indignación entre algunos que la consideraban insuficiente, por lo que, sorteando la vigilancia, asaltaron la cárcel de la Corona y mataron al cura a martillazos y puñaladas el 4 de mayo de 1821.

También se ha situado a los comuneros en las acciones que confluyeron en la llamada «batalla de las Platerías» del 18 de septiembre de 1821, cuyo trasfondo era la reciente destitución de Riego de la capitanía general de Aragón. Ante ello, como ha escrito Gil Novales, varios seguidores acordaron organizar una procesión con el retrato del general por las calles del centro de Madrid, que finalmente resultó violentamente abortada por el general San Martín, jefe político de Madrid, en unión con el capitán general Morillo. Ocurrió en la calle de las Platerías, cuando San Martín, acompañado de granaderos de la milicia nacional, mandó arrebatar el cuadro y dispersar a la gente.

La fase final de la Confederación comenzó a raíz del intento de golpe de Estado absolutista de julio de 1822, abortado el día 7, y que condujo al nombramiento, en agosto, del antiguo exaltado Evaristo Fernández de San Miguel como presidente del Consejo de Ministros. Como este se mostrara un tanto pusilánime a la hora de castigar a los autores del golpe, los más exaltados alzaron la voz y en octubre tuvo lugar una renovación de la sociedad en una línea mucho más radical. La consecuencia inmediata fue la reacción de una minoría moderada a favor de unirse con la masonería.

La división en el seno de la comunería entre moderados y exaltados condujo a una nueva renovación, el 23 de febrero de 1823, que provocó la escisión definitiva entre comuneros revolucionarios, que seguían fieles a sus principios fundacionales, y los partidarios de aproximar posturas con la masonería. Estos últimos, entre los que figuraban Juan Palarea, Mateo Seoane y Sobral, Domingo María Ruiz de Vega, Juan Oliver García y Ramón Salvato de Esteve, publicaron un manifiesto animando a desertar y crearon la Confederación de Comuneros Españoles Constitucionales, nueva organización formada por 47 miembros. Ciertamente, algunos de estos constitucionales eran agentes absolutistas que contribuyeron a desactivar definitivamente la incidencia política de la comunería.

Es más, aunque el 28 de febrero de 1823 Fernando VII nombró un nuevo gobierno compuesto enteramente por comuneros (Alvaro Flórez Estrada en la cartera de Estado, Antonio Díaz del Moral en Gobernación e interino de Ultramar, José María Torrijos en Guerra, Lorenzo Calvo de Rozas en Hacienda, José Zorraquín en Gracia y Justicia y Ramón Romay en Marina), no llegaría a entrar en funciones debido a maniobras diversas[40], por lo que en junio se nombraría un nuevo gobierno formado por José María Pardo (Estado), José María Calatrava (Gobernación de la Península y Gracia y Justicia), Estanislao Sánchez Salvador (Guerra y Ultramar), Juan Antonio Yandiola (Hacienda) y Francisco de Paula Osorio (Marina).

[40] Como señala Sophie Bustos, «a raíz de un entendimiento entre el gobierno San Miguel y parte de los diputados de Cortes, se fijó que los ministros no podían dejar su cartera hasta la lectura de sus memorias ministeriales y se logró posponer la lectura de estas memorias hasta que se reanudasen las sesiones de Cortes en Sevilla, pues la legislatura 738 ordinaria que había empezado el 20 de marzo de 1823 en Madrid se suspendió y se volvió a abrir cuando habían llegado el gobierno y las Cortes a Sevilla, el 23 de abril. Ya en Sevilla, hubo otras maniobras para imposibilitar la entrada en funciones del gobierno de Flórez Estrada»: *Op. cit.*, p. 227.

La memoria de las Comunidades de Castilla, presente siempre —y a veces de forma dolorosa— en el imaginario colectivo de la sociedad española desde el día mismo de la derrota de Villalar, no sería recuperada de manera más positiva entre las elites ilustradas hasta bien entrado el siglo XVIII. Esta recuperación exitosa tendrá su colofón definitivo en el primer tercio de la centuria siguiente, cuando el adjetivo comunero se convierta en sinónimo de luchador por las libertades comunes y Villalar se erija, para el liberalismo en ciernes, en todo un símbolo de la derrota de una libertad aplastada bajo el yugo del Imperio, personificado este en Carlos V.

El episodio histórico de las Comunidades fue reinterpretado por los liberales que alumbraron la Constitución gaditana, y más aún por quienes protagonizaron el Trienio constitucional, como arquetipo de la lucha por las libertades y contra el despotismo, pero también como la demostración del carácter indómito de los españoles en la forja histórica de sus libertades. La apoteosis de esta interpretación, de fuerte impronta historicista, se produjo durante el citado Trienio, momento en que se declaró a Padilla, Bravo y Maldonado Beneméritos de la Patria y, de manos del famoso guerrillero Juan Martín Díez, 'El Empecinado', se celebró un imponente III Centenario de la derrota de Villalar.

Como expresión del carácter exaltado de los liberales más identificados con la gesta comunera se creó a principios de 1821 la sociedad secreta Confederación de Caballeros Comuneros, una escisión de la masonería cuyo principal objetivo era extender los principios constitucionales, distanciarse del moderantismo y combatir a los absolutistas. Sin embargo, esta sociedad también se reveló como un claro exponente de la profunda división existente en el seno del liberalismo español, provocando, en último término, su abrupta disolución.

REFERENCIAS COMUNERAS EN LOS ACONTECIMIENTOS PREVIOS Y EN EL PENSAMIENTO POLÍTICO DE LA EMANCIPACIÓN DE LA AMÉRICA ESPAÑOLA

Jesús Luis Castillo Vegas
Universidad de Valladolid

1. Introducción

Los estudiosos de la independencia de los dominios que tenía en América la Monarquía hispánica han insistido en las relaciones que aquella tuvo con el pensamiento ilustrado. Se ha justificado esa insistencia señalando que "la historiografía liberal del siglo XIX intentó dignificar intelectualmente los orígenes de esa trayectoria" al identificar una comunidad de doctrinas políticas y de valores entre la Revolución Francesa y las revoluciones hispánicas[1]. Sin embargo, a partir del siglo XX se comenzaron a estudiar también las conexiones que dicha emancipación tenía con el pensamiento español. Es indudable que sobre los ideólogos y actores de la independencia americana influyeron filósofos como Locke, Rousseau, Montesquieu o Bentham, y también acontecimientos como la Independencia de Estados Unidos, la Revolución de Haiti y, por supuesto, la Revolución Francesa, incluida la aportación estelar de la *Declaración de Derechos del Hombre y del Ciudadano*. Pero, aunque resulte exagerada la atribución de una paternidad predominantemente hispana, como la que a veces se ha atribuido al pactismo de Francisco Suárez[2], sin embargo, no puede tampoco olvidarse el peso de acontecimientos y hechos, como la crisis peninsular tras la invasión napoleónica, las Cortes de Cádiz o la proyección en América del liberalismo español, que dan una condición peculiar a la emancipación de las colonias

---

[1] Francisco Colom González, "El trono vacío. La imaginación política y la crisis constitucional de la Monarquía Hispánica", en: F. Colom González, (ed.), *Relatos de nación. La construcción de las identidades nacionales en el mundo hispánico*, Madrid, Iberoamericana, 2005, p. 23.

[2] Entre los autores que otorgan un papel determinante a las doctrinas "de Suárez proscritas por Carlos III" está Manuel Giménez Fernández (*Las doctrinas populistas en la independencia de Hispano-América*, Sevilla, Publicaciones de la Escuela de Estudios Hispano-Americanos de Sevilla, 1947, p. 96).

españolas[3]. Dentro de los historiadores que han resaltado la pervivencia del pensamiento hispánico entre los próceres que llevaron a cabo la
emancipación, Stoetzer considera que es la Ilustración española "la que
fue proyectada a los territorios españoles de ultramar" y no una infiltración indirecta, a través de los viajeros y de los libros de contrabando[4]. La
influencia del pensamiento español en los independentistas americanos
encuentra su principal aporte en la teoría del pacto social, no al modo
rousseauniano, sino como un pacto entre los conquistadores y el rey,
que habría quedado roto con la invasión napoleónica de la península. El
pacto medieval, entre rey y reino, sobre el que los autores de la Escolástica española teorizarán, no prescinde del monarca sino que lo incluye
como parte y como beneficiario del poder. Los "españoles americanos"
o criollos que defendían la independencia de los antiguos virreinatos
invocaban en sus cabildos y juntas al monarca Fernando VII, aunque,
conforme avancen los acontecimientos, acabarán denunciándole como
incumplidor de lo pactado[5]. El pacto medieval-suarista adoptaba así un
carácter revolucionario ya que podía servir para justificar la independencia americana puesto que presuponía una vinculación de los pueblos
americanos directamente con el monarca y no con la nación española.
Depuesto el monarca español por la intervención francesa, los pueblos
sudamericanos quedaban libres para entregar la soberanía a quien quisieran. La influencia de la escolástica española habría tenido un papel
notable porque muchos de los actores de la emancipación fueron edu-

[3] Véase Alejandro MOREANO, "La hipótesis española y la Independencia americana",
Revista Casa de las Américas, núms. 259-260 (abril-septiembre 2010), pp. 53-67.

[4] Carlos O. STOETZER, *El pensamiento político en la América española durante el
periodo de la emancipación (1789-1825). Las bases hispánicas y las corrientes europeas*, Madrid, Instituto de Estudios Políticos, 1966, v. I, p. 37.

[5] A modo de ejemplo podemos recordar cómo el *Acta de Independencia de Colombia*
de 20 de julio de 1810 reconoce los derechos a "su augusto y desgraciado Monarca
don Fernando VII" aunque se condiciona el ejercicio de los mismos a "que venga a
reinar entre nosotros". Consultado en: http://bib.cervantesvirtual.com/servlet/SirveO-
bras/08147397511360395432268/p0000001.htm#I_0_ (3-1-2012). Tras conocerse la
invasión napoleónica de la península española y la detención de sus monarcas la reacción de los territorios americanos fue de absoluta fidelidad. En algunos casos se envió
dinero para apoyar la resistencia iniciada en España. Para Manuel CHUST se puede
decir que "no hubo ´máscara´, no hubo insurrección, ni hipocresías y, por supuesto, no
hubo ningún movimiento de independencia, al menos hasta 1810" ("Un bienio tras-
cendental: 1808-1810", en: Manuel CHUST (coord.), *1808. La eclosión juntera en el
mundo hispano*, México, Fondo de Cultura Económica, 2007, p. 24).

cados en colegios y universidades donde se enseñaban esos autores, a pesar de la prohibición de esas doctrinas que acompañó a la expulsión de los jesuitas[6].

El objeto de este trabajo es examinar la proyección del pensamiento político tradicional español en el conjunto de factores que coadyuvaron a la emancipación americana, a través de la pervivencia del ejemplo de las Comunidades de Castilla, que restauraron los liberales españoles, pero que nunca fue del todo olvidado por el imaginario colectivo hispanoamericano. Se trata de estudiar una aportación decididamente menor, pero que no deja de tener interés para conocer con más precisión el amplísimo fenómeno de la independencia de los países de la América del Sur. Vamos a ver cómo el movimiento comunero no se agotó completamente en Villalar, sino que sus ideas y su ejemplo siguieron ejerciendo influencia durante mucho tiempo, también en las Indias españolas, y sirvieron como acicate y estímulo en los debates y escritos que se produjeron durante la emancipación americana. No vamos a defender que el pensamiento político español sea la clave, la piedra angular, para interpretar la emancipación americana. Fueron muchas las ideas y acontecimientos concurrentes, algunos de ellos sin duda de mayor peso, pero se trata de conocer también, para completar este complejo puzzle, la aportación hispánica y más en concreto la pervivencia del ejemplo y de las ideas de los comuneros castellanos.

Nuestro trabajo se va a estructurar en dos grandes apartados. De una parte, se ocupa del examen de aquellas rebeliones americanas[7] en las que se invocó, con razón o sin ella, el calificativo de "comuneras"

---

[6] Esas ideas escolásticas habían sido perseguidas por el despotismo borbónico, como ponen de relieve algunas prohibiciones concretas como la cancelación en 1795, por parte del virrey José de Ezpeleta en Nueva Granada, de la cátedra de Derecho natural donde se enseñaba a autores como Covarrubias y Vázquez de Menchaca. Véase Carlos O. STOETZER, *Las raíces escolásticas de la emancipación de la América Española*, Madrid, Centro de Estudios Constitucionales, 1982, p. 209.

[7] Tratamos sólo de los territorios que pertenecieron a la Corona de Castilla aunque, según Pérez Serrano, la influencia del pensamiento comunero castellano se extendió también al resto del continente. Sostiene Pérez Serrano que, entre el 25 de mayo de 1787 y el 17 de septiembre de 1787, en los debates de la Convención de Filadelfia, "se invocó más de una vez el ejemplo español de la Guerra de las Comunidades, y se aludió a la llamada Constitución de Ávila como documento inspirador" (Nicolás PÉREZ SERRANO, *Tratado de Derecho Político*, 2ª ed., Madrid, Editorial Civitas, 1984, p. 490).

para describirlas, o que recuerdan en su actuación y reivindicaciones algunas de las pretensiones sostenidas por los comuneros de Castilla. Dejamos fuera aquellas rebeliones o alteraciones que, pese a ejercer una proyección importante en la emancipación americana, como la rebelión de Túpac Amaru en Perú[8] o la llamada conspiración de Gual y España en Venezuela[9], no tienen referencia directa con la experiencia histórica de las Comunidades castellanas. El segundo apartado, que en modo alguno pretende ser exhaustivo, se centra en examinar las referencias concretas de los ideólogos de la emancipación americana a los comuneros castellanos y a la pérdida de la libertad sufrida por Castilla a manos del emperador Carlos V tras la derrota de Villalar.

2. ECOS COMUNEROS EN LA ACTIVIDAD REVOLUCIONARIA DE LOS TERRITORIOS ESPAÑOLES EN AMÉRICA

2.1. Como precedentes de lo que nos interesa, no podemos dejar de mencionar aquí a los comuneros españoles que huyeron a las Indias burlando la estrecha vigilancia de los funcionarios de la Casa de Contratación de Sevilla. Un ejemplo conocido de esta huida, en este caso legal, nos lo proporciona Bartolomé de Las Casas quien, para su colonización pacífica de Cumaná, se llevó a algunos comuneros que habían participado en el intento de declarar a la ciudad de Sevilla por la Comunidad llevada a cabo el 17 de septiembre de 1520. Las Casas, que se encuentra en ese momento en Sevilla, no tenía aún organizada la expedición y "se había limitado a recoger aquellos fugitivos de la justicia perseguidos del alzamiento comunero"[10]. Los refugiados comuneros no tardaron en abandonar a Las Casas en cuanto llegaron a Puerto Rico. Ahora bien,

---

[8] Véase Boleslao LEWIN, *La rebelión de Túpac Amaru y los orígenes de la independencia de Hispanoamérica*, Buenos Aires, Sociedad Editora Latino Americana, 1967.

[9] La conspiración venezolana de 1797, conocida como de ´Gual y España´ (Manuel Gual y José María España) está claramente influida por la Revolución francesa y los ideales republicanos defendidos entre otros por el mallorquín Juan Bautista Mariano Picornell. Véase Pedro GRASES, *La conspiración de Gual y España y el ideario de la independencia*, Buenos Aires, Instituto Panamericano de Geografía e Historia, 1949.

[10] Manuel GIMÉNEZ FERNÁNDEZ, *Bartolomé de Las Casas*, v. II: *Capellán de S. M. Carlos I, Poblador de Cumaná (1517-1523)*, Sevilla, Publicaciones de la Escuela de Estudios Hispano-americanos de Sevilla, 1960, p. 1064.

incluso los españoles que pasaron legalmente a América sin huir de la justicia no pudieron dejar de llevar consigo las mismas ideas que se enseñaban en la España de entonces. Los estudiantes de la Universidad de Salamanca, como el propio Cortés, pudieron aprender allí ideas como la necesidad de que el poder se dirija al bien común, la reprobación de la tiranía tanto de origen como de ejercicio o la reivindicación de la autonomía de las ciudades. La vida de Hernán Cortés (1485-1547) nos ofrece un primer ejemplo de actuación comunera en América que, sin duda, pasó al imaginario colectivo de los españoles americanos[11]. Es interesante porque, en este caso, los comuneros sí que tuvieron éxito, al contrario que los de Castilla. Su victoria estuvo precedida de una auténtica rebelión contra el poder establecido aunque gracias precisamente a su éxito lograría la "legitimación" posterior del Emperador Carlos V quien, sin embargo, agradecido pero a la vez celoso de Cortés, le negará el título de virrey. El "comunerismo" de Cortés sale a la luz al haber actuado como rebelde frente a la autoridad legal de Diego Velázquez y haber fundado un pueblo en Nueva España con cuya autoridad se proclamó Alcalde Mayor renunciando a los poderes que previamente le habían sido entregados. Fundó Villa Rica de la Veracruz convirtiendo a sus soldados en vecinos y ante cuyos alcaldes ordinarios Cortés renuncia a sus poderes, siendo luego nombrado Alcalde y Justicia Mayor así como Capitán General. Al fundar el 10 de Julio de 1519 Villa Rica de la Veracruz y cambiar sus títulos jurídicos se convierte en un rebelde porque sólo tenía autorización para buscar náufragos y no para poblar aquellos territorios. Todo esto se hace con abundantes actas, escribanos y juramentos de fidelidad al rey, y proyectando la culpa exclusivamente sobre los malos ministros y administradores. Será una constante comunera el llevar a cabo la rebelión protestando la más encendida fidelidad a la corona a

---

[11] Joseph PÉREZ considera que entre los comuneros castellanos que lucharon contra Antonio de Fonseca y los soldados de Cortés luchando contra el hermano de aquél, Juan Rodríguez de Fonseca, sólo hay una identificación "terminológica" pero que fueron acontecimientos radicalmente diferentes por sus causas y sobre todo por sus fines (*La revolución de las Comunidades de Castilla (1520-1521)*, 7ª edición, Madrid, Siglo XXI Editores, 1999, p. 668). Sobre la animadversión del obispo Juan Rodríguez de Fonseca contra Hernán Cortés véase István SZÁSZDI, "Juan Rodríguez de Fonseca y los comuneros castellanos", en: *Simposio Internacional de Historia Comunera: 'Monarquía y Revolución: en torno a las Comunidades de Castilla'*, Valladolid, Fundación Villalar-Castilla y León, 2009, pp. 239-257.

la par que se desobedece a sus representantes. Tanto durante las Comunidades castellanas, como en las diversas revueltas que precedieron a la independencia americana, encontramos repetido el mismo grito de "Viva el rey, mueran los malos ministros"[12]. Coincide también que cuando Cortés lleva a cabo la conquista de México nos encontramos en plena revuelta de los comuneros castellanos, y esa coincidencia, señala John Elliott, "dio un impulso adicional, y tal vez decisivo, al traslado de ideas contractualistas del Viejo al Nuevo Mundo"[13]. Respecto a la utilización expresa del término "comunero" para referirse a los acontecimientos de Cortés en México está plenamente justificada por las propias *Cartas de relación* en las que el conquistador trataba de justificar sus actuaciones ante el emperador Carlos V. En su *Cuarta Relación* de 15 de octubre de 1524 dice que sus soldados:

> habían puesto en plática que pues en pago de sus servicios se les ponían temores, que era bien, pues había comunidad en Castilla, que la hiciesen acá hasta que Vuestra Majestad fuese informado de la verdad[14].

El esfuerzo de Cortés y sus hombres les libró de los ataques militares de Diego Velázquez y, sobre todo, de los judiciales del obispo de Burgos don Juan Rodríguez de Fonseca y del secretario Lope de Conchillos, quienes mantenían en América una política de expoliación sistemática que no se había podido erradicar con las *Leyes de Burgos* de 1512. El éxito militar y los numerosos presentes en oro que Cortés mandó al emperador le ayudarían a ganar los pleitos y asechanzas interpuestos por sus enemigos.

[12] Uno de los acontecimientos que precedieron a la independencia mexicana fue la Revuelta de Miguel Hidalgo, continuada luego por Morelos. La revuelta del cura Hidalgo empieza con el *Grito de Dolores* de 16 de septiembre de 1810 y con el lema tradicional y ya empleado por los comuneros de "Viva el rey y muera el mal gobierno". Véase Lucas ALAMAN, *Historia de Méjico*, 3ª edición, México, Editorial Jus, 1972, t. I, p. 243.

[13] John H. ELLIOTT, "Rey y patria en el mundo hispánico", en Víctor MÍNGUEZ-Manuel CHUST (eds.), *El imperio sublevado. Monarquía y Naciones en España e Hispanoamérica*, Madrid, Consejo Superior de Investigaciones Científicas, 2004, p. 23.

[14] Hernán Cortés, *Cartas de Relación*, edición, introducción y notas de Ángel DELGADO GÓMEZ, Madrid, Editorial Castalia, 1993, p. 464.

Hernán Cortés había estudiado leyes en Salamanca entre 1499 y 1501 aunque no llegó a graduarse. Por esos años, los maestros salmantinos, como Pedro de Osma y Fernando de Roa, defendían en las aulas muchas de las teorías políticas que luego harán suyas los comuneros castellanos. Cortés pudo conocer en Salamanca la doctrina política tradicional, basada en Aristóteles y en Santo Tomás, según la cual "en defecto de autoridad dotada constitucionalmente de la legitimidad de origen aquélla revierte a la comunidad, que puede para ejercerla elegir sus legítimos representantes"[15]. La creación de "juntas" para organizar el poder popular cuando las instituciones oficiales no pueden funcionar o no lo hacen de manera correcta había sido una solución ya practicada por los comuneros cuando crean juntas en las diversas ciudades castellanas y luego organizan la Santa Junta de Ávila. La resistencia contra Napoleón adoptó también un esquema organizativo similar al que habían seguido los comuneros castellanos contra Carlos V. Los independentistas americanos, al igual que los que lucharon en España por la independencia frente a los franceses, recurrirán a ese mismo mecanismo. Estas juntas de gobierno locales "invocaron el principio legal de que en la ausencia del rey, la soberanía recaía en el pueblo"[16].

La rebelión comunera de Cortés es pues un primer ejemplo de esta posibilidad de actuación política que trescientos años después utilizaron los cabildos americanos de manera sistemática, pero no es la única. La idea generalizada de que los cabildos podían emplearse para proporcionar legitimidad, cuando la situación excepcional no permitía contar con la autoridad legal, también la encontramos en las guerras civiles durante la conquista del Perú. La chispa de esta rebelión se produjo cuando Carlos V, a instancias de Bartolomé de Las Casas, firmó las conocidas como *Leyes nuevas de Indias* en 1542. La mejora de la situación de los indios que se proponía en estas leyes fue recibida con una violentísima protesta por parte de los encomenderos, especialmente los

[15] Manuel GIMÉNEZ FERNÁNDEZ, *Hernán Cortés y su revolución comunera en la Nueva España*, Sevilla, Publicaciones de la Escuela de Estudios Hispano-Americanos de Sevilla, 1948, p. 91.

[16] Jaime E. RODRÍGUEZ O., "La emancipación de América", en: Manuel CHUST (ed.), *Revoluciones y revolucionarios en el mundo hispano*, Castellón de la Plana, Publicaciones de la Universidad Jaime I, 2000, p. 31.

del reino del Perú. Las pretensiones de Gonzalo Pizarro, quien por ser hermano de Francisco Pizarro se creía con derecho a ser nombrado Gobernador General, también fueron en este caso revestidas con la apelación a los cabildos de las ciudades para que le autorizaran a reclutar soldados. Apunta Madariaga cómo la rebelión de Pizarro, "velada con cierto barniz republicano o por lo menos municipal, soslayó apenas la deslealtad abierta contra el Rey"[17]. Al igual que los comuneros castellanos, los pizarristas presentarán su rebeldía como la actuación ineludible para la defensa del bien común "rectamente entendido". Según el historiador López de Gómara, hubo algún letrado que justificó la rebelión afirmando que "no eran leyes ni obligaban las que hacían los reyes sin común consentimiento de los reinos que les daban la autoridad"[18]. Para Joseph Pérez, este argumento viene a ser aproximadamente "el mismo que los comuneros esgrimieron contra Carlos V en 1520 para oponerse al poder arbitrario de la corona"[19]. Como es conocido organizó Pizarro diversas consultas a los cabildos logrando el nombramiento como Gobernador General así como la elección de algunos representantes para que fueran a suplicar ante el Emperador la retirada de las *Leyes nuevas* y que, al igual que los enviados por los comuneros castellanos a Carlos V, nunca llegaron a ser recibidos.

2.2. El eco comunero en el mundo español americano tiene un hito importante en la aparición de algunas revueltas que adoptaron precisamente el nombre de comuneras, lo que hace pensar que no había sido olvidado, en modo alguno, la revuelta comunera de la península, sino que seguía vigente en el imaginario colectivo, asociándola siempre a la autonomía de las ciudades. Nuestra tesis es que las ideas de los comuneros, y su propio ejemplo de rebelión, no fueron olvidados y pasaron a formar parte de la memoria colectiva de los españoles, incluidos los españoles americanos. El término "comunero", aunque es cierto que será objeto de una entusiasta recuperación por parte de la ideología

[17] Salvador de MADARIAGA, *Cuadro histórico de las Indias. Introducción a Bolívar*, Buenos Aires, Editorial Sudamericana, 1950, p. 607.

[18] Francisco López De Gómara, *Historia General de las Indias*, cap. CLIII, Barcelona, Linkgua Ediciones, 2004, pp. 267-268.

[19] Joseph PÉREZ, *Carlos V*, Madrid, Ediciones Temas de Hoy, 1999, p. 208.

liberal del siglo XIX, no había sido nunca olvidado, ni en España ni en las Indias españolas.

La revolución comunera de Paraguay duró de 1723 a 1735. Diego de los Reyes fue nombrado gobernador del Paraguay pero, tras considerables quejas por su gestión, se envió como pesquisidor a José de Antequera y Castro, fiscal de la Audiencia de Charcas y protector de los indios. La revolución de Paraguay gira en torno al enfrentamiento personal entre estos dos personajes, Reyes y Antequera, aunque, claro está, son sólo los personajes visibles de un conflicto económico y social mucho mayor. Los acontecimientos concretos son bastante novelescos. Antequera encarceló a Reyes, pero este escapó y logró recuperar el puesto de gobernador. De nuevo logró Antequera su detención pero para entonces Reyes gozaba del apoyo del virrey quien envió en su ayuda a García Ros. Un nuevo virrey (el marqués de Castelfuerte) y un nuevo gobernador (Martín de Barúa) cambiaron las cosas para Antequera que se vió obligado a huir. Antequera fue detenido y pasó cinco años en prisión. Continuador de Antequera y enviado suyo sería Fernando de Mompox quien organizó una sublevación en Asunción que sería la propiamente conocida como "la rebelión de los comuneros".

Nos interesa destacar que la actuación de Antequera, quien logró hacerse con una fuerza de unos tres mil hombres, al intentar buscar el apoyo del cabildo para consolidar su posición de rebeldía nos recuerda ejemplos ya vistos en la historia de las Indias. Así lo piensa Madariaga: "El cabildo abierto que Antequera convocó entonces (1723) se ajusta al diseño de las asambleas similares celebradas en las Indias desde que Cortés fundó a Veracruz para celebrar la primera"[20]. Al parecer Antequera fue apoyado por buena parte de los vecinos que pretendían quedarse con la mano de obra indígena que los jesuitas protegían en sus famosas Reducciones y que los vecinos querían llevar por la fuerza a sus haciendas. Así lo entiende Joseph Pérez: "las reducciones impedían a la oligarquía criolla transformar a los indios en una mano de obra casi gratuita"[21].

---

[20] MADARIAGA, *Cuadro histórico*, p. 676.

[21] Joseph PÉREZ, *Los movimientos precursores de la emancipación en Hispanoamérica*, Madrid, Editorial Alambra, 1977, p. 23.

Más allá del desarrollo de los acontecimientos, es interesante observar cómo los comuneros que gobernaron Asunción "adoptaron formas republicanas"[22]. Entre otras medidas establecieron una "Junta de justicia" y su presidente, José Luis Barreyro, era el "Presidente de la provincia". Se trata de una terminología inequívocamente comunera que queda reforzada por el empleo del viejo grito de "¡Viva el rey y muera el mal gobierno!". No es una rebelión contra el rey, cuya autoridad no se cuestiona, sino contra una administración, la establecida por los jesuitas en sus Reducciones, que les perjudica a ellos, pero que creen que también atenta contra el interés del propio monarca, por lo que los comuneros se identificaban a sí mismos como "patriotas". Joseph Pérez, insistiendo en la similitud entre los comuneros del Paraguay y los comuneros castellanos, sostiene que "los comuneros no son traidores al rey; al contrario, son leales, puesto que defienden el patrimonio real contra el mismo rey o sus representantes"[23]. El espíritu que mueve a estos comuneros del Paraguay no puede ser todavía el influjo de las ideas ilustradas sino necesariamente las teorías de la política española tradicional, que nos remite a un pacto entre el rey y el reino y a la justificación de la rebelión cuando el rey incumple los compromisos implícitos en el mismo.

En buena medida gracias a diversas traiciones y cambios de posición de sus gestores, la rebelión fue finalmente derrotada en 1735 por el gobernador de Buenos Aires[24]. Indudablemente esta revuelta profundizó el espíritu nacionalista y regionalista que llevaría luego a la independencia del Paraguay no sólo frente a España sino también frente a las pretensiones centralistas de Buenos Aires, capital del virreinato del Río de la Plata.

2.3. La rebelión producida en el virreinato de Nueva Granada en 1781 es un buen ejemplo de que el pensamiento político español que había inspirado las Comunidades de Castilla no se había perdido por com-

[22] MADARIAGA, *Cuadro histórico*, p. 678.

[23] Joseph PÉREZ, *Los movimientos precursores*, p. 29.

[24] Antequera fue ejecutado en 1731 y Mompox, traicionado por Barreyro, enviado preso a Buenos Aires.

pleto. Aunque la fecha de estos acontecimientos pudiera hacer pensar en la influencia de las ideas ilustradas, lo más probable es que estos rebeldes neogranadinos no conocieran ni a los pensadores ingleses ni a los franceses sino que actuaran siguiendo los esquemas teóricos y prácticos propios del pensamiento hispánico tradicional. En los comuneros de Nueva Granada encontramos incluso declaraciones contrarias a la Ilustración, representada en ese momento por la nueva administración borbónica, que es responsable de la subida de los impuestos, así como de la expulsión de los jesuitas, medidas ambas que los rebeldes rechazan. Según Joseph Pérez, las ideas de la Ilustración penetraron muy lentamente en los territorios de la América del Sur y sólo fueron conocidas por las capas más cultas de la población "pero la masa seguía fiel a las doctrinas tradicionales que, por cierto, no siempre enseñaban la obediencia ciega al trono"[25]. Nos referimos a aquellas tesis que justifican la rebelión frente a la tiranía y que habían sido mantenidas por la más larga tradición del pensamiento político español. En estos acontecimientos encontramos, por una parte, algunas semejanzas con la revolución de los comuneros de Castilla y, por otra, también se ha querido ver en ellos un anticipo de las pretensiones emancipatorias que se defendieron poco después en la América hispánica.

La revolución neogranadina se inicia en la villa de Socorro el 16 de marzo de 1781 y tiene como factor desencadenante el rechazo de las subidas de impuestos. Los nuevos intendentes ilustrados, enviados por Carlos III, tratan de mejorar la gestión de los impuestos reales subiendo algunos como las alcabalas y creando otros tributos nuevos. Son sobre todo mujeres las que aquí toman la iniciativa y las que primero comienzan a tirar piedras contra el escudo real de los estancos del tabaco y las que rompen los edictos de los nuevos impuestos. Los rebeldes destruyen las garrafas del aguardiente pero no se lo beben, queman el tabaco almacenado pero no se lo fuman, y abren las cárceles donde muchos de los detenidos lo habían sido por contrabando de tabaco. La situación económica de esa zona se había visto muy

[25] Joseph PÉREZ, Joseph, "Las luces y la independencia de Hispanoamérica", en: Joseph PÉREZ– Armando ALBEROLA (eds.), *España y América entre la Ilustración y el Liberalismo*, Alicante/Madrid, École des Hautes Études Hispaniques, Casa de Velázquez, Instituto de Cultura 'Juan Gil-Albert', 1993, p. 75.

perjudicada por la prohibición de sembrar tabaco, que era uno de los pocos productos que podían vender con facilidad. La rebelión se extenderá por la provincia de Tunja y llegará incluso hasta las ciudades venezolanas de Mérida y San Cristóbal.

La rebelión de Nueva Granada tenía precedentes por el mismo motivo fundamental de resistirse a la creación de nuevos tributos o al aumento de los ya existentes. El Cabildo colombiano de Tunja se había negado en 1592, y frente a Felipe II, a aceptar el pago de las alcabalas. La misma resistencia encontramos cuando en 1641 se intentó cobrar en Tunja el impuesto creado para fletar la Armada de Barlovento con la que Felipe IV trataba de controlar los numerosos piratas del Caribe. En la también colombiana ciudad de Vélez, en 1740, de nuevo el levantamiento del Cabildo se debe a la resistencia frente a las nuevas recaudaciones. Y en la sublevación de los barrios de Quito de 1765 el motivo fundamental fue la resistencia a un nuevo método, más directo y enérgico, de recaudar las alcabalas y el impuesto sobre el aguardiente. Aunque, en las Comunidades de Castilla, la pretensión de Carlos V de cobrar un nuevo servicio, también fue un factor clave de la rebelión, sin embargo, hay algunas diferencias importantes entre las comunidades de Castilla y los comuneros de Nueva Granada. En este último caso no hubo una guerra cruenta, en buena medida por la debilidad del bando realista cuyo ejército, acantonado en la costa, estaba pendiente de las amenazas inglesas. El perdón general con el que acaba la sublevación socorrana tampoco tiene la larga lista de exceptuados que llevaba el Perdón general del emperador Carlos V, pero tampoco se evitó la venganza contra los principales dirigentes. La rebelión termina cuando los jefes rebeldes Juan Francisco Berbeo y José Antonio Galán acuerdan con el Arzobispo de Santa Fe don Antonio Caballero y Góngora, y futuro Virrey, las *Capitulaciones de Zipaquirá*. Berbeo acabará perdiendo el cargo de corregidor y Galán será ejecutado después de prolongar la rebelión y siendo acusado de promover la insurrección entre los esclavos negros. Los indios habían sido movilizados desde el principio y dieron su apoyo a los comuneros buscando protección frente a los ataques a sus tierras comunales. El principal actor de la rebelión fue, sin duda, la clase media, empobrecida por el estanco del tabaco y la crisis de la industria textil. El movimiento comunero neogranadino estuvo favorecido por la abstención de la nobleza criolla así como por la cooperación de patricios y plebeyos, de clases medias y populares[26].

Nos interesa señalar aquí que los insurgentes se dieron a sí mismos la denominación de ´comunes´ y de ´comuneros´. Al comienzo de las *Capitulaciones* de Zipaquirá aparece su jefe Berbeo con el título de "Capitán General Comandante de las Ciudades, Villas, Parroquias, y Pueblos que por comunidades componen la maior parte de este reyno"[27]. Asimismo hay que tener en cuenta la carta de 21 de enero de 1782 del rey de España al arzobispo de Santa Fe en la que, refriéndose a los tumultos pasados, le agradece "los grandes travajos y fatigas que os haveis tomado para contener los comuneros"[28]. Dice Gómez Hoyos, respecto al alzamiento socorrano, que la denominación que emplean "trae a la memoria el recuerdo histórico de aquellas Comunidades castellanas que con don Juan de Padilla a la cabeza osaron enfrentarse al poderío de Carlos V"[29]. Dejando a un lado la cuestión de su denominación, una primera coincidencia que nos recuerda a los comuneros castellanos es su posición perpleja frente a la monarquía. De un lado, se niegan a obedecer sus mandatos, pero, de otro, hacen constantes protestas de su aceptación de la corona. En los gritos de los rebeldes aparece desde el principio la distinción entre un rey, al que se trata de exculpar, y los ministros a los que se acusa de las nuevas imposiciones y arbitrios: "Viva el Rey y su corona, y mueran sus malos mandatos"; "Viva el rey y muera su mal gobierno"[30]. Se trata de

[26] Es significativo que en los distritos de Vélez, Socorro y San Gil donde más arraigó la rebelión no hubiera grandes latifundios sino que la propiedad estaba repartida en pequeñas heredades.

[27] César PACHECO VÉLEZ (comp.), *Los ideólogos*, t. I, v. 1°: *Juan Pablo Viscardo y Guzmán*, recopilación, estudio preliminar y notas de César Pacheco Vélez, Lima, Comisión Nacional del Sesquicentenario de la Independencia del Perú, 1975, p. 281. El texto completo con las treinta y cinco *Capitulaciones de Zipaquirá* se recoge en las pp. 281-295.

[28] *Ibidem*, p. 295.

[29] Rafael GÓMEZ HOYOS, *La revolución granadina de 1810. Ideario de una generación y de una época (1781-1821)*, Bogotá, Temis, 1962, t. I, p. 183.

[30] Ángel CAMACHO BAÑOS, *Sublevación de comuneros en el virreinato de Nueva Granada en 1781*, estudio de investigación histórica a base de documentos inéditos que se conservan en el Archivo General de Indias, Sevilla, Tipografía Giménez y Vacas,

mantener una lealtad formal que se niega de manera reiterada por la vía de los hechos.

Tópico comunero de allende y aquende es la identificación de los gobernantes como "extranjeros". En la villa de Socorro donde las protestas dieron lugar a diversas coplas y canciones, en una de ellas se pregunta:

> A más de que si estos dominios tienen sus propios dueños, señores naturales, ¿Por qué razón a gobernarnos vienen, de otras regiones malditos nacionales?[31].

El grito recuerda las protestas castellanas frente a los ministros flamencos que rodeaban a Carlos V cuando no al carácter extranjero del propio rey. En los diversos *capítulos* que redactaron los comuneros de Castilla aparece numerosas veces la exigencia de reservar los empleos públicos para los nacionales. En el texto de los comuneros castellanos, conocido como *Ley Perpetua*[32] y dirigido al emperador Carlos V, se dice:

> Item, que Su Alteza haya por bien y sea servido cuando en buena hora viniere a estos sus reinos, de no traer ni traya consigo flamencos, ni franceses, ni de otra nación, para que tengan oficios algunos en su casa real[33].

El mismo carácter protonacional encontramos entre las reclamaciones comuneras de las *Capitulaciones* de Zipaquirá. Entre las exigencias concretas de los socorranos, que constituyen la parte más numerosa del ejército levantado, está la de que el corregidor para la villa de So-

---

1925, p. 23.

[31] John Leddy PHELAN, *The People and the King. The Comunero Revolution in Colombia, 1781*, Wisconsin, The University of Wisconsin Press, 2011, p. 76.

[32] Véase Jesús Luis CASTILLO VEGAS, "Las bases filosófico-jurídicas y políticas del pensamiento comunero en la Ley Perpetua", *Ciencia Tomista*, Salamanca, v. 113, n. 370 (1986), pp. 343-371.

[33] Prudencio de SANDOVAL, *Historia de la Vida y Hechos del Emperador Carlos V*, t. I, edición y estudio preliminar de Carlos Seco Serrano, Madrid, Biblioteca de Autores Españoles, t. LXXX, 1955, p. 300.

corro tiene que ser elegido entre los "Criollos nasidos en este reyno"[34]. Más clara aún, y además con carácter general para todo el reino, es la capitulación número veintidós:

> que en los Empleos de primera, segunda y tercera planta hayan de ser antepuestos y privilegiados los nacionales de esta América á los Europeos, por quanto diariamente manifiestan la antipatía que contra la gente de acá conserban sin que baste á consiliarles correspondida voluntad, pues están creyendo ignorantemente que ellos son los amos y los Americanos todos sin distinción sus inferiores criados[35].

La cuestión de más calado político es la exigencia comunera de que se contase con el consentimiento de los pueblos para la imposición de nuevos impuestos. No se trata de una reivindicación que aparezca explícita en los textos comuneros pero sí que puede leerse entre líneas en la justificación que dan para negarse al pago de las nuevas exacciones. Así, en la capitulación decimoquinta de Zipaquirá, señalan los comuneros socorranos que se niegan a pagar el nuevo "donativo" afirmando que contribuirían al mismo "siempre y quando se nos haga ver lexitima urgencia de S.M. para conservación de la fée, ó parte aunque sep la mas pequeña de sus dominios"[36]. Reclaman para sí mismos el enjuiciamiento de la oportunidad de esos falsos "donativos" y verdaderos impuestos[37]. También para Phelan el sentido implícito de esa capitulación no puede ser otro que el de reclamar para la comunidad el consentimiento de los impuestos: *"The clear implication was that the community had to consent to new taxes"*[38]. La misma lectura cabe hacer del

---

[34] PACHECO VÉLEZ, *Los ideólogos*, p. 288.

[35] *Ibidem*, p. 289.

[36] *Ibidem*, p. 287.

[37] Los comuneros castellanos también se habían considerado competentes para enjuiciar la cuantía de los gastos reales y de los impuestos necesarios para cubrirlos, tal y como aparece en su *Ley Perpetua* dirigida al emperador: "Y le pusieron en tanta necesidad, que para mantenimiento de su casa real tuviese necesidad de vender muchos juros de sus rentas reales y pedir servicios e inmoderados a sus súbditos que no debían" (SANDOVAL, *Historia de la Vida y Hechos*, p. 295).

[38] PHELAN, *The People and the King*, p. 165.

propio recurso a la vía de hecho que representó el alzamiento comunero al denunciar la desproporción de la cuantía impuesta señalando que
los regentes visitadores "quisieron sacar jugo de la sequedad"[39]. La
capacidad para llevar a cabo esos juicios de las medidas fiscales estaba
avalada por la práctica negociadora de las autoridades locales, como se
refleja en el conocido recurso al "se obedece pero no se cumple", pero
también quedaba amparada por la "constitución no escrita" reiteradamente incumplida por los monarcas absolutistas españoles pero nunca
olvidada por el imaginario colectivo. La pretensión de no pagar más
tributos que los libremente consentidos era una "libertad traída de la
Castilla medioeval, arraigada profundamente en estas tierras, y vinculada a los Cabildos, cuyo consentimiento aislado venía a sustituir a
las votaciones colectivas en las Cortes"[40]. Serán los liberales españoles de fines del siglo XVIII y principios del XIX los que, al exigir de
nuevo esa libertad, busquen precedentes en la tradición histórica. Este
mismo fenómeno lo encontramos en América, cuando Juan Pablo Viscardo nos remite a las *Capitulaciones de Zipaquirá* para recordar a los
comuneros de Socorro exigiendo que se les consulte la aprobación de
cualquier nuevo impuesto:

> *Que dans l´avenir on ne pourroit établir aucun nouvel impôt, que*
> *du consentement libre de la Province*[41].

Hay otras notables coincidencias entre los comuneros castellanos y los
comuneros neogranadinos, tantas que, a pesar de la enorme distancia
geográfica que les separa y los dos siglos y medio de tiempo transcurrido, nos hacen pensar que ambos forman parte de la misma tradición
política hispánica. Dejando al margen la identidad del nombre de "comunidad" con el que se autodenominan, podemos mencionar la similitud en la denominación de sus textos políticos, "capítulos" en el caso

---

[39] PACHECO VÉLEZ, *Los ideólogos*, p. 287.
[40] GÓMEZ HOYOS, *La revolución granadina*, t. I, p. 156.
[41] Merle E. SIMMONS, *Los escritos de Juan Pablo Viscardo y Guzmán. Precursor de
la Independencia Hispanoamericana*, Caracas, Universidad Católica Andrés Bello,
Instituto de Investigaciones Históricas, 1983, p. 199. Simmons reproduce los textos
completos de Viscardo en el idioma francés en que fueron escritos.

de los comuneros de Castilla y "capitulaciones" en el de los de Nueva Granada, denominaciones ambas que nos reflejan un estilo casuístico con una larga lista de reclamaciones concretas; la misma pretensión de acabar con el gobierno tiránico, de reducir los impuestos, de reservar los empleos públicos a los nacionales, de reformar la administración de justicia, de proteger a los indios o de ampliar la autonomía municipal encuentran una mejor fundamentación en el pensamiento político tradicional hispánico que en las ideas ilustradas que todavía estaban empezando a extenderse por América en el momento de la insurrección neogranadina. Para Phelan, en su trabajo monográfico sobre los comuneros americanos de 1781, concluye que el ideal que orientó sus reclamaciones se dirigía hacia la descentralizada monarquía castellana del siglo XV: "*The monarchical ideal of Zipaquirá was the highly decentralized monarchy of fifteenth-century Castille*"[42].

La segunda cuestión que nos interesa examinar es la posible conexión entre la revolución comunera de Nueva Granada y la, próxima en el tiempo, independencia americana. Esta relación ha sido cuestionada por aquellos que insisten en que la emancipación americana tiene su origen de manera inequívoca en los gravísimos acontecimientos que se suceden en la península ibérica como consecuencia de la invasión napoleónica. Un argumento en contra de la vinculación entre ambos acontecimientos es el que sostiene que la emancipación americana fue llevada a cabo por las clases mejor situadas (militares, clero, abogados, etc.) o sea, justamente por aquellos que reprimieron en el Virreinato de Nueva Granada a "los comunes, los indios o los mulatos que se habían expresado con violencia en algunos sucesos esporádicos durante la segunda mitad del siglo XVIII"[43]. Sin embargo, aunque son los "comunes", o sea, la gente común la mayoría de los sublevados en 1781, no se puede olvidar que el movimiento gozó de la connivencia de las élites criollas de la zona e incluso no le faltaron partidarios en la propia Bogotá. Además, se ha señalado que las clases altas trataron

[42] PHELAN, *The People and the King*, p. 181.
[43] Véase la posición de Armando MARTÍNEZ GARNICA en: Manuel CHUST (ed.), *Las independencias iberoamericanas en su laberinto. Controversias, cuestiones, interpretaciones*, Valencia, Universitat de València, 2010, p. 269.

de contemporizar, que "personas de cierta ilustración" fueron las que redactaron los pasquines sediciosos[44] y que las famosas *Capitulaciones* de Zipaquirá probablemente fueron elaboradas por miembros del Cabildo secular de Tunja[45]. Asimismo hay que recordar que no hubo una dura represión militar sino más bien una eficaz "catequización" por parte del arzobispo Caballero y Góngora ayudado de predicadores capuchinos como el famoso Joaquín de Finestrad[46]. Pero, lo más importante es, a nuestro juicio, que con los comuneros americanos sucedió algo parecido a lo que había de pasar con los comuneros castellanos cuando, al comienzo del siglo XIX, los liberales utilizaron su ejemplo para reforzar teóricamente su lucha contra el despotismo. Los patriotas americanos buscarán también ejemplos anteriores a su actuación encontrando uno de ellos en los comuneros de Socorro. Por otra parte, se puede añadir que la conexión entre esta rebelión y la emancipación americana posterior se justifica por los fuertes sentimientos nacionalistas que aparecen entre los comuneros neogranadinos, potenciados, sin duda, por la considerable fuerza militar que llega a movilizar. La rebelión comunera de Nueva Granada logró constituir un ejército de más de veinte mil soldados y doscientos veintiséis Capitanes[47]. Y lo que es más importante, como precisa Joseph Pérez, esta revolución comunera puso de manifiesto que los intereses de las colonias no coincidían con los de la corona en España[48]. Los graves acontecimientos que conmovieron a todo el reino de Nueva Granada en 1781, no sólo por la proximidad en el tiempo sino por su reivindicación de autonomía, no pudieron dejar de influir en la emancipación americana y serán invocados por algunos de los principales teóricos de la Independencia como un ejemplo a seguir.

---

[44] Camacho Baños, *Sublevación de comuneros*, p. 51.

[45] *Ibidem*, p. 71.

[46] En su obra *Vasallo instruido en el estado del nuevo reino de Granada y en sus respectivas obligaciones* defendía Joaquín de Finestrad los planteamientos más absolutistas y favorables al despotismo monárquico.

[47] Véase Pablo E. Cárdenas Acosta, *Los comuneros (Reivindicaciones históricas y juicios críticos documentalmente justificados)*, Bogotá, Imprenta Minerva, 1945, p. 196.

[48] Véase Joseph Pérez, *Los movimientos precursores*, p. 137.

3. Referencias comuneras en los teóricos de la emancipación hispanoamericana

3.1. Junto a la influencia que el ejemplo de los comuneros castellanos pudo seguir ejerciendo en el continente americano, hemos de destacar la recuperación ideológica de los comuneros que se produjo durante la guerra de la Independencia contra la invasión napoleónica. Este rebrote teórico consideró a los comuneros como un símbolo de lucha contra el despotismo y aparece recogido también en algunos de los más famosos ideólogos de la emancipación americana. Fueron los liberales del siglo XIX los que, al buscar apoyo para sus tesis políticas en la historia, convirtieron a los comuneros en "unos adelantados de su lucha contra el absolutismo"[49]. Pensadores de diferente ideología, constitucionalistas históricos y republicanos radicales, por citar las categorías de François-Xavier Guerra, llevan a cabo una vuelta a la tradición histórica para encontrar argumentos contra la monarquía absoluta y encuentran en los comuneros un referente histórico que apoyaba sus pretensiones. Los acontecimientos históricos que vivió España en 1808 fueron el catalizador de formas muy diferentes de entender la vida política aunque todas ellas compartían el común objetivo de expulsar al invasor napoleónico. De un lado se encuentran los ´constitucionalistas históricos´, que buscan apoyo en el pasado para recuperar las instituciones políticas representativas aunque saben que habrá que reelaborarlas. Así, por ejemplo, la propuesta de Jovellanos de unas Cortes formadas por dos Cámaras, a imitación del modelo inglés, es evidente que no encontraba justificación en la tradición española[50]. Por otro lado, están los ´liberales´ más radicales, como Quintana o Marchena, que son acusados de afrancesados y llamados a veces ´jacobinos´, que tratan de lograr unas Cortes representativas y para quienes las referencias al pasado político son sólo una manera

[49] José Joaquín Jerez, *Pensamiento político y reforma institucional durante la guerra de las Comunidades de Castilla (1520-1521)*, Madrid/Barcelona/Buenos Aires, Marcial Pons, Fundación Francisco Elías de Tejada, 2007, p. 46.

[50] Para las conexiones inglesas de Jovellanos resulta interesante la obra de Manuel Moreno Alonso, *La forja del liberalismo en España. Los amigos españoles de Lord Holland 1793-1840*, Madrid, Congreso de los Diputados, 1997.

de hacer más fácil la revolución política que proponen, ya que la legitimidad que defienden se asienta inequívocamente en la soberanía popular y no en un pacto entre el pueblo y el rey. Se aparenta así que se trata de recuperar libertades perdidas, que no se está importando nada de Francia sino recuperando una tradición olvidada, aunque lo cierto es que se piensa en una constitución de nuevo cuño, asentada en la soberanía popular. Las razones para aparentar moderación eran muchas: el temor a reproducir en España las efusiones de sangre de la Revolución Francesa, el deseo de mantener el apoyo de la monarquía británica o simplemente evitar la reacción de los grupos absolutistas que quedaban en España, como el de Floridablanca.

Lo que nos interesa destacar a nosotros es que tanto los constitucionalistas históricos como los revolucionarios liberales harán una amplia utilización del derecho histórico, tanto del aragonés como del castellano, para justificar la necesidad de convocar unas Cortes que elaboren una constitución política. No se trata de recuperar literalmente esas "leyes fundamentales", de volver a las Cortes bajomedievales, sino de justificar con el peso de la historia la lucha contra el absolutismo, el despotismo y la arbitrariedad del Antiguo Régimen. No se pretende restaurar unas Cortes articuladas estamentalmente, sino fijar el momento exacto de su muerte: "la batalla de Villalar en 1521, en la que la derrota de los Comuneros puso fin a las libertades castellanas"[51]. La referencia a los comuneros era una manera de señalar la llegada al poder de una monarquía absoluta que ahora se trata de limitar. El objetivo político es acabar no sólo con el invasor napoleónico sino con el despotismo que había estado vigente durante los tres últimos siglos.

La rebelión comunera era sobre todo un ejemplo del importante papel que las Cortes podían cumplir en la limitación del poder de los monarcas. También para Joseph Pérez, es en ese momento histórico cuando asistimos, dentro de la clase política más inconformista y luego apoyada por la historiografía, a una rehabilitación de los comuneros que les "convierte de repente en mártires de la libertad, en símbolos de

---

[51] GUERRA, François-Xavier, *Modernidad e independencias. Ensayos sobre las revoluciones hispánicas*, Madrid, Ediciones Encuentro, 2009, p. 219.

la lucha contra el despotismo, en precursores de los liberales"[52]. Junto a la recuperación histórica de su memoria se produjo en 1821 un desenterramiento físico de los comuneros ajusticiados en Villalar que lamentablemente, con las vueltas y revueltas que tuvo en España la salida del Antiguo Régimen, acabaría perdiendo de manera definitiva sus restos. Durante la invasión francesa, José Marchena (1768-1821) apeló a los comuneros para justificar la reunión de las Cortes: "¿Campos de Villalar, sepultasteis acaso con los generosos héroes defensores de la libertad, la energía y el patriotismo de la Hesperia?"[53]. Buen ejemplo del carácter mítico que los comuneros llegaron a adquirir en este momento es la conocida poesía "A Padilla" que escribiera Manuel José Quintana (1772-1857) y por la que tuvo que responder ante la Inquisición[54]. Una valoración positiva de la actuación de los comuneros en las Cortes de La Coruña de 1520 la encontramos en Francisco Martínez Marina (1754-1833) quien ve en ellos una rebelión contra el despotismo regio, interesado en que sólo fueran convocados los representantes favorables a los intereses del monarca, así como en corromperlos cuando fuera posible:

> Pero fueron vanos todos los esfuerzos y conatos de la nación y los capítulos de Tordesillas infructuosos, porque la desgraciada batalla de Villalar apagó la energía y fuego nacional y aseguró para siempre el despotismo[55].

Señala Maravall, refiriéndose a Marina, que "su versión de las Comunidades y de Villalar anticipa la consabida interpretación liberal y nacionalista"[56]. Cuando los liberales llevan a cabo la Constitución de

[52] Joseph PÉREZ, *Los comuneros*, Madrid, La Esfera de los Libros, 2001, p. 237.

[53] José MARCHENA, "A la nación española", en *Obra española en prosa (historia, política, literatura)*, edición a cargo de Juan Francisco Fuentes, Madrid, Centro de Estudios Constitucionales, 1990, p. 112.

[54] Véase la "Oda a Padilla" en Manuel QUINTANA, *Poesías completas*, edición, introducción y notas de Albert Dérozier, Madrid, Editorial Castalia, 1969, pp. 175-182.

[55] Francisco MARTÍNEZ MARINA, *Teoría de las Cortes o Grandes Juntas Nacionales de los Reinos de León y Castilla,* Madrid, Imprenta de D. Fermín Villalpando, 1813, t. II, Segunda Parte, p. 132.

[56] José Antonio MARAVALL, "Estudio Preliminar" en Francisco MARTÍNEZ MARINA,

Cádiz la presentan como una recuperación de las antiguas libertades castellanas y aragonesas perdidas por el absolutismo de los Austrias y Borbones. Es cierto que con la historiografía liberal, "las Cortes castellanas, Villalar y las comunidades, Antonio Pérez y las libertades de Aragón, se transforman en mitos"[57], de tal modo que, sin traicionar la historia pero siendo sensibles a las urgencias de la política, se convierte a los comuneros en palancas eficaces para la lucha contra el despotismo.

Nos interesa señalar que este pensamiento español llegó a América y sirvió allí también para luchar contra el despotismo de los monarcas españoles y para favorecer la causa independentista de aquellos reinos. Las ideas liberales quedaron recogidas en periódicos como el *Semanario Patriótico* dirigido por Manuel José Quintana en su primera etapa de Madrid y en la tercera de Cádiz. En el número 33 de ese *Semanario* se refiere Quintana a una Castilla "indignada y estremecida del despotismo austriaco" y alude al "virtuoso y desgraciado Padilla"[58]. Durante la segunda etapa, este *Semanario* fue dirigido desde Sevilla por José María Blanco White[59], quien divulgaría con éxito el pensamiento liberal en América, a partir de 1810, a través del diario *El Español* que editaba en Londres, donde convivió con algunos de los exiliados hispanoamericanos. En el número 3 de *El Español,* Blanco White aconseja al Consejo de Regencia, con respecto a las insurgentes Caracas y

Discurso sobre el origen de la monarquía y sobre la naturaleza del gobierno español, Madrid, Centro de Estudios Constitucionales, 1988, p. 30.

[57] Luis SÁNCHEZ AGESTA, *Historia del constitucionalismo español (1808-1936)*, 4ª edición revisada y ampliada, Madrid, Centro de Estudios Constitucionales, 1984, pp. 34-35.

[58] *Semanario Patriótico*, tercera época, jueves 22 de noviembre de 1810, Cádiz, Imprenta de Don Vicente Lema, núm. 33, p. 7. Consultado en: http://hemerotecadigital.bne.es/datos1/numeros/internet/Madrid/Semanario%20patri %C3%B3tico/1810/181011/18101122/18101122_00000.pdf (17-I-2012).

[59] El español José María Blanco y Crespo, conocido como Blanco-White, nació en Sevilla en 1774 y murió en Liverpool en 1841, habiendo vivido la mayor parte de su vida en Inglaterra donde dirigía el periódico *El Español*. Véase Manuel MORENO ALONSO, *Blanco White. La obsesión de España*, Sevilla, Alfar, 1998; André PONS, *Blanco White y España*, Oviedo, Instituto Feijoo de Estudios del Siglo XVIII, 2002; Roberto BREÑA, "José María Blanco-White y la Independencia de América: ¿una postura proamericana?", en *Historia Constitucional* (revista electrónica), núm. 3, 2002, consultado en http://www.seminariomartinezmarina.com/ojs/index.php/historiaconstitucional/ article/view/166/150 (30-12-2011).

Buenos Aires, la misma moderación que Carlos V, "que nunca perdonó ni una sombra de desobediencia en Europa"[60], tuvo cuando la rebelión de Gonzalo Pizarro.

De entre los autores que ayudaron a la recuperación del mito comunero hay que recordar a Melchor Gaspar de Jovellanos (1744-1811) porque será citado por algunos de los teóricos de la emancipación americana. Jovellanos será designado como vocal de la Junta Central por Asturias y su defensa de la convocatoria de Cortes será repetida por autores como Mariano Moreno en Argentina. Dentro de las actividades de la Junta Central hay que destacar la formación de una Comisión de Cortes de la que formaba parte Jovellanos. A la actividad de esta Comisión se atribuye un "Manifiesto que la comisión de Cortes a nombre de la Junta Central, tenía prevenido para publicarlo en Febrero de 1810 en la Isla de León" donde, justificando la necesidad que tenía la monarquía hispánica de convocar Cortes para hacer frente a la gravísima situación en que se hallaba, se dice:

> Bien sabido es lo que hizo el rey Carlos I; creyó este monarca que sus derechos como su poder no tenían límites, y tratando como rebeldes a los bravos comuneros, extendió sus estragos hasta las mismas alquerías, tan íntimamente persuadido estaba de que la Nación no debía repugnar ni uno solo de sus caprichos por contrarios que fuesen al bien público[61].

La justificación de un gobierno moderado, que convoque a las Cortes para la toma de las decisiones más importantes, y la justificación del derecho de rebelión forman parte de las ideas que tomarán los independentistas americanos. El derecho de insurrección, al que apeló el pueblo

[60] Blanco White, José María, *Conversaciones americanas y otros escritos sobre España y sus Indias*, edición de Manuel Moreno Alonso, Madrid, Ediciones de Cultura Hispánica, 1993, p. 123.

[61] Este extenso *Manifiesto* forma parte de la obra *Malo y bueno de la Junta Central, por D. P. P. de A"*, obra escrita muy posiblemente por Pedro Polo de Alcocer y que fue impresa en Cádiz, en la Imprenta Real, en 1810. Véase Javier Lasarte, "Pedro de Alcocer: Malo y bueno de la Junta Central, un folleto de 1810. Notas sobre sus opiniones políticas y fiscales", *Revista de Estudios Regionales*, n. 91 (2011), p. 259. Consultado en: http://www.revistaestudiosregionales.com/pdfs/pdf1167.pdf (13-1-2012).

español frente al tirano francés, arraigaba en la constitución histórica a la que se refiere Jovellanos. Como es lógico, nos interesa destacar aquellos textos en que Jovellanos apoyó sus ideas refiriéndose al ejemplo histórico de los comuneros. En su importante obra *Memoria en defensa de la Junta Central*, donde se ocupa no sólo de su actuación personal sino de la de toda la Junta, justifica la rebelión comunera por las arbitrariedades y violencias de los ministros flamencos, y censura la expulsión de las Cortes de la nobleza y del clero llevada a cabo por Carlos V en 1539:

> Los ministros flamencos de Carlos I pudieron ser más atrevidos, y lo fueron violando el artículo más antiguo de la constitución castellana, pues que no pudiendo sufrir el freno que oponían a su codicia los estamentos privilegiados, los arrojaron de la representación nacional desde 1539[62].

El ejemplo de los comuneros proporcionaría a los teóricos de la independencia americana una doble argumentación muy útil. De una parte, su protesta de fidelidad al rey a la vez que se dirigía la crítica contra los ministros; de otra, la de que ante la imposibilidad de reunir a las Cortes se podía actuar con el consentimiento prestado por las principales ciudades del reino.

Las ideas de Jovellanos fueron bien conocidas por los próceres de la emancipación americana. Para Meisel Roca, "las ideas de criollos como José Ignacio de Pombo, Antonio Nariño, José María del Castillo y Rada o Camilo Torres no eran muy diferentes de las de ilustrados españoles como Gaspar Melchor de Jovellanos"[63]. Francisco de Miranda adaptará al contexto americano el derecho de insurrección que Jovellanos había justificado para España ante la invasión napoleónica[64].

---

[62] Gaspar Melchor de Jovellanos, *Obras Completas*, iniciadas por José Miguel CASO GONZÁLEZ, t. XI. *Escritos Políticos*, edición crítica, estudio preliminar, prólogo y notas de Ignacio Fernández Sarasola, Oviedo, Ayuntamiento de Gijón, Instituto Feijoo de Estudios del siglo XVIII, KRK Ediciones, 2006, p. 411.

[63] Adolfo MEISEL ROCA, "El proceso económico", en Javier J. BRAVO GARCÍA (coord.), *Colombia*, t. I: *1808/1830. Crisis imperial e independencia*, Madrid, Fundación MAPFRE, 2010, p. 192.

[64] Véase Alberto GIL NOVALES, "La formación de un historiador: el conde de Toreno, y su *Noticia*, en 1820", en CONDE DE TORENO, *Noticia de los principales sucesos del*

Las ideas de los ilustrados y liberales españoles no sólo fueron conocidas en América por la difusión de sus obras o por los periódicos sudamericanos que reprodujeron algunos de sus artículos, sino también por los propios diputados americanos que tuvieron contacto personal con ellos. Entre los americanos liberales no podemos dejar de mencionar a aquellos que actuaron como representantes en las Cortes de Cádiz, como es el caso de José Mexía Lequerica (1775-1813)[65] quien será elegido como diputado suplente por el virreinato de Nueva Granada. En las Cortes de Cádiz pronunció sus célebres discursos contra la Inquisición, y se mostró firme defensor de la libertad de prensa y de la igualdad de representación de los diputados americanos y peninsulares. Podemos resaltar aquí que también estos liberales americanos participaron en la recuperación del mito comunero, y que se refieren a los comuneros castellanos como defensores de la libertad:

> Oh Sócrates, oh Galileo, oh Padilla... ¡Vosotros, maestros, modelos, envidia mía! Vosotros sabéis que aunque no tengo vuestro saber, he tenido desde la aurora de mi razón y tengo ahora, que es el mediodía de la libertad española, he tenido y tengo, sí, vuestras ideas, vuestra virtud y ese vuestro noble deseo de haceros acreedores a una suerte gloriosamente desgraciada[66].

El comunero Padilla queda elevado a la categoría de modelo inspirador para la acción política, del mismo modo que Sócrates y Galileo lo fueron para la filosofía y la ciencia. Para Rieu Millán, "Mexía se

gobierno de España (1808-1814), Pamplona, Urgoiti, 2008, pp. XXII-XXV.

[65] José Mejía Lequerica nació en Quito en 1775 y murió en Cádiz en 1813. Fue doctor en Teología y bachiller en Medicina, pero su carrera académica y profesional se vio limitada por los prejuicios existentes respecto al carácter ilegítimo de su nacimiento. Durante la guerra de la Independencia luchó contra el ejército napoleónico. Refugiado en Cádiz será nombrado diputado suplente. Véase José MEXÍA LEQUERICA, *Discursos de Don José Mejía Lequerica en las cortes españolas de 1810-1813*, 1909; Manuel CHUST, "José Mejía Lequerica, un revolucionario en las Cortes hispanas", *Procesos*, Universidad Andina Simón Bolívar, núm. 14 (2º semestre de 1999), pp. 53-68.

[66] Se trata de la sesión de 21 de octubre de 1810. Citamos por Maire-Laure RIEU MILLÁN, "José Mexía Lequerica, un americano liberal en las Cortes de Cádiz", en Joseph PÉREZ–Armando ALBEROLA, (eds.), *España y América entre la Ilustración y el Liberalismo*, Alicante/Madrid, École des Hautes Études Hispaniques, Instituto de Cultura Juan Gil-Albert, 1993, p. 85.

apropió pues la reinterpretación liberal de la historia española según la cual los comuneros fueron los precursores de los patriotas, fundando así una tradición nacional de defensa de las libertades"[67].

3.2. Un ejemplo de la influencia comunera en el pensamiento de los independentistas americanos lo tenemos en el precursor peruano Juan Pablo de Viscardo y Guzmán (1748-1798)[68]. Siendo novicio de los jesuitas y tras ser expulsado por la orden de Carlos III de 1767 quedó desterrado en Italia. El gobierno español rechazará todos sus intentos de volver a Perú con el fin de reclamar una herencia a la que tenía derecho[69]. Su *Carta dirigida a los españoles americanos* (1792) fue distribuida por Francisco de Miranda primero en francés (1799) y luego en castellano (1801). Francisco de Miranda (1750-1816), el conocido precursor de la independencia de Venezuela, durante su estancia en Inglaterra en la que procuró el apoyo inglés para su causa, no llegó a conocer personalmente a Viscardo quien también vivió algún tiempo en Londres. Miranda es el autor de la *Proclama de Coro* de 2 de agosto de 1806, en la cual se ordena que se haga leer en las parroquias y casas del Ayuntamiento "dos veces al día por lo menos" la mencionada carta

---

[67] RIEU MILLÁN,, "José Mexía Lequerica...", p. 85.

[68] Juan Pablo de Viscardo y Guzmán había nacido en Pampacolca (Arequipa) en 1748. A los trece años se desplaza junto con su hermano para estudiar en el Real Colegio de San Bernardo de Cuzco. En 1761 ingresa en el Noviciado de los jesuitas y antes de recibir todos los grados, cuando contaba diecinueve años, será objeto de la orden de expulsión de Carlos III. Vivirá la mayor parte de su exilio en Italia desde donde tratará inútilmente de recuperar los bienes de su familia y de volver, ya secularizado, al Perú. En 1792 viaja a Francia donde comienza la redacción de su famosa *Carta dirigida a los Españoles Americanos*. Viajará en varias ocasiones a Londres intentando conseguir el apoyo inglés para la emancipación americana y morirá en esa ciudad en 1798.Véase Rubén VARGAS UGARTE, *La 'Carta a los españoles americanos' de Viscardo y Guzmán*, 3ª ed., Lima, Carlos Milla Batres, 1971; Raúl PALACIOS RODRÍGUEZ, *La Carta a los españoles americanos' y su repercusión en la independencia de Hispanoamérica*, Lima, Publicaciones de la Comisión Nacional del Sesquicentenario de la Independencia del Perú, 1972; Juan Pablo VISCARDO Y GUZMÁN, *Obra completa*, edición de Percy Cayo Córdoba y César Pacheco Vélez, Lima, Ediciones del Congreso del Perú, 1998, 2 vols.; Javier BELAUNDE RUIZ DE SOMOCURCIO, *Juan Pablo Viscardo y Guzmán, ideólogo y promotor de la Independencia hispanoamericana*, Lima, Fondo Editorial del Congreso del Perú, 2002.

[69] Véase Merle E. SIMMONS, *La revolución norteamericana en la independencia de Hispanoamérica*, Madrid, Editorial MAPFRE, 1992, p. 85.

de Viscardo[70]. En esa *Proclama* apela Francisco de Miranda a Viscardo para corroborar la justicia de la lucha contra los españoles:

> Las personas timoratas o menos instruidas que quieran imponerse a fondo de las razones de justicia y de equidad que necesitan estos procedimientos, junto con los hechos históricos que comprueban la inconcebible ingratitud, inauditas crueldades, y persecuciones atroces del gobierno español hacia los inocentes e infelices habitantes del nuevo mundo, desde el momento casi de su descubrimiento; lean la Epístola adjunta de D. Juan Viscardo de la Compañía de Jesús, dirigida a sus compatriotas; y hallarán en ella irrefragables pruebas, y sólidos argumentos a favor de nuestra causa, dictados por un santo varón, y a tiempo de dejar el mundo para aparecer ante el Creador del universo[71].

Esta utilización propagandística ha convertido a la *Carta* en un texto básico de la doctrina independentista americana al haber recogido las principales motivaciones para legitimar la actuación de sus promotores. En esa *Carta* resume Viscardo los tres siglos de dominación española en América con cuatro palabras: "ingratitud, injusticia, servidumbre y desolación"[72]. Entre otros argumentos que utiliza Viscardo para justificar la legitimidad de la independencia americana de España, nos interesa destacar el de que también los españoles se rebelaron en una situación similar, cuando los flamencos de Carlos V se apoderaron de los cargos públicos y cuando la riqueza española era sacada del país:

> ¿Qué descontentos no manifestaron los españoles, cuando algunos flamencos, vasallos como ellos, y además compatriotas de Carlos V, ocuparon algunos empleos públicos en España?

[70] Miguel BATLLORI, *El abate Viscardo. Historia y mito de la intervención de los jesuitas en la independencia de Hispanoamérica*, nueva edición, Madrid, Editorial MAPFRE, 1995, p. 129.

[71] Pedro GRASES (comp.), *Pensamiento político de la emancipación venezolana*, compilación, prólogo y cronología de Pedro Grases, bibliografía de Horacio J. Becco, Caracas, Biblioteca Ayacucho, 1988, p. 56.

[72] Juan Pablo Viscardo y Guzmán, *Carta dirigida a los españoles americanos*, introducción de David Brading, México, Fondo de Cultura Económica, 2004, p. 73.

¿Cuánto no murmuraron? ¿Con cuántas solicitudes, y tumultos, no exigieron que aquellos extranjeros fuesen despedidos, sin que su corto número, ni la presencia del monarca, pudiese calmar la inquietud general? El miedo de que el dinero de España pasase a otro país, aunque perteneciente a la misma monarquía, fue el motivo que hizo insistir a los españoles con más calor en su demanda[73].

Para Viscardo el paralelismo entre las quejas comuneras y las de los españoles americanos son evidentes. Estamos ante la misma situación de postergamiento en la distribución de los empleos públicos y de masiva extracción de los recursos monetarios fuera del reino donde se han producido. También los españoles americanos han sido entregados "a la rapacidad de los ministros, tan avaros por lo menos como los favoritos de Carlos V"[74]. Para Manuel Jiménez Fernández esta referencia a la "tradición histórica simpatizante con la resistencia comunera a los ministros de Carlos V" no puede sino considerarse como una "hábil" interpretación que le permitía a Viscardo utilizar toda clase de argumentos para denunciar la tiranía de los actuales gobernantes[75].

Hay otro texto clave de la *Carta* de Viscardo en el que aparece la pretensión comunera de sujetar a los monarcas a las leyes y a las Cortes, y es aquél donde se insiste en que la falta de límites de los reyes castellanos había llevado a la destrucción de España:

> Mas luego que el rey pasó los límites, que la Constitución de Castilla y de Aragón le habían prescrito, la decadencia de la España fue tan rápida como había sido extraordinario el poder adquirido, o por mejor decir usurpado, por los soberanos. Y esto prueba bastante que el poder absoluto, al cual se junta siempre el arbitrario, es la ruina de los Estados[76].

[73] *Ibidem*, p. 77.

[74] *Ibidem*, p. 78.

[75] GIMÉNEZ FERNÁNDEZ, *Las doctrinas populistas*, p. 122, nota 8 al Apéndice Documental.

[76] Viscardo y Guzmán, *Carta dirigida*, p. 83.

Se trata de una idea política de gran alcance, según la cual la prosperidad está asociada al gobierno moderado, a la monarquía templada por leyes e instituciones, mientras que el absolutismo llevaría a la decadencia y a la ruina de los pueblos. Esta idea puede retrotraerse al pensamiento político español más tradicional y está detrás de las reclamaciones sostenidas por los comuneros de Castilla. Viscardo había asentado en la *Carta* que es el poder absoluto, pleno de arbitrariedad, lo que arruina a los Estados, como se prueba con el ejemplo de España después que reyes como Carlos V rebasaran las limitaciones que prescribían las leyes de los reinos de Castilla y Aragón a sus monarcas. También en su trabajo *La Paix et le bonheur du Siècle prochain. Remonstrance addressée à tous les peuples libres ou qui veulent l'être par un Americain Espagnol* (1797), analiza Viscardo las causas de la decadencia española y las reduce fundamentalmente al despotismo de sus monarcas. Más que la afluencia excesiva de la riqueza americana, es el despotismo de Carlos V y Felipe II lo que ha llevado a la destrucción del imperio español[77]. Como esta idea será recogida por el liberalismo español de principios de siglo XIX se puede con toda justicia reconocer a Viscardo su papel precursor también en este campo:

> En este ataque al absolutismo real, Viscardo se anticipaba a aquellos juristas y estadistas españoles como Francisco Martínez Marina y Gaspar Melchor de Jovellanos, que en 1806-1810 alabaron la antigua Constitución española y buscaron reformar la monarquía mediante un retorno a las instituciones y las libertades medievales[78].

Viscardo sufrió múltiples influencias de autores tanto franceses, como ingleses y americanos. Para David Brading, el ex jesuita peruano habría sufrido una evolución en su pensamiento: "él comenzó como un patriota criollo y terminó siendo algo así como un *philosophe*"[79]. Primero

[77] Véase Merle E. Simmons, *Los escritos de Juan Pablo Viscardo*, p. 291.
[78] David A. Brading, "Juan Pablo Viscardo y Guzmán, patriota y ´philosophe´ criollo", introducción a Juan Pablo Viscardo y Guzmán, *Carta dirigida*, p. 47.
[79] *Ibidem*, p. 67.

habría justificado el derecho al poder político por parte de los criollos basándose en ser los herederos de los conquistadores (sus padres) y los herederos de los indígenas (sus madres); pero, en el discurso de Viscardo, aparecen referencias tanto a la reciente emancipación de las colonias inglesas, como a los derechos naturales de la humanidad sostenidos por los pensadores ilustrados. Para Pacheco Vélez no se puede negar la complejidad de las fuentes que hay en la *Carta* de Viscardo y el inevitable "eclecticismo de quien quiere conciliar la tradición cristiana y la filosofía de las luces"[80]. Sin embargo, a nosotros nos toca aquí resaltar únicamente las referencias comuneras que aparecen en sus escritos. Junto al texto capital de su *Carta dirigida a los españoles americanos,* donde apela a las luchas por la libertad contra Carlos V[81], hay otra referencia comunera interesante y es la que hace a la rebelión de los comuneros americanos, esto es, a los habitantes de Socorro y de otras ciudades del Reino de Nueva Granada. En su *Carta* se refiere Viscardo de manera elogiosa a los comuneros americanos ya que "con la resistencia inesperada, que encontró en Zipaquirá" quedó desconcertada la codiciosa política fiscal de los ministros españoles[82]. Como ya hemos señalado, el texto clave para entender a los comuneros neogranadinos es el de las *Capitulaciones de la villa de Socorro que fueron aceptadas por la Audiencia y por el Gobierno de Santa Fe.* Una copia de esas *Capitulaciones de Zipaquirá* estaba incluida entre los escritos que tenía Viscardo y que fueron a parar al embajador de Estados Unidos en Londres Rufus King, quien a su vez se los prestaría a Francisco de Miranda. Entre esos escritos destaca el *Projet pour rendre l´Amerique indépendante* (1790) dirigido por Viscardo a las autoridades británicas y donde se hace mención expresa de cómo recientemente se habían producido varias rebeliones no sólo en Perú (la de Túpac Amaru) sino también en San Gil y Socorro en 1781. Obviamente Viscardo intentaba convencer a los británicos de que las colonias

[80] César PACHECO VÉLEZ, "Tras las huellas de Viscardo y Guzmán", en *Los ideólogos,* t. I, v. 1º: *Juan Pablo Viscardo y Guzmán,* CXI.

[81] Aunque cita a Feijoo y a Campomanes la mayoría de sus fuentes son francesas e inglesas. Su conocimiento de la historia de Carlos V se apoya en la obra de William ROBERTSON, *The History of the Reign of Charles V* (Dublín, 1762-1771). La referencia concreta al Justicia Mayor de Aragón la apoya en Jerónimo de BLANCAS, *Coronaciones de los serenísimos reyes de Aragón* (Zaragoza, 1641).

[82] Viscardo y Guzmán, *Carta dirigida,* p. 87.

españolas ya estaban preparadas para la independencia y que había un malestar creciente como ponían de manifiesto las revueltas citadas. Es justamente por esos lugares por donde recomienda Viscardo que se produzca el desembarco de tropas inglesas que habrían de apoyar la independencia de la América del Sur. En el *Essai historique des troubles de l´Amerique Meridionale, dans l´an 1780*, Viscardo desarrollará con más precisión la revolución de los comuneros de Socorro reproduciendo incluso siete de las capitulaciones que fueron reconocidas en Zipaquirá.

3.3. Mariano Moreno (1778-1811)[83] es uno de los miles de americanos que conocieron la *Carta* de Viscardo, de la que había hecho "su propia traducción de la edición francesa"[84]. Moreno había estudiado Teología y luego Derecho en la universidad de Chuquisaca. Trabajó como abogado en Buenos Aires, y luchó contra quienes pretendían entregar su patria a los ingleses, a los franceses o a la infanta Carlota Joaquina. Participó en la Junta de 1 de enero de 1809 presidida por Martín de Alzaga y que pretendía sustituir al virrey Santiago de Liniers a quien consideraban, por ser francés, como partidario de Napoleón. Moreno sería un defensor de lo que podemos llamar la tradición juntista, o sea, una tradición de entrega del poder al pueblo en situaciones de grave inestabilidad, tiranía o peligro, una forma de gobierno comparativamente democrática, donde los miembros de la junta representan al pueblo, gobiernan a través de leyes y tratan de restablecer el orden perdido. Mariano Moreno es sobre todo conocido por haber sido vocal y secretario de la Junta de Buenos Aires de 25 de mayo de 1810. Conocemos su pensamiento en buena medida gracias a sus escritos en la *Gaceta de Buenos Aires* que él mismo dirigió. Es aquí donde reproduce algunos artículos de Jovellanos con los que se identifica y en los que se elogia, y se pone como ejemplo al movimiento comunero de Castilla. No se trata de afirmar que Moreno deba su pensamiento de

---

[83] En la universidad de Chuquisaca (actual Bolivia) presentó Moreno su trabajo *La disertación jurídica sobre el servicio personal de los indios* donde criticaba la mita y otros servicios personales que recaían únicamente sobre la población indígena. Otro trabajo importante de este político argentino es su *Representación de los hacendados* en la que defendía la libertad de comercio. Véase Eduardo DURNHOFER, *Mariano Moreno inédito: sus manuscritos*, Buenos Aires, Imprenta Beu, Borchardt y Cía., 1972.

[84] BRADING, "Juan Pablo Viscardo y Guzmán…", p. 53.

manera exclusiva a Jovellanos. Es evidente que leyó a otros muchos autores como Montesquieu o Blanco White. Para algunos es un político rousseauniano ya que tradujo el *Contrato Social,* y para otros incluso jacobino dadas las radicales propuestas que incluye en su *Plan de operaciones.* La *Gaceta de Buenos Aires* era como el diario oficial de la Junta del 25 de Mayo. Moreno reproduce en la *Gaceta* de 5 de julio de 1810 un escrito, que atribuye a Gaspar de Jovellanos y que se titula "Pensamientos de un patriota español", donde se reprocha a la casa de Austria el haber derramado tanta sangre en guerras inútiles y el haber establecido penosos tributos para costearlas, y donde se apela elogiosamente a los comuneros:

> *Dígalo primero el reynado de Carlos 1º ò 5º de Alemania, en el que la nación sofocada con la insaciable codicia de los flamencos, y de un gobierno pesadísimo y cruel, viendo la libertad del reyno oprimida y sus fueros y leyes quebrantadas, acude a las armas para vengar sus ultrajes y sus agravios, y piensa en establecer un gobierno popular o republicano, afianzando en él su libertad*[85].

El ejemplo comunero llega desde los liberales españoles que lo están utilizando para su lucha contra Napoleón pero también contra el despotismo, y los españoles americanos lo emplearán para justificar su independencia y su lucha contra el despotismo de España. En esa misma *Gaceta de Buenos Aires* incluyó Mariano Moreno la crítica de Jovellanos a la Constitución de Bayona, por ser elaborada sin consentimiento popular y por confiar al rey un poder absoluto. Para Enrique de Gandía "el pensamiento de Mayo es, en su mayor parte, el pensamiento de Jovellanos"[86]. Las ideas de Jovellanos recogen el pensamiento político tradicional, que considera al pueblo como

---

[85] *Gaceta de Buenos Aires (1810-1821),* reimpresión facsimilar, dirigida por la Junta de Historia y Numismática Americana, Buenos Aires, Compañía Sud-americana de Billetes de Banco, 1910, p. 74. Consultado en: http://www.cervantesvirtual.com/obra/gaceta-de-buenos-aires-18101821-tomo-1-0/ (20-I-2012).

[86] Enrique de GANDÍA, *Mariano Moreno. Su pensamiento político,* Buenos Aires, Editorial Pleamar, 1968, p. 285. Véase también del mismo historiador *Las ideas políticas de Mariano Moreno. Autenticidad del Plan que le es atribuido,* Buenos Aires, Peuser, 1946.

el depositario último de la soberanía, que entrega al rey de manera condicionada en un pacto que limita su autoridad, que le somete a las "leyes fundamentales" y que puede recuperar si no cumple esos compromisos. Ese pensamiento había sido teorizado por los teólogos españoles, como Juan de Mariana y Francisco Suárez, en un sentido menos lesivo a los monarcas del que habían defendido y puesto en práctica con su actuación mucho tiempo antes los comuneros caste-llanos, quienes confiaban más que en el recurso extremo del tiranici-dio en la convocatoria automática de las Cortes[87].

3.4. Camilo Torres (1766-1816)[88] es uno de los patriotas neogranadi-nos más conocidos. Es autor de la *Representación del Cabildo de Bo-gotá* de 20 de noviembre de 1809 conocida como *Memorial de Agra-vios* pues en ella se recogen justamente las reclamaciones del cabildo ante la corona española. Está dirigido a la Suprema Junta Central de España aunque nunca llegó a ser remitido a la misma. En el *Memo-rial* se solicita la igualdad de la representación americana y española ante las Cortes y se queja del trato dado a los criollos. Apela al ejem-plo de Inglaterra que habría perdido sus colonias por no conceder representación a las mismas en la determinación de los impuestos. Se queja en este memorial de la falta de libertad de imprenta así como de la deficiente educación que se imparte en su país. En el *Memorial de Agravios* se refiere Camilo al ejemplo de las colonias americanas y a su protesta por "dictarles leyes e imponerles contribuciones que no habían sancionado con su aprobación"[89]. Esta fue una reclamación comunera que formaba parte de la autonomía municipal ahogada

[87] Entre las propuestas más novedosas de la *Ley Perpetua* de los comuneros castellanos está la de "que de aquí adelante perpetuamente de tres en tres años, las ciudades e villas que tienen voto en Cortes se puedan ayuntar e se junten por sus procuradores" y, lo que es más importante, se añade que "lo puedan hacer en ausencia y sin licencia de Sus Altezas" (SANDOVAL, *Historia de la Vida y Hechos*, p. 305).

[88] Camilo Torres Tenorio nació en Popayán (Colombia) en 1766. Estudió Derecho en el Colegio de Nuestra Señora del Rosario de Bogotá. Es autor del *Memorial de Agravios* (1809) donde criticaba la discriminación con que eran tratados los españoles ameri-canos en el desempeño de los cargos públicos. Formó parte de la Junta Suprema de Bogotá en 1810 y en 1814 este político colombiano llegaría a ser Presidente de las Provincias Unidas de Nueva Granada. Sería fusilado por el general Morillo en 1816.

[89] GÓMEZ HOYOS, *La revolución granadina*, t. II, p. 20.

por el centralismo de los Austrias y de los Borbones. Dice Camilo Torres:

> Está decidido por una ley fundamental del reino "que no se echen ni repartan pechos, servicios, pedidos, monedas ni otros tributos nuevos, especial ni generalmente en todos los reinos de la monarquía, sin que primeramente sean llamados a Cortes los procuradores de todas sus villas y ciudades, y sean otorgados por los dichos procuradores que vinieren a las cortes". ¿Cómo se exigirán, pues, de las Américas, contribuciones que no hayan concedido por medio de diputados que puedan constituir una verdadera representación, y cuyos votos no hayan sido ahogados por la pluralidad de otros que no sentirán estas cargas? Si en semejantes circunstancias los pueblos de América se denegasen a llevarlas, tendrían en su apoyo esta ley fundamental del reino[90].

Esta reivindicación de poder decidir el establecimiento de los nuevos impuestos era una prerrogativa de las Cortes medievales y había sido defendida por los comuneros castellanos en su lucha contra Carlos V. Reivindicada de nuevo por el liberalismo decimonónico serviría a los independencias sudamericanos para denunciar la arrogancia de la metrópoli al imponer nuevos impuestos sin la suficiente representación de los pueblos americanos.

3.5. Simón Bolívar (1783-1830)[91] en la conocida como *Carta de Jamai-*

---

[90] José Luis ROMERO-Luis Alberto ROMERO (eds.), *Pensamiento político de la emancipación*, prólogo de José Luis Romero, selección, notas y cronología de José Luis Romero y Luis Alberto Romero, 2ª ed., Barcelona, Biblioteca Ayacucho, 1985, t. I, p. 37.

[91] Simón Bolívar nació en Caracas en 1783 quedando huérfano a muy temprana edad. En 1799 se embarca para España donde recibirá la educación propia de una familia de la alta burguesía. De sus numerosas actividades políticas y militares en las que se ganaría el título de Libertador se puede destacar la Campaña Admirable de 1813, el discurso pronunciado en Angostura en 1819 y la propuesta de creación de la Gran Colombia, la victoria de Carabobo en 1821, su reunión con San Martín en 1822 y su entrada en Lima en 1824. Algunos aspectos menos gloriosos del reconocido político serían sus decretos de guerra a muerte contra los españoles y canarios, un período de dictadura en el que revive para el ejército las ordenanzas de 1768 y su pretensión de colocar en Londres los beneficios de la venta de sus minas. Sobrevivió a algunos intentos de asesinato y murió en 1830. Véase Demetrio RAMOS PÉREZ, *Simón Bolívar, el libertador*, prólogo de Juan

ca de 6 de septiembre de 1815 hace un balance de la situación en que se hallaba la causa independentista. Se encontraba entonces refugiado en Jamaica después de la derrota de la Segunda República de Venezuela y haber sido expulsado del ejército de Nueva Granada. En esta carta hace un elogio notable de Bartolomé de Las Casas, señalando que si se crease una nueva capital para la unión de Nueva Granada y Venezuela se le podría poner su nombre como merecido reconocimiento. En la *Contestación de un americano meridional a un caballero de esta isla* conocida como *Carta de Jamaica* no duda Bolívar, pese a su concepción política republicana, en apelar al famoso argumento de que la unión de las Indias a España era meramente personal con el monarca:

> El emperador Carlos V formó un pacto con los descubridores, conquistadores y pobladores de América, que como dice Guerra, es nuestro contrato social. Los reyes de España convinieron solemnemente con ellos que lo ejecutasen por su cuenta y riesgo, prohibiéndoseles hacerlo a costa de la real hacienda, y por esta razón se les concedía que fuesen señores de la tierra, que organizasen la administración y ejerciesen la judicatura en apelación: con otras muchas esenciones y privilejios que sería prolijo detallar. El rey se comprometió a no enajenar jamás las provincias americanas, como que a él no tocaba otra jurisdicción que la del alto dominio, siendo una especie de propiedad feudal la que allí tenían los conquistadores para sí y sus descendientes. Al mismo tiempo existen leyes expresas que favorecen casi exclusivamente a los naturales del país, orijinarios de España, en cuanto a los empleos civiles, eclesiásticos y de rentas. Por manera que con una violación manifiesta de las leyes y de los pactos subsistentes, se han visto despojar aquellos naturales de la autoridad constitucional que les daba su código[92].

Manuel de Prada, Barcelona, Ediciones Folio, 2004.

[92] Simón Bolívar, *Cartas del Libertador*, t. I: (1799-1817), 2ª edición, Caracas, Banco de Venezuela, Fundación Vicente Lecuna, 1964, p. 224. El personaje de "Guerra", citado en el texto, sería el dominico mexicano fray Servando Teresa de Mier Noriega y Guerra (1765-1827) que fue autor de la *Historia de la revolución de Nueva España antiguamente Anahuac* publicada en 1813 con el nombre de José Guerra.

En la argumentación política de la independencia americana señala Bolívar que sólo había un pacto personal con el monarca castellano y no con la nación española. Por eso, una vez que los reyes no podían cumplir su parte, al haber sido privados del ejercicio del poder por la invasión francesa, y por haber incumplido tales pactos, los pueblos americanos quedaban libres de todo compromiso. Como se ha hecho notar, no abundan "en los escritos del Libertador las referencias directas a acontecimientos de la historia de España"[93]. Entre las excepciones a esta regla se halla esta mención al emperador Carlos V. El conocimiento que tiene de Carlos V le viene, como a Viscardo y a Miranda, a través de la obra de William Robertson (1721-1793), *La historia del reinado de Carlos V*[94]. Se refiere Bolívar al "ilustre historiador Dr. Robertson, apoyado en la autoridad del gran filósofo y filántropo Las Casas" cuando en una carta privada a un editor inglés recuerda las matanzas cometidas por los españoles durante la conquista[95]. Entre las obras que formaban parte de la biblioteca que el Libertador tenía cerca de Lima estaba también el *Informe de la Ley Agraria* (Madrid, 1795) de Jovellanos. Otra fuente de ideas liberales proviene de Blanco-White a quien remite Bolívar en su *Carta de Jamaica* para quien quiera conocer la naturaleza de los gobiernos españoles "y el curso entero de su desesperada conducta"[96]. Esta referencia está en el párrafo siguiente a aquel donde menciona el pacto hecho por los conquistadores con Carlos V.

[93] Manuel PÉREZ VILA, "La formación intelectual de Bolívar: estudios y lecturas", en Simón Bolívar, *Escritos del Libertador*, t. I: *Introducción General*, Caracas, Sociedad Bolivariana de Venezuela, 1964, p. 441.

[94] La *Historia del reinado de Carlos V* de William ROBERTSON había sido publicada en inglés en 1769. No sería traducida al español hasta 1821 por don Félix Ramón de Alvarado y Velaustegui, pero los ilustrados americanos la conocieron mucho antes. Un ejemplar, en francés, de esta obra se encuentra entre los volúmenes de la biblioteca de Simón Bolívar. Véase Manuel PÉREZ VILA, "La formación intelectual de Bolívar...", t. I, p. 389. Francisco de Miranda había leído la *Historia* de Robertson en su primer viaje a Inglaterra. Véase Jean CANAVAGGIO, "William Robertson y las Comunidades de Castilla: un precursor de la interpretación liberal", en María del Carmen IGLESIAS–Carlos MOYA–Luis RODRÍGUEZ ZÚÑIGA (dirs.), *Homenaje a José Antonio Maravall*, Madrid, Centro de Investigaciones Sociológicas, 1985, t. I, pp. 359-369.

[95] Simón Bolívar, "Carta al editor de 'The Royal Gazette'", en Simón Bolívar, *Discursos, proclamas y epistolario político*, edición preparada por M. Hernández Sánchez-Barba, 3ª ed., Madrid, Editora Nacional, 1981, p. 142.

[96] Simón Bolívar, *Cartas del Libertador*, t. I: (1799-1817), p. 224.

3.6. Juan Germán Roscio (1763-1821)[97] es uno de los ideólogos más conocidos de la emancipación venezolana. En su trabajo como abogado litigó contra los privilegios de la minoría española de Caracas. Como periodista mantuvo correspondencia con el liberal español José María Blanco White de quien publicó alguno de sus artículos en el periódico la *Gaceta de Caracas*. De su actuación política hay que recordar que será uno de los principales redactores del *Acta de la Independencia de Venezuela* de 19 de abril de 1810, y que interviene en la elaboración de la *Constitución Federal para los Estados de Venezuela* de 1811. Al caer la Primera República de Venezuela, será encarcelado y enviado a España de donde logra escapar refugiándose en Estados Unidos. Será en Filadelfia en 1817 donde publique su trabajo más conocido *El triunfo de la libertad sobre el despotismo*. En esa obra criticó a quienes defendían el derecho divino de los reyes, tratando de demostrar que no había nada en las Sagradas Escrituras que pudiera emplearse para justificar el poder arbitrario de los monarcas absolutos. En esta obra pretende convencer a la cristiana población de Venezuela, de que la desobediencia a los reyes no era incompatible con el cristianismo ni mucho menos un pecado contra la divinidad. Su justificación de la independencia de la América Española está basada sobre todo en argumentos sacados de la Biblia, citas de San Agustín y de Santo Tomás, y referencias a la doctrina de Rousseau, pero también menciona a los reyes de Aragón y de Castilla que gobernaban antes de Carlos V y que estaban obligados a respetar los fueros y libertades de sus pueblos. En el capítulo XXXV de *El triunfo*, titulado "Que no es ciego el deber de las contribuciones", se refiere a las Cortes castellanas y al "procomunal del reino", y argumenta que es competencia del pueblo el determinar la cuantía de las contribuciones:

[97] Juan Germán Roscio Nieves nació en San Francisco de Tiznados, lugar del Estado Guárico de Venezuela en 1763. Estudió Teología y Derecho en la Universidad de Caracas y tuvo que pleitear para conseguir ser admitido en el Colegio de Abogados por su condición de mestizo. Desempeñará importantes cargos en su actuación como defensor de la independencia de Venezuela llegando a ser diputado del pueblo por el cabildo de Caracas, presidente del Congreso de Angostura y vicepresidente de la Gran Colombia. Murió en Cúcuta (Colombia) en 1821. Escribió también: *Manifiesto que hace al mundo la Confederación de Venezuela, El patriotismo de Nirgua*, y *Catecismo religioso-político contra el Real Catecismo de Fernando VII*. Véase Manuel CARDOZO, *Juan Germán Roscio, prócer de la moral y del civismo*, Caracas, 1991; Luis UGALDE, *El pensamiento teológico-político de Juan Germán Roscio*, Caracas, Ediciones La Casa de Bello, 1992.

Mientras los Aragoneses y Castellanos fueron gobernados constitucionalmente antes del reinado de la casa de Austria, ¿pagaron por ventura tributo como pagaban los Hebreos, cuando fue consultado el Mesías? ¿No nos enseña la historia de Castilla, que aun cuando ya su constitución había sido herida por sus dos primeros monarcas Austríacos, todavía tuvieron bastante virtud sus Cortes para negarles subsidios que en la opinión de ellas no eran necesarios, ni útiles al procomunal del reino?[98].

Va a sostener Roscio que la decadencia de Castilla se produce cuando sus monarcas se vuelven absolutos, cuando anulan las limitaciones que procedían del entramado institucional, sobre todo, de las Cortes. No hay una mención expresa a los comuneros, que al fin y al cabo suponen un ejemplo de rebelión con un final trágico, pero es evidente el paralelismo con las pretensiones que estos defendieron. Se propugna una monarquía moderada, constitucional, sometida a las leyes, que necesita sobre todo el consentimiento popular para la imposición de tributos. En esa misma obra de *El triunfo de la libertad sobre el despotismo* lleva a cabo Roscio una firme defensa del derecho de resistencia y justifica el tiranicidio con ejemplos tomados de las Sagradas Escrituras pero también recoge algunos otros de la historia profana. Refiriéndose explícitamente a la historia de España señala:

> Señalados ejemplares de resistencia contra el poder arbitrario de sus Reyes, nos suministrarían los anales de aquella nación: ejemplares conformes a sus antiguas instituciones, y que dejaron de repetirse desde que desaparecieron éstas en el siglo XVI[99].

Para Roscio es claro que son los pueblos quienes deben determinar la cuantía de las contribuciones y es significativo que cite como ejemplo histórico a las Cortes de Castilla en su enfrentamiento con los mo-

---

[98] Juan Germán Roscio, *El triunfo de la libertad sobre el despotismo*, prólogo, cronología y bibliografía de Domingo Miliani, Caracas, Biblioteca Ayacucho, 1996, p. 154.
[99] *Ibidem*, p. 228.

narcas de la casa de Austria. Precisa Roscio que la interpretación que desde las filas del despotismo se hacía de la afirmación de Cristo de "Dad al César lo que es del César" como una justificación de que el monarca podía imponer arbitrariamente los impuestos, era totalmente inadmisible.

En su escrito *Patriotismo de Nirgua y abuso de los reyes* de 1811, denuncia Roscio la expulsión de los jesuitas de América, que atribuye de manera directa a su justificación del tiranicidio, y añade que "todo lo demás fue un pretexto de que se valieron los tiranos para simular el despotismo y contener la censura y venganza que merecía el decreto bárbaro de su expulsión"[100]. Ciertamente la defensa del tiranicidio había sido estudiada por maestros jesuitas como Suárez y Mariana pero entroncada con un pensamiento ya conocido en Castilla con anterioridad.

3.7. José Cecilio del Valle (1777-1834)[101] es el redactor del *Acta de Independencia de Guatemala* de 15 de septiembre de 1821. Valle sería un criollo de posiciones políticamente moderadas, intelectualmente avanzado pero un conservador por su posición social y económica, por lo que "no apoyaba la ruptura violenta del vínculo colonial"[102]. En sus "Diálogos de diversos muertos sobre la independencia de América", publicado en 1821 en el periódico *El Amigo de la Patria*, enfrenta a los monarcas españoles Carlos III y Carlos I. Carlos III aparece como un monarca preocupado por la regeneración del reino que habría que llevar a cabo mediante la ilustración y la recuperación de la industria y del comercio, mientras que Carlos I defiende que la ilustración del pueblo es perjudicial para el gobernante:

---

[100] GRASES, *Pensamiento político de la emancipación venezolana*, p. 76.

[101] José Cecilio Díaz del Valle nació en 1777 en Honduras cuando Centroamérica formaba parte del reino de Nueva España. Estudio en la Universidad de San Carlos de Guatemala. En 1821 era Alcalde de la ciudad de Guatemala, en 1823 fue Secretario de Estado de Relaciones Exteriores de Iturbide cuyo imperio sobre Centroamérica rechazaba. En 1825 fue privado de la Presidencia de la República de Centroamérica mediante un fraude electoral. Murió en 1834.

[102] Teresa GARCÍA GIRÁLDEZ, "El pensamiento político liberal centroamericano del siglo XIX: José Cecilio del Valle y Antonio Batres Jáuregui", *Revista Complutense de Historia de América*, n. 35 (2009), p. 28.

Pero ¿ilustrando a los españoles, no conocerán sus derechos? Difundiendo luces en el mundo antiguo, ¿no pasarán sucesivamente al Nuevo? Auxiliando la insurrección de las colonias inglesas ¿no se preparará la de los españoles? Tú olvidaste el secreto de los reyes. Yo abrí los cimientos de una monarquía universal, y tú has abierto el abismo a donde irá a hundirse la de España[103].

En su defensa de la monarquía absoluta, aparece Carlos I repudiando las "anárquicas" cortes castellanas y aragonesas:

Que se restablezcan las antiguas cortes y se arroguen el derecho de dictar leyes, imponer contribuciones, declarar la guerra, hacer la paz, acuñar moneda y observar los pasos del gobierno. Que haya revoluciones, sangre y muertes[104].

Carlos V de Alemania y I de España aparece citado por Valle en las listas de los más famosos tiranos de la historia. Le reprocha haber llevado la monarquía española al despotismo, haber acabado con las Cortes, con la "constitución no escrita", y —como denunciaron los comuneros castellanos— el haber exigido el título de Majestad[105]. Las ideas del "sabio Valle" no sólo son coincidentes con las de muchos liberales españoles de la península sino que los cita a menudo, como por ejemplo a Francisco Martínez Marina y, sobre todo, a Jovellanos: "Esta es la doctrina luminosa de Jovellanos. Yo conservaré siempre la memoria de este ilustre español. El fue el primero que decidió mis inclinaciones al estudio importante de la Economía Política"[106].

3.8. El patriota peruano José Faustino Sánchez Carrión (1787-1825)[107]

[103] José Cecilio del VALLE, *Obra escogida*, selección, prólogo y cronología de Mario García Laguardia, Caracas, Biblioteca Ayacucho, 1982, p. 199.

[104] *Ibidem*, p. 200.

[105] *Ibidem*, p. 350.

[106] *Ibidem*, p. 302.

[107] José Faustino Sánchez Carrión nació en Huamachuco en 1787 y estudió en la Universidad de San Marcos de Lima. Dirigió los periódicos *La Abeja Republicana* y *El*

muestra un pensamiento inequívocamente republicano y se opone de manera clara a las pretensiones monárquicas de San Martín. El 15 de agosto de 1822 publicó en *La Abeja Republicana* una *Carta al Editor del "Correo Mercantil y Político de Lima" sobre la inadaptabilidad del gobierno monárquico para el Perú.* Lo hace con el pseudónimo de ´El solitario de Sayán´, y en ella acusa a los monarcas de la sangre derramada por los pueblos para conseguir limitar su poder:

> No se puede imaginar la sangre derramada a las márgenes del Támesis, por defender la magna carta contra los ataques de los Enriques y Guillermos; horrorizan las atrocidades que produjo el tenaz empeño de restablecer a los Estuardos; se inflama el espíritu en furor al ver la desventura de los comuneros castellanos, que no han podido repararse de la jornada de Villalar, y la generación presente aún no aparta su admiración de la sangrienta escena de la Francia[108].

Denuncia cómo la servidumbre crea sus propios hábitos y convicciones de obediencia serviles. Todavía contiene otra segunda referencia explícita a los comuneros:

> Pues aún hay más: los súbditos llegan a convertir en propio derecho el vasallaje, alarmándose contra sus hermanos, que, por una particular fortuna se atreven a reclamar sus fuerzas en medio de la esclavitud. No nos elevemos sobre la historia de nuestros días. Los españoles despiertan de su letargo; creen afirmadas sus libertades con su carta constitucional; la sombra de Padilla vaga por todas partes; y la memoria de Ronquillo es detestada[109].

Tribuno de la República Peruana. Fue ministro de Simón Bolívar y participó en los proyectos de Constitución de Perú. Murió en 1825. Véase A. TAMAYO VARGAS–C. PACHECO VÉLEZ (red. y recop.), *Los ideólogos*, v. IX: *José Faustino Sánchez Carrión*, Lima, Comisión Nacional del Sesquicentenario de la Independencia del Perú, 1974.

[108] ROMERO (eds.), *Pensamiento político de la emancipación*, t. II, p. 179.

[109] *Ibidem*, p. 182.

El nombre de Ronquillo quedaría entre los comuneros castellanos, por su cerco a Segovia, como prototipo del alcalde cruel al servicio del tirano. Por la fecha del texto se acababa de producir la vuelta al gobierno de los liberales y con ellos de la Constitución de 1812. Hace Sánchez Carrión una referencia a que, a veces, los reyes reprimen a quienes piden pan y lo hacen "reservándose desde luego el motivo en su real ánimo"[110], lo que parece una clara alusión a Carlos III, quien en su pragmática de 2 de abril de 1767, en la que expulsaba a los jesuitas y en la que prohibía expresamente cualquier enjuiciamiento de la medida regia, apelaba a los mismos reservados y regios motivos.

3.9. El patriota ecuatoriano Vicente Rocafuerte (1783-1847)[111] mantuvo contacto con el economista español José Canga Argüelles quien era "viejo amigo del ecuatoriano"[112]. Interviene en el debate sobre la mejor forma de gobierno para los países americanos y se pronuncia claramente a favor de la república argumentando que la falta de nobleza y la división de la propiedad existente así lo aconsejan. Había residido en España y en México, así como en Cuba, Londres y Nueva York. Este Presidente del Ecuador sentía una profunda admiración por la Constitución estadounidense. Es autor de *Ideas necesarias a todo pueblo independiente que quiera ser libre* (1821) y de *Cartas de un americano sobre las ventajas de los gobiernos republicanos* (1826)[113]. Escribe en 1823 una obra titulada *El sistema colombiano popular* donde se pronuncia claramente en contra de la nobleza hereditaria y de la monarquía. En esa misma obra en el capítulo VII se refiere a

[110] *Ibidem*, p. 184.

[111] Vicente Rocafuerte nació en Guayaquil en 1783. Mandado a estudiar a España viajó por muchos países de Europa coincidiendo en Francia con Simón Bolívar con quien más tarde se enemistará. Participó como diputado por Guayaquil en las Cortes de Cádiz. Fue Presidente de la República de Ecuador desde 1834 hasta 1839. Escribió entre otras obras: *Ensayo sobre la tolerancia, El Fénix de la libertad, Cartas al Ecuador*, e *Ideas necesarias a todo pueblo que quiera ser libre*. Murió en Perú, país en el que estuvo mucho tiempo exiliado, en 1747.

[112] SIMMONS, *La revolución norteamericana*, p. 217.

[113] Véase N. ZÚÑIGA (ed.), *Vicente Rocafuerte*, Quito, Corporación de Estudios y Publicaciones, 1983; K. B. MECUM, *El idealismo práctico de Vicente Rocafuerte (Un verdadero Americano Independiente y Libre)*, Puebla, México, Editorial Cajica, 1975.

Maquiavelo como pensador republicano y recoge la interpretación de Rousseau de que sus lecciones iban más dirigidas a los pueblos que a los príncipes, y es aquí donde aparece Carlos V mencionado como prototipo de monarca absoluto:

> El Maquiavelo tan leído entre nosotros por lo mismo que ha sido tan prohibido, fue el más decidido republicano de su tiempo. Según la opinión más general, él escribió su obra del Príncipe con el único objeto de ilustrar al pueblo, y no enseñar a los jefes supremos el arte del despotismo y tiranía; y en esto cometió un grandísimo error. Ese famoso secretario de la república de Florencia hubiera sido en América un Jefferson, y hubiera dicho la verdad con toda la franqueza de un hombre libre, si lo hubiera podido ser, pero habiendo sido su cara república, víctima de las intrigas y despotismo de Carlos V, tuvo que disfrazar sus sentimientos[114].

El examen de estos notables gestores y pensadores de la independencia de las repúblicas hispanoamericanas de la corona española nos muestra que no faltó en su bagaje intelectual el conocimiento del pensamiento político tradicional español y que acudieron a él cuando lo necesitaron en sus escritos y proclamas. Más en concreto, encontramos en las principales figuras políticas y teóricas de esa emancipación, y dentro de los más importantes textos justificadores de su actuación, referencias concretas a los comuneros castellanos y a su lucha contra Carlos V, considerado como prototipo del monarca absoluto que rechaza el sometimiento a las leyes tradicionales del reino y frente al cual la rebelión está justificada.

---

[114] ROMERO (eds.), *Pensamiento político de la emancipación*, t. II, pp. 268-269.

Este libro salió de
imprenta el 23 de
abril de 2023 y se
festejó en la campa
de Villalar